麦奎尔大众传播理论
McQuail's
Mass Communication Theory

学基础理论 看经典教材

新闻与传播系列教材·翻译版

麦奎尔大众传播理论

（第六版）
Sixth Edition

McQuail's Mass Communication Theory

[英] 丹尼斯·麦奎尔 /著
徐佳　董璐 /译

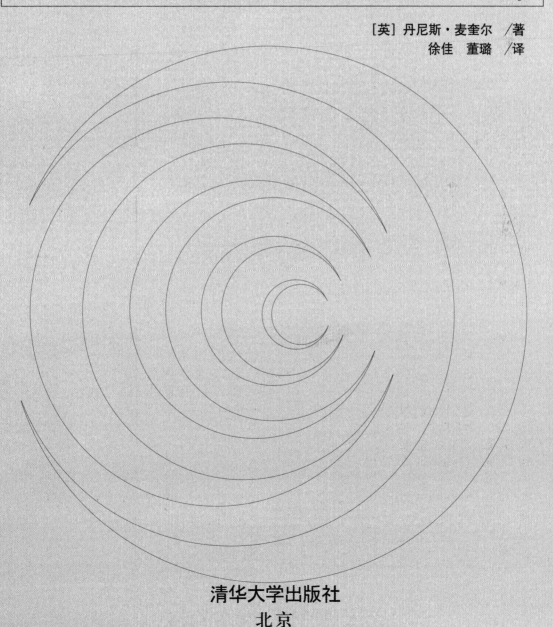

清华大学出版社
北京

McQuail's Mass Communication Theory(6ᵗʰ Edition)© Denis McQuail, 2010.

English language edition published by SAGE Publications of London, Thousand Oaks, New Delhi and Singapore.

Simplified Chinese translation copyright © 2019 by Tsinghua University Press Limited

ALL RIGHTS RESERVED.

北京市版权局著作权合同登记号　图字:01-2012-8472 号

版权所有,侵权必究。举报:010-62782989,beiqinquan@tup.tsinghua.edu.cn。

图书在版编目(CIP)数据

麦奎尔大众传播理论:第六版/(英)丹尼斯・麦奎尔著;徐佳,董璐译. —北京:清华大学出版社,2019 (2021.3重印)

(新闻与传播系列教材・翻译版)

ISBN 978-7-302-53283-5

Ⅰ.①麦… Ⅱ.①丹… ②徐… ③董… Ⅲ.①大众传播－传播学 Ⅳ.①G206.3

中国版本图书馆 CIP 数据核字(2019)第 141120 号

责任编辑:纪海虹
封面设计:孙剑波
责任校对:王荣静
责任印制:宋　林

出版发行:清华大学出版社
　　网　　址:http://www.tup.com.cn, http://www.wqbook.com
　　地　　址:北京清华大学学研大厦 A 座　　邮　　编:100084
　　社 总 机:010-62770175　　邮　　购:010-62786544
　　投稿与读者服务:010-62776969, c-service@tup.tsinghua.edu.cn
　　质量反馈:010-62772015, zhiliang@tup.tsinghua.edu.cn
印 装 者:三河市金元印装有限公司
经　　销:全国新华书店
开　　本:185mm×235mm　　印　张:35.25　　插　页:2　　字　数:706 千字
版　　次:2019 年 9 月第 1 版　　印　次:2021 年 3 月第 3 次印刷
定　　价:89.80 元

产品编号:049509-01

总 序

从20世纪90年代中期开始,新闻与传播学教育从中国人民大学、复旦大学等为数甚少的几家高校的"专有"学科,迅速成为一个几乎所有综合大学乃至相当部分如财经大学、工商大学、农业大学以及师范、艺术类院校都设有的"常规"学科。中国最著名的两所高等学府清华大学、北京大学也相继成立新闻与传播学院。据不完全统计,中国内地有数百个新闻学与传播学专业教学点。全国有新闻学与传播学专业硕士授予点近百个,博士授予点17个,形成了从大专、本科,到硕士和博士层次齐全的办学格局。新闻专业本、专科的在校生人数至少接近10万人。

这样一种"显学"局面的形成,一方面是进入信息时代以后,新闻与传播的社会地位、角色、影响不仅越来越重要,而且也越来越被人们所意识到;另一方面是媒介行业近年来的迅速发展为青年人提供了职业前景和想象。尽管与美国大约有14万在校学生学习新闻学与大众传播学课程的情形相比,中国的新闻与传播学教育的规模并不十分庞大,但是就中国国情而言,这种新闻与传播教育的繁荣局面还是可能因为一种"泡沫"驱动而显得似乎有些过度。但是,超越传统的新闻学,将更加广义的媒介政治、媒介舆论、媒介文化、媒介艺术、媒介经济、媒介法规、媒介伦理纳入新闻与传播学科,将传播学理论以及各种量化的社会科学研究方法纳入新闻与传播学领域,将人际传播、公共关系等纳入传播学视野,都证明了新闻与传播学的转向和扩展,也正是这种转向和扩展使新闻与传播学教育有了更加广阔的发展空间和学科魅力。

对于目前中国的新闻与传播学教育来说,缺少的不是热情、不是学生,甚至也不是职业市场,而是真正具有专业水准的教师,能够既与国际接轨又具国情适应性的教学体系和内容,既反映了学科传统又具有当代素养的教材。人力、物力、财力、知识力资源的匮乏,可以说,深刻地制约着中国的新闻与传播学向深度和广度发展,向专业性与综合性相结合的方向发展。新闻与传播学是否"有学",是否具有学科的合理性,是由这个学科本身的"专业门槛"决定的。当任何学科的人都能够在不经过3~5年以上的专业系统学习,就可以成为本专业的专家、教师,甚至教授、博士生导师的时候,当一名学生经过4~7年本科/硕士新闻与传播学科的专业学习以后,他从事传媒工作却并不能在专业素质上显示出与学习文学、外语、法律,甚至自然科学的学生具有明显差异的时候,我们很难相信,新闻与传播学的教育具有真正的合法性。

作为一种专业建设,需要岁月的积累。所以,无论是来自原来新闻学领域的人,还是来自其他各种不同学科的人,我们都在为中国的新闻与传播学科积累着学科的基础。而在这些积累中,教材建设则是其中核心的基础之一。10年前,"南复旦、北人大",作为原来中国新闻与传播学的超级力量,曾经推出过各自的体系性的教材,后来北京广播学院也加入了传媒教育的领头行列,进入21世纪以后,清华大学、武汉大学、华中科技大学,以及北京大学的新闻传播学科也相继引起关注,并陆续推出各种系列的或者散本的翻译或原编教材,一些非教育系统的出版社,如华夏出版社、新华出版社等整合力量出版了一些有影响的新闻与传播教材。应该说,这些教材的出版,为全国的新闻与传播学教育提供了更多的选择、更多的比较、更多的借鉴。尽管目前可能还没有形成被大家公认的相对"权威"的教材系列,尽管许多教材还是大同小异,尽管相当部分教材似乎在观念、知识、方法以及教学方式的更新方面还不理想,但是这种自由竞争的局面为以后的教材整合和分工提供了基础。

由于清华大学新闻与传播学院的建立,一定程度上为过去基本不涉足新闻与传播学教材的清华大学出版社提供了一种契机,近年来陆续出版了多套相关的著作系列和教材系列。除"清华传播译丛"以外,教材方面目前已经陆续面世的包括"新闻与传播系列教材·英文原版系列"以及原编系列的部分教材。而现在呈现给大家的则是"新闻与传播系列教材·翻译版"。

本系列的原版本坚持从欧美国家大学使用的主流教材中选择,大多已经多次更新版本,有的被公认为本学科最"经典"的教材之一。其中一部分,已经由清华大学出版社推出了英文原版,可以帮助读者进行中英文对照学习。这些教材包括三方面内容:

一、传播学基础理论和历史教材。这类教材我们选择的都是经过比较长时间考验的权威教材,有的如《麦奎尔大众传播理论》(Denis McQuail, *McQuail's Mass Communication Theory*)和《人类传播理论》(Stephen W. Littlejohn, *Theories of human communication*)。《大众传媒研究导论》(Roger D. Wimmer & Joseph R. Dominick, *Mass Communication Research: An Introduction*)也是国内出版的有关媒介研究量化方法的少见的教材。我们还特别选择了一本由James Curran和Jean Seaton撰写的《英国新闻史》(*Power without Responsibility——The press, broadcasting, and new media in Britain*),弥补

了国内欧洲新闻史方面的教材空白。

二、新闻与传播实务类教材。主要选择了一些具有鲜明特点和可操作性的教材,弥补国内教材的不足。例如《理解传媒经济学》(Gillian Doyle, *Understanding Media Economics*)和《媒介学生用书》(Gill Branston & Roy Stafford, *The Media Student's Book*)等。

三、新闻与传播前沿领域或者交叉领域的教材。例如《文化研究基础理论》(Jeff Lewis, *Cultural Studies: The Basics*)等。

这些教材中,有的比较普及、通俗,适合大学本科使用,特别是适合开设目前受到广泛欢迎的媒介通识课程使用,如《大众传播理论》(Stanley J. Baran & Dennis K. Davis, *Mass Communication theory*)和《媒介素养》(W. James Potter, *Media Literacy*);有的则可能专业程度比较高,更加适合高年级专业学生和研究生使用。但是从总体上来讲,为了适应目前中国新闻与传播学教育的现状和需要,目前选择的书籍更偏向于大众传播、大众传媒,而对传播学的其他分支的关注相对较少。因为考虑国情的特殊性,新闻学教材也选择的比较少。当然,由于新闻与传媒本身所具备的相当特殊的本土性以及文化身份性、意识形态意义等,这些教材并非都适合作为我们骨干课程的主教材,但是至少它们都可以作为主要的辅助性教材使用。

人是通过镜像完成自我认识的,而中国的新闻与传播教育也需要这样的镜子来获得对自我的关照。希望这些译本能够成为一个台阶,帮助更多的青年学生和读者登高临远,建构我们自己的制高点。

尹　鸿
修改于 2013 年 11 月 12 日

PREFACE 前言

大众传播并未衰亡,而是正在发展并日益复杂,据此,我在更新并完善本书上一版本的基础上形成了这一版本。之前对大众传播行将消亡的论断是基于这样一个认知:20世纪后半叶出现的公众传播中的"新媒体"将最终全方位地超越相对粗简的传统"大众媒体"(尤其是报纸与电视)。在媒介发展的历史中,各种传统大众媒体展现出了适应新环境的能力,使得上述假设不攻自破。今天,在变化的社会、经济与文化环境下,轮到传统大众媒体来适应新科技了。诸多理论与研究是在大众传播这个持续的过程中累积形成的,那些统治性的社会力量,尤其是那些被冠称为全球化和现代化/发展的力量是与理论研究的不断生成息息相关的。正如各种媒体正在融合,关于新旧媒体的理论也在融合。

尽管我们认为大众媒体将继续生存并发展,但是在公众传播与媒体领域加速发生的深刻变化正呈现在我们面前。这样一本书是无法追赶上这些变化的,撰写本书及其之前版本亦不是要记录这些变化,而是提供一个相对稳定的理论之岛或是理论平台,以观察并理解我们周围发生的事。媒体与传播领域的学术研究发现源源不断,这些发现总是基于理论并受理论指导,却也总是相对滞后。检测过去的理论是否依然适用,并在有可能的情况下丰富既有理论,这两个动机促使我在这一版本中作出主要的改动。就提供新理论这一目标而言,关于新媒体效果与意义的测度报告往往是最见成效的。

如此这般的修改过程不仅需要依靠扫描并评估新近发表的经验研究成果,还需要与其他更为活跃的研究者保持持续联系。我十分幸运得以与同事、朋友及学生们一直交换观点并学习新事物。我无法一一致谢,权且在此对这一历程中提供特别帮助的人、地点及事件作一回顾。卡伦•雷马克斯为我提供了根特大学传播学图书馆的资源,那里有罕见的当期与近期的国际期刊资源。我一直感谢我在《欧洲传播学刊》的同事们,尤其是伊利斯·德·本斯、彼得·戈尔丁和列斯贝特·冯·祖宁。该刊定期组织的研讨会是我的一个重要的学习经历。与欧洲研究组织持续关联,尤其是参加会议及出版活动是我的另一个智慧源泉(应感谢的人们太多)。每年由欧洲传播研究协会(ECREA)组织的、近五年来在塔尔图大学举办的博士生夏季学校不断为我提供灵感。几所大学邀请我前去讲课,令我有所受益,尤其是京都同志社大学渡边武达教授、葡萄牙米尼奥大学的海伦娜·索莎教授、苏黎世大学的约瑟夫·特拉贝尔教授、莫斯科大学新闻学部的艾琳纳·瓦塔诺娃教授、巴塞罗那自治大学的米切尔·德·莫拉贾斯·斯帕教授、贝尔格莱德大学的米洛杰布·瑞德科维奇教授、伊兹密尔伊葛大学的康卡·云鲁教授以及拉脱维亚大学的维塔·泽尔切、英塔·布理克泽。致谢这件事总会招来非议,我要感谢的人太多,此处仅提一二。在我们"无止境的"媒体规范理论之作终于付梓之时,我尤其感激能与杰·布鲁姆勒这位老同事重拾旧交,感激与克里夫·克里斯蒂安、泰德·格拉瑟、鲍勃·怀特、卡勒·诺顿斯特恩等自成风格的"灵魂弟兄"的交往。如果没有 Sage 出版社米拉·斯蒂尔的倡议、坚持与热情,本书不可能面世,而这绝对不是一句常规的客套话。我希望本书能不辜负她的期望。这很可能是本书(至少在我手上)的最后一个版本,然而,只要大众传播仍然继续,大众传播理论也将永生。

  撰写这篇前沿之时,我的孙辈们正好前来看望,他们已经是未来的大众媒体受众了。因此,我借用汉诺·哈尔特的主意,将这本书献给他们。我最终极的感谢永远归于我的妻子罗斯·玛丽,是她将这一切变成现实。

HOW TO USE THIS BOOK

如何使用这本书

读者可以使用本书来学习一个特定的专题。有几种学习的方法。目录提供的是本书的基本向导或地图,每个章节开头均提供一个主要标题的清单,读者可据此探索本书。本书后部的主题索引包括了所有关键词及主题,读者也可用它来做阅读之初的搜索。

每个章节都提供一些板块以帮助你探索相关背景以及本书内涉及同一主题的研究与理论。表格旁的图标帮助你导航,你可以快速找到小结、回顾、姓名等并进一步找到关键的引用语和其他信息。

▶ **理论**:这些板块提供关键性理论主张的提要,以帮助巩固你对核心主题与理论的理解。

i 信息:这些板块提供必要的相关信息。表格与清单提供额外信息以帮助你运用经验性材料巩固理论知识。

摘要:在你阅读本书时,请将这些关键主题与理论的摘要当作一个简易的参考来使用。

" 引用:引用重要思想家的原话与文本,目的在于厘清并强调重要的原则,也将帮助你熟悉大众传播理论中的一些研究文献。

? 问题:重要理论议题的相关分支与争论点皆以关键问题摘要的形式列出。

eg 研究:研究示例将帮助你掌握一些探究理论问题的经验

方法。

深入阅读：为后续学习提供指导是本书的一个重要目标。每一章结尾都提供一个进一步阅读的注释列表，帮助读者更详尽地探索该主题。

术语表：在本书的最后，你将看到一张详尽的术语表，它包含了本书中所定义的全部概念。术语用粗体字呈现并在边缘标注小星，以帮助你快速交叉检索。

简要目录

第一部分 导 论

第1章 本书介绍 …………………………………… 3
第2章 大众媒介的兴起 …………………………… 19

第二部分 理 论

第3章 大众传播的概念与模型 …………………… 43
第4章 媒介与社会理论 …………………………… 65
第5章 大众传播与文化 …………………………… 91
第6章 新媒介—新理论？ ………………………… 111
第7章 媒体与社会的规范理论 …………………… 133

第三部分 结 构

第8章 媒体结构与表现：原则与责任 …………… 157
第9章 媒体经济与治理 …………………………… 179
第10章 全球大众传播 ……………………………… 203

第四部分 组 织

第11章 媒体组织：压力与需求 …………………… 227
第12章 媒体文化的生产 …………………………… 253

第五部分 内　　容

第 13 章　媒介内容：主题、概念和分析方法 …………………………………………… 279
第 14 章　媒介类型和文本 …………………………………………………………………… 307

第六部分 受　　众

第 15 章　受众理论和研究传统 …………………………………………………………… 335
第 16 章　受众的形成与体验 ……………………………………………………………… 355

第七部分 效　　果

第 17 章　媒介效果的过程和模型 ………………………………………………………… 389
第 18 章　社会—文化效果 ………………………………………………………………… 411
第 19 章　新闻、舆论与政治传播 ………………………………………………………… 435

第八部分 结　　语

第 20 章　大众传播的未来 ………………………………………………………………… 469

CONTENTS

目　录

第一部分　导　　论

第1章　本书介绍 … 3
我们研究的对象 … 3
本书的结构 … 4
大众传播的主题与议题 … 6
本书使用方式 … 8
范围与视角的局限 … 9
不同的理论 … 11
传播科学与大众传播研究 … 12
替代性的分析传统：结构的、行为的、文化的 … 15
小结 … 16

第2章　大众媒介的兴起 … 19
从起源至大众媒介 … 19
印刷媒介：书 … 20
印刷媒介：报纸 … 22
其他印刷媒介 … 26
作为大众媒体的电影 … 26
广播电视 … 28
录制音乐 … 31
传播革命：新媒介与老媒介 … 32
媒介之间的区别 … 35
小结 … 38

第二部分 理　　论

第 3 章　大众传播的概念与模型 …………………………………… 43
- 早期对媒介与社会的认知 ………………………………………… 43
- "大众"的概念 …………………………………………………… 46
- 大众传播的过程 …………………………………………………… 47
- 广大受众 …………………………………………………………… 48
- 作为一种社会建制的大众媒介 …………………………………… 50
- 大众文化与流行文化 ……………………………………………… 50
- 理论与研究的支配性范式的兴起 ………………………………… 53
- 另类的批判的范式 ………………………………………………… 55
- 四种传播模型 ……………………………………………………… 58
- 小结 ………………………………………………………………… 62

第 4 章　媒介与社会理论 …………………………………………… 65
- 媒介、社会与文化：关联及冲突 ………………………………… 66
- 作为一个社会过程的大众传播：社会关系与经验的媒介化 …… 68
- 将媒介与社会相关联的参考框架 ………………………………… 70
- 主题一：权力与不平等 …………………………………………… 71
- 主题二：社会整合与身份认同 …………………………………… 73
- 主题三：社会变迁与发展 ………………………………………… 75
- 主题四：空间与时间 ……………………………………………… 77
- 媒介—社会理论一：大众社会 …………………………………… 78
- 媒介—社会理论二：马克思主义与政治经济学 ………………… 79
- 媒介—社会理论三：功能主义 …………………………………… 81
- 媒介—社会理论四：社会建构 …………………………………… 83
- 媒介—社会理论五：传播技术决定论 …………………………… 84
- 媒介—社会功能理论六：信息社会 ……………………………… 86
- 小结 ………………………………………………………………… 89

第 5 章　大众传播与文化 …………………………………………… 91
- 传播与文化 ………………………………………………………… 92
- 起源：法兰克福学派与批判文化理论 …………………………… 94
- 流行的救赎 ………………………………………………………… 96
- 性别和大众媒介 …………………………………………………… 99

商业化 …………………………………………………………………… 102
　　传播技术与文化 ………………………………………………………… 103
　　大众媒介与后现代文化 ………………………………………………… 106
　　小结 ……………………………………………………………………… 109

第6章　新媒介—新理论？ ……………………………………………………… 111
　　新媒介与大众传播 ……………………………………………………… 111
　　新媒介新在哪里？ ……………………………………………………… 113
　　新媒介理论的主要主题 ………………………………………………… 116
　　将媒介理论应用于新媒介 ……………………………………………… 117
　　信息流的新模式 ………………………………………………………… 120
　　计算机中介的社群形成 ………………………………………………… 122
　　政治参与、新媒介与民主 ……………………………………………… 124
　　自由的技术？ …………………………………………………………… 126
　　新的公平使者还是分裂者？ …………………………………………… 128
　　小结 ……………………………………………………………………… 130

第7章　媒体与社会的规范理论 ………………………………………………… 133
　　规范义务的来源 ………………………………………………………… 134
　　媒体和公共利益 ………………………………………………………… 135
　　媒体社会理论的主要议题 ……………………………………………… 137
　　早期的理论路径：作为"第四权力"的新闻界 ……………………… 139
　　1947年新闻自由委员会以及社会责任理论 …………………………… 140
　　专业主义和媒介伦理 …………………………………………………… 142
　　关于新闻业的四种理论及其他 ………………………………………… 145
　　作为另一种选择的公共服务广播 ……………………………………… 147
　　大众媒体、公民社会与公共领域 ……………………………………… 149
　　回应公共领域中的不满 ………………………………………………… 151
　　其他愿景 ………………………………………………………………… 151
　　规范媒体理论：四种模型 ……………………………………………… 153
　　小结 ……………………………………………………………………… 153

第三部分　结　构

第8章　媒体结构与表现：原则与责任 ………………………………………… 157
　　作为原则的媒体自由 …………………………………………………… 158

作为原则的媒体平等 …………………………………………………… 160
作为原则的媒体多样性 ………………………………………………… 161
真实性与信息质量 ……………………………………………………… 164
社会秩序与团结 ………………………………………………………… 167
文化秩序 ………………………………………………………………… 169
问责的意义 ……………………………………………………………… 170
问责模式的两个选择 …………………………………………………… 171
问责的线索与关联 ……………………………………………………… 172
问责的框架 ……………………………………………………………… 173
小结 ……………………………………………………………………… 176

第9章 媒体经济与治理 …………………………………………… 179
媒体"不是普通的生意" ……………………………………………… 180
媒体结构的基础及分析的层次 ………………………………………… 181
媒体结构的一些经济原则 ……………………………………………… 183
所有权与控制 …………………………………………………………… 186
竞争与集中 ……………………………………………………………… 188
大众媒体治理 …………………………………………………………… 191
大众媒体规制:另类模式 ……………………………………………… 193
媒体政策范式转换 ……………………………………………………… 197
媒体系统和政治系统 …………………………………………………… 198
小结 ……………………………………………………………………… 201

第10章 全球大众传播 ……………………………………………… 203
全球化的起源 …………………………………………………………… 204
驱动力:技术和金钱 …………………………………………………… 205
全球媒体结构 …………………………………………………………… 206
多国媒体所有权与控制 ………………………………………………… 207
全球大众媒体的种类 …………………………………………………… 208
国际媒体依附 …………………………………………………………… 210
文化帝国主义与其他 …………………………………………………… 210
媒体跨国过程 …………………………………………………………… 213
国际新闻流动 …………………………………………………………… 215
媒体文化中的全球贸易 ………………………………………………… 218
趋向一个全球媒体文化? ……………………………………………… 219
全球媒体治理 …………………………………………………………… 221

小结 222

第四部分　组　织

第 11 章　媒体组织：压力与需求 227
　　研究方法与视角 228
　　主要议题 228
　　分析层次 229
　　社会力量场域内的媒体组织 231
　　与社会的关系 233
　　与压力团体和利益团体的关系 240
　　与所有者和客户的关系 240
　　与受众的关系 243
　　内部结构与动力方面 245
　　个人特质对大众传播的影响 245
　　角色冲突与困境 249
　　小结 251

第 12 章　媒体文化的生产 253
　　媒体组织活动：把关与选择 254
　　对新闻选择的影响 256
　　媒体与社会之间对于近用权的争夺 262
　　信源对新闻的影响 264
　　媒体组织活动：处理与呈现 268
　　媒体文化的逻辑 272
　　其他决策模型 273
　　融合文化的到来：作为生产者的消费者 275
　　小结 275

第五部分　内　容

第 13 章　媒介内容：主题、概念和分析方法 279
　　为什么要研究媒介内容？ 280
　　有关媒介内容的批判性视角 281

结构主义与符号学 …… 285
　　作为信息的媒介内容 …… 290
　　媒介表现的话语 …… 293
　　客观性及其测量 …… 295
　　研究方法的相关问题 …… 299
　　传统的内容分析法 …… 301
　　定量分析与定性分析的对比 …… 303
　　小结 …… 305

第 14 章　媒介类型和文本 …… 307
　　有关类型的问题 …… 307
　　类型和互联网 …… 312
　　新闻的类型 …… 314
　　新闻的结构：偏见和框架 …… 318
　　新闻作为叙事 …… 321
　　电视暴力 …… 322
　　文化文本和意义 …… 323
　　小结 …… 330

第六部分　受　众

第 15 章　受众理论和研究传统 …… 335
　　受众的概念 …… 335
　　受众的起源 …… 337
　　从大众到市场 …… 338
　　受众研究的目的 …… 340
　　其他研究传统 …… 342
　　公众考量下的受众问题 …… 343
　　受众的类型 …… 345
　　作为群体或公众的受众 …… 346
　　受众的满足模式 …… 347
　　媒介受众 …… 347
　　由渠道或内容来定义的受众 …… 349
　　受众接触的问题 …… 349

主动性和选择性 ·· 351
　　小结 ··· 353

第 16 章　受众的形成与体验 ····································· 355
　　媒介使用中的"为什么" ·· 355
　　受众形成的结构性路径 ··· 356
　　使用与满足路径 ·· 358
　　受众选择的整合模型 ·· 363
　　媒介使用的公共领域和私人领域 ······························ 366
　　亚文化和受众 ··· 367
　　生活方式 ··· 368
　　性别化的受众 ··· 369
　　社会性与媒介使用 ··· 370
　　媒介使用的规范框架 ·· 373
　　内容的受众规范 ·· 374
　　来自受众的视角 ·· 376
　　媒介迷群/粉丝文化 ·· 378
　　受众的终结？ ··· 379
　　受众的"逃离" ·· 381
　　受众的未来 ··· 382
　　再谈有关受众的概念 ·· 383
　　小结 ··· 384

第七部分　效　　果

第 17 章　媒介效果的过程和模型 ································ 389
　　媒介效果的前提 ·· 389
　　媒介效果研究和理论的自然历史：四个阶段 ··············· 391
　　传播权力的类型 ·· 397
　　效果的层次和种类 ··· 398
　　媒介效果的过程：类型分析 ··································· 400
　　个人的反馈和反应：刺激—反应模型 ························ 403
　　效果的间接条件 ·· 404
　　信源—接收者关系和效果 ······································ 405

定向宣传活动 …… 406
　　　小结 …… 409

第18章　社会—文化效果 …… 411
　　　一个行为效果模式 …… 412
　　　媒介、暴力与犯罪 …… 412
　　　媒介、儿童和青年 …… 417
　　　集体反应效果 …… 418
　　　创新扩散和发展扩散 …… 421
　　　知识的社会扩散 …… 422
　　　社会学习理论 …… 425
　　　社会化 …… 425
　　　社会控制与共识形成 …… 426
　　　涵化 …… 428
　　　媒介与长期的社会及文化变迁 …… 431
　　　娱乐效果 …… 432
　　　小结 …… 433

第19章　新闻、舆论与政治传播 …… 435
　　　从新闻中学习 …… 436
　　　新闻扩散 …… 441
　　　框架效应 …… 442
　　　议程设置 …… 444
　　　对舆论和公众态度的影响 …… 446
　　　关于深思可能性模型 …… 448
　　　沉默的螺旋：意见气候的形成 …… 450
　　　现实的构建和无意识偏差 …… 452
　　　对风险的传播 …… 454
　　　民主社会中的政治传播效果 …… 455
　　　对政治制度和政治进程的影响 …… 458
　　　媒介对事件结果的影响 …… 460
　　　宣传与战争 …… 462
　　　互联网新闻的效果 …… 464
　　　小结 …… 465

第八部分 结 语

第 20 章 大众传播的未来 …………………………………………………… 469
    大众传播概念的起源 ………………………………………………… 469
    大众传播的终结？ …………………………………………………… 470
    大众传播的幸存 ……………………………………………………… 472
    新媒介为大众传播带来的影响 ……………………………………… 474
    小结 …………………………………………………………………… 476

术语表 …………………………………………………………………………… 478
参考文献 ………………………………………………………………………… 502
译后记 …………………………………………………………………………… 542

第一部分 导论

PART One

第 1 章

本书介绍

我们研究的对象

20世纪，人们创造了"大众传播"和"大众媒介"这两个词汇，用以描绘当时一个崭新的社会现象，以及建立在工业化与大众民主基础之上的现代社会的一个关键特征。那是一个农村向城市移民、跨越国界线移民的时代，也是一个改变与压制力量之间、帝国与民族国家之间斗争的时代。大众媒介（复数）指的是公开的、跨越距离的、（对许多人来说）即时的、有组织的传播方式。它们出生在变革的时代背景之下与斗争之中，继而不断深入地卷入社会与文化变迁的潮流之中，不论是个人、社会还是整个"世界系统"都日益变得丰富复杂。

早期的大众媒介（报纸、杂志、留声机、电影和广播）很快发展成了今天的形式，只不过后来在规模与种类上发生了改变，且电视在20世纪中叶时加入了这一行列。相似地，今天我们所认为的大众传播的关键特征在七十余年前即已形成：将几乎一致的信息、意见与娱乐快速传及所有人的能力；其所拥有的普世的魅力；其所能激起的同等的希望与恐慌；与社会权力源之间的既定关系；以及能产生巨大影响的假设。当然，媒体的范围、内容及形式发生了持续的变化，描绘并评估这些变化即是本书的目标之一。

在一开始，我们就应认识到，大众传播已经不再是能覆盖整个社会（以及全球）的唯一传播方式了。新发展起来的技术已经构成了另一种传播网络。大规模、单向意义上的传播公共内容的大众传播并未式微，然而"传统"大众媒介已不再是其唯一的载体。新媒介（尤其是互联网与移动技术）加入其中，传播新型的内容与内容流。不同之处主要在于，这些新的传播更为广泛，结构更随意，通常是互动的、私人的以及个性化的。

不论正在发生什么变化，大众媒介之于当代社会中政治、文化、日常社会生活以及经济领域的持续重要性是无可置疑的。就政治而言，大众媒介提供一个辩论的场所，提供传播决策、竞选、事实与观点等的一系列渠道，为政治家、利益群体与政府机构提供宣传与影响的平台。在文化领域，大众媒介是大多数人进行文化再现与表达的主要渠道以及获取社会现实图景、获取形成并维持社会身份所需的素材的主要来源。包括休闲方式、生活方式等在内的日常社会生活则强烈地受到日常媒介使用行为以及媒介内容的塑造，媒体提供关于各种行为模式的讨论。渐渐地，媒介生成了经济价值，日益扩大、日益国际化的媒介公司统治着整个媒介市场并向运动、旅行、休闲、食物、服装等行业延伸影响，同时与电信及其他所有信息相关的产业互为关联。

有鉴于此，我们所聚焦的大众传播并不局限于大众媒介，而指的是与这个基本的过程相关的方方面面，不论所采取的是何种技术或网络；换言之，我们谈的大众传播是广泛的、公共的并使用技术中介的传播的各个种类与过程。此处"公共"一词不仅指的是向所有接收方以及一系列可识别的发送方开放，还指一个社会中广泛关注的（而非任何特定个人的）信息与文化事宜。尽管在个人与公共之间不存在一条绝对的界限，但仍然可以作出一个宽泛的界定。本书致力于促进针对各种形式的大众传播的公共监督，并对以下主题与议题提供观点和研究概览。

本书的结构

本书的内容由20个章节构成，这20个章节被编入8个部分。第一个实际部分探讨"理论"，为读者提供关于大众传播的最基本、最一般的理论基础，尤其涉及媒体与社会、文化生活之间千丝万缕的关联。这一部分从简要追溯大众媒体的兴起开始，然后介绍大众媒体与社会研究的另一个路径。（理论之间）差异来自针对媒体的不同观点、所探讨话题的多样性以及观察者因自身价值观不同而采用的界定问题与议题的不同方式。我们无法仅使用一套单一的方法"客观地"研究（大众传播）这样的一个学科。

本章随后将会介绍各种不同的理论，但从根本上讲理论是一种基于观察和逻辑推理的一般命题，它阐述所观察到的现象之间的关联并力图解释或预测这种关联。理论的主要目的是解释所观察到的现实、对收集并评估（实证）证据提供指导。概念（见第3章）是理论中的一个核心术语，它总结研究对象的一个关键方面并可被用于收集、阐释证据。概念的定义要谨慎。模式则是用文本或图标的方式将大众传播的动态过程中的某一方面做出选择性的再现。模式也可被用于描绘过程中各个元素之间的时空关系。

"理论"部分探讨"社会"与"文化"。因两者相辅相成，这个划分是人为的，但从定义来看，"社会"主要指的是各种社会关系，其范围涵盖权力与当权者（政府）、友谊与家庭关系、物质生活等。"文化"指的是观念、信仰、身份以及包括语言、艺术、信息及娱乐等的各种象征性表达，还有习惯与风俗。此外还有两个成分。一个是关于媒体组织行为中的准则与价值，在这里理论指的是媒体应当或者不应当做什么，而不仅仅是它们做了什么，而是它们为什么这么做。自然，对此人们抱有迥异的看法，尤其考虑到存在这样一种强力的信念：媒体以言论自由、艺术表达、公众的强烈责任感为名，从管制与控制中促成自由。

另一个是探讨媒介变革对理论的影响，尤其关注那些诸如互联网等新的、互动媒体的崛起，从可获得性来说它们属于"大众媒介"，但它们所从事的又不完全是我们之前定义的"大众传播"。此处我们面临的问题在于，是否需要新的、不同的"大众传播"理论来研究新媒体，或者大众传播是否正在式微。

"结构"部分（第三部分）探讨三个主题。首先，它探讨传媒的整个系统以及在国家层面的典型组织形式。核心的概念是传媒"机构"，既指的是受经济法约束的产业分支，也指的是满足社会需求、受制于法律规章、在一定程度上受公共政策指导的社会机构。媒体的特殊之处在于它是一门"公共利益投资"的生意，却在大多数情况下并不担负有形的责任。其次，它详细探讨公众、政府与受众对媒体，尤其是媒体表现的原则与标准的普遍期待：应采取什么样的标准？应如何评价媒体表现？怎样才能使媒体具有可信度？最后，这一部分探讨日益显现的全球媒体现象以及媒体的"世界体系"，基于计算机技术的生产与传输以及社会的全球化趋势是这一体系的根源。

"组织"部分（第四部分）聚焦媒体生产的场所（例如一个公司或大型公司的一个部门）并探讨影响生产的各种因素，包括来自组织以外的压力与需求、"大规模生产"新闻与文化的日常需求以及"大众传播者"日益个人化、专业化的趋势。有一些理论与模式为选择的过程以及"内容"发送以前被内部塑造的过程中所呈现出来的规律提供解释。

"内容部分"（第五部分）由两章构成。前一章主要处理内容分析的路径与方法。除了通常采用的内部使用的标签来描述媒体产出以外，很难找到更具启发性的内容描述方式，原因在于，内容的生产者、接收者以及"信息"文本本身之间对于去何处寻找"真实意义"存在分歧。后一章为所观察到的一些内容规律提供理论与论据，着重探讨新闻类型。

在下一个部分（第六部分），"受众"指的是接收媒体内容或被当作媒体传送对象的读者、听众、观众等。同样,受众分析的任务众多,开展受众分析的目的也是多样的。它远远超过传媒产业意义上的受众"测量",且沿着几种迥异的理论路径发展至今。受众研究不仅探讨"为何"使用媒介,而且探讨社会文化生活之于媒介使用的决定因素和相关性。媒介"使用"已经与其他诸多活动密不可分,我们已无法将其从其他经验元素中孤立出来对待。一个需要作答的关键问题是:媒介在发展过程中是否已经远远超越了大众传播的阶段,以至于"被动受众"的概念业已失去完全的解释力?

针对媒介"效果"的问题(第七部分)既是本书的开端与结论,又是大众媒介社会与文化考量的核心。效果研究的相关理论与主张众多。本书解释不同效果类型之间的区别,尤其是预期效果以及非预期效果之间、对个人的短期影响以及对文化与社会的长期影响之间的区别。媒介效果理论与研究仍然倾向于聚焦两个主要领域:其一,那些最受欢迎的内容可能产生的有害的社会与文化效果,尤其是那些涉及性与暴力的内容;其二,媒介对公众知识与意见形成的影响。这些议题在各章中逐一讨论。

大众传播的主题与议题

在讨论传播的社会起源、传播之于个人及社会的意义与效果时一再出现的一些基本议题构成了本书的内容。此处可将重要的主题列举如下:

- **时间**。传播发生在时间里,什么时候发生传播、传播持续多长时间都是十分重要的。传播技术业已稳步提升了点对点传输一定量的信息的速度。技术也能被用于存储信息供日后提取使用。尤其是大众媒介内容则充当社会与其中特定人群的记忆仓库,且这些记忆可以被有选择地找回或丢弃。
- **地点**。传播总是在一个特定的地点被生产并反映环境的特征。传播为人们定义他们所居住的地方并建构一种身份认同。它连接不同地方,缩短人与人之间、国家之间以及文化之间的距离。大众传播的主要趋势之一被认为是去地方化,或者说建构一个新的全球"地点",越来越多的人开始熟悉这一点。
- **权力**。社会关系由权力构成并驱动,在其中,一方的意志被以合法或不合法的方式加诸另一方之上,或者,通过施加影响的方式,一方找出并追随另一方的意愿。传播本身没有强制性的权力,然而它是行使权力的一个贯穿始终的构成元素和通常的方法,不论是否有效。尽管大众媒介所吸引的注意力是自发的,但媒体之于其受众的权力却时常被提及。
- **社会现实**。在大众传播的诸多理论背后的假设是:我们居住在一个"真实"的世界里,其物质状况与所发生的事件是可以被感知的。媒介为我们提供关于这些现实的报道或反映,这些报道的准确度、完整性和可信度不尽相同。"真实"的概念,不论多么难以界定并评估，常被用作衡量新闻与虚构作品的标准。
- **意义**。对大众媒介"信息"或内容的解读是一个持续兴起的主题。大部分大众媒介的理论是基于与意义相关的假设，这些意义可能来自传播者、接收者或中立的观察者。如上所述，不存在独一无二的意义来源，也不存在确定的意义描述，正是这一点造成了无休止的辩论与不确定性。
- **因果关系与决定论**。理论本来即是要尝试解决连接原因与结果之间的问题，不论是通过提出能链接观察所得的全部事实的整体解释，还是通过调查发现各因素之间的因果关系。原因不仅与媒体信息之于个体的影响有关，而且与媒体机构的起源这一历史问题，以及为何该机构会发送特定性质的内容和诉求有关。媒体会对社会产生影响吗？或者媒体自身就是之前的或更深层次的社会力量的产物？
- **中介**。在用因果关系来思考媒介的同时，我们可将媒介视作信息与观点传播的场合、链接、频道、舞台和平台。在媒介的运作下，意义得以形成，社会与文化的力量依据不同逻辑自由行使并产生不可预计的效果。中介的过程不可避免地影响或者改变着人们所接收到的意义，"现实"越来越依据媒介呈现的需求而被改编，而不是媒介呈现依据现实被改编。
- **身份**。身份指的是对于一个文化、社会、地方或社会群体的共享的归属感，身份常常涉及国籍、语言、工作、种族、宗教、信仰、生活方式等诸多因素。大众媒介与构成、维持或瓦解身份的许多方面相互关联。媒介可以驱动或反映社会变化，致使社会更整合或更分裂。
- **文化差异**。传媒相关研究时时刻刻都在提醒我们，不论全球的大众传播与媒体机构的作业具有多么明显的相似性，它们总是受到个人、小群体与国家层面的文化差异的影响。大众媒介的生产与使用是一种文化行为，它抵御技术与大规模生产内容的一体化趋势。
- **治理**。治理指的是通过法律、规则、习俗、准则以及市场管理的方法来调节、控制各种媒体的方式。为适应技术与社会的变迁，传媒治理正在发展。

本书中要讨论的议题则指的是那些在公共舞台上存在疑问的，或有争议的更具体的事件。这些事件与舆论通常是如何形成的、政府应该如何通过政策来阻止或改善舆论、媒体自身担负什么责任等问题相关。并非所有的议题都是负面的，但是议题总是与今天及未来或好或坏的趋势相关。我无法提供一个完整的议题清单，以下是我能想到的主要的部分，其中许多议题读者已十分熟悉。以下议题清单不仅提供本书内容的预览，而且提醒读者媒体在社会中的重要性以及相关理论的实用性。以下按照领域范畴将议题做一划分。

与政治和国家的关系
- 政治竞选与宣传

- 公民参与与民主
- 战争与恐怖主义中的媒体角色
- 对外交政策决策的影响
- 服务或反抗权力源

文化议题
- 内容与内容流的全球化
- 提升文化生活与文化生产的质量
- 对文化与社会身份的影响

社会考量
- 对现实的定义与社会经验的中介
- 与犯罪、暴力、色情和异常行为的关联
- 与社会秩序与失序的关系
- 对信息社会的推动
- 闲暇时光的使用与质量
- 社会与文化不平等

规范问题
- 言论与表达自由
- 社会与文化不平等：阶层、种族、性别与性取向
- 媒体规范、道德与专业主义
- 媒体可信度与社会责任

经济考量
- 集中的程度
- 内容的商业化
- 全球帝国主义与（经济）依赖

本书使用方式

本书是依据一定的逻辑、采用一种连贯叙事的方式写作而成的。本书从简要介绍媒介发展史开始，接着概述那些探讨大众传播与社会文化之间关联的主要的概念与理论，随后本书沿着"作为传播源的大众媒体组织——组织所生产与传播的内容——受众的接收——种种可能的效果"这一线索展开讨论。这当中的确貌似隐含了我们应如何学习大众传播的一种方法，但这并非作者本意。

前文所列的议题各有特质，其中诸多议题又十分复杂，因此只能简要地做一描述。

每一章的开头为读者提供本章要讨论的话题的概要介绍,每一章的主体则被划分成了多个带有标题的部分。作者并不是按照上述主题或议题来排列话题,而是依据不同的理论焦点以及为验证相关理论而开展的研究来排列。总的来说,读者将会读到对相关概念的定义、对话题的阐析、对研究所得的论据的简短评论以及对争议事件的总体评价。每一章的结尾提供一个简短的总结。关键性的要点被列在板块中以帮助读者聚焦并回忆。

范围与视角的局限

尽管本书涵盖的范围较广,并力图应对(全球)大众传播的整体现象而非某一个特定国家的现象,但这一目标的生命力在许多方面是有局限性的。首先,作者本人居住在一个特定的地方,持有特定的国籍和文化背景,这些塑造了他特定的经历、知识与见解。即便作者努力追求客观,但仍然存在一定的主观性且难以避免。其次,尽管技术相似,媒体组织的形式、行为与内容趋同,但观察"大众传播现象"本身不可脱离其特定的文化背景。尽管一些历史学家将大众媒体机构描绘成一种随"现代化"的进程从美国与欧洲向世界其他地方扩散的"西方的发明",但也存在另类叙事的方式,且扩散的路径绝非单向的或确定的。简单地说,这种理论阐述的方式不可避免地具有"西方"偏见。在很大程度上,这种理论的主体来源于西方世界,尤其是欧洲和北美,用英文记录,被用来验证理论的研究也来源于西方。当然并不是说这些理论不适用于其他地区,但是这意味着所得出的结论是有条件限定的,同时需要形成并验证其他观点。

媒介与社会之间关系的性质取决于其时空环境。如前所述,本书主要探讨现代国家、"发达"国家的大众媒体与大众传播,这些国家拥有选举民主和自由(或混合)市场经济,且参与到更大的、国际经济与政治的交换、竞争、统治或冲突关系中去。"非西方"社会,尤其是那些较公共化而非个人化、较宗教性而非世俗性的社会对大众媒介的体验很可能是不同的。尽管西方媒介理论业已成为一个支配性的全球媒体计划的一部分,但仍然存在其他媒介理论与实践的传统。区别不仅在于经济发展程度的差异,更在于文化之间、悠长历史经验之间的差异。问题不仅止于作者不可避免的民族优越感,更在于那些植根于西方思想的主流社会科学传统。文化研究为社会科学提供的某些替代性,也具有西方特质。

尽管大众传播研究的目标是提供一个尽可能"客观"的理论与论据的描述,但不能避免探讨价值以及政治与社会冲突的问题。所有的社会都拥有潜在的或公开的紧张与矛盾,且这些矛盾往往都延伸到国际上。媒介生产并传播相关事件以及社会环境的个人与公共意义,因此不可避免地被卷入这些争议中。我们无法期望大众传播研究提供那些理论中立的、经科学论证的关于"效果"的信息以及作为一个复杂体及多主体过程的事件的意义。同理,用实证的方法也很难形成大众传播的理论。

毫无疑问,在媒介理论的范畴内包含诸多迥异的观点。有时能看出左派(激进的或自由的)路径与右派(保守的)路径之间的差异。例如,左派理论对国有或大型全球企业施展媒体权力持批判态度,而保守的理论家则指责新闻的"自由化偏见"以及媒体对传统价值的破坏。偏批判的和偏应用的理论研究路径之间存在差异,尽管二者并不一定对应特定的政治轴线。拉扎斯菲尔德(Lazarsfeld,1941)将二者称作批判取向与行政取向。批判理论力图揭示媒介行业的潜在问题与错误,并在特定价值的指导下将其与综合的社会问题相关联。应用理论则力图理解传播的过程并用此解决"更有效地使用大众传播"这一实际问题(Windahl & Signitzer,2007)。此外,我们仍然能看到另外两条相异的理论轴线。

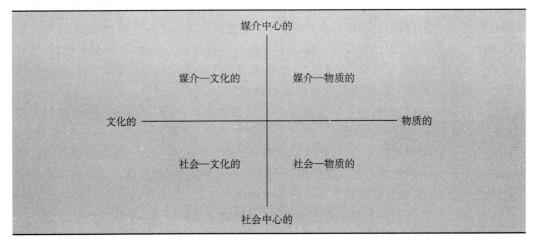

图表 1.1 媒介理论的不同维度与视角——媒介中心与社会中心、文化与物质这两种维度划分出了四个路径

第一条轴线区分"媒介中心"的路径与"社会中心"的路径。前者强调传播的自治与影响并聚焦媒体自身的活动范畴。相关理论将媒介视作社会变迁的主要推动者,势不可当的传播技术发展是其驱动力。同时,它更加关注媒介的特定内容以及不同媒介(印刷、视听、互动等)的潜在影响。社会中心理论主要将媒介视作政治和经济力量的反映。媒介理论是广义的社会理论的一个特定应用(Golding & Murdock,1978)。不论社会是否由媒介推动,大众传播理论本身一定是由媒介技术与结构的每一次重大变化驱动的。

第二条(水平的)轴线的两端分别是那些关注(并深信)文化与观念的理论以及强调物质力量与因素的理论。这种区分的方法与以下区分大致类似:人文的与科学的、定性的与定量的、主观的与客观的。上述区分在一定程度上反映了在更大的领域分配研究力量的必要性以及媒介研究的跨学科特性,也涵盖了相互竞争乃至冲突的提出问题、开展研究、提供解释的方法。两种路径相互独立,在其中划分出媒介与社会研究的四种不同的视角(图表 1.1)。

可将四种不同的视角总结如下:

1. **媒介—文化的视角**。这一路径将受众成员与媒介文化的特定类型或样式(如真人秀电视或社交节目)相关联,并在一个特定的语境中解读(媒体消费)经验的主观意义。

2. **媒介—物质的视角**。这一传统的研究强调媒介的属性对媒体内容的塑造及其潜在效果,媒介的属性指的是那些所采取的技术及其所蕴含的接收(者)与生产(者)之间的社会关系。这一派别的研究也将效果归因于特定的组织环境、动力以及产生。

3. **社会—文化的视角**。此类观点基本上将媒介与媒介经验从属于那些影响社会与个人的更深刻、更强大的力量。同时,相较于政治和经济议题,社会和文化议题更占支配地位。

4. **社会—物质的视角**。这种视角常常对媒体所有权与媒体控制进行批判,认为媒体的传播与背书最终是为了促成某种统治性的意识形态。

只要在研究的结构中仍存在这些路径上的差异,就同时存在不同学派之间的融合趋势。即便如此,各种话题和路径所涉及的哲学与方法论的差异仍然至关重要且不容忽视。

不同的理论

如果我们将理论理解为帮助解释现象、指导行为或预测结果的任意一个观念体系而非像法律命题那样(固定)的体系,那么我们至少可以得出五种大众传播的相关理论,分别是:社会科学的、文化的、规范的、操作的与日常的理论。

社会科学理论系统地、客观地观察媒体和其他相关来源并用类似的方式对其加以证实或证伪,由此来描述大众传播的属性、运作与效果。如今此类理论业已相当丰厚,本书用较大的内容篇幅对其加以讨论。然而它们组织较为松散,阐明得还不是特别清晰,甚至不甚一致。这一理论谱系非常宽广,从社会层面的广阔问题到个人信息传受的具体层面。这些理论也来源于多个不同学科,尤其是社会学、心理学和政治学。一些"科学"的理论注重对现行事物的理解,另一些注重提出批评,还有一些则聚焦在公共信息传播或说服过程中的现实应用。

文化理论呈现出更多样的特性。其中一些理论形式是评估式的,力图依据特定的质量标准将各种文化产品加以区分;也有时候其目标几乎是相反的——力图挑战等级划分、认为等级与真正的文化重要性无关。文化产生的不同领域生成了各自的文化理论,有些理论遵循美学或伦理线索,另一些理论持有社会批判的目的。在电影、文学、电视、图像艺术以及许多其他媒介形式中,都存在上述理论区别。文化理论要求清晰的论据与表述、前后一致性与连贯性,然而其核心概念往往是想象的、观念式的,它拒绝通过观察来检测并验证的要求。尽管如此,仍然存在将文化的与社会的方法路径相结合的可能性,媒体所面临的诸多错综复杂的问题也需要用两者(而非其中一者)加以解释。

第三种理论可被描述为规范理论，规范理论检查或规定媒介应当如何运作才能遵守或实现特定的社会价值。此类理论常常发源于更广义的社会哲学或特定社会的意识形态。此类理论参与塑造媒介并使其合法化，同时能较大地影响社会其他部门及媒体自身的受众对媒体的期待，因此这些理论十分重要。对大众媒介执行社会文化规范的要求催生了诸多研究。一个社会针对其媒介所提出的规范理论常常体现在其法律、规制、媒体政策、道德准则以及公共讨论当中。尽管媒介规范理论本身并不"客观"，但是可以采用社会科学的"客观"方法来研究它（McQuail,1992）。

关于媒介的第四种知识可被称为操作性理论，它指的是媒体从业者在工作中累积并运用的实际的观念。在大部分媒体组织与职业环境中累积起来的实践智慧是大同小异的。就媒体而言，操作性的理论被用来指导完成基本的任务，包括如何选择新闻、取悦受众、设计有效的广告、不突破社会允许的限度以及与信源及社会建立有效关系。在某一点上，例如在新闻道德与行为准则上，操作性理论可能与规范性理论重合。

值得以理论之名来冠称这些知识，因为它即便很少被编成法典或准则，仍往往是成体系的、持续稳固的，且它对行为有很大影响。针对传播者与传媒机构的研究揭示了这一点（例如：Elliott,1972;Tuchman,1978;Tunstal,1993）。卡茨（Katz,1997）将研究者之于媒介生产的角色比作音乐理论家或科学哲学家能发现那些音乐家或科学家根本意识不到的规律这一事实。

最后，还存在日常的或者称常识性的媒介使用理论，指的是我们都具备的、在我们个人的媒介使用经历中获得的知识。这些理论帮助我们理解所发生的事，找到合适我们日常生活的一种媒介形式，理解其内容应当被怎样"阅读"以及我们喜欢如何阅读它，理解不同媒体与媒介类型之间的差异，诸如此类。作为媒介消费者的我们有能力作出持续的选择、发展品位样式、构建生活方式和身份，是此类"理论"的根本诉求。它同样支持了受众批判性判断的能力。反过来，所有这些决定了媒介事实上为其受众提供什么并同时为媒介所形成的影响设置方向与限制。例如，日常理论帮助我们区别"现实"和"虚构""体会言外之意"，识别广告技术及其他宣传形式的说服性目的或者抵抗那些媒介可能引发的有害的冲动。常识性理论可见诸许多人认同并遵守的媒介使用规范中（见第 16 章）。大众媒介的社会定义并非出自媒体理论家或立法者，也非媒介生产者自身，而是出自受众长期的体验与实践。媒介的历史与未来前景正是取决于这个非常不确定的理论分支而非任何其他分支。

传播科学与大众传播研究

大众传播是社会科学中众多话题之一，也是人类传播这一大的研究领域的一个小部分。以"传播科学"为名的研究领域被伯杰和查菲（Berger & Chaffee,1987:17）定义为

"通过发展可验证的理论、进行合法的归纳来理解符号与信号系统的生产、处理和效果"的一门科学,它"解释那些与产生、处理和效果相关的现象"。这是一个被应用于大多数传播研究的、"主流"的定义,然而这种定义十分偏向某一种研究的模式——传播行为及其原因和效果的定量研究。在处理"符号系统"的属性和意义之时,这种定义尤其不能胜任,因为意义来源于不同的社会和文化背景。本章的末尾列举了大众传播研究的几种主要的替代路径。

技术的发展模糊了公共传播与个人传播、大众传播与人际传播之间的界限,这也为相关领域的定义带来了难度。如今已经不可能找到任何一种一致认同的"传播科学"定义了,原因是多方面的,其中最根本的原因在于,关于"传播"这一核心概念的定义人们从来没有达成过一致。"传播"一词可以指代迥异的事物,尤其是,信息传输的行为或过程;意义的赋予或获取;信息、观点、印象或情绪的分享;接收、认知与反馈的过程、影响的行使以及任何形式的互动。再复杂一些,传播可以是有意图的或无意的,传播的渠道与内容种类则是无穷无尽的。

此外,鉴于传播科学起源于诸多不同的学科且其探讨的议题具有包括经济、法律、政治、伦理以及文化等广泛的属性,"传播科学"不可能是孤立的、自足的。传播学一定是跨学科的且必须采用多种路径和方法(McQuail,2003b)。

依据传播所发生于的社会组织层级不同来定位大众传播研究的主题则是一个相对妥当的做法。依据这一标准,大众传播可被视为多种社会传播活动之一,在社会传播活动的金字塔中,它位于其他传播网络的顶端(图表1.2)。传播网络指的是一系列互相连接的节点(人或地点),在其间信息得以传输或交换。通常情况下,大众传播是一种将众多接收者连接到一个发送源的网络,而新媒体技术则为多个不同的节点提供互动联结。

随着金字塔的层级逐次递减,可研究的问题越来越多,且每一个层级都拥有其特殊的问题以供研究并形成理论。在一个完整的当代社会中,通常存在一个大型的、依赖于大众传播的、可在不同程度上触及并调动起所有公民的传播网络,尽管(一个国家的)传媒体系通常因地区或其他社会或人口因素而分化。

大众媒体并非唯一一个可延展到整个社会的有效传播网络。可支持全社会网络的其他(非大众媒体)技术在今天已的确存在(尤其是交通网络、电信基础设施以及邮政体系),但是这些网络往往不具备大众传播所拥有的社会因素和公共角色。在过去(以及今天在一些地方),全社会范围的公共网络是由教会或国家或政治组织提供的,且往往是基于共同的信仰以及阶层式的关系链。这种关系链从"顶端"延伸至"底层"并采取从正式出版到私人接触的多种传播方式。

在诸如自然灾害、重大事故或战争爆发等非常情况下,其他一些传播网络会被启动以替代大众媒体。在过去口口相传是唯一的可能性,而今天移动电话和互联网可以有效地连接众多用户。事实上美国在20世纪70年代发明互联网的初衷即是一旦核战争爆发可有一个替代性的传播系统。

在"全社会"的下一个层级,存在若干不同种类的传播网络。其中一种对应社会关系中的地区、城市/城镇关系并可能拥有相应的媒体(本地报纸、电台等)。另一种则以公司、工作组织或职业为依托,不一定拥有一个固定的地点,但通常在其组织界限内部拥有十分活跃的传播活动。第三种则对应"机构",例如政府机构、教育机构、司法部门、宗教机构或社会保障机构;一个社会机构的活动总是十分多样的,且需要互相关联以及大量拥有特定路线和形式的传播活动;此类网络具有特定、有限的目标(如教育、保持秩序、传递经济信息等),这些传播活动不对所有人开放。

再往下一个层级,则存在更多的传播网络,这些网络依托日常生活中一些共享的特质——环境(如一个社区)、兴趣(如音乐)、需求(如照看幼儿)或活动(如一种运动)而展开。在这一层级,关键问题是归属感与认同、合作与规范形成。在群体内(如家庭)和人际间这两个层面,通常关注的是交谈的形式、互动的方式、影响、附属感(归属的程度)以及规范性控制。在人内层面,传播研究的焦点则是信息的处理(如注意、感知、态度形成、理解、回忆与学习)、意义的赋予以及可能的效果(如关于知识、观点、自我身份认同以及态度)。

这个看起来清晰的模式已经被社会生活的日益"全球化"变得复杂,大众传播对全球化起到了一定的作用。还有一个更高层级的传播与信息交换需要考虑:在这个跨越甚至忽略国界线的层面上发生着日益增多的经济、政治、科学、公共、体育、环境等活动。一些组织与机构正在逐渐摆脱国界线,个人也可以在自己的社会以及直接的环境之外满足其传播需求。在共享的时间空间中发生的人际社会互动与传播系统二者之间曾经牢固的关系正在大幅削弱,我们的文化与信息选择则正在大幅增多。

这正是"网络社会"这一概念兴盛的原因之一(参看 Castells,1996;van Dijk,1999;以及本书第6章)。这些发展同时意味着网络正在日益摆脱社会某一个层面的局限(见图表1.2)。因为有了新的(公共的及私营的)传播方式,在不具备传统的共享空间或者人际相识的基础之上便可以形成传播网络。在过去,可大致将一种传播技术与一个社会组织的层级相对应,如电视对应最高层级,报纸与广播对应地区或城市一级,内部系统、电话及邮件对应组织一级,以此类推。随着传播科技的进步及其广泛应用,这种对应不复存在了。比如,今天的互联网正在服务于几乎所有层级的传播活动,互联网还支持连接社会顶层与底层的链条或网络,它不仅是水平的,还可能是垂直的或呈斜线的。例如,一个政治网站可以触及政治领袖及精英,也可以触及草根层面的公民,在其间形成多种形式的信息流。在当下,报纸、电视、广播等传统的核心大众媒体覆盖全社会的传播功能并未呈现出多大的改变,尽管它们对公共传播近乎垄断的地位正日益被挑战。

尽管网络社会正日显复杂,每一个层级仍然指出一些相似的问题供传播理论与研究探讨,如图表1.1所示。

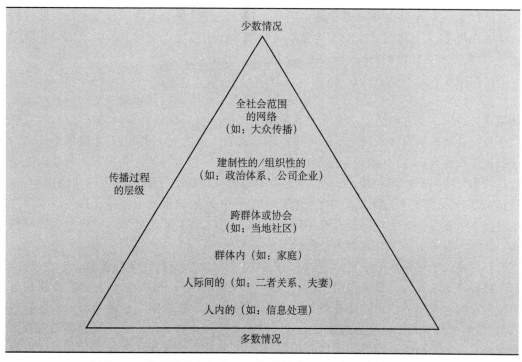

图表 1.2　传播网络金字塔：大众传播作为社会传播的多种过程之一

1.1　关于传播网络及过程的理论及研究问题

- 在一个特定的网络中，谁与谁相连接，为什么相连接？
- （信息）流采取何种形式与方向？
- 传播如何发生（渠道、语言、符码）？
- 观察到何种内容？
- 传播的结构是什么？有意的或无意的？

替代性的分析传统：结构的、行为的、文化的

尽管各层级的问题在根本上是相似的，但在实际中则涉及极为不同的概念，传播的现实也依层级不同而不同。（例如，在两位家庭成员之间发生的对话所依据的规则与广电播出者面对大量观众的传播行为不同，也与电视智力竞赛或者工作组织中一系列的指令不同。）仅鉴于此，任何"传播科学"都必须建立在几个不同的理论与经验证据的基础之上且必须来源于几个不同的传统学科（尤其是早期的社会学和心理学，如今则还包括经

济学、历史学、文学、电影学及其他诸多学科)。这样一来,最本质的区分发生在人际传播之于大众传播、文化考量之于行为考量以及制度与历史观之于文化与行为观之中。简单地说,存在三种替代性的路径:结构的、行为的、文化的。

结构路径主要来源于社会学,同时包含历史学、政治学、法学与经济学的观点,其出发点是"社会中心的"而不是"媒体中心的"(如图表1.1所示),其首要关注对象往往是媒体系统与组织以及它们之于广大社会的关系。当提出相关媒体内容的问题之时,焦点往往落在社会结构与媒体系统之于新闻与娱乐形式的效果之上。例如,商业媒体系统趋向于提供娱乐内容,而公共服务媒体则相对趋向于提供信息与传统文化内容。当提出关于媒体使用与效果的问题之时,这一路径强调的是大众传播之于其他社会结构的影响,包括:政治宣传之于选举行为的影响、新闻管理的角色、政府政策的公关等。媒体现象最终的活力在于通过经济手段以及对技术的社会组织化应用来实施权力。媒体分析的结构路径通常与管理的需求以及媒体政策的形成相关。

行为路径主要植根于心理学与社会心理学,也包括一些社会学的变量。总的来说,行为路径首要关注的对象是人类个体行为,尤其是那些关于选择、处理与回应传播信息的行为。大众媒体的使用往往被视作个体为达到一定目的或实现一定功能而采取的理性的、有动机的行为。心理分析通常会采取基于个人主体的实验方法。社会学的变异则聚焦具有某种社会属性的群体成员的行为,并偏爱对从自然情况下收集的代表性调查数据进行多变量分析。这一路径依据社会地位、性情、行为等来将个体进行分类,而变量数据是可操纵的。在相关组织的研究中通常采用参与式观察法,这一方法主要运用于研究说服、宣传以及广告,传播大致被理解为传输。

文化路径植根于人文科学、人类学以及语言学。尽管其潜力十分广大,但这一路径主要探讨意义及语言的问题或探讨特定社会语境和文化经验的片段。媒体研究作为更为广义的文化研究的一部分存在。这一路径更可能是"媒体中心的"(但并不绝对),对媒体之间的不同以及媒体传输与接收的环境较为关注,对特定内容及情况的深入理解而不是形成一般化的定论更感兴趣。在方法上,这一路径偏好对具有社会及人的意义的行为进行定性的深入的分析,也常常对"文本"进行分析及解读。文化路径汲取诸多理论,包括女性主义的、哲学的、语义学的、精神分析的、电影的以及文学的理论。典型的文化路径无法直接投入应用,然而它为媒体生产者和规划者提供许多重要的见解,它有助于更好地理解受众、对成功或失败作出更好的定性解释。

小　　结

本章旨在对大众传播的人文及社会科学研究所身处的理论地图进行一个大致的描绘。需要明确的是,各个议题之间的界线并非清晰且固定的,而是随着技术与社会的变化而变化。尽管如此,学术界依然拥有一套共同的关注对象、概念以及分析工具,我们在随后的章节中加以探讨。

深入阅读

Devereux, E. (2007) *Media Studies: Key Issues and Debates*. London: Sage.

A wide-ranging set of original chapters on important topics in the field, with supplementary teaching materials and references.

Grossberg, L., Wartella, E. and Whitney, D. C. (1998) *Media Making*. Thousand Oaks, CA: Sage.

A comprehensive presentation of the field of study of mass media from different perspectives-sociological, cultural and media industrial.

McQuail, D. (ed.) (2002) *Reader in Mass Communication Theory*. London: Sage.

A set of key readings, classic and modern, organized in sections that correspond to the main divisions of the present book and chosen to support the same range of content as this edition.

Silverstone, R. (1999) *Why Study the Media?* London: Sage.

A concise and clearly argued personal statement of the significance of the media in society. Still valid, despite changes in the last decade.

在线阅读

Castells, M. (2007) "Communicative power and counter-power in the network society", *International Journal of Communication*, 1: 238-266.

Sreberny, A. (2004) "Society, culture and media: thinking comparatively", in J. D. H. Downing, D. McQuail, P. Schlesinger and E. Wartella (eds.), *The Sage Handbook of Media Studies*, pp. 83-103. Thousand Oaks, CA: Sage.

第 2 章

大众媒介的兴起

本章旨在描绘大众媒介发展至今的大致脉络,同时指出其中几个主要的转折点并简要介绍不同媒体因其特定的受众使用及社会角色而被界定之时的时空环境。关于媒介的这些定义形成于媒介发展史的早期,随着新的媒介的出现以及环境的变化而被不断修订,这是一个持续的过程。本章的结尾探讨媒体之间的两种主要区别:一种因自由程度不同、另一种因使用条件不同。

从起源至大众媒介

我们已经将一个大众传播的过程与赋能它的某种特定媒体进行过区别。相较于今天我们所使用的大众媒介,人类传播出现得早得多。这一过程与早期社会的组织融为一体,持续时间漫长、覆盖范围宽广。甚至观点的大规模扩散也出现在早期的政治与宗教意识及责任的传播当中。在中世纪早期,欧洲的教会即已拥有详尽而有效地向所有人传播的途径，这可以被称作大众传播，尽管除了神圣文本之外它不具备当代意义上的任何"媒体"。当印刷媒介出现之时，教会和国家对其可能造成的失控威胁以及传播新的异质知识的机会表现出警惕反应。16世纪宗教战争中痛苦的宣传之争即是明证。这正是印刷媒介这种传播技术不可逆转地获得其特定的社会与文化定义的历史时刻。

我们主要运用四种在广义社会当中具有重要性的元素来讲述大众媒介的历史。

- 特定的传播目的、需求或使用
- 长距离向大众进行传播的技术
- 提供组织生产与发行所需的技巧与框架的社会组织形式
- 规制与控制的形式

这些元素彼此之间不存在固定的关系且相当依赖所身处的时空环境。有时一种技术被应用于满足早先存在的需求，比方说印刷取代了手抄、电报取代了真人传递重要信息；然而有时在技术发明之时还不存在明确的需求，比方说电影或广播。上述真实存在的元素组合往往依赖于难以描述的物质因素以及社会与文化特征。即便如此，可以肯定的是，一定程度的思想、言论及行动自由构成了印刷及其他媒体发展（尽管不是最初的发明）最为必要的条件。早在欧洲15世纪中期的发明家古登堡以前很久，中国和韩国便发明了印刷的技艺，甚至使用活字（Gunaratne, 2001）。

总体来说，社会越是开放，传播技术越是可能实现其最大的发展潜力，尤其是可能被全世界广泛使用。在较为封闭或压制的社会统治之下，技术的使用通常受到限制或者严格界定：俄国直到17世纪早期才引入印刷术，奥斯曼帝国直到1726年才引入。鉴于大众媒体的机制框架最初是西方（欧洲与美国）的，且世界其他地方后来皆以类似的方法来使用这些技术，因此在以下关于不同媒体的历史与特征的描述当中所运用的是一种"西方"的视角观点。即便如此，大众媒介完全没有必要遵循这唯一的西方路径。存在诸多可能性，且很有可能文化的差异将超越技术的限定。各个社会之间的重要区别总是在媒体发展史当中得以体现，例如体现在书籍与报纸阅读量的巨大差异或者互联网普及的比例与速度上。

接下来将根据其技术与物质形式、特有格式与类型、被认为的使用方式以及制度上的设定，对每种主要的大众媒体进行定义。

印刷媒介：书

现代媒介史从印刷书籍开始——印刷固然是一场革命，但最初只是为了复制业已大量手抄的文本而发明的一种技术设备。后来，所印刷的内容渐渐有了变化，包含了更世俗(非宗教)的、实用的、流行的(尤其是以本国语言印制的)作品以及在中世纪世界转型中起到一定作用的政治与宗教小册子。在早期某个时候,王室或其他权威机构还印刷法令与政治宣言。因此可以说,印刷在那场社会革命当中起到了不可小觑的作用(Eisensyein,1978)。

书的雏形出现在古典时代,那时存在无数知名的作者,他们所撰写的虚构或非虚构的作品被手抄并传阅,或者被口头传诵。至少在西方,制书的传统在罗马帝国灭亡以后即消失了,仅因学习或宗教的原因而保留下来一些关键文本,直至修道士们复兴制书业。

在中世纪早期,书主要并不是一种传播的方式,而是作为一种对智慧的储存,尤其用于忠实保存宗教文本。在以宗教与哲学为主的文本以外,也出现了科学与实用信息文本。此时的书籍主要由线装册和具有硬皮的独立封面构成(称为"典籍"),这是为了满足安全存储、在讲台上大声诵读以及旅行与运输的需求。书籍既要耐用又要能在圈子当中传看。现代的书也具有相似的功能,是这种典籍的直接衍生。另外一种纸卷或羊皮卷的书的形式已不复存在了,尤其是在需要将纸张压平的印刷媒介代替手写以后。印刷术成就了中世纪书的形式,尽管尺寸有所缩小。

从书写发展到印刷之间的另一个重要因素是图书馆——书的储存或收藏之处。至少在数字图书馆出现以前,图书馆最初的理念与物理安排一直延续了下来。图书馆也反映并印证了书籍作为一种永久记录或资料的特性。大体上,印刷并未改变图书馆的特质,尽管反而促进了私人图书馆的建立。图书馆发展到后来,不仅是一种媒介,而成了一种大众媒介——图书馆通常被作为公共信息渠道来设置,从19世纪中叶开始图书馆被视为大众启蒙的一种重要工具。

作为手抄文本复制方式的取代,19世纪的印刷技术及其成功应用仅仅是出现我们今天所称的"媒体建制"(参见第50页)的第一个步骤——所谓"媒体建制",是一套由相互关联的事物与角色构成的有组织的体系,它具有一定的目标并受一套规则与程序管理。印刷逐渐成为一门新的手艺以及一个重要的商业领域(Febvre & Murtin,1984)。后来印刷商从交易者变成了出版商,(印刷与出版)两种职能也逐渐区分开来。同样变得重要的是"作者"的角色,之前文稿的作者往往不是在世的个体。

职业作者的角色成了下一步自然的发展——16世纪晚期出现了职业作者,他们通常得到富有的资助人支持。所有这些发展都反映了市场的出现以及书籍向商品的转变。尽管按照现代标准来衡量、当时的印刷业务量是非常小的,但随着时间的累积可能变得十分可观。费弗尔与马丁(Febvre & Murtin,1984)估计,当时出版了1 500~15 000本书,路德翻译的《圣经》版本则累计印刷了超过百万册。在拥有印刷产业的国家之间,尤其是法国、英格兰、德国和意大利之间,书籍贸易十分兴盛。事实上,16世纪末期的图书出版业已经蕴含了现代媒体的诸多基本特质,包括最早的公共阅读。出现了赋予印刷商以某些特定文本之特权的"版权",也出现了基于审查、保护作者或维系标准等目标的多种垄断行为,如伦敦的韦商公会(the Stationer's Compang)便拥有上述便利(Johns,1998)。

逐渐增多的争取出版自由及作者权益的活动写就了书籍后来的发展史。从16世纪早期开始,几乎所有的政府与宗教权威都对印刷业实行预先审查,尽管不如现代集权国家那么有效。1644年英国诗人约翰·米尔顿的《论出版自由》是早期反对政府审查、争取出版自由的最为著名的宣言。出版自由与民主政治自由相辅相成,只有当民主获胜之时出版自由才可能实现,二者的紧密关联至今依然如故。

板块2.1对书作为一种媒介以及一种社会建制的主要特征进行了小结。自16世纪以来书的这些典型特质始终相互关联。书的"媒介"特征与技术、使用形式与方式以及更广泛的生产与发行建制相关。

2.1 书作为一种媒介与建制:典型特征

媒介方面
- 可移动的技术
- 装订页码、典籍形式
- 多个印本
- 供个人阅读
- 个人著作所有权

建制方面
- 商品形式
- 市场发行
- 内容与形式的多样性
- 对出版自由的吁求
- 受某些法律限制

印刷媒介:报纸

我们今天所认为的报纸的原型出现在印刷术发明两百年之后,16世纪晚期和17世纪早期的传单、小册子或时事通讯都不是报纸。报纸的先驱并非书籍而是通讯——那些经由基础邮政服务投递的、记载国际贸易与商务新闻事件的时事通讯(Raymond,1999)。借此,出于政府、外交、商务或个人目的的活动延伸到了公共领域。早期的报纸即定期出版、公开发售并具有公共特性,因而被用于信息、记录、广告、消遣及八卦。

17世纪的商业报纸的内容并非来自单一信息源,而由印刷商—出版商整合多个信息源而成。官方的（王室或政府发行的）报纸也表现出一些相同的特质，但同时充当权威的声音以及国家的工具。商业报纸对后来的报业建制影响最大，其发展可被视作传播史上一次重大的转折——向不知名的读者提供服务，而非充当宣传者或统治者的工具。

在某种意义上，相较于印刷术，报纸更可谓一种创新——报纸是全新的文字、社会与文化形式——尽管当时并未认识到这一点。与其他文化传播形式相比，报纸的独特之处在于，它面向个体读者并植根于现实的特性以及它的实用性、可任意处置性，此外它还能迎合由城镇职业人群构成的一个新的社会阶层所需的世俗性（非宗教性）与针对性：城镇商业或专业人士。它的新颖之处不在于其分发技术或手段，而在于其在一个变迁中的，日益自由化的社会主义给环境中服务于一个特定阶级的功能。

报纸的后期历史可被描述成一系列争取自由的斗争、前进或倒退，或者一段更具延续性的经济与技术进步的历程。接下来介绍现代报业史中最重要的几个方面。尽管各国的发展史各相径庭、很难形成一个统一的报业史，但上述因素皆在报业建制的过程中相辅相成并起到重要作用。板块 2.2 小结报纸的主要特征。

2.2 报纸作为一种媒介与建制：典型特征

媒介方面
- 常规且频繁的出版
- 印刷技术
- 内容与素材的实时性
- 个人或群体阅读

建制方面
- 城市、世俗（非宗教）的读者
- 相对自由、但自我审查
- 商品形式
- 商业基础

从其早期开始，报纸便是既有权力的事实或潜在对手，报纸对自身的认知尤是如此。报纸的历史上充盈着印刷工、编辑或记者被施以暴力的具有强烈说服力的图片。新闻业自身的神话总是强调对出版自由的争取，且争取出版自由往往又作为广义的自由、民主与民权运动的一部分存在。在外国侵占或独裁统治之下的地下报纸的角色也得到称颂。既有权力则往往将报纸这种自我的认知视作讨厌的或不方便的（尽管报纸的这种特性通常十分坚韧但最终易受权力打击）。然而，早期的报纸并不总是挑战权力，甚至有时是以权力之名出版的（Schroeder，2011）。那时的报纸更倾向于仰仗其目

标读者,现在依然如此。

尽管时常会出现一些倒退,但一直以来我们大体上朝着新闻自由的方向在稳步前进。管制报纸的方式变得日益"精妙"——法律限制取代了暴力,之后报纸又被套上财务负担。如今,报纸在一个市场体系当中的建制化成了一种控制的形式,作为一家大型企业的现代报纸所面临的压力和干预比早期多得多。直到20世纪,报纸才真正成为一种"大众"媒体——一种日常直接覆盖大多数人口的媒体,而国与国之间的报纸阅读情况又是十分不同的(见板块2.3)。在过去的十年间,尽管全球识字率有所升高,但是报纸阅读量却逐渐下降,这主要是由互联网的崛起造成的(Küng等,2008)。尽管并不存在一种适用于所有时代及国家的统一分类方法,但是区分几种报纸(以及新闻业)的类别既是惯常的做法也仍然有用。以下介绍报纸的几个主要类别。

2.3 部分欧洲国家非报纸读者比例(2004/5)
(Elvestad & Blekesaune,2008:432)

挪威	4
瑞士	9
爱沙尼亚	17
德国	19
英国	26
波兰	30
法国	39
西班牙	49
希腊	66

党派—政治报纸

党派—政治报纸是一种早期常见的报纸形式,它们承担动员、信息传达与组织等功能。如今,不论是作为观念还是可行的商业企业,(由某党发行或为某党发行的)党派报纸已经让位于商业报纸了。即便如此,党派报纸作为一种观念仍然在民主政治当中占有一席之地。在党派报纸依然存在的欧洲(以及世界其他地方),党派报纸往往独立于国家(尽管可能由国家出资),由专业人士制作发行,且往往是严肃的、以提供观点为己任。党派报纸的独特之处在于其读者共同拥戴某一党派、其所具有的地方主义以及其为实现党的目标而可以灵活实施的功能。俄国革命运动中的"先锋报纸"、一些北欧国家(尤其是社会民主党)的党派报纸以及共产党政权的官方党报是其中几例。

精英报纸

19世纪末期的资产阶级报纸是新闻史上的一个制高点,是它们大体上界定了我们如今对报纸是什么的理解。新闻史上的这一阶段从大约1850年开始并持续到世纪之交,是几重因素相交造就了这段辉煌,包括:自由主义的胜利、直接审查或财政控制的缺位或结束、商业加专业建制的形成,外加许多有利于高信息质量的国家或地区报纸崛起的社会变化与技术发展。

新出现的声名显赫的"精英"报纸独立于国家及各种既得利益之外,且通常被视作政治社会生活的一个重要组成部分(尤其是自命的观点提供者及国家利益代言人)。精英报纸表现出较高的社会与道德责任(实际通常表现为墨守成规者),它们促成了以客观报道事实为己任的新闻专业的崛起。许多国家至今仍保有一份以上致力于维持这种传统的精英报纸。按照普遍的认同,《纽约时报》《泰晤士报》《法国世界报》《西班牙国家报》《新鹿特丹商报》是几份拥有精英地位的报纸。如今人们对一份"有质量"的报纸的期待仍然反映出精英报纸的专业理想——报纸不应该过于政党化、过于耸人听闻或者过于商业化。在今天报业面临压力的情况下,精英报纸凭借其对于政商界精英的影响力似乎比大多数报纸的生存状况好一些,当然精英报纸或许也需要加速向在线形式转型。

大众报纸

最后一种形式的报纸已经伴随我们一个世纪之久且并未出现太多本质上的变化。这是真正"大众"的报纸,它的读者对象是城市工业大众当中的每一个人。它本质上是一家商业企业(而非一个政治或者专业项目),技术的大规模发明、人口的集中、识字率的提高、读者需要担负的成本降低以及大量的广告收入为这种报纸提供基础。总体上,大众报纸一直擅长讲述"人情味"故事(Hughes,1940),擅长以戏剧化的耸人听闻的形式来报道犯罪、灾难、危机、丑闻、战争及名人。尽管政治并非大众报纸的首要议题,但在国家社会的重要时刻,大众报纸往往扮演政治角色。因其典型的小型开张形式,"小报"一词被广泛用于形容这种报纸及其内容;此类用法包括"小报化"(Connell,1998),形容变得耸人听闻、琐碎、不负责任的过程。

本地报纸与地区报纸

在许多国家,最为重要的报纸一直是本地报纸与地方报纸。有各种不同形式的本地或地方报纸,包括严肃的或大众化的,日报或周报,城市报或乡村报,大发行量或小发行量的报纸,以至于很难将其统一归为一类。这些报纸的共同特征是:一套与本地读者相关的新闻价值、一个典型的两党路径(有时存在例外)以及依靠本地广告商的收入来源。本地报纸既有免费的也有收费的,总的来说,在线新闻与广告对它们冲击很大。这种基本上依靠广告收入的新闻或免费信息的报纸形式发展得很快,尽管其读者及其自身认为它们就是报纸,但这种观念是可疑的。

其他印刷媒介

除书籍与报纸以外,还存在其他印刷媒介,包括剧本、歌曲、宗教福音、系列小说、诗歌、小册子、漫画、报告、章程、地图、海报、音乐、传单、墙报,等等。其中最重要的可能是期刊(周刊或月刊),自18世纪早期以来,出现了各种类别与发行量的期刊。期刊早期的宗旨是服务绅士阶层对本国事务与文化的兴趣,最终发展成了一个拥有巨大商业价值并覆盖诸多话题的大市场。在很大程度上,期刊依然属于本国领域和私人领域,并为一系列广泛的兴趣、活动和市场提供支持。20世纪早期的期刊相比今天更像是一种大众传媒,其漫无边际的特性以及影响的不确定性导致了传播学界总体上对它缺乏研究。

以上评论适用于商业期刊。在许多国家,还存在一个提供观点的、政治性的期刊出版界,其影响往往超越其发行量;在一些国家社会的关键时刻,某些特定的期刊扮演了重要的社会、文化或政治角色;(然而)在政治镇压或商业统治的情况下,"另类"期刊往往充当了少数人群反抗与表达的运动工具(参见 Downing,2000;Huesca,2003;Gumucio-Dagron,2004)。

作为大众媒体的电影

电影是在19世纪末期作为一种新的技术问世的,最初它并不具有新的内容或新的功能。后来,电影取代了过去的娱乐传统、成为一种新的呈现与发行方式,电影为大众提供故事、景观、音乐、戏剧、幽默以及技术把戏等消费。电影很快覆盖了包括农村在内的绝大部分人口,因此几乎在瞬间成了大众媒体。作为一种大众媒体,电影一方面是"休闲"(工余时间)的发明所致,另一方面则是为满足家庭以一种体面的、负担得起的方式享受闲暇时光的需求。由此,电影为工人阶级提供了上层阶级业已享受到的一些文化福利。仅凭电影显著的发展来判断,其所满足的潜在需求是巨大的。在以上提及的成因中,最重要的并不是技术或社会环境,而是电影所满足的个人需求。最显著的是个人从乏味的社会现实逃逸到一个更有魅力的世界、寻找更有力量的叙事、寻找榜样与英雄的愿望以及用安全的、可负担的、有社交互动的方式度过闲暇时光的需求。在这些方面,今天依然如此。

电影成了一种面向更广大市场的新形式的"娱乐产业",但这并非电影的全部,至少还有三个重要的部分构成了电影史。首先,电影被当作宣传工具使用,尤其当需要达成一定的国家或社会目标之时,电影触及广泛受众的能力、被认为的现实主义、情感影响以及流行性便被利用起来。电影史的另外两个分支分别是：几种不同流派的电影艺术的出现（Huaco,1963）以及社会纪录片运动的崛起。这些电影与主流电影不同,它们或者诉诸小众,或者具有强烈的现实主义特征（抑或二者皆有）。不无偶然地,电影史上的这两个分支都与电影的宣传角色相关,因为它们都在社会危机时期谋求发展。

即便在政治"自由"的社会当中,许多流行娱乐电影也毫不掩饰其意识形态宣传的特性。这当中体现了几种力量的组合：控制社会的有意尝试、对流行价值或保守价值的无意采用、各种市场推广与公关活动在娱乐中的渗透以及对吸引大众注意力的追求。尽管娱乐在电影史当中占据统治地位,但是电影也经常体现出教导式的、宣传的倾向。相较于其他媒体,鉴于电影需要大额资金的风险投入,它往往受到更多外力干预并更屈从于墨守成规的压力。一个例证是：在"9·11"双子塔受袭以后,美国政府召集电影行业领袖商讨电影如何为新宣告的"反恐战争"作出贡献。

电影史上几个主要的转折点分别是：第一次世界大战以后若干年内电影工业及电影文化的"美国化"（Tunstall,1977）、电视的发明以及电影与影院的分离。新生而欣欣向荣的欧洲电影产业在"一战"以后的衰退（"二战"又加速了这种衰退）在很大程度上成全了电影文化的同质化（美国化）以及以好莱坞为统治性模式的电影定义的形成。电视又带走很大一部分电影观影人群,尤其是家庭观众,留在影院内的观众人数大幅减少且大都是青年人。电视也带走或是改变了电影发展中的社会纪录流派,社会纪录在新闻杂志、特别报道或者"公共事务"等电视节目当中继续得以发展。然而电视却并未在多大程度上影响到艺术电影或电影美学,艺术电影反而还可能从"分众"以及电影媒介的进一步专业化过程中受益。对于第一、第二代观影者来说,看电影的经验往往与"和朋友一起出门到一个比家里更宏大的地方消遣一晚"分不开。此外,影院黯淡的光线给予观影者一种隐私和社交的组合,这又赋予了观影以另一个维度的经验。就像后期的电视一般,"去看电影"本身与观看任何一场特定的电影同样重要。

电影与影院的分离指的是当电影最初在影剧院放映之后仍有许多方式可以观看,包括电视播出、有线传输、录像带与DVD售卖或出租、卫星电视以及如今的数字宽带互联网和移动手机接收。这些发展具有几重潜在意义：它们减少了电影作为一种共享的公共体验的特性、增加了其私人性,削弱了一部电影首映时的"影响力",将选择控制权转移给观众并赋予其重复观看或收集等新的观影方式；同时,电影得以服务细分市场、提供诸如暴力、恐怖、色情等内容,电影的生命也得以延长。尽管在电影的"大众"媒体特性逐渐减弱的过程当中释放出更多自由,但是电影依然无法宣称自身拥有完全的政治或艺术自我表达的权利,大多数国家仍然保有一个审查、发放执照并管控电影的机构。

尽管电影媒介在许多方面都屈从于电视了,但电影也在与其他媒介日益整合,尤其是图书出版、流行音乐以及电视本身。尽管电影的直接观众锐减,但电影却获得了更大的中心地位（Jowetl & Linton,1980）——作为其他媒体的展示平台,作为一种文化资源,电影是书籍、连环漫画、音乐、电视"明星"与系列剧等的来源。因此,电影始终是大众文化的缔造者。即便是影院观众的流失也由新的家庭观影人群的增长得以补偿——电视、数字录制、有线及卫星频道赋能人们在家中观影。板块 2.4 小结电影的几个主要特征。

2.4 电影媒介与建制:典型特征

媒介方面
- 视听接收渠道
- 公共内容的私人体验
- 广泛的(普世的)吸引力
- 以虚构叙事为主
- 国际化的类型与形式

建制方面
- 受制于社会控制
- 复杂的机构
- 高成本的制作
- 多平台的发行

广 播 电 视

广播和电视作为大众媒体分别拥有九十余年和六十余年的历史,二者都是在电话、电报、移动与静止摄影及录音等先前的技术之上发展起来的。在内容与使用方面广播和电视显然是不同的,尽管如此,仍可将二者的历史作一并考量。广播与其说是一种满足新需求的服务或内容,不如说是一种侧重使用的技术,电视也大体如此。依据威廉斯(Williams,1975:25)的观点,"与之前所有的传播技术不同,设计广播和电视系统的初衷主要是提供传输和接收的抽象过程,而基本上不考虑内容处理"。(在内容方面)二者都借助于既有的媒体,广播和电视最受欢迎的内容形式来源于电影、音乐、故事、戏剧、新闻以及体育。

广播和电视的一个典型特征是公共部门的高度规制、管控或执照管理——最早是出于技术必要性,后来则鉴于民主选择、国家政府自我赋予的权益、经济便利以及纯粹的建制惯例等因素的混合。广播和电视的第二个特征在于它们高度集中的发行模式——从都市中心向外发散并几乎没有逆流。或许是因为接近权力,广播和电视从未获得过报纸所拥有的表达观点或采取政治独立行动的自由权利。广播电视被认为影响力太大,以至于不能落入任何单一力量的手中,而必须设有保护公众不受潜在伤害或操控的明确界定。

电视一直在发展,因而试图从传播目的与效果等方面总结其特征是有风险的。最初,电视的主要创新来源于其现场传输诸多画面与声音的能力,因而电视是直播"世界的窗口"。在视频录制时代到来以前,即便是在演播室制作的节目也是现场直播的。这种即时同步的能力被用于某些特定的内容,包括体育事件、某些新闻播出以及某些特定的娱乐演出。达扬和卡茨(Dayan & Katz,1992)所提出的"媒介事件"(例如国事访问、奥运会、加冕及大型政治示威)往往被大规模直播。(今天的)大部分电视内容不是直播的,尽管它们往往会创造出一种即时现实的幻象。电视的第二个重要特性在于其所营造的私密及个人参与的感觉,观看者与屏幕上的演播者、演员或观众之间被营造出这种感觉。

从覆盖面、观看时间以及受欢迎程度来看,电视作为最"大众"的媒介的地位三十年来不曾改变,且电视已经拥有了全球观众。即便如此,如今已有一些迹象表明电视正在遭受观众人数的逐渐缩减。然而,如板块 2.5 所示,国与国之间观看电视的时间量区别很大。

2.5 电视观看时间比较,2000 年与 2007 年

国家每日观看电视时间

	2000	2007
美国	299	297
英国	234	233
意大利	238	239
法国	219	214
荷兰	166	194
挪威	163	154
捷克共和国	19	194
德国	233	203
爱尔兰	185	185

(来源:国际电视专家小组 www.ip-network.com)

尽管电视总体上不被认为是一个自治的政治角色且主要是一种娱乐媒体,然而电视在现代政治当中扮演着重要角色。电视对大多数人而言是新闻和信息的主要来源,(尤其在选举期间)是政治家与公民之间的主要沟通渠道。作为非正式的公共信息提供者,电视总体上是有信誉的、可以信赖的。电视的另一个角色是教育者——针对在学的儿童以及在家的成人。在几乎所有国家,电视还是最大的广告渠道,这一点又确定了电视的

大众娱乐功能。就频率分配而言,在大多数国家电视通过诸多分离的频道传输;即便如此,最典型的模式依然是:少数(国家)频道在受众及财务情况上均占据支配地位。令电视广受欢迎的一个持久因素在于:在分离的、个人化的社会及家庭当中,电视是一种将人们聚拢起来分享同一个体验的媒介。

板块2.6小结电视的主要特征。

2.6 电视媒介与建制:典型特征

媒介方面
- 十分多样的内容种类
- 视听渠道
- 亲密的、个人的、家庭的连接
- 低强度、低参与度的体验

建制方面
- 复杂的技术及组织
- 受制于法律及社会控制
- 具有国家的、国际的特征
- 公共可见度高

面对电视,广播不愿消亡,且基于以下几点显著特征,广播依然繁荣。与电视的竞争致使广播有意与之区别开来。在电视出现以后,针对广播的严密监督被放松了,出现了一些"海盗式"的行为,业余的或独立的企业家创建了非法广播台并提出了竞争。广播不再是受严苛管制的"国家的"声音,而做起了更加自由的实验并表达出新的、小众的甚至反对的声音及音乐。作为一种媒介,广播拥有大得多的频道容量因而能提供更大更多样的接入。相较于电视,广播的制作成本更低、灵活性更大,因而受众收听广播的费用也更低、灵活性也更大。由于收听的行为可以和其他日常活动结合起来,因此人们收听广播的地点和时间便不再受限。通过电话,广播可以与其听众进行多种互动。尽管广播不再拥有20世纪40年代黄金时期的大规模听众,但事实上,自电视到来以后广播反而更加繁荣。广播的主要特征探讨如板块2.7。

2.7 广播媒介与建制:典型特征

媒介方面
- 仅出现声音
- 便携的、灵活的使用

- 多种内容类型，但以音乐为主
- 具有(双向)参与的可能性
- 个人的、私密的使用

建制方面
- 相对的自由
- 本地化、去中心化
- 制作成本经济

录 制 音 乐

关注音乐作为一种大众媒介的理论与研究相对较少，或许这是因为音乐对于社会的意义从来不清晰，亦因为相继出现的各种录音、复制与传输技术所带来的可能性也是相延续的。始终没有一个方便的标签来形容录制或重复播放的音乐所具有的种种媒体属性，一个通用的指代通过录音机、磁带播放器、CD 播放器、VCR、广播电台以及有线方式播放的音乐的术语是"唱片业"(Burnett,1990,1996)。

录音及重复播放音乐出现在 1880 年前后，鉴于流行歌曲与旋律受到人们广泛喜爱，唱片迅速发行至各地。唱片的流行与业已在家中建立地位的钢琴(及其他乐器)之间密切相关。早期的广播内容以音乐为主，电视发明以后更是如此。尽管"唱片业"有逐渐取代个人音乐制作的趋势，但在经由大众传播的音乐与私人的直接享受的音乐演出(音乐会、合唱会、乐队演出、舞蹈表演等)之间从未出现过大的鸿沟。唱片业使得更多的人可以在更多地方随时享受各种音乐，且尽管流行音乐的种类与风格在不断变化，其基本特征始终延续。

尽管如此，自出现以来，唱片业的广义特征还是出现了较大的变化。第一大变化是，在唱片业之外出现了电台播放的音乐，这大大增加了人们得以享受音乐的类别和数量，也将音乐的听众扩大到拥有留声机或唱片机以外的人群。第二大变化是，在战后的"晶体管"革命中，广播从家庭媒介转变为个人媒介，这为急速发展的录音业打开了年轻人这一相对新的市场。此后的每一步发展——便携录音机、索尼随身听、CD、音乐视频和 iPod——都为这个基于年轻受众的上升的螺旋助推一次。其结果是，出现了一个所有权高度关联、集中且国际化的大众媒介产业(Negus,1992)。尽管音乐媒介日益商业化，但同时它仍保有激进的、充满创意的方面(Frith,1981)。在线下载与分享音乐的发展增长了受众的使用，同时也对音乐版权拥有者的权利提出了严峻的挑战。

我们有时关注音乐的文化意义，有时试图理解并运用音乐之于社会及政治事件的关系,也有时对其感到害怕。以年轻人为主体的、经由大众媒介的流行音乐起源于 20 世纪 60 年代,自此以来,它一直与青年理想、政治关切、堕落和享乐主义、毒品、暴力以及反社会的态度相关联。音乐也在各种民族独立运动当中扮演角色。例如,在爱尔兰独立于英国的运动中,抗议与民族主义的歌曲是一股有影响的力量。更近的例子是,结束苏联对爱沙尼亚统治的运动被称作"歌唱的革命"——音乐召唤人们聚集起来,表达恢复自治、恢复被压制的民族文化的愿望。尽管规约音乐的内容从来不易,但音乐的发行则始终集中在大型机构手中,一旦发觉其反常的倾向便会采取制裁措施。大多数流行音乐并不具有破坏性的目标或潜在可能性,它们表达并回应的是长期的传统的价值观及个人需求。音乐的特征小结如板块 2.8。

> **2.8 录制音乐(唱片业)媒介与建制:典型特征**
>
> **媒介方面**
> - 仅提供声音体验
> - 个人的、情感的满足
> - 主要诉诸年轻人
> - 移动的、灵活的个人使用
>
> **建制方面**
> - 低度的规制
> - 高度的国际化
> - 多种技术与平台
> - 与主要传媒产业相关联
> - 组织的碎片化
> - 居于青年文化的中心

传播革命:新媒介与老媒介

"新媒介"这一说法自 20 世纪 60 年代以来便开始使用,它需要包含一个日渐庞大且多样的应用传播技术体系。《新媒介手册》的编辑(Lievrouw & Livingstone, 2006)指出,即便是仅仅说出"新媒介"包含了什么也是十分困难的。他们选择了运用一种复合的方式来定义新媒介——将信息传播技术和相应的社会场景相关联,综合考量以下三重因素:第一,技术设施设备,第二,行为、实践与使用,第三,围绕这些设备与实践而形成的社会安排与组织。同理,"老媒介"也适用于这种定义方式,即便其设施、使用和安排与新媒介不同。"新媒介"的根本性特征在于其互联性、赋予作为发送者及/或接受者的个人用户的可访问性、用户之间的互动、用户使用的多样性和开放性以及其"去地方性"和无处不在的特性(参见第6章)。

本书讨论的主要对象是大众传播,大众传播与老媒介紧密相关,又被新媒介淘汰。然而,如前所述,大众传播并不是一个仅局限于大众媒介的过程,它也未必一定衰落了。新的媒介技术也同样在大众传播活动中得以应用。勒德斯(Lüders, 2008)认为,大众媒介与个人媒介之间的区别并未消失,只是变得模糊而已。即便如此,仍有人认为新媒介的崛起是对大众传播的反抗,这种观点在批判理论当中已有较长的历史(参见 Enzensberger, 1970)。最初驱动变化的两股力量分别是卫星传输和计算机的使用。计算机作为一种传播机器之所以拥有无边的力量,其关键在于数字化——在数字化的过程当中,各种类别与形式的信息得以以相同的效率进行处理并混合。理论上,前述的种种媒介已经没有必要存在了,所有的媒介都可以被纳入同一个(例如家中的)计算机化的传播网络与接收中心内。这至今尚未发生,即便有一天发生,也必然需要经历一个逐步的过程。然而我们已经看见了报纸转向线上的许多征兆。在基于计算机的技术之外,还出现了其他几种在一定程度上改变大众传播的某些方面的创新(Carey, 2003)。有线、卫星与无线电等新的传输方式大幅扩展了传输的体量。个人录像机、CD-ROM、CD、DVD、iPod 等新的存储与提取方式也同样提供了新的可能性,甚至连遥控器也做出了贡献。尽管并不直接作用于大众传播,个人制作媒体的诸多新的可能性(如录像机、个人电脑、打印机、照相机、手机等)则丰富了媒介的世界并在公共传播与私人传播之间、在专业领域和业余领域之间架起桥梁。最后,我们必须提及一些新出现的"准媒介"——计算机游戏、虚拟现实设备等具有作为媒介的文化与使用满足的特征。

上述种种之于大众媒介的意义仍远不清楚。可以肯定的是,(首先,)"传统"媒介在遇到新对手的同时也在从新媒介的创新当中大幅获益;其次,传播革命极大地改变了"权力的平衡",将权力从媒介手中转移到受众手中,如今受众拥有媒介使用的更多选择权;(再次,)传统的大众传播在本质上是单向的,新的传播形式则是互动的,大众传播在某些方面变得不那么"大众"、不那么"中心化"。

互联网

除此之外,我们有必要对既有传输的提升以及新媒体的出现二者加以分辨。前者意味着速度更快、容量更大、效率更高,后者则为内容、使用和效果开启新的可能性。最重要的新媒介及新的大众媒介是互联网,尽管"大众"特征并非互联网的主要特征。最初,互联网是作为专业人士之间互相交换数据的一种非商业途径出现的,而后来互联网可能提供商品以及诸多盈利服务(如替代性的个人和人际传播方式)的潜能则加速了其发展

(Castells,2001)。互联网至今仍未成熟也没有清晰的定义,列伍罗沃(Lievrouw,2004：12)的评价依然有效:还不存在一种"支配性的在线互动杀手级应用"。尽管如此,搜索引擎和社交网站被认为是两种显著的应用。最初,它们在北美和北欧流行起来。在美国,当它们在2001年覆盖至人口的60%～70%之后遇到了天花板(Rainie & Bell,2004),但流量仍在不断增长。最近的数字表明,在其他国家的家庭覆盖率比美国更高(Küng等,2008)。不论在体量还是种类上,(各国之间)真实的使用情况差异很大,且互联网的使用往往与音乐、电影、广播等其他媒体的使用相互叠加。互联网的一些应用,例如在线新闻,无疑是报纸新闻业的延伸,尽管在线新闻本身也在发展出新的方向、新的内容可能性以及新的形式(例如公民担负记者的角色)。

互联网拥有独特的技术、使用方式、内容与服务范围以及自身独特的形象,基于此,互联网宣称具有完全的媒体身份。然而,互联网不具有清晰的组织身份,也并非任何一个机构所拥有、控制或组织的,它仅仅是依据共同达成的协议运转的、连接国际上诸多计算机的一个网络。以服务提供商和电信公司为主的无数个组织在运作互联网(Braman & Roberts,2003)。这样的互联网在世界任何地方都并非法人实体,也不受任何一个国家的法律或规则约束(Lessig,1999)。克劳兹(Klotz,2004)认为,还没有出现成功约束网络空间的法律范式,尽管现在对将来是否会出现相应的法律框架下结论还为时尚早。在此书写作之时(2009年)情况仍然如是。然而,互联网的使用者是受到其所居住国家的法律法规以及国际法约束的(Gringras,1997)。第6章我们会回到互联网的问题,此处我们可暂且将互联网视作一种(大众)媒体。板块2.9小结互联网的主要特征,但不再区分作为媒介的互联网还是作为建制的互联网,因为前者太多样化而后者远未充分发展。

2.9 作为媒介的互联网:典型特征

- 基于计算机的多重技术
- 多样的、非单一任务的、灵活的特性
- 互动潜能
- 个人的、公共的功能
- 低度规制
- 互联
- 无处不在、去地方性
- 个人可使用的传播方式
- 既是大众的也是个人的媒体

媒介之间的区别

今天要将各种媒介区分开来比过去难得多。首先,在一定程度上这是由于某些媒介形式正在经由不同种类的渠道传输,这减少了某种使用形式与使用体验的独特性。其次,基于数字化的技术融合只会加强这种趋势——许多报纸已经变成了互联网上的文本,电信系统也在通过互联网传输媒体内容;各种媒介之间清晰的治理界限变得模糊,不同媒介的相似性不仅被认可而且被鼓励。再次,全球化的趋势正在消磨某个特定国家媒体内容与建制的独特性。最后,国家媒体公司之间、全球媒体公司之间的合并潮流使得各种媒体归宿于同一屋檐下,这正在以另一种方式促成融合。

即便如此,在一些层面上仍然存在明确的区别。(不同媒体的)典型内容方面存在显著差异。也有证据显示,媒介的物理特性和社会心理特性(参见第 6 章板块 6.4)是不同的。尽管国与国之间情况不同,但总体上来说,媒体的可信度差异很大。在此我们仅探讨两个恒久存在的问题:第一,媒介之于社会的自由程度几何?第二,媒介的作用是什么?个人受众如何理解媒介的使用?

自由与控制的维度

媒介与社会之间的关系具有物质的、政治的、规范的、社会文化等多个维度。在政治维度的中心是自由和控制的问题。规范维度的主要议题是媒介应当如何使用其拥有的自由。如上所述,书籍曾经宣称并获得几乎完全的自由,这是基于政治、宗教、科学、艺术等诸多混合的原因。在自由社会当中这一传统始终不变,尽管由于书本的相对边缘化它已经失去了一部分往日的颠覆性潜力(阅读书籍是一种小众的媒介使用)。书本的影响依然很大,但在很大程度上需经由其他媒介或(教育、政治等)机构中介。

报纸媒体历来将其自由运作的核心直接指向政治功能,即表达观点、传播政治与经济信息。然而报纸同时也是一种商业企业,生产并提供其核心产品(信息)的自由构成了其在市场上成功运营的必要条件。广播电视仍然受制于管控,实际上拥有的自由是有限的,这部分是鉴于广电独特的稀缺频道资源占有(尽管已经提出"稀缺的终结"),部分是鉴于广电强大的说服力和影响力。但是人们通常期待广播电视以其他方式运用其知晓的能力来支撑民主的进程并服务公共利益。即便如此,当前的趋势是,相较于政治管控或者自发的社会责任,市场力量对广播电视施加的影响更大。

使用有线、卫星或电信网络来进行传输的各种新媒介的政治自由程度尚未得到明确定义。在这一方面最关键的新媒介是互联网。基于保护隐私,也基于互联网并不是无差别传送的大众媒介,而是指向特定用户的媒介,互联网不受管制的自由诉求得以提出。它们是所谓的"公共运营商",由于它们以同等条件向所有人开放且主要服务个人及商务需求而不是公共诉求,其内容通常可以逃脱管控。同时它们也日益承担起与拥有编辑自治权的媒体相同的传播任务。大多数新媒介不清晰的自由状况仍颇受争议——事实上它们是十分自由的,但同时人们又普遍担心这种自由被滥用。

媒介之间在政治控制方面(自由意味着较少被规制、较少受监督的状态)的差异始终遵循以下基本模式。在实际中,一种媒体的运营越是接近于"大众媒体",即越有能力影响权力的实施,则越有可能吸引政府和政治家的关注。总体上,小说、幻想或娱乐领域的活动比那些直接触及当下现实事件与环境的活动更可能逃脱关注。

几乎所有的公共传播媒体都具有激进的可能性,它们可能对社会控制系统进行破坏。他们可能为不同于既有的声音和观点提供渠道,可能为屈从或失望的人群提供新的组织形式与抗议形式。即便如此,随着媒介建制的成功发展,这种早期的激进潜能往往被消磨,这部分是由于商业化的副作用,部分是由于当权者害怕社会紊乱所致(Winston, 1986)。依据贝尼格(Beniger, 1986)的观点,驱动新传播技术的逻辑永远是日渐增强的控制。如今的互联网正在重新验证这种概念并似乎证明它仍是对的。

控制的规范维度也遵循同样的原则展开,只是有时对不同的媒体可能产生不同效果。例如,总体上逃脱了控制的电影通常实施自我审查,鉴于其对年轻受众的影响力(尤其在暴力、犯罪或性方面),电影的内容通常受到监控。针对电视在文化与道德层面广泛实施的限制也是出于相同的心照不宣的假设:广受欢迎的媒体可能拥有影响广大人群情绪的巨大潜力,因而需要以"公共利益"之名对其加以监督。

然而,传播活动越是被定义为具有教育意义的或拥有"严肃"目标的,或者是艺术的、充满创意的,则越可能索要更多不受规范限制的自由。原因很复杂,但艺术或具有高度道德严肃性的内容通常只能触及少数人且通常被认为处在权力关系的边缘,这也是事实。

国家或社会对媒介的控制程度部分取决于施加控制的可行性。最受规制的媒体往往其发行也是最易监督的,例如中央集权的国家广播电台或电视台、本地电影院等。书籍和印刷媒介总体上更不易被监督或镇压,本地广播也是如此。然而就桌上排版或复印以及其他所有复制声音及图像的方式而言,直接审查是一种十分迟钝和低效的工具。

促进自由的新技术所带来的另一重结果是,防御外国传播(产品)的国家政策制定变得日益困难。新技术总体上日渐为传播及自由赋能,然而包括市场力量在内的、针对(产品的)实际流通与接收的、不断增长的机构控制力量不容低估。由于互联网上所有的流量都可以被监控并追溯,一些国家业已有效禁止了它们不喜欢的网站并惩罚了用户,因此互联网并非如之前所认为的那样不能管控,这一点也日渐明确。此外,面对威胁或是法律模糊地带,服务提供商还广泛采取自我审查。

板块 2.10 小结本部分的要点,从两方面来探讨社会控制:控制的方法或种类;控制的动机。

2.10 对媒体的社会控制

控制的类型
- 内容审查
- 法律限制
- 基础设施控制
- 经济手段
- 自我规制或自我审查

控制的动机
- 害怕政治颠覆
- 出于道德或文化原因
- 打击网络犯罪
- 国家安全

使用与接收的维度

以内容或功能来区分不同媒介渠道正变得日益困难,这也挑战了之前稳固的媒介的社会定义。例如,报纸如今既是政治与社会事件信息的来源,也是一种娱乐媒介或是消费者导引。有线和卫星电视系统也不再局限于为所有人提供一样的节目服务。即便如此,关于特定媒体最擅长什么的一些画面和定义在今天依然存在,这是出于传统的结果、社会的力量以及特定技术的"偏见"。

例如,尽管电视的制作、传输和接收方面都发生了诸多变化和延展,尽管家庭成员已经很少一起观看电视了(参阅第 16 章),但电视依然主要是一种家庭娱乐媒介,在大多数社会中电视依然是公众兴趣的焦点和共享的体验。传统的家庭生活状况(共享的空间、时间和物质条件)构成其原因,即便技术正在朝着个人使用和内容专业化方向发展。数字广播与数字电视的扩散以及一人家庭、高离婚率、少子化等人口发展可能加强这一趋势。

2.11 媒介使用的维度:出现的问题

- 在家中还是家外面?
- 个人经验还是共享经验?
- 公共使用还是私人使用?
- 有互动吗?

板块 2.11 列出的关于媒介使用的问题指明了传统媒介接收的三个维度：在家中还是家外，个人经验还是共享经验，更公共还是更私密。电视典型地是共享的、家中的、公共的。尽管报纸内容千变万化，但报纸仍然具有公共属性，不纯粹是家庭的，但是供个人使用的。今天的广播变化也很大，但仍十分私人化，广播并不总是家庭的且比电视更为个人化。书籍和音乐唱片业也都大致如此。总的来说，由于技术正（为受众）日益提供融合的接收可能性，上述媒介之间的差异已不如以往明晰。

　　新一代的数字技术又加强了媒介的不确定性，但同时它们也为区分媒介间的不同增加了第四个维度：互动的程度。更为互动的媒介赋予用户持续的选择权并激发其主动反馈。视频游戏、CD-ROM、互联网以及电话聊天是几例以互动为准则的媒介，多频道有线电视及卫星电视、家用 VCR 等录制及重播设备也拥有了比以往更多的互动潜力。从社交网站的例子可以看出，所谓互动，已不仅是简单的回应，而发展成了内容的创制与提供。

小　　结

　　本章对大众媒介自中世纪晚期的印刷开始到如今信息传播技术以及信息社会的发展作出了评议。本章并未以时间节点及事件来展开叙事，而是依据年代序列简要勾勒出大众媒体及其主要的形式，重点讨论各种大众媒介的传播能力和主要特征、受众使用以及宏观社会的认知。尽管媒介之间的主要区别在于技术，但社会、文化、政治因素也同样重要。某些技术在发展中生存下来，另一些技术则被淘汰（本章并未讨论），媒介使用也是如此。并不存在决定性的逻辑。值得注意的是，尽管反复出现某种强势媒介将淘汰其竞争对手的预言，但我们所探讨的所有这些媒介如今依然存在并以它们自己的方式繁荣，它们都找到了适应环境变化与新竞争者的方式。

深入阅读

Briggs, A. and Burke, P. (2005) *A Social History of the Media: from Gutenberg to the Internet*, 2nd edn. Oxford: Polity Press.

　　A comprehensive overview of the key developments in society and media during the modern era, written by two historians.

McLuhan, M. (1962) *The Gutenberg Galaxy*. Toronto: University of Toronto Press.

　　A seminal book about the revolutionary part played by the printing press in changing European culture and society. With high literary quality and many imaginative insights and examples.

Williams, R. (1975) *Television, Technology and Cultural Form*. London: Fontana.

　　An original analysis by a leading British critical scholar of the cultural consequences of technology, with particular reference to television. It still merits its seminal status.

在线阅读

Flichy, P. (2006) "New Media History" in L. Lievrouw and S. Livingstone (eds.) *The Handbook of New Media*, pp. 187-204. London. Sage.

Gunaratne, S. A. (2001) "Paper, printing and the printing press", *Gazette*, 63(6):459-479.

Lehman-Wilzig, S. and Cohen-Avigdor, N. (2004) "The natural life cycle of new media evolution", *New Media and Society*, 6(6):707-730.

Rössler, P. (2001) "Between online heaven and cyber hell: the framing of 'the Internet' by traditional media coverage in Germany", *New Media and Society*, 2(1):7-28.

Stober, S. (2004) "What media evolution is: a theoretical approach to the history of new media", *European Journal of Communication*, 19(4):483-505.

第二部分

PART TWO

理 论

第 **3** 章

大众传播的概念与模型

本章旨在定义**大众传播**研究的基本概念,并通过梳理过去一个世纪以来大众媒介与社会之间关系的发展来阐释这些概念的起源。尽管新媒介已经出现且社会经济环境已大不相同,许多问题依然延续,早期的传媒理论家和研究者所面临的那些问题如今依然需要我们思考,它们甚至比以前更为尖锐。本章对概念的概述为第 1 章所罗列的议题提供一个理解框架。本章的后半部分聚焦于那些主要的替代性观点和方法,着重对比批判研究与应用研究、注重因果的定量研究方法与定性的文化研究取向之间的区别。最后,本章列举对大众传播过程进行**框架**与研究的四个模式,每一种模式都带有自身的偏见与优势,它们不是彼此替代的,而是相互补充的。

早期对媒介与社会的认知

我们有理由将 20 世纪描述为"大众媒介的创世纪",大众媒体也给这个世纪不断带来奇迹和警示。尽管媒介建制与技术变化巨大,社会也发生了巨大的变化,还出现了一门"传播科学",但是在关于媒介对社会影响的公共讨论当中所使用的术语却几乎没有变化。在20世纪前20~30年间出现的议题不仅具有历史意义,还为我们理解今天的现状提供参考点。从一开始,有三套观点尤其重要:其一是关于新的传播方式的"权力"问题,其二是新的传播方式之于社会整合或者分离,其三是对于公共启蒙,新的传播方式可能起到促进或妨碍的作用。第4章将深入探讨这些话题。

大众媒介的权力

人们最早是鉴于大众媒介(特别是新出现的**报纸**)广泛的覆盖面和显著的影响而认为大众媒介是拥有权力的。根据德弗勒和鲍尔-洛基奇(DeFleur & Ball-Rokeach,1989)的数据,美国报纸发行量在1910年达到峰值,而欧洲及世界其他地方在此后许久才达到最高值。大众报业的主要收入来源是**广告**,其内容以轰动性**新闻**为特征,其控制权掌握在有实力的报业大亨手中。在第一次世界大战期间,大多数欧洲国家和美国的报纸及电影都转向服务争夺领土等国家战争目标当中。结果是无疑的:当媒体被有效管理和引导之时,将会对"大众"形成影响。

随后,在苏联和纳粹德国,执政党的精英利用媒体为**宣传**服务,更加深了上述认知。"二战"同盟国将新闻和**娱乐**媒体结合起来,由此更加确定了媒体的宣传价值。在20世纪中叶以前,已经存在一种有根有据的牢固观点,认为大众推广可以有效地塑造观念并影响行为,也可能对国际关系和国家间的联盟起到作用。包括东欧解体、巴尔干战争、两次海湾战争以及"反恐战争"在内的最近的事件再次证明,在国际权力斗争当中,媒体是重要的且可变的组成部分,**舆论**也是因素之一。有效实施媒介权力的条件包括:一个能够触及大多数人口的国家媒介产业、对所传播的消息(不论其方向几何)一定程度上的共识以及受众赋予媒体的公信力与信任。

如今我们对大众传播的直接"权力"认知更多、怀疑也更多,但我们未曾减少在广告、**公共关系**、政治**定向宣传活动**等领域对大众媒介的依赖。日常政治是在这样一种假设的基础之上运行的:娴熟的媒介表达是一切情况下成功的关键。

传播与社会整合

19世纪晚期和20世纪早期的社会理论家十分关注彼时正在发生的"大转型"——快节奏的、世俗的、城市的生活方式取代了缓慢的、传统的、社区的生活方式,社会活动的范畴也被大幅扩展。这一时期欧洲和美国的诸多社会学研究都反映了这种从小规模向大规模、从农村向城市社会转型变化的集体自我意识。彼时的社会理论假设:为应对工业化和城市化所带来的问题,需要一些新的社会整合形式。现代生活与日俱增的匿名、孤立及不确定性带来犯罪、淫秽、贫穷、附庸等问题。

尽管根本性的变化发生在社会和经济层面，然而依然有理由认为，报纸、电视以及（音乐、书籍、杂志、喜剧等）其他流行**文化**形式可能有助于解决个人犯罪、道德沦丧、无根、冷漠、无所依附或无**社群**感等问题。在美国，20世纪最初20年来自欧洲的大规模移民凸显了社会凝聚与整合的问题。芝加哥社会学派帕克、米德、杜威等人的作品详尽论述了此事（Rogers，1993）。汉诺·哈特（Hardt，1991）重新梳理了欧洲和北美关于传播与社会整合的早期理论。

我们可以容易地发现流行大众媒介与社会整合之间消极的（更多犯罪和道德沦丧）、个人主义的（孤独感、集体信仰的缺失）联系，同时我们也期待现代传播对社会凝聚起到积极作用。大众媒介能将分散的个人关联到共享的国家、城市或地方经验，是推动新型社会凝聚的一股潜在力量。大众媒介还可能为新的民主政治和社会改革运动提供支持。同样重要的是，大众媒介尤其是电影可以支撑人们渡过艰难生活。

如何诠释媒介的影响通常取决于观察者对现代社会的个人**态度**及其对社会未来的乐观或悲观程度。民族主义、革命以及社会冲突都在20世纪上半叶达到高潮，同时那也是一个充满积极思想、民主进程和科学技术进步的时代。

我们今天这个时代的情况不同了，但根本的主题却未曾改变。我们依然担忧连接个人与社会的纽带太过薄弱，共享价值缺失、社会和民间参与缺乏以及所谓的"社会资本"贬损（Putnam，2000）。商业、政治、宗教以及家庭之间的纽带似乎都减弱了。新的少数群体和移民从乡村或者文化遥远的社会移民到工业化国家，伴随而来的是社会整合的问题。传播媒介需要担负起树立**认同**、为社会中的新老群体表达需求并为社会和谐作出贡献的职责。与传统的报业和广播电视业为社会凝聚所做出的积极贡献不同，**互联网**正在起到个体分化的作用（Sunstein，2006）。

作为大众教育者的大众传播

20世纪早期的（现代的、前瞻的）精神还赋予大众传播第三重观念——媒介可以成为公众启蒙与知识丰富的力量，媒介可以充当泛学校教育、公共图书馆和流行教育的新机构。政治与社会改革家从媒体当中看到了一种积极的潜能，媒介也自视可以通过传播**信息**与观点、揭露政治腐败以及为普通人提供无害的娱乐来为（社会）进步做出贡献。在许多国家，记者的工作日益专业化，新闻界建起一套关于道德和良好行为的**准则**。

对于刚刚获得选举权的大众，新闻业负有为其提供信息的民主任务，这一点是广泛认可的。尤其在欧洲，20世纪二三十年代新建的广播电台通常被赋予公共文化、教育、信息提供的使命以及促进民族认同和民族统一的职责。每一种新出现的大众媒介都因其教育及文化功用而受到欢呼，也因其负面影响而遭到惧怕。最新的、基于互联网及电信等传播技术的出现再次激发了传播技术之于大众启蒙的促进潜能（例如：Neuman，1991）。如今，鉴于大众媒介需要在高度竞争的市场当中不断盈利，而娱乐的市场价值比教育或艺术大，人们对于主要大众媒介的启蒙作用所感到的害怕要多过希望。为与市场力量抗衡，公共**广播**服务再度被提倡，公共广播服务能为公共知识和社会稳定做出贡献。也有人提倡在**赛博空间**当中设置类似的公共服务。

作为问题或替罪羊的媒介

尽管人们对媒介充满了希望与恐慌，但责备媒介（参见 Drotner, 1992）以及要求媒介解决社会问题的大众舆论在过去几十年不绝于耳。每当一个无解的社会问题出现之时，关于媒介的警报便持续拉响。对媒介的负面认知始终存在——尤其是将媒介对犯罪、性及暴力的呈现和与日俱增的社会及道德失序相关联的倾向持续存在。这些浪潮被称为"道德恐慌"，部分原因在于，几乎没有证据显示媒介事实上起到了作用。

新近有一些问题也被归咎于媒介，尤其是暴力政治抗议及示威、仇外现象，甚至包括民主的沦丧以及政治冷漠和愤世嫉俗风气的崛起。对个人的危害包括抑郁、贪婪、肥胖（或消瘦）以及懒惰。这股潮流的最近一声警报是针对互联网拉响的——互联网被认为与鼓励娈童、色情、暴力以及仇恨相关，还为恐怖组织和国际犯罪提供帮助。讽刺的是，通常是由媒介自身提出并放大这些警示性的观点的，这可能是由于它们背书了媒介的权力，但更是鉴于它们已经成为广泛认可的观点因而具有新闻价值。

"大众"的概念

关于媒介的普遍偏见和社会"理论"混杂在一起，对我们发起严肃的媒介研究、提出并验证假设、发展精准的大众传播理论构成了困难。尽管公众对大众媒介的影响的诠释是多样的（既有积极的、也有消极的），但却一致认为媒介具有强大的影响。这在很大程度上与"大众"（mass）一词不无关联。尽管"大众社会"一词直到第二次世界大战以后才发展成熟，但相关的核心概念在 19 世纪末期以前即已传播开来。在"大众"一词中所包含的一系列概念对我们认知从过去到现在人们如何理解大众传播的过程十分重要。

早期对这个词的使用通常是负面的。最初，这个词被用来指代众多"普通人"，他们往往被认为是未受教育的、无知的，可能是非理性的、无约束的，甚至（当大众转变为一伙暴徒之时）是暴力的（Bramson, 1961）。有时"大众"一词也有褒义，尤其是在社会主义的传统中，它指代普通工人阶级在被组织起来争取某一集体目标或是反抗压迫之时所具有的力量与团结。在"大众基础""大众运动""大众行动"等用语当中都体现出众人一起行为所具有的正面力量。正如雷蒙德·威廉斯（Williams, 1961:289）所评论的："没有大众，只有将人们视作大众。"

在政治用法以外，当"大众"一词被用于形容人群之时，往往不那么讨人喜欢。它形容没有个性的、模糊的一群人。某部标准词典是这样定义"大众"的——"一个失去个性的集合"(《简明牛津英语词典》)。这接近于早期社会学家对媒介受众的定义。大规模的、看起来没有分别的大众媒介受众清晰诠释了这一概念。板块3.1对大众的特性作一小结,包括客观的、主观的以及认知的特性。

3.1 大众的概念:理论特性

- 由一大群人组成
- 没有区别的组合
- 主要是贬义的
- 缺乏内部秩序式结构
- 反映更广义的大众社会

大众传播的过程

"大众传播"一词出现在20世纪30年代后期,自那以来,尽管媒介本身变得不那么"大众"了,但是大众传播的核心特征却几乎没有变化。早期的大众媒介即已在规模和运作等方面呈现出多样性。例如,可以在乡村帐篷中观看流行电影,也可以在都市影院中观看。报纸的种类则包括流行都市日报和小型地方报纸。然而我们依然可以依据一些总体的特征(见第1章介绍)来甄别大众传播的典型形式。

大众媒介最显著的特征在于,它们是为覆盖大多数人而设计的。由或多或少匿名的消费者构成的大型人群集合是其潜在的受众,传播者和接收者之间的关系受此影响。传播者通常是(媒体)组织本身或受其雇佣的职业传者(记者、播音员、制片人、娱乐提供者等),此外还可能是得到或者购买了媒体渠道的其他社会声音(广告商、政治家、牧师、某些主张者等)。传者与受者之间的关系无疑是单向的、一边倒的、非个人化的,且在双方之间存在社会距离与实质距离。传者往往比受者拥有更多权力、名望或专业性。二者的关系不仅是不对称的,且通常是被有意算计或操控的。在一些非书面的协议中所规约的服务往往缺乏相互对等的义务且是不道德的。

大众传播的典型内容或信息往往是经由标准化方式"制造"的并从相同的方式被不断重复使用。其流动是单向的。在再生产和重复使用的过程中,大众传播失去了独特性和原创性。媒体信息莫过于一种在传媒市场中具有交换价值的产品或是对接收者,即媒体消费者而言的使用价值。在本质上,它是一种商品,这构成了大众传播内容与其他人类传播内容之间的区别。

一个早期的定义如是说:"大众传播由这样一些机构和技术构成:专业人群使用出

版、广播、电影等技术设备向大规模的、异质的、分布广泛的受众传播象征性的内容"(Janowitz,1968)。在这一(以及相似的)定义中,"传播"一词几乎等同于"传输",因为这其中仅体现了传者的角色,而未包含反馈、分享与互动等完整概念。此外,这一定义还将大众传播的过程等同于传输的方式,然而二者是不同的,尤其当今天我们得以见证新媒体既为大众传播服务,又为私人的、个体的传播服务之时。

我们也可以看到,真正的大众媒介也具有那些大众传播以外的作用(例如打发时光、陪伴等)。同样的技术还具有其他作用,同样的网络还中介其他关系。例如,"大众"传播的最基本形式和技术可被用于地方报纸或电台,也可被用于教育。大众媒体可服务个人、私人或是组织目标。那些服务于公共目标的、向大规模公众传递公共信息的媒体也可被用于传递个人通知、主张消息、向善诉求、职位空缺广告以及其他多种信息和文化。这一点在传统技术融合的时代尤为如此——公众与私人、大规模与个体传播网络之间的界限日趋模糊。

从一开始,大众传播与其说是一个事实,不如说是一种观念。这一词汇指代一个理论上可能但事实上罕见的条件与状况。当一种传播活动以大众传播的面貌出现之时,可能比表面上看起来更"不大众"、更少受技术决定。大众传播的关键特征小结如板块3.2。尽管这些特征都是客观的,但大众传播这一整体概念往往被主观地、模糊地使用。

3.2 大众传播的过程
- 内容的大规模发行与接收
- 单向信息流
- 传播者与接收者之间的非对称关系
- 受众之间非个人化的、匿名的关系
- 与受众市场的关系
- 内容的标准化及商品化

广 大 受 众

赫伯特·布卢默(Blumer,1939)率先将"大众"正式定义为一种新的现代社会组织形式,它与群体(group)、人群(crowd)或公众(public)等其他组织形式不同。在一个小群体中,成员之间相互认识并知晓共同的群体身份,共享价值观,拥有一种相对稳定的关系结构且彼此互动以达成某一目标。人群相对大一些,但依旧限定在某一具体空间之中并拥有可见的边界。然而人群很少有意识地进行组合。它可能拥有高度的身份认同并共享同一种"心情",但通常不具有道德或社会组成意义上的结构或者秩序。人群可以行动,但其行动通常具有传染的、情绪化的、不理性的特征。

布卢默提出的第三个名称"公众"则规模更大,分布范围更广且更持久。公众是在公共生活中围绕某一事件或原因而形成的,其首要目标是推进某项利益或某种观点并实现政治改变。公众是民主政治当中的一个基本元素,它存在的基础是开放政治体系的理性话语理想,往往由人口当中接收较多信息的部分组成。如前所述,公众的崛起是现代自由民主的特征,也与"资产阶级"或政党报纸的兴起相关。

"大众"一词抓住了新出现的电影和广播受众(以及一定程度上流行报纸读者)的一些特征,此前的三个概念都不曾覆盖这些特征。新的受众通常要比群体、人群或公众规模更大,它往往分布广泛,成员之间互不相识,也不知道谁"创造"了受众。它缺乏自我意识和自我身份,且没有能力以有组织的方式共同行动以达成某一目标。它的边界不断变化因而构成也不断变化。它并不自主行动,而往往被施加行动(因而是操控的对象)。它是异质的,因为它的成员来自各个社会阶层和人口群体;它又是同质的,这是基于其对某些特定兴趣对象的选择并基于操控者的认知。板块3.3小结大众受众的主要特征。

3.3 大众受众

- 大规模的读者、观众等
- 分布广泛
- 非互动的、匿名的相互关系
- 异质的组成
- 非组织化,不自主行动
- 媒体管理或操控的对象

除大众媒介的受众之外,还有其他社会构成具有相似的特征:例如,"大众"一词有时被用于表示"大众市场"上的消费者或者大规模的选民("大众选民")。然而令人瞩目的是,这些群体通常也是媒体受众,且大众媒介往往被用于指引或操控消费者或政治行为。

在这一概念框架中,媒介使用被表述为"大众行为",大众行为又催生"大众研究"方法——尤其是大规模调查及其他记录受众反应的方法——的应用。理论基础被置于商业逻辑或组织逻辑的受众研究当中。纯粹定量的受众研究看起来不仅是合理的而且是实用的。事实上,这些研究方法只能加深概念观点上的偏见(将受众等同于一个大众市场)。收视率以及报纸覆盖率的研究则加强了受众作为大众市场的消费者这一观点。

作为一种社会建制的大众媒介

尽管技术不断变革，大众传播始终存在于整个大众媒介建制框架中。这指的是一套大众媒体组织及活动，包括它们自身正式或非正式的运营规则以及社会对它们的法律和政策要求。其中所体现的是公众整体的期待以及其他社会组织（包括政治）、政府、法律、宗教及经济部门的期待。传媒机构逐渐围绕**出版**与发行等关键活动发展起来，它们也与其他组织形成交集，尤其是当这些组织扩展其公共传播活动之时。在其内部则以技术的种类区分（印刷、电影、电视等），每个类别内又有细分（例如全国性或地方的报纸或广播电视）。它们还随时间变化而各不相同（参见第 9 章）。尽管如此，在服务于希望传播的人生产并发行知识（信息、观点、文化）并回应个人和集体需求这一核心活动之外，还存在其他若干典型特征。

在诸如"媒介效果""媒体社会责任"等表达中，整个大众媒介常常被视作一个建制，然而在自由社会当中，媒介与医疗、教育、法治或军队不同，不存在正式的建制。尽管如此，或独立或彼此整合的媒介的确以社会建制的形式发展。"印刷媒体"是一个例证——不存在正式的定义或者界定，但它通常指代所有的报纸、杂志、记者、编辑以及媒体所有者；不存在正式的外部规制，但存在依靠自觉遵守的行为准则或道德规范。印刷媒体承担一些公共责任，作为回报，它获得一些权利和特权，尤其是自由的保障。其他媒介，例如广播电视，则形成了自身的建制身份。在各种媒介之间存在诸多共同之处因而我们得以使用"媒介建制"这一统一的说法。其主要特征如板块 3.4 所列。

> **3.4 大众媒介建制：主要理论特征**
>
> - 核心活动是信息与文化的生产及发行
> - 媒介作为一种建制在"公共领域"中承担作用和责任
> - 主要通过自我规约，社会划定界限
> - 成员边界不清晰
> - 媒介是自由的，原则上独立于政治、经济力量之外

大众文化与流行文化

通过新出现的渠道向新的广大受众传输的典型内容，自一开始便是故事、图像、信念、观点、娱乐及景观的多样组合。尽管如此，通常用"**大众文化**"这一统一的概念来指代

上述种种(参见 Rosenberg & White,1957)。大众文化与大众(或大多数人)的品位、选择、风度、风格相关。它往往还含有贬义,因为它常常与"不具有良好教养"的、无差别的或贫下阶层的受众的文化选择相关。

"大众文化"的说法如今已经有些过时了,这部分是由于阶层之间的区别已不如从前般尖锐或清晰,少数受过良好教育的职业人群和大多数贫穷、未受良好教育的工人阶级之间已不存在明显区隔。过去被广泛认可的"文化品位"等级也过时了。即便是在时尚领域,大众文化作为"下等阶层"的现象已与事实经验不符,大众文化在一定程度上指的是几乎所有人的文化经验(Wilensky,1964)。"大众文化"这一说法如今广受欢迎,是因为它指代的是许多人或大多数人之喜爱。它可能还指代年轻人当中流行的东西。最近的媒体与**文化研究**(以及整个社会)都积极评价流行文化。在一些媒体理论家(如 Fiske,1987)看来,流行这一事实正是政治与文化价值的象征。

定义与对比

定义大众文化的尝试通常与定义更为传统的(象征)文化的尝试不同。例如,维伦斯凯将其与"高等文化"作出对比,后者的产品具有两种特性:

(1)它是由美学、文学或科学传统中的文化精英创造或监管的……
(2)其中系统地蕴含有独立于其产品消费者的批判标准。

"大众文化"仅指代为大众市场生产的文化产品。并非本质上但是相关的特征包括:产品的标准化以及使用方面的大众行为(Wilensky,1964:176)。

大众文化还与民间文化这种早期的文化形式相区别——民间文化是一种明显来源于人民的传统文化,它早于(或独立于)大众媒介或文化的大众化生产。在 19 世纪,欧洲再次发现了原始的民间文化(主要通过服装、习俗、歌曲、故事、舞蹈等表达)。这是民族主义兴起的产物,也是"艺术与工艺"运动以及反对工业化的浪漫主义运动的一部分。(中产阶级)对民间文化的再发现与民间文化在工人阶级和农民阶级当中的消失完全是同时的。起初的民间文化是不自知的,它们使用传统的形式、主题、材料和表达方式,并往往融入日常生活当中。大众文化的批评者常常惋惜民间文化整体性和单体性的丧失——在世界的一些地方,大规模生产的文化尚未完全占据主流,这种惋惜依然存在。当新兴的西欧和北美城市产业工人阶层被切断了与民间文化根源之间的关联之时,他们成了新的大众文化的首批消费者。自然,大众媒介吸纳了一些流行文化的潮流并为适应城市生活状况而作出了一些改变以填补工业化带来的文化真空,然而批评者通常只看得到文化的沦丧。板块 3.5 小结大众文化的主要特征。

3.5 大众文化的概念

- 非传统形式与内容
- 旨在大众消费
- 大规模生产的,公式化的
- 贬义的形象
- 商业化的
- 同质的

关于大众文化的其他观点

关于大众文化的兴起,存在不止一种解释,例如,鲍曼(Bauman,1972)提出是大众传播媒介引发了大众文化的说法,他认为,由于国家社会的文化多样性日渐加强,大众媒介不仅可以塑造正在发生的事物,其若干特征还对文化生产的标准化过程起到作用,尤其是独立于市场及大型机构并运用新技术的过程。这种更为客观的路径有助于厘清关于大众文化的某些争论。"大众文化之问"或多或少地反映了象征性复制与新的技术可能性彼此妥协的需要(Benjamin,1977),尽管它们挑战了既存的艺术观。

大众文化的问题未在市场领域解决,便又在社会政治领域挑起。尽管人们总是在为大众文化寻找一个不受价值导向的定义,但这个议题在概念上和意识形态上都是复杂的。正如布尔迪厄(Bourdieu,1986)等人清晰地揭示:对文化价值的不同理解与社会阶层的差异紧密相关。拥有经济能力往往等同于拥有"文化资本",在阶级社会当中,后者又往往可以变现为物质优势。在过去基于阶层的社会体系当中,相较于大众媒体上的典型的流行文化,高级的传统的文化拥有绝对的优越性。这种价值体系(尽管并非这种阶级体系)的支撑如今已弱化了,尽管文化力量的差异依然是文化与媒体政策领域活跃辩论的议题。

最后,我们可以记住,社会与文化理论家已经重新评估了"流行文化"并赋予了它更多正当性。大众文化不再被视作缺乏原创性、创造力或价值,而是具有含义、文化意义与表达价值的(参见第93~94页)。

重新评估大众的概念

大众或大众社会的概念一直是一种对当代文化潮流表达批判的抽象观念。今天,这一概念似乎更为理论化且更不相关。尽管如此,它曾经指出的不足与不满今天依然存在,只不过有时更换了名称。其中包括:孤独的体验及被孤立的感觉,面对不可控的经济、政治或环境因素的无力感,现代生活中人与人之间的疏离感(有时信息技术可能加深这种疏离感)、集体感的降低以及安全感的丧失。

如今清晰的是,大众媒介既是一种解决方案也是问题本身。依据我们是谁、我们在何处,大众媒介为身处大型社会的我们提供应对困难的方法,化解我们的困境并协调我们与更大力量之间的关系。今天的媒介可能不那么"大规模"、单向或遥远,而变得更互动更有参与性。

然而大众媒介并非总是亲切的。它们可能不负责任地滥用权力并以侵犯隐私、使用刻板印象、无端指责或系统性地提供错误信息来毁坏个人生活。当它们认定某事,则几乎不允许异议;当它们决定支持权力,则不需申诉的空间。它们可以破坏或支持民主政治的进程。事实上它们是"乐善好施的暴君"——时而讨人喜欢,时而又凶残无度、极不理性,反复无常。鉴于这些理由,我们仍应牢记那些老派的观念。

理论与研究的支配性范式的兴起

以上讨论的关于媒介和社会的观念以及"大众"一词所包含的各种细分概念,均为一个"支配性"的大众传播研究的框架形成作出了贡献。这一"支配性的范式"将大众社会中强大的大众媒介观与新出现的社会学研究实践结合起来,后者主要包括社会调查、社会心理实验以及数据分析。在这种支配性范式中,社会主要被视作规范的。它假设存在这样一种规范运作的"好的社会":它是民主的(选举、普选、代表)、自由的(去宗教化、自由市场环境、个人主义、言论自由)、多样的(各政党与利益之间有组织的竞争)、统一有序的(和平、社会整合、公平、合法)以及信息畅通的。在自由多元主义的观点看来,社会不平等在本质上不一定是有问题的甚至不公平的,只要现有的体制可以化解其中的紧张和冲突。

这个类似于理想的西方社会观的模型在很大程度上决定了大众媒介可能或潜在的作用或危害。这种社会观内部的矛盾以及它与社会实际之间的距离往往被忽略。早期大多数关于发展中国家或第三世界国家媒体的研究正是受这样一种假设所引导——这些社会将逐渐转变为(可能更先进的)西方的模型。早期的研究还受另一种观念影响——在另类的、集体主义的形式中,大众媒介被用于镇压民主,这种形式将挑战自由的、多元的、公平社会的模式。仅是知晓这种另类模式的存在,便(反而)帮助辨析甚至加强了上述规范。媒体通常自认为在支持及表达"西方生活方式"的价值方面扮演重要角色。自东欧解体以来,出现了其他敌人,如国际恐怖主义等,这些敌人有时(被媒体和政府)与原教旨主义或其他"极端"或革命运动相关联。

功能主义与信息科学的起源

这个支配性范式当中的理论要素并非专门为传媒研究所创造,而主要是对社会学、心理学以及信息科学的应用。这大体上发生在第二次世界大战之后,北美在社会科学和大众媒体两个领域皆占据不可挑战的**霸权**地位(Tunstall,1977)。随着社会学理论的成熟,它为分析媒体和其他社会建制提供功能主义的框架。拉斯韦尔(Lasswell,1948)率先就传播之于社会的"功能"——从维系社会为目的所执行的任务形成清晰的论述(参见第4章)。总体的假设是:传播致力于维系社会的整合性、连贯性以及秩序,尽管大众传播也具有扰乱或破坏的潜能。虽然功能说法的智性诉求不高,但是在关于媒体和社会的讨论之中,免不了要使用功能的语汇。

影响媒介研究支配性范式的第二重理论要素来源于信息理论,香农和韦弗(Shannon & Weaver,1949)发展了这种关注传媒渠道承载信息的技术有效性的研究。他们发展出一个分析信息传输的模型,在其中传播被视为一系列的过程。在这个过程当中,一个**信息源**将其选择的**消息**转化为**信号**,通过某一**传播渠道**抵达接收者,又由接收者将信号转变为**消息**,传输至某一目的地。发明这一模型的目的是解释所传输的信息和所接收的信息之间的异同,渠道当中的噪音或干扰导致了这种差异。这种传播模型并不直接针对大众传播,但它为理解人际传播的诸多过程,尤其是考察消息传输的效果提供了一个多元的方式。

该范式的第三根支柱来源于世纪中叶方法论的发展。出现了心理测量(尤其应用在测量个人态度方面)和数据分析的组合,作为一种新的有力的工具,它们在先前未知的过程和状况中挖掘出可靠的知识。这些方法还能就大众媒体的影响以及它们在劝服和态度改变等领域的作用作出回答。另外,在心理学当中具有崇高地位的"行为主义",尤其是基于**刺激—反应理论**的实验方法(参见第 403 页)也对此范式作出了贡献。这些发展与人们对传输模型的需求是同步的。

该范式对研究媒体效果和社会问题的偏见

依据罗杰斯(Rogers,1986:7)的观点,传输模型是"传播科学史上最为重要的转折点","在 1949 年以后的若干个十年间,它指引传播科学家进入线性的、效果导向的人类传播研究路径"。罗杰斯还指出,其结果是引导传播科学家进入一个仅仅关注传播效果,尤其是大众传播效果的死胡同(1986:88)。罗杰斯等人早已辨认出这一模型的盲点,近期的传播研究也通常以该模型为论辩对象。即便如此,线性的效果研究是许多人(依然)想要的传播研究,那些将传播视作一种将消息有效传递给众人的工具的广告商、政治宣传者以及公共信息发布者尤为如此。

而从接收者的角度来看,传播通常不是如此,事实上传播也不是如此工作的,但这种认知花费了很长时间才建立起来。直到最近才出现了另一种(大众)传播的理论模型——这一模型是基于几位过去的(北美)社会学家的思想,尤其是米德、库里、帕克。这个模型将传播主要表述为社交的、互动的,与意义分享而非效果相关(参见 Hardt,1991)。

尽管存在这一背景,传播研究的"主流"道路却是十分明确的。有意无意地,研究者总是关注大众媒介效果的测量。在该范式当中,最主要的目标往往是提升传播的有效性以实现(广告、公共信息传达)等合理目标,或者是测量大众传播媒体是否(犯罪、暴力或其他不法行为以及社会不安定等)社会问题的原因。研究中广泛可见线性效果模型的痕迹,尽管使用这一模型的许多研究并未成功地取得发现,但这种失败反而又支持了该模型。未能发现效果的主要原因被归咎于社会群体和人际关系的中介角色。依据吉特林(Gitlin,1978)的观点,在那些"失败的"(没有测量出效果的)研究当中传递出对现状的考察与平衡的健康积极信号,同时也是对经验研究传统的辩护。

板块3.6小结上述内容。该范式的基本要素所呈现的特征包括:在什么样的社会中这一范式可得以应用,大众传播的典型目标和特征,关于媒介效果的假设以及此类研究的合法性。

3.6 传播研究的支配性范式:主要假设

- 一个自由多元的理想社会
- 媒介拥有一定的社会功能
- 媒介在受众身上的效果是线性的、直接的
- 群介差异与个人差异影响媒体效果
- 定量研究以及变量分析
- 媒介或被视作潜在社会问题或是劝服方式
- 行为主义的以及定量的方法占据领先地位

另类的批判的范式

对主流范式的批判也同样包括诸多元素,不同的批判声交织在一起且它们彼此之间还可能是冲突的。理论和方法论上的批判与规范目标方面的批判便尤为不同。从实用主义的角度来看,简单的传输模式失效的原因在于:信号无法达至接收者或目标接收者,信息被误解,在渠道当中总有许多"噪声"干扰信息。此外,几乎所有的传播活动都是被中介的,即便能逃脱大众媒体的中介也会被其他渠道甚至人际接触中介(参看关于"人际影响"和"两极传播"的讨论,第408页)。所有这些都在削弱媒体的力量。早期将媒体视作如皮下注射剂或魔弹般直接有效的观念很快被证明是十分不足的(Chaffee & Hochheimer,1982;DeFleur & Ball-Rokeach,1989)。最近几十年来,我们已经十分清楚,大众媒介并不具有我们曾假定的直接效果(Klapper,1960)。事实上,很难证明大众媒介具有

任何实质的效果。

关于社会与媒体的另一种看法

从广义上讲,"另类的范式"是基于另一种看待社会的观点,这种观点不认为普遍流行的自由资本主义秩序是合理的或者不可避免的,或是堕落中的人类可以期待的最好秩序。它也不认为理性计算的、实用的社会生活模式是足够的或可取的,商业模式也不是运营媒体的唯一或者最好模式。还存在一种另类的、理想化的有时甚至是乌托邦式的意识形态,尽管尚未经过真实社会体系的检验。即便如此,也已有足够的共同基础来反对隐藏在多元主义和保守功能主义当中的意识形态。

从20世纪早期开始,媒体便遭到种种批评,特别是因其商业主义、低标准的真实性和正直性、受贪得无厌的垄断者控制等。社会主义或马克思主义为另一种选择提供了原初的意识形态灵感。在20世纪30年代前往美国的法兰克福学派掀起了第一股波浪,他们对支配性的商业大众文化提出了另一种看法(Jay,1973;Hardt,1991;参见第5章第91~92页)。他们的贡献在于为我们看清大众传播是一个操控性的、压迫性的过程提供了强大的智识基础。他们的批判是政治的,也是文化的。C. 赖特·米尔斯关于大众社会的看法(参见第75页)即清晰地呈现出另类媒体观,他雄辩地剖析了北美激进传统当中自由多元控制的谬误。

20世纪六七十年代,在"1968思潮"的影响下,另类的媒体观真正成型,它是各种反战与解放运动以及新马克思主义的结合。争论的议题包括学生民主、女权主义以及反帝国主义。组成并支撑这一范式的因素如下。

首先,媒体内容当中更为深刻复杂的意识形态,研究者得以在大众媒介的娱乐新闻内容当中"解码"具有意识形态性质的信息(这些内容旨在合法化既有的权力结构并消除反抗)。法兰克福学派不认为在媒体内容当中嵌入的是固定的意义并将形成可预计的可测量的影响,我们应当将意义视作是被建构的,并依据社会环境以及受众志趣来解读。

其次,各国及国际性的大众媒介组织与结构的经济及政治特征被反复检视。不再仅从表面价值来评估这些组织,其运营策略远非中立的、去意识形态的。随着这一批判范式的发展,其关注对象也从工人阶级的附庸扩展到包括与青年人、亚文化、性别以及少数民族相关的各种类型的支配。

再次,与上述变化相应的是研究方法向"定性"的转变,研究者开展了大众媒介使用的文化、话语以及民族志研究。有时这被描述为一种"语言学"的转向,这是由于语言与社会的关系(社会语言学)被重新重视,研究者相信,相较于现实本身,对现实的象征性媒介化要更有影响力并更值得研究。这与之前所述的对于揭示隐藏的意识形态意义的兴趣是相关的。这提供了获取知识的另外一种途径,并在强调象征互动的社会学研究路径与强调个人表达及个人建构自身环境之作用的现象学之间搭起了桥梁,前者此前业已被忽略了(参见 Jensen & Jankowski,1991)。这是更为广义的文化研究发展的一部分,文化研究以新的眼光看待大众媒介。依据达尔格伦(Dahlgren,1995)的观点,文化研究的传统"挑战了支配范式唯科学主义的自我妄想",不过在文本分析和社会组织分析两者之间不可避免地存在张力。

此外,第一世界与第三世界的传播关系(尤其在技术发展的背景下)也激发了关于大众传播的诸多研究。例如,两者间的关系不再被视作发展与民主从文明的一方向"落后的"一方的传递;至少这是一种事实上的经济与文化支配。最后,尽管相关理论并未引领一个批判的方向,但"新媒体"的确促使我们重新思考媒体效果,单向的大众传播模式不可为继。板块 3.7 小结上述主要观点。

3.7 另类的范式:主要特征

- 批判地看待社会、拒绝价值中立
- 反对传输模式
- 媒体技术与信息的非决定论
- 采用解释性的、建构性的观点
- 定性方法
- 偏好文化理论或政治经济理论
- 广泛关注社会不平等以及反抗

范式的比较

上述另类的观点并不仅仅是主流范式的镜像,或者是针对机械的应用的传播观的反对宣言。它是基于一个更完整的传播观,将传播当作一种分享和仪式而非简单的"传输"(参见第 56 页)。它既是替代式的观点,也是补充式的。在扩展流行文化研究的方法与路径方面,这一范式尤其具有价值。媒体经验和社会文化经验之间的互动和参与是其核心。

本书呈现的是两个主要的范式版本,但在"另类的"和"支配性的"路径当中都包含有"批判的"(对媒体强烈的价值评判所驱动)和"解释性的"或"定性的"(与理解更为相关)两种不同元素。波特等人(Potter et al.,1993)提出了传播科学主要范式的三分法:采用定量方法来研究媒体经验问题的"社会科学"路径,采用定性方法并强调媒体的意义赋予潜能的解释路径,以及基于批判社会理论尤其是左翼或政治经济观点的"批判分析"路径。在芬克和甘茨(Fink & Gantz,1996)看来,这种三分法在出版传播研究的内容分析中十分好用。梅罗维茨(Meyrowitz,2008)提出,存在几个关于媒体影响的"源叙事",包括"权力"叙事、"乐趣"叙事和"模式"叙事,它们解释了前述以及所有路径的异同。第一种叙事与权力以及对权力的反抗相关,并主要与支配性的范式相关联。第二种叙事("乐趣")指的是产生影响的文化因素和个人选择。第三种"模式"则寻求对影响媒介结构与类型的因素作出解释,因而它是"**媒介理论**"的一部分,本书随后作出讨论(参见第104页)。

将这些分类暂放一旁,十分清楚的是,在不断变化的理论(及风格)和不断变化的对媒体之于社会关系的关注双重压力之下,另类范式仍在继续演变发展。尽管关注价值的后现代理论(参见第106~108页)倾向于减轻对意识形态操控商业主义及社会问题的忧虑,但是新问题不断出现,其中包括环境问题、个人和集体身份问题、健康与风险问题、信任与可信度问题等。同时,种族主义、战争宣传以及不平等之类的老问题又尚未让道。

支配性的和另类的范式之间的差异植根很深,二者的共存也意味着要形成一个统一的"传播科学"是有难度的。差异还来源于(大众)传播本身的特征,它需要应对意识形态、价值、观点等问题且不可避免地在意识形态框架下被解读。本书的读者不必在两种范式之间作出取舍,但了解它们将有助于理解理论的多样性以及大众媒介"事实"的多样性。

四种传播模型

大众传播作为一个过程的最初的定义是基于诸多不同媒介所共享的大众生产、再生产以及发行的客观特征而形成的。在很大程度上这是一个基于技术和社会组织但忽略对人的考量的定义。长期以来其有效性受到怀疑,这不仅是出于我们之前所讨论过的矛盾观点;同时,最近发生的社会与技术变化也逐渐废弃了早先的大规模生产技术以及工厂式的媒体组织。我们需要考查新的、尽管未必是完全不一致的公共传播过程模型(表述)。暂不讨论"新媒介"该如何定义的问题,至少存在四种模型。

传输模型

这一支配性的模型的核心是将传播视作一个由传者或传播源决定的传输固定量的信息的过程。关于大众传播的简单定义通常依循拉斯韦尔(Lasswell,1948)所提出的一组问题:"谁通过什么渠道向谁说了什么?起到什么效果?"这代表了前文所述的线性序列并催生了大众传播支配性模式的定义。早期关于大众传播的诸多理论尝试(例如McQuail & Windahl,1993)即是在这个简单版本的基础之上加以改进。或许早期最完整的大众传播的定义是由韦斯特利和麦克莱恩(Westley & MacLean,1957)作出的——他们的定义包含了上述的主要特征并与支配性的范式相符。

他们的成就在于指出在大众传播当中包含"社会"与"受众"之间的、新的传播角色(比方说一个正规媒体组织中的职业记者)因而序列不再简单地由(1)传播者、(2)信息、(3)渠道、(4)诸多潜在的接收者构成了,而是(1)社会中的事件和声音、(2)渠道/传播者的角色、(3)信息、(4)接收者。这一改进的版本揭示，大众传播通常不是在传递原创"信息"，而是传递潜在受众对环境中所发生事件的说法（新闻），或向那些希望触及广大受众的人（例如观点主张者、广告商、表演者、作家等）提供表达观点和声音的渠道。韦斯特利和麦克莱恩的完整模型具有三个重要特征：其一是强调大众传播者的选择角色，其二是说明选择是基于评估受众对什么感兴趣而作出的，其三是指出传播并不具有目的，媒体本身往往并不旨在说服或教育或提供信息。

依据这一模型，大众传播是一个自我规约的过程，它受到受众的兴趣和需求指引，而对受众的了解仅是基于其选择和反馈作出的。由于受众对媒体、主张和原始传播者的反馈在很大程度上塑造了这一过程，因而无法再将它看作一个线性的过程了。这一观点将大众媒体视作世俗（非宗教）社会当中相对开放且中立的服务机构，它们对社会的其他建制部门作出贡献。这一观点也将受众满足作为衡量信息传输有效性的标准。这一模型是在美国自由市场媒体系统的基础之上发展起来的，它不能够精准适用于国家所有的媒体，甚至是欧洲公共广播制度。它并未意识到自由市场不一定总是能够反映受众的兴趣，甚至可能有意图地执行自己的宣传。

仪式或表达模型

传输模型如今依然能有效解释一些媒体的一些功能（尤其是新闻媒体及广告）的运作原理。然而，它无法完整且准确地解释其他诸多媒体活动以及传播过程的多样性。导致该缺陷的一个原因是传播被狭义理解为"传输"。在詹姆斯·凯里（Carey，1975：3）看来，这种传播：

> 是我们文化中最常见的，它由发送、传输或给予他人信息等语汇定义。它构成了一个关于地理或运输的隐喻。这种传播观的核心在于以控制为目的的信号或信息的传输。

它隐含了工具理性、因果关系以及单向流动。凯瑞提出另一种传播观："仪式"，依据这种观点：

> 传播与分享、参与、联谊、团体以及拥有共同的信仰等语汇相关……仪式观并不旨在信息在空间中的传递，而是长期的社会维系，它不旨在分散信息的行为而是对共同信念的表达。(1975：8)

这种另类的传播模型也可以被称为"表达"模型，因为其强调的是发送者（或接收者）自身的满足而不是其他工具性的目的。仪式的或表达的传播是基于共享的理解及情感的。它是令人高兴的、叫人满足的、装饰性的而并不具有实用的目标，同时它往往需要一些"表演"的成分以帮助实现传播。传播是为了达成有用的目的，也是为了接收的愉悦。

在仪式传播中，信息往往是潜藏的、隐晦的，其意义取决于文化中提供的（而不是参与者选择的）关联和符号。媒介与信息通常很难分离，仪式传播也往往是永恒不变的。

尽管在自然条件下，仪式传播并非工具性的，但它仍可能对社会（例如社会整合）或社会关系起到作用。在一些有规划的传播活动——例如政治或广告——当中，仪式传播的原则（如使用有力的符号、隐晦的文化价值诉求、团结、神话、传统等）常常得以应用。仪式传播对于凝聚并传递情感和行动起到作用。这一模式的例子可以在艺术、宗教、公共仪式以及节日领域找到。

作为展示与关注的传播：宣传模型

在传输模型和仪式模型之外，还存在第三种模型，它抓住了大众传播的另一个重要方面，可简要将它称为"宣传模型"。大众媒体的首要目标通常并非传输特定的信息，也不是以某些文化、信仰或价值的表达来团结大众，而只是简单地抓取并维持（受众的）视觉与听觉注意。由此，媒体便实现了一个直接的目标，即获取来自受众的收入（鉴于在大多数情况下注意力即等同于消费），以及一个间接的目标，即将受众注意力（的可能性）售卖给广告商。正如埃利奥特（Elliott,1972:164）所指出的，"大众传播可能根本不是传播，它并不履行意义的传输"（艾略特明确地将传输模型当作规范）。在他看来，大众传播更像是一种观看，媒体受众与其说是参与者或接收者，不如说是一群"观看者"。关注的"事实"往往比关注的"质量"来得更为重要，后者也很难被充分测度。

尽管那些抱有自身目的的大众媒体使用者的确期望比获取注意力和宣传更多的效果，但能否达到宣传的效果依然是一个直接的目标且常常被当作衡量成功或者失败的标准。多媒体集团的典型宣传策略是在尽可能多的媒体以尽可能多的形式（采访、新闻事件、图片、嘉宾出席、社交媒体网站等）为其现有的产品争取最大的关注。这一目标被描述为寻求"获取最大比例的心智"（Turow,2009:201）。诸多媒介效果研究也关注形象及认知的问题。被知晓的事实往往比所知晓的内容要来得重要，前者是成为"**名人**"的唯一必要条件。类似地，媒体设置政治及其他"议程"的权力也是一个获取关注的过程。媒体生产的重点是那些通过抓取眼球、引发情绪、刺激兴趣等获取并维持关注的设备。这是所谓"**媒体逻辑**"的一个方面（参见第272～273页），信息的实质内容往往服从于表现的设备（Altheide & Snow,1979,1991）。

寻求关注的目标也符合受众对媒体的一项重要期待：分散注意力并度过闲暇时光。他们通过与媒体共度时光来逃避媒体的日常。在展示—关注模型中，发送者和接收者之间的关系并不一定是被动的或不参与的，而是道德中立的，且其中并不包含意义的转移或生成。

将传播视为一个展示及获取注意力的过程与将传播视为传输或者仪式不同，它具有以下几个额外的特征：

- 吸引关注是一个零和的过程。一个人无法同时在两个媒体展示上花费时间,且尽管时间可以被延展且注意力可以被冲淡,但受众的可用时间依然是有限的。与之形成对比的是,可传送及获得的"意义"则可以是无限量的,通过参与仪式传播的过程而获取的满足也可以是无限量的。
- 展示—关注模型中的传播只存在于当下。过去却不重要,未来是作为当下的延续和扩展而发挥作用的。没有人站在接收方的立场提出原因—效果的问题。
- 吸引注意力本身即是目标且在短期内是价值中立的、没有意义的。形式与技艺比信息内容更为重要。

以上三重特征分别诠释了大众传播,尤其是商业媒体组织的大众传播所具有的三重特征:竞争性、现实性/短暂性、客观性/疏离性。

媒体话语的编码和解码:接收模型

还存在另外一个版本的大众传播过程,与以上讨论的两个模型相比,它更为激进地背离传输模型。在很大程度上它利用了之前所述的批判观点,也可以从众多不同的受众出发来理解这种大众传播观——他们所接收或理解的信息与被"发送"或"表达"的信息不尽相同。这一模型植根于批判理论、语义学以及话语分析。它更偏向于文化学而非社会学。它与"接收分析"的兴起紧密相关(参见 Holub,1984;Jensen & Rosengren,1990)。它质疑受众研究中主流的经验社会科学方法论以及内容研究的人文路径,因为二者都无法解释受众在赋予信息以意义方面的能力。

接收模型的主旨是将意义的分配与建构(从媒体转移出来)置于接收者。媒体信息永远是开放多义的,受众依据自身的情境和文化对其加以解读。在接收分析的先驱当中,斯图亚特·霍尔(Hall,1974/1980)提出了一种雄辩的批判理论:他强调接收的不同情形,在这上面,所有信息从源头流向接收方并被解读。霍尔的假设是:所期望的意义以难以抗拒的公开或隐藏的方式被植入(编码进)象征性的内容,同时霍尔还指出信息被拒绝或者误读的可能性。

的确,传播者出于意识形态或机构目的对信息进行编码,也会操纵语言和媒体[以一种"优先解读"的方式提供媒体信息,这种方式如今可被称为"罗织"(spin)]。其次,接收者(解码者)未必要照单接收所传来的信息,而是可以依据自身的经验和期望对其加以变异地或反对地解读,由此来反抗意识形态的影响。

在霍尔的编码解码过程模型当中,他将电视节目(以及任何相当的媒体文本)描绘成一种充满意义的话语。编码是依据大众媒体生产组织及其主要支持者的意义结构来进行的,而解码则是依据受众不同的意义结构、知识框架和环境展开的。在这一模型中,平台路径是简单的。传播往往发起自那些具有与主流权力结构相符的意义框架的媒体组织;随后,依据既定的内容类型(如"新闻""流行音乐""体育报道""肥皂剧/刑侦剧"),信息被解码,类型具有表面价值意义,同时也为受众提供内置的解读指导原则;最后,媒体作为一种"意义结构"被受众接收,这种意义结构植根于受众的观念及经验。

(这一模型的)总体看法是,被解码的意义与被编码的意义未必(往往)不一致(除以传统类型和共享的语言体系中介的情况外),其最重要的意义在于指出解码可能与所期望的方式不同。接收者可能在字里行间作出解读,也可能完全反向解读。无疑,这一模型及相关的理论体现出几个主要原则:媒体内容的多义性,不同解读群体的存在以及接收者在决定意义方面的首要性。早期的效果研究认同选择性接收这一事实。这被视作传输模式的一个缺陷或一种条件,而不是一种完全不同的观点。

比较

通过讨论各种不同的模式,我们发现,任何一种关于大众传播的概念或定义都是不足的,它们都太过倚重所谓的内生特质或对多元生产与传输技术的偏见。人类对技术的使用比以往所假设的更多样、更具决定意义。图表 3.1 对比小结四种模型。其中,传输模式主要借鉴教育、宗教、政府等更古老的建制,它仅适用于具有教育性、信息性或宣传性目的的媒体活动。表达或仪式模型更能抓住艺术、戏剧、娱乐以及传播的各种象征性使用的特征。它也适用于新的受众参与的方式以及真人电视节目形式。宣传或展示—关注模型反映的是媒体吸引受众以获取名声或收入的核心目标,它适用于广告或公关等媒体活动,也适用于政府出于自身利益所开展的新闻管理以及媒体"罗织"。接收模型提醒我们,媒体看似所具有的塑造、表达或捕捉能力可能是虚幻的。

模 型	发送者的取向	接收者的取向
传输模型	传达意义	认知处理
表达或仪式模型	表演	消费/共享经验
宣传模型	竞争性展示	给予注意力的观看
接收模型	选择性编码	不同的解码与意义建构

图表 3.1 对比四种大众传播过程模型:每种模型中传者与受者的取向各异

小　　结

本章所讨论的大众传播研究的几种基本概念与模型是基于不同的特征(规模、同步性、单向性等)并在 20 世纪高度组织化、中心化的工业社会转型的基础之上发展起来的。如今,并不是一切都发生了改变,但我们的确正在面对新的传播技术可能性,它们不再是大规模的或者单向的,它们正在背离过去社会的大众化与中心化。第 6 章将继续讨论这些议题。

大众传播理论业已关注到这些变化,尽管理论的转变仍是十分谨慎的,且概念框架大体上没有变化。我们仍然拥有大众政府、大众市场以及大众消费。媒体的规模业已向全球范围发展。那些拥有经济与政治权力的人们依然相信推广、公关和宣传所具有的能力。在早期传播研究当中出现的主流范式今天依然存在,这是因为它依然符合当代媒体运作的许多状况并依然满足媒体产业、广告商和宣传家的需求。媒体宣传家依然相信媒体具有操控的能力且"大众"是顺从的。信息转移或信息传输这一观点也依然存在。

我们不应简单地选取一个模式而忽略其他。它们分别能满足不同目的。传输模型和关注模型依然是媒体产业与潜在说服者的首选。仪式模型和解码模型则被当作对于媒体统治的一种反抗,原本隐藏的传播过程也因其而曝光。四种模型分别体现了传播过程的一些特征,因此任何一种都不可缺少。

图表3.1比较了四种模型,小结了文中的要点并强调这样一个事实:每一种模型都设定了传者与受者之间的一种特殊关系,这种关系建立在对其核心特征和目的达成共识的基础之上。

深入阅读

Dervin, B., Grossberg, L., O'Keefe, B. J. and Wartella, E. (eds) (1989) *Rethinking Communication. Vol. 1: Paradigm Issues*. Newbury Park, CA: Sage. Contains a set of important position statements by leading theorists.

McQuail, D. and Windahl, S. (1993) *Communication Models for the Study of Mass Communication*. London: Longman.

A handy account and evaluation of the principal models that either guided or have been derived from mass media research, during earlier decades.

Meyrowitz, J. (2008) "Power, pleasure and patterns: intersecting narratives of media influence", *Journal of Communication*, 58(4): 641-663.

A fresh way of classifying and comparing the main alternative approaches to the study of communication.

在线阅读

Ball-Rokeach, S. J. (1985) "The origins of individual media-system dependency", *Communication Research*, 12(4): 485-510.

Fenton, N. (2007) "Bridging the mythical divide: political economy and cultural studies approaches to the analysis of media", in E. Devereux(ed.), *Media Studies*, pp. 7-31. London: Sage.

Jankowski, N. W. (2006) "Creating community with media: history, theories and scientific investigations", in L. Lievrouw and S. Livingstone(eds), *Handbook of New Media*, pp. 55-74. London: Sage.

第4章

媒介与社会理论

　　本章进一步探讨大众媒介与社会之间的关系。我们将文化含义留到第 5 章再作讨论,尽管社会与文化二者相辅相成、密不可分。先探讨社会层面所隐含的社会优先性也是值得质疑的,因为媒体及其产品也可被认为是"文化"的一部分。事实上大部分媒介理论与"社会"及"文化"二者都相关,且需要通过二者来加以诠释。出于当下的目的,"社会"领域指的是物质基础(经济与政治资源及权力)、(在国家社会、社区、家庭等当中的)社会关系以及(正式或非正式)受社会规约的社会角色与职业。"文化"领域则指代社会生活的其他重要组成部分,尤其是象征性的表达、意义及实践(社会习俗、行事组织方式及个人习惯)。

　　本章的大部分探讨的是那些解释媒体运作以及媒体参与的典型文化生产的理论及观点。这些理论中的大部分的确假设物质与社会条件是一个主要的决定因素,然而观念与文化也可作为独立的影响因素反作用于物质条件。在讨论媒介与社会理论之前,本章将先介绍构成大众传播基本问题的主要议题或宏大主题。本章还将提出一个考察媒介与社会之间关系的总体参考框架。首先,我们回到文化与社会关系这一难题上来。

媒介、社会与文化:关联及冲突

大众传播观可被视作一个"社会"现象,也是一个"文化"现象。大众传播机构是社会结构的一部分,其技术基础设施则是经济与权力基础的一部分,而媒介所传播的观点、形象及信息则无疑是我们文化的重要组成部分。为了探讨这一问题,罗森格伦(Rosengren,1981b)提出了一个简单的分类法,将两个相对立的主张交叉关联在一个图中:"社会结构影响文化"及相反的"文化影响社会结构"。这生成了描述大众媒介与社会关系的四个选择,如图表4.1所示。

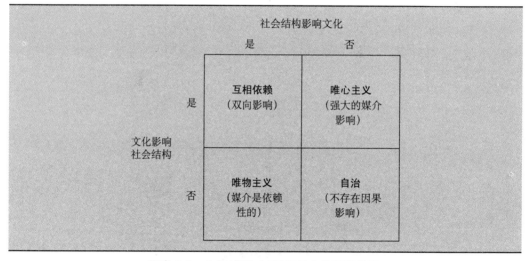

图表4.1 文化(媒介内容)与社会的四种关系

如果我们将大众媒介视为社会(基础或结构)的一个部分,那么即出现了唯物主义的选择。诸多理论认为文化是依赖于社会经济和权力结构的。假设无论是谁拥有或控制媒体,都可以选择或限制媒体的作为。这是马克思主义立场的核心。

如果我们主要考量媒介的内容(因而主要将其当作文化),这就形成了唯心主义。假设媒体具有产生重大影响的潜能,然而是媒介(在其内容中)传输的特定观点或价值有能力引发社会改变而不论其拥有者或控制者是谁。这种影响被认为是通过个人动机与行为起作用。这一观点引发了媒介可能具有各种好坏效果的强烈观点。相关的例证包括:媒体促进和平与国际互谅(或起到相反效果),媒体支持或反对社会价值和行为,媒体推动传统社会启蒙或世俗化、现代化转型。在认为媒介形式与技术变化会改变我们获取经验的主要方式甚至我们彼此之间关系的观点[如(McLuhan,1962;1964)的理论]背后,隐藏着关于媒体的"唯心主义"或"唯心论"。

另外两种选择——互相依赖的和自治的——则并未发展出显著的理论,但被诸多常识和实践证据所支持。互相依赖意味着大众媒介与社会之间持续互动并相互影响(正如社会与文化一般)。媒体(作为文化产业)回应社会对信息和娱乐的需求,同时激发创新并促成社会文化气候的改变,这又对传播提出新的要求。大约在1900年,法国社会学家加布里埃尔·塔德设想了这样一种交织的影响:"技术发展催生了报纸,报纸促成了更大规模的公众,继而二者通过扩大其成员的忠诚度又创造了一个庞大的网络,在其中人群互相叠加并变化"(Clark,1969)。今天,各种影响交织在一起,大众传播与现代社会更不可能分离,二者彼此互为必要(尽管不是充分)条件。从这一观点来看,我们必须提出,媒介之于社会及社会改变也具有同样的塑造或反映作用。

除非按字面意义加以解读,否则文化与社会关系中的"自治"选择未必与这一观点相左。至少在一定程度上大众媒体与社会是互相依赖的。文化上非常相似的社会有时可能拥有完全不同的媒体系统。自治的立场也质疑媒体拥有影响观点、价值和行为的能力——例如媒体促进统一、激发"现代性"或摧毁穷国弱国的文化认同的能力。关于媒体之于社会究竟能拥有多大的自治,存在不同的观点。相关争论尤其与"国际化"或"**全球化**"的核心议题有关,在媒体的作用下,全球文化正在融合并同质化。自治的立场认为,进口的媒体文化是肤浅的且不会深刻影响本地文化;继而,违背"被殖民者意愿"的**文化帝国主义**也不太可能发生(参见第10章)。

一个不具结论性的结果

关于我们接下来要讨论的诸多议题,相较于实在的证据,存在更多的是理论,并且讨论中提出的问题太过宏大,经验研究无法解答。罗森格伦(Rosengren,1981b:254)收集了他可以找到的所有分散证据,认为,就媒介化的社会结构、社会价值以及公众观念之间的关系而言,研究仅能提供不是结论性的、部分的甚至是矛盾的证据。三十年来这一判断依然有效,没有任何单一的理论可以适用所有情况。

看起来媒体可以为压迫或解放服务,为团结或分化社会服务,为促进或阻碍改变服务。将要讨论的理论当中还存在另一个重要特征:媒体被赋予的角色是模糊的。依据所采取的观点是支配性的(多元的)还是另类的(批判的、激进的),这些理论可能是进步性的,也可能是保守的。尽管存在各种不确定性,可以确定的是,媒体不论是作为社会的塑造者还是镜子,它始终充当社会的信使。另类理论观点正是基于这一观察被架构起来的。

作为一个社会过程的大众传播：社会关系与经验的媒介化

关于社会及文化的一个核心假设是：媒体组织主要关注的是知识的生产与发行，知识一词取其最广义。此类知识使我们得以理解自身在社会世界中的经验，即便"意义的提取"看起来通常以自主和不同的方式发生。对于许多人来说，媒介所提供的信息、图像和观点可能是他们理解共同过去（历史）或知晓当下社会位置的主要来源。媒介也是一个记忆仓库和一张地图，它告知我们是谁、我们在哪，并可能提供关于未来方位的材料。正如一开始所指出的，媒介在很大程度上构成了我们关于社会现实及社会规范的理解和定义，从而服务于公共的、共享的社会生活；媒介还是标准、模范和规范的主要来源。

重要的是，要区别不同的媒介介入于我们自身以及超越我们直接个人环境和直接感官体验的世界经验之间的程度。媒介也为我们大多数人提供与我们所生存的社会当中的主要制度取得联系的点。在一个世俗社会，就价值和观点而言，大众媒介日益取代早先来自学校、家长、宗教、兄弟姐妹和伴侣的影响。因而我们在获知象征性环境（"我们头脑中的画面"）方面十分依赖于媒介，无论我们自身能在多大程度上形成自己个人的版本。媒介正在锻造出渐趋相同的元素，而我们正日益共享相同的媒体来源和媒体文化。如果不存在一定程度的对于社会的共享认知，不论其来源几何，则不会有一个有组织的社会生活。夏佛（Hjarvard, 2008）描述了这样一种社会文化演变的理论：媒体逐渐发展、直到19世纪时成为一个独立的社会建制。近来媒体已经发展成为整合其他社会建制的一种方式。

媒介化的概念

可将这些评论总结为与社会现实之间的"媒介化"联系。媒介化包括几个不同的过程。如前所述，它首先指的是关于我们无法直接观察的事件或状况的二手（或三手）信息的传递。其次，它指代社会中的其他成员或组织出于其自身的目的（或者出于为我们的考量）而与我们取得联系的努力。这适用于各种政治家和政府部门、广告商、教育工作者、专家和权威人士。它是我们对自己并不属于的群体或文化形成认识的途径。应用于我们的感官和外部事物之间的技术设施是媒介化的核心元素。

媒介化也包含一些关系的形式。经由大众媒介中介的关系往往比直接的个人联系来得遥远、疏离、薄弱。大众媒介并不垄断我们所接收的信息流，也不干预我们更广泛的社会关系，然而大众媒介不可避免地无处不在。早期关于"现实的媒介化"的理论往往假设在由大众媒介信息构建共享观点的公共领域和个人自由并直接传播的私人领域之间存在一个明显的分界线。近来的技术发展破坏了这个简单的分界，我们与他人之间更多的传播与联系以及我们的环境现实正在被（电话、计算机、传真、电子邮件等）技术中介，即便这种中介发生在个人的私人的层面。我们仍不清楚这一变化意味着什么，只能对它作出多种解读。

汤普森(Thompson,1993,1995)提出以一种互动类型学来厘清新的传播技术的影响,新技术将社会互动和象征交换从共享地点当中分离出来。他认为(1993:35):通过媒介化的互动形式,越来越多的个人可以获得信息和象征内容。他提出,除了面对面的互动之外,还存在两种不同的互动形式。他将第一种称为"媒介化的互动",需要借助纸、电线等技术介质来将信息或象征内容传递给处在不同时空当中的人们。参与这种互动的人们需要找到关联性的信息。

另一种形式被称作"媒介化的准互动",指的是媒体与大众传播所建立的关系。它具有两重特征。其一,参与者并不是针对其他特定的个体(无论是作为传者还是受者)进行互动的,所生产的象征形式(媒介内容)是面向一个范围的潜在接收者的。其二,媒介化的准互动是独白式的而非对话式的,这是由于其中的传播流是单向而非双向的。汤普森认为,媒介已经创造了一种去空间化的、非对话式的新的**公共领域**(1993:42),其范围可能是全球的。

媒介化的隐喻

总体上,媒介化这一概念指代媒介在我们自身与现实之间进行的干预,尽管它的确指出了媒体将我们与其他经验相关联的几种作用,但它不过是一个隐喻。被用于描述这些作用的词汇包括目的性、互动性和有效性,往往反映媒体的某些特征。然而媒介化可以指代其他事物,包括通过协商中立地告知信息,以尝试操纵或控制。我们可通过一组传播图景来捕捉这些不同作用,它们描绘了媒体是如何关联我们与现实的,如板块 4.1 所示。

4.1　关于媒体角色的隐喻

- 就像开在一个事件或体验之上的一扇窗户,它延伸我们的视野,使我们可以亲眼看到正在发生的事,而不打扰他人。
- 就像映照社会与世界中所发生事件的一面镜子,它提供一个忠实的反映(尽管图像有时是倒置的、扭曲的),尽管镜子的角度和方向是由他人决定的而我们没有选择的自由。
- 就像一个过滤器、守门员或者入口,它有意或无意地选择经验的某一部分而关闭其他观点或声音,以获取特别的注意。
- 就像一个指示牌、向导或翻译,它指明道路并对原本模糊的或碎片的东西赋予意义。
- 就像一个向受众呈现信息及观点的论坛或平台,它往往包含反应与反馈的可能性。
- 就像一位传播者,它将信息传递给一部分人。
- 就像一位知晓情况的交谈者,它以一种准互动的方式回应问题。

上述的一些图景与媒体的自我定义相符，尤其是那些更为积极的角色含义，如扩展我们所看到的世界、提供整合与延续、帮助人们彼此连接等。即便是过滤器这一概念也往往取其褒义——去除那些原本可能是无法控制的、混乱的信息或印象。这些不同版本的媒介化过程反映的是对媒体在社会过程中所起作用的不同解读。尤其是，媒体可从一种开放的方式扩展我们所看到的世界，它也可以限制或控制我们的印象。其次，媒体可以在中立的、被动的角色与活跃的参与的角色之间进行选择。它们可以在两个维度上转换——开放或控制的维度、中立或积极参与的维度。上述种种图景并不适用于真正具有互动性的新媒介，在其中"接收者"可以转变为"传播者"并对环境起到作用。然而，目前业已清楚，新的在线媒体可以担负起上述大部分角色以及其他额外的角色，参见第6章（第114页）以互联网门户为例的阐述。

将媒介与社会相关联的参考框架

大众传播在"事实"和我们对事实的感知及知识之间进行干预的整体过程包含一系列具体的过程，需要在不同层面展开分析。韦斯特利和麦克莱恩（Westly & MacLean, 1957）的模式（参见第58页）指出了一个更为详尽的参考框架所需的额外的元素。最主要的看法是，媒体被机构主张者用作触及整体大众（或特定人群）并传播他们所选择的关于事件或状况的观点的渠道。相互竞争的政治家与政府部门、广告商、宗教领袖、一些思想家、作家与艺术家皆大抵如此。我们需要记住，一直以来个人经验是被社会机构（包括家庭）中介的。如今新的中介者（大众传播）加入了进来，它可以延伸、挑战、取代甚至反对其他社会机构的努力。

一度简单的两级（或多级）中介现实的图景如今变得复杂，这是由于大众媒介并不完全是独立于社会其他部门的自由机构。那些旨在塑造公众对现实的认知的机构（包括媒体自身）正式或非正式地控制着媒体。它们的目标并不一定是传递关于现实的客观"事实"。图表4.2简要描绘了韦斯特利和麦克里恩关于"媒介化现实"的观点。媒体出于对受众需求的评估，或出于自身的目标（如获取收入或影响），或遵循其他社会机构的动机（如做广告、做宣传、选择性地塑造形象、发送信息等）来为受众提供信息、图像、故事及观点。鉴于选择"现实形象"的动机的多样性，我们可以知道媒介化不可能是一个中立的过程。现实永远是被建构和选择的，偏见永远存在。这将反映接触使用媒体的不同方式以及"媒体逻辑"对于社会建构的影响（参见第272~273页）。

图表4.2还说明了经验并不总是完整的，或者总是受大众媒介中介的，还存在一些与（政治政党、工作组织、教会等）社会机构直接接触的渠道，也可能就媒体所报道的遥远事件（如犯罪、贫困、疾病、战争或者冲突）产生直接个人体验。各种不同来源（包括来自个人接触或互联网）的信息或许并不是相互独立的，但它们为考察"准媒介化互动"的准

确性和可靠性提供了依据。

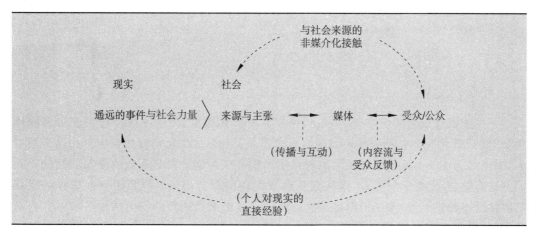

图表 4.2 媒介与社会理论形成的参与框架：媒体在个人经验、遥远事件与社会力量之间进行中介（基于 Westley & MacLean, 1957）

媒介—社会理论的主要主题

在第 1 章和第 3 章"媒介与社会的早期观点"当中，我们已经介绍了本书的主要主题和议题。现在我们深入讨论这些话题。我们得到的理论往往是碎片的、选择性的，有时是互相重合的或不一致的，理论受到相互矛盾的意识形态以及关于社会的假设的支配。理论的形成并不依据一个系统化的有逻辑的样式，而是回应真实生活中的问题以及历史情境。在讨论业已形成的一些理论之前，有必要介绍那些塑造了"大众传播初期"争论的主要议题，尤其是相关权力、整合、社会变化以及空间/时间的议题。

主题一：权力与不平等

媒体总是与现行的政治结构和经济权力相关联。首先，非常明确的是，媒体具有经济成本和价值并且是控制权和近用权领域竞争的对象。其次，媒体受政治、经济与法律规则的约束。再次，大众媒介被普遍认为是权力的有效工具，它具有发挥各种影响的潜力。最后，不是所有群体或利益组织都能平等借用媒体权力的。板块 4.2 列举媒体的权力，包括各种有意或无意产生的效果。

4.2　大众媒体权力的假设目标或效果

- 吸引并引导公众注意力

- 观点与信仰的劝服
- 影响行为
- 提供关于现实的定义
- 给予地位及合法性
- 快速并广泛地告知

在关于媒体权力的讨论中,存在两种相互矛盾的模型:支配性媒体模型和多元媒体模型(参见图表4.3)。第一种模型认为媒体代表其他强大的机构行使权力。在这种观点下,媒体组织往往由一小部分强大的利益集团拥有或控制且具有相似的类型和目的。它们发送有限的、无差异的观点,这些观点由支配性的利益塑成。受到限制或调控的受众只能接受这种世界观,无法提出批判性的回应。其结果是现行的权力结构被加强并合法化,而其他声音被过滤、改变被阻止。

多元模型则基本上处处与之不同,它允许多元化和不可预测性。不存在统一的统治性的精英,变化以及民主控制皆是可能的。不同的媒体受众提出不同的要求并且可以对媒体劝服提出反抗、对媒体提供的内容给予反馈。总体来说,"支配"模型对"大众的崛起"持保守悲观主义态度,对资本主义体系以及未能发生的革命持批判态度。这一模型将媒体视作"文化资本主义"或政治宣传的一种工具。多元模型则是对自由主义和自由市场的理想看法。尽管二者被描述成完全彼此对立,但也存在一些结合之处,例如存在这样一种趋势:大众统治和经济垄断可以是受限的,反对力量和受众可以"抵抗"它。在任何一个自由社会当中,少数群体和反对组织都应有可能发展并拥有自己的另类媒体。

	支 配	多 元
社会来源	统治阶层或主流精英	提出竞争的政治、社会、文化利益式组织
媒体	集中的所有权、统一的类型	为数众多、彼此独立
生产	标准化、常规化	有创作力的、自由的、原创的、受管控的
内容与世界观	由"上层"选择并决定	多元的竞争的观念,回应受众需求
受众	依赖性的、被动的、被大规模组织的	分散的、选择性的、反馈性的、活跃的
效果	强有力地巩固既有社会秩序	多种,没有一致的可预计的方向,往往没有结果

图表 4.3 两种对立的媒体权力模型(存在更多的是混合的情况)

问题在于,媒体是否出于自身的权利和利益行使权力。然而,这种可能性存在于虚构的或现实的对媒体巨头或帝国的描绘之中。存在这样的例子：媒体拥有者凭借自身的地位来推进某些政治或经济目标的实现或者来加强自己的地位。乍一看，媒体对公共舆论及行动具有效果。在更多的时候，拥有独立能力的媒体可能在无意之间产生负面效果。例如，媒体可能破坏民主政治，造成文化与道德沦丧，导致个人伤害或抑郁，而这一切往往是出于逐利。通常认为媒体不负责任地行使权力，且通常利用新闻自由的挡箭牌来逃避义务。这些关于媒体效果的讨论引发了板块4.3所列的若干问题。

4.3 大众媒体的权力：若干问题

- 媒体是受控的吗？
- 如果是，谁控制媒体？出于谁的利益？
- 所呈现的是谁的世界观（社会现实）？
- 媒体在达成选择性的目标方面有多有效？
- 大众媒体是增进还是削弱了社会公平？
- 接触媒体的渠道是如何分配或获得的？
- 媒体如何使用自身权力以发挥影响？
- 媒体拥有自己的权力吗？

主题二：社会整合与身份认同

关于媒体的双重观念

与社会学家一样，大众传播理论家也对社会秩序是如何维系的以及人们是如何与各种社会单元相关联的之类的问题感兴趣。在早期，媒体往往与快速城市化所带来的问题、社会迁移以及传统社会的没落等联系在一起。一直以来，媒体被认为与社会紊乱和日渐严重的个人失德、犯罪和失序相关。早期诸多的媒体理论与研究聚焦社会整合问题。例如，汉诺·哈特（Hardt,2003）介绍了19世纪及20世纪早期德国理论家关于媒体社会整合角色的论述。他主要辨析的媒体功能如板块4.4所示。

4.4 早期媒体的社会功能

- 整合社会
- 将领导权赋予公众
- 帮助建立"公共领域"
- 为领袖与大众之间交换观点提供条件

- 满足对信息的需求
- 为社会提供一面照见自身的镜子
- 充当社会的良知

大众传播的过程往往被典型化为个人的、疏远的、分离的,因而往往导致低度的社会团结和社区感。对电视的沉迷往往被认为导致了社会活动参与度与社会归属感的降低以及"社会资本的贬损"(Putnam,2000)。从城市到国家,从社会顶层到底层,媒体带来了关于什么是最新最时尚的商品、观念、技术、价值的消息。媒体也呈现了其他价值体系并可能削弱传统的价值。

另一种关于大众传播和社会整合的观点也在流传,它是基于大众传播的其他一些特征形成的。它有能力将分散的个人整合成同一个庞大的受众群体,或将新来者整合进入一个城镇社区、将移民整合进入一个新的国家,这一切是通过提供共同的观点、价值、信息并帮助形成共同的身份认同实现的(Janowitz,1952;Clark,1969;Stamm,1985;Rogers,1993)。与更古老的宗教、家庭或群体控制机制相比,这一过程可能更有效地促进更大规模、更异质的现代社会的团结。换言之,大众媒体有能力支持或破坏社会凝聚。尽管两种立场看起来完全分立,一个是离心的而另一个是向心的;但事实上,身处复杂多变的社会,两股力量往往同时工作并在一定程度上互相补偿。

关于社会整合的矛盾

有鉴于此,可以以一个交叉的十字来划分理论与研究的主要问题。其中一个维度是效果产生的方向——或者离心或者向心。离心指的是趋向社会改变、自由、个人主义及碎片化的刺激力,向心则是指更多的社会团结、秩序、凝聚及整合。基于不同的选择和观念,可将社会整合与社会分化作不同的评价。一个人想要的社会控制对另一个人来说可能是对自由的限制,一个人的自由主义对另一个人而言可能意味着不守规矩或者疏离。因而第二个维度可被称作规范的维度,尤其是在评估大众传播的两个相反趋势之时。其问题是,应以乐观主义还是悲观主义来看待大众传播的效果?(McCormack,1961;Carey,1969)早期的大众传播批评者(如米尔斯)强调社会的过度整合与一致的危险,今天的社会批评家则认为新媒体将侵蚀社会(例如,Sunstein,2006)。

为理解这一复杂情况,我们应在不同的评价维度上理解离心、向心两种不同的媒体理论。关于社会整合,总共存在四个不同的理论方位(见图表 4.4),分别是:

1. 自由、多样——关于媒体对社会产生分化效果以及解放效果的乐观观点。媒体传播新的观点与信息并鼓励移动、变化和现代化。

2. 整合、团结——关于大众传播整合社会的乐观看法,强调身份认同感、公民归属,在社会变化时尤是如此。

3. 失范、身份缺失——关于自由的悲观看法,指向疏离、信仰缺失、无根基以及社会凝聚和社会资本的缺失。

4. 支配、统一——社会可能被过度整合、过度约束,因而造成中央集权,大众媒体是控制的工具。

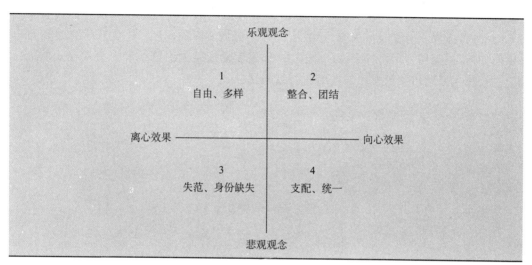

图表 4.4　大众传播之于社会整合的四种效果

上述维度向我们提出板块 4.5 中的问题,需在不同时间点及不同社会语境中回答这些问题,且并不存在一个统一的答案。

4.5 关于媒体与整合的若干问题

- 大众媒体增强还是削弱了社会控制与统一?
- 媒体加强还是削弱了社会干预建制,如家庭、政治政党、地方社区、教会、商会等?
- 媒体是促进还是阻碍了基于不同亚文化、观念、社会经验、社会行为等的不同群体与身份的形成?
- 大众媒体增进个人自由及身份选择了吗?
- 在线媒体反对(社会)整合吗?

主题三:社会变迁与发展

从以上讨论中浮现出一个关键性的问题:大众传播是否应该被视作社会变迁的主要

原因或结果？媒介发挥影响之处也必然是发起变化之处，我们已经讨论过社会集中化及社会分化这两种主要的变化。正如我们所见，不存在一个简单的回答，不同的理论为这组关系提供不同的解读。重点在于厘清各种路径所包含的三个基本元素：(1)传播的技术以及媒介的形式和内容；(2)社会的变化（社会结构与制度安排）；以及(3)观念、信仰、价值与行为方式在特定人群的分布。媒介所有的影响都可能等同于社会变化，(其中)与理论研究最为相关的是"技术决定"以及将大众传播应用于发展过程的潜力。前者指的是变化的传播媒介对社会的影响，后者指代一个更为实际的问题——大众媒介是否可以（以及如何）被运用到经济社会发展当中去（作为驱动变化的引擎或者作为现代化的加速器）。板块 4.6 列出关于变化与发展的一组问题。

4.6 关于变化与发展的问题

- 媒介在社会重大变迁中扮演了或可以扮演什么角色？
- 媒介在运作中通常是激进的还是保守的？
- 媒介是（社会）发展中驱动变化的引擎吗？
- 在媒介引发的变化中，有多少是因技术而非典型内容而产生？
- 媒介有效扩散创新吗？

在诸如第 2 章所讲述的关于媒介崛起的故事当中，媒介自然被描述成一股进步的力量，尤其考虑到媒体与民主政治和言论自由、与市场开放和自由贸易之间的关联。然而也存在其他一些说法。例如，在批判学派看来，媒体往往是保守的甚至反动的。在 20 世纪早期的纳粹德国和苏联，媒体被当作变迁的工具并产生混合的结果。

在"二战"结束以后，第三世界国家的现代化和发展引起了广泛关注，在那时，大众传播被美国视为向世界传播美国价值并抵制共产主义的工具。同时大众传播也被当作与自由商业精神相符的、社会与经济发展的有效工具。从美国进口大众传播的内容引发了若干效果，包括：消费主义、民主的价值观与实践、自由的观念、文明开化（参见 Lerner, 1958）。有鉴于此，国家开始大规模投资那些致力于扩散技术创新与社会创新的传播项目（Rogers & Shoemaker, 1973）。其结果很难评估，且在一个业已发生变化的世界里，这些做法变得多余又难以实现。

在近期，与大众媒介相关的最大变化可能是 1985 年以后的欧洲。人们依然在辩论媒体在其中的作用，但是（戈尔巴乔夫）开放化的过程的确在苏联内部变迁中赋予了媒介一些角色功能，一旦开始，媒体便不断推波助澜。

主题四：空间与时间

通常认为传播具有空间和时间的维度且能够帮助我们连接因遥远距离和漫长时间而造成的不连贯。每一种假设都包含无数层面。传播跨越距离以多种方法延伸人类活动和感知。我们通过交通方式穿越距离，我们的联系、体验和视野随之延展。通过符号传播，我们可以在不进行物理移动的同时达到类似的效果。传播还给予我们指引真实空间方位的地图、向导和路线。传播网络、共享形式的话语以及语言和其他表达定义了我们活动的方位。基本上所有形式的符号传播（书、艺术、音乐、报纸、电影等）都有一个具体的地理方位并拥有一个变化的传输范围。我们往往以空间维度来定义大众传播的过程，例如：特定的传媒市场、发行量或接收区域、受众"到达度"等。同时，电子传播方式终结了成本和能力的限制，传播不再被捆绑于任何一个区域且原则上去地域化了。

政治和社会机构是地域性的，它们使用各种传播（手段）来传递这一事实。传播总是在一个点发生并在一个或多个点接收。每一种传输和接收，似乎都在连接物理距离。互联网创造了各种各样的虚拟空间以及各种相应的新地图，尤其是那些呈现相互连接的网络的地图。借助新技术，被发送的信息得以在一个遥远点上物质化。不必赘述便知，空间这一主题内涵丰富。

时间亦同。传输渠道的多样化和提速以及传播交换使得我们日常与远距离节点之间的即时联系成为可能。不论在任何地方，我们都不必再等待新闻或等待发出新闻。不存在时间限制来约束我们可发送的信息量。那些约束我们何时接收、接收什么的时间限制也正在被减少。（新的）存储和解读技术使我们得以忽视大多数传播活动的时间限制。唯一缺乏的是从事这些活动的更多时间。矛盾的是，尽管新技术令我们更容易存储我们的记忆和所需的信息，但信息和文化却似乎（比从前）过时或变质得更快。人类处理信息的能力更强、速度更快了。长期以来被预警的信息过剩问题已经降临在日常体验中了。不论成本和收益几何，我们很难否认最近发生的改变具有革命特质。板块 4.7 小结关键要点。

4.7 空间与时间维度的媒介效果：关键要点

- 媒介废除了距离
- 虚拟空间成了现实空间的延伸
- 媒介充当集体记忆
- 技术传输和人类接收能力之间的差异呈指数式加大
- 媒介去空间化、去时间化

媒介—社会理论一：大众社会

从这一部分开始，我们探讨与上述主题相关的几个重要理论路径。大致以它们出现的先后顺序来陈述且这些路径既有乐观的也有悲观的，既有批判的也有中立的。首先探讨的大众媒体理论是基于"大众"的概念形成的，在第 3 章中我们已有所讨论。这一理论强调那些权力机构的互相依赖，这些机构将媒体纳入社会权力与权威的来源。内容往往服务于政治和经济权力拥有者的利益。媒介无法以批判的、不同的方式来定义世界，而是趋向于令依附性的公众安于现状。

以上描述的"支配性媒体"模型反映了大众社会观。大众社会理论认为媒介是主要的因素，这一理论深信媒体提供一种世界观、一个拟态环境并因此充当操纵人的有力工具，同时它也帮助人在艰难的环境下以精神存活下去。依据 C. 赖特·米尔斯（Mills, 1951: 333），"在知觉与存在中间站着传播，传播影响人对自身生存的认识"。

矛盾的是，大众传播既是"原子的"又是中央控制的。在规模巨大、建制松散、个体距离遥远并缺乏强有力的地方或群体整合的社会中，媒体被认为是控制力的重要组成部分。米尔斯（Mills, 1951, 1956）还指出经典民主理论当中的真正大众已经衰落了，并且由那些无法在政治行动中形成或实现自身目标的飘忽不定的人群聚合所代替。类似的观点有，民主辩论与政治中的公共领域衰落了，而这与大规模、商业化的媒体紧密相关（Dahlgren, 1995, 2005）。

尽管"大众社会"这一说法已不再时髦，然而我们生活在大众社会中这一看法仍然存在，并包含诸多相互疏离的组成部分。其中包括对一个更有社区感的时代的怀念（或希望）以取代当下的个人主义时代，以及对当代自由市场社会当中空虚、孤独、过度消费主义的生活的批判。对于民主政治大规模的冷漠和参与缺乏也被归因于政治家和党派对大众媒体愤世嫉俗的、操纵性的使用。

大众社会理论将媒介描述为大众社会的一块基石，不过大量且多样的新老媒介形式（的出现）正在挑战这一说法的有效性。尤其是，新的电子媒介的出现为社会的未来提供了一个与中央集权大众社会命题相反的乐观视角。早期大众媒介相对垄断式的控制如今正受到崛起的在线媒体的挑战，后者更易于诸多群体、运动及个人接入。这不仅挑战传统媒介的经济权力，也对它们在必要的时候触及广大国民受众的能力提出挑战。然而还存在更为黑暗的一面，这是因为互联网对在线人群可能以新的方式实施控制与监控，互联网本身也可能被大型媒体巨头所控制。板块 4.8 罗列核心观点。

4.8 媒介的大众社会理论：主要命题

- 社会是以中央集权的方式被大规模组织的

- 公众日渐原子化
- 媒体受中央控制并单向传输
- 人们依赖媒体建构身份
- 媒体被用于操纵和控制

媒介—社会理论二：马克思主义与政治经济学

尽管在卡尔·马克思时代的新闻业还算不上是真正的大众媒介，但马克思主义对资本主义社会媒介的分析传统在一定程度上依然有效。存在若干种以马克思主义为灵感的媒介分析，它们都纳入了今天的"批判政治经济学"（Murdock & Golding, 2005）。

在马克思主义对大众媒介的解读当中，核心的问题是权力。尽管解读各异，但都强调媒体最终是统治阶级的控制工具，奠基性的文本是马克思的《德意志意识形态》，他在其中声称：

> 那些拥有物质生产方式的阶级同时也掌控了精神生产方式，因此总体上来讲，那些缺乏精神生产方式者屈从于他们。（引用自 Murdock & Golding, 1977:15）

马克思的理论在经济所有权和那些巩固阶级社会合法性及价值的信息传播之间架起了直接的关联。在当代，媒体所有权越来越以集中到大资本家手中（参见 Bagdikian, 1988；McChesney, 2000），媒体内容又趋向保守（参见 Herman & Chomsky, 1988），这印证了马克思的观点。

在20世纪对马克思媒介理论的修正版本中，关注的焦点从物质结构转移到观念上来。它们强调媒体在意识形态上反映统治阶级利益、再造剥削与操控的关系以及合法化工人阶级屈从的效果。路易·阿尔都塞（Althusser, 1971）用"意识形态国家机器"一词来描述这一过程，与（军队、警察等）"强制式国家机器"相比，前者使得资本主义国家在不必引发直接暴力的同时得以维系。葛兰西（Gramsci, 1971）的"霸权"概念与此相关。马尔库塞（Marcuse, 1964）将媒体以及大规模生产系统中的其他元素诠释为"售卖"或强加一个既合理又压迫的社会体系。

整体上，马克思理论的信息是清晰的，但其提出的问题并未得到解决——如何才能平衡或抵抗媒体的权力？那些并非资本家或国家所有的媒体（如独立报纸或公共广播服务）的地位几何？追随马克思主义传统的大众媒介批评者或以揭露宣传或操控为武器（如 Herman & Chomsky, 1988；Herman, 2000），或将其希望寄托在某种集体所有制或另类媒体（以平衡资产阶级的媒体权力）的身上。当代对马克思理论的主要继承是政治经济理论。

政治经济理论采取一种社会批判路径，其主要关注点是传媒产业的经济结构和动力机制之于传媒内容的意识形态之间的关系。从这一观点看，媒体组织应被视为经济系统的一部分，而经济系统又与政治系统紧密相关。所观察到的现象包括：独立媒体来源减少、向最大市场的集中、规避风险、在非营利业务（如调查性报道、纪录片拍摄）上减少投资等。我们还观察到对较小的、较贫穷的潜在受众的忽视以及媒体政治新闻的不平衡覆盖。

这一路径的主要力量在于它有能力就市场决定论作出可被经验检验的假设，尽管前者是多样且复杂的而经验证明往往并不容易。政治经济路径的核心考量是作为一种经济过程并产出商品（媒体产品或内容）的媒体活动，同时在这一路径也有一个分支认为媒体的核心产品是受众。这指的是，媒体将受众注意力给予广告商，同时又以某些特定的方式来塑造媒体公众的行为（Smythe，1977）。商业媒体售卖给其客户的是或多或少有一定市场价值保障的潜在消费者。这种观点较难应用于在线广告，尤其是作为一种主要广告渠道的**搜索引擎**（Bermejo，2009；参见下文第 312～313 页）。

如今，政治经济路径往往被应用于解读互联网。富克斯（Fuchs，2009）在斯迈思（Smythe）的基础上提出，互联网经济的关键正是对那些免费平台上的用户进行**商品化**（免费接入平台为广告商和宣传者输送目标人群）以及为网络服务商和网站拥有者免费提供内容。那些特别流行的网站（如 MySpace 和 YouTube）与大众传播之间的差异并不清晰。

媒体产业和技术的一些发展大大增强了政治经济理论的相关性（可能也得益于严格的马克思主义分析的走下神坛）。首先，在全球范围内**媒体集中度**日益增强，通过电子硬件与软件行业的合并，媒体所有权日益集中到更少数者手中（Murdock，1990；McChesney，2000；Wasko，2004）。其次，经由电信行业与广播电视行业的合并生成了一个全球"信息经济"（Melody，1990；Sussman，1997）。再次，在"放松管制""私有化"和"自由化"的旗帜之下出现了公有大众媒体的减少以及对电信行业直接管控的减少（尤其在西欧）（McQuail & Siune，1998；van Cuilenburg & McQuail，2003）。最后，信息不平等的问题日渐增大而非减小。"**数字鸿沟**"一词指的是在接触或使用先进传播设备上的不平等（Norris，2002），同时在使用质量上也存在差异。政治经济理论的核心命题（如板块 4.9 所示）从开始至今并未改变多少，但其应用范围却变得广泛（Mansell，2004）。

4.9 批判的政治经济理论：主要命题

- 经济控制与逻辑是决定性的
- 媒体结构总是趋于垄断
- 媒体所有权在全球范围内整合
- 内容与受众被商品化
- 真正的多样性在减少

- 反对与另类的声音被边缘化
- 传播中的公共利益服从于个人利益
- 传播福利的享有不平等

媒介—社会理论三：功能主义

功能主义理论以社会与个人的需要来解释社会实践及建制(Merton,1957)。社会被视作一个运作中的系统，由相互关联的功能部件或子系统构成，它们彼此连贯并形成秩序。媒体可被视作这样的一个系统。对社会运作及社会环境或多或少准确的、连贯的、支持性的以及完整的描绘被认为是有组织的社会生活所必需的。通过持续回应个人及机构的需求，媒体履行其对整体社会的福利。

该理论基本上将媒体描绘成自我指导、自我修正的。尽管该理论的形成与政治无关，但它符合关于社会生活的基本建构的多元观念与自发观念；并且，它保守地认为媒介与其说是社会变化的来源不如说是维系社会的方式。

尽管功能主义的早期版本基本上被社会学抛弃了，但是功能主义作为一种媒介理论路径以新的方式生存了下来(例如，Luhmann,2000)，它在框定媒介、回答关于媒介的研究问题之时仍然发挥作用。就实现描绘的目标而言，它依然是有用的，它能为我们讨论大众媒介与社会之间的关系提供语汇以及一系列概念，它很难被取代。这种术语的优势在于，它们是大众传播者之间及其与受众之间在很大程度上共享的并被广泛理解的。

详细列举媒介的社会功能

在拉斯韦尔(Lasswell,1948)看来，传播在社会当中的功能主要是环境监督，是社会成员对其环境作出回应之时的关联以及文化传统的传承。赖特(Wright,1960)对这一基本框架作了发展并用以描述媒介的诸多效果，他还将娱乐作为媒介的第四个关键功能加入框架。这可以被视作文化传承的一部分，同时还包含其他面向，如为个人提供回报、放松并减缓矛盾；这样一来人们可以更加轻松地应对现实世界的问题，也可避免社会坍塌(Mendelsohn,1966)。媒介的第五重功能是动员，它指代大众传播在政治与商业宣传中的广泛应用。加入了这重功能之后，我们可以将媒介在社会中的基本任务(功能)表述如下。

信息
- 提供关于社会与世界中的事件与环境的信息
- 展示权力关系
- 为创新、适应及进步提供条件

关联
- 对事件与信息的意义作出解释、阐述与评论
- 为既有权威与规范提供支持
- 社会化
- 协调不同的活动
- 建构共识
- 设定优先秩序,标示相关的地位

延续
- 表达主流文化,认可亚文化和新的文化发展
- 形成并维系价值观的共同性

娱乐
- 提供娱乐、分散注意力及放松的方式
- 减少社会矛盾

动员
- 在政治、战争和经济发展、工作以及(有时候是)宗教等领域为实现社会性的目标而进行宣传

我们无法将这些项目进行排序或者说出它们的出现频率孰高孰低。媒介的功能(或者目的)同其准确的内容之间的关系并不确切,这是由于功能之间互相重叠且同一内容可能服务不同功能。上述论断是针对社会功能作出的,针对媒体本身(它们自己关乎自身任务的看法)或者针对大众媒介的个人用户的论断则需重新被建构,例如"使用与满足"理论及研究(参见第 16 章)。由此,媒介的功能可被定义为:媒介或多或少客观的任务(例如提供新闻与编辑)以及媒介使用者所认为的动机与益处(例如被告知、被娱乐)。

在总体社会功能当中,最受一致认可的是媒介的社会整合功能(上文已有讨论)。媒介内容研究也同样发现,主流大众媒介倾向于服从并支持主流价值而不是批判它们。这种支持有若干形式,包括:从根本上避免批评诸如商业、司法系统、民主政治等关键性的建制,为达致"社会顶层"提供不同路径,象征性地表彰那些经由道德认可路径或者努力工作而获取成功的人,象征性地惩罚那些失败或走上歧途的人(参见第 18 章)。达扬和卡茨(Dayan & Katz,1992)认为电视所描绘的重大社会事件(公共或国家仪式、重要体育赛事等)及其所吸引的大规模全球观看帮助提供了事实上缺失的社会黏合剂。他们所称的"媒介事件"的效果之一在于为社会关键人物与事务指出地位。另一重效果发生在社会关系层面——"我们在几乎每个事件当中都看到,在一个通常原子化、有时深度分裂的社会当中浮现出了社区以及同志关系"(1992:214)。

基于这些观察,对于那些揭示大众媒介与社会失序乃至个人犯罪之间并无多大关联

的效果研究,我们便不会感到奇怪,即便媒体的确常常报道犯罪、暴力及其他失范行为。当一个人越是笃信媒介功能理论,则越认为媒介不可能解构社会。即便如此,这一理论仍可被应用于解释明显的伤害。所有社会系统都存在犯错或者失范的风险,"功能失调"一词正是被生造出来指代那些具有负面特性的效果。在社会当中,媒介缺失明确的目标和方向,因此比其他机构更加倾向于"功能失调"且不易被纠正。然而,人们总是在主观层面争论什么是功能良好的、什么不是。例如,那些批评权威的媒体扮演的是有用的看门狗的角色,然而从另外一个角度看,它们还在瓦解权威以及国家的统一。这是功能主义最为根本的、无法调和的弱点。板块4.10小结了主要的理论观点。

4.10 媒体的功能理论

- 媒体是一个社会建制
- 它们执行维持秩序、控制、保持一致等必要任务
- 需要对它们进行修正与改变
- 功能体现在媒体效果当中
- 管理矛盾
- 也存在无意的有害效果,通常归类为功能失调

媒介—社会理论四:社会建构

"社会建构"是一个十分抽象的词汇,它指代社会科学当中一个非常宽泛且有影响力的趋势。在很大程度上,这一流派是由伯杰和勒克曼所著的《现实的社会建构》(Berger & Luckman,1967)一书所激发的。事实上其知识根源则更为深刻,例如它植根于布卢默(Blumer,1969)的象征互动理论以及艾尔弗雷德·舒茨(Schutz,1972)的现象社会学。在这本书中,一方面,社会被视作一种压迫在个人身上的客观现实;另一方面,一种更为开放的观点认为社会是由人类创建并持续重建、再建的,且是面向挑战与变化的。这一理论强调行动的可能性以及理解社会的选择多样性。社会现实需要由人来创造并给予(或解释)意义。这些普遍的观点与其他理论观点相结合并生成出不同的分支,这代表了20世纪后半叶一个重大的范式转向。

与此同时,上述理论受到了大众传播专业学习者的特别关注,居于他们思考媒介发挥影响的过程的核心,是他们辩论的一个焦点。认为大众媒介影响人们对现实的看法的观点历来便有且植根于宣传和意识形态理论(例如,媒体充当制造"伪良心"的角色)。媒体不经思考却也未曾停息地宣传民族主义、爱国主义、社会统一以及信仰体系的做法也

可被视作社会建构的例子。后来的批判理论认为这种意识形态输入是可能被挑战并反抗的,批判理论强调重新诠释霸权信息的可能性。尽管如此,批判理论主要认为媒体是选择性的、偏见的现实观念的再生产者。

在意识形态之外,社会建构与大众媒介新闻、娱乐以及流行文化之间的关系及其与民意的形成之间的关系颇受关注。关于新闻,研究者多少已经达成一致,新闻所声称提供的"现实"不免是一个选择性的建构,它是由那些关于事实的信息与观察的碎片构成的,且这些碎片是通过一个特定的视野或观点的框架与角度加以整合的。新闻类型的需求以及新闻加工的日常流程也起到作用。社会建构指的是这样一个过程:往往由大众媒介通过一定的方式定义并诠释事件、任务、价值与观点并给予其意义和优先性,这又进而促成(个人的)现实图景建构。在此,"**框架**"与"**认知模式**"的概念起到作用(参见第14章)。板块4.11列举社会建构理论的主要观点。

4.11 社会建构:主要观点

- 社会是一个建构而非固定的现实
- 媒介提供建构现实的素材
- 意义由媒介提供,但可以被协商或者拒绝
- 媒体选择性地再生产某些特定意义
- 媒介无法就社会现实提供客观的描绘(所有事实皆为诠释)

媒介—社会理论五:传播技术决定论

寻找一个时代主流的传播技术与社会关键特征之间关系的传统十分久远并依然活跃,且包含了前文罗列的所有主题。将这股思潮统一贴上"决定论"的标签可能会掩盖其内部的诸多不同和区别,然而的确存在一个共同的元素——"媒介中心论"(参见第10页)。同时还存在这样一种趋势:某一特定的传播技术驱动社会变化(或对社会变化起到偏差式影响)的潜力得到集中关注而其他变量则被置于从属地位。除此之外,技术决定理论之间的共同之处不多。

传播(以及其他)技术的发展史见证了发明的加速以及物质和其他后果的生成,有一些理论家乐于揭示这其中不同的面向。例如,罗杰斯(Rogers,1986)就界定了以下几个历史的转折点:书写的发明、15世纪印刷的发明、19世纪中叶电信时代的开启、1946年计算机主机发明所开启的互动传播时代。舒门特和柯蒂斯(Schement & Curtis,1995)则给我们提供了一个从史前到当下的详细的"时间表",这个时间表是由传播技术发明划定

的,他们将这些技术归类为"概念性的/建制性的"(例如书写)、"获取及储存的设备"(例如纸张和印刷),或者是与处理和发行相关的(例如计算机和卫星)。历史朝着一些显著的趋势,尤其是更高速、更广泛触及、更大灵活性的方向发展。它们彰显着传播日益跨越时空障碍的能力。第5章(第103~106页)将以塑造媒介技术变革的文化与社会因素为参照,就这些议题展开详细讨论。

多伦多学派

这一流派第一位重要的理论家可能是加拿大经济历史学家 H. M. 英尼斯,他在"二战"以后建立了关于媒介的"多伦多学派"。英尼斯(Innis,1950,1951)将成功的古老文明都归因于其广泛的主流的传播模式,每一种传播模式都将对社会形态产生"偏差式的影响"。例如,他将从王权到宗教权力的转移归因于从石头到莎草纸的变化。在古希腊,一种口头传播的传统和灵活的字母表十分有助于发明创造和多样化,并阻止了宗教对教育的垄断。罗马帝国的建立和维系则有赖于一种书写和档案的文化,基于此,可以管理不同省份的法律行政建制得以通过。同理,印刷则挑战了官僚专制的权力并激励了个人主义以及民族主义。

英尼斯的著述遵循两个组织原则。第一,在时间的长河中,同经济领域一样,在传播领域中也会出现一组知识生产和发行方式的垄断。由其导致的不平衡或将阻碍变化,或将激发其他有竞争力的传播形式的出现,从而得以恢复平衡。这也意味着新的传播技术会瓦解旧的社会权力基础。第二,对于帝国来说最为重要的维度是空间和时间,一些传播的方式会比另一些方式更加合适(这便是所谓传播的偏向)。因此,有赖于其主流的传播方式,帝国可以在漫长的时间(如古埃及)或广泛的空间(如罗马)中得以延续。

麦克卢汉(McLuhan,1962)对这一理论的发展并就印刷媒介崛起的所带来的影响提供了新的洞见(另参见 Eisenstein,1978),尽管他主要的目的是解释电子媒介对人类体验的影响,而这一目的并未得到很好的满足(McLuhan,1964)(另参见第5章)。关于印刷,麦克卢汉写道,"人类印刷的扩展带来了民族主义、工业主义和大众市场,以及全民识字率和大众教育"。

古德纳(Gouldner,1976)将现代政治历史上的关键性变革皆归因于传播技术。他将"意识形态"(一种特定的理性话语)的崛起归因于印刷和报纸,原因在于(在18世纪和19世纪)印刷和报纸激发了大量的阐释和观点(意识形态)。他将后来出现的广播、电影、电视等媒介描绘成导致意识形态衰退的力量,这是由于发生了从概念象征主义向图像象征主义的转变,生产意识形态的"文化装置"(知识阶层)和统治大众的"知觉产业"之间产生了分裂。新的基于计算机的信息网络则继续致使"意识形态的衰落"。媒介技术决定论的主要观点如板块4.12。

4.12 媒介技术决定论:主要观点

- 传播技术对社会来说是根本性的
- 每一种技术都偏向于一种特殊的传播形式、内容和用户
- 传播技术的发明和应用影响着社会变革的方向和速度
- 传播革命导致社会革命

摒弃媒介决定论

如今,大部分有见地的观察者对于单一因素导致社会变化的解释都十分谨慎,他们并不相信新技术能起到直接、机械的作用。只有当技术产生、发展并基于自身能力以及社会需求被广泛应用之时,才可能形成效果。发展总是在社会及文化语境之下被塑造的(Lehmann-Wilzig & Cohen Avigdor, 2004; Stober, 2004),用某个具有某些特质的单一的媒介变革来解释发展已经行不通了。书籍以及后来的电报、电话媒介可以作为例证。如今,品类众多的新媒介形式和各种"老"媒介并存,任何一种媒介都不曾消失。与此同时,有一股强有力的观点认为媒介正在融合并互联形成一个包罗万象的网络(Neuman, 1991)。此外,新的媒介形式因其所具有的特定的社会和文化偏向性(参见第6章)而可能产生特定的效果。下文讨论这些可能性。

媒介—社会功能理论六:信息社会

"新传播技术致使革命性的社会转型"这一假设尽管受到批判(例如 Leiss, 1989; Ferguson, 1992; Webster, 1995, 2002),却存在已久。弗格森(Ferguson, 1986)将这种"新技术决定论"视作一种以"自我满足的预言"来运作的信仰系统。如今,"传播革命"和"信息社会"这两个词基本上被当作对我们这个时代以及正在浮现的社会形态的客观描述。

"信息社会"一词起源于20世纪60年代的日本(Ito, 1981),尽管从谱系学上来讲它归属于最早由社会学家丹尼尔·贝尔(Bell, 1973)提出的"后工业社会"这一概念。另一个来源则是经济学家马克卢普(Machlup, 1962)和波拉特(Porat, 1977)提出的"信息经济"概念(参见 Schement & Curtis, 1995)。贝尔属于将社会形态与经济和社会发展阶段相关联的流派传统。后工业社会的主要特征是,在经济当中出现了针对制造业或农业的服务行业并由此形成了"基于信息的工作"的主导地位。理论知识(科学的、专家的、基于数据的)正在成为经济当中的关键因素,它们超越了实体工厂或土地而成了新的财富基础。与此相关的,一个基于知识占有和人际关系技能的"新的阶层"正在崛起。在20世纪最后25年当中,后工业的大部分趋势都得到了加速演进。基于计算机技术的、各种信

息的生产与分配本身也成为经济当中的一个重要组成部分。

尽管在当代经济与社会当中信息的重要性与日俱增，但是就"信息社会"的概念人们依然未能达成共识，甚至没有给予明晰的定义。梅洛迪（Melody,1990:26-27）将信息社会简单地定义为那些"依赖复杂的电子信息网络并将一大部分资源分配给信息与传播活动"的社会。范·奎勒伯（van Cuilenburg,1987）将信息社会的主要特征定义为"各种信息的生产和流通的指数式增长"，这种增长的原因是集约化和计算机化所带来的成本降低。然而他也提醒我们注意，在处理、使用甚至接收日益增多的信息方面，我们的能力是相对短缺的。传输成本的降低在持续加速这种指数式的增长。我们对传播距离和成本的敏感度越来越低，而越来越在意传播可能的速度、体量以及互动程度。

尽管当下的趋势十分重要，但我们的社会却并未实质性地发生什么革命性的变化，资本主义的发展并未向前迈进一步（Schement & Lurtis,1995:26）。我们仍然没有找到关于社会关系变革的证据（Webster,1995）。一些评论家强调，"信息社会"的趋势所造成的社会"互联"业已向全球层面延展。在纽曼（Neuman,1991:12）看来，这是"藏在新技术的帷幕后面的根本逻辑"。

一些作者（例如 van Dijk,1993;Castells,1996）选择用"网络社会"一词来代替"信息社会"。范·迪克（van Dijk,1999）提出，现代社会正在迈向网络社会——"在网络社会当中，关系的组织是基于媒介网络的，媒介网络正在逐步取代或者补充基于面对面传播的社会网络"。一个社会的网络结构与中心—外围的或者等级式的大众社会不同，与那种遵循19、20世纪工业社会的典型官僚组织模式的社会不同。在网络社会中存在无数互相交叠的、合纵连横的传播圈。这样的网络可服务于区隔、也可服务于连接。传统的大众媒体也曾表现出类似的结构，只不过它们是包含所有人的。

互联的概念与当代社会的另一个方面——对他人的高度依赖——有关，这也引发了诸多讨论。这并不是一个全新的概念，而是基于一个世纪以前涂尔干针对劳动分工提出的社会理论。然而到了我们的时代发生了质的变化，信息技术持续渗透生活的方方面面，尤其是那些智能机器取代人力的领域。吉登斯（Giddens,1991）强调了其中的一个方面：为了维持正常的生活状态，我们需要高度依赖各种专家体系。同时我们还与日益感知到的（健康、环境、经济、军事等）各种风险共生共存，这些风险既来源于信息的公共循环，又可诉诸信息加以管理。吉登斯在其他场合将全球化的世界称作一个"失控的、逃跑的世界"（1999:2）。此外，当代社会中的"文化"——传统意义上精神的和象征性的追求以及度过闲暇时光的个性化方式——在很大程度上被大众媒体以外的各种信息服务所支配。

"信息社会"概念的一个显著的、尽管是无形的维度在于：它业已成为当代自我意识的一部分，在一些观点看来，它甚至接近于一种全新的世界观。例如，得穆（de Mue,1999）对比了17世纪和18世纪机械力学的发展，他写道：

如果说机械力学的世界观是以可分析性、合法性和可控性为前提假设的，那么信息主义的世界观则是以可合成性、可设定程序和可操控性为前提假设的……这从根本上改变了人类经验、人类对现实的评估以及与现实的关系。

也有人认为，信息化意味着一个全体人类进步的新局面、一个拥有无限地平线的未来，它或多或少是我们既有的模式的延续。主流大众媒体在宣传新媒体具有"令人欣喜的"、乌托邦式的潜力方面起到了关键作用（参见 Rössler, 2001）。这一观点承载着一些意识形态的包袱，它旨在将一些趋势合法化（例如对科学和高科技作为问题解决方案的信仰）而将另一些非法化（尤其是那些关于阶级和不平等的意识形态政治）。通过强调传播的方式和过程以及巨大的变化维度，它刻意忽视传播的准确内容和目的。在这个意义上又可以建立起与**后现代**的关联。至少，大量显著不同的阐述是明显存在的。

尽管类似的观点林林总总，信息社会的概念总体上被经济、社会、地理和技术考量所支配。相对而言，如果我们不将后现代的观点计算其中的话，信息社会的文化维度被忽略了，尽管的确存在巨大量的信息和符号生产。一个延伸到日常生活方方面面的"信息文化"的崛起可能比一个信息社会的现实更加容易证明。

很明显"信息经济"的范畴要远远大于大众媒体本身，且其主要涉及的信息技术并不是那些大规模生产并面向广大公众发行印刷材料的技术，亦不是大范围传播的播出或者电子录制技术。可以说，尽管大众媒介预兆了"信息时代"的诞生，但后者却采取了一条全新的、不同的历史路径。大众媒介在信息革命到来之前即已发展完备，它们可被归入工业时代、而不是后来的信息时代的组成部分。早前有一些声音预测，正是因为新的信息技术的崛起，大众媒介行将被淘汰直至灭亡（例如 Maisel, 1973）。

信息社会的概念并未在全球得到广泛接受，部分原因前文已作了解释。关键的问题在于缺乏一个显性的政治维度，信息社会似乎没有核心的政治目标，其自身不可避免地只是一种技术官僚逻辑（van Dijk, 1999）。从这个意义上讲，信息社会的概念至少符合"西方"大众和知识圈层当中的主导精神。十分清楚的是，在一些语境当中，信息社会的概念被套上了民族国家或地区公共政策当中技术官僚式的目标（Mattelart, 2003）。关于传播技术带来巨大变化这一事实业已达成广泛一致，而针对传播技术对社会造成的影响则众说纷纭。哈桑（Hassan, 2008）认为信息社会的概念在本质上是意识形态的，它支持从全球互联当中受益最多的新自由主义经济方案。第 6 章将针对新媒体发展继续讨论其中一些议题。主要的理论观点小结如板块 4.13。

4.13 信息社会理论：主要观点

- 信息工作正在取代工业工作
- 信息的生产和流动加速

- 日益互联成为社会的特征
- 不同的活动彼此融合、整合
- 日益依赖复杂系统
- 全球化趋势加速
- 时间与空间上的束缚大为减少
- 存在多种对结果的阐释,包括积极的,也包括消极的
- 失控的风险日益增长
- 信息社会理论与其说是一种理论,不如说是一种意识形态

小 结

　　这些关于媒体和社会关系的理论观点是多元面向的,它们强调不同的变化成因和变化类型,并指向不同的未来发展道路。它们代表着不同的哲学立场并采取了不同的方法论,因此无法完全调和它们。尽管如此,我们依然可以从中得出主要的路径维度,每一种维度都为我们提供一种观点或者方法的选择。首先,针对发展,批判的观点和或多或少更建设性一些的观点之间存在争议。尽管科学探索追求的是客观中立,但这并不妨碍我们或同意或否定一种理论所提出的发展趋势。在马克思主义的政治经济理论和大众社会理论中有一种内置的批判成分。与之相对,功能主义则倾向于认为媒体将朝着乐观的方向发展。信息社会理论同时欢迎批判的和建设性的观点,而社会建构主义和技术决定论则是开放的。

　　其次,在以社会为中心的观点和以媒体为中心的观点之间也存在差异。我们可以将媒体当作社会的从属品,它反映社会的轮廓;也可将媒体当作重要的驱动者和塑造者。主要的媒体中心理论是那些关于传播技术和信息社会的理论。诚然,还有其他变量需要考虑,尤其是研究的路径和方法。除了传统的"科学"研究的客观方法之外,还可以选择人文的、定量的或思辨的研究方法(参见 Rosengren,1983)。

　　如果不包含关于文化的理论(第 5 章将探讨文化议题),上述陈述是非常不完整的,但它呈现了关于大众媒体与社会的思想观点的大致结构。

深入阅读

Curran, J. and Gurevitch, M. (2005) *Mass Media and Society*, 4th edn. London: Hodder Arnold.

An authoritative and periodically updated volume of twenty chapters on varied aspects of the media-society relationship. Theoretically strong and broadly critical in approach. Key chapters are by Livingstone, Murdock and Golding, Curran, Hesmondhalgh and Garnham.

Hassan, R. (2008) *The Information Society*. Cambridge: Polity Press.

This thoughtful study rescues a somewhat tired and battered concept and restores it to some value as a means of understanding the ongoing effects of digitization.

在线阅读

Corner, J. (2007) "Media, power and culture", in E. Devereux(ed.), *Media Studies*, pp. 211-230. London: Sage.

Hermes, J. (2007) "Media representation of social structure: gender", in E. Devereux(ed.), *Media Studies*, pp. 191-210. London: Sage.

Klaehn, J. (2002) "A critical review and assessment of Herman and Chomsky's propaganda model", *European Journal of Communication*, 17(2): 147-183.

Webster, F. (2002) "The information society revisited", in L. Lievrouw and S. Livingstone(eds.), *The Handbook of New Media*, pp. 443-457. London: Sage.

第 5 章 大众传播与文化

本章旨在对第 4 章所讨论的理论展开更为"文化"维度的探索并介绍一些不同的观点。"中介"的整体框架依然有效(参见第 70~71 页),但本章的重点转向"什么"被中介了(特定的意义)以及给予和获取"意义"(有时我们称其为"含义")的过程。自大众传播研究的早期以来,发展起一个显著的、"文化主义"的视角;与"主流的"社会科学路径的传播科学研究不同,这一视角尤其受到人文学科(文学、语言学、哲学)的影响。在某一些点上,或在某一些议题上,这两种路径相互交汇,尽管它们之间存在观念与方法上的显著不同。这本书以及这一章主要是沿着社会科学的路径撰写的,但仍希望从"文化主义者"的一些观点和思想当中获益。

文化主义的路径关注生产的所有面向——文本的形式和(受众)对其的接受以及相关的话语。大众媒体必然是文化研究的对象,然而后者的范围更大,两者之间只有一小部分议题和理论有交集。如下文将示,不能仅以文本定义文化,文化与生活方式、思维方式，甚至所有人类活动相关。简单地说，"媒体文化"理论不仅关注大众媒体的内容，还关注生产与接受的话境以及所有相关的实践。

传播与文化

相对于将传播视为"传输"的主流观念，詹姆斯·凯里（Carey, 1975）提出了一个"仪式"模式（参见第59页），他还主张，在传播与社会的关系当中，文化应当被置于更为中心的地位。"社会生活不仅仅只是权力和交换……它还包括审美经验、宗教观念、个人价值与情感以及知识理念的分享，它是一个仪式秩序"（Carey, 1988:34）。由此，他将传播定义为一个"生产、维系、修复、转化现实的象征性过程"（1988:23）。

为了从这个意义上更近一步探讨大众传播与文化之间的关系，我们需要更清晰地定义研究的对象。"文化"一词的广泛使用加大了对象定义的难度，这本身就是现象复杂性的体现。凯里将文化定义为一个过程，然而文化也可被定义为某一人群共享的特征（例如他们所处的物质环境、工具、宗教、习俗和行为，或他们的生活方式）。文化也可指代那些文本的和象征性的作品（例如艺术作品、建筑），具有特定文化身份的人们在这些作品中编入了特定含义的符码，供人解读。

定义文化

由于文化一词包罗万象且被广泛使用，因此我们无法给予它一个精确的定义，然而如果我们从这一概念的不同使用中提取一些本质的要点，则可以看出文化具有以下属性。它是一种集体的、共享的东西（不存在完全个人的文化）。有意或无意地，它必须采取一个象征性的表达方式。它拥有特定的模式、秩序或规律，因而也具有特定的评估维度（与某一种文化样式的相符程度）。在时间的进程中，文化还（曾经）拥有活跃的生命力（文化存活并改变，拥有历史，也可能拥有未来）。或许文化最为普遍最本质的属性在于传播，没有传播，文化便不可能发展、生存、衍生，或者从总体上讲，没有传播，文化便不可能成功。最终，为了研究文化，我们必须要认定它、定位它，基本上我们可以从人、事物（文本、作品）和人类行为（被社会塑形的行为）来观察文化。主要的特征总结如板块5.1。

由于大众媒介生产和使用的每一个面向都拥有文化的含义，因此大众传播研究也拥有某些明显的意义。我们可以将人视作具有文化意义的媒体文本的生产者，或者是从文本中汲取文化意义并将其运用到其他社会生活当中的阅读者。我们可以关注文本或者作品（电影、书籍、报纸上的文章）本身，关注它们的象征形式和可能的意义。我们也可能倾向于研究媒介产品的生产者或媒体使用者的行为。媒介受众的构成和其媒介经验之前、之后、之时的行为（选择与使用媒介的行为）通常是由文化塑形的。

5.1 文化的主要属性

- 集体形成并持有
- 面向象征性的表达
- 拥有秩序和不同的价值
- 拥有系统性的样式
- 有活力、变化的
- 空间分布的
- 可在时间与空间中沟通

媒介—文化理论的几个主题

可通过提出主要问题和主要理论议题,对这一宽泛的领域加以细分如下。

1. 大众文化的质量。媒体理论议程上关乎文化的首要问题是,大众传播所赋能的新的大众文化的质量。我们已经讨论过这一话题(第50～53页)并且得出结论:大众文化在最初是不被看好的。它几乎总是将人们当作模糊的"大众"——一种不具备自身文化的、新的社会集体状态。

2. 流行文化的性质。一个显著的"媒介文化"的崛起激发我们重新思考"流行文化"的性质,如今已经不能将流行文化当作一种廉价的替代品或者为大规模消费而大规模生产的产品了,它是文化创新力和乐趣的一个新的、重要的组成部分(Schudson,1991;McGuigan,1992)。大众文化的议题还激发了批判文化理论的崛起,这一理论主要考量大众传播与性别和亚文化之间的关系。大众文化之辩的核心是关于"质量"的永恒问题以及质量如何被界定、被认知。

3. 技术的影响力。第三个关键议题是:在正在浮现的现代社会当中,新技术本身对于意义的经验有何潜在的影响?对于我们认知社会世界以及自身在其中位置的方式,传播技术可能施加诸多影响。在视听媒介发明以前,文化经验是经由个人接触、宗教仪式、公共表演或(对一小部分人来说)印刷文本中介的。通过种种方式,所有人都可以接触到经由中介的文化经验,其意义和重要性也可能被改变。

4. 政治经济和文化。以大众媒体产业为代表的、有组织的文化生产还具有政治经济的维度。我们已经开始将媒体视作一个由经济逻辑和文化变化驱动的"意识产业"。一个重要的方面是"文化的商品化"——传播"硬件"生产出为自身服务的"软件",这些软硬件又进而在日益扩张的市场上被出售和交换。

5. 全球化。随技术变化和"市场化"一起出现的,是文化生产和发行的逐渐稳步国际化(有时表述为"美国化")。"全球化"议题囊括了针对业已存在的文化内容与形式的成本、收益或仅仅是影响的一系列讨论。全球化会导致单一化、多元化或多样化吗？少数的形态可以生存下去吗？新的形态可能发展起来吗？

6. 身份认同。这关乎媒介—文化理论的另一个主题：文化认同，可从不同的层面来定义文化认同——国家的、民族的、当地的、语言的。一个典型的由媒体产业生产的（媒介文本意义上的）文化往往采取的是全球化的形态，尽管它看起来可能采用本地的或者本国的变体和语言。传播是身份认同所必要的，大众媒介（包括互联网）可能有害或者有益于身份认同。在世界的一些地方，人们通过公共政策来保护文化多元性的价值方式。

7. 性别。少数族裔的文化认同议题不仅包含那些关乎共同地域、宗教或种族的议题，还包括诸如基于性别和性取向的亚文化，以及其他无数可能形成文化认同形式的条件。

8. 意识形态。最后但非常重要的是关于意识形态的问题——各种意识形态是如何体现在文化生产之中的？媒介文本当中如何读出意识形态，又如何对受众起作用？研究者尤其关注那些从相关文化语境或语言或符码系统当中生成的、隐藏的或无意识的意义。板块5.2作一小结。

5.2 媒介—文化理论的几个主题

- 大众文化质量之于流行诉求
- 传播技术影响
- 文化的商品化和市场化
- 全球化
- 文化多样性与身份认同
- 文化认同
- 性别与亚文化
- 植入文化形式当中的意识形态和霸权

起源：法兰克福学派与批判文化理论

至少早在19世纪中期社会上便出现了一股对大众文化的担忧，20世纪中期在英格兰崛起了一种更为激进的（民粹的）批判理论，其代表人物是理查德·霍加特、雷蒙德·威廉斯和斯图亚特·霍尔。这些批评家最初的诉求是攻击导致文化堕落的商业化根源并为那些消费大众文化的工人阶级说话，他们是受害者（且不仅止于此）而不是故事当中的反派人物。理论家的目的是为那些被认为持有"低俗品位"的人正名，低质量的大众文化产品不应归咎于他们。在北美,在几乎同一时间或者更早时,也发展起了一场类似的争论(参见 Resenberg & White,1957),人们雄辩地指责大众文化是低俗的。自那以来,尽管在这一过程当中大众文化的本来意义在很大程度上被抛弃了,不过"大众文化"本身逃脱了低质量的污名。

在更广的世界范围内关于大众传播及"媒介文化"的性质的讨论和观念的生成则显得不那么有影响力,这是由于,新马克思主义的思想在战后出现并蔓延开来。1933 年以后,一批流亡知识分子在法兰克福建立起马克思主义的应用社会学研究,批判理论起源于他们的著作当中,"批判理论"一词本身指代的正是此后的漫长且多元的传统。其中最为著名的成员是霍克海默和阿多诺,其他包括利奥·洛文塔尔、马尔库塞和本雅明在内的成员也起到了重要作用(参见 Jay,1973;Hardt,1991)。

这一学派成立的初衷是要找寻马克思所预言的革命性的社会变化失败的原因。在解释失败的过程当中,他们将"上层建筑"的能力(尤其是大众媒体所呈现的观念和意识形态)视作对经济变革的物质和历史力量(以及启蒙运动的承诺)的颠覆。(如马克思所阐释,)由于统治阶级的意识形态(尤其是通过对工人大众宣扬一种"虚假意识")开始决定经济基础了,历史便出错了。商品是这一过程的主要工具。商品化的理论起源于马克思的《政治经济学批判大纲》,在其中,他指出,因为有了交换价值而不仅仅是本身的实用价值,物品被商品化。同样,(以图像、观念和符号为形式的)文化产品在媒体市场当中被当作商品生产并售卖。通过交换,消费者得到心理的满足、愉悦以及关于我们身处世界位置的虚幻的观念,这通常导致我们对社会的真实结构以及自身的从属地位的认知遮蔽(虚假意识)。

马尔库塞(Marcuse,1964)认为,建立在商品、广告和虚假的平等主义基础之上的大众消费社会是"单向度的"。这一批判与媒体以及整个"文化工业"紧密相关。20 世纪 40 年代阿多诺和霍克海默(Adorno & Horkheimer,1972,翻译)就此提出了诸多重要的观点,其中包括对大众文化的尖锐的、悲观的攻击。有人批评这些观点具有单一的、技术崇拜的、千篇一律的、逃避主义的特性及其催生不真实需求、将个体降格成消费者并抹去所有意识形态选择的做法(参见 Hardt,1991:140)。在希尔斯(Shils,1957)看来,法兰克福学派的观点就十分狭隘,它不仅是反资本主义的,而且是反美国的,它仅仅代表了一群流离失所的欧洲知识分子对现代大众媒体最初期的看法。在若干方面,上述大众文化的批判理论非常接近于当时当代大众社会理论的不同版本。

意识形态与反抗

尽管意识形态研究仍然占据媒体文化研究的中心地位,但是如今的批判文化理论业已超越早期对意识形态的支配性关注。同样地,媒介文化之于包括青年人、工人阶级、少数民族以及其他边缘人群在内的特定社会族群经验的意义也有所延展。伯明翰大学当代文化研究中心在20世纪70年代开创了这一领域研究与理论的先河。与该学派最相关的人物是斯图亚特·霍尔,关于文化研究的路径,他写道:

> 它反对将理想与物质力量进行"基础—上层建筑"式的关联,尤其反对简单地以经济力量来定义基础……它将"文化"定义为特定社会族群与阶层基于自身的历史条件和关系而生成的方法和价值,通过这些方法和价值,他们得以"处理"并回应其生存现状。(转引自 Gurevitch et al.,1982:267)

与伯明翰学派相关联的批判路径的另一个作为是:从关注嵌入媒介文本当中的意识形态转向关注这些意识形态如何被受众"解读"。斯图亚特·霍尔(Hall,1974/1980)就媒体话语提出一个"编码—解码"的模式,认为媒介文本是介于生产者和受众之间的,前者以某种方式嵌入意义,后者则依据自身不同的社会状况和解读框架来"解码"这些意义(参见第61~62页)。

这些观点大大地激发后人重新思考意识形态理论以及虚假意识。它们启发了后来关于"异同解读"(例如,Morley,1980)的研究,这些研究致力于发掘工人阶级反抗支配性的媒体信息的证据。尽管直接的结果是微薄的,然而这一理论间接影响了受众的"再赋权"并为媒介与文化研究重新带来乐观感。此外,它还引发了更广泛的、关于社会与文化影响是如何中介媒介,尤其是少数民族、性别及"日常生活"经验的研究(Morley,1986,1992)。批判文化理论的主要原则如板块5.3。

5.3 批判文化理论:主要观点

- 大众文化在资本主义社会是一种低劣的形式
- 大众文化生成虚假意识
- 商品化是核心过程
- 大众文化体现了一种霸权式的意识形态
- 可以以不同的、甚至完全相反的方式解码意识形态
- 可将流行文化与大众文化区分开来

流行的救赎

大众媒介是产生我们称之为"大众文化"或者"流行文化"的事物的重要因素,在此过程中它们还"殖民"了其他文化形式。在我们这个时代流传最广的、最为人所享用的象征性文化(如果此处使用单数形式是合理的)正是那些由电影、电视、报纸、留声机、视频等等媒体提供的。这股浪潮不太可能被阻拦、倒退或者净化,我们时代的主流文化也不是

什么单纯由商业(化)生成的异形产物。

甚至,由于几乎每个人都被某种形式的流行媒介文化所吸引,因此要将精英品位和大众品位区分开来是几乎不可能的。品位将永远多样,不同的评价标准永远存在,但我们至少应当接受我们这个时代的媒体文化是一个既成事实并且应当尊重其自身情况。"大众文化"一词很可能将继续流传下去,然而另一个说法——"流行文化"(指代那些受许多人欢迎并享受的文化)——可能更为恰当,因为它不再带有贬损的意味。这个意义上的流行文化是当代语言当中无数且无穷的表达的混合体,它旨在触及人们并占领市场,也旨在为人们提供菲斯克(Fiske,1987)所称的"意义和愉悦"。

人民的(符号)权力

所谓"流行的救赎"在很大程度上是基于上述霍尔的理论的(第61~62页)。依据这一理论,即便存在一种内置的支配性的意义,同样一个文化产品可以不同的方式被"解读"。菲斯克(1987)将一个媒介文本定义为解读和享用的"结果"。他将一个文本的多种意义定义为文本的"多义性"。另一个相关的词"互文"部分指的是不同媒体内容之间意义的相互关联(这模糊了精英与大众文化之间的界限),同时也指代媒介和其他文化经验之间意义的相互关联。有一个例子可以说明这两个词语——存在这样一种文化现象:流行歌手麦当娜同时受到年轻女孩和《花花公子》杂志的年长男性读者的欢迎,尽管对这两类人群来说麦当娜代表的意义是不一样的(Schwichtenberg,1992)。

针对流行媒介内容,不同的亚文化群体可能作出完全不同的解读,这帮助人们逃脱潜在的社会控制。菲斯克(1987:126)写道:

> 电视上推荐的意义往往是服务于统治阶层利益的,其他的意义则被建构在统治——服从的关系结构当中……从属阶层自己决定意义的符号式的权力即等同于他们规避、反抗、协商社会权力的能力。

对菲斯克而言,流行文化最主要的优点恰恰在于它是流行的,是字面意义上"为了人民"并依赖"人民的权力"的。他写道:"在这里,流行度是对一种文化形式满足其消费者需求的能力的测量……一个文化商品要想流行起来,它必须能够(同时)满足人们(消费者)的种种兴趣以及生产者的兴趣。"(1987:310)流行文化必须与需求相关并满足需求,否则就将失败,(市场上的)成功可能是(一个)文化(商品)能关联并满足需求的最好检验(在实践当中,成功的标准取代了一切固有的质量)。菲斯克不同意经济资本决定文化资本的观点(Bourdieu,1986),相反,他提出存在两种相对独立的经济:文化的和社会的。在一个阶层社会当中大多数人是处于从属地位的;即便如此,他们在文化经济中依然拥有一定程度的符号权力,即依据自身的需求塑造意义的权力。

未解的问题

尽管对流行文化有了新的评价并且后现代思潮（详见下文）出现了，但是法兰克福批评家们所提出的一些观点依然摆在桌面上。和过去更为精英、更偏见狭隘的时代一样，今天的人们依然质疑那些既流行又获得了商业成功的媒体所提供的诸多内容。媒介文化通常表现出以下一项或者若干项局限——它通常是重复的，轻松容易的，主题有限的，墨守成规的。许多流行的内容都是执意识形态偏见的、低俗的、反智的。由于大部分流行文化是大公司生产的，而大公司最关心的是自身的利益而不是人民的文化生活是否得到丰富，因此可以说流行文化的生产主要由商业逻辑控制。受众被当作消费者市场来操控和管理。受欢迎的形式和产品会被使用直至殆尽，当它们不再能创造利益之时便会被丢弃，这一循环并不将受众对"文化经济"的诉求考虑在内。并不存在太多经验证据支持"媒介文本会被反抗式地解读"这一理论（Morley，1997：124）。

毫不奇怪，新的"文化流行主义"也遭到了许多批评（McGuigan，1992；Ferguson & Golding，1997）。吉特林（Gitlin，1997）将新的文化研究视作一个平民主义的项目，它只是简单地倒转了（而不是推翻）传统的文化价值层级。在他看来，新的文化研究是反政治的，这与其自身所声称的目标不同，且它不但没有反资本主义，反而"附和了资本主义的逻辑"（1997：32）。

"救赎"的观点在很大程度上忽视了一种持续存在的符号不平等：一个受更好教育且更富裕的人群可以同时接触到流行文化以及"非流行"的文化（例如古典音乐、文学巨著以及现代和先锋艺术）；（另一方面，）大多数人则依然只能接触那些流行的形式并完全依赖于商业媒体市场（Gripsrud，1989）。

对流行文化激烈和夸大其词的攻击并不见得可取，且可能存在风险。一个突破僵局又不必走回头路的办法是使用"生活方式"这一概念，这一概念认可当代社会生活的流动性和多样性，尤其当教育系统更为广泛且均衡地分布文化资本之时。例如，在一项关于瑞典媒体使用的研究当中，安德森和詹森（Andersson & Jansson，1998）提出结合了对流行文化与传统文化两者的兴趣的"开明的文化生活方式"这一现象。被研究的社会群体将高级文化资本与有限的经济资源相结合。这种生活方式与对媒介的选择和媒介使用的风格两者相关。它是一种兼收并蓄的、碎片化的、轻松的方式。尽管我们不知道这些观察所得可以概括多大的范围，但是它们至少指出：新的时代生成新的文化范式。

尽管如此，大众媒介文化供给的"质量"这一概念依然存在于应用媒介理论的议程之上，即便其意义已有所改变。这是由于，关于质量的政策议题和公众关注依然存在。质量已不再仅仅指代与传统文化规矩相符的程度，而可依据具体情况以创新能力、原创性、文化身份的多元性以及种种伦理或道德原则来定义（Schrøder，1992）。自然，流行文化的主张者依然会声称，质量还应当依据其所提供的愉悦与满足程度来衡量，而（尽管有些残酷)这些体现在市场的成功度上。我们肯定不能再假设最受欢迎的一定是"质量"最差的,但是要将文化生产的物质经济动力与"符号"的文化经济区分开来也是不容易的。此外,针对"文化质量"的意义和测量方式研究还清楚地揭示,由于专业的媒体生产者、受众、社会或文化批评者以及媒体管理者等都采取不同的标准,因此已经不存在生成客观定义的单一来源了(Ishikawa,1996)(参见第14章)。关于流行文化,不存在一致认可的理论,但板块5.4小结了与其相关的要点。

5.4 关于流行文化的争论:主要观点

- 流行文化代表人民的力量
- 流行本身就是一种质量
- 流行文化全球皆宜
- 对于诸多亚人群认同来说,流行文化十分重要
- 流行文化是商品化的文化

性别和大众媒介

赫米斯(Hermes,2007:191)认为我们需要理解媒体是如何表征性别的,这是由于"女性气质和男性气质的建构是统治性意识形态的一个组成部分"。不仅如此,她还指出,媒体依然为普遍行为提供指导和范例,而我们需要解码这些信息。"同一媒介文本拥有不同的文化解读"这一理论的重大进展之一是与女性主义研究者合作开展性别研究。很长时间以来,传播研究即便具有激进批判的倾向,对性别议题却几乎视而不见(或许是不愿意见),如今终于出现了一项无可非议的"文化女性主义媒体研究项目"(van Zoonen,1994;Gallagher,2003)。在早期,主要的研究议题是媒体未充分代表女性、刻板影响、性别角色社会化等,尽管这些问题依然存在于今天的媒体内容当中,目前的研究已经走得更深更远。今天的关注点还涵盖了媒体的色情内容,这个问题对于女性主义者(以及其他人士)来说十分重要;色情内容是冒犯的、象征性侮辱人格的,同时还可能激发强奸及其他暴力。

如今已经出现大量与性别相关的研究,且尽管一部分研究依然沿袭了社会阶层和种族的路径,从整体上看性别研究还存在其他若干维度,包括:对弗洛伊德精神分析理论的关注以及对雅克·拉康和南希·乔多罗的继承。他们关注的焦点主要在于,在"定位"观察者之于关于男性和女性的图像(电影、电视、照片)的关系当中性别的角色。另一条研究线索关注的是,就女性在社会当中的地位,媒体在传递父权式意识形态的

过程当中起到的作用。如今,这一领域已经与广泛的女性研究建立起关系(Long,1991;Kaplan,1992)。

依据凡·祖伦(van Zoonen,1994),早期大多数与性别相关的媒介研究,包括精神分析理论在内,都清晰地追随效果的传输模式,考察受者对信息刺激的直接反应。她提出,如今出现了一种新的、在本质上是文化的范式,可以帮助我们更好地理解媒介与性别的关系。这一新路径的核心在于这样一种观念,"性别是关于性差异的一种话语、一组相互交织且有时相互矛盾的文化描述及论断"(1994:40)。第二个关键的基础是强调媒介文本的"读者"在意义与身份建构当中的积极作用。总体上,新的女性研究主要讨论这些问题:媒介文本当中性别话语是如何被编码的?受众如何使用并解读含有性别意义的媒介文本?受众接受如何影响个人身份认同当中的性别建构?

关于性别的议题几乎涉及媒介—文化关系的所有方面。最核心的问题可能是如何定义性别。凡·祖伦(1991:45)写道,性别的意义"从来都不是确定的,它随特定的文化和历史环境而改变……随当下漫长的斗争和协商而改变"。一个问题是,性别的区别和差异是如何被表达的(参见 Goflman,1976;Hermes,2007)。另外一个大问题在于社会赋予男性特质及女性特质的不同价值。

由于大多数媒体的选择和生产工作是由男性承担的,因此也可以将内容的性别化研究放置到生产阶段。这样一来,研究者关注到"时事新闻"领域——长期以来这是男性的一个保留地;同时还关注到新闻的支配性形式和内容(政治、经济、体育)——这是更针对男性受众提供的(参见第 11 章,第 245~248 页)。女性主义媒体批判的一个持久主题在于,女性在新闻中的相对不可见性以及在另一些特定话题中的集中出现。加拉格尔(Gallagher,2003)援引(Media Watch 在 1995 年执行的)一项大规模国际性调查:在新闻当中,仅 17% 的报道对象是女性,在政治和商业新闻当中的比例更低。

这种现象已经有所改变,今天针对新闻媒体的"衰退"的一项批评在于,琐碎化、个人化和情绪化(不论正确与否,但与主要的刻板印象一直)常常被当作"女性化"的同义词。诚然,包括报纸和电视在内的新闻媒体正在积极吸引女性受众并展开激烈竞争,以争取难以捉摸的广大受众。

关于媒介受众以及媒介内容接受的研究显示,不同性别的媒介使用方式和意义赋予之间存在巨大的差异。一些媒介类别显然是性别化的。可以找到许多相关证明,包括:社会角色方面的模式化差异、男性与女性之间典型的日常经验差异、性别之于时间获取与使用的影响等。同时,这还与家庭当中的权力关系、男女伴侣关系或者女性在大家庭当中的权力地位相关(Morley,1986)。

不同种类的媒介内容(及其生产和使用)还与基于性别的普遍认同的表达相关(Ferguson,1983;Radway,1984)并与所获得的不同享受与意义相关(Ang,1985)。这种不同也可能深深植根于男性与女性之间的心理差异(Williamson,1978)。尽管如此,我们必须同时注意凡·祖伦的警示："语境是在持续变化的,赋予女性化符号以意义的符码是基于特定的文化和历史的,因而将永远不可能做到毫无歧义或连贯一致。"(1994:49)

基于性别的研究路径还提出这样一个问题:媒介选择及阐释可能为在社会现状当中依然处于不平等地位的女性带来一些改变的力量或反抗的元素吗?对抗式解读与反抗的潜在可能性被用于解释女性为何看起来被那些带有明显父权信息的媒介内容(比如浪漫故事)所吸引并用于重新评估这种吸引的表面意义(Radway,1984)。总体上,我们可以论断,不论其原因或形式几何,被赋予不同性别意义的媒介文化总是能够激发不同的反应,而性别之间的差异也总是能够导致从媒体获取意义的不同方式。

女性主义是一个政治项目,也是一个文化项目,女性主义媒介研究不可避免地陷于广义的文化媒体研究的争辩当中——流行文化具有政治意义吗?部分地,这起源于对肥皂剧、脱口秀等以女性为目标的流行类型的强力关注。例如,凡·祖伦(2004)举例证明:在将大多数人与当天的公共议题相关联方面,对流行肥皂剧感兴趣的人群也可能起到活跃作用。早期研究者的立场是十分明确的,他们认为流行内容(浪漫剧、儿童故事、妇女杂志)带有刻板印象、含有父权的保守的意识形态或者是迎合男性意识的。媒体已经发生了变化,出现了更多关于女性或为女性提供且不压抑女性意识的内容(例如 McRobhie,1996)。媒体研究也有所变化——流行类型得到"救赎"(例如 Radway,1984;Ang,1991)。

然而,就女性主义理论与研究的未来方向是否应当与政治目标相关联,依然存在矛盾的看法。不是所有人都认为新的流行文化理论真的触动了媒体的改变。比如,凡·祖伦强调必须将新闻和娱乐区分开来,她认为,对新闻来说,"我们完全有理由在新闻媒体当中期待一个得体的、符合伦理的或多或少准确的女性政治和政治家的表征"(1994:52)。她并没有将同一标准套用到流行文化上,流行文化属于"集体梦幻、想象及恐惧"的范畴。赫米斯(1997)尽管并不反对凡·祖伦的观点,但是她对流行文化的潜在角色执更积极的看法,提出"文化公民"的概念。她写道(1997:86):

> 公共领域理论的核心在于理性……(由后现代理论和女性理论指引的)流行文化研究认为情感和知觉对于我们日常生活而言是同样重要的。如果民主是对我们如何获取最好生活的各种可能性的考量,那么没有理由将其排除在我们理论化的过程之外。我们需要重新思考公民身份并以"文化公民"取而代之,我们要承认,那些拥护民主的人是以诸多不同的逻辑来塑造他们的生活的。

上述关于媒体和性别的诸多要点小结如板块 5.5。

5.5　性别与媒体:要点

- 媒体将女性置于公共领域的边缘
- 媒体呈现关于男性特质与女性特质的刻板印象

- 媒体的生产与媒体内容是性别化的
- 媒体接受是性别化的
- 女性视角提供关于质量的不同标准
- 个人的即政治的
- 媒体提供正面的、支持性的典范,也提供负面典型

商 业 化

（作为状态的）"商业主义"或（作为过程的）"商业化"植根于对大众文化的早期批判当中,且如今依然存在于相关讨论的边缘（关于媒体政策的讨论即如是）。尽管听起来过时了,不过在一个由商业标准统治的时代当中,这一概念所表达的一些观念依然与当下的媒体产业动力以及媒体—文化变迁相关,同时与对商品化的批判紧密相关（参见第94页）。对商业化的批判和对流行的救赎二者尤其难以调和,这是由于流行度通常是商业成功的一个必然条件,不喜欢其中之一便意味着不喜欢另外一个。

在某个层面上"商业主义"可能客观地指代某些特定的自由市场的秩序安排,同时它还指代某种大规模生产、被当作商品在市场上推销的媒体内容可能产生的结果,以及媒体的提供者与消费者之间的关系。"商业的"一词被用于形容某些类型的媒体产品,它揭示大型市场上那些相互竞争的事物(Bogart,1995)。从这个意义上看,尽管拥有大量的广告（商业宣传）,商业内容往往是以娱乐、休闲（逃避主义）为导向的,是更为肤浅的、不费神的、循规蹈矩,更缺乏独创性的、标准化的。皮卡德（Picard,2004）将报纸的商业化与其质量的下降二者关联起来（参见板块5.6）。支持这一观点的证明可见于麦克马纳斯(McManus,1994)的著作。

5.6 报纸和商业化：关键引用

今天报纸的主要内容是商业化的新闻,是为吸引更多读者所设计的,报纸为读者提供娱乐并实现更低的成本效益,读者的注意力可被售卖给广告商。结果是,那些可能冒犯某一些人的故事被忽略,被更多读者接受的、具有娱乐效应的故事则被刊载,那些需要花费大成本去报道的故事不被重视甚至被忽略,那些（可能）制造财政危机的故事被忽略。这导致了报纸内容的同质化、只报道安全内容以及观点与想法日益缩小的表达。(Picard,2004:16)

对于报纸为争夺读者而实施的"小报化",研究者给予了许多评论。发生在电视身上

的类似过程导致了各种"真人秀"的出现,真人秀以各种形式展示"人的各种兴趣"以及各种戏剧化的主题。"小报化"一词来源于在一些国家开本较小的流行(或街道)报纸。总体上,如兰格(Langer,2003)所说,这是一个近用(新闻报道了谁)和表征(他们是如何被描绘的)的问题。康奈儿(Connell,1998)讨论了小报在英国的变体,在当地,"小报"一词指代那些取代了理性话语的、耸人听闻的新闻话语,其重点在于叙事。伯德(Bird,1998)考察了美国电视新闻的"小报化",从她的受众研究当中她总结道,新闻的个人化和戏剧化的确令新闻更亲民,但同时也造成人们只能从新闻当中获取碎片信息的后果。"**信息娱乐化**"(infotainment)一词被广泛用来形容这一关联(Brants,1998)。

虽然同样的市场配置实际上也可以支持各个种类高质量的文化产品的供给和消费,但批评者还对其他方面作出了批评。传播当中的商业关系在本质上是拉开距离的并且可能是剥削的。一种传播关系的商业变体无法帮助彼此之间建立联系,也无法支持共同身份认同或社区的形成。它对双方来讲都是算计的、功利主义的,它反映的是"传输"或"推广"的本质特征,而不是社会当中传播的"仪式"模型(参见第59~60页)。最根本的问题是,利润成了最大的动机。

将自由市场的安排视作在本质上对文化"有害"的观点是不合理的,自由市场支撑了印刷媒体五百年以及视听文化生产一百年的发展。需要给予"商业化"这一批判式的表达一个更为精确的定义,我们已经探讨了它的组成部分。板块5.7小结批评者们提出的"商业化"这一争议概念的关键组成部分。

5.7 对商业化的批判:观点

- 导致碎片化和小报化
- 导致市场决定内容
- 涉及剥削"更弱的"消费者
- 提倡针对文化和生活的消费态度
- 将文化及与受众的关系商品化
- 降低媒体内容的文化完整性
- 导致对广告的过度依赖以及独立性的丧失

传播技术与文化

麦克卢汉(McLuhan,1964)对英尼斯(参见第85页)的发展在于,他考察我们通过媒介传播经验这个世界的过程,而不仅考察媒介和社会权力结构之间的关系。他宣称,所有媒介(他所称的媒介是所有承载文化意义并可被"阅读"的东西)都是"人的延伸",因而也是人类感觉的延伸。与其他研究者一样,他也关注(大约公元前5000年)从纯粹口头的传播向基于书面语言的传播的转变。直到晚近历史,大部分文化体验依然主要依靠口头(传播)。麦克卢汉还聚焦我们如何经验这个世界而不是我们经验了什么(因而他关注的不是内容)。每一种新的媒介都突破了先前媒介所触及的边界并促成新的改变。麦克卢汉正确地看到了不同媒介是共同工作的,然而他所预言的、人人自由获取并共享信息与经验的"全球村"的到来则可能不是那么明智。之后,梅罗维茨(Meyrowitz,1995)在麦克卢汉的某些基础之上(并结合欧文·戈夫曼)提出了一则关于大众媒介和社会变化的理论。梅罗维茨(1985)的论文认为,无所不在的电子媒介打破了过去时代的社会空间区隔,因而已经从根本上改变了社会经验。在他看来,人类经验在传统上是由角色和社会状况区分的,个人领域(后台)和公共领域(前台)之间存在严格的差异。年龄、性别和社会状况导致了区隔,不同经验领域之间的"壁垒"甚高。电视似乎不加区分地将社会经验的所有方面呈现给所有人观看。关于诸如成人、性、死亡或权力的秘密皆不复存在。

一个总体的观点是,随着我们的感觉日益投入意义的获取当中(媒介日渐变"冷",变得无冲突,而不是像过往那样只针对一种感官的"热"媒介),经验变得更投入、更有参与感。依据这一观点,通过阅读印刷的文本来体验世界这种方式是孤绝的、不投入的(它激发的是理性的、个人的态度)。观看电视尽管信息量不大,但却是投入式的,并且可能生成一种不那么纯理性的、算计的态度。没有证据对此加以证实(或证伪),麦克卢汉本人是以认知、"探究"的形式提出这些观点的。如他所愿,在视听媒介取代印刷媒介的时代,这些观点引发了诸多思考。

在建构"媒介理论"这个新的理论分支的过程中,多伦多学派(参见第4章,第85页)是第一股力量。在这一语境下,媒介可以指代任何一种承载意义的载体,它在技术、形态、使用方式、编码方法或社会定义等方面具有明显的特质。这则定义覆盖了广大范围的媒介,从绘画开始到印刷,再到当下的电子媒介。其中有一种软性的"决定论"在起作用,特定的媒介被认为"偏向"特定的内容、使用和效果。事实证明,对于鉴别媒介使用方式的微妙效果(例如在政治传播当中)以及鉴别新老媒体差异而言,这一路径比"硬性的"决定论有效。

其他大部分传播技术理论都关注(技术)对特定媒介信息的形式或内容及(进而)其意义可能造成的影响。即便如此,我们依然无法确立所谓的"技术—文化"效果,这是由于技术本身也是文化产品,我们无法进入并分解这个循环。我们所拥有的理论只不过是对我们所观察到的大众媒介所提供的意义的样式的描述,这些样式可能受到某一特定媒介的多种特质的影响,不仅仅是技术。图表5.1呈现的是变化的技术影响媒介文化的大致过程。或许此图展示的最重要的一点在于,技术不太可能对文化产生直接的影响,其影响受到某一相关事物中介,比如大众媒体。斯托波(Stober,2004)从进化论的视角为我们提供了一个关于新传播技术的发明与扩散过程的社会理论,这一理论是基于对建制必要性的考量,但同时强调变化发生在对旧媒体的改良当中。李赫曼-韦尔奇格和科恩-阿维格达(Lehmann-Wilzig & Cohen-Avigdor,2004)作出了与此类似的一种分析,他们揭示了互联网的进化所经历的一系列过程阶段。

我们可以通过延展英尼斯提出的"偏向"理论并鉴别某一特定媒介技术特征发展(及其建制发展)的若干趋势,来解释技术对(媒介)文化的影响。我们可以提出五种主要的媒介偏向类型。第一,是偏向感官的,按照麦克卢汉的说法,借助这些媒介,我们或多或少可以通过视觉图像的方式(参见 Hartley,1992)或者参与的方式来经验这个世界。第二,是偏向表征的形式的,"信息"被重度编码(例如在印刷媒体上)或重度解码(例如照片)(Barthes,1967)。第三,存在对信息内容的偏向,例如现实主义的内容或者多义的内容,更为开放或者更为封闭的内容。第四,存在对使用的语境的偏向,一些媒介倾向于私人和个人使用,另一些则倾向于集体使用或分享。第五,存在对关系的偏向,有单向度的媒介,也有互动的媒介。

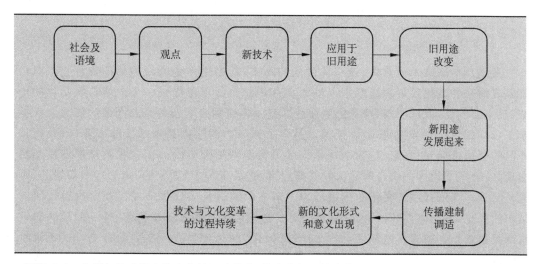

图表 5.1 传播与技术及文化变革的互动秩序:技术来源于社会并依据使用的方式对社会产生影响

偏向并不一定是决定论,但它的确预示着媒介化的特定体验和方式。埃利斯(Ellis,1982)对电视和电影的比较为我们提供了一个有力的阐释——某个媒介的(无意的)偏向是如何微妙却又系统且多元地影响内容以及接受和理解的可能方式的?板块 5.8 展示这项对比,所列的差异并不仅仅是出于技术,甚至并非主要出于技术,许多其他因素在共同起作用。尽管在后来的数十年间诸多事物发生了变化,这项比较研究依然是有效的。

5.8 媒介偏向的例子：比较电视和电影的典型特征（Ellis, 1982）

电视	电影
内容与形式	
存在旁白员	无旁白员
区分事实和虚构	只有虚构故事，或模糊二者的界限
写实的	梦幻的
本国的、熟悉的	异域的
结局开放的	有逻辑的、有前后秩序的
现场感	非现场的，历史现实
中立态度	有偏向
常态及安全的语调	紧张与忧虑
受众方面	
永恒的观众	偶发的、一次性的观众
低介入度	全神贯注、失去自我
亲密	疏离、窥视

关于新传播技术的效果，被广泛公认的不多，其中之一是大众传播的国际化。对可能随之而来的文化效果则依然争议很大。有几股力量正在促成一个全球传媒文化的形成，最主要的是，以低成本、跨越边境在全球范围内传输声音及（移动）图像的能力大大提高了，时间与空间的限制被大大征服。另一个强有力的原因是全球媒体产业（以及媒体产品的全球市场）的崛起，这为全球化提供了组织框架和驱动力。这些条件都不是忽然出现的，跨国文化这一概念本身也并非新鲜事（它甚至早于"国家的"概念），所谓新的，可能是图片和音乐日益跨文化的传播潜力。诸多研究讨论了媒体产业以及全球媒体流的结构性变化，关于电视的讨论尤多，然而对其文化后果的观察则少得多，这一领域的研究雷声大雨点小。被假设已经发生的文化"跨国化"的过程具有一系列的意义，第10章将详细讨论。

大众媒介与后现代文化

"一种后现代的状况"（Harvey, 1989）这一理念抓住了诸多社会与文化理论家的想象，它看起来是与信息社会十分相关的一个理论（参见第4章）。尽管流传甚广，后现代却是一个复杂且模糊的概念，它涉及与大众媒介相关的若干观点。其政治意味是："启蒙运动"已经完成了历史使命，尤其是对物质进步、平等主义、社会改革的强调以及运用官僚方式实现社会目标的做法。将我们当今的时代称作"后现代"也已经十分普遍,字面意义上,它指代"现代"的晚后阶段,现代的特征是快速的社会变化、工业化以及工厂体系、资本主义、组织的官僚形式以及大众政治运动。

在这个意义上,"后现代"一词意味着相对于"现代主义"的时间序列上和概念上的清晰差别。如莫利(Morley,1996)所指出的,其自身便蕴藏着不少困难,"现代"一词(以拉丁文形式)起源于公元5世纪并在后来不同的纪元当中拥有不同的意义。在当下,它一般指的是19世纪以及20世纪初期社会与文化的典型特征,其间并不存在清晰的指代或者分界线。关于"现代化"的最主要的理论家(尽管并未明确声称这一点)可能是在一个世纪以前写作的德国社会学家马克斯·韦伯,他用以分析社会变革的关键概念是"理性化"。从这个意义上,我们有理由认为,现代主义是一个起源于并专属于西方(欧洲)的理念。

作为一种社会—文化哲学,后现代打破了传统上认为文化是固定的、有等级的观念。它喜爱那些转瞬即逝的、提供肤浅愉悦的、满足感官而非理性的文化形式。后现代文化是无常的,非逻辑的,千变万化的,享乐主义的。它注重情感而非理性。大众媒介文化在满足诸多感官需求、与新鲜事物和短暂无常的事物相关联方面具有优势。流行(商业)媒体文化的许多特征恰恰反映了后现代的元素。音乐电视被欢呼为第一个后现代电视服务(Kaplan,1987;Grossberg,1999;Lewis,1992)。除非诉诸权威,否则关于艺术质量的旧观念以及严肃的信息无以为继,且它们被认为无疑是"资产阶级的"。

这组强有力的观点不仅止于为"大众的文化"这一曾经被边缘化的概念提供辩护。它是对现状的一种全新表征,文化批评者所举起的一些武器已经掉转枪头朝向他们自己(例如他们所宣称的代表大众发声)。它的力量来源于社会价值的真实转变、对流行文化的重新评估以及大众媒介内部很可能真实发生的、指向新的审美的文化变革。电视和流行音乐已经成为这个时代的主流艺术形式,并且已经表现出巨大的创造力和变革力。

"现代"社会的特征依然存在,甚至如果考虑到今天的世界是被全球金融市场那种不可撼动的、唯一的逻辑所支配的,上述特征便更加巩固;有鉴于此,从社会视角来定义后现代的概念不如从文化视角来定义更为合适。"后现代"一词更多指的是社会的主流道德思想与精神以及特定的审美及文化趋势。多彻蒂(Docherty,1993)将后现代文化和社会哲学阐释为对"1968年革命重估"的回应,这是基于"资本主义已经消亡、新的乌托邦已经诞生"的假设的。这个梦想最早恰恰是建立在物质进步、理性、启蒙等现代社会理念的基础之上的。

这样看来,后现代代表了一种从政治意识形态的撤退,一种对理性与科学的信仰的丧失。这塑造了当代的时代精神,我们不再共享任何固定的信仰或承诺,出现了享乐主义、个人主义以及活在当下的趋势。与之类似的是同样被广为引用的利奥塔(Lyotard,1986)对后现代的论断:已经不存在什么宏大叙事了,人类已经没有组织框架、解释框架或核心目标了。后现代的文化审美包含对传统的拒绝以及对新事物的追求、发明、短暂的享受、怀旧、玩乐、模仿拼贴以及不延续。詹明信(Jameson,1984)将后现代主义定义为"资本主义晚期的文化逻辑",即便没什么逻辑可寻。吉特林(Gitlin,1989)提出,后现代主义是北美特有的,它抓住的是美国的许多文化特征。

格罗斯伯格等人(Grossberg et al.,1998)将后现代与"万事万物的商业化"关联起来。相较于先前的文化观念,后现代的道德思想自然更倾向于商业,这是由于,对资本主义的反抗已经失败了,商业成了对消费者需求的回应或者是对时尚、风格和产品变化的积极推动。然而,在后现代思想的范畴当中依然存在社会和文化乐观主义以及悲观主义。洪美恩也指出有必要鉴别出作为一种知识分子态度的、保守的批判的后现代主义。她写道,"前者的确屈服于'一切都会消失'的态度……(然而)后者——批判后现代主义——则深谙哈贝马斯所言的'未完成的现代性'的局限与失败并受之驱动"(Ang,1998:78)。

当代广告的形式,尤其是电视广告最能彰显上述文化特征。让·鲍德里亚(Baudrillard,1993)的著作帮助我们理解后现代文化的精髓,尤其是他提出的"拟像"概念,"拟像"指的是这样一种事实:一个图像与(其所代表的)现实之间的差异不再重要。大众媒介向人们提供关于现实的无穷无尽的图像,这些图像取代了真实经验,对许多人来说,这些图像与真实本身难以辨别。电影《楚门的世界》(1997)很好地解释了这一观点,整个情节是关于一个真实人物的,他却与一个想象的社区一起生活在一部无穷无尽的肥皂剧里。取代真实体验的虚拟现实设备也彰显了将图像与现实相融合的理念。随着互联网和移动电话等新的形式的出现及应用,"拟像"的概念越来越流行。波斯特(Pester,2006:138)认为,尽管不必大张旗鼓或者冷嘲热讽,我们仍应将后现代的概念运用到新媒体的研究当中。

后现代的概念帮助我们将媒介(包括新媒介)的诸多趋势联系起来,帮助我们总结媒体自身的逻辑精髓,这正是这一概念魅力的来源。同时,这个词汇也能将各种社会变化(包括阶层结构的碎片化、政治意识形态的衰落以及全球化)联系起来。然而除此之外,这个概念本身没有多少实质,没有分析功能,也没有内在意义。可以这么说,它像是自身的一个肖像画。尽管后现代主义不是一套有逻辑构成的理论,但它仍然拥有一些观点,表述如板块5.9。

5.9 后现代主义:一些要点

- 理性的、有序发展的时代已结束
- 不再存在任何可靠的、关于文化与社会的宏大观点
- 没有固定的文化价值
- 经验与现实都是虚幻的、短暂的
- 文化的新的质量在于新颖、模仿、幽默以及令人震惊
- 商业文化即是后现代文化

小　结

本章总结了关于大众媒介的一系列文化议题。事实上,如今我们已经无法再像过去那样区分"文化"的领域和媒介的领域了。关于"文化"的全部意义——包括象征性的再生产、我们使用的产品、日常社会生活以及社会习俗——皆是如此。媒介处在整合复杂事物的中心,(因而)理论研究的核心任务也需要被重新定义。在早期自知的阶段(20世纪的前半叶),我们还能讨论广播、电视、电影等的文化效果,"文化"在那时指代的是一套有一定价值的行为、关系和观点。这个公式如今已经过时了,尽管我们依然可以在技术发展(例如所谓"新媒介")的一些时刻观察文化的变化。尽管"因果模式"已经被弃用了,但是值得研究的问题依然不少,此外新的视角、路径与方法还可能提供新的答案。我们依然可以运用批判性的思维去分析所观察到的现象。针对媒介时代的文化,依然有许多新问题、新特征值得我们去研究、去辨析。

深入阅读

Carey, J. W. (1975/2002) "A cultural approach to communication". Reprinted in D. McQuail(ed.), *Reader in Mass Communication Theory*, pp. 36-45. London: Sage.

A clear and eloquent statement of an alternative view of communication to the dominant model of information transfer that guided early mass communication research.

Fiske, J. (1987) *Television Culture*. London: Routledge.

An influential and popular early text applying the cultural study perspective, with many clear definitions and illustrations that are still of value.

Hardt, H. (1993) *Critical Communication Studies*. London: Routledge.

Charts the rise of critical theory in the United States under the influence especially of *émigré* members of the Frankfurt School.

在线阅读

Hermes, J. (2007) "Media representations of social structure: gender", in E. Devereux(ed.), *Media Studies*, pp. 191-210. London: Sage.

Kellner, D. (1997) "Overcoming the divide: cultural studies and political economy", in M. Ferguson and P. Golding(eds.), *Cultural Studies in Question*, pp. 102-120. London: Sage.

McGuigan, J. (1997) "Cultural populism revisited", in M. Ferguson and P. Golding(eds.), *Cultural Studies in Question*, pp. 138-154. London: Sage.

Vyncke, P. (2002) "Lifestyle segmentation", *European Journal of Communication*, 17(4): 445-464.

第 6 章

新媒介——新理论?

随着新技术的出现及应用,我们需要对大众传播理论进行持续的重新评估。在第 2 章,我们介绍了新的媒介形式的到来及其对公共传播的整个社会科技谱系的延伸与改变至今尚未发生彻底的变革,并且,预测这个变革过程可能的范围和速度也为时尚早。本章的基本假设是:媒介不仅仅是传输特定象征性内容或连接特定交换者的一种应用技术,在其中还存在与新技术特征互动的一整套社会关系。只有当媒介技术的社会组织形态及其所促成的社会关系发生根本性变化之时,或者当凯里(Carey,1998)所说的"品位与感觉的支配性结构"发生根本性变化之时,我们才需要新的理论。

新媒介与大众传播

与 20 世纪早期向无区别的大众单维、单向地推送信息流相比,大众媒介已经发生了巨大的变化。社会的、经济的以及技术的因素导致了这一转变。而且,如第 4 章所介绍,信息社会理论也指出了一个与大众社会十分不同的、新的社会形态的出现,它是以复杂互动的传播网络为特征的。在这种情况下,我们需要重新评估媒体社会—文化理论的要点。

此处所讨论的"新媒介"事实上是一整套迥异但又具有共同特征的传播技术,除了"新"之外,这些技术皆是数字化赋能的且被广大个人作为传播设备广泛使用的。我们已经了解(第 32 页)"新媒介"是一个很多元的概念并且不易定义;其中,我们特别关注的是那些进入大众传播领域的,或者直接间接地对"传统"大众媒体产生影响的新媒体与应用。我们关注的焦点是以"互联网"为标题的那些活动集合,包括在线新闻、广告、广播应用(含音乐下载等)、论坛与讨论、万维网、信息搜索以及特定社区形成的可能性。我们对个人电子邮件、游戏以及其他或多或少个人性质的互联网服务的关注较少。

总体上,新媒介受到了(包括传统媒体在内的)强烈关注并被赋予了积极的、欢欣鼓舞的期待,其意义被高估(Rössler,2001)。我们仍然处在这种状态当中,尽管已经出现了更为冷静的声音,对于新媒体的影响既有乐观的看法也出现了警示,尤其出现了针对缺少规制与管控框架的警示。关于新媒体影响的观点远远超越了实际发展,即便在今天,研究的主要任务之一依然是降低期望值。本章的主要任务是对新媒介的现状以及理论与实践的关系给予基本的评价,尤其关注的是,新媒体对于其他大众媒介以及大众传播本身的性质的影响。

作为对该议题的基础准备,有必要了解个人媒介和大众媒介之间的关系,玛丽卡·路德斯(Lüders,2008)对此作出了概述,如图表 6.1 所示。基本的假设是:由于同样的技术被应用于大众传播与个人传播,二者之间的区别已不再清晰。只有通过介入社会维度(的分析),即分析活动的类型和所涉及的社会关系,才可能区分这两者。路德斯用"媒

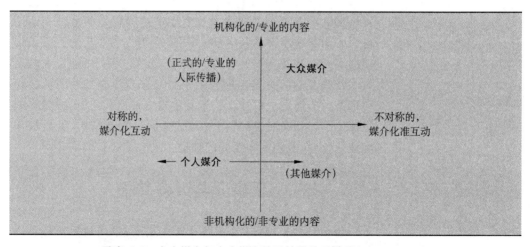

图表 6.1　个人媒介与大众媒介的双轴线关系模式(Lüders,2008)

形式"一词来取代"媒介"的概念,前者指的是互联网技术的某些特定应用,例如在线新闻、社会网络等。她写道(2008:691):

> 可通过区别用户投入的不同来区别个人媒介与大众媒介。个人媒介更为对称,作为信息的接收者和生产者的用户需要更加活跃地投入其中。

第二个主要的(区分)维度是,是否存在(类似大众媒体生产所身处的)一个机构性的或专业的环境。以此为轴线,对称性的维度和机构化的维度赋予个人媒介和大众媒介不同的关联。汤普森(Thompson,1993)提出另外一种区分元素:(由技术)中介的传播之于准中介的传播,如第4章(第69页)所阐述。

新媒介新在哪里?

信息传播技术最为根本的维度是"数字化"——一个将所有文本(包含在所有的编码与解码形式中的象征意义)化约为二进制符码的过程,生产、发行与存储由此得以共享。对于媒体建制而言,最被广泛关注的潜在结果是所有现有的媒介形式的融合,包括组织机构、发行、受众接受和规制的融合。正如我们已经看到的,诸多不同的大众媒介形态成功生存至今,保留甚至发扬了其特性。作为公共社会生活的一个组成部分的大众媒介也同样生存了下来,甚至鉴于其在政治和商业当中的核心地位,它们可能更加强大了。"新的电子媒介"基本上可被视作对现有图谱的补充而不是取代。然而,我们需要考虑到,数字化及融合可能带来更多革命性的影响。

如果对照媒体建制的六项主要特征(如板块3.4所列),则互联网已经偏离了其中的三项。首先,互联网不仅仅甚至不主要与信息的生产和发行相关,至少还与信息的处理、交换和储存同样相关。其次,新媒介既是公共传播的机构也同样是个人传播的机构,且受(或不受)到相应的规制。再次,其运作不像大众媒介那样受到专业的或者机构化的组织。正是因为存在这些显著的不同,新媒介才得以与大众媒介在覆盖范围、触及人群和不受控制等方面有所不同。

新媒介的多样化使用和治理及其未来的不确定性为新媒介,尤其是互联网特征的研究带来困难。用于传播的计算机衍生出许多种变体且没有任何一种是支配性的。波斯特米斯等人(Postmes et al.,1998)将计算机描述成"特别不专一的"传播技术。与之类似地,波斯特(Postor,1999)将互联网的本质描述为十分的"不确定性",这不仅是因为其未来的多样性和不确定性,而且是因为其本质上的后现代特质。他还列举了广播电视和印刷媒体的关键差异,如板块6.1所示。

6.1 新媒介与老媒介之间的区别:重要引文

互联网纳入了广播、电影和电视并用"推送"技术从事发行。

通过以下途径,互联网超越了印刷与广电模式的局限:(1)赋能多对多的对话,(2)赋能文化产品在同一时间的使用、转化和再发行,(3)赋能传播行为跨越国界、超越现代性的地理空间关系,(4)提供即时的全球联系,(5)将一个现代/现代后期的主体插入到一个联网的机器设备当中。(Poster,1999:15)

利文斯通(Livingstone,1999:65)更加清晰地表述如下:"互联网的'新',在于它将互动性与大众传播的创造性特征相结合,这些特征包括无限的内容、广大范围的受众以及传播的全球性。"这一观点指向的是扩展而非取代。列伍罗沃(Lievrouw,2004)在五年以后评估指出,"新媒介"已经逐渐主流化、日常化甚至平庸化了。政治传播研究开始谈论起互联网的"正常化",意即互联网为适应政治运动的既有方式而做出的改变(Vaccari,2008b)。互联网在社会当中的应用与使用显然没有达到人们早先欢呼雀跃的预期或是对盈利的期待,然而现在下论断还为时尚早。

互联网的一些关键性创新特征并未得到充分的研究。门户网站这一新概念是其中之一。卡里玛那若曼和森德(Kalyanaraman & Sunder,2008:239)指出,"作为一种大众媒介的万维网的主要独特之处在于,对于信息的接收者而言,信息的来源并不清晰"。结果是,帮助筛选和分类海量信息的门户网站流行了起来。然而,这一概念是抽象的、非理论化的。两位研究者基于(第4章板块4.1提到的)隐喻的概念对门户网站做出了大致的分类。他们提出五种隐喻,用以描绘门户网站之于信息来源和接收者的五项主要功能,小结如板块4.2。对此框架的可行性进行进一步的实证调查的目的是要阐明门户网站的意义和功能。

6.2 互联网门户的几个隐喻:主要特征
(基于 Kalyanaraman & Sunder,2008)

网关:接触网上信息或上网的门户
告示牌:帮助加强对门户内其他网站以及外部网站的了解和信任
网络:用户分享共同兴趣并彰显个人兴趣的场所
利基:为大众用户或特定用户群履行某个特定的职责
品牌:提供若干或某一特定组合的交易功能的一站式在线来源

总的来说,如果我们考量传统媒体机构内部的主要角色和关系,尤其是那些与著作权(以及表现)、出版、生产和发行相关的角色关系,则可能更为细致地鉴别出新老媒介之间的差异。简而言之,主要如下。

对于作者而言,如果说在网上发帖、网上出版、写博客以及其他自主的行为可以算作"出版"的话,那么作者的机会大大增加。然而,就目前的理解而言,作者的身份(认定)和回馈是基于出版的重要性和地点,并基于所获得的公共关注的程度与种类的。写作一封私人信件或一首诗,或拍摄照片并不是真正意义上的著作。对公共认知与尊重的需要并未随着新技术的发展而改变多少,而拥有大量受众和大范围的名声可能变得更难了。如果没有传统大众媒体的配合,在互联网上成名是不易的。在网上竞争当中形成了提供"免费内容"的做法,随之,维护"版权"的难度日益增大。

对于发行商而言,鉴于与作者同样的原因,其角色得以延续,但也正在变得模糊不清。直到最近,一个典型的发行商仍是一家商业公司或一家非营利的公共机构。新媒介打开了新的发行方式并为传统的发行提供了机会与挑战。传统发行的"把关人"功能、编辑干预以及对著作的核查仍可见于一部分形式的互联网发行当中。

对于受众,变革的可能性是很大的,尤其朝向更大的自主性以及与(信息)来源和提供者之间更为平等的关系发展。受众成员已经不再是大众的一部分了,他是一个自我选择的网络或特定群体当中的一员或者是一名个人。此外,受众的活动从单纯的接受转向搜索、询问以及个人化的互动。由此,"受众"一词需要由与之有交叠但又意指不同的"用户"一词来加以补充(参见第 335~336 页)。除此之外,大众受众也呈现出延续的迹象(参见第 16 章),且受众仍然需要"把关"以及编辑指导。赖斯(Rice,1999:29)对受众面临广泛选择这一悖论评论如下:"现在个人必须做出更多的选择,必须拥有更多的知识储备,必须投入更多力量以整合并理解传播。互动性和选择并非总是益处,许多人缺乏相关的精力、意愿或训练。"

上述论断只有与传媒经济的角色变化相关联时,才可能是完整的。在很大程度上,大众媒介是这样获取资金的:它们将产品售卖给受众,再由广告商向其支付受众可能的注意力的费用。互联网及其新的关系和新的商品化形式带来了诸多复杂因素和改变。本书其他部分(尤其是第 9 章)将做出讨论。

就各种角色的关系尤其是作者和受众的关系而言,我们可以论断,总体上变得松散了、彼此更为独立了。赖斯(1999:29)注意到,"内容的出版人、生产者、发行人、消费者和观看者之间的界限正在变得模糊"。这对"建制"这一概念一直以来的恰当性提出了质疑——或多或少统一的社会组织、其主要的行事方法以及共享的标准都受到了质疑。上述这些将建立在技术或内容的特定使用(例如时事新闻、娱乐电影、商业、运动、色情、旅游、教育、职业等)而不是共有的组织身份的基础之上。那样的话,大众媒体将逐渐消亡。板块 6.3 对新媒介的主要影响假设作一小结。

6.3 与新媒介崛起相关的变化

- 媒体全方位的数字化与融合
- 互动性和网络互联性的增强
- 感觉和接收的移动和去方位化
- 多种新形式的"网关"的出现
- "媒体机构"的碎片化和模糊化

新媒介理论的主要主题

第4章以四个宽泛的主题分析了大众媒介：与权力及不平等的关系、与社会整合及认同的关系、与社会变化及发展的关系以及与空间及时间的关系。在一定程度上，依然可以按照这些主题来对新媒介做出理论探讨。然而，很快我们会发现，在一些议题上，早先的理论术语并不能完全适用于新媒介。例如，就权力而言，新媒介与权力的拥有和施展之间的关系更难界定。相比之下，其占有关系并不明晰，使用途径也不是唯一的，因此内容和信息流无法被轻易控制。传播不再主要沿着垂直的或中心化的模式、自社会的顶层或中心推及开来。政府和法律不再以过去针对"旧媒介"的等级化的方式管控或规制新媒介(Collins, 2008)。也有理由认为，随着互联网日益成功，它将日益落到大型媒体集团手中，其拥有的某些自由将被抵消(Dahlberg, 2008)。还有理由认为互联网正在加强中央集权(特别是通过监视用户)的管控力。

如今，在某些交换和网络当中，发送者、接收者、观察者和参与者拥有了越来越多的渠道公平。我们已经无法(像过去针对报纸和电视新闻与评论那样)鉴别出信息流影响力的支配性方向或偏向，尽管如此，从新的"渠道"上所能获得的自由度仍然是不确定的。布林(Breen, 2007)提出一种担忧：互联网可能从早期开放、民主的阶段发展到一种多层级的服务——那些有能力支付更多以生产或提供内容，或者接收高价值内容的人们才有特权接入这种服务。

关于整合及认同的概念，大体上与之前一样。同样的宏大议题依然是：新媒介是社会的分解力量还是整合力量？然而，互联网的基础构造及其使用的性质意味着互联网基本上起到分化社会的作用(Sunstein, 2006)。然而，互联网又开启了多种新的代理关系和网络，它们正在以不同的方式整合(我们的社会)(Slevin, 2000)。早先关于大众媒介的探讨是以民族国家为核心的，民族国家通常与某个大众媒介服务的区域范围一致。或者，也可能是一个地区、城市或其他政治—行政区划。认同和一致在很大程度上由地理条件定义。(今天，)关键的问题已经不再局限于事先存在的社会关系和身份认同了。

拉斯马森(Rasmussen,2000)认为,在一个吉登斯(Giddens,1991)现代化理论当中所提出的现代网络社会,新媒介对于社会整合具有十分不同的效果。其最重要的贡献在于填补个人领域和公共领域之间、"生活的世界"和系统与组织的世界之间日益加大的鸿沟。新的电子高速公路也可能加深这一鸿沟。与电视不同,新媒介可以直接介入个人生活。它们还可能激发多种使用以及广泛参与。简单地讲,新媒介帮助个人摆脱现代化的影响并重置个人。

关于改变社会的潜力,我们需要重新评估新传播作为有计划的经济或社会变革的渠道的潜力。初一看,大众媒体可以通过大规模信息与说服(例如在医疗、人口、技术革新推广等方面)来系统地服务于有计划的发展,新媒介的使用则往往是开放的、无目的的,两者之间存在巨大区别。发送者发送的内容失去方向与控制似乎是至关重要的。

然而,参与性更强的媒介更可能引发改变,这是由于它们的介入性和灵活性更强且信息量更大。这符合更高级的变革过程模式。有一些新媒介更加脱离了对基础设施的依赖。然而问题并不在于技术的本质,而在于持续的、物质性的接入障碍。"发展"的进程将仍然领先于新媒介的部署,正如老媒介也曾需要先获得受众再产生影响一样。

关于新媒介超越空间与时间障碍一事已有诸多评论。事实上,"老媒介"连接不同空间的能力很强,尽管它们连接文化分支的能力或许弱一些。它们比物理上的移动和交通要快速得多。但是它们的能力却是有限的,且它们所采用的传输技术需要固定的设施和昂贵的花费来实现跨越空间。发送与接收都是相当"地理固定的"(例如在生产设施、办公室或家中)。新技术将我们从多种束缚中解放出来,然而依然持续存在其他社会和文化的原因,导致传播活动依然需要一个固定的地点。尽管互联网没有边界,但在很大程度上它仍然是基于地域,尤其是国界和语言边界建构起来的(Halavais,2000),即便"地理"这个概念如今也包含了新的元素(Castells,2001)。传播集中在美国和欧洲,跨越(地理)边界的活动往往采用英语。我们仍然不清楚时间在多大程度上被克服了,然而我们已经认识到了更快的传输速度、对固定时间表的摆脱以及在任何时候向身处任何地方的任何人发送一则信息的可能性(尽管不能保证能被接收或能有反馈)。我们依然没有掌握更好地回到过去或者进入未来的渠道,也没有更多时间从事传播,而(新媒介的)灵活性所节省下来的时间则很快被投入到互相传播的新需求当中去了。

将媒介理论应用于新媒介

如赖斯等人(Rice et al.,1983)在早先观察到的,"在传播的过程当中,渠道可能是一个与来源、信息、接收者以及反馈一样重要的变量,然而这一事实往往被忽视"。引述多伦多学派追加的说法(参见第4章第85页),"我们不必成为一个技术决定论者就可以同意,媒介在传播的过程中可能是一个根本性的变量"。尽管如此,要定义任何一种媒介的特征依然难度很大,区别"新"媒介与"老"媒介的土壤也不十分坚固。

主要的问题在于,在实际经验当中,要将渠道或媒介与它所承载的典型内容、所赋能的典型使用或是使用的环境(例如家中、工作或公共场所)区分开来,是不容易的。正是同样的问题在过去长期困扰着那些比较不同"传统"媒体作为传播渠道的优势与能力的研究。然而,这并不意味着新老媒介之间不存在重要区别或者是连贯性。在当下,我们能做的是提出一些合理的建议。夸脱拉普(Quortrup, 2006)总结道,"媒介理论"不适用于新的数字媒介,这是因为数字媒介拥有无数且不确定的特征。他将此认定为"新媒介"最本质的特点——它们是以复杂性为特征的,且它们的基本功能即是管理社会的复杂性。因此,介于秩序(系统理论)和混沌理论之间的"复杂理论"可以帮助我们最好地理解新媒介。

赖斯(1999)已经论述过,试图总结每一种媒介的特征是不太可行的,相反,我们应当研究新媒介的总体特征以及这些特征是如何被施展的。对比和比较的方法可能将一种媒介的某些特征理想化(例如面对面的传播,或者传统书籍的价值)而忽视积极效果与消极效果之间的悖论。"新媒介"繁多的种类以及它们持续变化的性质决定了任何研究其影响的理论都是有局限的。技术形式不断增多但却往往是短暂的。尽管如此,我们仍可鉴别出"新媒介"的五种主要类别,分类的依据是其共享的相似渠道及不同的使用、内容和环境,如下:

- 人际传播媒介。包括(逐渐移动的)电话和(主要用于工作,但正在日益个人化的)电子邮件。总体上,其内容是私人的、暂时的,所建立和巩固的关系可能比所传递的信息更为重要。
- 互动游戏媒介。主要是计算机和视频游戏,以及虚拟现实装置。最主要的创新在于互动,"过程"满足优先于"使用"满足。
- 信息搜索媒介。这是一个宽泛的类别,但互联网/万维网是最为重要的例子,互联网被认为是一个图书馆和数据来源,囊括了前所未有的巨大量的数据、真实性以及可使用性。搜索引擎已经占据了用户使用和互联网收入来源的核心地位。除互联网之外,(移动)电话、图文电视以及广播数据服务也日益成为信息检索的渠道。
- 集体参与媒介。这一类别指的是利用互联网分享并交换信息、观点与体验并发展积极的(由计算机中介的)人际关系。社交网站属于这一类。其使用包括纯粹工具性的、情感性的以及情绪性的(Baym, 2002)。
- 对广播媒介的取代。主要指的是利用新媒介来接收或下载已经播出过或者通过其他方式发行过的内容。观看电影和电视节目、收听广播和音乐等是其中典型的活动。

这种类型学所揭示的(新媒介的)多样化使我们认识到,要甄别出新媒介所独具的、又涵盖五种类别的特征是十分困难的。福图纳蒂(Fortunati, 2005)强调,互联网的"媒介化"和大众传播的"国际化"两股趋势正在并行发展,认清这一点可以帮助我们理解融合的过程(参见 Luders,2008)。人们对新媒介特质的主观认识是迥异的。例如,在一项针对面对面传播的研究当中,彼得和瓦尔肯堡(Peter & Valkenburg,2006)考察了人们对互联网的可控性、互惠性、广度、深度等因素的感知异同,但却没能找到清晰的一致。的确存在一套将新媒介与大众媒介相比较的标准。从个体"用户"的角度看来,则存在一些区别新老媒介的维度和变体,列举如板块 6.4 所示。

6.4 从用户视角出发,区别新老媒介的关键特征

- 互动性:从用户的角度对信源/发送者的"供给"作出回应或采取主动的比率
- 社会在场(社交性):一种用户体验,意指可通过使用某种媒介生成的、与他人建立个人联系的感觉(Short et al.,1976;Rice,1993)
- 媒体丰富性:媒体可以连接不同的价值体系、减少模糊性、提供更多线索、介入更多感觉以及更个人化的程度
- 自主性:用户感觉自身独立于信源的、对内容与使用的掌控程度
- 娱乐性:以娱乐和享受、而非实用性或工具性为目的的使用
- 隐私性:与使用某种媒介及/或其典型内容、特定内容相关
- 个人化:内容与使用的个人化、独特化程度

互动性的意义与测量

尽管互动性常被认为是新媒介最"决定性的"特征,但它可以有多种指代,关于这一点,已经存在诸多研究文献(Kiousis,2002)。凯俄西斯通过列举四项指标得出了一个关于互动性的"操作性的定义":接近性(与他人之间社会关系的接近程度)、感官的激活、所感知的速度以及远程呈现。在这一定义中,重点在于用户的感知而不在于任何本质的或客观的媒介质量。唐斯和麦克米伦(Downes & McMillan,2000)提出了互动性的五个维度,如下:

- 传播的方向;
- 时间上的灵活性和交换中的角色;
- 在传播环境中拥有一席之地的感觉;
- (对传播环境的)控制的程度;感知到的目的(基于交换或说服的)。

从中我们可以清晰地看到,除技术因素以外,互动性还依赖于其他诸多因素。

早期莫里斯和奥根(Morris & Ogan,1996)从受众的角度切入,对作为媒介的互联网进行概念化的尝试。他们将(受众)使用与满足、介入的程度与形式以及社会呈现的程度

放到议程上,但未能就互联网作为一种媒介的本质特征形成任何坚实结论。林德尔夫和沙泽(Lindlot & Schatzer,1998)从受众民族志出发,研究互联网形态的多样性,包括新闻组、邮件群、仿真空间、网站等形态。在他们看来,由计算机中介的传播与其他媒介不同,前者是短暂的、多模式的,几乎不受行为准则管控的并且在很大程度上允许"终端用户操控内容"。他们注意到,信源在地理上的互不相干"为城市生活以及摆脱地理束缚的共享的学习与智力互动提供新的可能性,但同时也开放了露骨的性内容、仇恨性言论、谣言扩散以及针对未成年人的酒精广告"。

尽管我们可以其潜力来总结新媒体的特征,但这不等同于经验证实(参见第122~124页关于社群的讨论)。一个中肯的例子是关于社交性和互动性的潜力。尽管计算机的确将人与人连接到一起,但却是孤立的行为、个人化的选择与反馈以及频繁的匿名构成了其使用(参见 Furner et al.,2001;Baym,2002)。新的传播机器所建立的或中介的关系往往是转瞬即逝的、肤浅的、没有承诺的。与其说它们是现代生活中的个人主义、无根性或孤独的解药,不如说是旨在(重新)实现秩序的社会互动的一种逻辑发展。

信息流的新模式

探讨变革含义的另一个有效途径是,考量信息流的一些新模式以及彼此之间的平衡。两位荷兰电信专家,博德韦杰克和范·卡姆(Bordewijk & van Kaam,1986),提出了一个清晰阐释变化的模型。他们描绘了四种基本的传播模式并呈现了彼此的关联。这四种模式分别被冠以"训谕""对话""咨询""注册"的标签。

训谕

借助训谕(allocution,来自拉丁文的一个词汇,表示一位罗马将军对其部队的训诫),一个中心同时向多个边缘接收者发送信息,且很少得到反馈。这一模式适用于若干熟悉的传播场景,从授课、教堂礼拜或音乐会(听众或者观众切身在场)到广播或电视信息在同一时间被播送到分散的个人的场景。另一个特征是,传播的时间和空间是由发送者或"中心"决定的。尽管这一概念用于对比不同的模型而言是有用的,但个人演说与非个人的大众传播之间的差异仍然极大,且不是一个概念可以弥合的。"集合的受众"与"分散的受众"代表两种截然不同的情况。

对话与交换

借助对话(conversation),个人之间(在一个潜在的传播网络当中)绕过中心或中介物展开直接互动,他们自己选择互动对象、互动的时间、空间以及话题。这一模式适用于诸多互动场景,包括个人信件或者电子邮件的交换。诚然,电子中介的对话有时的确需要一个中心或者中介物（例如电话总机或者服务提供商），即便它们在传播活动当中并不起到活跃的或是重要的作用。

咨询

咨询（consultation）指的是一个处于边缘地位的个人向数据库、图书馆、资料库、计算机光碟等中心信息存储寻找信息的各种传播场景。咨询的数量和种类正在日益增多。这种模式也可以应用于传统的、基于印刷的报纸行业（报纸被认为是训谕式的大众媒体），咨询活动的时间、空间和主题是由处于边缘的接收者、而不是中心决定的。

注册

称之为"注册"（registration）的信息流模式事实上是咨询模式的反面——中心向处于边缘的参与者"索要"信息。注册存在于那些保存着用户记录的系统中心以及所有的监控系统。例如，它可能是出于中心的总机电话自动录音，或者是电子警报系统，抑或是具有收视记录仪功能的电视机使用或旨在向消费者收费的自动注册。注册还可以指以广告和精准投放为目标的对电子商务的消费者信息进行整理的行为。信息在中心的积累往往并不告知个人或是在个人不知情的情况下进行的。尽管这一模式在历史上并非全新，但由于计算机化以及各种电信形式的发展普及，注册的可能性如今大大增加了。通常地，在这种模式当中，就决定传播的内容和量而言，中心要比处在边缘的个人拥有更多的控制权。

一个整合的类型学

上述四种模式互为补充、彼此毗连。两位研究者展示了这些模式之于两个主要变量的关系：中心还是个人控制信息，中心还是个人控制时间及对象的选择（参见图表6.2）。

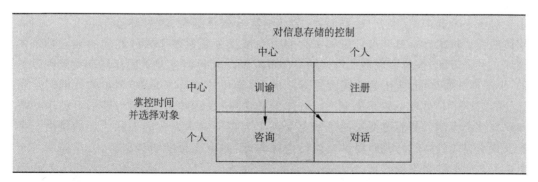

图表6.2 信息流的类型学。依据供应控制和内容选择划定的传播关系；从训谕模式，到咨询模式，再到对话模式的趋势发展（Bordewijk & van Kaam,1986）

训谕模式在此代表典型的大众传播"老媒介"并大致符合传输模式——尤其是将有限的内容传输给广大受众的广电播出。训谕模式得以发展,不仅拜电话及新的通信媒介所赐,还与录像录音设备的普及以及有线及卫星电视频道的增加有关。新媒介也极大地赋能了个人之间"对话式的"或互动的传播。"注册"则变得更真实且更可能发生,即使它无法取代其他模式的传播流。"注册"可被视为电子时代监控力量的延展。

图表 6.2 当中插入的箭头表示信息流从训谕模式向对话模式和咨询模式的再分配。总体上,这表示传播权力由发送者向接收者的大转移,尽管注册模式的发展以及大众媒介所及(受众)范围和影响力的进一步扩大可能平衡这对权力关系。训谕模式实际上并未减少,但其形式改变了——训谕者向更为细分化的、基于兴趣或信息需求的受众提供更小规模的内容(窄播)。最后,我们从图表 6.2 中可以总结,信息流的不同模式并不像它们看起来那么显著不同,同一种技术(例如电信基础设施)可能为一个家庭提供上述全部四种模式。

这种描述变化的方式启发我们重新考虑目前媒介效果理论的适用性。大部分理论似乎仅适用于训谕模式,因为训谕采取的是(传统的)传输模式。针对其他情况,我们需要一个互动的、仪式性的或者用户决定的模式。即便如此,在现阶段的研究或调查并不足以洞悉新媒介为人类体验带来的可能变化。

计算机中介的社群形成

"社群"这一概念在社会理论当中长久占有重要地位,它是评估社会影响的工具,也是对"大众"概念的平衡。在早期的认知当中,一个社群指的是一群共享地域(或其他特定空间)的人,一种身份认同以及一套特定的标准、价值和文化习惯;社群通常是小型的,人与人之间彼此相识并互动。在这样一种社群的内部,成员之间往往具有不同的地位,因此存在一种非正式的组织等级和形式。

对于一个典型的(地方)社群而言,传统的大众媒体通常是"好坏参半的"。一方面,媒体的大型规模以及对外来价值和文化的引介被认为是对基于人际互动的地方社群的破坏。另一方面,被改造成当地形式的媒体可以最优化地服务并巩固社群。大范围发行的、小规模的媒体(专业出版物或者地方广播)可能帮助维系"(共享)利益的社群",尽管此处的"社群"是另外一种意义上的。总体的看法是:发行的规模越大,越是不利于社群和地方社会生活。然而即便这一论断也受到了来自持续本地化的人际活动的挑战。事实上大众媒体经常(为人们)提供交谈讨论的主题,并由此帮助润滑家庭、工作场所甚至陌生人之间的社交生活。

在这一背景下,每一次媒介创新都引发了对其影响的辩论。在 20 世纪六七十年代,有线电视的发明被称颂为不仅摆脱了大规模广播电视(模拟电视)的局限,而且还是一种建构社群的积极方法。地方有线系统可将一个社群当中的家庭彼此连接起来、再连接到地方中心。本地居民可以选择节目(Jankowski,2002)。其他额外的信息成本也可以较低的成本实现,尤其是,不同的人群甚至个人可以得到代言。(模拟)电视频宽的局限已经不再是一个主要的实际问题,有线电视至少在理论上可能提供与印刷媒体一样丰富的内容。

"连线社群"和"连线城市"的概念逐渐流行起来(参见 Dutton et al.,1986),在许多国家都开展了测试有线电视潜能的试验。这是第一种被严肃看待的、不同于"老样式"大众媒介的"新媒介"。最终,这些试验大都中断了或者没能达到预期的目标,出现了一个新表达——"有线神话"。(对有线电视)乌托邦式的期待是建立在若干错误假设基础之上的,尤其是:假设这种基于社群的大规模专业媒体的微缩版真的被其目标人群所需要。在资金和组织上也遇到了难以克服的困难。有线电视最终没能取代大众媒介,而成为另一种大众发行的方式,只不过在某些地方可以提供一些本地接入而已。从有线电视的案例当中(倒是)可以看出这样一个事实:一个物理的"社群"业已客观存在,其潜力有待更好的传播方式来实现。

虚拟社群

围绕着由计算机中介的传播发展起了针对社群的一系列新的期待。核心的概念是"虚拟社群"——为数不定的个人对互联网的自主利用或者对某些刺激的反应构成了"虚拟社群"(Rheingold,1994)。林德尔夫和沙泽(Lindlot & Schatzer,1998)将虚拟社群定义为"一个由共享兴趣的人们有意图地建构起来的社群,这些兴趣往往来是自非计算机传播领域(例如肥皂剧及其中的人物)的文本和修辞"。

一些真实社群的特征也存在于虚拟社群当中,例如互动、共同的目标、认同和归属的感觉、各种准则和不成文的规矩(例如"网络礼仪")以及按规矩排除或者拒绝的可能性,也存在一些仪式、习俗和表达方式。相对于难以进入的真实社群,这些在线社群具有开放、可接入的优势。尽管在一开始传统的社群概念对于探索新媒介影响的相关理论是有用的,但新媒介所构成的连接形式是完全不同的——它们往往是不确定的、液态流动的而非基于地方的(Slevin,2000)。

出现了无数针对在线"社群"的研究,其中大多数是基于某些共同兴趣的社群,例如某个乐队的迷群,或者某些共同的特质,例如性取向或某个特定的社会状况或健康状况(参阅 Jones,1997,1998;Lindlot & Schatzer,1999)。形成一个虚拟社群的典型条件是:少数人群身份、成员在地理上的分散以及兴趣的浓厚度。可以认为,由计算机中介的传播为有动力的、互动的传播提供了可能性,这些无法通过大众媒介或者在直接的物理环境当中实现。特纳等人(Turner et al.,2001)开展了对在线健康支持社群的研究,发现:面对面的接触和在线接触两者并不互相排斥且彼此互动。

在线社群的支持者往往认知到这一语汇是一个隐喻而非真实的事物。然而,"真实的事物"本身是难以捉摸的,有时是虚幻的。琼斯(Jones,1997:17)援引本尼迪克特·安德森(Anderson,1983)的观点:"社群不是由其真假,而是由对其的想象风格来鉴别的。"琼斯写道,"互联网社群以两种方式被想象成对人类社群有害":其一,它们往往是缺乏意义的;其二,其连接体验往往是无目的的、巧合的。贝尼格(Beniger,1987)提出"个为社群"一词来质疑虚拟社群的真实性。

由机器提供的中介将减少我们与他人的接触感。即便是那些虚拟社群的支持者,例如莱因戈得(Rheingold,1994),也认识到在线身份往往是不真实的或者被掩藏的。它们是被改编过的人物角色,年龄、性别等一些身份特质被刻意掩藏(Jones,1997:107)。因此,诸多在线讨论和互动是匿名参与的,而这有时可能也构成一种吸引力。贝姆(Baym,2002)评论了参与者身份信息的缺失或错误。潜水者的在场是一种可疑的特性,潜水者根本不是参与者。

经由计算机中介传播方式形成的群体的不透明性和不真实性对"社群"的理念构成了负面影响。同时"成员"投入的缺乏也是一个严重问题。珀斯特曼(Postman,1993)对采用社群隐喻的做法提出了批评,他认为其中缺乏可信性、彼此担负责任等基本的元素。尽管计算机中介的传播的确为我们跨越社会和文化边界提供了新的机遇,它们同时也可能加固这些边界。那些希望归属于网络空间当中某一个社群的人们必须遵守其规矩和准则以得到认可与接受。

政治参与、新媒介与民主

早期报纸和广播电视等大众媒介被广泛认为有利于(甚至有必要于)民主政治的实施。益处来自向全体公民传播关于公共事件的信息以及将政治家和政府置于公众注视和批评之下。然而,也发现了一些负面影响,例如一小部分声音对渠道的垄断、占支配地位的"纵向流动"、媒体市场日益高涨的商业主义以及由此导致的对民主传播角色的忽视。大众传播的典型机构和形式限制了人们对其的使用并打击了参与和对话的活跃度。

新的电子媒介被广泛认为是一种摆脱"自上而下"、压迫式的大众民主政治的可能方式,在这种政治当中,具有严密组织的政党单方面决定政策并在背后运作支持,草根的参与和投入被限制在最低程度。可以电子媒介的方式提供差异极大的政治信息与观点、理论上无限制的声音以及领导人和公众之间大量的反馈和协商。它们为利益群体的发展和意见的形成提供新的平台。它们实现政治家与活跃公民之间在不受政党机器干预的情况下的对话。同样重要的是"在极权控制传播方式的环境下新媒介对自由表达的颠覆性的赋能",如科尔曼(Colemnn,1999)所指出。政府控制异见公民接入或者使用互联网是不容易的,却也不是没有可能。

甚至"旧政治"有了即时电子投票系统和新的竞选工具以后也可能运作得更好（更民主）。在其他章节（第 149~151 页）讨论的相关公共领域和公民社会的概念引发了这样一种主张：新媒介最理想的落位在于私人领域和国家活动之间的公民社会。传播形式（尤其是互联网）使公民得以表达其观点、彼此沟通且不出家门便可与政治领袖沟通，这可能帮助实现公共领域——作为一个公共对话、辩论和交换观点的开放场所——的理想。

对基于新媒介的"新政治"的欢迎包含了多元多样的观点视角。达尔伯格（Dahlberg, 2001）描绘了三个基本的阵营或者模式。首先是"网络空间自由意志主义"模式，其诉求是开辟一种基于消费者市场模式的政治路径；取代旧办法的调查、全民公决及电话投票等适用于这种模式。第二是一种社群主义的观点，其诉求是更广大的草根参与以及地方政治社群的加强。第三是一种"协商式民主"，改良的技术可能实现公共领域的互动和观点交换，并从而赋能这种模式（Coleman, 2001）。

本蒂维纳（Bentivegna, 2002）总结了互联网之于政治的六大益处，如板块 6.5 所示。她还描绘了阻碍民主转型的主要限制和障碍。在她看来，"政治领域和公民之间的鸿沟显然没有缩小，对政治生活的参与（程度）保持……基本不变"（2002：56）。其原因在于：信息的供过于求（反而）减损了使用的有效性；互联网以上述虚拟社群的形式创造的个人的"生活方式"正在取代公共的、政治的生活方式；嘈杂的声音正在阻碍严肃的讨论；许多人在使用互联网方面有困难。此外，如今出现了更多证据显示，那些已然关心并涉入政治的一小部分人更多使用新媒介（Davis, 1999；Norris, 2000）。甚至，新媒介可能进一步加大活跃参与者和其他人群之间的鸿沟。

6.5 理论上互联网之于民主政治的益处

- 互动能力，即使是单向的流动
- 纵向、横向传播共同存在并促进公平
- 去中介的，意指新闻业在中介公民与政治家方面的角色的弱化
- 对发送者和接收者而言的低成本
- 对接触双方的即时性
- 不存在接触的边界和限度

鉴于现实经验，公共领域可能的益处正在日益被贬低（Downey & Fenton, 2003）。薛弗乐和尼斯贝特（Scheufele & Nisbet, 2002）针对互联网和公民身份的研究发现，"互联网在促进效率、知识和参与方面作用十分有限"。还有证据显示，现有的政治政党组织普遍没能开发互联网的潜力，而是将其当作另外一个宣传机器来使用。瓦卡利（Vaccari,

2008a)谈及了一个高期待之后"常态化"的过程。斯特罗默-盖里（Stromer-Galley，2000）已经发现，例如，竞选经理并不真正希望得到互动，因为互动可能是有风险的、存在问题的、带来负担的。当然这也适用于政治之外的领域。克洛干（Crogan，2008）指出，互联网正在生成一种将世界视作"目标"的方式，与老的大众媒介相比，互联网提供一种精准得多、有效得多的图景。由此，互联网事实上正在加强早期大众媒介所持有的"传输的模式"。

自由的技术？

这一部分的标题借用的是 I. 德·索拉·普尔（Pool，1983）一项系列研究的名称，他以此题来颂扬电子传播方式帮助摆脱针对广播电视的非法审查制度和规制。他的核心观点是：国家管控媒体的唯一（尽管是有争议的）合理情况是：当频谱出现短缺之时，需要在这种半垄断的情况下分配接入的机会。新的时代可以保障印刷媒介和其他载体（电话、邮件、有线电视）以及所有公共媒介享有自由。经由有线电视、电话线、新的无线电波以及卫星等的信号发送正在快速解除由稀缺性造成的规制必要性。此外，"传播模式的日益融合"使得单独规制任何一种媒介（而不规制另一种）都是不可能的。

作为新媒介（尤其是互联网）特征之一的自由与普尔宣称的媒介总体自由并不完全是一回事。本质上，普尔希望的是将《美国第一修正案》当中规定的市场自由及"消极自由"（没有政府干预）应用于所有媒体。与互联网相关联的自由则与其本身巨大的能力相关，与其早期作为一个人人可自由进入的游戏场的无结构、无组织、无管理的特性相关，与学术机构或其他公共机构对其大量使用相关。卡斯特尔（Castells，2001：200）写道："基于互联网发展起来的所有传播形式都与自由表达相关……它是那些在互联网上找到了自我表达的开源的、自由发帖的、去中心化的播出和偶发的互动。"这一观点与互联网的发明者们的意愿是一致的。所有人都可以使用这个系统，尽管其发明的初衷是服务战略和军事目标的，而其随后的发展和壮大则主要由经济诉求，尤其是电信运营商的利益推动。

这一系统具有并一直保有对控制或管理的内在反抗。它不希望被任何特定的人拥有或管理，或归属于任何地域或司法管辖。特别是，即便可以针对其内容和使用立法，但依然不易被管控或者买卖。邮件、电话等诸多载体型媒介也具有同样的特征。与普尔关于自由的愿景相反，与早期可视图文传真等实验不同，发送者和接收者接入系统并不需要付费。

与其他大部分媒介相比，互联网的确依然是自由的、不受规制的。然而已经出现清晰的趋势，随着互联网越来越成功且使用越广，其自由将会受到限制（例如美国颁布的《1996年传播法》和《2001年爱国者法案》；Gromback，2006）。随着互联网变为拥有高覆盖率以及能够触及消费者市场重要组成部分的一个大众媒介，其被规制和管理的可能性越发增加。如莱斯格（Lessig,1999:19）指出，"网络空间的架构给规制行为造成难度，这是由于你正试图控制的对象可能存在于网络的任何部位"。然而，还是存在一些方法，例如通过控制整个架构或者那些支配架构的代码法则来控制互联网。互联网日益成为（售卖物品与信息）的一个商业平台，因而财务安全必须得到保障。互联网也成了一门大生意。哈梅林（Hamelink,2000:141）评论道：尽管网络不归任何人所有且不存在一个中心管控机构，"一些行业竞争者有可能拥有接入并使用网络的全部技术手段"。他预测，在不久的未来，"对互联网的管治和接入将被集中在少数守门人手中……互联网将受一小部分市场领导者控制"（2000:53）。十年之后的今天，这一预言正在成为现实。

随着互联网覆盖更多办公室、大学尤其是普通家庭，对于一套"得体"标准及其实施办法的需求也日渐增长，尽管在立法上困难重重。如之前的媒体一样，一旦达致广大的社会影响，对其进行控制的需求也应运而生，那些妨碍控制的实际障碍也变得不那么不可逾越。出现了越来越多的针对公共媒体的法律问责（例如关于知识产权、谣言诽谤、隐私）。由诸多服务提供商和内容组织者构成的无序状态正在被一个更为结构化的市场状况取代。即便控制往往是无计划的且往往起到"寒蝉效应"，施加给服务提供商的压力也成功促使其担负起对所出现的内容的责任。拥有市场价值的内容将逐渐不再自由。对系统的管理应将更透明、更有效。

一种新的控制手段？

警察与情报部门如今更加关注监视与控制的需要，尤其是针对跨境犯罪、未成年人色情、恐怖主义、家庭纠纷以及许多新形式的网络犯罪。21世纪业已开启十年，互联网不自由的清单持续加长，从一个国家延展到另一个国家的管辖区，且与每一个国家的普遍自由程度（或缺失）相关联。自2001年对恐怖主义宣战以来，情况更加有利于政府和权威机构实施对网络自由以及其他诸多领域自由的限制（Foerstal, 2001; Bkaman, 2004）。合起来看，这些趋势正在大大改变互联网无政府和开放的形象，尽管这可能仅仅反映了之前其他媒体同样经历过的"常态化"的开始。当前的情况为时尚早且十分不稳定，我们无法作出评价，然而我们至少可以说，即便是最为自由的传播方式也无法逃脱社会生活的各种"法典"，包括：传播本身的规则（将参与者捆绑在一起担负共同责任或者期许）和（尤其是）经济和社会的压力。

一个更为动荡的未来图景是：出现远远超过工业时代的、利用电子方式对社会进行的控制（尽管不能实施暴力）。基于（前文讨论的）计算机化的信息流的"注册"模型，对信息流以及人际联系的监视和追踪正日渐增多。詹森（Jansen, 1988:23-24）揭示了一种系统地侵犯家中自由和人际关系自由的新的可能性："一旦连上线，电子圆形监狱（指杰里米·边沁提出的、由中心观察点向四面辐射翼的监狱形式）便开始工作，只需要在塔台上稍稍进行观察。"

莱因戈得(Rheingold,1994:15)写道:"网络也可能是一个看不见的巨大笼子,虚拟社群是一个技术进步带来的超现实的幻想,人们将虚拟社群当作人类社区毁灭之后的庇护所。"这些未来图景是基于真实可能性的。然而,全球的情况并不一样,亦未成为现实。例如,格林(Green,1999)将这些恐惧视作技术决定论的、一边倒的。他指出,新媒介(如前所述)具有倒转监视方向并接入权力中心表达民主诉求的可能性。

在互联网领域还缺少对"自由"含义的详细描述(Chalaby,2001)。不受监视和"拥有隐私权"是不同的自由,它保护的是匿名而不是出版。这两种(以及其他)自由都很重要,然而互联网的可能性和实际使用太多样了,以至于我们无法要求一切形式的自由。实现互联网言论和表达自由(和其他媒介一样)必须要对他人的权利、社会的需求以及社会压力的现实做出一些限制。期望互联网合法享有那些对于其他媒介来说受限的自由是不现实的。

在大多数针对传播技术发展的冷静分析中,至少在拒绝(承认存在)一个快速的解决方案之时,反乌托邦者比乌托邦者看起来更有说服力。贝尼格(Beniger,1986)在阐释19世纪早期以来的传播发明史过程当中发现,传播技术的历史发展并不符合日益解放的模式,而是存在日益增多的被管理和控制的可能性。他用"控制革命"一词来描述传播革命。不论其潜在可能性几何,商业、行业、军事以及官僚体制的需求已尽最大可能推进技术发展并决定技术创新是如何被实际应用的。

另一位传播创新史的记录者(Winston,1986)指出,大多数新技术都具有创新的潜质,然而实际的应用总是取决于两个因素。第一是对"重大社会需求"的操作,它决定了技术创新发展的程度和模式。第二是"压制激进潜能的法则",它是对创新的刹车,目的在于保护社会或企业现状。总体上,与技术决定论相比,他更支持"文化的"理论。凯里(Carey,1998)对"新媒介"的立场与之类似,他认为,"技术和历史都不足以决定全球化、互联网和计算机传播,最终的决定力量是政治"。

新的公平使者还是分裂者?

关于新媒介的论述通常含有这样一种断言:电子媒介帮助生成一个更加公平、更加开明的社会。最大的优势是,对于所有希望发声的人,都存在一个现成的渠道,这个渠道未经那些控制印刷媒介内容和广播电视频道的权力的中介。你不需要富裕或有权力才可以出现在万维网上。新媒介绕过既有的机构频道的能力的确看起来可以改善许多人的机会、减轻他们对各种垄断信息来源及影响的依赖。如果所有的家庭都拥有技术且扩展的趋势朝那个方向发展,那么我们将可能在一个即将到来的"影像乌托邦"中普遍使用文化和信息商品。那曾经敦促我们将"电子高速公路"架设到我们的家庭、图书馆、学校及工作场所的政治声音将此当作一个解放性的行动计划以及经济进步的必需品(Matlelart,2003)。

批评者对此并未保持沉默。政治经济学派认为没有理由改变世界观,"电子高速公路"的最大受益者将依然是大型电子企业和电信企业(Sussman,1997;McChesney,2000;Wasko,2004)。就拥有和使用的社会分层而言,新媒介与老媒介之间没有多大区别。往往是那些富裕的人们比穷人更先获得并更新技术。他们之间被赋予的权力不同(并将继续保持不同)。社会信息鸿沟扩大而不是缩小了,出现了一个"信息低下阶层"和一个"社会低下阶层"。"数字鸿沟"继承了"信息鸿沟"(参见第 422~424 页),后者被认为是电视到来的结果(Norris,2000;Castells,2001;Hargittai,2004)。不仅在发展中国家,还包括在俄罗斯等前共产主义国家,历史条件对于塑造新技术的影响起到一定的作用(Rantanen,2001;Vartanova,2002)。如塞尔温(Selwyn,2004)所指出,接入频道和真正使用是有差异的。即便是使用也受到技能掌握的影响,由于技能并不是均等分配的,这又导致了第二层级的"数字鸿沟",技术无法克服且目前无法测量这种鸿沟。

关于性别也存在争议。尽管看起来女性从工作的信息化当中受益,但存在一种持续的观点认为计算机是偏向男性的。一些女性主义理论家(如 Ang & Hermes,1991)反对男女之间就计算机技术的适用能力存在差异的说法。然而,在特科尔(Turkle,1988)看来,问题不在于计算机偏向男性,而在于"计算机被社会建构成男性"。针对互联网的扩散也有过一个类似的讨论。凡·祖伦(van Zoonen,2002)陈述了这样一种多元话语,在其中互联网被认为是更女性化建构的、更男性化建构的或者,甚至在"网络女性主义者"看来也是符合混合的、新的性别定义的。她本人的研究则指出,性别和技术都是太多元化的概念,任何单一的论断都是不足的。就互联网的使用而言,尽管依然存在性别差异,最初女性用户为数较少的不平衡已经被打破了(Singh,2001;Rainie & Bell,2004)。

的确,基于电信和计算机的新媒介用户之间的网络、圈子和关系不需要像传统媒介那样受到国界线的框限。因此,采用大众传播的"中心—边缘"模式甚至是不合适的,该模式被用于反映较贫穷、较小的国家和地区对于一小部分"主要的新闻和娱乐生产者"不同程度的依赖。拥有合适的技术则为信息和互联打开了新的可能性。发展中的一些鸿沟和障碍可能被跳过。

尽管如此,传播能力的巨大不平衡依然存在,例外仅存在于一小部分特定目的的传播当中。我们缺乏揭示全球不平衡的性质与程度的基础研究,然而已经有足够的数据和证据显示,在那些"富有"的国家和地区(尤其是英美国家),新技术所提供的信息"内容"要多得多,参与信息咨询和交换的比例要高得多。不论是技术的成本及其使用,还是对基础设施和管理系统的投入,都继续有利于那些同样的特权受益者。随着新媒介日益以经济利益为驱动,这股趋势将日益加强。

在大众媒介的早期,也曾有过一种看法:广播和电视的传播覆盖率及能力可以帮助缩小社会经济发展当中的鸿沟。事实正好相反,至少跨国形式的大众媒介更倾向于服务其母国和母文化,而不是"第三世界"。今天依然存在将技术视作改变者的观念(Waisbord,1998)。尽管新媒体的"用户"和接收者在接入以及战胜文化压迫的手段等方面的确拥有更多的可能性,不过我们依然难以看到情况的改变。新的传播技术发展的方式看起来是优先西方价值观和文化形式的,包括个人主义和个人自由。

小　结

　　本章对新媒介理论的涉猎在一定程度上是不完整的,尽管本章力图对理论作出修正。即便如此,公共传播依然如故。在21世纪初,自由主义、民主、工作、人权甚至传播伦理等核心价值并没有瓦解,而是依然在发展。即便是与这些价值相关的那些老问题,如战争、不平等、犯罪、欲望等也依然存在。本章更为具体且核心的问题是,那些被用来提问和检测大众传播的观点和框架如今是否依然奏效?

　　有一些理由认为它们可能已经失效了。出现了一种确定的趋势:老媒介正在"去大众化",这是因为传输频道和平台的增长侵蚀了"广大受众",取而代之的是无数小规模的、更"专业化"的受众。新媒介尤其是互联网将"个人报纸"这一观念(所谓的"Daily Me")变成了现实(即便对此的需求并不大),个人报纸根据个人的品位和兴趣来整合内容。类似的情况发生得越多(包括在广播和电视领域),大众媒介提供共享知识和观点基础或者充当"社会黏合剂"的可能性就越小。人们普遍对更广义上的民主的、公平的社会的丧失表示遗憾(Sunstein,2006)。关于在线新闻的一些证据的确显示出本地化的趋势,但也存在一种全球化的可能性。与此同时,越来越多的证据(如第440~441页所讨论)显示,至少对新闻来说,依然存在对真实性的需求,一些新闻机构和评论员所拥有的信任是无法被废除或者轻易取代的。政治家和政党的情况也是如此。除一些边缘政治以外,我们很难发现取代性的政治和政治家的崛起。理由大致相同。尽管人们对政治的热情可能在消退,但是没有理由将其归因于新媒介或将新媒介视作对其的解药。

　　宣称"媒体机构"已经不复存在的观点是值得商榷的,但是的确出现了诸多松散关联的元素。出现了一些新的力量和新的趋势,既有的概念和公式无法对其做出解释。即便如此,媒体依然担负着其公共和个人生活当中的基本职能。新媒介逐渐被视为大众媒介,原因是新媒介的使用展现出许多老媒介的特征,尤其是当所有者将其作为大规模广告或者音乐、电影等媒介内容"平台"之时。如韦伯斯特和林(Webster & Lin,2002)所发现,在网络用户的行为当中存在与我们熟悉的大众媒介模式惊人的相符,例如很大规模的用户集中在少数几个最受欢迎的网站上。

　　目前的事例还不足以证明新媒介对短期乃至中期的变革具有决定性的影响;新媒介既没有促成自由的真实增长,也没有贬损业已存在的传播自由。尽管如此,我们应当注意到有一些领域可能发生变化。首先,随着连接个人的新网络的形成,社会(和文化)边界被重新划定。其次,随着古老的"训谕"方式日渐失效,政治传播(以及政治)可能发生转型。最后,新媒介对改变社会经济不平等可能逐渐起到更大作用。

深入阅读

Castells, M. (2001) *The Internet Galaxy*. Oxford: Oxford University Press.

The leading exponent of theory of network society sets out to do for the Internet what McLuhan did for print media and television, with a result that it is still a good guide to enquiry and issues arising.

Havalais, A. (2009) *Search Engine Society*. Cambridge: Polity Press.

An informative and thoughtful examination of a neglected phenomenon of great significance lying at the heart of the Internet.

Lessig, L. (1999) *Code and other Laws of Cyberspace*. New York: Basic Books.

A comprehensive and fundamental assessment of the nature of the Internet mainly from a socio-legal perspective, with many insights into its similarities with and differences from other media. A cautionary rather than a visoionary tale that has not dated or been superceded.

Morris, M. and Ogan, C. (1994) "The Internet as a mass medium", *Journal of Communication*, 46(1): 39-50.

Perhaps the first attempt to make a coherent assessment of the consequences of the Internet for mass communication at a very early stage of development, and still relevant.

在线阅读

Baym, N. (2006) "Interpersonal life online", in L. Lievrouw and S. Livingstone(eds), *The Handbook of New Media*, pp. 35-54. London: Sage.

Bentivegna, S. (2006) "Rethinking politics in the age of ICTs", *European Journal of Communication*, 21(3): 331-344.

Fortunati, L. (2005) "Mediatizing the net and intermediatizing the media", *The International Communication Gazette*, 67(6): 29-44.

Koolstra, C. M. and Bos, M. J. W. (2009) "The development of an instrument to determine different levels of interactivity", *The International Communication Gazette*, 71(5): 373-391.

Lüders, M. (2008) "Conceptualising personal media", *New Media and Society*, 10(5): 683-702.

第7章 媒体与社会的规范理论

大众媒介不仅对社会具有某些客观的效果,而且还为(主观的)社会目标服务。这意味着,本书前文所讨论的一些影响既是有意而为的又是有积极价值的。这包括:扩散信息、表达多种声音和观点、在一些议题上帮助形成舆论与辩论等。媒体诸多的娱乐和文化活动也可被视作具有良好的目标。对于那些有意图的效果,我们通常可以鉴别出其背后的力量,主要是那些拥有媒体或者管理媒体、为媒体工作的人,以及政府、权威机构、个人传播者等,媒体为他们提供传播渠道。自然,针对媒体应该或者不应该做什么以及它们做得如何,存在诸多不同的观点(公共的、个人的或机构的),但毫无疑问的是,人们总是希望媒体做得更多。当我们谈及"规范理论"之时,我们指的是那些关于(媒介)权利和责任的观念,人们期待媒介应当令社会及个人受益。

在本章中,我们检验媒体如何应当或者被期许是有组织的、服务广大公众利益的,或是服务整体社会的。媒体活动的积极目标通常并未得到清晰陈述,有时我们甚至需要从媒体不应做什么的条款当中进行推断。有鉴于此,我们将从来源的问题开始讨论。

规范义务的来源

这些要点十分清晰,但掩藏其中的问题却不清晰。主要的困难在于:"媒体"在一个自由社会中不需承担诸多被认为是理所当然的责任。媒体不是政府运营的,也不代表社会工作。它们的正式职责与社会当中其他的公民和组织几乎是一样的,因此主要是消极被动的。它们被要求不作恶。除此之外,媒体有选择或者规避各种目标的自由。它们厌恶强加在身上的社会角色,不论是政府、特殊利益群体、个人还是媒体理论研究者所赋予的。除此之外,在媒体机构的历史、构成和行为当中存在某些不成文的义务,且出于种种原因,在现实中媒体履行这些职责。还有另外几种外部压力不应被忽视。媒体规范理论不仅覆盖内部选择的目标,还包括外界对其行为的要求。

在对规范期许的来源当中,首先,最根本的或许是那些发源于历史语境的、塑造了媒体机构角色的因素。在大多数民主国家,这代表民主政治机构和作为新闻的载体以及舆论的形塑者的媒体角色之间的紧密关联。这一关联通常不是宪制性的(尽管德国是一个例外)且不能被强制,但它也不是可选可不选的。在社会和政治理论当中可以找到广泛的印证。与此相关的是新闻业在国家社会公共生活以及国际社区当中的位置。这同时还深深植根于习俗和惯例以及专业主张和抱负当中。

其次,公众整体上对媒体有要求,他们通过舆论,或者更直截了当地作为某一媒体出版物的受众表达这些要求。在这种情况下,公众对于媒体应当做什么的看法,如果得以清晰地表达,则更具约束力。这反映了这样一个现实:媒体与它的消费者或客户(例如广告商)捆绑在一起,后者对媒体行为也有影响。还存在另外两种不同力量的影响的来源。第一种是政府及其代理。政府对独立媒体的看法不尽相同,且政府往往具有奖惩的能力。即便媒体依然具有批评的权利,但是大型的、地位稳固的媒体往往对政府意志十分看重(例如在公共秩序或国家经济状态等事务上)。

第二种来源更弥散却更有效。它来自受媒体尤其是新闻和信息所影响的(尤其是)经济、文化、社会等诸多利益。有能力的个人和组织可能受到新闻的伤害,也可能需要新闻来进一步追求自己的目标。有鉴于此,他们出于保护自身或者影响媒体的目的密切观察媒体的行为。总而言之,这造就了一种期待与审慎的环境且具有积累性的影响。板块 7.1 罗列对于媒体行为和表现规范的期待的主要来源。

7.1 对媒体的规范期待的来源

- 关于新闻界的社会和政治理论

- 新闻专业的理论和实践
- 作为公民的公众(舆论)
- 作为受众的公众
- 媒体市场
- 国家及其代理
- 在一个社会当中媒体所影响的利益相关方

媒体和公共利益

总结媒体所承担的诸多责任压力的一个方法是,描绘出一个"公共利益",而媒体处身其中。这个概念十分简单且在社会理论和政治理论当中都很有竞争力。公共利益的观念具有深远的历史根基,它一直被用来指代那些需要集体公共控制的事务以及社会或国家的良好发展方向(例如道路与河道的建设和维护、关于重量尺寸和货币的规定以及治安和防卫的提供)。到了更为现代的时候,这一词语被用来指代水、煤气、电及电话等公共设施的管理和所有。无法将这些事务轻易交予私人个体或者市场运作手中(Held, 1970; Napoli, 2001)。

应用于大众媒体,其简单的含义是:在一个当代社会当中,媒体担负着一系列重要的甚至根本性的任务,且媒体的存在以及良好运作是符合普遍利益的。同时它也意味着,我们的媒体系统应当遵循那些治理我们社会的基本原则来运行,尤其是那些与司法、公平、民主相关的原则以及良好的社会和文化价值观念。公共利益显然不希望媒体引发任何社会问题或者极端暴力。公共利益的概念(恰如其最早的应用)总是包含正面期待。

这个简单的理念在实践当中未能走得多远。遇到的第一个问题是对所有媒体的公共管控(即便是以公共利益为名的)是和通常理解媒体所具有的言论自由相违背的。此外,建立媒体的目的往往并不是服务公共利益,而是服务其自身的某种目标选择。这些目标有时是文化的、行业的或政治的,但在大多数时候是作为一个企业的盈利目标。有时两种目标并存。这指向了一个关键的问题:公共利益到底是什么?由谁决定?关于如何对社会整体更好,总是存在不同的、矛盾的看法,甚至存在一种看法,认为媒体最好不要追求任何规范目标;相反,各种不同的媒体应当拥有在法律范围内自由行为的权利。当媒体基于商业基础运作之时(大多数时候是这样),媒体关于什么是公共利益的看法等同于什么最能吸引公众。这转变了媒体之于社会的规范、伦理和价值责任。

处理公共利益这一概念的极高难度与其本身极大的重要性密不可分。在这一方面,布卢姆勒(Blumler, 1998:54-55)提出三点。第一,如政府的情况一样,存在关于权威和权力的问题,"在传播领域,各个媒体的地位基本相当,其自由,其在社会、政治与文化当中广泛的角色及其在规则秩序当中的地位最终由其(被期待)服务的公共利益决定"。简单地讲,媒体的权力,如政府权力一样,应当以一种合法的方式使用,这接近"责任"的概念。第二,布卢姆勒认为,"公共利益的理念具有某种超验的特质。它来源于具体的利益,在政策层面又超越具体的意义"。第三,"公共利益的理念必须在一个不完美、不纯粹的世界当中运作"。这意味着,矛盾、妥协、东拼西凑等情况是不可避免的。

关于公共利益由何组成及其内容如何建立,赫尔德(Held,1970)描绘了两个版本。第一是"多数主义"的观点,据此,问题应当经由大众投票来解决。就媒体而言,公共利益等同于"给予大众他们想要的",即取悦媒体市场上的绝大部分消费者。还存在另外一种解释多数主义的方法。例如,莫里森和斯文内维格(Morrison & Svennevig,2007)通过向英国公众询问什么是公共利益来寻找关于公共利益概念的经验证明。他们发现了一种广泛的一致看法:认为有一些事务是具有"社会重要性的",媒体必须报道它们,他们将其定义为关于社会团结的根本性的观念。还存在与此相反的、"一元主义"的或"纯粹主义"的观念,公共利益可能由某一个支配性的价值或意识形态决定。这种观念最多不过是可能生成一个家长式的系统,在其中,由监护人或专家来决定什么是好的。在关于公共利益的自由市场版本和家长制模型之间还存在其他的版本,尽管没有任何一个版本给予我们清晰的指导。主要的方式是:一方面纳入辩论和民主决策,另一方面是针对特定情况进行即席的司法决策。随后我们将看到,的确存在若干不同的方式,媒体得以履行或至少追求服务公共利益的社会责任(参见第157~176页)。

不论关于公共利益的概念辩论几何,十分明显的是,大众媒体在世界各地都受到法律及其他正式、非正式形式的广泛管控与规制,后者决定媒体去做那些"社会"需要的事或者阻止媒体做"社会"不需要的事。从一个国家媒体"系统"到另一个,由于受到惯常政治、文化和经济因素的决定,管控媒体的实际方式和内容大有不同。管控还依据媒体的不同而不同,且其内部往往是不一致的或不连贯的。

将理论放在一边,在媒体政治、法律和规制的实践当中,针对与大众媒体相关的公共利益的主要构成,存在诸多一致的看法,且远远超越了不作恶的最低要求。从诸多需要具体定义公共利益的事例当中,我们可以提炼出对媒体的主要要求,如板块7.2所列。这些要点总结了西方类型的民主社会当中对于媒体结构和内容的主要的规范期待。

7.2 公共利益对媒体的主要要求

结构
- 出版的自由
- 所有制的多样化

- 广泛的(接近泛在的)覆盖
- 频道与形式的多元性

内容
- 信息、观点和文化的多样化
- 对公共秩序和法律的支持
- 信息与文化的高质量
- 对民主政治体系(公共领域)的支持
- 对国际职责与人权的尊重
- 避免伤害社会与个人

媒体社会理论的主要议题

此处我们集中关注在媒体与社会关系的讨论当中浮现的几种主要问题。可通过列举关于媒体结构、行为或表现的议题来测度规范理论的领地。总体上,这些议题与板块7.2所罗列的要点相关,也可简单解释如下。第一组议题是关于一个媒体系统是如何构成并运行的。

- 出版自由。普遍认为媒体不应受控于政府或者其他权力诉求,而应自由、独立地报道并表达、满足其受众的需求。自由主要指的是,不存在上级审查或者颁发资格执照的需求,以及合法的报道事后不必受到惩罚。人们也需要拥有自主选择媒体的自由。
- 所有制的多样化。大致的标准是反对所有权和管控的垄断,不论是针对国有媒体还是私有媒体。指导性的原则是,媒体系统不应被少数力量控制。
- 泛在的覆盖。如公共事业模式,一个社会的传播网络应当能以均等的成本覆盖全体公民,政府应当担负起保障覆盖的职责。公共广播系统的一个主要目标即是满足这一标准。
- 频道与形式的多元性。理想地,在一个媒体结构当中,应当包括诸多不同的媒体类型和独立的渠道,以最大可能地满足公众广泛的传播需求。
- 信息、观点和文化内容的多样化。媒体系统在整体上应当呈现不同的产品以反映社会的多样性,尤其是地区、政治、民族、文化等关键领域的多样性。媒体频道应当向新的运动和新的观念开放并为少数群体提供合理的接入。

第二组议题是关于满足"公共利益"所需的一些服务(内容提供)。关键元素如下:

- 对维持公共秩序和国家安全的支持。尽管在监视特定人员一事上,媒体不必担负类似警察局或其他权力机构的工作职责,不过在民主社会当中存在一种普遍的看法,认为媒体自由是有限度的,在一些事务上媒体的确有义务协助权力机构。这些情况通常是极端的,例如当遭遇严重的外部威胁、实际战争、灾害、极端的内部冲突或者暴力恐怖行为之时。要求媒体支持公共秩序的呼声也可能延伸到发生普通犯罪之时。(对媒体的)这些职责要求也可能适用于任何公民。
- 文化供给的质量。这一类别的议题十分多样,从相关道德与礼貌的问题到文化与审美品位的问题。总体上,人们期待媒体尊重(甚至支持)社会的主流价值和道德标准并表达(尽管不是那么强烈地)它们的国家社会或地区的传统文化价值、艺术和语言。媒体质量可以不同的标准和角度来评估,包括对原创和创意的支持以及给予少数民族艺术与文化的表达机会。
- 对民主程序的支持。这一小标题指的是,人们对大众媒体之于政治和其他社会建制作出重要(同时也是常规)支持的广泛期待。通过出版关于公共事务的全面、公正、可靠的信息,帮助多元观点的表达及多元声音的发布,为公民参与社会和政治生活提供必要条件等方式,媒体履行这一职责。
- 执行国际人权职责。尽管媒体是典型的国家性的机构,其报道范围却是国际的,且媒体对更广泛的国际社群起到影响。从这其中发展出诸多可能的议题,包括:针对其他国家的报道的质量、煽动对外国人的仇恨或者卷入战争的意识形态。在积极的一面,则有理由期待媒体能够建设性地报道发展事宜、发生在外国的灾难与紧急情况以及全球健康和环境议题。

第三个类别有关于(剥夺)人权,媒体被要求规避作出各种(通常是无意的)伤害。主要的要求如下:

- 尊重个人权利。媒体经常侵犯个人权利,即便是那些受法律或公共观念保护的权利。最常发生的问题包括:中伤和诋毁个人名誉、侵犯隐私和个人尊严权利、所有权(例如版权)以及匿名权。不可避免地存在这样的争议:侵犯私权力通常是为了捍卫更广大的公共利益。这种情况发生在诸如政治丑闻或一些犯罪事件(如曝光娈童癖)当中,或者当事件涉及某位政治名人之时。然而,大部分此类媒体行为无关正义或者公共利益。媒体还经常惊扰或者触犯某些个人和群体,造成痛苦和间接伤害。
- 危害社会。媒体发布(尽管是无意的)常常导致社会整体和长期的担忧。儿童以及其他弱势群体的福利可能受到侵害,而犯罪、暴力以及其他诸如酗酒、吸毒、滥交等反社会的行为则可能得到鼓励。
- 伤害个人。这一特定的条目指的是由他人或相关人员的挑衅所导致的有害行为。

有诸多案例显示，媒体对犯罪或自杀等行为起到明显的激励作用，还有持续的研究证明，媒体上对暴力色情等的呈现可以导致模仿的行为或产生败坏的效果。模仿恐怖行为的例证也属于这一类别。

当然，也存在无数相反的例子，媒体的内容由赞扬符合或者批评违反公共利益的行为构成。后者包括一些健康或安全议题（例如烟草广告）、司法事务（例如对法庭的蔑视）、政治体系运转的效果（发布民意调查结果）以及暴力、亵渎神明、色情等有伤风化的行为。这些案例足以证明，相较于任何一个其他社会建制，媒体是在公众的完全注目之下运作的，社会对它们的关注程度等同于它们对社会的关注程度。我们将在下文讨论公众对媒体这一公共看门狗的审查方式和影响。

早期的理论路径：作为"第四权力"的新闻界

最早的媒体是印刷媒体，最重要的自由是印刷媒体所要求并获得的自由。因此，"报业理论"一词通常被用于指代整个新闻业。非常重要的是，在本部分所讨论的时间和空间（基本上是 20 世纪西方民主社会）当中，唯一受到完全尊重的报业理论正是"新闻自由理论"，其他的都是为保障公共福利所作出的资质认证或限定。

有鉴于此，我们可以说，最原初的报业理论是关于新闻业在政治进程当中的角色的，托马斯·潘恩、约翰·斯图亚特·密尔、阿历克西·德·托克维尔等诸多自由思想家提出并论证了这一点。"第四权力"这一说法据说是爱德蒙·伯克在 18 世纪末期的英格兰创造的，它指的是新闻业所拥有的政治权力，在英国，其他三项权力分别是：上帝、教会和平民。新闻业的权力来源于其制造或维持公共宣传的能力以及告知的能力。首要的自由是报道和评论政府决议、机会和行动的自由。这种自由是代议制民主和进步的基石。18 世纪以来所有的革命和改革运动都将新闻自由刻写在自己的旗帜上并在实际当中利用它帮助事业进展（Hardt，2003）。

在这种特殊的、主要是英美式的思想传统当中，新闻自由与个人的自由以及开明的、实用主义的政治哲学紧密相关。对新闻自由的哲学支持主要由对审查和舆论压迫的反对构成。板块 7.3 为引用约翰·斯图亚特·密尔于 1859 年发表的关于新闻自由的著名理论。

7.3 约翰·斯图亚特·密尔（1859）论新闻自由：重要引用

噤声某种观点表达的特别邪恶之处在于：它是对人类种族、后裔以及当下一代的掠夺。持异见者甚至可能多于认同者。如果观点是正确的，则他们不再有机会用真理取代错误；如果观点是错误的，则他们失去了通过与错误碰撞而获得清晰理解和积极表达真相的福利（Mill，1991/1859）。

上述观点随后被纳入一种"自我修正"的机制理念当中——真相必将战胜错误,前提是两者都得到自由表达。核心的观点来源于约翰·弥尔顿的小册子《论出版自由》(1644),在书中他反对英格兰的新闻执照制度。另一个表达同一观念的流行语汇是"观点的自由市场",一位美国法官于1918年首次使用了这个词组。尽管是一个暗喻,但这一词组依然不幸地将新闻自由与自由市场的概念结合在一起。

在许多方面,争取新闻自由的历史语境总是围绕着出版和权力(首先是教会,然后是政府)之间的敌对展开。毫不奇怪,新闻自由主要被定义为不受限制的自由。美国的法律条款赋予新闻自由这样的意义——美国宪法第一修正案(1791)规定:"议会不应通过立法的行为来约束言论和新闻的自由。"与之相对,其他许多国家的改良宪法则对保障公民权利作了规定。例如,荷兰1848年宪法第七条规定:"在守法的前提下,人人都可以通过印刷媒体来公开表达思想或情感而无须事先获得允许。"

到了20世纪早期,对许多改革者来说非常清楚的是,经济意义上的新闻自由以及单纯对政府干预的反对已经不足以指代言论自由的全部含义了,后者还应包括接入出版渠道的实际机会。新闻业不再仅仅充当追求自由和民主的工具,而(尤其是在提出这些观点的英美国家)日益变成了盈利的方式以及宣传新的资本主义权力阶层(尤其是报业巨头)的方式。

在20世纪初期,即便媒体的内容和渠道都有所扩展,日益加剧的媒体垄断对于自由的威胁并未离开(McChesney,2000;Baker,2007)。对互联网带来解放的期许尚未成真;相反,掌控那些最成功的网站的大型媒体公司正在殖民整个互联网,而政府对许多新的自由无法容忍。

1947年新闻自由委员会以及社会责任理论

为回应针对美国报业的广泛批评,特别是对其煽情主义、商业主义,包括其政治上的不平衡和垄断的趋势,一个私人委员会于1942年成立并于1947年公之于世(Hutchins,1947)。该委员会的创建人是出版商亨利·鲁斯,由德高望重的芝加哥大学校长罗伯特·哈钦斯担任主席并负责运行(Blanchard,1977)。委员会的目标是:"检查美国新闻业进步或退步的方面和情况,发现言论自由受限和不受限之处,鉴别监管审查压力来源于读者还是广告商,抑或来自媒体所有者的不明智或管理上的懦弱。"

鉴于若干原因,该委员会是一个重要的历史里程碑。首先它开创了此类调查和报告的先例,通常由政府发起、检查媒体在满足社会和改革需求方面的失职。在美国,在那以后再未出现类似的针对媒体的公共调查,但是若干委员会检查了媒体的某些特定活动,尤其是媒体之于暴力、色情以及民事骚乱的关系。

其次,新闻自由得以实现以后,可能是1947年委员会首次提出对政府干预并纠正媒体错误必要性的考虑,这正是资本主义的核心。再次,它为其他国家提供了范例,尤其在第二次世界大战以后改革和恢复建设的时期。最后,报告的发现为随后的理论研究以及实践中职责的履行提供了实质性的基础,尽管没有切实证据显示它事实上改善了当时的新闻业。

该委员会的研究(Hutchins,1947)对新闻业频繁的失职以及仅给予(少数权力阶层以外的)大部分人十分有限的表达提出了批评。该报告创造了"社会责任"这一概念并列举了新闻业应当保持的主要职业标准。一个负责任的新闻业应当"在相关语境下对当日的大事件进行全面、真实、详尽和智慧的报道",它应当"作为交流评论和批评的论坛"以及"公共言论的普遍载体"存在。此外,新闻业应当给予"每一个组成社会的群体以代表性的描绘",呈现并澄清"社会的目标和价值"。该报告批评了新闻业追求轰动效应的现象以及新闻与编辑观点的混合。

总体上,该委员会提倡这样一个新闻机构——它是多元的、客观的、提供丰富信息的以及独立的,它规避引起冲突或者引发犯罪、暴力、失序的可能性。社会责任应当通过自律而非政府干预来实现,然而也并不排除政府干预。西伯特等人(Siebert et al.,1956)随后对社会责任作出的解释将其置于"积极自由"的概念之下——"为了某某"而不是"来自于某某"的自由。他们写道(1956:95):"社会责任理论认为政府不应仅仅允许自由,还应积极促进自由……因此,在必要的时候,政府应采取行动来保护公民的自由。政府的行动包括立法以禁止'公然的伤害',政府也可能进入传播领域并对现有的媒体(力量)作出补充。"

"社会责任理论"将媒体所有权视作公共信托或维护的形式,而非无限制的个人特许经营。委员会的成员之一威廉·霍金(Hocking,1947:169)写道:"与新闻业的自由权利不可分割的是人民拥有一个自由的新闻业的权利。然而公共利益超越了这一点;如今变成了'人民拥有一个合格的新闻业的权力'。"关于这两种权利,他又提出,"如今,公共权利占优先地位"。这是对责任的要求的根本基础之一。另外一个基础来源于这样一个事实:现代大众传播(当时特指报纸和广播电视)的所有权业已高度集中并赋予一小群人以巨大的权力。与权力相辅相成的是责任,应当怀着巨大的谨慎和对他人的尊重来履行责任。这一观点不仅对于新闻业影响力颇大,而且(尤其在美国)对于政府对广播电视的立法也有很大影响。直到20世纪80年代发生去监管运动前,美国联邦通讯委员会(FCC)通常是基于这样一个假设采取行动的:广播电视是一种公共信托,应服从于检查甚至是撤销。该理论的主要原则罗列如板块7.4。

7.4 社会责任理论:主要观点

- 媒体对社会具有责任,媒体所有权是一种公共信托
- 新媒体应当是真实的、准确的、公平的、客观的、有价值的

- 媒体应当是自由的,同时应当自我约束
- 媒体应当遵循普遍认同的伦理准则和职业规范
- 在一些情况下,出于保护公共利益的目的,政府可能需要进行干预

　　社会责任理论的哲学基础来源于美国的1947年委员会,然而在实际应用上其他国家的决心和效果都强大得多,尤其是在"二战"之后20年间的西欧国家。动力是三方面的——战争以后重新开始的愿望、更为开明的政治的崛起,以及经历过一波新闻业集中的浪潮之后对于个人垄断媒体的担忧。

　　皮卡德(Picard,1985)创制了"新闻业的民主—社会理论"一词,用以描绘那段时间欧洲大众媒体的"社会福利"模式。在若干国家(尤其是英国和瑞典),媒体被实施公开调查(例如皇家新闻业委员会,1977)。调查的内容包括:新闻业的多元化和集中程度,在一些案例当中调查委员会还为维持报纸的合理竞争度提供补助,尤其是补助那些正在衰落的、代表少数人群的出版物。指导性的目标自然是确保民主的健康。公共利益被诠释为国家对曾经的自由市场进行各种干预的理由,尽管实际上的干预总是被控制在最低限度。欧盟在一定程度上继承了民族国家的衣钵:欧盟开展了关于媒体多元化程度以及所有权集中程度的调查,且欧盟至少考量过采取协同措施以保护重要民主价值的必要性,尽管没有采取行动。战胜市场及大型媒体的力量、以加强社会责任的政治意志仍然不够坚定。

专业主义和媒介伦理

　　新闻专业主义的崛起是对大众报业衰落(尤其是其商业主义,也包括缺乏政治上的独立)的另一个重大回应。其形式多种多样,包括建立协会、成立新闻评议会、设立行为准则和伦理标准等。尽管新闻业的历史发展和所采取的建制形式不在此讨论范围之内,但却对规范理论的内容和执行具有重要意义。新闻评议会是自发的,或者至少非政府的机构,它们在公众和大众媒体之间展开协调(参见 Sonninen & Laitila, 1995;Bertrand, 2003)。其主要功能是评议对媒体的投诉,尤其是对印刷媒体的投诉(广播电视有其单独的形式)。执行这一功能需要具备一些标准和原则以供参照,总体上,新闻评议会是新闻业自我规约以履行对公众的责任的一种手段。

　　新闻伦理规范指的是新闻记者用来规约自身的一整套职业行为原则。在美国,为新闻实践设立规范的运动早在1947年哈钦斯委员会发表报告以前就开始了,1923年美国报纸编辑协会发表了新闻业最早的标准。在几乎同一时间,行为准则被引介到欧洲,主要是法国、瑞典、芬兰,最终遍及几乎所有国家(Laitila,1995)。

这一现象反映了新闻业整体的专业化过程，同时反映了媒体行业希望自我保护不受批评，尤其是不受外部干预和自主权削减的威胁。媒体自我研究准则一事可能造成针对新闻业是什么的误导印象，但其内容却很好地展示了新闻业被认为应该做什么。至少它们揭示了新闻记者公开宣称的工作原则。到这里，它们构成了一种规范理论。尽管如此，这些标准往往不过是互不相干的操作办法的集合，并不能有条理地表达社会的本质以及媒体的总体社会目标。需要一些阐释来说清这一点。

诸多不同的准则反映了其所在国家的惯例与传统的不同，以及对出版商、编辑、记者或外部规制机构等各相关方的影响不同。大多数准则聚焦于提供可信的信息以及避免歪曲、压制、偏见、轰动效应或侵犯隐私（Harris，1992）。也有一些准则针对新闻业在社会当中的角色进一步表达观点。

莱蒂拉（Laitila，1995）对31个欧洲国家新闻准则的比较研究显示，存在诸多不同的原则。她将它们归为六个类别，即：之于公众、之于信源及报道对象、之于国家、之于雇主、旨在职业诚信、旨在保护现状及职业团结的原则。在某些基本原则上，莱蒂拉发现存在较高的一致度。尤其是，在31个被调查的国家当中，都存在这六种与外部社会相关的准则，小结如板块7.5。

7.5 新闻准则当中最常见的原则

- 信息的真实性
- 信息的清晰度
- 对公众权利的捍卫
- 形成大众舆论的责任
- 收集与呈现信息的标准
- 尊重信源

（资料来源：Laitila，1995）

一些普遍的条款（出现在超过70%的准则当中）包括：禁止基于种族、民族、宗教等的歧视，尊重隐私，禁止受贿或其他收益。

准则的形成基本上是基于国家的，也出现了一些针对报道世界大事的准则。在联合国教科文组织主持下制定的一套"新闻职业伦理国际准则"（Traber & Nordenstreng，1983）吸引了诸多关注。它阐述了关于"信息权利"的理念以及尊重普遍价值和文化多样性的必要性，同时还强调新闻业促进人权、和平、国家解放、社会进步及民主的必要性（参见Nordenstreng，1998）。

尽管新闻业准则的内容主要反映"西方"的价值体系，但其中的关键要素的确可以被译介到其他文化语境当中。哈菲兹（Hafez，2002）对比了欧洲和北非、中东以及亚洲伊斯兰地区的准则,他总结道:"关于真实和客观性应当是'新闻业'的核心价值这一点,存在广泛的国际认同。"人们持续寻找着全球通用的新闻业标准(Herrscher, 2002; Perkins, 2002)。尽管诸如《联合国国际人权协议》以及《欧洲人权公约》等都聚焦在言论的自由权上,一旦当媒体主张歧视、仇恨及暴力时,这些协议和公约也能将其送上法律的平台,在南斯拉夫和卢旺达即是如此。

这样看来,不同国家的新闻记者的确认同诸多相同的标准。因此,存在一套共享的规范理论并可将其应用到日常操作当中。各地对新闻业之于社会的宏大目标并没有多少关注,而主要强调那些关于新闻客观(中立)、独立以及提供信息(事实准确)的标准。

在许多国家,这种广为扩散并被奉为准则的理论与实际操作之间是脱节的,曼西尼(Mancini, 1996)对此作了评论。他认为,理论与实践的"鸿沟"主要存在于两个方面。第一方面与记者的调查、批评和主张的角色相关,这一点在任何准则当中都鲜有提及。第二点与新闻被认为所拥有的独立和中立相关,而事实上大多数新闻业与政府、政党、强大的经济利益及其他权力是共生关系。这些观察至少指向这样一个结论:若是作为一种理论,新闻准则是不足够、不完整的,而可能可以将它们视作是拥有特定目标的特定意识形态。

诸多媒体机构,尤其是电视台,拥有自身内部的行为准则(有时公开,有时不公开)并以此为编辑和制片人提供指导。与职业准则不同的是,它们主要维护内部控制与责任履行。有时它们主要用于调控视听媒体这种特定的情况——视听媒体的潜在影响力巨大;同时它们还与外部内容规制对接,后者不仅适用于新闻业,还针对其他虚构与戏剧形式。在这些情况下会出现不同的具体问题,包括:真实性、公平、开放、对他人的尊重、礼貌以及避免伤害社会的需求。

在时政新闻领域之外,有大量证据显示媒体以自发的准则实施自我规制,以此保护公众不受伤害、行业不受外部压力。几乎在各地,广告总是给自身施加各种限制和指导标准。动作片一直以来都需要在制作环节即通过审查,在许多国家,动作片还需要受到公众监督或自我规约。电视的限制则更多。种种这些规制行为只不过揭示了对媒体影响力以及公众否定的惧怕。

(隶属或者不隶属于既有媒体的)个人博客新闻快速且广泛的发展已经引发了新的担忧。新老媒介之间的界限是十分不确定的(Matheson, 2004; Singer, 2005)。一个特定的问题在于,新的新闻博客行为的规范标准——它不隶属于任何责任形式。有人针对博客提出了一套新的伦理准则,用透明、自由、互动等原则来补充传统的客观性原则(Kuhn, 2007)。然而,这些准则需要一些制度结构来支持,而大多数博客们拒绝这种控制。第11章将再度讨论这一问题。

关于新闻业的四种理论及其他

三位美国作者(Sierert et al., 1956)出版了一部小册子，由此成了媒体(事实上是报业)理论化过程中的一个标志。这部小册子的目标是描述新闻业与社会的关系，即在当时新兴的"关于新闻业的理论"。自出版以来，这本书被广泛销售、翻译并应用到教学和辩论当中(Nordenstreng,1997)，这可能是因为书的显著标题以及它所填补的大众媒体理论空缺。也出现了对此书的广泛评论、批评和有效的反驳，尤其是当"四种理论"之一的"苏联共产主义"理论消失以后(Nerone,1995)。整个项目的一个重要方面在于这样一个命题："新闻业的形式和色调总是受制于其所依托的社会与政治结构。"尤其是，新闻业反映了社会控制系统(Siebert et al., 1956:1)。

苏联理论以外，其他三种理论分别被贴上"威权""自由""社会责任"的标签。被称为"威权的理论"事实上是对新闻业被各种(主要是欧洲的)专制政权控制的两个多世纪的描述，美国将自身从英国解放出来，由此愉快地逃脱了这种情形。威权理论常常没有实质内容，18世纪的英国作者萨缪尔·约翰逊博士将其根本性的指导原则总结为："每个社会都有权利保持公共和平与秩序，因而有完全的权利禁止那些带有危险倾向的观念的传播"(引用见于Siebert et al., 1956:36)。在约翰逊看来，并不是行政长官而是社会拥有这样的权利；他还提出，对观点的限制可能是"道德上错误的"但却是"政治正确的"。本章之前已描述过自由理论(现代称之为自由新闻业理论)。

该书面世于"冷战"的关键时刻，彼时双方正焦灼在争取中立世界人心的战役当中，媒体的不自由是一个核心议题。美国积极出口其自由主义和自由企业的意识形态，新闻自由模式是其中尤为重要的部分(Blanchard,1986)。至少可以说，"四种理论"是适合这个计划的。依据尼禄(Nerone,1995)的观点，"媒体所有者对自身存在的解释是一种意识形态神话，而几位作者不加批判地接受了这种解释。'自由的新闻业服务社会'这一神话之所以存在，是因为媒体所有者希望它永远存在"。

如尼禄(1995)所揭示，首先，自由理论将新闻自由与财产权——出版工具的拥有权——紧密关联起来，而忽略了近用权的经济障碍以及对出版能力垄断的滥用。其次，新闻业自由被框定为一个过于负面的概念——脱离政府的自由。另一个比较正面的或者积极的版本可能赋予这一概念以目标和积极的益处，而实现这些可能需要一定的社会干预。格拉瑟(Glasser,1986:93)写道：

> 从自由的负面概念出发，新闻业没有义务扩展自身的自由或为他人提供自由……相反……从一种更为积极的理解出发……自由与责任相辅相成……(并且)定义自由的条件必须包含个人获取自由利益的能力。

再次,如我们所注意到的,自由理论不太适用于印刷媒体以外的媒体,也不适用于新闻以外的媒体功能。它与观点和信仰十分相关,但与信息以及在新的信息社会环境中出现的许多自由议题并不十分相关,这些议题包括近用、保密、隐私、财产权等,自由理论只是假设市场会提供上述种种。最后,关于谁拥有自由,或谁从自由权利当中受益,自由理论无法清晰解释。如果是报纸的所有人拥有这些自由权利,那么编辑、记者甚至公众的权利何在?还有许多细节可以争论,包括:自由的限度应如何划定?在什么情况下国家可以合法地进行干预以保护"根本"利益?历史的案例揭示,当国家认为有必要进行干预之时,它们往往采取威权的视角,即约翰逊博士所说的"政治正确"的视角(见前文)。对美国1991年《爱国者法案》的批评者(Gronbeck,2004)宣称,该法案严重限制了传统宪法赋予美国新闻界的自由。

尽管存在这样那样的局限,《报刊的四种理论》一书不仅激起了反驳和辩论,还催生了许多对其进行重写或扩展的尝试(Nordenstreng,1997)。包括麦奎尔(McQuail,1983)、阿特休尔(Altschull,1984)以及哈克滕(Hachten,1981)在内的若干评论者提出,除自由理论和马克思主义的变体之外,我们还需要一种"发展理论"。它基于对这样一种事实的认知:从欠发达和殖民状态转型的社会通常缺乏维持一个广泛的、自由市场的媒体系统所需的资金、基础设施、技能以及受众。我们需要一种更为积极的媒体理论,一种关注国家目标和发展目标的理论、关注自治和与身处类似情况的国家彼此独立的需求的理论。在这种情况下,政府可以合法地选择性分配资源或者以某些方式限制新闻自由。社会责任优先于媒体权利及自由。在实践中,发展中世界的诸多媒体系统仍然符合"威权"的标签。德·斯迈勒(de Smaele,1999)在后苏联时代媒体民主化的案例当中测试了四种理论的适用性。

尽管研究者依然在努力完善这种对新闻业理论的类型化(如 Ostini & Fung,2002),打造持续、连贯的"新闻业理论"的目标注定将失败。一个主要的原因在于,源理论具有明显的西方特色和历史特色,若干作者(如 Gunaratne,2005;Yin,2008)以非西方文化的案例对此提出了挑战。另一个原因是,这些理论主要是关于社会的而非媒体的。社会变化(例如当一个专制政权垮台之时)的经验显示,媒体层迅速适应新的情况(Gunther & Mugham,2000)。此外,媒体系统的复杂性和不连贯性,及其所导致的无法将一种新闻业理论与一种社会类型相匹配的事实也是原因之一。这一路径无法应对媒体的多样性以及技术和时代的变化。它无法解释音乐、电影或者电视的绝大部分(娱乐、戏剧、体育及游戏)。今天,在大多数国家,媒体不是一个拥有独特哲学或理性的单一系统。媒体可能分享的是对它们自身独特的"媒体逻辑"的依附,后者与传播而非内容、目标或效果相关。这并不妨碍对规范理论的追求,但是我们需要一条新的路径。哈林和曼西尼(Hallin & Mancini,2004)迈开了偏离规范模式的一步,基于对不同体系的比较研究,他们提出了一种新的关于媒体和政治的类型学(参见第9章,第199页)。然而,克里斯琴斯等人

(Christians et al.,2009)则希望拯救媒体规范理论,他们对此作出了更为支持的评价,并更公开地将其与社会需求和民主政治的需要相关联。在这一观点下的新闻业必定是"规范的",其影响需要正视,尤其是那些之于推进新闻业积极角色的影响以及关于公众期待和职业理想的影响。

作为另一种选择的公共服务广播

如我们所发现的,自由理论整体上难以应对广播电视,尤其是公共播出模式,即便是在其所针对的美国情况当中。这是因为,它将优先地位赋予社会需求或公民集体需求,而非个人权利、消费者自由或市场力量。早在20世纪20年代,即出现了政府干预播出的理由——为照顾行业以及消费者的利益,有限的传输波长需要得到调控。在美国,针对私人运营商实施起一套执照系统,据此,联邦通讯委员会不仅可以调控技术事务,还可以调控社会和政治事务。这包括:对(在当地)提供相关信息的需求、在争议议题或政治议题上做到平衡与公正以及(整体上)实现多样性。这些政策的相当一部分依然保留至今。然而,"公共广播"一词在美国主要依然指的是那些由观众和听众自愿付费、选择追求特定文化目标的少数网络。

在许多其他国家,公共服务广播指的是一套由法律规定的、由公众出资(通常是家庭必须缴纳的执照费)并赋予编辑与运营高度独立性的系统。整体上,这样的系统存在的根本理由在于,它们应当通过满足社会与公民的重要传播需求来为公共利益服务,这些需求由民主政治体系来决定并评审。

存在一个普遍接受的公共服务广播"理论",同时,在不同国家变体当中的根本理由及运作逻辑有一些差异。近年来在全球以及各国国内视听媒体的整体发展和媒体市场范围的扩大,给那些几十年来一贯运作的媒体机构带来危机。许多研究对(公共服务广播的)目标和形式作了重新思考(参见 Blumler,1992;Hoftmann-Riem,1996;Atkinson & Raboy,1997;Bardoel & d'Haenens,2008;Enli,2008)。一个未决的关键议题是:在多大程度上应鼓励或允许公共服务媒体将其运作延伸到网上(Trappel,2008)。在实践中,它们已经这样做了,并促进网络空间向公众开放更多,同时还提供了取代无处不在且日益蔓延的商业化的路径。反对意见主要来自商业对手,它们宣称遭到不公平竞争。

如果存在一个共通的理论,那么它应当包含那些只能通过公共形式的所有制以及(或)规制才能较好实现的特定目标。板块7.6列举在不同体系当中重复出现的目标。总体上,这些目标是满足(前文所述的)"公共利益"期待的方法(第137~139页)。

7.6 公共服务广播的主要目标

- 普遍的地理覆盖(接收与传输)
- 多元性,表现在为所有主要的品味、兴趣和需求服务并满足全范围的观点和信仰
- 为特殊少数群体服务
- 关切国家文化、语言和身份认同
- 为政治体系服务
- 在争议问题上提供平衡的、中立的信息
- 对(不同定义的)"质量"有特别的关注
- 公共利益优先于财务目标

公共广播理论还涉及实现上述目标所需的组织。尤其是,该理论认为,如果任凭自由市场本身发展,那么上述目标可能无法得以实现,因为其中无利可图。因此,该理论还认为,一个能有效服务公共利益的体系应当满足一定的结构性条件。一个公共广播体系应具备:

- 一套创建章程或使命
- 一定程度的公共资金
- 相对于政府的独立
- 对社会和公众担负责任的机制
- 对受众担负责任的机制

公共广播"理论"的主要缺陷来源于两重矛盾。第一重是在必要的独立与对所获取的财务支持必须承担的责任、实现或未能实现的目标之间的矛盾。第二重是在达成由"社会"依据公共利益设定的目标和满足受众需求之间的矛盾,受众是广大媒体(及受众)市场上的消费者。如果没有公共利益的目标,则失去了继续存在的根本理由;但是如果没有受众,则公共服务的目标无法真正得以实现。事实上,还存在第三重矛盾。在全球化的市场上激烈的竞争以及在提供所有服务时对市场的日益依赖,已经削弱了公共广播在强大的竞争对手面前的地位,并降低了其参与公平竞争的能力。公共广播依然被视作防止媒体市场沦丧的力量之一、对媒体多样性的一种保障以及公共文化和信息政策的一个手段。尽管存在种种限制,公共广播仍然能够实现既定的目标(Curran et al.,2009)。格瑞普思若(Gripsrud,2007:483)总结道:"在欧洲,在过去五十年左右,电视一直是(议会以外的)国家公共领域的一个,乃至最重要的组成部分;电视传送必要的信息并为公众提供一个广阔的文化语库,同时还为整个民族国家提供中心的、共同的论坛。"不论该理论具有何种缺陷,其实际效果足够真实。

大众媒体、公民社会与公共领域

尤其在 1989 年尤尔根·哈贝马斯的著作《公共领域的结构转型》(1962) 翻译成英文以后，当人们谈论大众媒体在政治生活当中的角色之时，常常会引用"公共领域"这一概念。总体上，公共领域指的是一个想象的"空间"，它为公共辩论提供或多或少自主的、公开的舞台或论坛。人们可以自由进入这一空间，集会、结社与表达的自由是受到保障的。"空间"存在于社会的"基础"和"上层"之间，且在两者之间发生着调停。"基础"也可被理解为个人公民生活的私人领域，而处在中心或上层的政治机构则是公共生活的一部分。

公民社会的一个条件是开放、多元；在公民和国家之间存在诸多保障个人安全的、或多或少自治的志愿性的机构。还存在足够的民主政治程序、对正义的保障和对人权的保护。沃尔泽(Walzer, 1982:89)描写了一个本质上"非强制的人际结合的空间以及一组填充这一空间的关系网络，后者依据家庭、信仰、兴趣、意识形态等结成"。公民社会的概念与米尔斯(Mills, 1956)分析的"大众社会"(参见第 78 页)正好相反，且它还反对各种集权体系。当媒体得以恰当的组织之时，尤其当媒体是开放的、自由的、多元的，它可以被当作公民社会当中最为重要的中介机构之一。

在哈贝马斯对民主崛起的描述当中，18 世纪的咖啡馆或辩论社代表了历史上第一个版本的公共领域或空间，在那些场所，活跃的政治生活参与者会面、讨论并形成政治计划。一个重要的角色是运用知情的、有影响力的舆论监督政府。主要的传播方式是直接的私人传播、公共集会以及少量的印刷媒体。这个公共领域的形成在很大程度上归功于资本主义、经济自由以及个人主义的历史状态；公共领域的首个形式被描述成"资产阶级"的公共领域，这个词反映了其阶级基础。后续的发展包括新的企业利益的崛起以及大众传播对精英之间人际讨论的整体取代。哈贝马斯对现代民主整体上抱有悲观的态度，他的理由是，相较于以理性的方式形成观点，公众更可能被媒体操控。板块 7.7 引文可概括这一观点。

7.7 哈贝马斯论公共领域：关键引文

考虑到市场规则对公共领域的殖民，我的想法是……在那些渴望更高收益的股东压力之下，市场经济的功能性原则入侵了信息生产和呈现的"内部逻辑"，这导致了一种传播对另一种传播的秘密取代：关于政治议题的话语被娱乐的形式和内容同化并吸收。在个人化以外，对事件的戏剧化、对复杂问题的简单化以及对矛盾的生动两极化都加强了市民的利己主义以及一种反政治的情绪。(Habermas, 2006: 422)

其他诸多学者(如 Curran,1990)批评了公共领域这一概念对逝去的、精英形式的政治生活所作的理想化,尽管如此,这一概念在成熟的资本主义环境下依然有价值(参见 Dahlgren,1995,2001)。

人们常常引述新媒体来表达对公共领域当中媒体角色的积极期待。达尔格伦(Dahlgren,2005)列举了互联网可能起到作用的几种方式:改善政府和公民之间的直接关系、给予倡议者和积极分子以平台和渠道、组织辩论和讨论的公民论坛、为新闻业提供一个新的更多元的分支。拉斯马森(Rasmussen,2008)描述了政治公共领域的异同并特别辨析了那些让精英得以向大众社会呈现观点的"焦点媒体"以及呈现公共领域各个层面上发生的事实的"多元媒体"之间的差异。前者主要是更为传统的媒介,后者是基于互联网的。此外,针对新闻业标准沦丧的大量批评重新指向并加强了传统的信息性标准以及捍卫公共利益的责任(如 Patterson,1994;Fallows,1996;Blumler & Kavanagh,1999)。第 19 章将对这些期待加以举例评述。在此情况下,如库克(Cook,2006)所重新诠释的,我们可将新闻业视作社会的一个建制。他指的是:至少在西方民主社会当中,在连接媒体和政府方面,存在完全可行的行为及标准模式。那些根本性的原则和规范常常是非正式的,但却能通过习俗和应用发挥很大的作用。依据这一观点,整个法律制定和政府治理的程序密切依赖于新闻媒体,一方影响并制约另一方,双方之间互相协商。这一建制的深度和力度意味着越是新的新闻媒体越可能适应这种建制,而非反过来。

在欧洲,过去数十年始终在开展一个旨在建立可行的、跨国民主机构的政治项目,包括建立一个议会和法庭;理论家和政策制定者(Lauristin,2007)提出建立一个跨越国境的、支持性的公共领域的目标。关键取决于大众媒体和国家公共领域。存在诸多障碍,不仅仅是缺乏一个"欧洲的媒体",还因为基本上所有的媒体都是基于国家的,且若是服从这个跨国项目则媒体将无法实现自身的紧迫目标[《欧洲传播期刊》(*European Journal of Communication*),2007]。板块 7.8 小结媒体应对民主公共领域担负的责任。

7.8 媒体支持公共领域的途径

- 扩大讨论的空间
- 传播作为舆论基础的信息和观点
- 连接公民和政府
- 提供流通的信息
- 挑战政府对政治的独断
- 扩展出版的自由和多元

回应公共领域中的不满

除新媒体的潜力以外,(美国)记者群体本身提出了针对当下顽疾的另一个解决办法——"公民"或"公共"新闻业(Glasser & Craft,1997;Schudson,1998;Glasser,1999;Haas & Steiner,2006)。公共新闻业运动的一个基本假设是:新闻业是怀有目标的,它应当通过促成参与和辩论来提升公民生活的质量。舒德森将其表述为基于"受托人模型"的,而不是市场模型或者倡导者模型。他写道(Schudson,1986:136):"在受托人模型当中,记者应当依据他们自身作为职业群体对公民需要知道什么的判断来提供新闻。"据此,我们可以从新闻专业主义(而不是某些更宏大的、包罗万象的政治理论)当中看到合法性基础。

用舒德森的话来讲,"我们将公民权利委托给一群专业人士,即记者"。在格拉瑟和克拉夫特看来,公共新闻业呼唤从"基于信息的新闻业"转向"基于对话的新闻业"。公众不仅需要信息,还需要以讨论和辩论的方式参与到当天的新闻当中。必须澄清,公共新闻与那些中立及客观报道传统有分歧,但却并不意味着回到政治化的或者倡导者模式的新闻业。对实现这一新"运动"目标的方式仍然存有争议,这是由于媒体本身并未发生结构性的变化,且这一版本的职业任务是否能够真正超越一个竞争激烈的媒体市场系统的限制并对抗政治冷漠和犬儒主义还存在疑问。对公共新闻事实上的效果评估结果并不十分鼓舞人心。马西和哈斯(Massey & Haas,2002)通过调查得出结论:即便公共新闻这一概念受到一些人青睐,实际上却没产生什么影响。不仅如此,还有批评者称公共新闻减损了新闻业的自主权(McDevitt,2003)并强烈反对自由理论。在欧洲,公共新闻运动并未引起多大共鸣。欧洲更关注的是加强既有的公共服务媒体和其他非商业媒体,以及利用新媒体来改善民主参与(van Dijk,1996;Brants & Siune,1998)。

其他愿景

对既有媒体的不满也表现在对其他脱离了既有体系的各种不同形式的赞颂当中。存在若干另类理论流派,如前所述,它们与"主流的"新闻理论之间存在这样那样的脱节,其中我们需要特别关注关于媒体角色的两种不同理论视角,一种是"解放理论",另一种是"社群理论"。

解放媒体理论

批判理论的一个分支对最初的"新媒介"抱支持态度,这尤其是因为"新媒介"可能凭借独立于主流大众媒介之外的渠道实现小规模的、草根的传播。20 世纪 60 年代"反文化"的观念——那些无政府主义的、个人主义的而非共产主义的观念——支持了这项运动;互动有线电视、闭路电视、拷贝、录制和回放等彼时的新技术似乎将传播解放的可能性交到人民而非发行垄断者手中(Enzensberger,1970)。那些综合不同观点的指导性原则包括：参与、互动、小规模、在场性、文化自治和多样性、解放和自助。重点通常在于传播的过程而非内容,后者由每一名个人决定。

这些关于新的、小规模的媒体的观念,通常适用于那些富裕的、媒体数量充足的、民主的社会。世界的大部分地区并不是这样的。仍然需要一些理论来关注那些需要为基本权利进行斗争的情况。约翰·唐宁(Downing,2000)合成了"反叛传播"一词来指代那些旨在在压迫环境中实现政治目标并以积极的方式运作的媒体。此类媒体在批判传统当中(却)以积极的方式运作。其中包括那些为(从妇女解放到推翻压迫或资产阶级专制等)某项政治进程服务的媒体;还包括各种形式的另类出版物,如苏联的地下出版物,发展中国家、威权统治或者外国占领情况下的草根微型媒体等。依据唐宁(2000:xi)的观点,这些媒体主要服务两种目的：一是垂直地在权力结构及其运作当中直接表达反抗;二是水平地建起反对政策的支持、协作和网络。它们通常受到"新社会运动"的激发并帮助开展后者;它们之间总体上的共同之处在于,"它们打破了某些人的原则,尽管并非总是所有人所有的原则"。早期对互联网的理论化尝试在本质上延伸出这种解放的思想路线。

社群主义的理论与媒体

"社群主义"一词表达的是一种相对新的发展,与现代解放的个人主义不同,它重新强调连接人与人的社会纽带(MacIntyre,1981;Sandel,1982;Rorty,1989;Taylor,1989)。它强调对社会的责任以及所要求的权利。媒体与受众的关系则是更为相互的,尤其是它们共享同一种社会认同和同一个地方(一个实际的社区)。社群主义的一位支持者强调媒体为它所服务的公众提供对话机会的道德重要性(Christians,1993)。在某些方面,社群主义号召回到一个更为有机的社会形式,新闻业在其中扮演整合、表达、澄清的角色。不是自我利益而是协作构成了该模式前进的方式。

根据尼禄(Nerone,1995:70-71)的看法,"在社群主义模式里",

> 新闻报道的目标不是提供情报而是促成公民转型。除改进技术并完善表现之外,新闻界还有更大的目标……问题在于它的职业准则……在一个社群主义的世界观当中,新闻媒体应当促使公众形成一致的哲学。新闻业的目标是使得社区标准塑造下的公民身恢复活力。新闻是社群形成的一个能动者。

在某些方面,新闻业的社群理论是十分激进的,在另一些方面则是保守的、反自由主义的,尽管其精神是志愿的。对其保守主义的印象来源于其对伦理要义以及与他人建立活跃联系的强调。或许我们有理由说,相对于欧洲或者亚洲、非洲等的社区社会,社群主义更植根于美国激进的传统当中。与公共新闻类似,社群模式并未离开它起源的地方多远。

规范媒体理论:四种模型

无法找到任何一个被一致认可又有效的框架来包罗本章所探讨的种种理论,但是我们可以提出四种不同的规范理论模型来概括。"模型"一词在此指代一个基于单一的根本性的规范原则的媒体系统所具有的一套互相关联的典型特征(包括观念和配置)。它们之间不可避免地存在重叠,但是它们各自拥有自己的内部逻辑。可小结如下:

- 一个开放—多元的市场模型。这一模式基于前述的自由新闻业理论,新闻自由被认为与不需政府同意或干预便拥有并运作发行方式的自由相关。它强调的是个人及其需求,它将公共利益定义为对公众有利的事务。通过"自由观点市场"的运行来服务公共领域。对社会和他人的责任通过媒体市场的途径以及少量的自我约束实现,国家的角色很小。
- 一个社会责任或公共利益模型。此处,出版的自由权与对(超越自身利益的)广大社会的责任相关联。自由被认为是与某些社会目的相关的,是积极的自由。负责任的媒体将通过自我规约保持高标准,但不排除政府干预。存在担负社会责任与公共责任的机制。公共服务广播属于这一模式。
- 一个专业的模型。对社会角色的选择以及对标准的守护属于这种新闻专业模型。它们是过去数十年为争取自由和民主的斗争的成果继承者,且依然是公共利益最好的守卫者,它们主要的目标是服务公众对信息与评论的需求并提供表达多元观点的平台。新闻机构与职业的自治也是对权力监督的最好保障。
- 一个另类的模型。这包括一系列非主流的、拥有不同起源和目标的媒体。尽管如此,它们之间还存在一些共享的价值,尤其是对小规模草根组织的重视、对参与及社群的重视、对制作者与受众共享目标的强调以及(在一些情况下)对反抗国家权力或行业权力的强调。这一模型否认存在一种普世的合理性,否认那些关于官僚—职业能力与有效性的观点。它强调亚文化及其特定价值的权利并促进主体之间的互相理解、促成真实的社区感。

小 结

本章的目的是描绘那些关于媒体在社会当中应当做什么、而不是实际上做了什么的主要理论概念。称其为"规范理论"是因为它们表达了特定的规范和标准(关于什么是好的或者坏的标准)并将其运用到媒体的运作当中,尤其运用到定义针对媒体结构、行为和表现等的各种期待。这些期待通常已经被与媒体相关者或是舆论表达过,理论的目的则是更为清晰地陈述这些概念。

从本质上讲，规范理论是主观的，不同观点之间的差异较大。一致之处往往在于媒体不应当做什么，例如不应当传播错误的信息或者诱发犯罪及暴力。规范理论包含来自媒体内部以及外部的观点，尽管主要是外部的。总体上，媒体不喜欢被告知它们应当做什么，因而对这种理论并不十分赞同。

深入阅读

Christians, C. G., Glasser, T. L., McQuail, D., Nordenstreng, K. and White, R. A. (2009) *Normative Theories of the Media: Journalism in Democratic Societies*. Urbana, IL: University of Illinois Press.

The authors seek to explicate the role of journalism in democratic societies by exploring the philosophical underpinnings and political realities that shape a normative approach, one concerned with what journalism ought to be doing in and for society. The starting point is a revised view of the classic work Four Theories of the Press, now long dated.

Habermas, J. (2006) "Political communication in media society", *Communication Theory*, 16(4): 411-426.

A concise and up-to-date statement of the core ideas of theory of the public sphere as they relate to mass communication, by the principal author of such ideas.

Hallin, D. C. and Mancini, P. (2004) *Comparing Media Systems: Three Models of Media and Politics*. Cambridge: Cambridge University Press.

The authors take an alternative approach to normative theory of media-society linkages by examining in detail the arrangements made in practice between political actors and the media for supporting democratic politics, in a number of western democracies. This leads to three basic models or types, to which the countries examined can be assigned. This work has been much discussed and tested in research.

Nerone, J. C. (ed.) (1995) *Last Rights: Revisiting Four Theories of the Press*. Urbana, IL: University of Illinois Press.

Several leading authors critically examine this standard introduction to normative theory, from varied perspectives, explaining its origins and context, but also exposing weaknesses and gaps. Basic principles of normative theory for today are also put forward.

在线阅读

Bardoel, J. and d'Haenens, L. (2008) "Re-inventing public service broadcasting: promises and problems", *Media, Culture and Society*, 30(3): 295-317.

Christians, C. (2004) "Ethical and normative perspectives", in J. D. H. Downing, D. McQuail, P. Schlesinger and E. Wartella (eds), *The Sage Handbook of Media Studies*, pp. 19-40. Thousand Oaks, CA: Sage.

Gunaratne, S. A. (2002) "Freedom of the press: a world system perspective", *Gazette*, 64(4): 342-369.

Laitila, T. (1995) "Journalistic codes of ethics in Europe", *Journal of Communication*, 10(4): 513-526.

第三部分 结构

PART Three

第8章 媒体结构与表现：原则与责任

　　本章探讨关于大众媒体运作的质量标准和准则，大部分标准来自外部社会或是从"公共利益"的视角出发的。上一章讲述的规范理论在世界各地得到了发展，其应用取决于时间、地点和具体的情况。服务公共利益的标准不是唯一的。然而，有时候作为受众的公众和媒体机构的职业人士采用的是同一套标准。市场标准——尤其是那些与收益、消费者选择以及利润率有关的价值——常常与社会—规范标准重叠；例如新闻的观众特别注重信源的多样化、可靠且不带偏见的信息。

　　尽管规范理论多种多样，公共传播所高度推崇的却是少数几条基本的价值，本章第一部分讨论这些价值，可概括为：自由、平等、多样性、真实性、信息质量、社会秩序与协作。

　　此处的主要目标是简要地解释为何这些价值是重要的、在媒体的典型活动当中每一种价值意味着什么。为评估媒体质量、为参与到第7章（参见第137～139页）所列议题的辩论当中或是为了维持媒体行动的责任，我们需要能够运用或多或少具体的或可观察的"成果"来定义这些价值。由于价值被置于媒体运作的各个层面，因此这项任务十分复杂。出于当下的目的，我们区分出三个层面：结构、行为和表现。结构指的是与媒体系统相关的所有事物，包括其组织形式、财务、所有权、规制形式、基础设施、发行设施等。行为指的是组织层面的运行方式，包括选择和制作内容的方法、编辑决策、市场政策、与其他相关机构的关系、责任程序等。表现主要与内容相关——实际上传输给了消费者什么。在每一个层面，相关价值都有不同的参照；我们主要关注结构和表现而非行为。

作为原则的媒体自由

自由是所有公共传播理论的基本原则，在自由之后才有其他各种福利。如我们所见，对表达和出版自由的追求一直是新闻理论的中心主题，它与民主紧密相关。然而，自由具有不同的版本和面向，如我们所见，自由这个词并非不言自喻的。自由是一种条件，而不是一项标准或者一种表现，因而自由主要适用于媒体结构。一旦存在自由的权利，我们无法轻易辨析法律范围内的各种不同的表达自由，尽管我们可以通过其他价值来评估它。

我们需要区别媒体（或新闻业）的自由和表达的自由，尽管有时二者指的是同一回事。表达自由是一种更为广泛的自由。它指代传播的实质或者内容（意见、观点、信息、艺术等），而新闻业指的是实现出版的主要"容器"、载体或者方法。赞诺-赞科维奇（Zeno-Zencovich, 2008）用酒（内容）和酒瓶的区别来作类比。重点在于，在法律和规制层面出现了一种趋势，对自由的捍卫从内容转向了方式。在赞诺-赞科维奇（2008：7）看来，"个人及其所在群体享有的、作为政治自由的表达自由已经不复存在了，这种自由被与处在思想传播边缘的人们联系在一起"。这是对媒体所有者的一种含蓄的攻击；基于对出版方式的拥有权，媒体所有者要求获得各种自由。

自由可能为个人和社会提供的种种益处，加上自由表达权本身的价值，帮助指明其他可用于评价的标准。如板块 8.1 所列。

8.1 媒体自由对公众的主要益处

- 对权力系统性的或者独立的公共监督，充分提供关于权力活动的可靠信息（指新闻业"看门狗"的角色或批评者的角色）
- 催生活跃的、知情的民主体系和社会生活
- 表达观点、信仰和世界观的机会
- 文化和社会的持续更新和变化
- 自由在程度与种类两方面的增长

结构层面的自由

传播自由有两个面向：广泛的声音以及对广泛要求或需求的回应。为实现言论与出版自由，需要一些条件。必须掌握表达的渠道并能接收不同的信息。有效的媒体自由所需的结构性条件包括：

- 不存在审查、执照制度或其他政府管控，由此实现不受阻碍地出版并传播新闻和观点的权利且不必出版不愿出版的内容；
- 公民拥有近用表达渠道的平等权利和可能性（传播的权利）；
- 相对于所有者过度的管控和干预以及外部政治或经济利益的真正独立；
- 系统具有竞争性，为媒体集中和交叉持有设限；
- 媒体从相关来源获取信息的权利。

这些结构条件背后是诸多悬而未决的问题。在这些要求当中隐藏着若干潜在的冲突和不连贯。第一，公共传播的自由从来不可能是纯粹的，个人利益或更高层面的、集体的社会福祉对其进行了限制。在实际中，"更高的福祉"往往由国家或其他权力持有者定义，尤其是在战争或危急的时刻。第二，在媒体频道的所有者或控制者与那些可能希望使用这些渠道但却不掌握权力（或合法权利）的人之间可能存在利益冲突。第三，这些条件将对自由的控制权交到那些出版媒体的拥有者手中，这些拥有者并不认同（记者、制片人等）媒体从业人员的出版自由权。第四，在传播者想说的和其他人想听的之间可能存在不平衡：一个人发送（信息）的权利和另一个人选择（信息）的权利可能不一致。第五，政府或公共权利可能有必要（例如通过建立公共广播或者制约所有权）干预媒体结构以保障那些不受约束的系统事实上并不能保障的自由。一些不属于责任或权利的问题可以通过行为准则和习俗来解决。

出现了许多度量国家媒体系统当中新闻自由程度的努力，尤其是那些以促进民主和保护新闻记者利益为名的努力。贝克尔等人（Becker, 2007）对所使用的主要指标以及所得出的典型结果做出了概述和评估。最早的测量是"美国自由之家"（US Freedom House）做出的，它将自由定义为"媒体的合法环境、影响报道的政治流程以及影响信息近用的经济因素"。评级往往是基于对媒体独立的法律保护、法律的运用和记者的实际经验做出的。两者往往并不相符。这样的测量主要起到揭示趋势以及对比实际媒体系统的作用。

表现层面的自由

如前所述，由于传播自由可经由各种方式使用或者错误使用（只要不造成实际伤害），评估媒体内容的自由程度并非易事。尽管如此，板块8.1所小结的出版自由可能带来的益处的确为我们指出另外一些标准和期待。例如,就新闻和信息(新闻业)而言,媒体被期待运用其自由来执行一套活跃的、批判的编辑政策并提供可靠的相关的信息。一家自由的媒体不应当是过度保守的,反而应当以提供多元观点和信息为标志。媒体应该代表公众执行调查和看门狗的角色(参见 Waisbord,2000)。这并不妨碍它们持有立场或是主张,只是它们不应简单地充当宣传的工具。一个自由的媒体系统是以创新和独立为特征的。类似的标准也适用于文化和娱乐领域。自由的状况应当催生原创性、创新性以及巨大的多元性。在有必要之时,自由的媒体应当做好准备反对权力、表达不同的观点并挑战传统和惯习。关于内容的这些品质缺失得越多,我们越有理由怀疑媒体自由的结构性条件并未得到满足,或者媒体并未按照新闻业自由的早期倡导者所倡导的那样很好地利用自身的自由。

现在可将前文讨论的主要元素进行逻辑上的关联,如图表 8.1 所示。一些元素(尤其是多元性)以价值的形式再度出现。

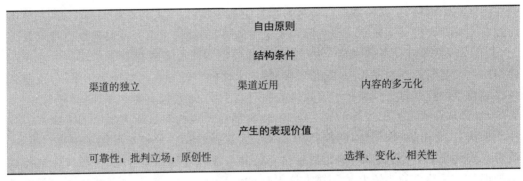

图表 8.1 媒体结构和表现当中的自由标准

作为原则的媒体平等

民主社会推崇平等的原则,尽管当后者被运用到大众媒体之时,需要被翻译成更为具体的意义。作为一个原则,平等构成了我们业已讨论过的一些规范期待。

结构层面的平等

关于传播和政治权力,在结构层面的平等——也就是说拥有大致一样的发送和传播的机会——应当能催生社会中不同的甚至相反的利益导向。在实践中,这一点最有可能实现,尽管可能需要采用一些公共政策来纠正某些不平等。公共广播机制是其中一个方式。公共政策还可以约束媒体垄断并为媒体竞争提供保障。平等的原则支持那些覆盖全球的广播电视政策和电信政策并支持分担基础服务的成本。平等的原则还意味着自由市场的规范原则应当自由、公正、透明地操作。

表现层面的平等

平等原则要求媒体不为任何权力所有者提供特别倾向性，近用媒体的权利应当被提供给不同的执政竞争者，也就是说，不同的或者相对的观点、视角、主张以及那些已经确立的立场。至于媒体的商业客户，平等原则要求所有的合法广告商被基于同样的费用和条件对待。平等原则支持在平等条款下的公平接入以及符合相关标准的不同声音（多元标准的另一种形式）。简单地说，平等原则主张最大可能地消除在发送和接受的数量和形式方面的歧视和偏见。对平等的考量将我们带入客观性的领域（下文将详细讨论，见第164～167页）以及多样性的话题。实现媒体平等的真正机会可能取决于一个社会的社会和经济发展程度及其媒体系统的能力。在实践中，不同的、互相依赖的渠道之间需要存在足够的空间以实现任何程度的平等。即便如此，不论是高经济福利还是广泛的社会系统都不是实现平等的充要条件。例如，美国满足了这两个条件，但似乎不存在实际媒体使用的传播公平，也未形成一个公平知情的社会（Entman，2005；Curran et al.，2009）。原因可能在于，（相较于媒体平等），社会更看重的是实际的经济和社会平等。关于平等价值的主要次级原则小结如图表8.2所示。

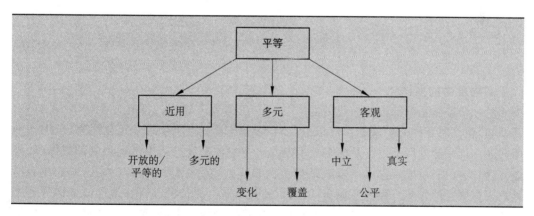

图表8.2 作为媒体表现原则的自由，以及其他相关概念

作为原则的媒体多样性

多元性的原则尤其重要（它也被认为是自由的一个主要益处，还与近用和平等相关联），这是由于它为社会进步的正常进程提供支撑。这包括统治精英的定期更替、权力和

执政的轮换、不同利益诉求的力量抗衡等，这些都是民主应当兑现的多元形式。在关于媒体理论的探讨中，多元作为一个关键概念总是和自由紧密相关（Glasser, 1984）。它预设：存在越多的公共传播渠道，并向越广大范围的受众传输越多种类的信息，越是好的。这样听起来，多元性似乎并不指向任何价值，也不规定应当传播什么。事实上，这种解释是正确的；和自由一样，多元也是内容中立的。它是一种关于种类、选择和变化的自我评估。即便如此，关于媒体系统应当持有什么样的关于民族的、政治的、宗教的价值，依然取决于社会。媒体供给的多样性对受众来说也显然是一种直接的益处，它还能反映近用出版渠道的广泛性。除了对多样性的这种整体评价之外，它还可能导致社会碎片化、分裂化，如桑斯坦（Sunstein, 2001, 2006）以互联网为例对我们发出的警告。

板块 8.2 小结多样性可能对社会带来的主要益处。

8.2　多样性的主要公共益处

- 打开社会、文化变迁的渠道，尤其是通过为那些新兴的、无权的或者边缘的声音提供近用渠道
- 检查对自由的滥用（例如，自由市场导致所有权集中的情况）
- 赋能少数人群保持其独立于整体社会的存在
- 通过增进潜在对立的人群或利益之间的互相理解来减少社会矛盾
- 整体上扩展文化和社会生活的种类和丰富性
- 最大化"观点的自由市场"的益处

结构层面的多样化

对一个媒体系统结构多样化的要求与对平等的要求类似。需要存在许多（足够多）不同的、独立的媒体公司或制作商以满足社会的需求。就供给的多元化而言，可用几种不同的标准来测度所提供产品的多元程度。一个媒体系统应当由不同类别的媒体（如报业、广播或电视）组成。它应当反映地理上的多样性，包含那些为全国的、区域的或者当地的人口服务的媒体。媒体还应当从语言、民族或者文化认同、政治、地区或信仰等方面反映社会的结构。然而，有证据显示，渠道和选择数量的扩大（例如放宽电视监管以后的欧洲）并不必然提升内容的多样性，原先的组合可能基本保持不变（van der Wurf, 2004）。

研究者发现了"作为平等对待的多样性"原则的两种变体。依据其中一个版本，媒体应当提供字面意义上的平等：每个人都能接收到同等水平的媒体供给并拥有与发送者相对等的近用权利。这适用于（例如）在选举中彼此竞争的党派获取同等时间的情况或者是在那些为不同语言群体相应提供不同媒体服务的国家（例如加拿大、瑞士或比利时）。另一个更为常见的版本则仅仅指的是一个"公平的"，或者合适的近用和待遇分配。公平

性主要通过按比例呈现的原则来评价。因而媒体供给应当按比例反映实际社会的相关分布(社会群体、政治信仰等),或者反映变化中的受众需求或利益的分布。结构的另外一个变量在于:多样性是通过为不同的利益(所谓的外部多元性)开设单独的渠道(如不同的报纸等)实现的,还是通过在一个渠道内部表达不同的声音(内部多样性)实现的。

格拉瑟等人(Glasser et al., 2008)揭示了在完全商业化的媒体系统当中正式的结构性供给的不足。他对由(主要是市场的)自由多元主义支持的多样性和一个多元文化的社会真正需要的多样性二者作了对比:前者是自上而下的、反映既有的权力和社会地位的不平等。这项研究呼吁,媒体应当被有效地掌握在那些少权的、弱势的人们手中,以便他们掌握为自己开展传播的公平机会。

表现层面的多样性

媒体供给(内容)的差异应当大致对应源头或者接收端的差异。本质上,媒体系统提供的内容应当在整体上匹配社会的信息、传播和文化需求。事实上,表现的多样化最有可能通过某几个特定媒体的产品来测量——多家报纸、电视台等。媒体内容多样性的问题可通过无数的维度加以测量,包括:文化和娱乐的类型、品位、风格或形式;所涵盖的新闻和信息的主题;政治观点等。测量的可能性是无限的,但是关于多样性最重要的问题在于以下一个或几个标准:体现社会和文化差异、平等接入所有的声音以及容纳广大的消费者的标准。板块 8.3 小结测量多元性的主要标准。

> **8.3 对结构和表现多样性标准的主要要求**
> - 媒体需在其结构和内容当中,以一种或多或少等比例的方式反映它们所身处的社会的种种现实,包括社会的、经济的、文化的现实
> - 媒体应当为那些构成社会的不同社会和文化群体提供或多或少平等的发声机会
> - 在一个社会或社区当中,媒体应当为不同的利益和观点提供平台
> - 在某个时间点上媒体应当提供相关的内容选择,而从长远看来媒体应当针对其受众的需求和兴趣提供种类广泛的内容

和表达自由一样,完全的多样性是一种无法实现的理想。在这些规范要求当中还存在某些不一致和问题。多样性可能实现的程度受到媒体渠道能力以及必须做出的编辑选择的限制。媒体越是按比例反映社会,那些小型的甚至具有一定规模的群体就越有可能被排除在大众媒体之外,这是由于有限的近用机会将被众多占有不均衡社会和经济资源的索求者瓜分。同样地,为占支配地位的群体提供的服务以及为大众媒体当中持续的期待和品味提供的服务也限制了供给的选择范围以及发生变化的可能性。然而,在一个

社会中,如果存在针对全范围少数群体的媒体,则可能有助于补偿"传统"大众媒体的局限。因此,结构的多样性可以补偿主流频道当中多样性的缺乏。互联网似乎对这个意义上的多样性有所贡献,尽管所谓的"少数群体贫民窟化"绝不是一个理想的解决方案。作为对这段讨论的注脚,我们必须记住,单独的多样性不一定具有价值,除非将它与其他重大的标准和维度相关联。卡平根(Karppingen,2007)批评了"媒体政治多样性当中存在的'天真的多元主义'"。在一个公共领域当中,过度多样性甚至可能起到妨碍作用,它可能导致碎片化。

真实性与信息质量

历史上对传播自由的主张与真实性价值紧密相关。在公共传播(印刷媒体)的早期,最为重要的是:由教堂守卫的宗教真实、依据个人良心的个人宗教真实、科学真实、法律真实以及历史真实(社会和经济现实),尤其是当其影响政府与商业时。尽管真实的意义和价值随语境和主题变化,但过去直至现在广泛共享着这样一种对真实的兴趣(有时是必要性):可以近用可靠的、来自可信信源的、与经验事实相符的、与多种用途相关并实用的知识(信息)。尽管对媒体应当提供有合理质量的信息的期待具有更为实际的而非哲学的或规范的基础,但在现代思维体系当中,真实性作为媒体标准与自由、平等或多样性原则是同等重要的。

提供可信知识所能带来的好处毋庸赘述,尤其考虑到相反的作为可能导致的结果:谎言、错误信息、宣传、诽谤、迷信或无知。一个生产高质量信息(及真相)的媒体结构可能带来的益处小结如板块8.4所示。

8.4 信息质量(媒体真实)的益处

- 有助于知情社会和技术劳动力的形成
- 为民主决策(知情的、有批判的投票)提供基础
- 抵御宣传和非理性的诉求
- 预警风险
- 满足公众对信息的每日需求

客观性概念

客观性可能是媒体理论当中与信息质量相关的最为核心的概念,尤其当运用到新闻信息之时。客观性是一种特殊的媒体惯例(见下文阐述),也是一种关于信息收集、处理和发行的特殊态度。它不应被混淆于真实性这个更为广义的观念,尽管它是真实性的一

个版本。首先一个主要特征是，采取一种独立、中立于所报道对象的姿态，其次是避免合作关系，在争议事件中不采取任何立场或表现出任何偏见。最后，客观性需要严格遵循准确性以及其他真实性标准（例如相关性、完整性）。客观性还要求不应藏有任何其他动机或者对第三方的服务。由此，观察和报道的过程不应受主观性的影响，也不应对其报道的现实造成干扰。在某些方面，至少在理论上，客观性与哈贝马斯（Habermas,1962/1989）提出的理性的、"非扭曲的"传播理想十分接近。

这一版本的报道实践的理想标准业已成为记者职业角色的支配性理想（Weaver & Wilhoit,1986）。它与自由的原则相关，这是因为独立是实现超然和真实性的一个必要条件。在一些情况下（例如政治压迫、危机、战争和治安行动），报道的自由只能在保障客观性的前提下得以实现。在另一方面，自由还包括持有偏见或支持某个党派的权利。

与平等的关联也十分强大：客观性需要一个对待新闻信源和报道对象公平的、非歧视的态度，所有这些都应被加以平等对待。此外，当事实存在争议时，对事务的不同观点应当得到公正立场、公平引用以及其他一切公平的对待。

对媒体操作环境中发展起来的关系而言，客观性可能是至关重要的。国家的代理机构以及各种利益的倡导者有能力通过媒体直接与他们选中的受众对话，而不受守门人不当的扭曲或干预，也不损害渠道的独立性。鉴于业已建立起来的客观性惯例，媒体渠道可保持其编辑内容远离其广告业务，反过来广告商也可以远离编辑内容。新闻当中也可以体现编辑观点。

总体上，媒体受众对客观表现的原则十分理解，其操作帮助增进公众对信息及媒体所提供的观点的信念与信任。媒体本身也发现客观性赋予它们的新产品更高、更广泛的市场价值。最后，由于客观性标准是如此通行，在那些反对偏见和不平等待遇的主张和宣称当中常常援引它。大多数现代新闻媒体均大量阐述客观性的诸多意义。许多国家的广电政策通过各种方式对其公共播出系统做出客观性的要求，有时是作为其独立于政府的一个条件。

客观性研究与理论的一个框架

韦斯特斯达尔（Westerstahl,1983）在对瑞典广播系统表现出的客观程度的研究当中提出了一个版本的客观性要素。这个版本（见图表8.3）注意到，客观性与价值以及事实相关，而事实也具有评价的意义。

在这个图示当中，"事实性"首先指的是一种报道的形式，即可援引信源来核查事件和陈述、对报道不加评论或是清晰地与评论彼此独立。"事实性"还包括其他若干"事实标准"：叙述的完整性、准确性以及不误导或压抑相关信息的意愿（诚信）。"事实性"的第二个主要方面是"相关性"，这一点更难，不论是客观地定义它还是实现它。它与选择的过程而非呈现的形式相关，它要求基于清晰且连贯的原则作出选择——对目标受众和社会来说什么是最重要的(Nordenstreng,1974)。总体上,那些最直接、最强烈地影响最广大人的事物即是最相关的(尽管公众感兴趣的和专家认为最重要的之间可能存在差异)。

依据韦斯特斯达尔的图示,公正性预设一个"中立的态度"且需要通过平衡结合互相对立的阐释、观点或事实版本(平等或按比例分配的时间/空间/强调重点)并通过中立的呈现来加以实现。

图表8.3当中增加了一个额外的元素:"信息性",对于客观性的更完整意义来说,它是十分重要的。所参照的依据是那些能够提升观众对信息的接受度(信息被关注、理解并记住等)的内容质量。这是信息实用的一面,它往往在规范理论当中被低估或忽视,但对于更完整地定义什么是好的信息表现却是十分重要的。

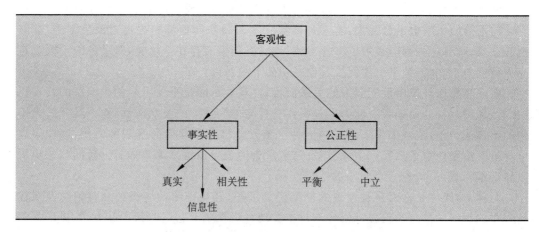

图表8.3　客观性的组成标准(Westerstahl,1983)

对信息质量的主要要求如下:

- 大众媒体应当充足地提供具有相关性的新闻以及事件的社会背景信息。
- 信息应当是客观的,即采用事实形式的、准确的、诚实的、足够完整的、忠于事实的,应当经得起核查且事实与观点彼此独立。
- 信息应当是平衡的、公正的,应当经由不同的视角和阐释来开展尽可能平实的、不带偏见的报道。

客观性的局限

关于如何定义信息的充分性或相关性,以及"客观性"的真正本质是什么,存在不明确性(Hemánus,1976;Westerstahl,1983;Hackett,1984;Ryan,2001);因此在前述准则当中隐藏着一些可能的困难。通常认为,遵循客观性原则可能导致新的、形式更隐蔽的偏见(参见第14章)。它可将优势赋予争议当中组织完善、经费充足的一方(或多方),而不计其本身的价值或立场。很少有人会赞成赋予邪恶方以客观公正,但是客观性这一概念并不能在其中画线。还可能存在关于媒体自由的不一致主张(即无法区分"真"或"假"的表达)和关于多样性的不一致主张(强调真相的多面性和不连贯性)。我们还可以发现,这样的标准更适用于一个社会当中的整体媒体信息、而不适用于某个具体的渠道或者部门。不是所有的媒体都被其受众要求提供关于"严肃"话题的完整的、客观的信息。

对客观性(以及相关的实施标准等)的必要性、道德正义以及可实现性存在诸多争议。但是在利希滕伯格(Lichtenberg,1991:230)的论证当中有力地提出,"在我们追求理解世界的进程当中,我们必须坚持客观性的可能性和价值"。对客观性的批评部分是基于一则定义,这则定义关注事实与观点之间的矛盾以及证实与解释的问题,瑞安(Ryan,2001)回顾并回应了这种批评。后来他(2006)提出,对客观路径的批评大大削弱了其对记者的征服力,并最终造成了美国新闻界在报道伊拉克战争过程中的失败,新闻业向支持战争的新闻和编辑内容打开了大门。与客观性相关的问题尤其是新闻当中不可避免的偏见将在下文中参照"新闻"的概念展开讨论(第295~299页)。

关于信息的恰当标准的讨论加剧了那些要求信息质量最大化("完全的新闻标准")的人以及那些主张一个更为现实的最小标准的人们("防盗警报器"版本,主要是标题和短小的内容)之间的鸿沟。后者仅会就重要的事件、相关的议题以及危险发生的时刻对公民作出警示。作为新闻的完全标准的主张者,贝内特(Bennett,2003)对最小化观点提出了批评,他称这是一个经常不响的警报器。另一个观点是,新闻的数量和重量通常不如其多样性重要,后者给予公民真正理解事件并评估其他行动方案的机会(Porto,2007)。

社会秩序与团结

此类规范标准是关于不同(甚至对立)视角下的社会整合与和谐的。一方面,权力机构一致期望公共传播媒体能心照不宣地支持它们维护社会秩序;另一方面,在一个多元社会当中,无法仅仅维持一种单一的秩序,媒体拥有复合的、多样的职能,尤其对非主流社会群体和亚文化群体负有责任;在大多数社会当中,媒体还对矛盾和不平等的表达负有责任。媒体可以在多大程度上支持反对力量或者(在"顶层"看来)潜在的破坏力量也是问题之一。关于媒体的相关原则是复杂的且彼此互不兼容,但可以表达见图表8.4。

秩序的概念通常运用灵活,它可被用于宗教、艺术、习俗等象征(文化)系统,也适用于社会秩序的诸多形式(社群、社会以及业已建成的权力结构)。在这个宽泛的区分之上,还有依据视角做出的区分——自"上"或自"下"。区分主要在于社会权力与个人或少数群体之间,同时它还对应着控制意义上的秩序和团结凝聚意义上的秩序之间的区别——前者是强制的,后者是自愿自选的。这些关于秩序的观点可呈现如图表8.4所示。

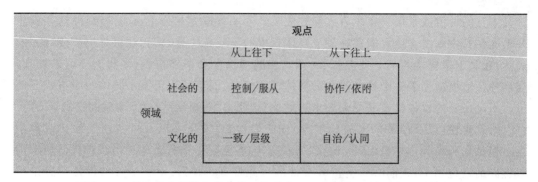

图表 8.4 关于大众媒体和秩序的一些观念——谁的秩序、涉及什么样的秩序

任何一个复杂的、可变的社会系统都会展现出秩序的所有这些子方面。一方面存在社会控制机制,另一方面组成社会的团体也会自觉依附。对于经验,人们持有共同的意义和定义,同时却拥有十分不同的身份和实际经验。共享的文化和连带经验之间互相强化。媒体与社会理论已经以相异的(尽管不一定是逻辑矛盾的)方式探讨了大众传播与这些不同概念之间的关系(见第 4 章)。功能理论认为,大众媒体具有通过促进社会与文化价值之间的合作与共识来维护社会秩序持续融合的潜在目的(Wright,1960)。

批判理论事实上将大众媒体诠释为占统治地位的、支配性的权力持有阶层的一个代理,这个阶层推行他们自身对现状的定义并运用他们自己的价值来边缘化或者非法化反抗的力量。通常认为媒体是服务矛盾的目标及利益的,并且媒体提供不同于实际的或可取的社会秩序的另外版本。"谁的秩序"这一问题需要首先得到解决。相关的规范理论不应仅关切(例如战争、犯罪或其他异常情况导致的)秩序的破坏,也应当从更为边缘的或者少数的社会与文化群体的视角出发观照现有秩序的堕落。

与秩序相关的期待和规范

从社会控制的角度看,相关的规范通常被用于谴责对暴力、失序和异常行为的正面描绘,或者支持对既有"秩序"建制和权力机构——法律、教会、学校、警察、军队等——的诉求和正面象征性支持。第二条(关于团结的)子原则是基于这样一种认知的:社会由诸多不同子群体、不同身份基础以及不同利益兴趣构成。从这个观点看来,对于大众媒体的一个可实现的规范期待是,它们应当同情非主流者并为相关少数群体和观点提供表达渠道和象征支持。总体上,这种(规范的)理论立场将包含对边缘、偏远或不同于国家社会主流观念的群体和情况的延伸和包容。

可将关于社会秩序的十分混合的规范观点小结如下:

- 对所服务的(国家或地方层面的,或是依据群体和利益定义的)相关公众,媒体应当提供传播的渠道和支持。

- 媒体可以通过关切社会弱势或受损群体及个人来促进社会整合。
- 媒体不应通过鼓励或象征性地奖励犯罪和社会失序来破坏法律和秩序的力量。
- 在相关国家安全的情况下（例如战争、欲发动战争的威胁、外来入侵或恐怖主义），媒体行动的自由应当服从于对国家利益的考量。
- 在道德、礼仪和品位的问题上（尤其在描绘性和暴力以及使用粗话之时），媒体应当在一定程度上遵循被广泛接受的既有规范并避免引发严重的公众不满。

文化秩序

"文化"的领域既不易于同"社会"的领域区分开来，又不易定义，但此处它主要指的是象征内容传输。规范媒体理论通常关注（媒体内容的）文化"质量"或相对于真实生活体验的真实性。在一个规范框架当中，为当下表征目的而存在的文化的分支领域依循的是与社会领域当中类似的线索：在一个"占支配地位的"、官方的或既成的文化与一套可能的非主流亚文化之间的区分线索。事实上，前者蕴含着一种文化的等级观念，那些被有地位的文化机构认可的文化价值和产品比那些"另类的"文化价值和形式拥有更多优势。

文化质量规范

（通常在更为宏大的文化政策当中得以表达的）规范理论可以为大众媒体当中不同种类的文化质量提供支持。首先，规范理论通常保护一个国家或社会"官方的"文化传统，尤其是在教育、科学、艺术和文学领域。其次，它基于真实性和认同并出于政治目的支持不同的区域、地方或少数群体的文化表达。最后，一些理论（参见第 93~94 页）认可各种文化表达和品位，包括"大众文化"。

关于大众媒体可能担负的文化责任已有了诸多热烈讨论，然而关于应该采取何种行动则很少达成一致，真正付诸的行动就更少。关于文化质量原则的表述可能日益得到改进，然而却很少具有可实施性。关于文化质量标准对应采取的行动意味着什么，则很少达成一致。即便如此，我们依然可以识别出以下最基本的原则。

- 媒体内容应当反映并表达媒体所服务的（国家、区域和地方的）人们的语言与当代文化（产品和生活方式）；它应当关切当下的和典型的社会经验。
- 媒体的教育角色以及一个国家最优秀文化传统的表达和传承应当得到优先考量。
- 媒体应当鼓励文化创新性和原创性以及（依据审美、道德、知识与职业标准的）高质量产品的生产。
- 文化供给应当是多样的，应当反映包括对"流行文化"及娱乐在内的各种需求。

问责的意义

要完全定义"问责"一词并非易事(参见 McQuail,2003a)。范托克(Feintuck,1999：20)提供了一个由两部分组成的法理定义。第一部分是"一种对一个人的行为作出解释的要求,或直接对公众解释,或通过公共权力机构作出解释"。第二部分意味着"当行使权力违背了要求或者期待之时应受到制裁"。这是有用的,但是考虑到媒体的大部分活动并不受到公共权力的法律约束,此处的目的应当是扩展应用的范围。通常"问责"一词和"负责"可以互相取代,尤其当后者意味着需要解释或者合理化某种行动之时。但也存在若干不同。普里查德(Pritchard,2000:3)写道,问责的实质在于提名、归咎和索赔的过程——发现一个问题,提名某个媒体对此负有责任并索要道歉或者赔偿。这里核心的依据是公共监督的过程,"媒体的公共活动(出版行为)面临着社会的合理期待"。我们已经讨论过这些期待,参见前文小结。我们以一种暂定的方式将"媒体问责"定义如下：

> 媒体问责是指媒体自发地和强制地就出版的质量和/或后果对社会作出直接或间接回应的过程。

鉴于议题的复杂性和敏感性,很显然我们所讨论的并非一个简单的或单纯的社会控制和规制的机制。构成问责的种种元素是任何一个开放社会当中媒体的正常运作的一部分。依据规范理论的核心宗旨,媒体问责过程应当满足四则总体标准：

- 它们应当尊重自由出版的权利。
- 它们应当阻止或限制因出版而引起的对个人和社会的伤害。
- 它们应当促进出版的积极方面而不是仅仅做出限制。
- 它们应当公开且透明。

第一条标准反映的是民主社会当中自由表达要求的首要性。第二条意味着对社会负责任首先是对那些拥有权利、需求和利益的个体负起责任。第三条强调媒体与社会其他机构之间的对话和互动。第四条指出仅有媒体内部的控制是不够的。满足这四条标准的主要难度在于自由和问责之间无法规避的矛盾——只要在法律之内,完全的自由是排除所有责任应答的。典型地,民主社会的宪法摒弃一切对"新闻自由"的束缚,因此合法规避问责的空间很大(参见 Dennis et al.,1989)。

这种陈述首先是基于存在一种名叫"公共利益"的事物的假设,见前文讨论。其次,它假设媒体对于社会十分重要因此有必要对其进行问责,并且有效的问责并不必然违背基本自由。自由包括对他人担负责任并受限于他人的权利。

此处有必要区分问责和责任两个概念。后者指的是指向媒体的义务和期待,前者则主要指的是媒体被要求作出回应的过程。如霍奇斯（Hodges,1986）所言：

> 责任意味着：我们应当期待记者回应何种社会需求？问责是：社会何以要求记者对其责任表现作出解释？责任与定义恰当的行为相关，而问责与行使这些行为相关。

在考虑问责的过程时，有必要区分不同强制程度的责任。一些责任是完全自愿的、自选的，另一些是媒体和受众（或客户）之间约定的，还有一些是法律规定的。因此问责的压力通常来自道德或社会而非法律。总体上，自愿性越强，问责的机制越是软性或可选的，与自由之间的矛盾也越少。一个软性的问责模式不涉及罚款或其他处罚，而通常包含口头质询、解释或道歉。出于显而易见的原因，媒体通常希望规避外部裁决和处罚，因此自我规约的问责机制十分普遍。这也适用于传播问题，通常不存在实质上的或者物质上的损失。

问责模式的两个选择

为实现问责，必须对媒体的作为（出版）给予反馈且媒体必须倾听这些反馈。问责就是依据某标准回答某人提出的某件事，从而媒体拥有不同程度的责任。结合这些观点，我们可以描绘出两个问责模式：一是担责模式，二是应责模式。

担责模式强调媒体出版可能对个人或社会造成的伤害与危险（例如对道德和公共秩序的威胁）。与该模式相对应的是私人律令或公共法律下的物质惩罚。

与之相对，应责模式是非对抗性的，它强调：辩论、协商、自愿行为和对话是架起媒体和其批评者或受影响的人之间桥梁的最好方式。问责的方式主要是口头的而非正式的裁决，处罚也是口头的（例如发表道歉、更正或回复）而非物质的。

要平衡私人（个人）损失（如对一位公众人物造成的损失）和可能的公共福利（如曝光丑闻或虐待）总是十分困难的。在实际中，一旦出版之后可能受到严厉惩罚，出版的行为会被"降温"。富有的媒体公司可以为追求受众而承担财务风险，而小出版商面对的危险则更大。总体上，应责模式与参与式民主更相关且更鼓励表达的多样化、独立和自由。两种模式的主要特征小结见图表8.5。

应责（Answerability）		担责（liability）
道德/社会基础	v	法律基础
自愿的	v	强制的
口头形式	v	正式裁决
合作的	v	对抗的
非物质惩罚	v	物质惩罚
依据质量	v	依据损害

图表8.5 对比两种问责模式（McQuail,2003a:205）

问责的线索与关联

根据定义，问责涉及媒体和其他相关方的关系。我们可以辨析出问责的两个阶段：内部阶段和外部阶段。前者指的是媒体内部的控制链，例如，特定的出版行为（如新闻产品或电视节目）可被视为媒体组织及其所有者的责任。这其中包含了（记者、撰稿人、编辑、制片人等）媒体从业者的自至和表达自由的程度等重要问题。在媒体的"围墙内"，自由和责任之间存在矛盾，且可以说问题往往朝着有利于媒体所有者的方向得到解决。在任何情况下，我们都不能依赖内部控制或者管理来满足广泛的社会问责需求。内部控制或者可能太过严厉（保护媒体组织不受指责）以至于构成一种自我审查的形式，或者过度服务于媒体组织而非社会的利益。

此处我们关切的是媒体与那些受出版影响或对出版有利益诉求的相关方之间的"外部"关系。这些关系多种多样也互相重叠，可将主要的潜在相关方简单列举见图表8.6。问责关系通常出现在媒体和以下相关方之间：

- 媒体的受众
- 媒体的客户，如广告商、赞助商或支持者
- 那些提供内容的人，包括新闻来源以及娱乐、体育和文化产品的生产者
- 作为个人或群体的报道对象（此处称为"信源"）

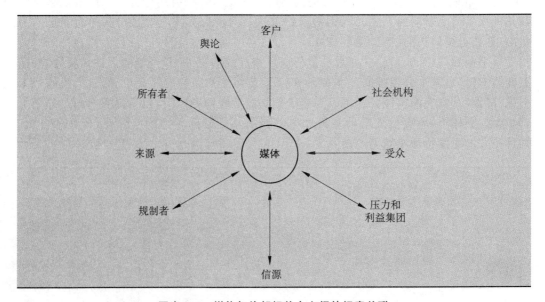

图表 8.6　媒体与外部相关方之间的问责关联

- 媒体公司的所有者和股东
- 作为公共利益捍卫者的政府规制者和法律制定者
- 受媒体影响或依赖媒体而运营的社会机构
- 代表整体社会的舆论
- 受出版影响的种种压力和利益集团

问责的框架

鉴于(问责的)议题和所涉及的相关方是多种多样的,其过程也是千变万化的。此外,不同的媒体拥有不同的"政体",甚至可能根本没有管理体制(第9章)。整个大众生产的过程包含一个日常的、持续的问责过程,既有内部对问题的预判,也有诸多外部利益相关方在出版之后展开的问责。大多数此类活动属于前文所述的"担责"的范畴。然而,的确会产生更复杂的问题并出现更强烈的指责,媒体更可能抗拒它们。在这种情况下可能采取更为强制性的手段。一个典型的问责过程包括一些正式的程序和一个外部第三方裁决的机制。此处同样存在多种可能性,这是由于裁决的形式多种多样:从触犯法律(例如出现诽谤)时启动的司法裁决,到媒体自身采取的自愿行为等。

鉴于这种多样性,有必要提出几个基本的"问责框架",每一个框架代表一种(并不互相排斥的)问责路径并拥有自身的典型话语、逻辑、形式和程序。这个意义上的框架涉及若干共同的元素:在媒体"代理"和外部诉求人之间存在联系,通常还存在作为裁决人的第三方;存在一些关于良好行为的标准和原则;还存在问责的规则、程序和形式。我们可将问责的框架定义如下:

> 问责的框架是一个参考框架,在其中,出现对行为和责任的期待且诉求得以表达。框架还指明或者管控处理这些诉求的方式。

部分参照丹尼斯等(Dennis et al., 1989)的观点,四个最普遍的问责框架分别是:法律和规制框架、财政/市场框架、公共责任框架以及职业责任框架。我们可以参照四者的典型工具和流程、它们最适合处理的议题、强制的程度以及各自相对的优劣势来简单加以描述。

法律和规制框架

第一个框架指的是影响媒体结构与运营的全部的公共政策、法律和规制。主要的目的应当是创造和维持社会当中自由且广泛交流的环境、促进公共福利,同时限制可能的伤害,并将个人和公众的利益合法化。

这一框架的主要机制和流程通常体现为一套规约媒体可做什么、不可做什么的文献，以及关于如何执行这些规约的正式的规则和流程。该框架主要处理媒体（尤其是电子媒体）对个人或其他事务造成伤害的议题。

运用该框架来问责的优势首先在于，存在最终执行控诉的力量。同时，还可以运用政治体系实现对目的与手段的民主管控，以制衡权力的滥用。对自由以及规制范围的任何限定都是清晰设置的。该框架的劣势和限制十分显著，这主要是因为在保护出版自由和促进媒体责任之间存在潜在的矛盾。对惩罚的恐惧可能和（出版以前的）审查制度起到相同的作用。相比内容，法律和规制更容易被运用到结构（例如所有权的问题）当中，内容难以定义且存在表达自由的问题。总体上，即便法律和规制的目标是保护所有人的利益，但却更有利于那些有权有钱者。最后，研究者观察到，法律和规制通常不太有效、难以实施、广泛的长期的效果不易预测且一旦过时不易改变或废除。它们还可能成为既得利益系统的一部分（例如在补助和执照事宜上）。

市场框架

市场并非总是充当公共问责的重要机制，但在现实当中，市场是平衡媒体组织和制作人利益及其顾客和受众（消费者）利益的重要方式。自由市场当中正常的需求和供给过程就是其机制，理论上它应当鼓励"好的"作为而排斥"坏的"作为。各种受众和市场研究在显示销售情况的同时还揭示公众对媒体作为的回应。

原则上，市场问责的范围很广，尽管其重点在于消费者对传播"质量"的认定。质量不仅关乎内容，还包括技术质量。市场应该通过竞争来鼓励改善。在运用市场力量调控的过程当中并不涉及强制行为，这正是这种路径的优势之一。供需原则应当确保生产者和消费者的利益是平衡的。该系统是自相关和自我修正的，不需要外部的规约或控制。

市场的局限性要比其优势更为明显。一个主要的批评角度认为，媒体的主要问题在于，它们过于"商业化"了，媒体的组织是以利润而非传播为目标的，它们缺乏真正的质量标准。依据这一观点，市场无法充当自身的制衡系统。此外还存在其他观点认为市场不足以担当问责。例如有观点提出，市场很少完美，理论上的竞争的优势不可实现。当发生私人垄断时，毫无有效的方法来制衡媒体对短期利益最大化的追求。市场的思维趋向于将媒体自由和质量定义为媒体所有者的自由和福利。

公共责任框架

这指的是，媒体组织还是一种社会机构，在追求盈利及提供就业等直接目标之外，媒体还应当不同程度地提供自愿的服务、给予清晰的承诺并承担特定的重要公共任务。丹尼斯等（Dennis et al., 1989）用"受托人"模式一词来指代媒体代表公众（利益）。其他研究者也描绘了类似的"受托人"模式，通常用来指代公共广播（Hoffmann-Riem, 1996; Feintuck, 1999）。不论是否承认，开放社会当中的舆论通常期望（整个）媒体（系统）在信息、宣传、文化等方面服务于公共利益。当媒体渎职时,公共舆论或者包括政治家在内的公共利益的其他捍卫者会对其进行问责。

该框架的机制和流程主要由压力集团的活动构成,这些集团包括媒体消费者组织和表达整体公共舆论的调查等。在一些国家,媒体行业自愿形成种种形式的新闻业或者广播电视委员会以及公共投诉处理流程,以满足社会的要求。有时政府也会任命一些委员会或发起调查行动来评估媒体表现。一些媒体是作为公共信托的形式运作的,在非盈利的基础上它们服务于公众的信息或社会目标。通常由媒体(或者一部分媒体)开展的公共辩论、评述和批评是一种重要的信息控制手段。

一个成熟的公共责任框架主要的优势在于,可以通过对媒体提出要求直接表达社会的需求。此外,这一框架内含着媒体和社会之间存在持续互动关系的理念。作为公民或者某些利益集团、少数集团成员(而不仅是消费者或拥有法律权利的个人)的公众可对媒体进行问责,媒体也有做出回应的压力及办法。从定义上看,这种问责模式十分开放、民主、具有自愿性质因而是保护自由的。

也存在一些局限。上述的自愿性质即是一个显著的弱点。一些媒体拒绝充当受信人并凭借其自由权利不承担责任。除公共广播以外并不必然存在问责"系统",且该模式在一些国家和传统当中运作得好于另一些国家。全球化(媒体的多国控制)和媒体集中化的趋势正在破坏这一模式。

职业责任框架

这指的是媒体专业人士(例如记者、广告商、公关人士等)出于自尊和伦理发展而形成的问责,这些专业人士自我设定良好表现的标准。该框架还可适用于那些致力于以自我规约来保护行业利益的(媒体的)所有者、编辑、出版人等。

该框架的机制和程序主要包括一套公开发布的行为原则或准则,媒体专业人士以此为据;此外还包括针对特定媒体行为的听证、投诉裁决以及申诉。议题可能是伦理和行为准则当中涉及的任何事务,但通常与对某个个人或群体造成的冒犯或伤害相关。媒体专业主义的发展往往得到政府和其他公共机构的支持,且教育和培训往往起到辅助作用。

该框架的优势在于,由于这一问责系统既是自愿的又符合媒体及其专业人士的自身利益,因此它在整体上更可能发挥作用。作为非强制性的系统,它有其优势并鼓励自发的自我完善和自我控制。在实际当中,也存在诸多局限——它的应用范围很窄且对强势媒体并不能起到多大作用。媒体自身往往不够独立,且该模式的覆盖范围往往是碎片的(Fengler, 2003)。总体上,专业主义在媒体内部发展不足,且雇主和媒体所有者的自主权要比雇员大得多。

比较评估

显然，在一个开放社会当中可能存在多种互相重叠的问责过程，却并不存在一个完整的系统，且上述任何一个"框架"都不足以单独担当问责任务，或是优于其他框架。仍存在许多鸿沟（媒体表现方面的议题就无法得到适当处理），也有一些媒体不接受市场力量驱使之外的任何责任。

问责形式和方式的多样性可被视为一种积极特征，即便整体效果不尽如人意。总体上，依据开放原则，我们应当优先那些透明、自愿以及基于活跃的关系、对话及辩论的问责形式。其他诸如外部控制、法律强制和惩罚威胁等形式在短期内可能更有效，且有时可能是唯一达成目标的方法，但是长远看来它们是违背开放社会精神的。

小　　结

本章探讨了适用于媒体运作的主要规范原则以及广泛标准。其根源和第一印象来源于第7章所讨论的政治和社会理论。它们通常受到市场力量、公共舆论、压力集团、法律和政府的支持。本章简要描绘的问责过程应当与政府或其他力量的控制手段区分开来，尽管前者也能提升执行上述标准的机会。

尽管媒体不断变化，但是上述准则的内容并未发生根本变化；然而其中相关的力量和优先级受到了影响。特别是，媒体渠道的繁荣减轻了某些"支配性"媒体（例如国家性的报纸和广播电视）担当公共角色的压力。由于竞争的可能性变得更大，对媒体垄断的担忧也减低了（尽管对媒体集中的担忧依然存在）。同时，更多的媒体渠道可能带来更大的多样性，尽管那种多样性的质量远未得到保障。互联网新媒介无疑生成了更大的多样性和诸多新的传播服务形式。互联网还规避了执行前述若干规范的压力，尽管它的确彰显了自由、平等和多样的价值。对互联网的需求是一个社会和文化的议题，且互联网作为一种信息来源是不可靠的。它还置身于任何控制机制之外，且在实际当中规避了除市场之外的大多数问责形式。但这并不意味着它是"不可管控的"（Lessig，1999）或能够无限制逃脱问责。

尽管缺乏全国性的或国际的规约框架，但存在诸多（虽然并不十分有效的）互联网被"问责"的例证。舆论营造了回应问责的压力并且部分通过互联网服务的市场需求起到作用。许多使用互联网发送信息和其他内容的相关方（包括传统媒体）拥有自我规约的标准和方法。个人博客主也在进行自我修正。然而这恰恰指出了发展涉及更多相关方的问责系统的必要性（Verhulst，2006：340）。除此之外，诚然，过多的系统性问责将违背互联网带来的自由和多样性。

深入阅读

Bertrand, J. C. (2003) *An Arsenal for Democracy*. Creskill, NJ: Hampton Press.

A systematic and explanatory catalogue of the numerous and varied formal and informal arrangements and instruments by which societies hold their media systems to account. A much-cited, cross-cultural resource book.

Feintuck, M. and Varley, M. (2006) *Media Regulation, Public Interest and the Law*, 2nd edn. Edinburgh: Edinburgh University Press.

A thorough and original exploration of the numerous socio-legal issues raised by the operation of mass media. Although largely based on UK experience, it has much wider potential application because of attention to fundamental principles.

Napoli, P. (2001) *Foundations of Communications Policy*. Creskill, NJ: Hampton Press.

A systematic and informative exploration of fundamental principles of media policy, this time based on the situation in the United States, but with wide relevance to all democratic communication systems.

在线阅读

Bar, F. and Sandvig, C. (2008) "US communication policy after convergence", *Media, Culture and Society*, 30(4): 531-50.

McDonald, D. G. and Dimmick, J. (2003) "The conceptualization and measurement of diversity", *Communication Research*, 30(1): 60-79.

McQuail, D. (1992) *Media Performance: Mass Communication and the Public Interest*, pp. 237-273. London: Sage. (Part VII on mass media, order and social control).

Puppis, M. (2008) "National media regulation in an era of free trade", *European Journal of Communication*, 23(4): 405-424.

van Cuilenburg, J. J. and McQuail, D. (2003) "Media policy paradigm shifts", *European Journal of Communication*, 18(2): 181-207.

Verhulst, S. (2006) "The regulation of digital content", in L. Lievrouw and S. Livingstone (eds), *The Handbook of New Media*, pp. 329-349. London: Sage.

第 9 章

媒体经济与治理

　　迄今我们对大众媒体的讨论将其当作社会的一个建制而非一个产业。在继续充当社会建制的同时，媒体的产业属性越来越显著；要理解媒体结构和动力的主要原则，必须要开展经济、政治和社会文化分析。尽管媒体是在回应个人及社会的社会及文化需求当中发展起来的，但它们大体上是作为企业运作的。出于若干原因，尤其是因为整个信息和传播领域的产业和经济重要性都在加强，（大众媒体）朝产业化方向发展的趋势在近年不断增长。与此相关的是国营电信企业的广泛私有化且其经营活动在国内国际的广泛扩展。另一个原因是前共产主义国家转向自由市场经济。即便在那些将媒体当作公共机构运营的国家，媒体也应当遵循财务原则并在竞争的环境下运作。

　　一本关于大众传播理论的书不适合详尽探讨这些议题，然而如果不对塑造媒体机构的宏大政治和经济力量（至少）加以描绘，则不可能理解大众媒体的社会和文化含义。在关于媒体的公共规制、管控和经济因素当中蕴含的一些总体原则属于理论的范畴,本章的目标正是要解释这些原则,而不详述某时某刻的具体情况。

媒体"不是普通的生意"

媒体机构不同寻常的关键特征在于,其活动既是经济性的又是政治性的,且十分依赖技术的持续变化。这些活动包括生产既是个人的(为个人满足而消费的)又是公共的(被视作社会整体运作所必需的、公共领域所必需的)产品和服务。媒体的公共特性主要来源于其在民主当中的政治功能,也是基于信息、文化和观点被视作集体所有物的事实。类似诸如空气、日光等其他公共物那样,(一个人)对媒体的使用也不会削减他人得到的可能性。

更具体地,在历史上大众媒体被普遍且坚定地视为在公共生活当中扮演重要的角色,且在大众领域当中至关重要。诚然,就报纸而言这是正确的,但对大多数新一点的大众媒体而言其适用程度各不相同。媒体做或不做什么关系到社会,它反映在复杂系统当中对媒体应当做或不做什么的认知(参见第 7 章、第 8 章)。它还反映在以"公共利益"之名对其加以鼓励、保护或限制的不同机制上。除此之外,媒体基本上需要完全或部分依照市场经济的支配来运作。即便在此处,媒体也可能吸引政府的注意,就像其他私人生意也需要受制于各种形式的法律和经济规制一样。

其他理论视角

毫不奇怪,如果脱离了媒体赖以运作的国家/社会环境,则不存在共同认可的对媒体组织的客观描述。一个选择是,在观察作为经济企业的媒体所具有的显著的、各异的特征时采用一种经济的/产业的视角(参见 Tunstall,1991),来区分不同媒体和不同语境。批判政治经济学理论(第 79~81 页有所介绍)提供了另一种视角,其概念来源于对资本主义以及集中化和商业化过程的批判。第三种可能性是,运用公共利益或政策视角,并以前两章所探讨的行为和表现的规范标准来审视媒体结构。还存在第四种可能性:从内部或者媒体专业的视角来看待媒体机构。在随后几页当中我们将逐一讨论这四种视角。

媒体居于政治、经济和技术三重主要力量的中心,因此需要不同的分析模型(见图表9.1)。

理论需要作答的主要问题

只有当甄别出某些普遍事项或问题之时,才能实现理论分析。在描述的层面,我们主要关注异同的问题。在政治和经济方面媒体如何彼此区别?媒体经济如何以及为何不同于其他一般经济或者一般公共服务?国家媒体机构之间如何以及为何存在结构和管控上的区别?正是因为媒体不仅是回应经济力量的一门生意,还深深植根于(通常是本国的)社会和文化建制当中,最后这一方面十分重要。

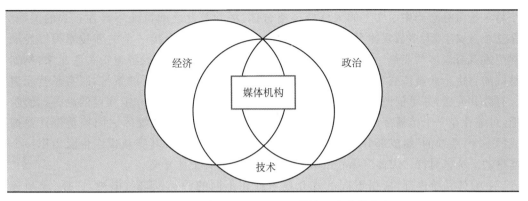

图表 9.1　媒体处在三重互相重叠的影响力的中心

还存在关于当下媒体产业动力的理论,尤其是关于主要基于新技术和新经济机会的扩张趋势、多样化以及媒体融合的理论。在媒体活动方面出现了集中化、融合以及国际化的趋势。此处涌现出四个主要问题。第一,媒体集中可能造成什么结果?可以以公共利益为名管理这一趋势吗?第二,媒体国际化将对媒体和社会造成何种影响?第三,技术、经济或政治、社会的力量在多大程度上驱动了媒体变化?第四,电信方式,尤其是移动电话和互联网带来的媒体传播的扩张提出了新的规制问题并造成了前所未有的规制压力。尤其是,电信系统越来越取代电影、音乐和电视等播出系统而成为内容分发的渠道。这是技术融合的一个例子,所有媒体都电子化并互相连接了。

关于理论的主要问题罗列见板块 9.1:

9.1　从经济和治理当中提出的理论问题

- 媒体在经济和政治方面如何彼此区别?
- 国家媒体系统的结构和管控如何以及为何互不相同?
- 媒体经济如何以及为何与其他产业不同?
- 媒体集中的原因和后果是什么?
- 媒体国际化的原因和后果是什么?
- 技术融合作为媒体变化的一种驱动力,力量几何?
- 媒体表现如何受到财务来源的影响?

媒体结构的基础及分析的层次

我们可以重温经济上发展良好的媒体系统的主要特征。所谓"媒体系统",指的是一个特定国家社会当中事实上的大众媒体集合体,尽管彼此之间可能不存在正式的关联。在这个意义上,大多数媒体系统是历史发展的偶然结果,一个接一个的新技术得以发展并引发既有媒体的变革。有时一个媒体系统由一套共享的政治经济逻辑关联起来,例如美国的自由企业媒体或者中国的国营媒体。许多国家拥有"混合"的系统,既有私营元素又有公共元素,并可依循一套国家媒体政策原则组织起来并走向一定程度的融合。偶尔地,可能存在一个传播部门或者规制机构,它在私营的或公共的媒体之间担负责任并构成另一个"系统的"组成部分(Robillard,1995)。媒体还可能被其受众或广告商当作一个连贯的系统来对待,"媒体"(the media)一词显然是取其集体意义。

在媒体系统内部,依据不同的媒介技术存在不同的种类:印刷、电视、广播、录制音乐、互联网、电信等。然而,这些又通常被进一步细分为不同的"媒体形式",例如印刷媒体被细分为书籍、杂志、报纸。这些细分群组也可被描述为媒体"部门",尤其是在政策话语当中或为实现经济分析的目的。然而这些区分通常是随意的、临时的,因此此类"部门"的集合也通常是虚幻的,如整个媒体系统一般。既存在诸多区分因素,也同样存在诸多整合因素(尤其是通过分离的或者共享的发行系统)。例如,电影媒体可以指影院、视频、DVD租售、广播或者付费电视等。这些既是发行的不同方式,通常也是不同的企业和机构,尽管往往存在一些垂直融合的形式。我们需要鉴别另外一个分析单元——关于公司或企业,它可能是一个部门的重要组成部分,或者对跨越媒体种类边界或地理边界(多媒体公司,通常是多国媒体公司)起到作用。一些媒体产品可被归属于特定的"类型"(例如国际新闻、言情小说等)并最终因分析需要而脱离其媒介或部门被归类于特定的产品(电影、书籍、曲目等)。板块9.2列举媒体系统的主要组成部分。互联网门户,尤其是那些拥有诸多用户和诸多个性化内容的门户,是其中一个较新的元素。主要的案例包括雅虎、美国在线以及英国广播公司。如其名所示,门户是通向更大领域的入口并具有选择和控制的常规功能(Kalyanaraman & Sundar,2008)。

9.2　媒体结构和分析层次

- 国际媒体
- 媒体系统(所有国内媒体)
- 多媒体公司(在若干媒体当中拥有主要股份)
- 媒体部门(报纸、书籍、电视、电影、音乐等)
- 发行/分布区域(国家、地区、城市、当地)
- 媒介渠道(报纸、电视台等)
- 特定类型

- 单元媒体产品(书籍、电影、曲目等)
- 互联网门户

媒体结构的一些经济原则

不同的媒体市场和收入来源

依据皮卡德(Picard,1989:17)的观点,"一个市场由面向同一群组的消费者、提供相同或者几乎可替代的商品和服务的售卖者构成"。总体上,市场可依据地方、人群、收入种类、产品或服务的性质来定义。报纸、广播、电视等主流媒体可依据一条基本的经济划分线来分类,划分线的一边是媒体产品和服务的消费者市场,另一边是广告市场,尽管两者之间通常界限不明,例如报纸即同时提供两种市场。我们可以发现在消费者市场内部还存在另一种区分:诸如书籍、磁带、视频和报纸等直接销售给消费者的一次性产品市场,以及诸如有线或广播的电视或在线媒体等持续提供媒体服务的市场。它们包括赞助、产品布局、公共关系以及公共资金、私人赞助者的支持、非盈利信托以及(不能遗忘的)受众的直接支持,例如德国《日报》(*Tageszeitung*)的案例当中。

互联网带来了新的复杂性,这是由于出现了新的收入来源,包括上网的费用、对网站的付费、制作人补助等。在网上大部分内容是免费的或者(甚至)向盗版行为开放的,因此互联网还破坏了老媒体经济。互联网广告的第一个受害者可能是地方和全国报纸。就"大众受众(市场)"而言,这种影响看起来是不可逆的。自世纪之交以来在线媒体的广告份额始终稳步增长,其中包括若干不同的种类,尤其是展示、搜索和分类广告。这带来了若干实际和理论上的问题。最紧迫的实际问题是,要有一种测量"受众"使用价值的办法,以对广告商收费。贝尔梅霍(Bermejo,2009)对各种受众测量的努力做了综述,最终提出以"访问"或"点击"作为使用频率指标的概念。然而,这并不能显示花费在某一特定网站上的时间,需要找到其他定价的方式来向那些希望在当地,尤其是搜索引擎上投放广告或资讯的广告商收费,由于其高流行性和高营利性,搜索引擎获得了大量的关注(Machill et al.,2008)。所涉及的理论问题主要是内容的"商业化"以及与受众关系的"商业化"可能带来的影响(Bermejo,2009)。

广告收入与来自消费者的收入:影响

直接产品销售和广告这两种主要收入来源的异同仍然是对比分析和解释媒体特征与趋势的有用工具。这种差异冲破了媒体种类的区别,尽管有些媒体十分不合适做广告而另一些媒体可以在两个市场平衡运作(尤其是电视、广播、报纸、杂志和互联网)。存在一些"只有广告收入"而没有来自消费者的收入的媒体,例如,免费报纸、推广杂志以及许多形式的电视。

这一差异还有非经济的意义,尤其是,(批判视角或公共利益以及专业主义视角)通常认为,对广告作为一种收入来源的依赖越强,内容相对于广告商以及整体商业利益越不独立。皮卡德(Picard,2004)注意到美国报业超过80%的收入来源于广告,而广告占据了内容的60%。这并不足以说明缺乏独立性,但却意味着报纸作为信息来源的可信度正在减小(如果新闻内容与广告相关),其创新自主性也在减小。在那些极端的例子当中,媒体完全由广告提供财务支持,表面上的内容与广告本身、宣传或公关难以区分。第11章将再次讨论广告商对媒体组织的影响。其中一些影响是无疑的,例如对年轻人和高收入人群的偏向以及对中立媒体而非政治化媒体的偏向(Tunstall & Machin,1999)。

从经济的视角看,在不同市场的运作提出了其他问题。融资是问题之一,由广告支持的媒体成本通常在生产以前就预支了,而在消费者市场上收入往往发生在支出之后。第二,存在评估媒体表现的不同标准和办法。基于广告的媒体往往经由某一信息所达致的消费者的数量和种类(他们是谁,住在哪里)来评估(例如发行量、读者人数以及覆盖率/收视率)。对于吸引潜在的广告商并科学定价来说,这些评估办法是必要的。那些由消费者直接付费的媒体内容的市场表现则由销售收入和服务订购量来评估。(质量)满意度和受欢迎程度排名尽管在消费者收入市场上更有价值,但在两个市场上均是适用的。

媒体在一个市场上的表现可以影响另一个市场。例如,报纸的销量增长(本身带来更多消费者收入)可以导致广告费率的提高,只要其增长不是向社会经济构成的平均线以下发展且不出现单位广告率的降低。同样明确的是,收入不同,在宏观经济环境变化时所面临的机遇或威胁也不尽相同。相对于(通常以低价)向个人消费者销售产品的媒体,那些重度依赖广告的媒体更易受到整体经济下滑的负面影响。在需求下滑时,前者还可能在削减成本方面更具优势(但这取决于生产的成本结构)。

媒体市场的范围和多样性

两个收入市场之间的差异与媒体市场的其他特征彼此互动。如上所述,所覆盖(并被贩卖给广告商)的受众的社会构成是十分重要的,这是因为存在购买力的区别以及所广告的商品之间的区别。在基于广告的大众媒体当中存在一种倾向于将媒体品位和消费样式融合(更少多样性)的逻辑。这正是免费报纸之所以能生存的原因之一,免费报纸覆盖某一特定的、高同质化的区域(Bakker,2002)。然而,偶尔当一个媒体可以准确地投放至规模较小但盈利能力较大的小众市场之时,会发生多样性红利。这是互联网及其他专门(非大众)渠道的潜能之一。

对互联网而言,追逐大众市场和受众同质性之间的关系不太清楚,巨大的受众市场及其(潜在)经济效益使得互联网可以触及多种多样的受众并为其提供多种多样的内容。这并不必然意味着一个新的多样化、不分层的媒体供给时代的开启,原因是,在线媒体的经济模式依然处在实验阶段。有可能、甚至很有可能出现为优质(内容)来源付费,正如有线和卫星电视那般。互联网作为一个广告媒介的主要革新在于,它有能力基于在线获得的数据准确辨别并触及特定产品的诸多分散市场。

为收入而竞争

与此相符,有观点认为,"针对单一收入来源的竞争会导致模仿性的同质化"(Tunstall,1991:182)。滕斯托尔提出,这正是北美电视网络出现"低俗品位"质量(或模仿性同质)的原因,北美电视网络的经济来源几乎完全依赖大众消费者广告(参见 Defleur & Ball-Rokeach,1989)。类似的情况发生在低标准的英国小报身上,这些小报在几乎同一个大众(低端)市场上竞争。滕斯托尔还认为,这种大型、无差异的市场最大化了当权者的权力(例如通过威胁撤销广告,甚至只是通过施压)。诚然,欧洲电视当中的公共部门所具有的优势之一是,它们避开了所有电视为同一个收入来源而展开的竞争(例如,Peacock,1986)。然而,广告本身的日益多样化也是事实,它们给予广泛的媒体内容以支持。不同媒体为同一广告收入的竞争可能鼓励多样化。竞争的程度和种类是重要的修正变量。这种对广告的依赖并不必然导致(媒体内容)供给的单一性。

在21世纪初期,该领域最大的问题仍然是互联网广告的可能性。利用这种新的媒介来做广告的行为快速增加,尽管尚不清楚得到的收入是否足够使得互联网上的诸多媒体运作能有所盈利。尽管如此,一些观点预测互联网广告将对传统媒体产生警示性的影响,尤其是对报纸,报纸所依赖的广告种类看起来最适合新媒体——尤其是那些分类广告、个人广告、房产广告、特殊广告以及招聘广告。对报纸未来的这种威胁相较于电子竞争者对读者的争夺可能更为直接。

媒体成本结构

此前已经注意到,媒体成本结构是媒体经济的一个变量。传统大众媒体相较于其他经营性企业的区别特征之一在于生产的"固定成本"与"可变成本"之间潜在的不平衡。"固定成本"指的是诸如土地、实体工厂、设备和发行网络等事物,"可变成本"指的是材料、软件以及(有时候)劳动等。一家企业的固定成本之于可变成本的比例越高,则越容易受制于变化的市场环境,而传统大众媒体的高额资本投入往往需要通过后期的销售和广告收入来收回,其固定—可变成本比例通常较高。

一个典型的媒体产品的"初版"往往是高成本的。单张的日报或者胶卷的第一版冲洗负载着全部的固定成本,而其后拷贝的边际成本则会迅速降低。这使得报纸等传统媒体受制于需求和广告收入的波动,传统媒体由此具有规模经济的特征以及趋向聚合的压力。同时，传统媒体还趋向于将生产和发行分离开来，这是由于后者往往涉及高额的固定成本(如电影院、有线网络、卫星和传输器)。对媒体产业的潜在进入者而言，高额的固定成本还筑起了高门槛。在集权国家，报纸的这种经济易损性使政府威慑变得容易，后者可以通过中断媒体的供给和发行使之付出高额代价。

新的"轻型"媒体为传统媒体带来新的不确定性。总体上，其固定成本可以比传统媒体来得低，其准入成本也更低因而进入市场较为容易。尽管如此，生产高价值的、在国际市场上具有竞争力的电影、游戏等内容的成本仍然是居高不下的。社交网络、e-Bay等新的形式和网站以及用户生产内容的出现给媒体市场带来新的元素。对于这些新的事物而言，区分固定成本和可变成本已经不那么有意义了。板块9.3列出关于媒体市场的主要结论。

9.3 媒体市场的经济原则

- 媒体仍然依据是否具有固定或可变成本结构来区分。
- 媒体市场具有日益多样化的收入特性，尤其是在互联网平台上。
- 依靠广告收入的媒体更易受制于外部力量对其内容的影响。
- 依靠消费者(购买)收入的媒体更易受制于财务短缺的影响。
- 不同的收入来源应当对应不同的市场表现衡量办法。
- 当面临多个市场时，在一个市场上的表现可能影响另一个市场。
- 专业媒体的广告可能促进收入的多元化。
- 某些广告的收入可能受益于受众市场的集中。
- 针对同一收入来源的竞争可能导致同质化。

所有权与控制

理解媒体结构的一个根本在于其所有制及其权力是如何实施的。不仅马克思主义理论认为媒体的所有权最终决定其性质，事实上这已经成了常识性的公理，阿特休尔(Altschull,1984)将其总结为"新闻业的第二法则"："媒体的内容总是反映出其金主的利益。"自然，存在若干不同的媒体所有制，其权力实施方式也是多样的。

如阿特休尔所指，不仅仅是所有权，这是一个关于谁事实上为媒体产品付费的更为广大的问题。的确有一些媒体所有者为有影响力的内容埋单，但大多数所有者只是追求利润，且大多数媒体往往拥有不止一个财务来源，包括一系列私人投资(其中还包括其他媒体公司)、广告商、消费者、种种公共和私人的补助以及政府。来自所有者的影响往往是间接的、复杂的且往往不是唯一的影响。

媒体所有制可大致划分为以下三类:商业公司、私人非营利机构和公共部门。然而,在其内部又存在显著的区分。一家媒体企业是公共或私有、是大型连锁媒体或媒体集团或小型独立媒体,是定义其媒体所有制的;一家媒体企业是否由所谓的"媒体大亨"或寡头拥有,且他(她)是否希望在编辑方针当中贯彻个人利益也是相关媒体所有制的(Tunstall & Palmer,1991)。非营利的机构可能是中立的基金,其目标是保障(媒体)运营独立(例如《卫报》的支持机构),或者是党派、教会等等负有特定文化或社会任务的机构。公共所有制也同样具有诸多不同的形式,包括从国家直接管理到为最大化内容决定权的独立性而设计的详尽、多元的建制。

所有权的效果

对于大众传播理论而言,最为重要的往往是最终出版的决定。自由理论假设可以有效地将所有权与对编辑决定的控制分离开来。更大的关于资源分配、商业战略等决策由所有者或其委员会作出,而编辑和其他决策者则可在其专业领域自由地就内容做出决定。在一些情况下或在一些国家,存在(例如编辑条例等)中间协调机制来保障编辑政策的完整性以及新闻记者的自由。在其他情况下,则寄希望于专业主义、行为准则、公共声誉(鉴于媒体总是在公共视野下)以及(商业)常识等来制约来自所有权的不恰当影响(第11章将对此展开讨论)。

然而不应当因这些检查与制衡的存在而忽视媒体运作当中的一些事实。其中之一是,商业媒体最终需要盈利以生存,这就通常需要做出一些直接影响内容的决定(例如削减成本、关闭、裁员、投资与否以及运营合并)。公有的媒体也无法逃避相同的经济逻辑。事实上,大多数私有媒体在资本系统中存在既有利益且趋向于支持其主要的守卫者——保守的政治党派。多年来美国共和党总统候选人对报业的大力支持(Gaziano,1989)以及在一些欧洲国家的类似现象并非偶然,亦非出于编辑们的天然智慧。

还存在诸多不那么显著的运作方式,例如尤其是广告商的潜在压力。公共所有制被认为可以中和或平衡这些压力,即便它同时意味着媒体也要遵循一套特定的编辑准则(尽管是中立的准则)。自由理论的传统智慧认为此类问题的最佳甚至是唯一解决方案在于采取多重的私人所有制。理想的情况应当是:诸多中小公司互相竞争,提供丰富的观点、信息和文化类型,以此捍卫公共利益。所有者所拥有的权力不是天然邪恶的,只有在将权力加以集中或选择性利用以限制或拒绝(受众的)信息接触之时,权力才会变坏。这一立场低估了关于规模和利润的市场标准与关于质量和影响的社会文化标准之间的根本性矛盾。理论辩论的焦点在于集中化的议题。板块9.4列出关于所有权和控制的关键假设。

9.4 媒体所有权与控制

- 新闻自由认为所有者有权决定内容。
- 所有制的形式不可避免地对内容构成影响。
- 多重所有制以及自由竞争是对所有权滥用的最好防范。
- 在系统中通常存在限制所有权的不良影响的检查与平衡。

竞争与集中

媒体结构理论十分注重单一性与多样性议题。关于公共利益的社会理论往往强调多样性的价值,同时也涉及垄断与竞争这一经济维度。如前所述,自由竞争应当指向多样化以及媒体结构的变化,尽管有批评者指出一个相反的效果,即自由竞争导致垄断或至少是寡头垄断(在经济和社会层面上都是不良的)(Lacy & Martin, 2004)。就传媒经济学而言,这一问题存在三个主要的方面:媒体之间的竞争、媒体内部的竞争以及媒体企业之间的竞争。媒体之间的竞争主要取决于某件产品可否被其他产品替代(例如互联网上的新闻之于电视或报纸上的新闻)以及一种媒体上的广告可否被另一种媒体取代。这两种取代都是可能的,但它们只在特定的时间点发生。一种特定的媒体总是拥有某些优势因而总会出现所谓的"利基"(Dimmick & Rochenbuhler, 1984)。所有的媒体种类都能够为广告商提供独特的优势:信息的形式、时机、受众的类型、接受的环境等(Picard, 1989)。互联网的崛起正在不同方面对所有媒体发起一次性的挑战(参见 Küng et al., 2008)。

横向与纵向的集中

总体上,由于同一个媒体部门内部的互相取代较不同媒体的取代相对容易,关注的焦点往往落在媒体之间的竞争(例如同一地域市场上的报纸与报纸之间的竞争)。在同一个媒体部门最可能发生集中(这也可能部分归因于限制跨媒体垄断的公共政策)。总的来说,媒体集中被认为包括横向和纵向集中两种。纵向集中指的是所有权覆盖从生产到发行的不同阶段(例如一个电影制片厂拥有一个影院院线)或者是地域上的集中(例如一家全国性报纸购买城市或地方报纸)。

一方面纵向集中继续发生,另一方面媒体活动出现了解聚的趋势,尤其是生产与发行活动的分离。互联网加速了这种解聚,这是由于存在大量网站却不存在(相应的)生产能力。大型媒体公司的传统控制层级已经让位于一个相对无结构的网络模式,在其中是市场安排而不是直接的"指令与控制"支配着组织当中的不同部门(Collins, 2008)。互联网尤是如此。

横向集中指的是同一市场内部的合并(例如两家彼此竞争的城市或全国报纸公司的合并,或一家电话公司与一家有线电视公司的合并)。这两个过程在一些国家已经发生,尽管其影响受到持续的跨媒体选择以及新媒体崛起的调和。限制"跨媒体所有权"(尤其是在同一个地域市场上由同一家公司拥有并运营不同媒体)的公共政策对多元化形成保护。不同行业的公司之间的合并也可以构成媒体集中,一家报纸或一个电视频道可能被一家非媒体行业的公司所有(参见 Murdock,1990)。这并不直接减损媒体的多样性但可能增加大众媒体的权力并对广告具有更广泛的影响。

集中的其他效果

依据集中所发生的层面也可划分集中的种类(de Ridder,1984)。德·里德划分了出版商/企业(所有权)、编辑和受众三个层面。第一个层面指的是所有者与日俱增的权力(例如在美国和加拿大由独立报纸构成的大型连锁机构)或电视台的权力(例如在放宽监管以后的意大利)。这些媒体企业可以在(关于内容决定权的)编辑事务上保持独立,尽管商业理性和机构理性往往要求某些特定的服务彼此分享,以至于逐渐趋同。在所有这些情况下都存在一个独立的问题:(由媒体数量所标识的)编辑集中和出版集中的程度是否成正比。编辑独立的程度很难测度。互联网之于这两种集中的影响尚不能完全衡量。事实上门户网站和所有者的数量都在上升,同时谷歌、美国在线—时代华纳等成功的大型运营商也正在建立起自己的帝国。

第三个层面——受众集中——指的是受众市场份额的集中,这也需要单独评估。在所有权层面一个相对微小的变化可能导致受众层面大规模的集中(一个出版集团所"控制"的比例)。大量的独立报纸并不必然意味着媒体(所有者)权力受到限制或必然保障真正的选择自由(如果受众集中在一两家媒体上或者由一两家公司提供服务)。在此情况下的(媒体)系统自然称不上多元。毫无疑问,互联网通过增加诸多小规模的利基受众而促进了受众的多样性,但同时互联网也旨在触及大型的用户群体。

在没有所有权的情况下也可以实现受众集中。大型媒体集团跨越不同媒体和所有权的边界来销售产品,其目的在于最大化其所能触及的目标群体。媒体管理者将这称作"占领大多数头脑"(Turow,2009:201)。他们采用所有形式的曝光来实现这个目标,包括付费在 YouTube 等社交媒体上非正式提及或者露面。

集中的程度

通常通过最大的几家公司控制生产、雇佣、发行和受众的范围来测量媒体集中的程度。尽管不存在判断程度过高的上限,但根据皮卡德(Picard,1989:334),行业内最大的四家公司控制面超过50%,或者八家公司控制面超过80%即是过度集中。这个临界值有时被逼近甚至突破,例如美国的日报业,英国的全国性日报业,日本和法国、意大利的电视业以及世界唱片业。大型搜索引擎市场尚未被管控,但其集中程度远远超过报业,谷歌统治着搜索引擎的使用和广告收入(Machill et al.,2008)。

从完全竞争到完全垄断,集中的程度各有不同。在这个连续体当中,出于各种原因,不同的媒体占据不同的位置。完全竞争是少见的,但在许多国家书籍和杂志出版业的竞争程度相对较高,电视和全国性报纸市场则基本上是寡头垄断的,而真正意义上的垄断如今也十分少见。过去在有线电视和电信等行业存在"天然"垄断的情况,所谓"天然垄断"指的是出于成本和有效性的考量、最好由一家供应商为消费者提供服务(这种情况下通常辅有保护消费者的措施)。随着电信业的放宽监管和私有化,这种垄断大多数被废除了。

媒体行业加大集中并整合活动,尤其追求规模经济和更大市场力量的原因和其他行业是一样的。对媒体而言,发行比生产更能实现利润,因此纵向整合的运作方式尤其具有优势。媒体公司也乐于收购那些拥有稳定现金流的传统电视频道和日报(Tunstall,1991)。对电子公司而言,同时控制软件的生产与发行是十分有利的,产品创新(例如录音的形式)所需要的投入巨大,而公司依靠软件来实现经济腾飞。

分享服务、链接不同发行系统和不同市场的优势也日益凸显。总体上这被称为协同效应。如默多克(Murdock,1990:8)所指出:"在一个围绕协同效应建立起来的文化体系当中,数量更多并不意味着更加不同;而是意味着同样的基础商品在不同的市场以不同包装形式出现。"在这种环境下,1993 年以来的欧洲统一市场趋势对这个集中上升螺旋起到一定推动作用。通常,一个国家内部(反垄断或反跨媒体所有权的规定)对发展的限制反而刺激了跨国垄断的形成(Tunstall,1991)。为补充关贸总协定(GATT)而在 1994 年成立的世界贸易组织(WTO)掀开了媒体跨国化的新篇章。由于媒体被主要定义为是一种商业,如今公共干预国家媒体的合理性已经减弱(Pauwels & Loisen,2003)。总体上,在经济与商业动机的驱动下,全球化以及自由市场驱动力都得到了加强。

新出现的政策议题

国家性的和国际性的媒体集中趋势引发了三种主要的公共政策议题:一是关于价格,二是关于产品,三是关于竞争者的位置。价格议题主要与保护消费者相关:越是垄断,服务提供商定价的权力越大。产品议题主要与由媒体服务垄断者提供的内容有关,尤其关于消费者和可能的内容提供商是否享有足够的质量和选择。第三个关于竞争者的议题指的是通过运行规模经济或者发挥大规模覆盖广告市场的优势,或者运用财务力量纳入"破坏性竞争"来驱赶其他竞争者。

出于前述原因,诸多研究关注集中的结果(或好或坏)——尤其关注集中最显著的报纸行业(参见 Picard et al.,1988)。研究的结果总体上是不确定的,这部分是由于问题本身的复杂性,集中往往只是动态的市场情况的一个方面。贝克(Baker,2007)指出诸多集中效果研究的价值乃至相关性是有限的,尤其是 80 年代后期流行的数据研究。通常,所关注的时间段太短因而无法揭示真相，而那些能够揭示权力滥用的关键事件往往是偶发的因而很难捕捉。此外，滥用的风险无法被精确测量而是需要加以评估。大部分研究关注对内容的影响，尤其是本地新闻与信息是否足够、媒体的政治与意见形成作用是否得到发挥、聆听多种声音的程度以及选择和多样性的程度与种类等。尽管从定义上讲媒体集中总是剥夺了一些选择，但垄断所得的利润也可能被用于生产更好的产品与服务从而回馈消费者或社群（这也是一个价值判断的问题）(Lacy & Martin, 2004)。更有可能的是，集中所得的利润被分配给股东，而这毕竟是集中背后的首要目的(Squires, 1992; McManus, 1994)。

本部分所讨论的媒体竞争与集中的要点见板块 9.5。

9.5 集中与竞争

- 集中发生在三个层面上：媒体之间、媒体内部（同一部门内部）以及公司之间。
- 有横向集中和纵向集中两种。
- 通过观察一个组织可以得出三种集中：发行人/所有人、编辑和受众。
- 可通过市场价值份额、受众份额和频道份额来测量集中的程度。
- 除市场力量增长、多样性减损之外，集中的效果很难评估。
- 当三到四家公司控制市场的 50% 以上时，则认为是过度集中的。
- 集中是由过度竞争、过度寻求协同效应及高利润导致的。
- 一些种类和程度的集中可使消费者受益。
- 过度集中的弊端有：多样性缺失、高价、媒体接触受限。
- 规制、鼓励新的市场进入等可以对抗集中。

大众媒体治理

在民主社会当中媒体被管控的方式反映出两点：其一，总体来说，管控对于商业、政治和日常社会文化生活是不可或缺的；其二，管控之于政府规制是相对免疫的。一些管控、限制和规定是必须的，然而（言论和市场）自由的原则要求将规制管控限定在最谨慎乃至最小范围内。在这个语境下，使用"治理"一词来描述服务于（包括媒体行业利益在内的）社会整体利益的法令、规矩、原则和习俗可能更为合理。治理指的是这样一个过程：市场、公民社会组织和政府等不同的行为体彼此合作达成目标，因而治理不仅关乎正式的、有法律约束力的规则，还与媒体内外无数非正式的机制相关，这些机制将媒体引向种种（通常是不连贯的）目标。尽管存在针对管制的"偏见"，媒体仍然受到各种形式的实际或潜在管制。由于管制所覆盖的领域甚广，谈论一个管制"体系"是不恰当的，尽管在许多国家管制的总体原则是相似的。本质上,治理包含一套标准或目标以及不同严格程度的实施程序。总体上讲,治理是一种不那么等级制的路径,它通常包含较大的自我约束成分。依据柯林斯(Collins,2006)的观点,日趋复杂的系统逐渐摒弃了等级制,尤其在混合着公共和私人使用的互联网领域,直接的国家控制和清晰的法律框架总体上并不存在。

治理的目标与形式

治理大众媒体的种种形式反映出各行为体管控目标的多样性,包括:

- 保护国家和公众的核心利益,包括防止对公众的危害;
- 捍卫个人权利和利益;
- 满足媒体行业对于一个稳定、支持的运作环境的需求;
- 保护自由和其他传播与文化价值;
- 发展技术革新和企业经济;
- 立定关于技术和基础设施的标准;
- 履行国际义务,包括尊重人权;
- 鼓励媒体责任。

无疑,这样一系列目标需要一套多样的机制和程序来实现,而政府直接行为的范围是有限的。第 8 章所论述的媒体责任的四个框架(法律、市场、公共责任和专业主义)已经提供了政府干预以外的主要选择。可用图表 9.2 描绘的两个主要的维度来标注这个复杂的图景:外部与内部、正式与非正式。由此,治理的主要形式被归类为四种,每一种又具有与其相适的实施机制。

	正式	非正式
外部	法庭和公共管理机构所执行的法律和规则	市场力量;游说组织;公共舆论;评论与批评
内部	管理;公司与行业的自我约束;组织文化	专业主义;道德与行为准则

图表 9.2　媒体治理的主要形式

治理适用于多个层面。首先,我们可以依据一个媒体系统的组织方式区分出国际、国家、区域和地方的层面。在操作中,国际规制主要限于技术和组织事务,但是,尤其是随着媒体日渐国际化,其管控的范围日益增大(参见第10章,第207~208页)。人权和潜在的公共危害等事务需要得到更多关注。巴尔干、中东、非洲和其他地方的灾难事件以及冲突之后重建媒体的困难将媒体煽动种族间、国际间仇恨的潜力提到国际关注上来(参见 Price & Thompson,2002)。大多数治理发生在国家层面,一些采取联邦制或区域结构的国家则将对媒体的责任从中心移交出去。

此处我们需要辨析业已介绍过的结构、行为和表现(第158页),并辨析规制在何时可被运用到一个单独的媒体系统、一家特定的公司或组织或是内容的某些方面。总的定律是:当管制离内容越远时越不可能干涉基本的言论自由,此时越容易实施管制。此处的结构主要指的是所有权情况、竞争、基础设施、普遍服务或其他责任的履行。它包括公共广播的主要事务。行为指的是诸如编辑独立、与信源和政府的关系、司法系统事务以及正式的自我规约和责任。表现的层面覆盖了所有与内容和受众服务相关的事务,通常与特定的危害和侵犯指控相关。板块9.6列出在一个相对自由的媒体系统当中与媒体治理相关的命题。

9.6 媒体治理:主要命题

- 不同的媒体需要不同形式的治理。
- 考虑到可能产生影响的范围,相对于小规模的媒体,大众媒体更需要治理。
- 对结构的管制比对内容的管制更具有合法性。
- 在发行前的审查和单独针对发行的处罚都是违背自由和民主的。
- 相对于外部管控和层级管控,自我约束总体上是更可取的。

大众媒体规制:另类模式

出于历史和其他原因,不同媒体受到的规制类型和程度各异。四种主要因素导致了这些差异:第一,一个媒体对自由的主张程度,尤其是关于其典型内容和使用的自由;第二,对社会潜在危害的程度;第三,出于公平分配的原因;第四,有效规则的相对可实施性。研究者(Pool,1983)提出如下三种模式。尽管放宽监管和技术融合等使这三种模式变得界限不清,但它们依然有助于解释政府可以干预的程度差异。图表9.3对各个模式的异同做出比较。

	印刷	播出	公共载体
基础设施规制	无	高	高
内容规制	无	高	无
发送者近用	开放	受限	开放
接收者近用	开放	开放	受限

图表 9.3 对比三种规制模式

报刊自由模式

不受制于任何政府规制和管控是报业的基本模式，这包括不受制于任何审查或对自由出版的限制。在国家宪法和诸如《欧洲人权公约》(第 10 条)、《联合国宪章》(第 19 条)等国际宪章当中，报刊自由通常被赋予庄严地位。然而，为保障公众利益真正受益于一个自由独立的报业，公共政策通常对报业自由模式做出修改或延展。在针对报纸的公共政策当中，自由的竞争导致的集中趋势十分显著，这实际上减损了公民接触新闻渠道的选择。

因为如此，报业通常获得一些法律保护和经济利益，这两者都意味着公共审查和监管的存在，尽管是十分仁慈的。经济优待可以包括邮费和税费的减让、贷款和补助等。还可能实施针对国外所有权的反集中法律和规则。近来，在报业自由框架下，在一些欧洲地中海国家，国家政府在报纸媒体的发展当中扮演了十分活跃的角色(Aguado et al., 2009)。将这一现象与新闻—政治关系的"地中海模式"做出参照是有趣的，参见下文(第 199 页)。报业自由模式同样适用于(其发源的)图书出版业和大多数印刷媒体。默认地，它还适用于音乐行业，尽管不存在任何特殊优势。当出现诸如侵害名誉等情况时，报业也将面临法律制裁。

广播模式

与之相对，广播和电视以及其他多种新的视频播发方式从一开始便受到严格的指令和限制。最初对播出的规约是出于技术上的原因或是为了保障稀缺频谱的公平分配并抑制垄断。然而规制逐渐被制度化，至少在 80 年代新技术和新的舆论气候扭转这股潮流以前。

位于广播模式核心的是公共服务的普遍观念，尽管存在几种变体和强(例如在欧洲)弱(例如在美国)不一的形式(参见第 147~148 页)。成熟发展的公共服务广播(例如在英国)通常具备一些主要特征并得到政策和规制的支持。广播模式可以包括多种不同的规制。通常存在特定的媒体法律以管控行业，也存在一些形式的公共服务机构来执行这些法律。往往，生产和发行服务由私人企业提供，这些私人企业获取政府优惠并遵循法律强制的监督管理。

随着(尤其在欧洲)广播电视"私人化"和"商业化"日益兴盛,播出模式的力量逐渐减弱(参阅 McQuail & Siune,1998;Steemers,2001;Bardoel & d'Haenens,2008;Enli,2008)。这导致了——最主要是——媒体频道和运作从公众手中转向私人手中、财务倚重广告的比例有所增长,以及新的商业机构被允许进入公共播出频道领域参与竞争。为保护其他媒体与受政府补助的媒体之间的公平竞争,颁布了一些新的限制令(如在线限制)。所有这些拓展都必须满足公共利益。尽管播出模式相对式微,但未显露出退局的迹象。总体上它在受众市场上表现不错(且财务安全),同时它对于公民社会的价值也在逐渐凸显。十分重要的是,它能保障民主进程中的所有政党都能充足并公平使用(媒体),且始终将"国家"利益置于优先地位。

公共载体模式

第三种规制模式早于广电出现,通常被称为公共载体模式,这是因为它主要是针对邮政、电话和电报等传播服务的,这些服务纯属发行且全面开放。规制的主要目的是保障"以效率或消费者利益为诉求的自然垄断"的执行与管理。总体上,公共载体媒介通常采用严格的基础设施规制并注重经济开发,但对内容的规制却是微小的。这与在内容方面严格规制的广播电视形成鲜明差异,即便公共载体的基础设施也正日益私有化。

尽管上述三种模式依然能够描述不同类型的媒体规制,三者之间的绝对划分正受到质疑。主要的挑战来源于不同传播技术之间的"融合",这使得针对印刷、广电和电信的规制之间的区隔正变得随意又刻意(Iosifides,2002)。同一种发行方式,尤其是卫星和电信,可被用于传输以上三种不同类型(以及其他类型)的媒体。有线电视系统现在经常被法律允许提供电话服务,广电可以发行报纸,电话网络可以提供电视和其他媒体服务。在当下,存在一个政治的、规制的逻辑,但变化将是必然的。

互联网的混合状况

互联网以一种脱离任何控制的、事实上的自由精神发展(Castells,2001),在早期互联网被认为是一种使用电信系统来传输并交换消息与信息的"通用的载体"。在实际中,与印刷媒体相较,互联网依然十分自由,它向所有可能的发送者提供开放的路径。即便如此,随着互联网商业功能的日益增长、对其使用和效果的日益担忧及其与广电等其他功能的日益融合,互联网的自由日益缺乏法律的保护且看起来日益脆弱。互联网之于上述三种模式的地位几何,仍不十分清楚。

互联网的一个显著特征是,它既不受到国家层面的管制,也不完全受制于任何司法管辖区域。由于互联网的跨国性、功能多样性以及非实体性,对其规制是十分困难的(Akdeniz et al.,2000;Verhulst,2002)。存在各种国际的和国家层面的自治机构和指导机构,但它们的职责和权力是有限的(Hamelink,2000;Slevin,2000)。管控的重担大都落在了互联网服务提供商肩上，而它们的权利和法律职责亦是定义不清的（Braman & Roberts, 2003）。不确定性有时可以保护自由，但它同时也阻碍发展并为外部管制开辟道路。

很可能出现这样的情况：互联网变得日益重要，以至于不能再将其留在半自治的情况下。柯林斯（Collins, 2008）对互联网治理的以下三个神话提出反对：第一，市场可以做出大多数决定；第二，自我治理是有说服力且有效的；第三，对互联网的治理在本质上与对传统媒体的治理不同。他指出，出现了许多国家层面与国际上的外部管制元素，尤其是互联网并非一个单一媒介因而不应对其采用单一的管理制度。进而他写道，"随着传统上采用纵向整合结构的媒体效仿互联网的分散结构，对互联网的治理和对传统媒体（报纸杂志、广播电视等）的治理正在彼此融合"（Collins, 2008：355），这尤其是针对将生产从传输、外包与市场过程中分离出来的情况而言的。

图表9.3总结的不同的规制与第6章中描述的信息流类型学之间存在某些关联。播出模式与训谕（当面演讲）相符，报纸模式更接近咨询，公共载体模式则与互联网（和电话）类似。巴尔和萨德维希（Bar & Sandvig, 2008）提出了另一个解释四种主要的传统传播媒体治理体制的路径，这个路径也能帮助解释互联网的特殊地位。这个路径的提出是基于对美国媒体情况的研究，见图表9.4。

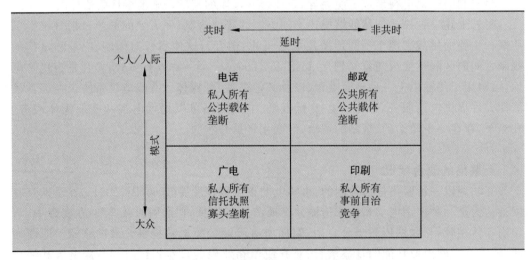

图表 9.4　对传统传播平台的政策治理

资料来源：Bar & Sandvig (2008: 535)。

该图从两个维度上总结了媒体之间的主要差异——大众模式之于人际模式、即时接触之于延时或经由中介的接触——这些差异对于公共规制政策而言十分重要。尽管研究者是依据美国经验总结出四种类型媒体的结构和政策原则的，但鉴于世界范围内发生的私有化和放宽监管，这些原则也适用于其他地区。具有公共所有和公共管制元素的广播电视是主要的例外。一个需要关注的重点是：互联网——取决于对其的使用和分类方法——可以出现在全部四个象限中，互联网可以是一种播出媒介、交流媒介、咨询媒介或个人媒介。由于互联网不存在固定的分类，故也不存在任何一种单一的互联网管制方式，政策取决于传播的目标而不是技术。公共使用与私人使用之间的区别是最为重要的。

媒体政策范式转换

不同媒体规制模式彼此融合的趋势仅仅是更为宏大的媒体政策路径模式转换的一个部分。我们已经注意到其中一些元素，包括早期为使得大众媒体对社会更为负责的尝试，以及最近全球化的影响和媒体"放宽管制"及私有化的潮流。依据范·奎勒伯和麦奎尔（van Guilenburg & McQuail, 2003）对一个世纪以来传播发展的梳理，我们可以发现在世界不同地区存在三个主要的传播政策阶段。

第一个阶段从19世纪后半叶持续到第二次世界大战，可将其描述为传播产业政策出现的阶段。除了保护政府和国家的战略利益、促进新的传播系统（电话、有线电视、无线通信、广播等）的产业和经济发展之外，不存在连贯的政策目标。

第二个主要的阶段可以描述为公共服务阶段。这一阶段从人们认知到需要对电视立法开始——人们全新地关注到电视之于政治、社会与文化生活具有重要的意义。传播被认为远远不止技术。出现了关于"传播福利"的新的观念，这些观念远远不止对稀有频率的分配控制。当时的政策有利于传播促进特定的文化和社会目标，同时却无助于禁止传播之于社会的一些危害。新闻业首次进入公共政策的管辖范围，政策的目的是限制新闻业垄断者的权力并在商业压力下维持"标准"。这一阶段在20世纪70年代的欧洲达到顶峰，随后相对衰落，但其中重要的因素依然存在。

第三个阶段是我们上述讨论的诸多潮流——尤其是国际化、数字化和融合发展——的结果。电信登上舞台中央是关键性的事件（Winseck, 2002）。我们业已进入的是一个在全球范围内密集创新、增长和竞争的时代。政策依然存在，然而新的范式是基于新的或新调整的目标和价值的。政策最终依然以政治、社会和经济目标为导向，但这些目标被重新诠释、重新定义了。经济目标优先于社会和政治目标。如图表9.5所示，每一个价值领域的内容也被重新定义了。公共传播的关键原则可被总结为自由、普遍的服务与近用、可靠，这些原则主要被定义为媒体的自我规制，外部管制的比重很轻（Burgelman, 2000; Napoli, 2001; Verhulst, 2006）。若干年后，这一修订后的范式似乎能有效地解释事情发展的经过，但却无法很好地解释互联网的崛起，互联网同时带来了新的传播问题和传播福利，除了采取限制性的、倒退的行动，我们依然缺乏确保互联网服务而不是伤害公共利益的有效方式。

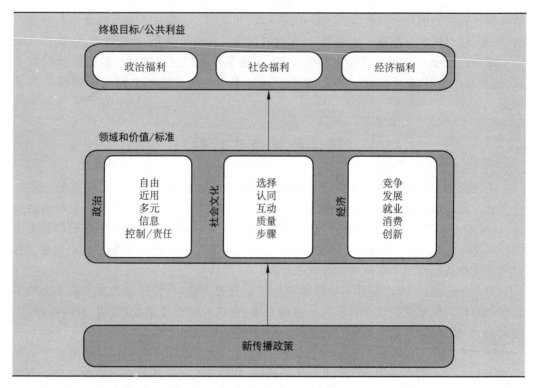

图表 9.5　新的传播政策范式（van Cuilenberg & McQuail,2003:202）

媒体系统和政治系统

　　上述诸多关于媒体政策和规制的讨论以及之前章节中关于媒体规范理论的讨论都得出,在大众媒体和国家政治系统(甚至国家本身)之间存在复杂和高强度的联系,即便在那些从前关联较少或不存在关联的领域。这并不意味着媒体必然服从于政治家或者政府。两者之间的关系通常以冲突和怀疑为特征。

　　在不同文化当中,政治系统与媒体系统之间关联的差异颇大(Gunther Mugham,2000),然而在每一种情况当中这些关联都与结构、行为和表现有关。首先,在每一个国家都存在一个法律、规制和政策机构,这个机构是经由政治系统协商的结构,这些机构保障媒体在公共领域当中的权利和自由,也为(即便是最自由的)媒体明确职责和限制。在许多国家,存在一个(尤其是播出)媒体的公共部门,政府对其拥有最终的控制权,即便这些组织拥有一些自治权力,但政治利益用多种方式渗透它们的管理。

　　私有媒体所有者因其财务利益和战略利益通常会力图影响政治决策。有时它们拥有意识形态立场,甚至是自己的政治抱负。报纸为政党作背书是经常的,也有一些时候政党控制报纸。出于赢得选举的目的,政治家通常需要迎合重要媒体的口味,这样一来影响流就是双向的了。

在表现层面,大多数日报的内容仍然被政治主宰,尽管通常并不是因为这些政治内容有多吸引公众或具有多少新闻价值。尽管长期来讲公民的确需要被告知,但他们并不需要那些每日提供给他们的东西。这部分是因为新闻媒体作为一个自由的大宗商品的优势,部分是因为最广义上的政治利益出于种种目的所做出的接触公众的巨大努力。从媒体和政治机构的长期关联来看,这种情形不可能轻易被打破。政治家无法离开媒体,我们的(新闻)媒体若离开了政治也将十分挣扎。

研究者对分析这对关系进行了种种尝试。西伯特等人出版的《报刊的四种理论》(1957)(第7章第145~147页已讨论)依然是指导种种研究的基础性原则。见板块9.7引用。

9.7 媒体—社会关系的基础原则

"报刊总是呈现其身处的社会和政治结构的形式和色彩。它尤其反映社会控制系统,在该系统当中个人和机构的关系得以调整。"(Siebert et al.,1956:1)

基于对十七个西方国家的研究,霍林和曼西尼(Hallin & Mancini,2004)提炼出关于全国性媒体系统和政治系统的三种基本模式。第一种模式被标签为"自由的"或"北大西洋的",第二种是"民主合作的"或"北欧的",第三种是"极化多元的"或"地中海的"。这些标签说明了这些模式的地理环境,也反映了一些拥有深刻历史渊源的重要文化与经济因素。板块9.8列举三个模式之间一些关键的对比,这些关键因素提炼自对主要变量的研究。这里的"平行主义"指的是媒体通常基于所在国家内竞争的政党和意识形态来形成结构并校准自身。"委托人主义"指的是媒体被外部利益渗透、自愿或出于经济目的服务于这些利益因而背离了其法理上的行为规范(Roudikova,2008)。

9.8 媒体—政治系统的三种关系模式(Hallin & Mancini,2004)

	自由的	民主合作的	极化多元的
媒体中国家的角色	弱	强(福利)	强
政治的一致或分化	混合	更趋一致	更趋分化
新闻专业主义	低	高	中等
新闻—政治平行主义	低	中等	高
委托人主义的存在	低	低	高

这一提案的局限在于研究是基于类似的民主制度的狭小样本做出的，尽管后来被应用于分析其他诸多国家并不断接受修改和扩展。此外它还偏重报纸媒体。一般来讲，任何案例都或多或少地区别于这三种类型当中的一种，这削弱了此种类型学的价值。即便如此，这种分类作为分析的入门点还是有其价值的。尽管上述研究并未考察1990年苏联解体以后欧洲出现的"新型民主"，杰库博维茨（Jakubowicz，2007）认为它依然可以有效地解释所发生的现象。他总结道，这些在其他方面迥然不同的国家从整体上看最接近"地中海"模式，这是因为大多数这些国家具有迟到的民主化、较弱的法理权威、通常是统制型的政府、政治平行结构以及喧嚣的政治生活等特征。杰库博维茨认为这些国家最终会进步到民主合作的模式，但不太可能达到自由制度的状况。

无法通过仅仅参照大概的模式来说明媒体—国家之间的关系。问题在于，为何在现代自由民主国家当中的主流媒体如此倾向于反映而不是挑战当下政府的政策方向？为何媒体如此自觉地承担起西伯特等人所说的"社会控制者"，而不是新闻业意识形态当中倡导的看门狗和批评者的角色？存在各种答案，第11章将列举其中一些。就美国国家与政府权力和媒体之间的关系，贝内特（Benntett，1990）提出了一项颇有论据的理论——他认为，当冲突发生时，负责任的新闻工作者通常对其作为政府批评者的角色理解加以限制，往往限定在呈现或"索引"政府和其他主要的机构参与者的不同观点。这一理论被一项关于《纽约时报》报道美国为尼加拉瓜反对军提供资助的研究所印证。包括2003年发起的伊拉克战争在内的其他案例也得以研究（Bennett et al.，2007）。贝内特等人（2007）通过对阿布格莱布监狱虐待图片报道的研究对索引化的效果加以了生动的说明。当局拒绝使用"虐待"一词，而选择"伤害"或"不正当对待"，随后美国主流媒体压倒性地追随了这一用法。"索引"理论为这一现象提供了有力的说明，如贝内特所述（见板块9.9）：

9.9 索引理论的核心观点

"美国主流新闻系统的核心原则看起来是：主流新闻总体上站在官方许可的范围之内，和管理相关政策领域和决策过程的主要政府官员提供的公开声明之内。新闻记者依据这一有力的权力原则来校准新闻。媒体公司持续采取的这一校准过程继而制造了一个权衡系统——什么可以进入新闻，可以得到多少重视，应被报道多久，谁的声音得以发出。"（Bennett et al.，2007：49）

板块9.9所述的基本原理尽管与民主原则一致，但由于新闻记者主要反映被选举出来的代表们的观点，这些基本原理又允许代表们定义他们自己对舆论的看法并相应地采取行动，而不必受到新闻业的限制。媒体为公众代言或独立提供信息的角色似乎是缺位的。"索引"的过程无疑在其他国家也一样存在，这部分因为，在某些方面记者沉溺于客观性的做法,客观性既需要"平衡"也需要方便接近可信信源——权威或者专家——的渠道。在那些拥有成熟的公共广播服务的国家,尽管情况千差万别,但基本追随"索引"的逻辑。然而,准确的情况取决于盛行的政治文化。例如,在日本,公共广播服务负责提供中立的信息,而主流的报纸——尽管政治多元——则形成一种新闻联盟(新闻记者俱乐部),它们与权力界保持一种舒适的关系,总体上扮演政府和其他机构的信息中转者的角色(Gamble & Watunabe,2004)。在俄罗斯,有许多证据显示媒体十分依赖政府和商业的支持,存在一个基本上制度化了的代言人体制并对新闻业构成影响(Stromback & Dimitrova,2005;Roudikova,2008)。贝克尔(Becker,2005)认为在普京统治下媒体自由是悲观的,同时他也强调即便在世界上那些自我宣称民主的国家之间,也存在或多或少的威权统治。

小　　结

本章提供了关于媒体经济和典型规制(治理)体系的概览,这两者都与其他经济部门和其他建制领域极为不同。导致差异的关键因素在于媒体的双重特性,媒体既是一个商业企业又是政治、文化和社会生活的一个关键元素。既不能完全由市场操控它们,也不能严密地对其加以规制。媒体公司和政府都不拥有全然执行政策的权力。尽管趋势走向更多的自由,但是行为总会受到约束。

关于治理的最为典型和显著的特征如下:政府只能通过边缘的、间接的方式来规约大众媒体。治理的方式十分多样,包括内部的和外部的、正式的和非正式的方式。内部的和非正式的可能是更为重要的方式。针对不同的发行技术应采取不同形式的规制。治理的形式植根于每一个国家社会的历史和政治文化。

深入阅读

Baker,E. (2007) *Media Concentration and Democracy*. Cambridge:Cambridge University Press.

The work of an established authority on crucial issues for democracy arising from the commercialization of the mass media. Based on US experience,but equally relevant for other market-based media systems.

Küng,L.,Picard,G. and Towse,R. (eds)(2008) *The Internet and the Mass Media*,pp. 86-101. London:Sage.

A set of chapters by different authors on aspects of the impact of the Internet on the existing mass media,especially on media markets and industries,media organization and regulatory issues. Succint and empirically informed. Primary reference is to European circumstances.

Terzis,G. (2007) *European Media Governance:National and Regional Dimensions*. Bristol,UK:Intellect.

Multi-authored resource book with regional overview articles and chapters on media systems of thirty-two countries.

Turow, J. (2009) *Media Today: An Introduction to Mass Communication*, 3rd edn. New York: Routledge.

A great source of highly accessible information about contemporary media industries and processes. Although based on US conditions, it is of much relevance for understanding global media operations.

在线阅读

Albarran, A. (2004) "Media economics", in J. D. H. Downing, D. McQuail, P. Schlesinger and E. Wartella(eds), *The Sage Handbook of Media Studies*, pp. 291-308. Thousand Oaks, CA: Sage.

Croteau, D. and Hoynes, W. (2007) "The media industry: structure, strategy and debates", in E. Devereux(ed.), *Media Studies*, pp. 32-54. London: Sage.

Fengler, S. and Russ-Mohl, S. (2008) "Journalists and the information-attention markets: towards an economic theory of journalism", *Journalism*, 9(6): 667-690.

Fuchs, C. (2009) "Information and communication technologies and society: a contribution to the critique of the political economy of the Internet", *European Journal of Communication*, 24(1): 69-87.

Mansell, R. (2004) "Political economy, power and the media", *New Media and Society*, 6(1): 96-105.

第10章

全球大众传播

　　国际化的节奏因发行技术的进步和新经济的发展而加快。大众媒体也不无例外地受到全球化的影响。大众媒体的地位十分特殊,它们既是全球化过程的对象也是平台。发行技术的革新是导致变化最显著、最直接的原因,同时经济也起到决定性作用。我们考察媒体所有权的国际化以及媒体渠道所承载的内容的国际化。

　　专门用一章来探讨大众传播的这一方面是有若干理由的。其中之一是,第二次世界大战后,大众媒体的全球特性日渐造成问题。在自由市场的西方和社会主义的东方之间、在发达国家和发展中国家的经济和社会平衡之间出现了问题,此外媒体集中化程度的日益提高还威胁着传播的自由。我们已经到了这样一个点:质的变化可能催生更为纯粹的全球媒体,包括那些跨越国家边界服务受众的独立媒体。这意味着,将出现这样一种拥有自己受众的国际化媒体,且不仅仅是内容和组织的国际化。互联网在国际传播的未来场景中处于中心位置,同时也为更为聚焦的全球媒体治理带来问题。

全球化的起源

书籍和印刷媒体在起源时是国际化的,这是由于它们早于民族国家出现并在欧洲和更广大地区服务于文化、政治和商业世界。许多早期的印刷书籍是拉丁语的或是从别的语言翻译而来的,最早的报纸往往是在欧洲广为流传的时事通讯的汇编。从纽约到新南威尔士,从海参崴到瓦尔帕莱索,20世纪早期的报纸、电影和广播基本是一样的。然而,报纸逐渐发展成为一种国家性的建制,国家的边界也刻画了印刷媒体发行的大致范围。由于语言的排他性和文化及政治因素,早期大众媒体的国家特性被加强。电影在发明之时,至少到1914—1918年的战争为止,也基本上被限制在国家边界之内。电影在随后的扩散使其成了第一个真正意义上的跨国大众媒体(Olson, 1999)。当20世纪20年代广播普及之时,它也主要是一种国家性的媒介,这不仅是因为播出所使用的语言,还因为广播的传输主要是用于服务国家领土。

通过对比,我们已经得知媒体变得多么国际化,且新闻和文化在全球的流动如何将我们带入麦克卢汉所说的"地球村"(McLuhan, 1964)。19世纪以来的主要报纸都是由组织良好的新闻机构运营的,它们使用国际电报服务,国外新闻是世界上许多报纸皆提供的主要商品。地缘政治的典型特征,尤其是民族主义本身以及帝国主义刺激了受众对国际事件的兴趣,特别是在那些战争和冲突激发报纸销量的地区(这发生在19世纪以前,例如Wilke, 1995)。在20世纪早期,政府开始开发媒体之于国际以及国内宣传目的的优势。自第二次世界大战以来,诸多国家利用广播在世界范围提供信息和文化服务,以促成国家的正面形象、推广国家文化并维系与侨民的联系。

早期的唱片业也具有准国际化的特征,首先是那些经典的曲目,后来是日益广泛发行的美国流行音乐,有时还包括音乐电影。在希望保持国家的、文化的、政治的霸权和希望分享来自其他地方的文化与科技创新这两者之间,常常存在真实或潜在的矛盾。(英国、奥地利、俄罗斯等)国家内部的少数族群也在不断争取在帝国主义的文化统治面前确立自身的文化身份。美国是后起的帝国。尤其在第二次世界大战以后,美国采取了在全球渗透美国媒体的政策;相当重要的是,这种推广是以一个社会中理想的媒体结构为形式的——一个组合了自由市场、自由表达和表面上的政治中立的媒体结构,其中却不免矛盾重重。

在日益加速的媒体全球化过程当中,电视或许依然是最为强大的影响力;这部分是由于,像电影一样,电视的画面性能够跨越语言的障碍。在许多国家,在电视的早期,地面传输的范围仅仅在国界线内。如今,有线、卫星和其他传输方式早已克服了这些障碍。国际化的另一股力量是互联网,即便语言、文化和社会的关系决定了内容流依然限定在国界线内,但互联网完全无须遵守国界线原则。

驱动力:技术和金钱

技术无疑有力地助推了全球化。20世纪70年代电视卫星的到来打破了播出空间的"国家主权"原则并使得阻碍境外电视传输和接收的做法越来越困难并最终失效。然而经由卫星传输的外国内容能触及全球受众的范围则常常被夸大了,事实上即便是在欧洲这样的地区它依然是相对较小的。还存在其他类似的传输方式,例如通过连接有线电视系统、甚至是通过真身运输CD或DVD。然而主要的路径还是国家媒体频道上的内容出口。

技术是全球化的一个必要条件,真正全球的互联网媒介最为清晰地说明了这一点,然而全球化背后最直接也最长久的的驱动力是经济(其制动力则是文化)。电视是基于广播播出的模式建构起来的,电视最早在晚间、随后在白天、最终24小时持续提供的服务。即便在富裕的国家,用原创的或本国的材料填充播出时间的成本也往往超出了生产机构的能力。如果不大量重复或大范围进口,几乎不可能填满所有时间段。

自20世纪80年代以来,新的、有效的、低成本的传输技术为电视的流行提供了条件,商业动机驱动了电视的扩散并点燃了对进口的需求。它还刺激了许多国家新的视听生产行业,这些国家也开始寻求新的市场。最大的受益者和出口者是美国。美国拥有流行娱乐的大规模顺差,主要由于美国电影在几十年间的发展,美国(娱乐)产品的文化熟悉性为其进入诸多市场提供了保障。英语是一个附加的优势,尽管并非决定性的,大多数电视出口都会被配音并配上字幕。

广告是国际大众传播的一个重要组成部分,它与诸多产品市场的全球化相关联,并反映了诸多广告机构的国际特性以及少数几家公司对市场的控制。同样的广告信息在不同的国家出现,对播出这些广告的媒体的国际化也构成了间接影响。最后,非常重要的全球化驱动力是电信基础设施和电信产业的大范围扩张和私有化(Hills,2002)。媒体全球化的主要因素罗列如板块10.1所示。

10.1 导致媒体全球化的因素

- 远距离传输的强大技术
- 商业公司
- 贸易与外交关系的后续
- 过去与现在的殖民主义与帝国主义
- 经济依附

- 地缘政治的不平衡
- 广告
- 电信的扩张

全球媒体结构

由于国家之间不存在正式的配置，因此有必要对"全球媒体系统"作一概述，以作为本部分讨论的背景。最简单的办法是从诸多彼此交流互动的主权国家开始。国家之间的信息流与交换是依循一些常规的、可预测的（尽管是变化的）路径开展的，这有助于我们厘清一个结构。国家各不相同，而变化的因素在很大程度上塑造了整体的"结构"。主要的因素是（地区和人口的）规模、经济发展的水平、语言、政治系统和文化。一个国家的规模影响媒体的每一个方面，而人口则或为国内生产提供经济基础，或为其他国家的出口提供大型目标市场。语言和文化鼓励那些有共同性的国家之间的某种流动，同时也和政治及意识形态的阻碍一起限定了什么（流动）是可能的。经济的力量是整套关系当中决定控制的主要因素。媒体的世界还被地区分层。在全球层面以下，存在民族国家、国家地区和地方。即便如此，媒体总体上依然是国家层面的组织。

诸多理论和研究描绘了全球媒体基本的结构，而一个核心的组织概念是：国家之间关系的中心—边缘模式（Mowlana, 1985）。那些处于中心位置的国家拥有最发达的媒体且更加富裕、人口更多。处于边缘的国家则具有相反的特征。当然还存在处于中间位置的国家。核心国家更有可能向其他国家传输更大的信息流，而反流则无法与之抗衡。双向交换更有可能在地理上、文化或经济关系上"相近"的国家之间发生。边缘国家不出口媒体内容，它们的进口能力也因发展不足而受限。这有时造成一种与富裕的核心国家不同的自给自足。

全球媒体结构的根本状况为关于全球化的现实和必要性的理论化、辩论和研究提供了场景。在最初，20世纪60年代前后，思想界最为关注美国——尤其是好莱坞娱乐与全球新闻机构——的垄断。苏联是一个主要的对手，另有中国和共产主义世界的其他国家。第三世界国家尽管彼此不同，但基本上处在边缘。随着东欧的解体以及亚洲及拉丁美洲大部分地区的快速发展，世界结构变得十分不同。美国作为国际娱乐生产者依然占据统治地位，但世界人口的很大一部分如今生活在印度次大陆板块或中国，或日本、巴西、印度尼西亚、尼日利亚、墨西哥等媒体自足的国家。滕斯托尔（Tunstall, 2007: 6）总结道："这些国家的总体情况是，可能不到10%的受众时间是花在外国媒体上的。"如今最大的媒体生产者（并非总是出口者）可能是美国、中国、墨西哥、埃及、巴西和印度。滕斯托尔还说,可将媒体全球化程度最高的国家——那些出口最多的国家——"分成三个种类:1. 人口较少的贫困国家;2. 拥有一个大型邻居并共享语言的小国家;3. 欧洲各个富裕但小型的国家,它们从不同的来源进口"。板块10.2罗列从全球媒体系统的结构当中出现的主要问题。

10.2 全球媒体结构:出现的主要问题

- 媒体流的支配和不平衡模式是什么?
- 产生这些模式的原因何在?
- 这些结构的后果是什么?
- 变化的动力和方向何在?
- 我们如何评估媒体全球化的趋势?

多国媒体所有权与控制

　　媒体集中的现象是"传播革命"近来出现的一个新的面向,跨国的和多种媒体的集中导致世界媒体产业日益控制在少数几家大型媒体公司手中(Chalaby,2003)。尽管有了新的名字,但是在一些时候,这些新的发展只是传统上媒体"巨头"的延续(Tunstall & Palmer,1991)。尽管那些引人瞩目的媒体巨头的可见度极高,但趋势可能是朝向有利于这些大型全球企业的、非个人化的所有权和运营模式发展的。南美和印度等新兴市场的媒体发展催生了它们自己国家的媒体巨头和多媒体公司,这些公司通常有海外投资(参见 Chadha & Kavoori,2005)。

　　一些特定种类的媒体内容服务于所有权和生产与发行控制权的全球化,这些内容包括新闻、故事片、流行音乐唱片、电视连续剧和图书。滕斯托尔(Tunstall,1991)将这些称为"一次性"媒体,以与报纸和电视台等"现金流"媒体形成对比,后者总体上抵制了多国所有权。"一次性"的产品更易于针对国际市场进行设计并在更长一段时间内实施更为灵活的市场推广和发行。"新闻"是主要的国际新闻机构首先"商业化"的产品。实际上,它们是新闻商品的"批发"供货商,我们很容易知道国家新闻媒体为何认为"购买"关于世界其他地方的新闻要比自己收集来得更加便利和经济。

　　(电报、无线电通信)技术使得20世纪全球新闻社的崛起成为可能,战争、贸易、帝国主义和工业扩张又刺激了其发展(Boyd-Barrett,1980,2001;Boyd-Barrett & Rantanen,1998)。政府介入是十分普遍的。出于这些原因,第二次世界大战以后的主要通讯社分布在北美(合众国际社和美联社)、英国(路透社)、法国(法新社)和俄罗斯(塔斯社)。此后，由于合众国际社事实上的衰退以及（诸如德新社、中国新华社和日本共同社等）其他通讯社的发展，美国的支配地位有所下降。伊塔塔斯社取代了塔斯社，但仍是一个国家通讯社。

依据滕斯托尔（Tunstall,2007）的观点，尽管美国总体上处于统治地位，但欧洲业已成为外国新闻最主要的生产者和消费者。佩特森（Paterson,1998:79）认为世界媒体使用最多的国际新闻的三大生产者是路透社、世界电视新闻社（WTN）和美联社电视新闻（APTV）。滕斯托尔和梅钦（Tunstall & Machin,1999:77）指出了一个由美国美联社和英国路透社构成的事实上的两强垄断。法国的法新社、德国的德新社和西班牙的埃菲社也是较大的参与者。显然，支配地位是由相关媒体组织在国内的力量——包括市场规模、集中程度和经济资源——塑成的。英语是一种额外的优势。

最近五十年发展起来的流行音乐产业是媒体所有权、生产和发行国际化的最显著例子，五家大公司在世界几个主要市场中占据了高份额。在2004年贝塔斯曼和索尼合并以后成为四家公司：索尼、华纳、环球和百代。美国占据了全球唱片销售的三分之一（Turow,2009）。高度集中和高度国际化的另一个例子是广告业。依据滕斯托尔（Tunstall,2007）的观点，约六家超级广告公司占据了全球广告支出的绝大部分。这些广告公司还控制着市场调查、媒体购买和公关公司。如屠苏（Thussu,2009:56）所评论的，"全球广告业被打上了明显的西方——准确地说是英美——的烙印"并存在全球品牌推广的趋势。全球运作的美国多媒体公司——如美国在线—时代华纳、迪斯尼、NBC—维旺迪、贝塔斯曼、新闻集团、索尼等——获得了最多的关注，同时如今在世界其他地方也出现了不少多媒体联合集团。

大型媒体的全球化和集中还导致了企业联合，超大型公司彼此之间合作又竞争。公司还通过分享营收、联合制作、联合购买电影、分配地方经销点来展开合作。尽管日本和欧洲媒体企业的崛起使得情况日益复杂，毫无疑问美国在媒体市场的全球扩张当中获益最多。依据陈-奥姆斯泰德和张（Chan-Olmstead & Chang,2003），相比之下，欧洲媒体公司不太倾向于在全球开展多样化经营。

全球大众媒体的种类

全球大众传播是一个多面向的现象，它拥有多种形式，包括：

- 媒体频道的直接传输或发行，或从一个国家向另一个国家受众的完全出版；这包括外国报纸（有时以特刊的方式）和书籍的销售、某些卫星电视频道和官方资助的国际广播服务；
- 一些特定的国际媒体，如欧洲MTV、CNN国际频道、BBC国际频道、法国第五电视台、委内瑞拉国家电视台、阿拉伯半岛电视台等；此外还有国际新闻通讯社；
- 为补充国内媒体产能而进口的诸多种类的内容产品（电影、音乐、电视节目、新闻产品等）；
- 外国原产、针对国内受众改编或重新制作的形式和种类；
- 国内媒体上出现的关于外国或在外国制作的国际新闻产品；
- 来自外国的体育赛事、广告和图片等混合内容；
- 最后但非常重要的万维网，它的多种形式与上述一些形式重叠。

从这张清单可以看出，在"全球"的和"本国"或地方的媒体内容之间不存在清晰的界限。大众传播从定义上就几乎具有"全球"潜力，尽管大多数国家还是主要依靠国内媒体供给。美国是其中一例，但是通过贸易和移民，美国媒体文化的确对其他国家产生诸多文化影响，同时它还通过针对世界市场的制作定位间接实现全球化。

尽管媒体全球化具有诸多表现，但少数媒体渠道（频道、发行物等）事实上直接占据了很大比例的外国受众，如查勒比（Chalaby，2003）所揭示，可能触及的家庭数也是巨大的。最终，至多若干个成功的产品（一部热门电影或一个热门电视秀、一张音乐唱片、一个体育赛事）将覆盖全球受众。这意味着"出口"国依然对"进口"国的"国家"媒体经验具有较大的影响能力。我们需要考量"外国"内容在进口之时受到"把关人"多少控制（例如改编、筛选或选择、配音或翻译、给予熟悉的情境等）。主要的"控制"机制不是政策或法律甚至经济手段（通常是鼓励进口的），而是受众对于他们母语的"自己"的媒体内容的需求。存在于国家之间的语言和文化障碍抵抗着全球化（Biltereyst，1992）。经济可以限制或者刺激进口。总体上，一个国家越发达，即便其人口数较小，其媒体自治的可能性越大。全球化的形式是多样的，"全球化"这一术语的含义是灵活的，其中一些含义罗列如板块10.3所示。

10.3 媒体全球化的含义

- 全球媒体公司日渐增多的所有权
- 全球媒体系统之间日渐增多的相似性
- 相同或非常相似的新闻和娱乐产品在全球的出现
- 受众可以选择来自其他国家的媒体
- 文化同一化和西方化的趋势
- 媒体经验之于地方和文化的去情境化
- 国家传播主权的削弱和传播自由流动的增加

国际媒体依附

依据依附理论,摆脱依附关系的一个必要条件是,在信息、观念和文化领域实现一定的自足。在莫拉纳(Mowlana,1985)提出的模式中,有两个维度主要决定了传播依附或自主的程度。这个模式体现了一个如今看起来熟悉的、从发送者(1)到接收者(4)的次序,中间经由基于技术的生产(2)和发行(3)中介的系统。在国际传播当中,与典型的国家性媒体状况相反,起源、生产、发行和接收四个步骤在空间上、组织上、文化上可以是(也通常是)彼此分离的。一般来讲,来自一个国家的媒体产品被进口或者纳入另一个相当不同的发行体系当中并触及那些并非起初针对的目标受众。普遍情况下,尤其是在电影和电视业,产品整个在一个国家起源并生产,然后被发行到另一个国家。这便是"北方"与"南方"的媒体关系。

这个典型的延展但不连贯的过程依赖于两种专长(以及财产):一是硬件,二是软件。生产硬件包括摄像机、演播室、印刷厂、电脑等。生产软件不仅包括实际的内容产品,还包括媒体组织的执行权力、管理、职业规范以及日常运作。发行硬件指的是传输设备、卫星连接、运输、家庭接收设备、录像设备等。发行软件包括宣传、管理、市场推广和调查。生产和发行的环节均受到媒体外部和内部变量的影响,在生产方面受到所有权情况、文化和社会情境的影响,发行方面受到经济和特定媒体市场的影响。

这一模式描绘了国家之间传播流的多种依附。欠发达国家往往在全部四种软硬件领域都较为依附,每一个领域都可能受来源国家的控制。媒体意义上的自足几乎是不可能的,倒可能存在极度的不自足且永远不可能"追上来"。正如戈尔丁(Golding,1977)率先指出的,媒体依附可能造成的影响不仅仅局限于内容中的文化或意识形态类信息,它还植入在职业标准和实践当中,包括新闻伦理和新闻价值。前文讨论的中心—边缘模式也可以解释这些观点。

随着新市场、新媒体的兴起以及经济财富和地缘政治的改变,全球传播的情况日趋复杂,然而一些形式的依附将持续存在,且不同媒体拥有不同的依附模式。尽管如此,总体上,这一框架不再像过去那样具有解释力。在正在出现的、依然不清晰的全球传播流的"系统"当中,民族国家很可能不再是重要的分析单位。将信息和文化归类到某一个源头国家也更为困难了。由大公司控制的多国的生产和市场推广以及多边的媒体信息流将建立起它们自己的统治与依附。

文化帝国主义与其他

在第二次世界大战之后不久,美国基本上垄断传播研究之时,大众媒体被普遍视作最有希望实现现代化（西方化）的渠道之一，尤其被视作一种战胜传统观念的有效工具（Lerner, 1958）。从这一视角看，自发达的或资本主义的西方向欠发达世界的大众媒体流动被认为对其接收者有益，同时也有助于战胜基于社会主义、计划经济和政府控制的另类现代化模式。设想中的媒体流不是直接的宣传或指令，而是普通的娱乐（及新闻和广告），在其中展现了富裕的生活方式和自由民主社会中运作的机制。美国印刷媒体、电影、音乐和电视的大量涌入为该理论提供了主要的例证和支持。

这无疑是一种十分种族中心主义的看待全球传播流的方式，最终它激起了学者和政治活动者以及接收端的批评。不久，该议题便陷入"冷战"的争论和半殖民地（尤其是拉丁美洲）的左翼抵抗运动当中。然而，与之前的国际意识形态战不同，新的"媒体帝国主义"看起来是对广大受众自愿要求流行文化的回应，因而更可能"成功"。当然，并不是受众直接做了选择，而是国内媒体公司代表他们作出选择——以经济而不是意识形态原因。

围绕着全球大众传播的大部分议题都与"文化帝国主义"或更为狭窄的"媒体帝国主义"（见下文）命题有着直接或间接的关系。两个概念都隐含了支配、侵入或转化其他"文化空间"的刻意努力并暗示了一定程度的强迫关系。这无疑是一种十分不平等的权力关系。同时它还指涉了某种整体上的文化或意识形态模式，在被传输的信息当中蕴含着个人主义、世俗主义和物质主义等"西方价值"。

然而，在第一种情况中，即美国资本主义的全球化计划中，是含有政治和文化内容的（Schiller, 1969）。在上文谈及的与拉丁美洲的关系当中，20世纪六七十年代"美帝国主义"针对该半球的计划并不奇怪（Dorfman & Mattelart, 1975）。究竟是主要出于掌控全球市场的经济目的，还是出于文化和政治的"西方化"以及反共产主义的目的，批判学家之间存在争议，尽管这两者显然是彼此关联的。（批判的）政治经济学家强调全球媒体市场的经济动力，它盲目地塑造了媒体商品流动。并不奇怪，这种动力青睐自由市场模式并在整体上推行西方资本主义。

全球媒体帝国主义的批评者，与自由市场的支持者和实用主义者的混合体之间形成抗衡，后者将流动的不平衡视作媒体市场的一个自然特征。在他们的观点中，全球化对各方都有利且不一定是有问题的（如 Pool, 1974; Hoskins & Mirus, 1988; Noam, 1991; Wildman, 1991）。在一些情况下全球化甚至可能是暂时的或有益的。毕尔特瑞斯特（Biltereyst, 1995）描述了依附和自由流动这两个主要的但相反的范式。在他看来，两者都是基于弱经验基础的。批判依附模式在很大程度上是基于流动的量和一些有限的关于内容的意识形态倾向的解读。很少甚至几乎没有关于真实效果的研究。自由流动理论家往往基于受众是自愿的假定，认为只存在最小的影响，他们几乎毫无依据地假设全球交易的内容是文化中立的、不存在意识形态的。此外，还很有可能将现行的媒体全球化视作无终极目标或目的的、无实际效果的（这一点与第4章所讨论的"文化自主"立场相符)。在他们看来,全球化纯粹是现行政治、文化和技术变革的一个未曾预期的结果。

如果从接收端国家社会的视角来定义全球大众传播的过程,依据媒体帝国主义命题,至少有板块 10.4 所列的四种主张需要考虑,本章随后也会加以讨论。然而,如今对全球化的思考已有了转变,不再仅仅将其视作完全消极的媒体帝国主义。这一转变并不是要回到现代化的"乐观主义",更多是后现代观念和新的文化理论的反映,这些理论避免先前理论的价值判断。

10.4 媒体帝国主义:主要观点

- 全球媒体促进的是依附关系而非经济增长
- 大众媒体内容的不平衡破坏文化自治或阻碍其发展
- 新闻流动中的不平等关系加强了相对大型且富裕的新闻生产国的全球权力,并阻碍了其他国家恰当的民族认同和自我形象的建立
- 全球媒体流促成了文化同一性或同质性的状态,这导致了与大多数人的实际经验没有特定关联的一个统治性的文化形式的出现

全球化再评价

在近来关于"全球化"诸多议题的讨论中,文化帝国主义命题基本上被弃置了(Sreberny-Mohammadi, 1996; Golding & Harris, 1998)。如我们所见,流行大众媒体及其整体上的文化悲观主义受到严重挑战。这也影响了对全球文化交流(尽管可能不是关于新闻的全球流动)的效果的考量。肯定的是,我们经常能听到关于大众媒体带来全球包容的正面甚至庆祝式的观点。共享的象征空间可以被延展,与割裂的国家媒体系统相关的对地方与时间的限制可以被避免。与某些国家媒体系统具有的种族中心主义、民族主义和排外主义相比,文化全球化甚至是好的。国际化媒体的大规模存在被认为是"冷战"之后开启的国际和平的新时代(新的国际秩序)所必需的(Ferguson, 1992)。"反恐战争"的结果依然有待揭示,然而全球娱乐和新闻的初步影响可能已造成两极化的效果,回到类似"冷战"那种全球割裂。

媒体帝国主义命题中生成的大多数假设倾向于将全球大众传播定义为一个因果过程,仿佛媒体是在地方与地方之间、发送者与接收者之间"传输"观念、意义和文化形式。在这个程度上,批评者所使用的语言和最早的"发展理论者"基本相同。普遍存在一致的观点,认为这种关于媒体如何工作的"运输"模式在有讨论计划的传播以外不甚恰当。且不论其他,我们需要更为关注受众对大众媒体塑造"意义"的过程的积极参与(Liebes & Katz, 1990)。

媒体不仅在破坏既有文化,还可能促进文化的增长、扩散、发明和创造的过程。有

时,本地的文化和经验可抵抗或重新定义媒体—文化的"入侵",诸多现代理论和证据支持这一观点。所涉及的"国际化"通常是自我选择的、而非帝国主义的结果。勒尔和沃利斯(Lull & Wallis,1992)使用"跨文化涵化"一词来描述越南音乐与北美音乐交织生成一个新的文化混合物这一"中介化了的文化互动"过程。还可能存在诸多类似的例证。理论家倾向于将全球化视作是伴随着"全球本土化"过程的,依据这样的理论,CNN、MTV等国际频道会根据所服务地区的情况作出调适(Kraidy,2001)。将不同的形式和表现标准纳入自身的生产则是这一过程的另一方面(Wasserman & Rao,2008)。

可能正在发生一个普遍的且不可抵挡的"去领土化"过程(Tomlinson,1999)。其次,如我们所见,就同样的外国内容,很可能存在另类的"解读"。"符号权力"也可在此情景当中实施,不同文化的接收者可对同一媒体内容做出不同的解码(Liebes & Katz,1986)。这很可能是太过乐观的看法,证据尚不足够。外国文化内容与本国制作的媒体内容不同,前者还可能遇到一种疏离的态度(Biltereyst,1991)。尽管全球媒体文化具有吸引力,语言差异依然是客观上阻碍文化"破坏"的障碍(Biltereyst,1992)。关于接收外国新闻的证据(暂且不论其可得到性)依然是十分碎片的,但同时存在一些证据和合理理论认为,外国新闻事件是由受众依据其本国情景和个人情况定义的,受众依据自身更为熟悉的社会和文化语境来理解或"解码"外国新闻(Jensen,1998)。

跨国化的媒体可能造成的文化破坏似乎被夸大了。从全球来看,欧洲内部以及世界其他地方诸多不同的地区和国家(以及亚国家)的文化仍是十分强盛且具有抵抗力的。受众可能可以忍受若干不同且不连续的文化经验世界(例如本土的、国家的、亚群体的、全球的)而不必要求其中一个毁灭另一个。媒体可以一种创造性的方式延展文化选择,国际化也可以创造性地运行。将问题相对化并不意味着摒弃问题,事实上在一些情况下的确发生文化损失的情况。

关于全球化的这一修正了的、更为乐观的观点是基于观察到国际媒体流总体上是对需求的回应,因而需要以接收者的愿望与需求、而不能仅仅以提供者事实上或者假设的动机来理解它。鉴于全球媒体市场的种种限制,这一事实本身并不能使得媒体帝国主义批评失效。世界媒体状况中的诸多特征证明,资本主义的装置和理念对于全世界的媒体都拥有甚至更有力的掌控,无一处可藏。

媒体跨国过程

在这一标题下,我们关注的是内容和受众经验在一定程度上全球化的过程。这是一个效果过程(如果有效果的话),包含两个阶段:第一,内容的转化;第二,对受众的影响。在其对电视的国际流动的分析当中,瑟普斯特拉普(Sepstrup,1989)建议我们以这样的方式来区分媒体信息流:

- 国家的——外国(不是本国生产的)内容在国家电视系统当中发行;
- 双边的——源自某一国家并为该国制作的内容直接被临近的国家接收;
- 多边的——内容的制作和散播并不存在特定的国家受众目标。

在国家的例子当中,所有的内容都由本国媒体发行,但其中一些项目(电影、电视节目、新闻故事等)可能来自外国。双边的例子主要指的是直接的跨国界传输或接收,通常触及邻国的受众。这在例如美国与加拿大、英国与爱尔兰、荷兰与比利时之间是常见的。多边的种类则包含大多数显而易见的国际媒体频道(如MTV、CNN等)。国际化的第一种类型拥有最多流量并触及最多受众,是到目前为止最为重要的一种,然而同时,如我们所注意到的,它也可能受到国家的控制。

图表10.1再现瑟普斯特拉普(1989)依据上述特征归纳提出的跨国化效果模式。它显示了三个理论上的国家之间的关系——X是媒体内容的主要生产国和出口国,Y和Z则是进口国。在跨国化效果中存在三条主要的线索:国家的、双边的和多边的。第一条线索在进口的基础上运行且事实上是国家媒体系统通过借内容而实现国际化的过程。在该过程的下一步,如果有的话,国家系统成为一个不论好坏地影响受众走向"国际化"的能动者。为实现这一步,内容不仅应当被传输,还应当得到接收和积极的回应。只有当这些发生了,我们才可以说存在影响文化和社会的国际化过程。

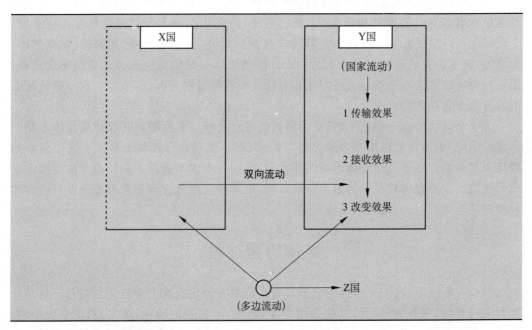

图表10.1 电视的国际化:三种流动(McQuail & Windahl, 1993:225,基于Sepstrup, 1989)

其他两个过程中，双向流动情况（直接跨越国界的传输）最常出现在业已存在诸多文化上、经验上的共同之处且通常使用同一种语言的两个相邻国家之间。随着互联网的发展，多种多边流动成为可能，从一个国家向其他诸多国家流动的多边情况日趋重要。

国家系统过滤的内容越多，越是可能针对当地品位、态度和期待进行筛选和改编、再构造和再情景化内容。"文化冲突"的可能性被削减了。接收国在文化和经济上越是发达，这种转化便越大。当来源国与接收国之间业已存在文化接近性（因而文化交流的空间较小）之时，（在传输中）转化的过程最不具有操作性。当接收国较为贫困或欠发达之时，转化也是有限的，文化差异是巨大的，接受（以新的观念或新的行为为形式的）影响的机会是小的。

从上文描述的世界媒体系统结构当中似乎可以预测出任何跨国化效果的走向，即便大众传播本身的效果程度是十分不确定的。互联网的到来与增长的确扩大了接触国际信息和文化资源的可能性。存在于传统媒体当中的各种把关人始终限制并控制着内容的流动，如今的接入则不需要仰仗它们了。这些把关人在发行渠道的发送和接收两端运行。互联网（以及万维网）在本质上是一个国际化的媒介并可能向所有人打开巨大的资源。然而，还存在另外一个事实——互联网的内容，不论如何多元，是"西方"（以及说英语）的生产者统治的。接入所需的昂贵设备对穷人来说是巨大的成本，此外语言和其他技能也是必需的。

国际新闻流动

如前文所述，新闻的全球化是伴随着国际新闻社在19世纪的兴起而发端的（参见Boyd-Barrett & Rantanen, 1998），新闻是国际贸易中第一个商品化了的媒体产品。个中原因并不十分清楚，尽管大众传播的历史证明实时的信息服务对于吸引受众具有最初的和长期的重要性。"新闻"以及"新闻故事"业已成为构成印刷或电子媒体的或多或少标准的、通用的类型。新闻故事，不论是从哪里听来的，可能具有有用信息的价值，或可能满足人情味方面的好奇心。

在电视上播出新闻加速了新闻的跨文化吸引力，画面中的故事可以被加上任何语言的文字或任何"视角"。电视新闻社追随了印刷新闻社的脚步。画面可以很好地讲述一个故事，但是文字界定了意欲讲述的意义。和印刷新闻一样，电视新闻片也是基于新闻"客观性"原则的，后者是为了保障事件叙述的可靠性和可信度而立定的。国际上较早期的"外国"新闻集中于政治、战争、外交和贸易，后来国际新闻的范畴大幅扩展，特别是涵盖了体育、演艺界、财经、旅游、名人八卦、时尚等。

20世纪70年代发生了一场关于南北之间不平衡的新闻流动的激烈辩论，这场辩论随后政治化并成为"冷战"激辩的一部分。媒体依附的国家试图通过联合国教科文组织建立一个世界信息传播新秩序（NWICO），以设立一些关于国际报道的规范性指导方针

(参见 Hamelink,1994;Carlsson,2003)。这些国家还要求实施一些控制以实现基于平等、主权和公平的报道。这些要求遭到"自由流动"(本质上是自由市场)原则捍卫者——主要是西方政府和西方新闻利益——的强烈拒绝(参见 Giffard,1989)。一项国际调查提出了一些新的指导方针建议(McBride et al.,1980),但基本上被忽视了,经由联合国教科文组织的路径也被关闭了(参见 Hamelink,1998)。各国和国际上新一阶段的、加速了的传播自由化以及其他地缘政治变化基本上结束了这场辩论,尽管情况基本没有改善。

然而在这一过程当中,研究和公共讨论则揭示了新闻流动的实际结构以及全球新闻业的根本动力。研究一再地证实,(除专业的或精英的出版物,)发达国家(不论是印刷还是电视新闻)通常并不太关注外国新闻。这些国家的外国新闻通常报道的是那些大型的、邻近的、富裕的国家或者共享语言和文化的国家,同时还狭隘地聚焦在接收国感兴趣的少数几个议题上。大部分外国新闻关注的是发展中世界的少数几个危机(如中东冲突)。真实世界的很大疆土系统性地缺失,或在由全球新闻事件事发地点绘成的"地图"上被小写了(如 Gerbner & Marvanyi,1977;Womack,1981;Rosengren,2000)。尤其是,只有当发展中国家发生的某些新闻事件威胁到"超级大国"的经济或者战略利益之时,它们才可能进入发达国家的新闻框架当中。除此之外的另一种情况是,问题或灾难达到了一定的程度并足以吸引遥远的安全国度中的受众。

国际新闻选择当中依然存在"偏见"的原因并不难找到或理解。首先,这是新闻信息流组织方式的结果,新闻社和每一家媒体都拥有自身的把关人。最终的仲裁者是新闻消费者,一名普通的新闻消费者被认为不太关心遥远的事件。新闻社依据什么最可能吸引"本国"受众来收集那些"外国"的新闻,而本国媒体中的国际新闻编辑则采取一套更为精准的类似标准。结果就是,在那些遥远地方发生的并不十分戏剧化或与接收国没有直接关系的新闻被淘汰了。

已有诸多研究关注那些塑造外国新闻结构的因素。最为基本的事实是:新闻流动是对国家之间经济和政治关系以及地理邻近和文化接近程度的反映(Rosengren,1974;Ito & Koshevar,1993;Wu,2003)。新闻的流动还与国家之间其他交易形式呈正相关。我们需要或想要了解那些与我们开展贸易的国家、那些与我们友好或者不友好的国家。另一个重要的因素是权力:我们需要了解那些比我们更强大、能影响我们的国家。存在一些关于外国新闻选择的更为详尽的解释。加尔东和鲁格(Galtung & Ruge,1965)提出决定选择的三套因素:组织的因素,即关于新闻的生产和发行;与类型相关的因素,即新闻受众传统上关心什么;社会文化的因素,即依据什么价值来选择主题。

其他关于外国新闻关注类型的分析基本证实了这些观点的有效性。新闻倾向于忽略那些遥远的或者政治上不重要的国度(除了在一些临时的危机之时)和非精英的观念、结构和机制。一般认为,长远的程序(例如发展和依附)不太容易变成新闻。然而我们需要记住,大部分新闻研究聚焦在"严肃的"(如政治的和经济的)内容和硬新闻上,而较少关注那些可能在性质或其他方面更为重要的领域，如体育、音乐、娱乐、名人八卦和可能轻易变成"新闻"的其他人情味议题。大部分人喜欢的新闻正是这些主题的，而它们作为全球媒体文化的反映，十分可能具有国际的属性。

最近一项关于"9·11"事件的国际新闻的研究对上述长期存在的趋势提出了一些质疑。阿赛蒂（Arcetti,2008）关注了（美国、法国、巴基斯坦、意大利）四个国家关于该事件的新闻报道的来源。研究显示，第一，每一个媒体渠道都拥有自己独特的信息来源模式且大多数来自于本国信源。第二，几乎没有证据显示媒体采用了针对某一国家的特定议程，这是因为新闻选择是基于本国视角做出的。第三，在新闻系统当中较弱的参与者，如巴基斯坦，事实上比美国媒体拥有更为多元的信息来源模式，这令外国新闻统治变得不可能。总体上，这项研究同时质疑了全球化和同质化的效果。

由于互联网具有看起来无限的能量以及对全世界信源开放的可能性，在对于互联网的期待当中包含了对扩大接入并扩展国际新闻流动的期许。最早呈现的结果并不如人意。例如，一项研究关注了拥有最多访问的美国网站 CNN.com 和 nytimes.com 的新闻决定因素，并在可能的情况下对在线和印刷版本作了比较（Wu,2007）。结果显示，在线新闻基本上追随了传统新闻平台的样式，且相关的因素——包括贸易模式、新闻机构、地理和文化接近性——也是类似的。主要的解释是：经济压力使得大多数在线新闻只能依赖于新闻机构。

张等人（Chang et al.,2009）开展的另一项关于15个国家在线新闻的研究得出了类似的结论。研究主要关注在线新闻文本当中的地点超链接所指代的核心国家和边缘国家之间的联系。研究显示了编辑去哪里寻找信源。结果证实，核心国家，尤其是美国和英国，的确拥有更多的超链接。研究还揭示，美国、英国、日本和加拿大等核心国家之间紧密互联。这一模式并不陌生，但却全新地揭示了除了与南非之外，美国和任何边缘国家之间都不存在太多的超链接。相比之下，英国媒体，尤其是 BBC 更倾向于发送被报道国家的相关网址超链接。这至少表明，当存在意愿和经济资源之时，上述期望并非空想。

板块10.5小结影响新闻流的因素。

10.5　影响国际新闻选择和流动的因素

- 与本国相关或受本国关注的外国事件的发生
- 事件发生的时机和新闻周期
- 报道和传输的来源
- 国际新闻机构的运作
- 新闻价值
- 地理、贸易和外交模式
- 国家之间的文化接近性

媒体文化中的全球贸易

20世纪70年代以来,其他国家的电视生产和传输巨幅增加,美国不再像30年前那般占据全球媒体的统治地位了。这意味着更多的国家可以通过国内生产来满足自身需求了。斯莱伯尼-玛荷麦蒂(Sreberny-Mohammadi,1996)援引指出,本土生产的程度出乎意料地高。例如,在印度和韩国播出的电视内容当中大约92%是自主生产的,在印度观众每日收看的内容当中99%是国内生产的。但是美国电影和电视剧在全世界的覆盖率依然很高,对国际尤其是美国版进行改编以适应本地情况的做法依然十分普遍。宝莱坞即是这一过程的典型案例。斯莱伯尼-玛荷麦蒂对针对"本土化"迹象的过度诠释提出了警示:是那些与过去的文化帝国主义者持完全相同逻辑的大型公司生产了大多数内容。

在欧洲的案例当中,文化精英们抱怨"美国化"对文化价值甚至文明本身构成威胁的历史已经颇长。作为"二战"的结果之一,美国媒体的垄断是不争的事实,但是许多贫困的国家依然限制电影的进口并支持本国初生的电影和电视业。总体上,电视服务是以国家公共服务模式为基础发展起来的,后者重视促进并保护国家文化身份。

西欧最近关于进口视听内容的态度主要受(除扩张和私有化以外的)三个因素影响:第一是旨在建立一个更为统一的欧洲的政治—文化方案(参见下文讨论);第二是创造一个大型欧洲内部市场的目标,在该目标下欧洲视听产业应当处在有利地位;第三则是对降低媒体产品巨大贸易赤字的期望。这三个目标被认为遭到单向度跨大西洋内容流动的破坏。依据滕斯托尔和梅钦(Tunstall & Machin,1999)的观点,通过打造一个统一市场并开放竞争来扩大市场的做法仅对美国出口者有利。

将文化的和经济的动机和论点混在一起的做法混淆了问题,然而欧盟施行开放市场的原则。其妥协的结果使得自由贸易和文化主权都得以存续,尽管并未实质上改善事件的进程。欧盟持有一些保护欧洲电影和电视产业的政策(尤其是其给予欧洲生产以优待的"关于无国界电视的指令"),然而这些商品中的贸易赤字依然在继续(Dupagne & Waterman,1998)。

尽管向欧洲进口的媒体产品总体上对受众具有吸引力,但十分清楚的是,在任何一个国家最受欢迎(收视率最高)的电视节目几乎总是本国生产的(尽管可能是基于国际媒体样式的)。例如,2009年4月的英国,在电视网络节目前一百位当中,没有任何一个美国产品。领先的美国进口产品通常是观众的第二选择,但是依然存在大量的进口内容用以填补观众较少的白天或深夜时段或填充低成本的卫星和有线频道。将不怎么受欢迎的内容捆绑销售的做法也导致了供给的过剩。美国出口产品的价格总是依据特定的市场情况来调整,此外在操作中存在"文化折扣"的因素——价格依据进出口双方的文化接近性调整(接近性越低,价格越低)(Hoskins & Mirus,1988)。

从美国进口的产品大多是剧情片和科幻片,这反映的是其他国家自己制作这些类型的成本之高,而不是美国产品的高吸引力或者高质量。诸如 CNN、MTV 等颇受期待的跨国(多国)卫星频道并未十分成功地触及欧洲大范围受众,这些频道被迫区域化其内容和传输并对内容和形式加以改编以适应地方需求。数字电视的到来在一定程度上推动了跨国化,然而主要的障碍并非技术层面的(Papalhanossopolous,2002)。如罗和德·迈耶(Roe & de Meyer,2000)所述,MTV 的故事说明的是在 20 世纪 80 年代和 90 年代"入侵"欧洲以前即已开始发生在跨国卫星电视身上的情况。在一开始,MTV 在为英美流行音乐吸引年轻受众方面是十分成功的。然而,德国、荷兰和其他国家的竞争频道迫使 MTV 提出区域化的政策,即使用"本地"语言但不在很大程度上改变音乐。这一过程一直在持续,教训可能是:英语作为流行音乐的语言尽管是一个资产,但在频道呈现上并无优势。

由于本书是关于大众媒体的,因此基本上忽略其他形式的文化全球化不谈,尽管后者与媒体往往相互关联。富裕的国家始终在向殖民地、依附国和贸易伙伴借用文化元素,包括观念、设计、时尚、美食、植物群等。移民群体也将自己的文化带到这些富裕国家。符号文化如今还通过媒体、广告和市场推广得以扩散——消费者搜索新的产品以满足生活方式的需求。这(在中心和边缘之间)具有双向性。摩提(Moorti,2003)描绘了印度图案尤其是朱砂吉祥痣和鼻环进入美国时尚文化的案例。这样的符号被美国女性作为一种时尚声明和世界主义、异域主义的意符来采用,而并未改变白人妇女和亚洲妇女之间的等级关系。摩提将此称为"符号的同类相食"和商品化的一个典型案例,而不是真正的多元文化主义。它还是一种后现代的模仿。另外还存在诸多此类案例。

趋向一个全球媒体文化?

关于媒体全球化的一个持续辩论的主题是文化认同。进口的媒体文化被认为是阻碍接受国本土文化,甚至是国家内部诸多地方文化的发展的。通常关注到的问题是一个较小的国家处于一个支配性国家的阴影之下,例如加拿大之于美国、爱尔兰之于英国。

在这一议题的深层次,存在一种强烈的"信仰体系",认为一方面文化之于国家和地方是有价值的集体财产,另一方面文化又易受到外国影响。关于国家文化的价值植根于 19 世纪和 20 世纪发展起来的观念当中,(例如希腊、爱尔兰、芬兰等的)国家独立运动往往与独特的国家文化传统的再发现紧密相关。新确立(往往是新发明)的国家边界与人群"自然的"文化区分之间往往并无关联,而这并不影响关于国家文化内在价值的修辞。

一个类似的情况发生在那些大型民族国家内部的少数民族身上,后者往往拥有有限的自主权。关于国家或文化认同的意义存在诸多混淆,尽管在具体的情境当中它涉及什么往往是清楚的。施莱辛格(Schlesinger,1987)提出了一个"集体认同"普遍概念的路径。该意义上的集体认同存在于时间当中并抵抗变化,尽管为了保持生存它需要刻意被表达、强调并传输。鉴于此,拥有相关传播媒体的接入渠道和支持显然是十分重要的。电视通过语言和表征尤其可在支持国家认同方面起到重要作用。卡斯泰罗(Castello,2007)援引加泰罗尼亚的经验有信服力地证明:一个民族需要自己的想象以及帮助其繁荣的一套文化政策。

全球化的媒体文化的崛起可能是媒体全球化的一个被忽视了的文化后果,而这恰恰因为它太明显了(参见 Tomlinson,1999)。媒体国际化或许的确导致了更多的同质化或"文化同步性"。依据哈梅林(Hamelink,1983:22)的观点,这一过程"意味着关于一个国家文化发展的决定往往是基于一个强大的核心民族的利益和需求作出的,然后被不加改变地施加于依附民族的身上,产生微妙但破坏性的效果"。这样一来,文化变得不那么独特、内聚或排他了。

文化主题、风格、意象和表演通过大众传播(和新媒体)得以在全球范围流通并消费的例证不少。全球媒体文化的特点在于其对新颖、时尚、各领域的名流、年轻人和性的强调。名人文化当中特定的明星往往是真正全球性的;有时他们是地方的,但现象是全球的。并非偶然,国际媒体被认为(或谴责为)推动了这种类型的文化。这一趋势既存在于新闻当中,也存在于娱乐中。根据屠苏(Thussu,2009)的观点,市场驱动的美国模式下的电视全球化已经导致拥有同一种新闻价值、同一新闻和新闻来源的"信息娱乐化"在世界范围内流转。尤其是,24小时新闻模式已遍及全球。这样的全球媒体文化可能看起来毫无价值,事实上却体现了西方资本主义诸多的价值,包括个人主义和消费主义、享乐主义和商业主义。它可能为一些人增加文化选择并打开视野,但也可能挑战并侵犯早先存在的地方的、本土的、传统的和少数民族的文化空间。板块10.6小结全球化可能造成的后果。

10.6 全球化的文化后果:潜在的后果

- 文化的同步性
- 破坏国家的、地区的和地方的文化
- 文化符号的商业化
- 多元文化的加强
- 文化形式的混合和演变
- 一个全球"媒体文化"的出现
- 文化的去领土化

全球媒体治理

由于不存在全球政府,国际传播不受制于任何中央的或一致的管控系统。这是由自由市场和国家主权的力量相结合所致。尽管如此,依然存在一套制约国家媒体的广泛的国际管控和规则,这是出于必要性或者互惠的自愿合作的典型结果(Ó Siochrú et al.,2003)。在大多数情况下,此类规制是促进全球媒体的技术与贸易事务的,然而也有一些规范方面的元素,尽管鲜有约束力。

全球治理起源于19世纪中期通过万国邮政联盟来规约国际邮政服务的协议。大约在同一时间(1865),国际电报联盟成立,以协调互联并确立关税协议,其管辖范围随后延伸到了无线电频谱。在这两个案例当中,政府和国家垄断扮演了重要角色。第二次世界大战以后,联合国提供了关于大众媒体的辩论场所,尤其针对(由其宪章保障的)表达自由、国家之间传播的自由流动以及主权事项。1978年,在第三世界国家的要求下,联合国教科文组织力图引入一份媒体宣言以规定国际媒体,尤其是关于战争宣传和恶意报道等的行为准则。西方国家和自由市场媒体的反对致使该运动以失败告终,然而该运动事实上将一些新的、充满争议的事项摆到了关注与辩论的议程上,并对人们认知传播的权利和责任作出了贡献。如今依然存在一些国际协议以纠正传播的滥用,包括联合国宣言、欧洲和美国的人权宣言等。

放宽管制与私有化的范式转换加之电脑和电信带来的新的"传播革命"关闭了建立更多国际规范准则的道路。然而这一转型加大了对技术、管理和经济合作的需求。最近,互联网的发展呼唤包括内容和结构在内的国际准则的出台。

以下机构正在新兴的治理体系当中起到种种关键作用。

- (更名后的)国际电信联盟(ITU)由一个各国政府提名的委员会管理,处理电信技术标准、频谱分配、卫星轨道以及多种相关事务。
- 世界贸易组织在经济事务上拥有巨大权力;随着媒体日渐商业化并成为一门生意,该组织也日益涉足媒体领域。处在中心位置的是媒体政策下的自由贸易与保护及其之于国家主权的影响。欧盟的广播电视保护政策以及总体上的公共广播政策尤其易受影响(Puppis,2008)。欧盟以外,诸如北美自由贸易联合会等其他地区贸易组织也在涉足媒体事宜。
- 1945年成立的联合国教科文组织是联合国的一个机构。它在文化和教育事务上拥有广泛能力,但对媒体不具有权力和具体的功能,然而它在表达自由和互联网等问题上是活跃的。
- 成立于1893年的世界知识产权组织主要致力于协调相关的立法和程序并调和版

权拥有者、作者和使用者之间的争议。
- 国际互联网名称与数字地址分配机构（ICANN）是最新加入的一个治理机构。它是一个自愿的、私人的组织，代表互联网用户群体。它起源于万维网私有化以后的 1994 年，主要的功能是分配地址和域名，兼有一些服务器管理功能。它几乎没有权力直接处理互联网带来的社会和其他问题。它向美国商务部述职，但一些努力正致力于使得该组织真正国际化。

还有诸多机构或多或少地涉足国际媒体治理。许多机构代表行业利益，包括那些出版商、记者和制片人的利益。还有许多为"公民社会"利益代言的非政府组织。鉴于前述原因，有效的规制仍然仅限于技术和经济事项而非社会和文化事宜，传播自由可能是一个特例。尽管如此，存在诸多散布的迹象表明国际主义正在发展，并且有理由说我们需要一个相较于简单地由一系列国家政府提供的框架而言更为合适的分析框架（见 Gunaratne,2002）。

小　结

全球大众传播是一个现实，且 20 世纪后半叶以来全球化的状况稳步增强。这指的是：一个媒体产品自由市场的存在；"信息权力"的存在及对其的尊重；由之所至的政治自由和言论自由以及提供长距离、跨越国界的快速、高能、低成本频道传输的技术。尽管如此，全球发送与接收真正发生的可能性取决于一些更为日常的事务，尤其是那些与全国媒体系统及其与其他系统相互连接的程度相关的事务。

矛盾的是，美国作为具有全部上述三项特征的国家最不可能从大众媒体的进口当中受益。这一原则不适用于美国从其他国家进口"文化"和其他产品的诸多部门。途径是存在的，但意愿和动机是缺失的。最受益于国际媒体体验的国家可能是那些富有的小国，它们有足够的能力维持自身独立发展的文化，同时能兼收并蓄地享受全球信息社会的成果。人们赞赏这些成果并迫切需要全球大众传播繁荣发展，如今的希望寄托在互联网、万维网以及数字化的进一步扩展上。

全球传播成为公共传播（作为制衡媒体市场的一股重要因素）当中一个更为重要的部分的条件之一是：构建全球政治秩序的某些运动，以及某些形式的国际政府。

深入阅读

Boyd-Barrett, O. and Rantanen, T. (eds)(1998) *The Globalization of News*. London: Sage.
　　Still a valuable guide to the fundamental facts and issues of the global flow of news, with particular reference to the operation of world news agencies.

Chadha, K. and Kavoori, A. (2005)"Globalization and national media systems: mapping interactions in policies markets and formats", in J. Curran and M. Gurevitch(eds), *Mass Media and Society*, 4th edn, pp. 84-103. London: Hodder Arnold.

This provides a very clear account of the thesis that globalization and media are intimately and causally interrelated, supported by an extensive review of literature.

Ó Siochrú, S. and Girard, B., with Mahan, A. (2002) *Global Media Governance*. Lanham, MD: Rowman and Littlefield.

A concise overview and explantion of the various agencies with international media regulatory responsibilities.

Thussu, D. (2009) *News as Entertainment*. London: Sage.

A lively and well-informed account and evaluation of the culture and content of news-making across the globe, with particular reference to its rise as a form of popular entertainment(infotainment).

Tunstall, J. (2007) *The Media Were American*. Oxford: Oxford University Press.

The author returns to re-examine the thesis of his own earlier influential study of American global media hegemony. His work reports a significant decline in global media dominance, largely due to European success in news and the great success of emerging economies at supplying their own media needs. There are still large areas of US strength.

在线阅读

Arcetti, C. (2008) "News coverage of 9/11 and the demise of the media flows, globalization and localization hypotheses", *The International Communication Gazette*, 70(6): 463-485.

Biltereyst, D. (1991) "Resisting American hegemony: a comparative analysis of the reception of domestic and US fiction", *European Journal of Communication*, 6(4): 469-497.

Chang, T.-K., Himelboim, L. and Dong, D. (2009) "Open global networks, closed international flows", *The International Communication Gazette*, 71(3): 137-159.

Ferguson, M. (1992) "The mythology about globalization", *European Journal of Communication*, 7(1): 69-93.

Sinclair, J. (2004) "Globalization, supranational institutions and media", in J. D. H. Downing, D. McQuail, P. Schlesinger and E. Wartella(eds.), *The Sage Handbook of Media Studies*, pp. 65-82. Thousand Oaks, CA: Sage.

第四部分　PART FOUR

组　织

第11章

媒体组织：压力与需求

除了模糊地指定一个"大众传播者"作为媒体信息的起源之外，在对信息来源基本无知的情况下，关于大众传播的理论开始建构起来。理论开始于信息本身，而关于起源的组织则是想当然的。关于媒体生产的研究始于对（尤其是电影和新闻）媒体职业的描述（Rosten，1937，1941），渐渐扩展其关注点以及关注媒体工作的专业文化和职业环境等可能影响生产的因素。本章逐一考察在大众传播生产和处理过程中可能出现的主要影响。这包括来自社会、媒体市场以及所有者、广告主和受众等的外部影响。主要将从"传播者"自身的视角审视这些因素。本章还将关注媒体组织内部的关系及其遇到的冲突、矛盾和问题。这包括在赢利目标和艺术与社会目标之间可能发生的冲突以及创意与编辑自由和日常、大规模生产需求之间的协调问题。

本章最为重要的目标是甄别并评估各种组织的和传播者的因素对实际生产的影响。最初由新闻内容当中存在的类型化和选择性关注（有时称作"偏见"）的迹象激发的关于"新闻生产"的研究揭示，新闻产品既是一个"新闻工厂"的日常产品（Bantz et al.，1980），也是一个十分可预测的对现实的象征性"建构"。正是在此处，批判的观点（以及更为广泛的社会理论）发挥起作用。戏剧、音乐和娱乐等非新闻的内容受到的关注较少，但类似的力量在起作用。

媒体产业结构上的重要改变——尤其是全球化的进程、所有权的合并以及组织的碎片化——提出了新的理论挑战。新的发行方式（如有线、卫星以及互联网）也促成了新型的媒体组织，相关的研究和理论也需跟上。

研究方法与视角

第9章介绍了一个十分简单且通用的问题框架。结构性特征（如规模、所有权的形式以及媒体—产业功能等）可被认为对于特定的媒体组织的行为具有直接作用。行为指的是反过来影响表现的所有系统性活动，表现指的是所生产并提供给受众的媒体内容的种类和数量。依据这一模式，我们不仅需要查看媒体组织内部的特征，还需要查看它们与其他组织以及更广泛的社会之间的关联。

以下几页将讨论的研究和理论大都是"媒体中心"而非"社会中心"的，所采用或记载的视角是来自媒体内部的。这可能导致对组织之于内容的影响的夸大评估。从一个"社会中心"的视角出发，媒体组织的作为大都取决于外部社会力量，其中自然包括媒体受众的需求。"范式选择"的问题在关于媒体组织的研究当中并不十分显著，它需要定性与定量方法的结合并同时吸引批判的和中立的观点。

对于媒体从业者的参与式观察以及针对相关消息提供者的深度访谈构成了占主导地位的研究方法。然而这一方法需要被研究的媒体组织的配合，而这越来越难实现。在一些时候（如在针对职业角色及社会构成的问题上），调查研究提供了必要的补充信息。

总体上，关于媒体组织的研究尽管是碎片化的，却相当持续。它认为，相对于个人的或意识形态的因素，内容更多地受到组织的日常、惯例和目标的影响。然而，这一命题本身也存在多种解读。可将它理解为所有权和控制影响内容，因而它是支持社会批判观点的。它还可反映任何标准化的或大众生产的过程都会对内容产生起到一些系统性的影响这一事实。从后者看来，媒体内容当中存在的"偏见"更多地产生于工作常规而非隐藏的意识形态。

主 要 议 题

关于结构和内容的两个至关重要的议题如下：

- 在与广泛社会的关联当中,一个媒体组织拥有何种程度的自由?组织内部可能存在多少自由?
- 媒体组织选择并处理内容的日常惯例和程序是如何影响生产的?

这两个问题大致上符合前文所述的对于组织行为的结构性影响,以及这些影响反过来对内容生产的影响的双重性。休梅克和里斯(Shoemaker & Reese,1991)就结构和组织因素对于内容的影响提出了五个假设,如板块11.1所示。

11.1 关于影响内容的因素的假设(Shoemaker & Reese,1991)

- 内容反映社会现实(大众媒体作为社会的镜子)。
- 内容受到媒体工作者的社会化与态度影响(一个传播者中心的路径)。
- 内容受到媒体组织日常惯例的影响。
- 内容受到媒体以外的社会机构和其他力量的影响。
- 内容是意识形态立场的一种功能并致力于维持现状(霸权的路径)。

本章不直接讨论第一个假设,尽管"反映现实"的种类和程度必然受到若干组织因素的影响。五个假设当中最直接相关的是第二、三、四个。最后一个假设由于过于宏大也基本不在本章讨论范围之内。然而,总体上它认为媒体组织不是真正自治的,其他(尤其是政治和经济的)权力渗入其中。外部力量对媒体运作的塑造越是凸显,该假设越是成立。后文将就这一议题展开讨论。

分 析 层 次

将一个"媒体组织"当作单独的理想形式来讨论的难度日益加大。该术语最早是基于独立报纸的模式提出的,在一个独立报纸内部,所有的主要活动——包括管理、金融控制,新闻的收集、编辑和处理,以及印刷和发行等——基本上是在同一屋檐下作出的。这一模式总是非典型的,它并不适用于诸如电影、书籍出版或音乐产业,只是不同程度地适用于广播和电视。基本上不可能将其应用到所谓的新媒体,后者将彼此分离、各不相同的组织功能关联起来。

组织形式的多样化与作为"大众传播者"的职业群体的多样化相互匹配。后者包括电影大亨、报业巨头、演员、电视制片人、影片导演、剧本作家、图书作家、报纸和广播电视记者、歌曲写作者、唱片节目主持人、音乐家、文学经纪人、报纸和杂志编辑、网站设计者、广告人、公关人士、竞选经理等。大多数这些种类还可以依据媒介的类型、组织的规模或状况、雇佣状态等加以细分。日益增多的媒体工作发生在自由职业或创业层面,且许多媒体工作者（尤其是作家和演员）并不归属于任何单一的制作组织，即便他们可能是某个职业或技艺协会的成员。由此，"大众传播"和"媒体职业"的概念几乎与"媒体组织"一样，是有漏洞的。

对于一个媒体组织和大众传播者而言什么是重要的，这一问题正变得日益不确定，这是由媒体的扩张和数字化以及互联网的崛起导致的。多伊泽（Deuze, 2007）将这一不确定性视作在以"流动性"和移动性为特征并缺乏区隔的世界里媒体工作最具定义性的特征。同样的内容可以在不同的媒体平台上出现。针对互联网触及大规模受众的可能性，不存在职业的或经济的制约。加之，媒体日益趋向在诸多不同的平台上制作、雇佣或鼓励用户生产内容。看起来自治的社交媒体网站也正在被"大型媒体"和主要的广告及推广传播者所使用。

尽管存在上述多元性，依然有理由将关于媒体组织的提问置于一个常见的框架中。一个有用的步骤是依据分析层次作出思考，由此媒体工作的不同面向、组织活动各个单元之间的重要关联以及媒体与"外部世界"的重要关联都可被甄别。例如，迪米克和科伊特（Dimmick & Coit, 1982）描绘了一个九层的影响等级体系。按照主要层次和相关的影响来源，从顶端的生产开始，按"距离"从上往下依次是超国家、社会、媒体产业、超组织（例如媒体集团）、社群、组织内部、个人。

本章采用一个经过修正的类似层级，如图表11.1所示。更为"高阶"的影响并不意味着拥有更大力量或更重要方向，尽管它的确代表了社会中心论的观点，依据该理论，媒体依附于它们所在的社会。它还与社会当中力量的总体平衡相呼应。即便如此，将媒体传播者及其环境之间的关系视作互动的、可协商的似乎更为合适。此外，强调媒体组织是在自身"界限"（不论多么可渗透）范围内运作并拥有一定程度的自主权也是合适的。

图表11.1的词条安排认可那些执行媒体工作的个人的重要性及其在服从媒体组织需求的同时保有一定的自由度。大部分讨论是关于处在中心的"组织层面"的，同时也考虑到工作组织和更为广义的媒体机构以及社会当中其他能动者、能动性之间跨越边界的关系。

第7章已明确论述，社会规范正式或非正式地调控或影响着媒体组织与外部社会之间的关系。特定社会的"游戏规则"规定了诸如最基本的出版自由以及针对诸多职业活动的伦理指导原则。这意味着，媒体组织及其运作的环境之间的关系不仅仅由法律、市场力量或者政治力量决定，还取决于不成文的社会和文化准则与职责。

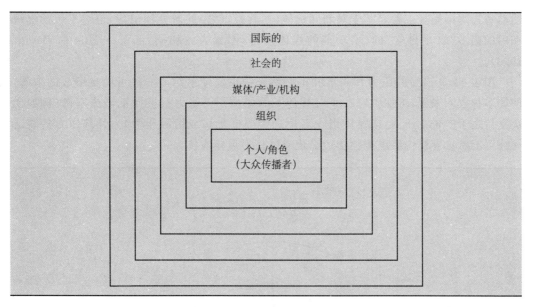

图表 11.1　大众媒体组织：分析层次

社会力量场域内的媒体组织

任何关于媒体组织和职业的理论阐述都应将组织边界内部以及跨越边界的多种关系考虑在内。这些关系通常是积极的协商和交换，有时是潜在的或真实的冲突。我们已经讨论过韦斯特利和麦克莱恩（Westley & Maclean,1957）描绘的具有影响力的模型（第71页），在其中，传播者充当一个代理人的角色，一边是社会当中可能需要发送信息的"倡导者"，另一边是寻求满足其信息和其他传播需求及利益的公众。

格布纳（Gerbner,1969）认为大众传播者在种种外部"权力角色"——包括客户（如广告主）、竞争对手（主要是其他媒体）、权力机构（尤其是法律和政治的）、专家、其他建制以及受众——的压力下运作。他写道：

> 尽管在分析中是有区分的，在现实当中，显然权力角色或杠杆类型都不是分开的或孤立的。相反，它们常常相互结合并交叠……权力角色的累积以及杠杆作用的可能性使得一些机构在它们社会的大众传播当中占据统治性地位。

运用这些观点并依据研究文献的支撑，我们可以大致将媒体组织的地位描述如下。在其中的组织需要依据不同的限制、需求或者对权力和影响的运用来做决定，如图表11.2所示。在此，图表11.1所示的基本层级被转换成媒体机构环境当中更为具体的行动者和能动者。这一呈现主要是基于对新闻媒体(尤其是报纸)的研究作出的,但对于包括电视在内的诸多"自足自立"的、多功能的媒体而言,图景大致相同(参见 Wallis & Baran, 1990)。

图表 11.2 描绘的压力和需求并不必然都约束媒体组织。一些可能是解放的来源,例如多种收入来源,再如政府政策对其任务的保护。一些力量彼此抵消或制衡(例如受众支持之于广告主压力,或媒体组织名声之于外部机构或信源压力)。外部压力的缺乏往往可能意味着媒体组织被社会边缘化或处在不重要地位。

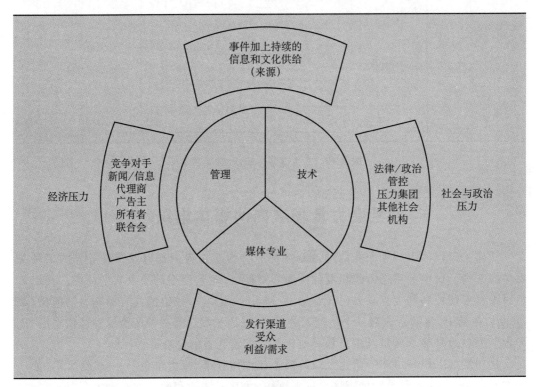

图表 11.2　社会力量场域中的媒体组织

基于恩沃(Engwall,1978)的对该体系的进一步细化,将媒体组织细分为分为三种支配性的工作文化(管理的、技术的、专业的),表明存在于媒体组织的矛盾与界限划分的三个主要来源。这一描述帮助我们鉴别五种主要的关系——与社会的关系、与压力集团的关系、与所有者、客户和信源的关系、与受众的关系以及内部关系——我们需要考察这些关系以理解影响组织行为以及大众传播角色的条件。以下逐一讨论这五种关系。

与社会的关系

关于该主题,我们已有诸多讨论,尤其在第7章和第9章。社会的影响是无处不在、无时不有的,且事实上产生于媒体所有的外部关系。在自由民主的社会当中,媒体在法律范围内自由运作,但在与政府及其他有权力的社会机构的关系当中依然会产生冲突。媒体还持续地处在与它们主要的信源以及有组织的压力集团的关系当中,有时这种关系是敌对的。这些问题是如何被定义并得以处理的,部分取决于媒体组织自我定义的目标。

媒体组织目标的模糊性

大多数组织拥有混合的目标,且很少全部公开陈述这些目标。大众媒体也不例外,甚至可能在这方面更为模棱两可。在组织理论当中通常会区分实用的和规范的组织目标(如Etzioni,1961)。实用的组织目标通常是生产或提供物质产品或服务以实现财务利益,而规范的组织目标旨在通过其参与者的自愿投入提升一些价值或实现一个有价值的状态。在这一类型学当中大众媒体组织的位置并不清楚,它们通常拥有混合的实用和规范目标以及运作形式。大多数媒体是作为生意运营的,但同时也有一些"理想的"目标。有一些媒体主要为"理想主义的"社会和文化目标存在,它们并不追求盈利。例如,(尤其是欧洲的)公共广播组织基本上拥有一个官僚形式的组织和非营利的社会与文化目标。

另一种组织分类通过受益的类型来划分。布劳和斯科特(Blan & Scott,1963)提问道:"社会作为一个整体,作为一组特定的客户、所有者、受众或者组织雇员,其福祉或利益得到满足了吗?"对于整个媒体而言不存在统一的回答,具体的媒体组织通常拥有若干个事实上的或者潜在的受益者。尽管如此,有理由认为,公众(并不总是直接的受众)应当是首要的受益者(参见第135~137页关于公共利益的讨论)。

(第7章讨论的)所有新闻规范理论中的一个共同元素是,媒体必须首先满足其受众的需求和利益,其次才是客户和国家的利益。由于媒体依赖于其受众持续、自愿的选择,如果它们想要实现效率或者盈利,这一原则是符合常理以及媒体自身观点的。

滕斯托尔(Tunstall,1971)用经济术语描述了新闻业的组织目标,他将其区分为营收的目标和非营收的目标。后者指的是没有直接财务成分的目标,包括获得名声、在社会中施展影响或权力,或者实现一些规范的目的(例如服务社区)。营收目标主要有两种:从直接对消费者的销售或向广告主出售版面获取收入。依据这些目标的不同,媒体采取不同的出版政策。在这一类型学当中受众看起来是服从性的,然而在实际中满足广告主以及从销售中盈利都依赖于取悦受众,而非营收的目标则往往通过满足更广泛的公共利益实现。此外,滕斯托尔指出,当一份报纸内部发生多个目标的冲突时,受众营收目标

(通过取悦受众增加发行量)会充当起得到(尤其是来自管理层和记者)最多同意的"联合目标"。

一些媒体组织(尤其是公共服务媒体及那些拥有形成观点或提供信息目标的媒体)无疑追求在社会中起到作用,然而这一角色的性质也往往可以开放解读。特定种类的出版物,尤其是大报或精英报纸(如《世界报》《金融时报》《华盛顿邮报》)注重通过其信息的高质量或观点的权威性来实施影响(Padioleau,1985)。还有若干其他建立影响的选择,且影响力并不是国际知名精英出版物的专属。小规模媒体可在更为限定的领域拥有影响力,大规模发行的报纸和流行电视也显然具有影响力。板块 11.2 小结媒体组织多样的目标。它们并不互相排斥,但通常有些目标优于其他目标。

11.2 媒体组织的主要目标

- 盈利
- 社会影响和名声
- 最大化受众
- 特定群体的目标(政治的、宗教的、文化的,等等)
- 服务公共利益

记者的角色:参与或中立?

记者需要在更活跃、更参与的角色与更中立、更社会性的角色之间作出选择。科恩(Cohen,1963:191)将记者对自我角色的认知分为两种:"中立的报道者"和"参与者"。第一种指的是将新闻当作信息提供者、解读者和政府工具(将自己当作渠道或镜子);第二种符合传统的"第四权力"理念,认为新闻是公众的代表、政府的批评者、政策的主张者以及总体上的看门狗。

证据显示,大多数记者选择中立的、信息提供者的角色,这符合将客观性当作核心职业理念的做法(Janowitz,1975;Johnstone et al.,1976;Schudson,1978;Tuchman,1978;Weaver & Wilhoit,1996)。韦弗(Weaver,1998:478)通过对 21 个国家的记者进行调研得到结论:"大多数记者一致赞同的职业角色是:将信息快速传递给公众非常重要。"中立的报道当中很难融入强力的政治投入(以及活跃的参与),许多新闻组织还对个人观点之于报道的影响加以限制。由于党派性可能缩小媒体吸引受众的范围,因此选择"客观性"还符合媒体作为生意的商业逻辑。小报记者和精英报纸记者拥有同样的观点,尽管两者产生的结果大相径庭(Deuze,2005)。

取决于时空条件和理解方式,活跃的参与的角色也受到了较大的支持。法耶斯泰德和霍姆洛夫(Fjaestad & Holmlov,1976)甄别了两种目标,每一种目标都获得了 70%以上受访的瑞典记者认同:一是地方政府的"看门狗",二是"教育者"或公共信息提供者。约翰斯通等人(Johnstone et al.,1976)发现,76%的美国记者认为媒体应当"调查政府的主张和宣言"。这符合北美记者传统当中的一些元素,包括"改良主义"的政治哲学(Gans,1979)、选择充当政府的"反对派角色"(Rivers & Nyhan,1973)以及媒体应当为其受众利益服务的观念。这与支持某种特定观点的党派主张不同。

韦弗和威尔霍伊特(Weaver & Wilhoit,1986)开展的一项针对媒体记者的调查显示,与 1971 年记者持有的批判观点有所不同,到 1982—1983 年,记者们已有所保留,即便他们在精神上保持改良主义且在政治上更倾向于左而不是右。赞同十分有必要调查政府的宣称与主张的比例从 76% 跌到 66%,更多人支持记者作为中立的信息提供者而不是参与者。尽管如此,依然有少数人强力支持"反对者"的角色。

90 年代初期一个类似的记者角色调查得出了类似的结论(Weaver & Wilhoit,1996:133-141)。对于主要角色选择的差异符合价值取向的差异。普拉桑斯和斯科伊思(Plaisance & Skewes,2003)发现,选择反对派的角色往往与勇气、独立、公平和开放思想等个人价值相关,而选择"传播者"角色往往与"最小化伤害"、公平和自控相关。这表明一种个性决定的因素。

韦弗和威尔霍伊特(1986)以一个三方参与的角色区分来取代简单的"中立与参与"二元对立,即以重要性为序的阐释者、传播者、反对者。阐释者的角色是基于"分析与解释复杂问题""调查政府的主张"以及"当国家政策出台时对其加以讨论"的。第二种角色——传播者,主要与"快速将信息传递给公众"以及"聚焦在最大可能的受众群"相关。第三种反对(政府和商业)的角色尽管弱得多,但依然被大多数记者所认同。图表 11.3 展示的记者角色认知体系当中体现出主要的重叠部分。框中的百分比指代所有被调查的记者当中选择相应角色的比例。箭头上的数字指代来源框中同时赞同目标框的人数比例(例如选择反对角色的记者中有 45% 同时认同传播者角色)。这揭示了态度结构当中的一个现象:在反对者立场和信息提供者立场之间存在"桥梁"位置。20 世纪 90 年代早期的图景与此基本相同(Weaver & Wilhoit,1996)。

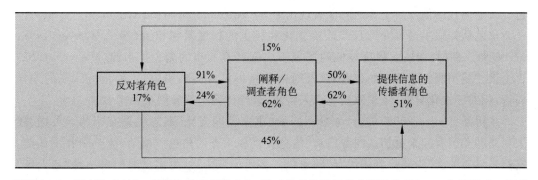

图表 11.3 记者角色认知:阐释与信息提供在先,反对者角色明显处在第三位(Weaver & Wilhoit,1986)

BBC等公共广播机构需要担负起中立和平衡等特定职责，BBC新闻和时事节目决策者的首要职责被描述为"持有中间立场"（Kumar，1975）——作为争议方的中间人而非参与争议者。这是否导致BBC维持既有社会秩序，这一问题常常被提及并讨论。然而，这并未阻止BBC进行重大的批评报道。在实际中起到作用的平衡力量始终如一。2003—2004年BBC所面对的伊拉克战争报道危机表明与政府的关系可以多么敏感。总体上，欧洲大陆上的公共服务媒体组织提供更为开放的关于政治和意识形态思潮以及政府影响的认知。

韦弗和威尔霍伊特（1986：116）也强调了记者持有的多元角色认知："只有约2%的回应者是单一角色认同的。"他们还提醒我们，在角色认知和新闻伦理一类的问题上可能存在较大的跨文化差异。帕特森（Patterson，1998）对比了美国、英国、德国、意大利和瑞典五个国家的新闻文化，他对每一国家的记者做了调查。依据记者自己的理解，一个主要的差异来源于媒体系统整体上是否具有党派性。在美国，其主要的新闻组织被认为集中在政治光谱的中间。尽管客观性在每一个国家都被认为是重要的，其意义却大不相同。美国记者主要认为的客观性指的是"公正地表达政治冲突中每一方的立场"。

这符合第9章讨论的索引理论。然而国际比较显示，记者趋向于追随其自己国家的共识。例如，德国媒体对2003年军事干预伊拉克持普遍批评态度，但同时也追随德国政府的主要政策线索（Lehmann，2005）和德国公众舆论。英国媒体在该议题上有所分歧：一些媒体支持官方对国家利益的解释，另一些则站在公众舆论的反对声音一边。根据帕特森的研究，德国和瑞典记者认为更重要的是"超越争议方的声明，理解这一政治争端的艰涩事实"。在这一事件上，有诸多独立人士和主张干预者，然而新闻业总体上反映了权力和社会舆论的平衡。

东欧解体以后，记者角色的比较研究有了一个新的维度。其中一例是吴等人（Wu et al.，1996）开展的美国和俄罗斯记者比较。就大多数议题，尤其是信息扩散方面，两国对客观性和表达公共舆论是一致认同的，但俄罗斯记者选择了一个政治上更为活跃的角色。新老两代的俄罗斯记者之间也表现出差异（Voltmer，2000；Pasti，2005）。

角色认知似乎是可变的且与政治文化和民主的程度紧密相关（参见Weaver，1998：477-478）。例如，在民主程度较低的国家不太强调看门狗的角色。韦弗（Weaver，1987）评论道，"就预测各个国家的记者对（及时的信息提供、阐释、娱乐）三种角色认知的差异而言，相对于文化异同、组织限制或个人特质，政治体系上的异同重要得多。"

多伊泽（Deuze，2002）提出，考量不同的"国家新闻文化"概念也是有用的。英国、澳大利亚和美国看起来更加认同看门狗、信息提供和调查的角色。德国、荷兰则并不如此，它们显然更关注"为弱势群体代言"的角色。多伊泽认为，这更多反映的是一种"亲人民"而非"反政府"的立场。

新闻作为一个专业

对记者角色的研究受到整体专业理念的影响,后者起源于职业社会学。一个专业通常被认为具有若干关键特征,尤其是:在社会中的重要角色、需要长期训练习得的专业知识、入门和规制的自我控制、明确的伦理和行为准则。总体而言,否认新闻是一种专业的声音很大。就此,奈特等人(Knight et al.,2008)提供了一个对反对意见的编目整理,尤其是对记者的低程度公共尊重和信任以及对其为强权信源或商业利益从事宣传的怀疑。

芬勒和拉斯-莫尔(Fengler & Russ-Mohl,2008)提出的"新闻业经济理论"为这一争论加入了一个新的维度,依据该理论,大多数所声称的新闻业的趋势和缺陷可以用记者个体或媒体公司的经济动机与计算来解释。布尔迪厄的"新闻场域理论"支持这一观点,该理论聚焦于自主权。在其中,诸多外部影响构成"多种力的场域"。就新闻业而言,压力主要来自于临近的经济或政治领域,结果是其自主的程度较低。本森和内维尤(Benson & Neveu,2005:11)强调新闻出于自己的权利已经在很大程度上变成了一种政治机构。将新闻业视作一系列松散关联的活动看起来的确符合"新闻工作"日益多样的现实。最后,对于局外人而言,这个职业是否被认为是一种专业并不要紧,是否达到了相关的职业标准却十分重要。这些标准包括工作的质量、所发布信息的可靠性、目标的正直与否以及所追求的社会利益。

若干观察者强调了"新闻业意识形态"的存在,尽管该说法的具体含义依据组织环境和国家位置不同而不同。在汉尼志(Hanitsch,2007)所开展的"新闻文化"的详尽分析当中列出了客观主义、经验主义以及理想主义或相对主义的另类伦理倾向等意识形态元素。持新闻经济理论的芬勒和拉斯-莫尔(Fengler & Russ-Mohl,2008)则不同意将新闻业描绘成一种公共服务的理想形式,他们将这一描述称作"涅槃路径"。多伊泽(Deuze,2005:447)对新闻意识形态的主要组成部分提出了一个综合两方观点的总结,见板块11.3。如多伊泽所述,其中一些元素是不一致或冲突的。

11.3 新闻职业的意识形态:主要元素(Deuze,2005)

- 公共服务
- 客观性
- 自主权
- 即时性
- 伦理

对于大多数职业的从业者来说,其充当的恰当社会角色通常是由机构"照看"的——

如医疗业或教育业——个体得以专注于其从业技能。对大众传播者而言,这在一定程度上是属实的,但完全的专业主义受到媒体内部多样性以及大范围目标的阻碍。关于什么是记者真正的专业技能也始终存在不确定性(什么是媒体职业则更加不确定)。社会学家马克斯·韦伯(Weber,1948)认为记者和艺术家一样属于"某种被遗弃的阶层",缺乏固定的社会分层。舒德森(Schudson,1978)恰如其分地将新闻业总结为"非绝缘的职业",原因是不存在清晰的界限。

依据塔奇曼(Tuchman,1978)对新闻工作的调查,专业主义在很大程度上由新闻机构本身定义。专业技能的高超程度是一种实际的技巧,从业者得以交付所需的信息产品,这些产品具有高程度的客观性、事实性和态度上的中立性。在她看来,新闻的客观性已经成为新闻职业意识形态的同义词。这一分析与其他关于媒体工作的分析一致认为,专业主义是一种完成的程度,无法用测验或考试来衡量,只能由同行认可。伯恩斯(Burns,1977)对BBC的研究发现,专业主义不仅被理解为组织的使命,还是对制作"好的电视"这一任务的献身。其反义词是"业余活动"。

在媒体业内外,对新闻是否一种专业始终存在争议。温德尔等人(Windahl et al.,2007)总结道,记者的知识储备并未令其获得作为专业人士的尊重。鉴于记者对工作对象的强烈选择性而专业人士应当一视同仁,凯普林格和科彻(Kepplinger & Koecher,1990:307)始终认为"记者不能被置于专业阶层"。他们还指出,记者否认对其报道无意中造成的负面结果负有道德责任,而对他人则施加严苛的道德标准。然而,两位作者也观察到,"这种选择性是新闻业名声的基础及其成功的先决条件"(1990:307)。奥兰(Olen,1988)提出了类似的观点,他认为由于新闻涉及言论自由因而不能被某一个建制垄断,因此新闻不应是一种专业。

新闻机构所规定的新闻业关键角色有时还迫使从业者"不负责任"。这指的是那些违反规则或惯例但同时可能服务于公共利益的行为。这些行为可能包括从曝光高层人士的丑闻到揭露所谓的国家机密等。1971年《纽约时报》对抗政府的强大压力公开了机密的"五角大楼文件",这是一个经常提及的案例。该文件显示美国对越南的政策是十分消极的,随后导致支持战争的民意进一步下降,但同时也被认为造成了美国人的伤亡。在英国,2009年媒体发布了关于议员花销的失窃机密文件,媒体的行为最终被认为是正当的。

一些证据显示,对"不道德"做法的容忍总体上在增长。布洛达森(Brodasson,1994:242)提出,有时新闻业的确比其他行业具有一个重要的属性——"神圣不可侵犯性"。新闻记者的确拥有一个场所来开展无私利他的行动。他写道,在新闻业日益"不符合一些传统标准的同时……显然作为一种必不可少的服务的功能及其神圣的方面至少存在于新闻业的一些组成部分里"。他还评论道,新闻业与民主紧密相连,但矛盾的是其利他主义和神圣性在需要风险和英勇精神的非民主环境下最可能彰显。

在线新闻

在线新闻以若干种形式崛起,部分作为既有的印刷新闻的延伸,部分作为种种新的博客出现。后者或多或少是作为个人日记或评论起源的,但渐渐发展成为另类的新闻空间并获得了"博客空间"的称号(Reese et al.,2007)。存在众多独立的新闻来源(Sundae & Ness,2001),还有诸多非专业的、有特性的来源。可从积极或消极两个角度来解读这一现象。波兹科斯基(Boczkowski,2004)认为新闻业正在变得不那么以新闻为中心而是以用户为中心了,同时正在丧失其作为一种职业活动的边界。多伊泽(Deuze,2003)区分了四种主要的新闻网站:主流的、索引与分类的、元新闻与评论、分享与讨论。巴德尔(Bardoel,2002)指出,在线新闻的主要特征是互动性、超文本、多元形态以及非同时性。

多明戈和黑依恩(Domingo & Heinonen,2008)参照媒体的机构化程度提出一个关于新闻博客的类型学。其一端是媒体控制以外的公众成员生产的博客,另一端是专业记者生产的博客,处在中间的是受媒体邀请的公众撰写的"受众博客"以及专业记者在正常工作之余以个人身份撰写的"新闻博客"。最后一种形式并不总是受到媒体组织的欢迎并制造出关于公平性、编辑政策和版权的问题。即便如此,其存在即是对新闻博客事业以及新闻自治的支持。总体上,不论何种形式的在线新闻似乎都更加关注阐释者而非传播者或反对者的角色(Cassidy,2005)。

正常情况下,在线新闻内容具有空间充足(几乎不受限制)的潜在优势以及吸引多种信源或提供外部链接的机会。尽管这的确是事实(参阅 Arcetti,2008),但同时也有迹象表明,大部分在线新闻遵循既有的寻找信源模式且逃不脱国家媒体系统的界限。主流媒体在一个特定的地理市场中运营。一项关于三种领先的不同在线新闻网站——泰晤士网(英国)、解放网(法国)、国土网(以色列)——的研究(Gasher & Klein,2007)显示,在线新闻采用了相同的模式。在每一个国家提到地方名字的比例分别是 93%、68% 和 89%。辛格(Singer,2005)研究了主流媒体上关于政治和国内事务的 20 个新闻博客,发现它们追随与主流新闻一样的程序。的确存在许多链接,但大都链接到其他主流媒体网站。她认为记者正在"正常化"博客,因为前者正在赋予后者以新闻准则和惯例。在其他地方,辛格(2007)提出类似的观点,"流行的"(非专业的)博客正在自我任命"看门狗的看门狗"角色。有更多的迹象正在彰显传统媒体和偏严肃的博客领域之间的关联。梅斯纳等(Messner et al.,2008)提及一个"信源的循环",传统媒体和博客互相倚赖,结果一些博客成了合法的信源。里斯等(Reese et al.,2007)描绘了一个传统媒体和公民博客互补的关系。

互联网博客提供与受众改善关系的机会,但也威胁记者作为新闻"主人"的地位。基于一项研究,麦科伊(McCoy,2001)强调,面临新媒体挑战,既有媒体具有重申其作为定义新闻的权威的趋势。另一个意义上讲,几乎任何人都可以依赖主要的新闻机构提供基本的新闻服务,这对新闻的所有权构成威胁。尽管在线新闻因可能的多元性和近用性而受到欢迎,现实却并不总是那么充满希望。尽管在线新闻宣称更自治,但科恩(Cohen, 2002)将其描绘成总体上比建制化的报业新闻更为"市场驱动"且商业化。

与压力团体和利益团体的关系

媒体与社会的关系常常受到一系列或多或少非正式但通常有组织的压力团体的中介,后者寻求直接影响媒体的作为——尤其试图为媒体出版设置限制。许多案例显示,有组织的机构,如宗教、职业或政治组织在广泛事务上进行投诉或开展游说,通常的议题与道德、政治偏见或少数族群的利益体现相关(Shoemaker & Reese, 1991)。在许多国家,媒体面临支持脆弱群体的法律和社会的压力,包括支持儿童、穷人、残障人士或无家可归者以及患有精神疾病者。

媒体通常谨慎处理这些压力同时不愿放弃自主权(这些压力往往彼此抵消),但仍有迹象表明外部力量可以成功影响内容。通常这取决于主张的合法性,但有时公关活动可以影响对合法性的感知(Yoon, 2005)。当一个媒介的商业利益受到不恰当公关威胁之时,这些压力团体也能获胜。依据门特格马利(Montgomery, 1989:217)所开展的一项广泛研究,最有效的压力团体是那些"其目的与电视网络系统最为兼容、其战略依据电视系统工作方式作出调整"的团体。成功也取决于公众对一项特定主张立场的支持程度。总体上的效果在娱乐电视当中呈现为温和、从众以及避免争议。总体上,媒体的"硬"新闻对于此类外部压力不那么接受。

通常无法将不可接受的压力(或屈服于之的行为)与媒体力图取悦最大范围的受众并避免伤害少数群体、避免鼓励反社会活动的总体趋势区分开来。媒体对法律报复也十分谨慎(Tuchman, 1978)并倾向于避免公共领域当中不必要的争议或对可考证的事实的背离。社会或法律压力之下媒体的规避行为应被理解为合法的,且是在媒体—建制"游戏"的规则范畴内的,但总体上的结果是确保了一个更为积极地对待组织更好、处于更中心社会地位的少数群体的方式。更弱小、更不寻常的群体的媒体体验较差且几乎没有影响力。帕里茨和安特曼(Paletz & Entman, 1981:125)举例说明此类几乎不拥有积极的媒体接入与控制媒体报道能力的边缘群体:"非官方罢工者、城市暴徒、领救济金的母亲、学生好斗者、激进分子以及贫困的反动分子"。这一组合可能发生改变,但总体原则不变。例如,柳伯斯等人(Lubbers et al., 1998)揭示,荷兰媒体对少数群体的报道依循一个清晰的等级体系——最为优先的是最成熟的移民群体,等级最低的是新移民。

与所有者和客户的关系

这一标题下讨论的核心议题是:在与所有者的关系当中,在与其他直接经济代理(尤其是那些提供运营经费的投资者、广告主、赞助商等)的关系当中,媒体组织可能施展自主权的程度。依据阿特休尔(Altschull,1984)的断言,"新闻媒体的内容总是反映其金主的利益"。这一清晰的答案也符合自由新闻理论的"市场"版本中的原则。尽管如此,在"传播者"一边通常依然有一些自主的空间。

所有者影响

毫无疑问,在市场导向的媒体中,所有者对内容拥有终极的权力,他们可以要求刊登他们想要的内容并去掉不想要的。有充足的证据显示这些权力经常被使用(Shoemaker & Reese,1991;Curran & Seaton,1997)(参见第9章,第186~188页)。即便如此,在一些特定的新闻故事上,行业当中存在保护编辑自主权的强大传统。迈耶(Meyer,1987)的调查证实,美国新闻伦理不赞成所有者干预,尽管编辑们认为在实际当中他们拥有恰当的自主权。英国的皇家新闻委员会(1977)也取得了类似的证据。舒尔茨(Schultz,1998)对澳大利亚记者的调查发现,第四权力角色得到强烈支持,但同时存在与商业考量和所有者压力的妥协。毫不奇怪,记者要求更多的自主权,或者大报编辑们不愿承认他们受到所有者的指令。

即便如此,新闻媒体的所有者设定政策边界以供其雇佣的编辑人员遵循的趋势是不可避免。在一些对所有者来说重要的特定事件(例如与其商业利益相关的事件)上,也可能存在非正式的、间接的压力(Turow,1994)。据传说但可信的是,种种证据支持这一论断;并且最终,经济自由的新闻业理论又将事态合法化。报纸所有者有自由使用报纸从事宣传,如果他们希望这么做且愿意承担失去读者和公信力的风险。吉法德(Gittard,1989)报道了全球范围内对联合国教科文组织关于改善国际报道的努力的谴责,这是一个关于媒体行业保护自身利益的有说服力的例子。有观点认为(即便很难证实),媒体已经成为一门太大的生意以至于任何个人意志都无法运营它,且决策必须抛开个人色彩、基于管理和市场考量作出。

垄断媒体所有权导致的总体效果很难评估(例如,Picard et al.,1988),尽管毫无疑问真正的垄断会伤害表达自由和消费者选择。休梅克和里斯(Shoemaker & Reese,1991)总结道:那些为大型连锁媒体工作的人对其工作的社群的归属感和参与程度较低。对他们而言,(更大的)媒体组织优先于其所在的社群。与此相关,地方媒体则可能从与其服务的当地社区或城市的联系当中获得力量和独立性。公共广播的记者、编辑、作者和演艺人员的自由程度可能在形式上低于市场导向的媒体(尽管这不是必定的),但其自主权的界限通常是清晰的且不受随意破坏或暂停。

广告主的影响

广告资本对媒体内容的影响是一个持续讨论的话题。一方面,显然大多数资本主义国家中的大众媒体产业结构反映了广告主的利益——这是社会与经济变革的历史结果。媒体市场往往与其他消费部门保持一致，这一事实并非巧合（参见第9章）。大多数自由市场媒体经过精心调整以共同最大化广告主的需求及其自身的利益，并将其作为一种正常的日常运营。"正常"的影响还延伸到使得媒体内容样式符合目标受众的消费样式。媒体设计、板式、规划和排期往往反映广告主的利益。另一方面不那么容易展现的是，特定的广告主可以依据自身的利益超越系统业已提供给它的回报直接干预并影响重要的出版决策。

关于所有者对新闻的干预，毫无疑问这不时地发生在地方层面或特定情况下（如Shoemaker & Reese, 1991）。麦克马纳斯（McManus, 1994）描绘了商业影响报道的一个系统模式。贝克（Baker, 1994: 99）观察到，"在今天的美国，广告主而非政府才是媒体内容的主要审查者"。他列举了广告商运用其市场权力试图阻止伤害其利益的特定传播行为，以及广告主压力对媒体人事及编辑决定的影响。然而影响是多种形式的因而难以检测，且影响并不一定是非法的（例如，提供具有推销价值的信息、植入产品、赞助等）。博加特（Bogart, 1995: 93-94）总结了广告对媒体（在他看来巨大）的五个关键影响，如板块11.4所示。

> **11.4 广告的影响（Bogart, 1995）**
> - 广告主很少收买记者以使得新闻向其偏好倾斜，更多是力图压制他们不喜欢的新闻
> - 他们对其信息环境十分敏感且对争议焦躁不安
> - 当广告主臣服于社会自发形成的压力时，媒体制作人会转而采取自我审查
> - 广告主在赞助播出节目的同时塑造内容
> - 地方媒体竞争事实上的结束揭示了广告主是如何决定媒体生死的

总体上广告主影响不受伦理赞成，尤其当影响新闻之时（Meyer, 1987），甚至媒体（尤其是新闻媒体）和广告主均不愿意被认为彼此太过接近。如果被怀疑形成了不利于公众的同谋，两者都可能失去公信力和效率。一般地，经济上强大的"精英"媒体最可能抵制不当压力（参见Gans, 1979）。对于那些资金来源平衡的媒体（订阅者付费及广告，或欧洲的播出执照收入及广告）来说，亦是如此。那些将广告作为唯一或主要收入来源的媒体组织最易受到来自广告主的压力（Picard, 2004）。

麦克马纳斯（McManus, 2004）总结了媒体市场当中新闻所遭受的主要压力和限制，他称之为"市场模型"。这源自一些市场力量的原则，包括要求最小化成本、保护所有者和客户利益并最大化生成收入的受众。板块11.5描绘了这一新闻选择的模型。

11.5 市场模型的主要预测（McManus，1994）

一个事件成为新闻的可能性在于：
- 与信息可能对投资者或赞助商造成的伤害成反比
- 与报道该事件的成本成反比
- 与吸引受众的范围成正比，这是广告主乐意支付的

"新闻生产理论"与该理论最大的不同在于：缺乏关于伤害所有者或成本的证据，且强调故事的意义及受众的规模。如麦克马纳斯所注意到的，两种理论在各种情况下并不总是导致不同的选择，甚至，在某些具有理性、完整知识以及多元性的理想情况下，这两种模式甚至可能融合。科恩（Cohen，2002）提出，在线媒体尤其可能遵循市场驱动的模式。

与受众的关系

尽管依据传统智慧，受众是任何媒体组织环境当中最为重要的客户和影响，但研究发现，受众在诸多实际的传播当中重要性较低，不论管理部门提出多么紧密关联的收视率和销售数据。媒体专业人士表现出高程度的"自闭"（Burns，1969），或许这与专业人士的整体态度一致，他们认为其地位取决于比其顾客更知道什么对他们是好的。

与受众为敌？

奥赛德（Altheide，1974：59）如此评论他所调查的电视台："对大规模受众的追求导致一种嘲讽的观点，认为受众是愚蠢的、无能的、不懂得感恩的。"埃利奥特（Elliott，1972）、伯恩斯（Burns，1977）和施莱辛格（Schlesinger，1978）发现英国电视也存在同样的情况。施莱辛格（Schlesinger，1978：111）将其部分归因为专业主义："在传播者的专业主义及其隐含的自主性与满足受众浅显的需求及其隐含的对自主权的限制之间，建构起一种紧张关系。"弗格森（Ferguson，1983）也指出了女性杂志的编辑们对读者的傲慢态度。在对澳大利亚记者的研究当中，舒尔茨（Schultz，1998）发现对于满足受众的需求并因而限制自主权存在某些怨憎。她将其与"理解舆论的能力下降"（1998：157）以及不情愿接受问责机制关联起来。甘斯（Gans，1979）发现，美国记者对于他们认为好的事物得不到受众认同十分震惊。这一现象部分产生于这样一个事实：组织所采用的主要标准几乎总是收视率（产品销售量、出售给广告商的受众规模）。然而大多数媒体专业人士并不将收视率视作衡量真正质量的可靠标准，而这有一定的道理。

可能受访的媒体人有些夸大了对受众的敌意，一些媒体人持有对受众的强烈积极的

态度。弗格森也注意到女性杂志的编辑们对其读者表现出强烈的责任感并希望提供有用的服务(1983:140)。韦弗和威尔霍伊特(Weaver & Willhoit,1986)发现,记者工作满意度中最重要因素是"帮助他人的可能性"(61%的受访者认同)。他们还发现,记者得到反馈的最主要途径是来自受众当中的个体成员。对收视率和其他受众数据的反抗并不应当被等同于受众的负面看法,这些数据很大程度上是一种管理工具且并不能真正代表受众(Ang,1991)。在在线媒体领域,受众的直接反馈有时对传播者而言可能是有威胁的,但依然存在将其转化成管理工具的可能性。

隔绝和不确定性

在每日或每项工作当中,大部分建制媒体的大众传播者不需要担忧受众的直接回应,他们需要事先预测这些回应以作出内容决定。这一点,加之"了解"巨大且遥远受众的真正难度,导致了前文所述的隔绝。受众调查是最常见的与受众接触的组织工具,它是一种必要的管理功能并将媒体与周围的财务和政治系统关联起来,但却对大众传播者并无多大意义(Burns,1977;Gans,1979)。对受众的态度受到上述角色定位的导向和区分。

依据伯恩斯的发现,在传播者当中,"实用派"与组织一样满足于收视率。立足技能的传播者则注重同行评价。致力于实现组织目标(例如执行一项文化使命,或政治或商业宣传)的传播者则注重内部评估。那些希望在社会当中形成影响的传播者则寻找相关社会环境下有影响力的联系人。对每一个人来说,总有朋友、亲戚和偶然的联系人可以提供较为详尽的反馈。

受众画像

对于那些的确希望传播、希望利用媒体改变或影响公众的人,或那些投身于少数族群事业(影响力在此十分重要)的人而言,不确定性的问题始终存在。一个现成的解决方案是:为其希望触及的人群绘制一幅抽象的画像(Bauer,1958;Pool & Shulman,1959)。根据甘斯(Gans,1957:318)的观点,"受众通过电影制作者对其持有的画像来参与电影的制作"。休梅克和里斯(Shoemaker & Reese,1991:96)总结道:"记者主要为其自身、为编辑以及其他记者写作。"尽管如此,对那些真正想要"将信息发送过去"的传播者来说,与"在那里的"大规模、无形的受众取得联系注定是问题重重的。受众基本上是旁观者,他们观察并鼓掌,但不真正与发送者和表演者互动(Elliott,1972)。

媒体组织与在其中的个人"传播者"显著不同,在很大程度上通过制造奇观这门生意来生产受众并进而生产利润和就业(参见"宣传模型",第60～61页)。他们需要一些预测受众兴趣和注意力的坚实基础。如佩库尼(Pekurny,1982)所指出,收视率反馈无法告诉你如何改良节目,且在节目制作较长时间以后收视率不再可获得。佩库尼称,"真正的反馈系统"不是收看者而是作者、制片人、剧组和电视网络的管理人员本身。此外,某些制作人和制片公司还存在对"成绩记录"的严重依赖并重复使用过去成功的方案。瑞安和彼得森(Ryan & Peterson,1982)支持这一结论,他们提出,在流行音乐领域,指导制作过程最重要的因素是找到一个理想的"产品形象"。这基本上意味着试图与过去成功歌曲的特质相匹配。

内部结构与动力方面

到目前为止按照图表11.1展开的分析指出,在组织界限内存在一定程度的区别和分隔。有几个来源的分隔。最显然的是诸多媒体组织的功能多样性(例如新闻、娱乐或广告),它们有各自的利益并为地位和财务而展开竞争。媒体组织的职员来自不同的社会背景且年龄、性别、种族及其他属性各不相同。我们已经注意到诸多媒体的双重目标(物质的和理想的)以及组织、计划、筹资、"销售"媒体产品的需要。大多数关于媒体组织目标的陈述都指出定位和目标的不同可能成为潜在冲突的源头。

内部的多元目标

大众媒体组织拥有不同目标这一事实,对于在社会环境中定位媒体、理解其在哪些压力下运作以及帮助区分媒体工作者面临的主要职业选择而言是重要的。这是我们业已讨论过的社会角色模糊性的一个重要面向。将报纸定义为一个"混合的组织"(Engwall,1978)进一步阐述了这一点——报纸无法被清晰地归类到生产—服务维度和生产技术与使用的易变性维度这两种主要的组织维度当中的任何一种。报纸组织同时涉足生产一个产品以及提供一种服务,它还大范围地使用从简单到复杂的技术。

其他大众媒体组织也不同程度地拥有类似的情况,广播电视肯定是这样。恩格沃(Engwall)发现,出自不同目标或工作任务的几种不同的"媒体文化"繁荣发展,包括:新闻导向的文化、政治导向的文化、经济导向的文化以及技术导向的文化。前两种往往彼此结合,上述专业人士或创意人士拥护这两种文化(亦接近规范文化)。后两种则是"实用性"的,与其他商业组织有诸多共同之处。在此情况下,媒体组织内部目标的差异程度很可能与组织间差异一样大。这些情况并未导致过多的冲突,这表明相应的问题得到了较稳定的解决。解决方案可能是滕斯托尔(Tunstall,1971)所称的悖论式的"非常规官僚主义"。

个人特质对大众传播的影响

诸多关于媒体组织或职业的研究事实上包括对受访者社会背景和世界观的考察。

有时这是出自一个假设:那些直接负责媒体生产的个人的特质将影响内容。这一假设与媒体自身的意识形态和方法论十分相符并站在组织或技术决定论的对立面。受众也通常会认为一部小说或电影的作者给予作品最多意义,尽管作品是经由媒体产业加工的。媒体"反映社会"符合受众的期待,也符合媒体工作者是社会当中多元价值和多元信仰的典型群体这一事实。

然而这些观点需要纳入组织目标和环境的影响。大部分媒体产品并非单一作者而是团队的作品,"个人作者"的概念并不十分贴切,尽管媒体倾向于推广个人明星和名人。休梅克和里斯(Shoemaker & Reese,1991)提出影响的轨迹可能彼此追随,如图表11.4所示。本质上,该图展示了两条不同的路径——在第一条路径上组织角色掩盖了个人特质,另一条路径上的个人传播者基于其在组织中的权力或地位得以在公共传播中表达个人信仰和价值观。

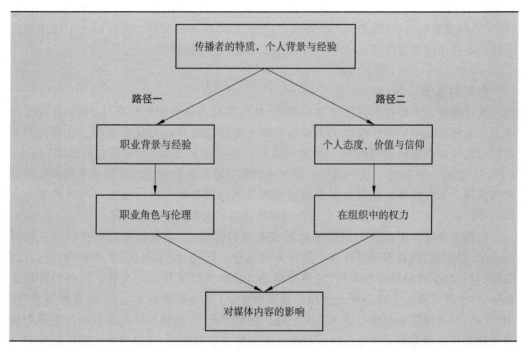

图表11.4 传播者内在的因素如何影响媒体内容:组织的路径相对于个人的路径(Shoemaker & Reese,1991)

第一个需要回答的问题是:媒体传播者是否拥有独特的社会经历或个人价值?不可避免地,所调查的每一种社会背景都各不相同,即便都与记者相关,却无法归为一类。然而,诸多证据显示,在许多国家,就收入而言,记者并不是边缘的,而是处在平均到中等的水平,因此是社会当中经济安全但并非富裕的群体。

在明星记者和普通的授薪员工之间存在巨大差异。例如,利彻和罗思曼(Lichter & Rothman,1986)描绘了240名精英美国新闻媒体人士的肖像,他们不仅更富有,而且相较于国家整体人口样本,其白人男性比例偏高且较少拥有宗教信仰。可以假设,为不那么精英的媒体工作的人本身也不那么精英,尽管他们依然不能代表整体人口样本(例如在性别和种族方面)。

韦弗和威尔霍伊特(Weaver & Wilhoit,1986,1992)发现,1971年以来美国新闻记者队伍构成在一个方面发生了巨大变化:出现了更多的女性(从20%提升到34%),尽管黑人记者和西班牙裔记者仍相对较少。一项1996年针对美国媒体人力资源的调查显示,仅有11%的记者是少数族裔出身,这一比例大幅低于整体人口数据。关于媒体工作者的阶层似乎鲜有疑问:这是一份中产阶级的工作,但不如其他体面的工作(法律、医疗、会计等)有专业性或收入高,仅存在一小部分高收入的明星精英。彼得斯和坎托(Peters & Cantor,1982)对电影演出职业的描绘强调:在无权且不稳定的大多数与站在顶尖的一小部分人之间存在极度的差异。

此类发现很难形成理论重要性。约翰斯通等人(Johnstone et al.,1976)总结道:"在任何社会当中,那些负责大众传播的人和那些控制经济和政治体系的人基本上来自同一阶层。"甘斯(1979)也指出记者职业的中产阶级地位是其最终忠诚于该系统的保障。因此,在美国的系统中他们是自由的,因为他们被认为可以和真正的权力持有者以基本相同的方式来观察并解释世界,两者持有相同的基本意识形态和价值观。甘斯发现新闻记者总体上持有"母性"的价值,包括支持家庭以及小镇田园主义怀旧情绪。他们还倾向于种族中心主义、支持民主、个人主义并支持"负责任的资本主义"、温和主义、社会秩序和领导力。

利彻和罗思曼(1986)提出,记者不仅是精英且是左倾精英,他们拥有颠覆性的动机且倾向于支持异端和极端运动;与这一观点相比,甘斯的解读更具有说服力。在美国,这一"自由的"媒体意象常常被强调。甘斯所提出的记者是"安全的"而不是反动的,也比另一种认为他们是保守精英的观点更有说服力,后者认为记者主要服务于国家、政府阶层和大企业的利益(如 Herinan & Chomsky,1988)。

研究还发现,媒体人士是从他们直接的工作环境当中获取大多数相关的态度和社会化倾向的(Breed,1955;Weaver & Wilhoit,1986:127-128),这一发现甚至比上述对记者价值观证据的罗列更为重要(但两者并不矛盾)。这一命题,尽管并不否认社会环境和个人信仰的影响,但使得我们回到对组织而非个人或主观的决定因素所具有的更大可能性。我们还需谨记,记者倾向于在兼容价值的组织当中工作。大众传播者发挥个人影响的可能性因组织的类型和种类不同而不同。非新闻类型的组织提供更多表达个人信仰的空间,商业和财务压力更小的组织也可能提供更多空间(Tunstall,1993)。

休梅克和里斯(1991)关于个人信仰和价值影响的证据评述并无定论。然而,认为不存在影响的观点看起来排除了任何程度的个人自主权并过高估计了工作社会化的力量(参见 Plaisance & Skewes,2003)。休梅克和里斯(1991:72)将这对关系看作是变化的:"当传播者对其信息拥有更多权力并在更少限制下工作之时,他们的个人态度、价值和信仰便有更多机会影响内容。"(参见图表 11.4)十分显然,那些在不同媒体(新闻、电影、电视、音乐)当中身居高位的人的确拥有并使用了表达个人观点和信仰的机会。青睐个人主义的"媒体的逻辑"通常支持这一倾向,只要它不与商业逻辑冲突。

新闻组织中的女性

性别的情况似乎能证实个人特质会影响内容,宣称媒体总是以种种方式站在(性别的)"另一边"是女性主义运动的一部分主张。同样,无法轻易得出结论。在新闻媒体组织当中较低的女性从业者人数以及更低的职业地位[Gallagher,1981;Thoveron,1986;《媒体研究期刊》(Media Studies Journal),1993;欧洲委员会(European Commission),1999]与新闻中对女性的表达不足或者刻板印象(例如在选题和语境中以及更为显著地使用女性符号)之间存在一种事实上的相关性。一份欧洲委员会的报告(1999)引用的一些研究显示:在法国新闻媒体中只有 17% 的援引对象或受访者是女性。芬兰的比例是 22%,英国则是 13%。这份报告总结道,与男性相比,媒体上描绘的女性"是较为年轻的,通常已婚且没有授薪工作"(1999:12)。一份关于美国电子新闻媒体是如何呈现女性主义者和女性主义的详尽研究揭示,这两个议题在媒体上很少被呈现,且一旦呈现往往被妖魔化或轻视。隐含的内容将女性主义者和"常规女人"做了区分(Lind & Salo,2002)。

问题不仅出现在新闻领域,但新闻通常被认为对性别平等的宏大问题以及社会性别的建构具有特殊意义。几乎所有媒体组织中(在数量上或居于权力地位)的男性统治以及男性导向的主题或父权价值,初步支持了媒体职业中性别平等可能对内容产生影响的观点(参见第 5 章)。然而相关的证据并不充足。贝尔(Baehr,1996)认为关于内容的决定更多的是出于财务需要而非个人偏好。上文援引的欧洲委员会报告也对媒体雇佣的女性人数(即便在高层岗位上)以及女性被描绘的方式之间是否存在自动关联提出质疑。

依据凡·祖伦(van Zoonen,1994)提供的荷兰证据,新闻学院教授的典型知识是"女性主义——即便是温和意义上的——与专业新闻之间是互相矛盾的"。换言之,在实际中社会化起到了加固传统新闻制作方式的作用,即便诸多年轻的女性记者感觉她们拥有自主权。从这些以及其他证据当中可以提出一个一般结论:性别总是和组织环境互动。每一种情况的结果各不相同。到目前为止,很少证据表明,在新闻编辑室中性别能产生直接影响(Armstrong,2004;Craft & Wanta,2004;Steiner,2009)。

凡·祖伦(1988,1991)还提出我们需要一种更为根本的性别建构路径。她指出关于新闻编辑室聘用更多女性能改善新闻这一假设基本上是不成立的。对已有证据的进一步检查显示,事实并能不支持这一假设。在新闻职业队伍中女性的参与已显著增长(参见 Weaver & Wilhoit,1986,1996;*Media Studies Journal*,1993),但"新闻的本质"并未显著改变。左赫和范·斯莱克特克(Zoch & van Slyke,1998)取样了十年来美国 1 000则新闻故事,以研究女性记者是否更倾向于选择女性信源。他们发现这一取向很小,这是由于女性往往被要求报道特定类型的故事。理论想当然地认为记者作为个体拥有足够的自主权来产生影响,而事实上这是有争议的也是多变的。

关于是什么构成"改变"也存在不同观点。新闻应当变得"女性化"吗?或"女性气质"本身应当(或许朝向男性气质)改进?欧洲委员会的报告援引埃里克·内弗开展的法国研究揭示,女性记者在报道"日常生活"时存在"使用女性化的语气""在报道政治生活时采取符合权威的态度并使用心理接近"的"倾向或迹象"(1999:11)。然而,这并不是新闻业中存在"女性惯习"的证据,而(只)是将特定的选题分配给男性或女性这一循环过程的结果。

此处有两个不同的议题:新闻自治相对于(外部力量、组织层级或"媒体逻辑"的)他治,以及改变新闻性质的需求及其可能发生的方向。两者都不反对存在性别差异或应当为女性提供平等就业机会,亦不反对变化,但种种议题是有所差异的,不应捆绑在一起并冠之以"在新闻组织当中应雇佣更多女性"的统一标题。如果核心的议题是性别建构的方式,那么需要一个更加宏大的路径。实际中,媒体宏观上的改变,包括为吸引更多女性读者所作出的努力以及女性购买力的巨大提升正在造成某种"女性化"的走向,而这或许与雇用女性的数量或她们承担管理职责的程度无关。即便如此,媒体组织当中女性逐渐掌握权力是女性在新闻中得以更公平对待的一个必要条件。

角色冲突与困境

毫不奇怪,大多数关于媒体组织的研究揭示了诸多不同的冲突,即便因素各异,但通常反映在"低层级"参与者和媒体掌控者意愿的矛盾中。前文已经讨论过所有者对新闻的影响。早期布里德(Breed,1955)所做的一项研究详细列出帮助确保政策的持续的(主要是非正式的)社会化机制。年轻记者被要求阅读他们所供职的报纸并旁听编辑会议。他们也从同事之间非正式的闲谈中学习政策。对上级的责任感、归属于团队的满足感以及有时管理层通过分配任务实施的制裁或奖励使得年轻记者们无法违背这些政策。总体上,根据布里德的研究,事实上的政策是隐蔽的。班茨(Bantz,1985)的研究则提出了不同的结论:新闻机构的组织文化本质上是基于冲突的。相关的因素包括:对外部信源的不信任、职业准则与商业和娱乐准则的冲突、为争夺故事展开的竞争以及对冲突性新闻的优先。

回到基于层级的冲突这一问题,穆里埃·坎托(Cantor,1971)对电影城主要电视台聘用的一组制片人的研究发现,存在三种类型的制片人。第一种是"影片制作者",主要是受过良好教育的年轻人,希望成为正片导演,可与伯恩斯(Burns,1977)所划分的电视行业中的"职业"类别相比。第二种是作家—制片人,其首要目标是在故事中纳入重要的信息并传播给广大公众。第三种是相对年长、未受良好教育的制片人,其主要立场是电视台及自身在电视台的职业。

并不奇怪,最后一组制片人最不可能与管理层发生冲突,他们最大范围触及受众的目标与电视台是一致的。影片制作者,出于不同原因,准备好了接受电视台的目标,因为他们希望训练自身的技艺、积攒金钱并向大片方向发展。作家—制片人群体最有可能与电视台(管理层)发生冲突,两者对所生产的内容持有不同态度。管理层想要一种畅销的、无风险的产品,而作家依然保留一些关于技艺的理想并希望传达某种重要的信息。覆盖最广大受众是核心的目标,但需要支付的代价——如果参照商业目标——是昂贵的。

其他关于传播者(主要是记者)的研究似乎指向同一种结论:当组织的政治倾向或经济利益干涉个人的表达自由之时,媒体组织和其雇员之间往往会发生冲突。弗莱格尔和查菲(Flegel & Chaffee,1971)支持这样的观点:对技艺的投入和高质量产品的"技术导向"都需要合作,因而可能帮助减少冲突并增进自主感。希格曼(Sigelman,1973)认为,潜在的观念冲突问题通常可以通过媒体组织选择性的招聘或新入职者依据工作环境的自我选择来规避。或许新闻媒体的最重要之处恰恰在于,在支配性的政策之下能够处理新闻,这本身业已成为一种技能甚至价值。得到新闻的目标超越个人感情。其他媒体组织也应有类似的过程。

图罗(Turow,1994)提出,内部冲突可能增长,且由于媒体所有权日趋集中,这甚至是必需的。特别是,当新闻事件事实上于媒体本身相关(这越来越常见),且当事的媒体恰好属于同一集团之时,会发生利益冲突。专业新闻价值呼吁报道争端的自由,这可能损害母公司的商业利益并可能被拒绝给予编辑许可。图罗的证据显示这的确在发生,且已经存在一种通过"沉默地讨价还价"来与公司整体政策合作的趋势。存在一个隐蔽的奖励谨慎与忠诚的体系。

我们并不清楚业主和主编的权力对内容的影响在多大程度上构成冲突的来源。在甘斯(1975:95)对若干美国新闻媒体的研究中,公司管理层对记者的权力是含混的。一方面,他们的确制定"政策",频繁并规律性地召开情况通报会,照料公司的商业和政治利益并"在他们选择的任何时候提议、选择或否决新闻故事"。另一方面,他们并不是日常施展权力的,且在电视新闻的制片人和编辑(如果不是个体记者)手中存在对抗的力量。调查证据支持这样的观点:记者认为其自身拥有合理程度的自主权(如 Weaver & Wilhoit,1986),即便"政策"压力的问题的确发生(参见 Meyer,1987;Schultz,1998)。板块11.6对主要的角色困境作一小结。然而,有证据显示存在另一种可能性——成熟的记者可能利用互联网充当独立报道者和评论人,而曾经对雇员拥有垄断权力的媒体公司对此的反对正在成为一种新的冲突。对一个大牌媒体或频道的忠诚度被分化或日益削弱,新的自治机会出现。

11.6 媒体职业角色困境

- 积极相对于中立或意见提供式的参与
- 有创意的、独立的相对于官僚的、常规的
- 传播的目的相对于满足消费者需求
- 个人倾向相对于职业需要
- 合作相对于冲突

小　结

　　如我们所见，相对于法律、医疗或会计职业，媒体职业的"建制化"程度较低，职业成功取决于难以解释的公众品位的变化以及无法模仿或传递的个人独特品质。除一些特定的表现技能以外，无法定义媒体技艺的"核心"是什么。许多媒体人士依然珍视在官僚体系的工作环境中保持自由、创意和批判的路径，但这与传统意义上完全的职业化最终是不兼容的。在媒体工作的中心存在不可避免的、显然或隐藏的冲突。或许最根本的冲突在于自由和限制之间——一个媒体组织的观念形态推崇原创性和自由，但其组织环境却要求相对严格的控制。

深入阅读

Bennett, W. L., Lawrence, R. G. and Livingstone, S. (2007) *When the Press Fails*. Chicago: Chicago University Press.

The case in question is the relative failure of the US mainstream press to question the rationale and facts leading up to the invasion on Iraq in 2003. The explanation is found primarily in the position of neutrality adopted by the press in the face of a consensus in the public debate on the part of leading political actors and experts.

Benson, R. and Neveu, E. (eds.) (2005) *Bourdieu and the Journalistic Field*. Cambridge: Polity Press.

Contains a key statement by Bourdieu on the concept of the "journalistic field" and a set of commentaries by others, focusing especially on the question of journalistic autonomy in relation to political and economic pressures.

Ettema, J. S. and Whitney, D. C. (1982) *Individuals in Mass Organizations*. Beverly Hills, CA: Sage.

A wide-ranging set of studies of different media genres and industries focusing on the potential impact of organizational constraints and pressures on creativity and other quality indicators. Although now old, the same principles apply.

Shoemaker, P. J. and Reese, S. D. (1996) *Mediating the Message*, 2nd edn. New York: Longman.

The book provides a systematic framework of hypotheses about the effects of organizational factors on news production and assembles a large amount of relevant research evidence.

在线阅读

Aday, S., Slivington, M. and Herbert, M. (2005) "Embedding the truth: a crosscultural analysis of objectivity and TV coverage of the Iraq war", *Harvard International Journal of Press/Politics*, 10(1): 3-21.

Carlson, M. (2007) "Order versus access: news search engines and the challenge to traditional journalistic roles", *Media, Culture and Society*, 29(6): 1014-1030.

Deuze, M. (2005) "Popular and professional ideology: tabloid reporters and editors speak out", *Media, Culture and Society*, 27(6): 801-822.

Singer, J. B. (2007) "Contested autonomy: professional and popular claims on journalism norms", *Journalism Studies*, 8(1): 79-95.

第12章

媒体文化的生产

到现在为止,我们已经考察了塑造媒体组织工作的静止或持续的因素。这尤其与媒体从业人员的构成和内部社会结构,以及在种种经济和社会压力之下媒体组织与外部世界所维持的关系相关。媒体的环境从不是静止的,但由于外部力量和组织目标之间的平衡,它可能看起来是稳定的。当下正在发生诸多变化和不稳定情况。引起变化的最大原因是融合的过程,最主要的变化则是网络**连接性**的崛起以及有潜力超越大众传播传统渠道的新媒体的出现。

对于生产而言,融合仅仅出现在媒体平台的可互换性以及若干长期存在的界限的模糊之中,这些界限包括:专业的和业余的、公共的和私人的、固定线路的和移动的。在下文中我们主要聚焦关于组织活动的两个彼此关联的部分,分别可被描述为"选择"和"处理"。前者指的是从选择"原始素材"到交付最终产品的决策次序。后者指的是工作常规及(专业的和商业面向的)组织标准的应用,在整个决策"链"中这些标准影响产品的性质。

描述媒体组织工作的方式主要起源于对新闻生产的研究,但也可以或多或少地应用到一系列其他媒体产品和媒体环境中(Hirsch,1977)。对新闻而言,这一"链条"从"注意到"世间的一个事件延伸到写作或拍摄它,直到制作一个用于传输的新闻产品。对于一本书、一部电影、一档电视节目或一首流行歌曲来说,一个类似的链条从某人的脑海中延伸到编辑选择的过程以及多个阶段的传输,最终成为产品(Ryan & Peterson,1982)。

媒体生产的所有阶段都包含了大量必须的常规工作。从常规中形成的行为和思维的规律性给予实证归纳和理论研究以机会。这些常规还反映了媒体专业人士脑中的"操作性"理论(见第 12 页)。

媒体组织活动:把关与选择

"把关"一词被广泛应用于描绘媒体工作当中作出选择的方式,尤其是那些关于是否允许一则特定的新闻报道通过新闻体育场的"球门"并进入新闻频道的选择(参见 White,1950;Reese & Ballinger,2001;Shoemaker et al.,2001)。然而,把关的概念拥有更大可能的意义,它还可被应用到文学代理和出版商以及多种类型的印刷和电视的编辑和生产工作。它适用于关于既有媒体产品(如电影)的发行和市场推广的决策。在更广泛意义上,它指的是给予或阻止社会当中不同声音的表达,因而经常成为冲突的中心。在民主社会当中一个常见的矛盾存在于政府(或政治家)与媒体之间,焦点是大众媒体给予政府多少以及何种关注。另一个例子则是关于少数群体的表征方式与近用程度。

把关的概念尽管有吸引力且合理,还存在若干缺陷,且自首次应用以来被不断修缮。缺点包括:它暗指存在一个"关"和一套主要的选择标准,它简单看待了新闻"供给"并倾向于将决策个人化。在一项关于此概念以及相关研究的详尽综述中,休梅克(Shoemaker,1991)将最初的模式做了延展以纳入更广泛的社会语境和实际工作当中的其他诸多因素。她关注广告商、公共关系、压力群体的角色以及不同的"新闻管理者"对决策的影响。在她的模型中,把关通常包含在新闻生产期间多种成功的选择行为。通常是集体决策的。决策不仅是关于内容的,还与预期受众的类型和成本问题相关。伯科威茨(Berkowitz,1990)开展的一项关于地方电视新闻的研究在很大程度上确认了这一模式。新闻选择可依据投入活动的程度不同而十分不同,一般意义上的把关概念可能更适用于被动的"新闻发现"而不是更主动进取的类型(McManus,1994)。

更重要的是,把关在多大程度上是一种自主的新闻行动,而不是主要受媒体组织层面的经济压力和来自外部的政治压力被迫作出的?这两者得到布尔迪厄的新闻场域理论(Benson & Neveu,2005)以及第 11 章讨论的芬勒和拉斯–莫尔(Fengler & Russ-Mohl,2008)的经济理论支持。最近的一个辩论主题是关于互联网的,尤其是雅虎之类的搜索引擎和其他提供实时信息的门户网站。这些非传统的可能性被认为绕过了大众媒体新闻并淘汰了"把关"的原始意义(Quandt & Singer,2009)。既有媒体不再是一种享有特权的新闻来源,也不再能够严格地控制新闻供给。尽管如此,相关媒体并未减少令其信息快速、广泛、显著地获取公众注意力的意愿,因此,经过大众媒体的"关卡"依然是必要的。

意识形态因素与组织因素

早期关于新闻把关的研究(White,1950;Gieber,1956)聚焦于未能进入新闻的大量事物以及它们被排除在外的原因。早期研究本质上存在强调新闻选择决策的主观特质以及编辑自主权的倾向。随后,更多的关注转移到可被认为是"组织的"或意识形态的系统性影响上。前者主要指的是官僚机构的日常,后者指的是并非纯粹个人或私人的价值观和文化的影响,这些影响产生于新闻活动的社会(以及国家)环境。沃尔特·李普曼(Lippmann,1922:123)早就发现了新闻选择的正常过程受到日常影响的必要性,他写道:"没有标准化,没有刻板印象,没有常规判断,没有对微妙事务的无情抛弃,编辑将很快死于过度兴奋。"

之后的研究显示,新闻媒体内容倾向于连续追随一种可预测的模式,当面临同一事件挑战或处在同一种情况之下时,不同的组织以类似的方式行事[格拉斯哥媒介小组(Glasgow Media Group),1976;McQuail,1977;Shoemaker & Reese,1991]。对于新闻决策者认为什么最可能吸引受众兴趣以及在同一社会文化环境下能达成什么一致,存在一种稳定的理解。这种一般化推论的前提是,媒体系统整体上缺乏多样性。

新闻价值可对主观个人判断作出另一种解释,新闻价值指的是一个新闻事件的某种属性,该属性将该事件转化为一则有趣的"故事"并传递给一群受众。然而新闻价值总是相对的,例如,当下有趣的事件可以很快被另一个更新、更有趣的事件遮蔽。尽管我们已经熟悉了新闻价值的一般概念,但加尔东和鲁格(Galtung & Ruge,1965)开展的一项关于挪威外国新闻的研究当中首次对影响选择的新闻价值(或"新闻因素")作出了清晰的陈述。他们指出三种主要起作用的因素:组织的、与类型相关的以及社会文化的。组织因素最为普遍且最不可能逃脱,同时还有一些意识形态的后果。新闻的收集需要被组织,对于那些适用于选择或再传输的时间框架和运转机制的事件和新闻故事,始终存在一定的偏向。那些发生在邻近报道设施(通常在大都市并拥有较好的传输条件)的新近事件以及拥有可靠信源的事件通常受到青睐。与类型相关的因素包括:那些符合观众预期(与过去的新闻一致的)的新闻事件以及那些可以轻易被置于一个熟悉的解释"框架"(比如冲突框架或者地方危机)的事件(参见 Harcup & O'Neill,2001)。

在外国新闻选择方面的社会—文化影响发源于聚焦个人并关注精英人士以及负面、暴力或戏剧性事件的西方价值。板块12.1列出主要影响新闻报道的因素。表中的大部分术语——但并非全部——是自我解释的。"意义的清晰"主要指的是对于受众来说不存在意义的模棱两可。"一致"指的是一个事件适用于既有的解释框架同时也不存在其他竞争框架。

> **12.1 外国新闻事件可能成为新闻报道的因素**（Galtung & Ruge, 1965）
>
> - 事件的大规模
> - 发生地点与本国接近
> - 意义的清晰
> - 发生时间新近
> - 与受众的相关性
> - 与过去事件一致
> - 具有个人化的潜质
> - 负面性
> - 更大的意义和更广泛的结果
> - 叙事中的戏剧性和行动性

最早的把关研究假设新闻选择受到关于什么能吸引受众的专业评估的导向，后来对于该论断褒贬不一。研究者发现，就同一事件的新闻选题，受众兴趣与编辑判断并不匹配（如 Bogart,1979;Robinson,1986;Hargrove & Stempel,2002）。一项比较编辑和读者对美国 1995—1999 年"头条故事"的研究显示，仅有 48% 是相匹配的，且受众对新闻的兴趣与实际的报道之间没有关系（Tai & Chang,2002）。研究得出的结论是：美国编辑并未给受众提供他们想要的。然而存在不同的解读发现的方法，尤其要考虑机构力量和信源强烈地影响着新闻议程这一事实。

对新闻选择的影响

把关的概念，如前所述，具有内在的局限性。它假设新闻以现成的、毫无问题的事件故事形式来到媒体的"关卡"并在此或被允许进入或遭排斥。对于来自通讯社的大量新闻来说这的确是适用的，但却并不能解释所有的选择过程。曼海姆（Manheim,1998）描绘了一个"新闻业的神秘结构"，其中的一个组成部分是这样一种观点——新闻是政治环境中"一个自然出现的产品"以及事件的显性内容。随后，他将典型的新闻收集归纳为两种支配性的和两种从属性的类型。主要的类型是"猎人狩猎型"，即收集作为潜在新闻的表面现象；"涵化"型指的是有计划地收集新闻并巧妙地使用熟悉的资源。这需要更多积极的活动。另外两种类型——"调查型"和"企业型"新闻业——相对较少见，但这些类型都支持新闻是自然出现的这一假设。

此外，把关框架在很大程度上是基于这样一种假设——在"真实世界"中存在一个既定的、有限的、可知的现实，媒体的任务是依据事实反映程度、重要性或相关性等的恰当标准进行选择。如菲什曼（Fishman，1980：13）所写的，"大部分研究者假设新闻或反映或歪曲现实，而现实由独立于新闻生产过程当中新闻工作者对其的看法和做法而存在的事实和事件构成"。对菲什曼来说，核心的关注应当是"新闻的创造"，一些有影响力的理论家追随了他的观点。

十分清楚的是，媒体新闻的最终内容以若干不同路径和不同形式到来。可能需要事先分类或排序，或者需要系统地规划对它的"发现"。有时候它还需要经由内部生产或建构。这样一个建构的过程与新闻选择一样，不是随机的或主观的。基本上它依据官僚机构的阐释与关联体系发生，这些官僚机构或者是新闻的来源，或者是事件的处理者（警方、法庭、福利机构、政府委员会等）。根据菲什曼（1982）的观点，"媒体知道了什么，以及可以知道什么，取决于这些机构的信息收集和信息处理资源"。影响最终选择的主要因素是"人""地方"和"时间"，这些因素通常互相组合。在这些问题以外或以内，还存在成本和受众诉求的问题。

人物与选择

总体上，"西方媒体"偏好那些包含个人行动的新闻事件，即便这些个人行动只是发表声明；同时它们还喜好将抽象的话题"个人化"以使得这些话题在受众看来更具体、更有趣。普遍存在寻找名人新闻的趋势，尤其是那些政治领袖和明星。人物（不论在何领域）越是有名，其作为信源所获得的关注和近用优势越大。新闻往往是重要的人物对事件的叙述而不是对事件本身的报道。

或许居于首位的"事件人物"还是美国总统，一个受到大型且有效的推广机器支持的权力人物。如一项研究（Grossman & Kumar，1981）所指出，在报道总统的种种可能性中，始终存在一项最为重要的任务——以独家的方式接近高层官员，甚至如果有可能，总统本人。其他名人的情况可想而知。世界上的事件被描述成英雄与恶魔之间的故事，例如作为东欧解体"英雄"的戈尔巴乔夫和瓦文萨，或者威胁西方世界的奥萨马·本·拉登。很大一部分的新闻收集围绕人群展开，尤其是人比事件更永恒可得，且人可以说话（而机构不可以）。

针对新闻制片人的研究和非正式描述皆分析了与权力或名人圈内部的个人联系的重要性。里斯等人（Reese et al.，1994）关于20世纪80年代美国主流新闻媒体上出现的或援引的种种"信源"的研究揭示，这些信源是一个非常集中的、相对小数量的、互相关联的人群，他们的观点被用于生成新闻。贝内特等人（Bennett et al.，2007）指出：在伊拉克战争报道中，媒体习惯性地寻找同一个小范围的、他们认为合法且可信的信源，这辅助了美国政府管理"现实"的能力。"在2002年9月至2003年3月之间ABC、CBS和NBC关于建立并合理化战争议题的414篇报道中，只有34篇来源于白宫以外"（Bennett et al.，2007：43）。

我们通过媒体的眼睛所看到的世界有时是随机偶遇或媒体人发展的非正式传播网络的结果,但在更多时候,这是信源依据自身的议程刻意寻找媒体接入的结果。一些部门制造新闻的权力也可以解释某些信源的不同影响以及依据重要人物的活动建构"伪事件"的可能性(Dayan & Katz,1992)。新闻当中人物的相对地位将是下文"媒体逻辑"论述的一个方面(第272~273页)。

地点与选择

新闻事件发生的地点越是靠近预期受众所在的城市、地区或国家,则越可能获得关注。然而地理接近性这一因素可能被其他考量——例如权力或者事件的内在特质(比如规模和负面性)——所覆盖。韦斯特斯达尔和约翰森(Westerstahl & Johansson,1994)从对外国新闻选择的大规模跨国研究中发现,新闻的两个属性决定了大部分的选择:事件发生国家的"重要性"以及与本国媒体的"接近性"。两位研究者将这一观察的起源归于一位1695年的德国作者!将事件认定为新闻时需要考虑具体的地点,这一事实有助于解释当权者为何能成功管理新闻(尤其在战争情况下)——通过控制人们进入事件发生的地点。2009年新年以色列对加沙的攻击展示了这种权力,所有外国记者均不被允许进入战争地区。除了可观察性的简单需求以外,客观新闻的传统要求在地的证据和时机,那些不存在可考地点的事件不能作为"事件"。

沃尔特·李普曼(1922)在其对新闻收集的常规化的论述当中强调了地点的重要性。他写道,那些"闯入"正常领域的事件、那些在过去发生过或公开过新闻事件的地点——如法庭、警察局、议会、机场和医院——可以预期的事件构成了新闻。新闻媒体通常与一个覆盖全球的"网"相连,这张网的每一个节点上存在一家通讯社或一位通讯员。塔奇曼(Tuchman,1978)提出"新闻网"的概念,他将其意象化为一种"捕捉"新闻的设备,类似渔网。其能力取决于其网格的精细程度及其纤维的结实程度。"特约记者"们提供更为精细的线缕(供小鱼使用),记者和通讯社则提供更大的网格。在其中有一个等级制度,在新闻网中的地位决定了谁的信息更可能被认定为新闻(优先权给予高级地位者以及自有的记者而不是新闻通讯社)(见板块12.2)。

12.2　新闻网:关键引文

将日常现实的组成部分定义为新闻是依据一定框架的,中央化建制的新闻网的空间定位是这一框架的组成部分……新闻网通过与复杂的官僚机构合作将一个框架置于所发生的事情之上,这些官僚机构又与分散在各地的记者相关联……最终,新闻网纳入了三个关于读者兴趣的假设:读者对于特定地点发生的事情感兴趣;他们关注特定组织的活动;他们对特定的话题感兴趣。(Tuchman,1978:223,225)

新闻网紧密织入那些权力集中的地方,如华盛顿—纽约沿线或巴黎—柏林—伦敦三角。因而,依据空间对新闻报道的提前准备包括了一套对新闻可能在哪里发生的假设,这可能导致某种自我满足的倾向。长期持续报道诸如来自中东(这样一旦被认定为事件发生地和政治关切中心)的新闻是这种倾向的证明。这必然导致那些来自突发和不在预期内的事件发生地的新闻不那么容易被采集到。

地点对于报道的影响起源于将记者分配到"新闻事件"最可能发生的地方这一做法。对此类事件的预先鉴别,部分是依据对观众兴趣的预计(类型化的一个方面)。大多数媒体组织拥有一个部分地基于地点——城市新闻、犯罪新闻(法庭和警察)以及政治——的结构或部门。传统上,至少在地方媒体,这被称作一系列"新闻口"。

新闻口,如菲什曼(Fishman,1980)所解释,并不仅仅是区域的或者话题的(由主题界定的),还是一个社会环境,一套包括经常出入特定地点的记者和信源在内的社会关系。建立新闻口的目的是报道那些未被报道的"新闻事件",但它不可避免地导致事件的构建。一个特定地方(特定的新闻口)发生的事,仅仅因为被观察到,(相比于那些未被观察到的"非事件")更可能被定义为新闻。

时间和选择

毫不奇怪,由于时间是纳入新闻定义的,它对选择的考量具有巨大的影响。即时性是新鲜度和相关性的重要成分,这两者在新闻中受到高度推崇。即时性还取决于并放大了传播技术的最重要属性之一——跨越时间(以及空间)障碍的能力。在一张囊括空间的网以外还有一个处理时间的框架,时间构成了新闻事件的类型定义。新闻网的用途是:在新闻事件可能发生的时间和空间当中最大化捕捉的机会。依据其时间规模(尤其是依据新闻生产周期)对事件加以典型化的做法,增强了事实上将这些符合常规的新闻定义的事件作为新闻来报道的机会。新闻人隐性地依据一个基于时间的新闻类型学来作业,后者帮助规划其工作(参见图表12.1)。

		时间维度		
		预先计划的	非预期的	未计划的
新闻类型	硬	·	·	
	软			·
	现场		·	
	发酵			
	持续	·	·	

图表12.1 新闻的时间和类型(Tuchman,1978)

主要的类型包括：处理即时事件的"硬新闻"和主要关于背景或与时间无关的"软新闻"。此外，还有其他种类："现场"（非常新、即刻、刚刚爆发的）新闻、"发酵中"的新闻以及"持续"的新闻。还存在一个时间维度，据此新闻可被分类为"预先计划的""非预期的"和"未计划的"。第一种指的是事先知道且可以计划报道的"日记"事件。第二种指的是非预期发生并需要立即播发的新闻事件——此类事件对于日常处理来说难度最大，但并不是新闻的最主要类别。第三种往往是与时间无关的（软）新闻，新闻机构可以先存储并在其方便的时候发布。将事件做如此的分类限制了不确定性的范围，同时鼓励对"持续"新闻和预先计划的或非计划的新闻事件的依赖，因而不利于新闻的独特性和新颖性。在广播电视中，时间对于新闻运作的非凡影响尤其受到关注。施莱辛格（Schlesinger，1978：5）提出一个超越了实际目标的"秒表文化"："这是一种恋物，新闻人独特地将对时间的沉迷视作其专业性的一部分。"其结果，在他看来，是对历史的某种暴力并削弱了新闻的意义。

尽管事先计划的（日记）事件构成了常规新闻的较大部分，一些非常规的计划事件可能具有特殊的意义。当事件组织者或媒体本身出于实现自身愿望或期待的目的而影响新闻报道的方式之时，这便可能发生。追随朗氏夫妇（Lang & Lang，1953）的观点，哈洛伦等人（Halloran et al.，1970）研究了1968年伦敦反对美国对越战争的示威与反抗游行之前的一系列事件。他们展示了事件发生以前数周媒体故事是如何提前将其定义为重大和暴力的、由外国人煽动且可能威胁财产甚至社会秩序的事件（这被认为是"革命的一年"）。这样"预先建构"意义和事件经过的结果是：它塑造了事件报道和意义阐释的组织上和物理上的安排。

事实上，计划的事件相对平静，但是新闻装置事先致力于形成另一个版本，它们发现事实和所建立的期待之间很难调和。结果是扭曲和不平衡的报道。在其他事先计划的军事事件当中也发现了类似的现象，例如1982年英国出征马尔维纳斯群岛、1991年海湾战争以及1992年起初是和平的美国"干预"索马里。更为普遍的，对于媒体组织来说，（反过来的）问题是如何捕捉在非预期地区发生的非计划事件。

莫勒奇和莱斯特（Molotch & Lester，1974）提出事件的四重类型学，其中最大的类别是"常规事件"，其他三类是"事故""丑闻"和"意外"（偶然）。常规事件可被分为三类，如板块12.3所示。

12.3 常规事件类型学（Molotch & Lester，1974）

- 当事件推动者有惯用的新闻汇编者可以近用时
- 当"事件发起者寻求阻碍他人的常规接入以使得事件成为其独家报道"
- 当"发起者即是新闻汇编者因而享有近用权"之时

第一个类别指的是正常的情况,例如报道国家政治。第二种指的是"外来者"示威或获取公众关注的行为。最后一种指的是媒体深度参与的"媒体事件"和"伪事件"。这一分类也点出了权力的施展。

有时在常规中会爆发事件,占据新闻的是那些真正戏剧化的和非预期的。塔奇曼(1978)将这一现象称作新闻分类中的"好一个故事!"这一类别的事件极其多样化,其共同点仅仅在于非预期性、重要性以及对所有相关方的可信度的考验(参见 Berkowitz,1992)。当一家新闻媒体拥有独家故事而不是尽世皆知时,也可能产生"好一个故事"。重点是要提醒我们,对事件的报道是一个动态的过程,"新闻价值"评估路径可能会错过这些活力。

与"好一个故事"相关的新闻工作的一个面向是"关键事件"的概念。这指的是那些不仅因为规模、非预期性和戏剧性特征,还因为不寻常的公众共鸣和在象征某些深刻的公共危机或忧虑方面的重要性而成为重大新闻故事的事件。最原初的概念由菲什曼(1982)提出,他认为,一则犯罪报道可能引发一大批关于犯罪的报道。其他案例包括切尔诺贝利灾害、黛安娜王妃之死等。关键事件是真实发生的,它与"媒体事件"完全不同。

凯普林格和哈伯迈耶(Kepplinger & Habermeier,1995)调查了这一假设:关键事件可能通过引发一批与事实不成比例的报道对现实的呈现起到有力作用。对 1992—1993 年发生在德国的对移民的种族攻击的一系列报道是其中一例。两位研究者研究了某些重大事件发生前后的德国新闻报道并证实了如下假设:关键事件的确在特定时间段内激发了对某些特定话题的强力关注,而实际中并未发生任何变化。媒体应对实际并未发生改变的办法之一是报道过去类似的事件。这并不是报纸的正常角色。总体上,这些研究发现强调,将新闻的高频率和高重要度当作知晓现实事件的可靠向导是非常危险的。

瓦斯特曼(Vasterman,2005:515)制造出"媒体炒作"一词来形容"一个由媒体生成的、全覆盖的新闻浪潮,该浪潮由一个特定事件引发并经由媒体新闻生产中的自我加强过程得以扩散"。判断媒体炒作的标准包括:其隐藏的且非预期的出现以及逐渐的隐退,与实际中事件发生的频率不符;对社会行动者反应的诱发,而后者可能生成更多"新闻"。大多数国家有自己的案例,一个全球性的案例是 2009 年广泛蔓延的甲流,媒体始终保持跟进并逐步升级事态,但缺乏实际的证据来证明恐慌是必要的。芬勒和拉斯-莫尔(Fengler & Russ-Mohl,2008)将媒体炒作视作经济因素造成的媒体行为——相关案例当中大部分实际的新闻是免费的公共产品,所有媒体为之争夺并过度享用。还存在其他诸多种类的"免费"新闻,但通常其中隐藏着信源的诸多动机,如板块 12.4 所示。

12.4　新闻选择因素

- 事件中人物的权力、地位或声誉
- 记者的个人联系
- 事发地点

- 权力所在地
- 可预见性和常规性
- 新闻中人物和事件之于受众的接近性
- 事件的新近性和即时性
- 是否符合新闻周期的时机
- 独家性
- (从受众、赞助商等取得的)经济收益

媒体与社会之间对于近用权的争夺

我们已经在若干点上讨论到社会的任一建制要素近用媒体(以及近用作为受众的社会本身)的问题。第4章提供的参考框架(见图表4.2)认为媒体制造(或占领)社会机构及其成员之间的渠道。媒体组织承担的主要压力之一正是社会和政治利益的近用,如图表11.2所示。第7章所讨论的大部分规范理论最终归于一个问题:社会中的哪些人在什么条件下可以近用媒体。

问题提出的方式含有这样的假设:大众媒体能有效地控制社会及其成员之间信息的流动。然而,新媒体的出现对此提出了疑问,新媒体不仅生产内容,还生产任何人与任何其他人之间的"互联"。这催生了许多新的和不可控的频道,也引发了发送者和接受者的角色融合(Deuze, 2007; Quandt & Singer, 2009)。尽管如此,大多数社会当中权力的调和仍然是(可能是新型的、融合型的)大众媒体执行的,社会仍意图尽可能多地保有对传统渠道的控制权并将其延伸到新的网络中。

即便是在媒体被赋予了较高自由度的民主社会,依然存在对大众媒体向社会开放传播渠道——尤其是自上而下传播——的明确期待,这些期待有时背后受到相当程度的压力。这可能通过法律条款、在自由市场购买时间/空间,或媒体自愿充当公共传播的开放渠道得以实现。"社会的近用"是如何实现的,这个问题对媒体来说十分重要,因为新闻自由通常被认为包含了不出版、因而不给予近用权的权利。在实际中,正常新闻价值的运作以及媒体对有影响力的信源的依赖总体上保证了至少社会"上层"拥有近用权。出于类似的原因,虚构故事的情况也差不多,在虚构故事当中,精英被给予了过多的呈现。

媒体自治的连续统

这一情况可被理解为一个连续统:在一个极端,媒体完全被国家等外部利益"渗透"或同化;在另一个极端,媒体完全拥有排除或承认外力的自由。在正常情况下,两个极端都不会出现。多元理论假设,组织和近用可能性的多样化将保障一个社会"官方"声音、批评和其他观点的机会混合。

然而,"为社会提供近用"不仅意味着将平台提供给观点、信息等,它还与媒体描绘社会现实的方式有关。它们可能改变、扭曲或挑战现实。最终,社会近用的问题涉及一套十分复杂的惯例,据此媒体自由和社会主张得以实施并调和。在很大程度上这取决于形式和类型的标准化特质以及媒体希望(或受众认为媒体)描绘社会现实的方式。

埃利奥特(Elliott,1972)对英国电视生产的研究阐明了这一问题,他的观点还适用于印刷媒体和其他国家的媒体系统。他的类型学(见图表 12.2)显示:就给予或不给予其他可能的传播者以近用权一事,媒体组织的能力是可变的。它描绘了社会所拥有的自由近用的程度和媒体受到的控制以及媒体行动的广泛性之间的反比关系。媒体自我控制的范围(生产范围)越大,社会直接近用的可能性越小。在(一方面)"社会的声音"或社会现实与(另一方面)作为社会的受众之间,存在媒体不同程度的干预或调停。这一公式凸显了媒体自治和社会控制之间的根本冲突。近用权注定是一个斗争的场所。

生产范围/ 媒体自治	生产功能	社会近用的直接性	为社会提供的 近用种类	电视案例
有限的 ↕ 广泛的	1. 技术引导 2. 引导和选择 3. 选择和呈现 4. 选择和编纂 5. 实现和创造 6. 想象性创造	完全 ↕ 零	1. 直接的 2. 有限地直接的 3. 筛选的 4. 重造 5. 建议性的 6. 社会没有控制	部分播出 教育 新闻 纪录片 真实社会剧 原创电视剧

图表 12.2　一个关于生产范围和社会直接近用的类型学:社会近用与传播者(编辑)自治成反比(Elliott,1972)

社会现实内容:一个充满竞争的区域

图表 12.2 展示了媒体过滤社会"现实"的不同程度,新闻和纪录片处在比例尺的中间点上。制片人选择和塑造的范围或多或少与社会对直接接触受众的要求相互制衡。编辑自由也或多或少地与受众看到现实的诉求相互平衡。这样的"真实"材料基本上能为受众提供一个合理的现实反映,同时为媒体保留制定选择和呈现的标准的权利。在诸多优点以外,这一类型学还提醒我们,即便众多关于媒体选择的研究聚焦于新闻,新闻也只是需要通过媒体"关卡"的多种信息之一。

在实际中,连续统的中间阶段(真实的领域)最可能发生冲突,也是媒体组织需要为其关于社会和公众的选择及优先决定作出辩护的地方。这一区域超越了新闻和纪录片,它还包括描绘警方、医院、军队等的"纪实电影"、历史影片和许多"真实"系列片,此外还覆盖今天经常提及的"资讯娱乐"(Brants,1998)。这些外部领域的代表越是敏感且有权力,媒体就越需要谨慎并规避敏感领域、慎用讽刺、讽喻、想象以及其他长期使用的逃避责任的手段。不仅仅是自我本位的当权者拥有遏制性的影响,还可能在现实中发生预料之外的、不想要的结果(比如引发恐慌、犯罪、自杀或恐怖主义)。

自建构起这一类型学以来,广播电视经历了巨大的发展,尤其是频道的多样化不仅没有作废既有原则,还引入了新的可能性和议题。一个重要的创新是:受众参与广播和电视节目(Munson,1993;Livingstone & Lunt,1994;Shen,1999)。这一现象首先发生在广播节目的电话接入,通常是回应某些专家、公众人物或明星。此后出现了各种新形式和数量的激增。板块12.5列出"真实电视"这一新形式的主要变体。

12.5 新形式的"真实电视"

- 一位明星主持人和若干著名嘉宾在演播室现场观众面前表演的脱口秀
- 演播室观众现场参与的公共讨论和辩论节目
- 新闻和谈话类电视杂志片(如《早安美国》以及如今许多早餐电视秀)
- 新闻采访(没有参与)
- 有观众参与的关于热点个人话题的日间脱口秀,奥普拉·温弗瑞是先锋人物
- "纪实剧"和"信息娱乐化"
- 真人秀,如《老大哥》,并有名人参与的各种变体

具体的案例甚至是种类因文化不同而各不相同。关于前文讨论的近用权,我们至少可以得出三项结论。第一,存在新的接入现实的形式,这些形式在过去是隐藏的,如忏悔式的或哗众取宠的。第二,我们可以认为,除媒体专业人士和官员或专家声音以外,出现了第三种可被听到的声音,即普通人的声音。第三,如图表12.2所示,处于中间的近用方式大规模地扩展了。在这一领域,现实和虚构之间的界限十分模糊,意义被更加过滤并调和。

信源对新闻的影响

各种媒体都依赖于拥有现成的信源供给,包括将要出版的书稿、电影剧本、事件报告等满足报纸和电视的事物。与新闻信源的关系对新闻媒体来说十分必要,两者之间往往构成一种双向的动态进程。新闻媒体总是在寻找合适的内容,内容(尽管并不总是合适的)也总是在寻找新闻出口。

新闻从业者还拥有他们自己喜欢的信源,同时通过新闻发布会、推广活动等机构的

方式与有影响力的人物取得联系。关于记者的研究(如 Tuchman,1978;Fishman,1980)明确显示,只有一样东西记者们不与同事分享:信源和联系人。埃利奥(Elliott,1972)对种族歧视主题的电视纪录片的研究揭示了"联系人链条"的重要性。最终屏幕上的内容是由制作团队及其碰巧拥有的联系人的观念和预想所塑造的。这表明媒体从业者个人价值的特质最终是会影响内容的。

向可靠的信源求证新闻报道的做法是对权威和传统智慧的背书。在主流新闻媒体,这几乎是一个不可避免的偏见形式,但它最终可能成为一种隐藏在客观性面具之后的持续的意识形态偏见。上述里斯等人(Reese et al.,1994)对美国电视新闻内容的研究提出,机构发言人、"专家"和其他记者是三种主要的受访或被引信源。该研究的主要发现是:在同一套有限的信源内部彼此关联的程度极高,这阻碍了多元观点的出现。里斯等人(1994:84)写道:"通过依靠一个共同的、同时狭窄的信源网络……新闻媒体制造出一种传统智慧和来自记者、掌权者和众多受众成员的大体上不受质疑的观点的系统性融合。"

在发生国家性危机和冲突之时,当涉及外国事件时,新闻媒体典型地寻找邻近本国的信源,对议题和事件不可避免地使用带有偏见的框架。最近关于科索沃、阿富汗和伊拉克战争新闻的分析为此提供了证据。例如,杨(Yang,2003)比较了中美关于科索沃空袭的报道,揭示存在信源以及报道方向上的巨大差异。两个新闻系统都主要寻找各自国家的新闻信源且新闻报道分别反映了各自政府对事件的态度。

新闻媒体常常被指存在偏见,尤其是在那些涉及情感或意见剧烈分歧的事件上。在第一次和第二次(伊拉克)海湾战争的案例中,西方参与国的媒体被广泛认为未能履行客观报道者和批判观察者的角色。总体上,媒体拒绝这样的批评,但 2004 年 5 月《纽约时报》出其不意地承认其在伊拉克战争之前的重大失败。不久以后,《华盛顿邮报》发表了类似的承认声明。板块 12.6 摘录一段《纽约时报》的声明。

12.6 《纽约时报》与伊拉克:编辑宣言摘录,2004 年 5 月 26 日

在过去的一年,这份报纸对美国攻打伊拉克进行了许多事后诸葛亮式的评论。我们调查了美国和同盟国情报的失败……我们调查了对政府欺骗和夸大的指控。是时候将目光转向我们自己了……我们拥有大量引以为豪的新闻……但我们也发现了本应严谨却并未做到的新闻报道。在一些情况中,当时有争议、现在看起来可疑的信息被允许不受质疑地加以使用……多个层次的编辑应当对记者提出质疑却没有这样做,而是一味专注于追求将独家新闻引入报纸。对伊拉克逃兵的报道并不总是包括他们希望将萨达姆·侯赛因赶下台的内容。宣称伊拉克情况极其糟糕的文章总是被显著刊出,而随后对这些报道提出质疑的跟进文章则有时被掩盖了。在一些情况下,根本不存在跟进报道。

前文(第70页)所描述的韦斯特利-麦克里恩模式显示,传播机构充当主张者和公众之间的代理人——前者试图传达自身对社会现实的看法,后者对关于现实的可靠信息感兴趣。这些主张者发起并维持与新闻媒体的日常联系以确保有利于其的媒体渠道。总体上的结果是:媒体与其信源之间形成了一定程度的共生关系。但即便如此,还存在其他的可能性,尤其还存在各媒体之间以种种排列组合互为信源的情况。在对新闻价值和名人身份作出选择时,任何一个媒体都倾向于将其他媒体视为最好的向导。除了报纸和电视之间互为信源和对象彼此持续提供信息和评论,电影之于电视、唱片业之于电台还存在重要的内容供给关系。这是媒体"互文"的一个重要方面(参见第325页)。

供给计划

埃里克森等(Ericson et al.,1987)甚至命名了一个特殊种类的"信源媒体",其主要活动是代表上述信源机构向记者提供他们所寻找的信息。信源媒体包括媒体见面会、新闻发布会、公共关系等。此外,媒体还通过日复一日或基于事件的直接观察、信息收集和报道不断聚合他们自己的材料。它们也日常地使用信息提供者的服务,尤其是国家和国际的新闻社、新闻影片社、电视节目交换配置等。

有几个方面需要注意。首先,在任何大规模、持续的媒体生产运作当中都存在高程度的计划性和可预期性。媒体需要一个有保障的供给来满足其自身需要,因而需要事先"预订"新闻、虚构节目或娱乐等内容。这一需求反映在二级机构(例如新闻社)的增长上,这些机构常规地提供内容。这也与媒体作为社会中现行的文化和新闻的中立承载者和镜子的角色存在不一致。这还与媒体自我意象当中的新颖、即时和创意等理想彼此冲突。

其次,在信息提供者和媒体信息接受者的角色之间存在不平衡。此外,一些信源因其地位、市场占有或内在的市场价值可能比另一些拥有更强大的议价能力。甘迪(Gandy,1982)指出,有权力的利益集团为推进自身事业会给予"信息补助"。在近用信源这件事上,媒体组织远未做到不偏不倚。依据甘斯(Gans,1979)的观点,最成功近用(精英)新闻媒体的信源很可能是那些有实力的、资源丰富的、组织良好的信源,它们有能力在正确的时机为记者提供他们所需的"新闻"。这些信源既是"权威的"也是"高效的",他们常常享有莫勒奇和莱斯特(Molotch & Lester,1974)所谓的"惯常的"新闻媒体近用权。由于新闻媒体很难放弃这样的信源材料,因此其独立性和多样性也存在潜在的限制。

再次,当媒体和外部传播者(倡导者或信源)之间存在共同利益之时,可能出现"同化"。政治领袖希望触及广大公众是显著的例子,而较为隐秘的合谋则出现在常规的新闻报道当中——记者依赖那些既拥有内部信息又对报道方式感兴趣的信源。这适用于政治家、官员、警方等信源。当记者和信源之间互利合作的程度达到了与媒体知会公众的角色发生冲突的程度之时,则可以说出现了同化(Gieber & Johnson,1961)。尽管这种类型的关系可以因成功满足公众以及媒体组织的需求而被合理化,它依然与对媒体批判独立的期待及其职业标准相违背(Murphy,1976;Chibnall,1977;Fishman,1980)。

公共关系和新闻管理

莫勒奇和莱斯特(1974)展示了那些管理事件宣传(如果不是事件本身)的人们可以如何控制新闻。他们将这些人称作"事件推广者"并称:相较于"常规事件",事件推广者拥有自主获取媒体近用权的若干机会。他们可以通过"新闻汇编者"(即记者)来获得常规的近用,或者他们可以运用自己的权力来破坏他人的日常近用并创造他们自己的"伪事件"来获取媒体的关注。在政客或官员与媒体之间通常存在一种或多或少制度化的共谋关系,这种关系可以服务于一系列目的而并不一定要操控结果(Tunstall,1970;Sigal,1973)。这在竞选运动中尤为明显,竞选中充满了从新闻发布会到主要的政策声明或演示等"伪事件"(Swanson & Mancini,1996)。在一些领域,新闻媒体和信源之间的同化事实上是完整的。政治、政府和法律执行构成三个主要的例子,重要的体育活动是另一个案例,随后是商业,商业可以吸引媒体的非批评式关注,也可以一定程度地控制内容和信息流。

专业的公共关系机构也推动着这一意义上的同化。有充分证明现实,有组织的信息提供者可以实现高效率,而公关公司向新闻媒体提供的大部分信息未得到使用(Turow,1989;Shoemaker & Reese,1991;Glenn et al.,1997;Cottle,2003)。例如,巴恩斯(Baerns,2003)的一项研究显示:德国某地的政治报道主要是基于官方的新闻发布和记者招待会作出的。舒茨(1998:56)的研究也发现,澳大利亚主流报纸上约一半的文章起源于(信源的)新闻发布。这说明,就一些特定类别的新闻而言,记者不同程度地依赖官方或机构信源(参见Fishman,1980)。记者对私人公关公司所提供的材料通常持怀疑态度,然而另一方面,就我们接收到的新闻而言,尽管看起来仍然是可信且相关的,其中出于记者调查的比例很小(Sigal,1973)。

或许,试图影响新闻的过程是随着现代竞选和舆论测量技术的进步而加速的(Swanson & Mancini,1996)。政党、政府部门以及所有主要的机构都聘用新闻管理者和"**媒介顾问**",其任务是最大化对于政策和行动的有利呈现并最小化任何不利的方面(Esser et al.,2000)。几乎可以肯定的是,"符号政治"的意义被认为越来越大,不论它是否有效

(Kepplinger,2002)。新闻媒体自身相对而言不具备核实内容的能力,关于真实的责任往往交给了信源。重要的是,他们试图影响对外政策。尽管看起来更多使用专业公关的主要受益者是社会中的当权者,但戴维斯(Davis,2003:40)认为,"不拥有资源者"和"外部"信源也通过公关获得了更频繁更有力的新闻报道。环境组织的活动提供了一些案例(Anderson,2003)。

新闻管理不仅在政治竞选中扮演重要角色,曼海姆(Manheim,1998)提醒人们关注他称之为"**战略传播**"的做法——拥有良好资源的机构、议员和利益团体有偿雇用专家来从事战略传播。战略传播使用各种形式的情报收集、影响技术以及大众媒体,他们通常在宣传领域以外工作。战略传播者可能为政府和政治机构或者大企业、资金雄厚的政党、诉讼案件、工会以及外国政府服务(Foerstal,2001;另见第240页)。新闻信源理论预测了若干基本因素的影响,如板块12.7所示。

12.7 信源近用新闻

信源近用取决于:
- 合适材料的有效供应
- 信源的权力和影响力
- 良好的公共关系和新闻管理
- 媒体对有限信源的依赖
- 在新闻报道中彼此的自我利益

媒体组织活动:处理与呈现

新闻选择的组织程序往往是非常层级化的而不是民主的或合议的,即便在特定的生产单元中后者可能适用。埃里克森等人(Ericson et al.,1987)揭示了新闻组织是如何安排投入和决策次序的。从关于新闻的"观念"出发(起源于其他媒体、常规观察、通讯社等),存在两条主要的活动线索:一条线索追随故事的发展,另一条追随"信源"。信源可以是(日常)回应式的或主动出击式的。由于特定的故事需要寻找并发展特定的信源,因而两条线索是彼此紧密关联的。或多或少地,两条线索符合巴斯(Bass,1969)所描述的新闻的"双重行动"模式的两个阶段——新闻收集和新闻处理。处理线索从编辑分配故事任务开始并通过一系列新闻发布会、剧本(关于重要性和时机的)决策、排版或首发设置、最终的新闻编辑、内容页面组合或电视主持人脚本,到达最终阵容。信源可以一直支持到这一序列的倒数第二步。图表12.3简要阐明了这个过程。

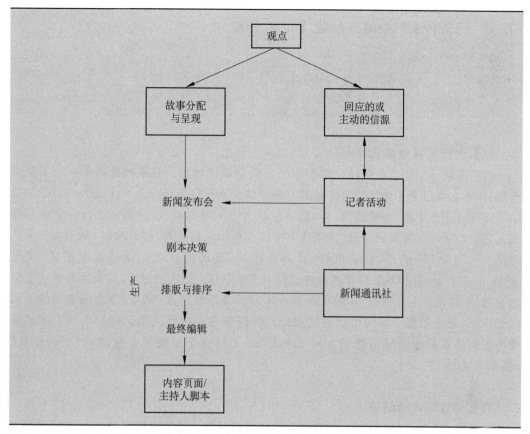

图表 12.3 组织内部的处理,从观点到新闻:新闻具有内部以及外部的起源,两种类型共同被处理(基于 Ericson et al., 1987)

总体上,这一序列起源于对大量观点的考量,然后通过新闻评判以及信源渠道所提供的内容来缩小范围,第三步是格式、设计和呈现进行决策的步骤。在最后的阶段,技术决策是至为重要的。

这一新闻处理的模式同样符合其他一些情况:事实内容在较长一段时间内被加以处理,且生产拥有更多影响内容的能力(参见图表 12.2)。例如,埃利奥特(Elliott, 1972)在其关于电视纪录片生产的研究中辨析了三条"链"(见板块 12.8):呈现链指的是拥有足够的阐释性的影片并请一位著名的电视人作为主持人;主题和联系链指的是图表 12.3 中的"观点"与"信源"路线;而呈现事宜出现在"生产线"之后。

12.8 纪录片生产中的三条链（Elliott, 1972）

- 组合节目想法的主题链
- 连接制片人、导演、研究者与他们联系人和信源的联系链
- 呈现链，在此，时段和预算等现实问题与有效的呈现关联起来

组织选择的其他模式

这些案例适用于发生在同一组织边界以内的媒体流程。音乐产业提供一个不同的模型，尽管它也包含了从想法到传输的过程。瑞安和彼得森（Ryan & Peterson, 1982）描绘了流行音乐产业的"决策链"模型，其中包括六个不同的环节，分别是：(1)从歌曲写作到发行；(2)从试听样带到录音（在此环节中选择制作人和艺人）；(3)和(4)从录音到生产与推广；(5)和(6)消费，包括电台、自动点唱机、现场表演或直接销售等形式（见图表12.4）。在此，最初歌曲写作者的想法经由音乐制作人想法的过滤，后者主要关注音乐的呈现（尤其是艺人和风格）并随后在若干不同的市场推广该产品。与之前案例的不同之处在于：若干归属于不同组织的代理机构和任务之间彼此关联。每一个加工环节总是考虑到决策链中之后的把关人可能的想法，关键在于呈现一个整体的"产品形象"（参见下文第272页）。

内部处理造成的偏见

当内容受制于组织的常规之时，那些最初的选择偏见通常会得以强调。这种情况不仅发生在新闻领域，还出现在其他内容种类甚至是那些作为项目被收购或启动、但从未达到发行环节的高比例内容（在充斥着人才的电影行业中尤其如此）。这种对偏见的强调主要是出于依据一个经过检验的、可信的产品形象来实现最大化产出的愿望。一些媒体产品长盛不衰，且不断地再出售、再版或再循环。

媒体组织依据符合自己目标和利益的标准选择性地再版内容。这些标准有时是专业的或技艺方面的，但更多的权重被给予那些最畅销或排名最高的产品。这些标准在决策的不同阶段应用得越多，预先存在的对形式和内容的偏见便越可能持久，而多样性、独创性和不可预测性只能居于其后。此处意义上的偏见可能只不过是对容易再生产或受到受众欢迎的产品的青睐，但它同时无限地加固了媒体文化的一些元素并加强了对组织政策的服从。

媒体向其他媒体寻求内容和形式的想法、成功的迹象并确认明星地位的趋势，也是对既有价值的加强。一种螺旋式的、自我满足的效果正在抵消实验性和创新性，尽管在某些点上真正需要创新。

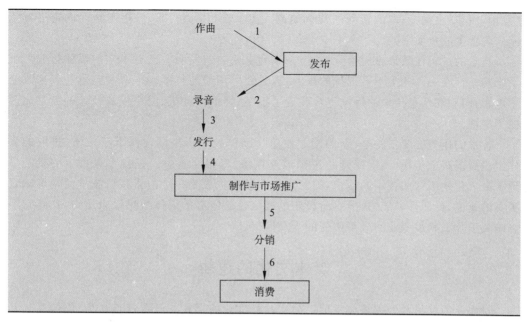

图表 12.4 音乐产业的决策过程：过程中的元素通常属于不同组织（Ryan & Peterson, 1982）

标准化和组织逻辑

尽管大众传播是一种大众化生产，但在其中标准化一词首先指的是多元化再生产和发行。每个单独的媒体内容产品不一定要具有大众生产产品的所有特质。它们大可以是原创的、独特的、高度区别的（例如一项体育赛事的一次性呈现、一场电视脱口秀或一档永不可能完全重复的新闻节目）。然而在实际中，大众媒体生产的技术和组织并不是中立的，它们事实上起到标准化的作用。最初多元且独特的内容产品或概念，被装进媒体制作人们所熟悉的、且预计观众也熟悉的形式。这些形式最适合按照组织所定义的细则进行有效生产。

这些细则包括经济的、技术的和文化的，且每一种都具有其自身的特定逻辑，它们通过影响生产决策在文化产品上留下显著烙印。经济效率压力来源于最小化成本、降低冲突、保障连续且充足的供给的需要。成本削减在不同时间范畴内具有不同影响：长期看来，它可能促进引入新技术，在短期则可能在既有的员工和设备基础之上最大化产出并规避昂贵的或亏损的活动。媒体制作人面对的压力——节约时间、有效使用技术、节约金钱、赶上截止期限等——是高度相互关联的，因而观察整体的结果要比观察他们各自的运作来得容易。麦克马纳斯（McManus，1994）对地方电视新闻的研究发现，预算越低且雇员越少，则那些（依靠其他媒体、通讯社或公共关系材料，缺乏主动性或调查）"被动"

"发现"而非"主动"获取的新闻的比例越高。皮卡德(Picard,2004)指出新闻内容过度依赖广告会生成负面影响。

技术的逻辑在效果方面十分明显,一系列主要的新发明业已对不同的媒体行业产生了影响。存在一种几乎不可抵抗的压力:迟早要采用最新技术。声音和色彩的到来改变了电影;印刷和信息传输的持续进步改变了报纸;便携摄像机、卫星以及今天的数字化改变了电视。

技术的压力主要指的是:新的发明设定了新的技术标准同时降低了成本,进取的媒体组织需要跟上步伐(不论受众是否知道或在意)以参与竞争。在技术设备上的投资导致了最大化使用这些技术的压力,同时声誉和效用也成为一个因素。新技术通常意味着更高的速度、灵活性和能力,但它所设定的规范也给所有的媒体组织带来压力,最终它还影响关于什么是最专业的或可接受的受众期待。

媒体文化的逻辑

对媒体原材料的处理需要采取一种文化标准化的形式。已有观点认为,媒体受到其定义——那些关于"什么是好的"、它们能以什么形式提供什么样的好内容的期待——的限制。在媒体内部,主要的内容类型——新闻、体育、戏剧、娱乐、广告——同样遵循那些标准化的形式,后者植根于(由媒体制造的、由文化传承的)传统、工作方式、关于受众品位和兴趣的观念以及时间和空间压力。奥赛德和斯诺(Altheide & Snow,1979)首先使用"媒体逻辑"一词来描述关于内容应该是什么样的先在定义的系统性质。媒体逻辑的运作意味着存在一个"媒体文法",管控着诸如时间应当如何被使用,内容产品应当如何被排序、什么样的语言或非语言内容设备应当被使用等问题。

这指向(既作为文化技术又作为正式组织的)媒体对于"真实世界"事件本身及对其的描绘和建构的影响。奥赛德和斯诺(1991:10)将媒体逻辑描述为"一种看并解释社会事件的方式……这一(传播)形式的元素包括各种媒体和媒体所使用的格式。格式包括材料是如何被组织的、采取何种呈现风格、焦点或重点何在……以及媒体传播的文法是什么"。

鉴于大众媒体不断集中,其他机构迫切需要依照大众媒体的需求和例行程序(时机和形式)来开展事项并上演事件。一个上演的"媒体事件"(或伪事件)这一概念归属于媒体逻辑理论(Boorstin,1961;Dayan & Katz,1992)。它与新闻报道的主要模式之间存在显著关联,熟悉的格式和常规可预见地对一些事件种类进行框定(Altheide,1985)。媒体逻辑的总体概念可以涵盖媒体需求对一系列文化事件——包括体育、娱乐和公共仪式——的影响。

对于鉴别媒体制作人偏爱哪些他们认为将提升受众关注和满意度的因素,这一概念尤其有用。媒体逻辑的许多元素来自第 3 章第 60～61 页所描绘的关注获取或宣传模型。然而,还存在一个来自于媒体专业主义的独立贡献,尤其当定义"好的"电视或电影之时。应当将其视作既是一个媒体—文化现象,又是一个理性计算的结果。媒体文化的一个非常显著的特征是其自我迷恋和对自我引用的爱好。媒体是制造名气和明星的工具,不论在政治、体育还是娱乐界,且它们深深沉迷于此。有时,它充当主要的资源以及价值、产品或表现的标准。媒体逻辑的驱动力之一是寻找新的信源或潜在名人。

就信息内容而言,媒体逻辑强调直观性,例如那些引人注目的说明性影片或照片,通常节奏很快且配有小段评论(Hallin,1992);再如那些有个人吸引力的主持人以及轻松的形式(例如所谓的"快乐新闻"形式)。媒体逻辑还在内容层面运作:例如,在政治竞选中,它造成对个人化、争议和角逐(例如民意调查结果)而不是对议题本身的偏好。(Graber,1976b;Hallin Mancini,1984;Mazzoleni,1987b)。哈林(Hallin,1972)展示了在美国的选举报道中,对"角逐"的报道和"小段评论新闻"之间存在明确的关系——前者越多,后者越短(参见第 19 章)。板块 12.9 对导致媒体逻辑的媒体特质作一小结。

12.9 媒体逻辑的主要原则

- 新颖性
- 直观性
- 快节奏
- 个人化
- 简洁
- 冲突
- 戏剧化
- 名人导向

其他决策模型

就大众媒体的商业—工业世界中文化是依据何种机制生成的,瑞安和彼得森(1982)开展了研究,他们提出了五个主要的框架并用以解释媒体艺术如何决策。他们的第一个模型——"装配线"模型——将媒体生产过程与工厂相比,所有的技能和决定都是基于机器的且都具有清晰的程序规则。由于媒体—文化产品与其他物质产品不同,需要彼此略微不同,因此结果是在每一个阶段都生产过剩。

第二个模型是工艺和企业家模式,在其间,权威人物以创新的方式管理所有艺术家、音乐家、工程师等的创意投入，这些人物享有判断人才、筹集资金以及整合资源的成功声誉。这一模型尤其适用于电影行业，也可以用于出版业——那些拥有甄选优胜者能力的编辑可能充当这一具有魅力的权威人物的角色。

第三种是惯例和公式模式，在其间，相关的"艺术世界"的成员赞同一种"配方"——一套广泛认同的、告知从业者如何整合元素以制造特定产品的原则。第四种是受众形象和冲突模型，它将创意生产的过程看作是一个将生产套用到对受众可能喜欢什么的形象中的过程。此处，针对受众的决定是核心的，有实力的企业家为竞争而彼此冲突。

最后是产品形象模型。板块 12.10 小结其重点。

12.10 产品形象：重要引文

拥有一个产品形象意味着，按照决策链的下一个环节上的决策者最有可能接受的方式来塑造一件产品。最常见的做法是，仿照那些最近通过了决策链所有环节并取得成功的产品进行生产。（Ryan & Peterson, 1982: 25）

这一模型并不假设存在所有相关方都认可的共识，或存在一个没有争议的受众形象。这是一个最为接近"专业主义"的模型，是关于如何定义一件好的媒体作品的特定知识，而不是对如何获得商业成功的预测。

大部分关于媒体生产的研究证实，成功的专业人士坚信他们知道应如何在不可避免的限制内整合所有可能获得的生产元素。其代价是可能并未真正实现与受众的交流，但它的确能保障产品的完整性。

12.11 媒体决策的五个模型

- 装配线
- 工艺与企业家
- 惯例和公式
- 受众形象和冲突
- 产品形象

瑞安和彼得森的类型学在强调框架的多元性方面尤其有用，在后者的范围内，文化产品（包括新闻）的生产可以实现一定程度的规律性和可预测性。回应各异的外部压力并在艺术原创性或新闻自由与持续生产的需求之间进行调和，处理不确定性的方式各不相同。我们需要谨慎使用那些通常被用于媒体生产的"批量制造"或"例行的官僚体制"等概念。

融合文化的到来:作为生产者的消费者

可能是詹金斯(Jenkins,2004)最早制造了"融合文化"这一广泛流行的概念。它指的是技术融合引发并继发的一系列相互关联的现象(Jenkins & Deuze,2008)。主要包括以下部分:受众参与生产、专业和业余之间界限的模糊以及生产者和消费者之间界限的打破。最后一部分生成了"生产型消费者""参与生产的使用者"等新词汇。多伊泽(Deuze,2007)提供了如下案例。剧情片的制片人收集受众反馈以用于发展新的情节主线和人物。新的在线服务邀请读者提供反馈或撰写个人博客。YouTube 等**社交网站**依赖于公众的贡献。亚马逊刊出读者评论。维基百科是由志愿者撰写的。谷歌的内容大部分是外部提供的,自主生产很少。所有这些的重要性和意义仍不清晰,并且还存在诸多未知的元素,比如与财务和版权相关的元素。融合似乎对媒体结构和媒体职业具有潜在影响,过去媒体对自己内容的排他性垄断如今不复存在了。另外,"大型媒体"出于自身的目的也在大肆鼓励"生产型消费",诸多作为创新和草根起源的类似活动如今已经常态化并商业化了。

小　　结

本章主要讨论了正式的媒体组织的决策过程——概念和形象如何成为供发行的"产品"。影响这一过程的因素不计其数且常常彼此矛盾。尽管存在某些惯常的特征和常态,媒体生产仍然具有不可预测且创新的潜质,在自由社会中它们应当如是。当拥有足够的资金购买自由和文化创新且当技术革新突破障碍之时,起到限制作用的经济、文化和技术因素也可以是推动性的。

我们需要重温传播的"宣传"模型和"传输"或"仪式"模型的主要区别(第3章讨论)。传输模型捕捉媒体组织的一个意象——作为一个将事件转化为可理解的信息,或将概念转化为熟悉的文化产品的有效系统。仪式模型指的是一个私人世界,在其中,出于参与者及其客户的利益,需要遵守一套常规惯例。宣传模型提醒我们,大众传播通常主要是一门生意、而且是一门娱乐生意。它既植根于政治、艺术或教育领域,同样也植根于剧院和表演场。当谈论到吸引注意力这个核心问题时,外表、技巧和惊奇("媒体逻辑"的根本)常常比实质、现实、真相或相关性更为重要。在诸多媒体组织的中心,存在一个矛盾紧张的趋势(如果不是公开的冲突),这致使任何理论研究都不可能详尽。

深入阅读

Deuze, M. (2007) *Media Work*. Cambridge: Polity Press.

A new and original interpretation of the general conditions in relation to society and of social-cultural trends that affect all forms of media work. Essentially this means the end of the industrial-bureaucratic model of production and of career development.

Tuchman, G. (1978) *The Manufacture of News: a Study in the Construction of Reality*. New York: Free Press.

A classic study of the consequences of work routines and technology on the picture of the world recorded and relayed to the public.

Whitney, D. C. and Ettema, J. S. (2003) "Media production: individuals, organizations, institutions", in A. N. Valdivia(ed.), *The Companion to Media Studies*, pp. 157-187. Oxford: Blackwell.

在线阅读

Machill, M., Beiler, M. and Zenker, M. (2008) "Search engine research: a European-American overview and systematization of an interdisciplinary and international research field", *Media, Culture and Society*, 30(5):591-608.

Schatz, T. and Perren, A. (2004) "Hollywood", in J. D. H. Downing, D. McQuail, P. Schlesinger and E. Wartella(eds.), *The Sage Handbook of Media Studies*, pp. 495-516. Thousand Oaks, CA: Sage.

Vasterman, P. (2005) "Media hype: self-reinforcing news waves", *European Journal of Communication*, 19(4):449-645.

Wu, H. D. (2007) "A brave new world for international news? Exploring the determinants of foreign news on US websites", *The International Communication Gazette*, 69(6):539-552.

PART Five 第五部分

内 容

第13章

媒介内容：主题、概念和分析方法

有关大众传播如何运作的最容易得到的证据来自它的内容。仅从字面意义上来看，我们可以将媒介与信息等同起来，尽管这样的做法是严重的误导行为。为此，区分信息和意义之间的差异就非常重要了。信息的物理文本是印刷本、声音或形象的图像，对此我们可以直接地观察，而且它在某种程度上是"固定"的。但是我们却不能轻而易举地"读取"以某种方式"镶嵌"在文本中或传输给受众的意义。这些含义并不是不证自明的，而且显然也不是固定的。它们既是多种多样的，而且又往往是模糊不清的。

信息和意义的区分导致了有关大众媒介内容的理论和研究的分离，这种区分很大程度上类似于在传播的"传输"模式和"仪式"（文化）模式之间的选择（参见第58~60页）。信息和意义的分离体现出，明确地阐述内容是相当困难的。尽管如此，我们通常会将大众媒介的内容一概而论地当作一个整体来看待，或者特别是当涉及媒介的意图、"偏见"或可能产生的效果的时候,去区分内容的不同类型。媒介内容通常所采用的模式和标准化的形式,有助于我们去归纳这些关键问题。

这一章的主要目的,是重新审视针对媒介内容的不同的研究路径和可以采用的方法。但是,无论是对于路径还是方法的选择,都取决于我们头脑中所设定的目的,而后者也往往是多种多样的。在这里,我们主要处理内容分析的三个层面:作为信息的内容,作为隐含意义的内容(符号学);和"传统的"定量的内容分析。由于不同的方法用于满足不同的目的和不同类型的内容,以及类型各异的媒介文类,因而并不存在有关媒介内容的统一的理论,在哪一种是最好的分析方法方面也没有共识。

为什么要研究媒介内容?

以系统化的方式研究媒介内容的首要原因,既是出自对大众媒介无论是有意地还是无意地产生了哪些政治方面的效果的兴趣,也来自于试图理解内容对受众产生了什么样的诉求的意愿。这两个视角有着实践方面的基础,它们是从大众传播者的立场出发的;与此同时,这两方面的视野也是不断地被拓宽和得到补充的,从而涵盖了大量的理论方面的问题。早期的内容研究反映了对与媒介联系在一起的社会问题的思考。注意力尤其集中在普遍受欢迎的娱乐节目对犯罪、暴力和性的描述,将媒介用作宣传工具、媒介对种族方面和其他类型的偏见的呈现等方面。媒介内容的研究范围逐渐拓展到对新闻报道、信息和大量的娱乐内容的研究上。

大部分早期的研究都是建立在以下假设的基础之上,即内容或直接或间接地体现了它的创作者的意图和价值观;能够从消息里发现或推断出"意义";以及接收者将会或多或少地理解生产者所传递的意图。早期的研究甚至认为,可以从组成内容中的"消息"的表面就能够推导出"效果"。一个看上去更为可信的观点则认为,大众媒介的内容通常被看作是或多或少反映了它所在的文化和社会的特性。所有这些假设可能除了最后一个之外,都引起了一定程度上的质疑,因而对内容的研究也相应地变得更为复杂和富有挑战性了。因此可以说,指出媒介内容的最引人注意的层面往往并不是所公开展现的消息,而是在媒介文本中所呈现出来的或多或少地隐藏着的且不确定的含义。

暂时放下这些出现在各个方面的复杂性,重新回顾一下指导媒介内容研究的重要主旨是非常有益的,其主旨如下:

- **描述和比较媒介的产品。**为了实现对大众媒介进行分析所对应的众多目的(例如,评估变化或进行比较),我们必须有能力概括出特定的媒介和渠道中所传播的内容的特性。
- **将媒介与"社会现实"进行比较。**媒介研究中反复被关注的问题是媒介消息和"现实"之间的关系。其中最基本的问题是，媒介内容是否做到了或应该做到再现社会现实，如果是这样的话，那么再现的是哪一种现实或是谁的现实。

- **媒介内容作为对社会、文化、价值观和信仰的反映**。历史学家、人类学家和社会学家都感兴趣于反映了特定的时间和地点之中的或特定的社会群体中的价值观及信仰的媒介文化。
- **对媒介的功能和影响的假设**。我们可以从媒介内容可能产生的或积极或消极、或有意或无意的后果的角度对其进行解释。尽管媒介内容本身并不能作为其产生影响的证据，但是如果不明智地（将其作为原因而）涉及内容的话，研究媒介的影响是困难的。
- **评估媒介表现**。克里本多夫（Krippendorf, 2004）使用"表现分析"这个概念来指代用以发现媒介的特性的答案，并且按照一定的标准媒介特性进行评判的研究。（参见第8章和第293～294页）
- **研究媒介偏见**。许多媒介内容要么在涉及有争论的问题时有着清晰的评判指向性，要么使得人们产生一方优于另一方的认知，尽管这样的做法可能是无意的或者是不自觉的。
- **受众分析**。由于通常受众至少部分上是通过媒介内容来定义的，因而如果不研究内容，我们将无法研究受众。
- **解决有关文类、文本和话语分析、叙事和其他形式的问题**。在这个语境下，文本自身是被研究的客体，研究角度是去理解文本如何"工作"从而产生了作者和读者所渴望的效果。
- **对媒介内容进行分级和分类**。媒介管理和媒介责任往往需要根据媒介内容潜在的害处或攻击性对其进行分类，特别是涉及暴力、性、语言等方面的问题时。分级系统的开发就首先需要对内容进行分析。

有关媒介内容的批判性视角

对大众媒介加以批判的主要原因已经在前面的章节里进行了介绍。在这里，我们特别审视将所传播的内容作为批判的主要关注对象的情形。备受争议的问题是，内容尤其在涉及以社会阶级为基础的群体划分、种族特性、性别或类似的区分性问题时，而可能出现的过失、疏忽和恶劣的意图，特别是在呈现社会生活的方式上。另一个令人担忧的问题涉及被感知为暴力的或者其他形式的冒犯或危险的内容可能产生的伤害。媒介的文化特性有时也是有争议的议题，例如在有关大众文化或文化及民族认同问题的讨论中。

马克思主义研究路径

建立在马克思意识形态理论基础上的批判传统是主流传统之一,前者主要与阶级的不平等有关,但是也分析了其他的一些问题。格罗斯伯格(Grossberg,1991)指出了论及"文本性政治"(politics of textuality)马克思主义文化阐释的几种变化形式。他定义了三种"经典的"马克思主义研究路径,它们都主要来源于法兰克福学派(Frankfurt School)和有关"虚假意识"(false consciousness)的理念(参见第5章)。格罗斯伯格根据特性,将三种研究路径中的后面两种区分为"解释性的"(hermeneutic)(理解性的)和"漫谈性的"(discursive),并且在这当中又有若干变体。然而,相较于经典的研究路径,马克思主义的研究路径的主要区别在于:首先,"解码"(decoding)被认为是值得质疑的;而且其次,文本被认为不仅仅是"中介"("mediating")了真实,而事实上,它构建着经验且塑造着身份认同。

马克思主义传统将主要的注意力放在新闻和事实上面,因为它们具有定义社会的世界和事件的世界的能力。斯图尔特·霍尔(Hall,1977)在吸收了包括巴特(Barthes)和阿尔都塞(Althusser)等人的不同的思想源泉之后,明确地指出通过语言来表达含义的惯常行为建立了文化意义的地图,后者特别是通过建立有关世界的霸权性观点——在这当中,大量的真实都是被构造的,从而促成了统治阶级的意识形态的支配地位。新闻通过不同的方式完成了这样的任务。其中一条途径是通过"修饰"现实的不同方面,特别是通过忽略阶级社会的剥削本质,或是通过将这种本质当作是"自然而然"的。第二条途径是,新闻产生了利益的"细分"(fragmentation),由此破坏了附属阶级当中的团结。第三条途径是,新闻通过诸如对社区、民族、民意和共识的呼吁,以及通过不同形式的符号排斥,从而强制形成了"想象的共同体或团体"(imaginary unity or coherence)。

对广告和商业主义的批判

将批判的焦点放在广告方面已经有较长的传统了,这一批判传统有时会应用以上描述的马克思主义的研究路径,此外,它也来源于其他的文化或人文主义价值观。威廉森(Williamson,1978)在她的对广告的研究中,使用了"意识形态"(ideology)这个众所周知的概念,这个概念被阿尔都塞(1971)定义为,再现了"个体与他们的真实的生存环境之间的一种想象性的关联"。阿尔都塞也指出,"所有的意识形态都具有将个体'建构'为隶属者的功能(这种功能也定义了意识形态)"。对于威廉森而言,广告的意识形态方面的作用,是通过将对商业产品和对我们自己的体验(例如美好、成功、自然和科学)转化为重要的含义和理念(有时是神话),而得以实现的(在这个过程中需要广告的"读者"积极地合作)。

商业产品变成了实现被人们所渴求的社会或文化地位,以及成为我们想成为的那类人的途径。我们被广告"重塑",但是终结于有关我们的真实自我和我们与自己生活的真实情况之间的关系的虚构(且因而是虚假)的感觉之中。批判理论认为,在新闻中也存在着同样的意识形态的倾向,即掩饰现实中的剥削和分裂团结。威廉森(1978)在讨论"商品化"(commodification)时描述了类似的过程,从而指出在通过广告将产品的"使用价值"(use value)转变为"交换价值"(exchange value)的道路上,我们(在热烈的渴求中)被允许获得(购买)幸福和其他理想的状态。

广告在意识形态方面的功能实质上是通过为我们构建我们所在的环境,并且通过告诉我们自己我们是谁和我们到底需要什么(参见 Mills,1951)而得以实现的。从批判的视角来看,所有这一切都是虚幻的和分散人们的注意力的。广告究竟产生什么影响,事实上可能超越了所有的对内容分析的范畴,但是却可以从内容到目的进行倒推,而且比起新闻中所出现的意识形态的情形来说,广告中"操纵"(manipulation)和"剥削"(exploitation)这些批判性的因素更容易被识别出来。

有关文化品质的问题

无论是马克思主义的大众文化批判,还是取代它的精英主义和道德主义取向的批判,都已经过时了。这两者都没有提出对大众文化的清晰的定义,也没有提供评价文化品质的主观标准。但是,有关文化品质的问题一直是公众讨论、甚至是公共政策中的重要问题。

近年来,在不同的国家中都有大量的研究特别用以探讨电视的特性,这也是尤其针对媒介扩张和私有化的回应。日本的公共电视台 NHK 所开展的广播电视品质评估项目(Quality Assessment of Broadcasting project)就是一个例子(Ishikawa,1996)。在这个项目中引人注意的是其尝试着从不同的视角去评估电视台的产品的品质,例如从"社会"的、专业电视台的和受众的角度出发。而且最有意思的是,这些评估是由节目制作者自己所展开的。我们可以看到其中运用了大量的评价标准。这些标准尤其涉及了以下元素:技术水平和类型、资源与制作价值、原创性、相关性和文化的原真性、对价值观的表述、目标和受众诉求的完整性。由于内容的范围非常宽广,因而存在着其他的标准和评估品质的方式。

从根本上来说,有三种文化标准被推荐使用(Schrøder,1992):美学的标准(存在着很多维度)、伦理的标准(价值观的问题、完整性、预期的含义等)和"令人入迷"的标准(对流行性、所带来的愉悦和表现价值进行测量,尤其是从消费者的角度出发)。文化理论的发展已经显著地拓展了根据所规定的标准评估文化产品的品质的范围。尽管如此,这些评估终归还是主观性的,是以近似的标准和充满变化的感知为基础的。内在的品质无法得到测量。

大众媒介中的暴力

有关媒介中的暴力问题有大量的论述涉及，而且也在公众的头脑中印象最深，因而对大众媒介批判的最主要的视角就应该是沿着这个主题而来的。尽管建立直接的因果关联是困难的，但是批评者们仍然将注意力放在大众媒介的内容上。证明在新闻和虚构作品中媒介刻画的暴力和攻击行为大大超出了现实生活中实际发生的程度，要比展示这样做所带来的后果容易得多。大量的研究都展示了令人惊骇的数据，从而指出人们是暴露在何种程度的媒介暴力之下的。批判者的论点并不只是指出这会导致暴力和犯罪行为，尤其是在年轻人那里；而且他们也指出，这些暴力内容从根本上来说是不受欢迎的，会产生情绪上的扰动，带来恐惧感、焦虑和怪异的品位。

由于接受了恐怖片和动作片是流行娱乐的最基本的组成部分、而不能对其加以禁止（尽管在这个问题上一定程度的审查制度已经普遍地合法化了），因而内容研究主要是致力于去理解，暴力被用什么样或多或少是有害的方式加以刻画的（参见第 14 章，第 322～323 页）。批判的范围从有关儿童的社会化的问题，扩展到针对女性的暴力攻击等议题上了。后一个问题频繁出现，即便是在非色情的内容当中。

以性别为基础的批判

关于媒介内容的女性主义批判性视角存在着几种理论变体（参见第 5 章，第 99～102 页）。最初，这些理论主要关心有关女性的刻板印象、对女性的忽视和女性的边缘化等在 20 世纪 70 年代非常普遍的问题（请参见诸如 Tuchman et al.，1978）。正如拉科欧（Rakow，1986）所指出的，媒介内容从来就不是对现实的诚实记述，而改变媒介所展现的内容（例如其中加入更多的女性角色），远不如挑战大量的媒介内容中所暗藏的男性至上主义的意识形态更为重要。女性主义批判性分析最中心的问题应该是这个（超越了刻板印象的）最基本的问题，即文本如何将女性主体"放置"于叙事性的和文本性的互动中，并且从而在与"读者"的合作中实现了对女性气质的定义。实际上，同样的方式也被用于对男性气概的定义，而且两者都是属于"性别建构"（gender construction）这个主题之下的（Goffman，1976）。

对于女性主义批判来说，有两个议题是必须讨论的。第一个问题是，那些旨在娱乐女性的媒介内容（例如肥皂剧或爱情故事）在多大程度上能够解放那些置身于父权社会和家庭制度的现实中的女性（Radway，1984；Ang，1985）。第二个问题是，挑战了性别刻板印象而且试图引入积极的角色模式的新型的大众媒介文本，在多大程度上能够为（尽管仍然生活在主流的商业媒介体系中的）女性实现"赋权"的效果。

对这些问题的回答，最终取决于文本如何被它们的受众所接收。拉德韦（Radway，1984）对爱情小说的研究表明，其中存在着解放的元素，尽管不是赋权；所谓的解放是通

过女性(自身的)类属所实现的,但是,她们仍然要用以下这种方式承认男权意识形态:

> 爱情小说也对女性特有的情感进行了象征性的刻画,这种情感特性是由男权主义的婚姻和男权社会对劳动力的性别区分所创造和需要的……【它】恰恰强调和支撑了保证女性献身于婚姻和母亲身份的心理结构。(1984:149)

不同形式的文学、话语和心理分析方法都被应用到女性主义对内容的批判性的研究当中,但是在这里更为强调阐释,而非定量研究。或多或少意味着性别定位的自动"转换"的"虚假意识"模型也已经不再被使用了。

结构主义与符号学

有关媒介内容的一种影响深远的思考方式来源于对语言的基础研究。从根本上来看,结构主义是指意义在文本中得以构建的途径,"结构主义"这个概念被用来指代特定的"语言的结构",它包括符号、叙事或神话。一般来说,语言正是由于内嵌的结构才得以发挥作用的。"结构"这个概念意味着元素之间的恒定且有序的关系,尽管这些可能并不在表面上体现出来,而是需要解码。诸如此类的结构被认为是存在于具体的文化之中,并且受其控制,即文化是更为广泛的意义、参照和象征系统。符号学是普通的结构主义路径的更为具体的版本。有关媒介内容的结构主义或符号学研究路径有着一些经典的精确定义(例如 Barthes,1967;1977;Eco,1977),还有大量的富有助益的介绍和评论(例如 Burgelin,1972;Hawkes,1977;Fiske,1982)。

结构主义是索绪尔(de Saussure,1915/1960)对语言学的发展,其中结合了来自结构人类学的一些原理。结构主义与语言学的区别主要有两点:第一,结构主义不仅关注常规的言语语言,而且也关注具有语言一般特性的任何符号系统;第二,它较少地将注意力放在符号系统本身,而是更多地注意所选择的文本和文本在其"宿主"文化当中的含义。因而,结构主义既进行文化意义、也进行语言意义方面的阐明,这种做法体现了符号系统是工具性的、但其自身却不足以释义的认识。尽管符号学不再是广为使用的研究方法,但是其中所蕴含的原理仍然对其他类型的话语分析非常重要。

迈向符号科学

北美(Peirce,1931—1935)和英国(Ogden & Richards,1923)学者先后向着建立"普通符号科学"(记号学或符号学)的目标而努力着。这个领域是围绕着结构主义和其他相近思想而建立的;而且正因如此,其所有的工作都与含义有关(以语言为途径赋予含义),尽管这一切都是结构松散、多种多样和支离破碎的。"符号系统"(sign system)和"含义"(signification)这两个概念是语言学、结构主义和符号学的共有概念,它们主要是由索绪尔所提出的。这三个领域的学者在使用这些共有的基本概念时虽然会有一些差异,但是对本质性的特征却是共同遵循的。

符号是语言含义的最基本的物理载体;它是所有我们可以听到或看到的"声音形象",往往指代我们想要去谈到某个客体或现实的某些面貌,也就是所谓的所指对象。在人类的沟通中,我们使用符号向他人表达有关经验世界中的客体的含义;对方对我们使用的符号的理解,是建立在共同使用着我们所使用的符号系统中的语言或共享着其中的相关知识(例如,**非言语传播**)的基础之上的。根据索绪尔的观点,含义的表达过程是通过符号的两个要素得以实现的。他将物理要素(词语、图像、声音)称之为能指(signifier),用所指(signified)这个概念来指代借助所给定的语言代码中的物理符号所表现的精神概念(见图表 13.1)。

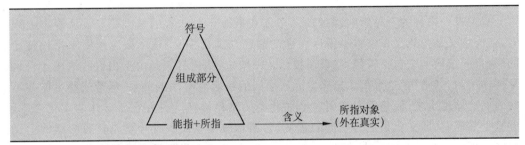

图表 13.1 符号学的要素。符号在意义系统中拥有两个要素:物理要素加上在文化及实际使用中的关联意义

通常,在(西方)语言系统中,物理性的能指(诸如词语)和其特定的指代对象之间的联系是任意的,但是所指和能指(所表达的含义或观念)之间的关系却是受到文化的规则的控制的,并且这种关系必须从具体的"**阐释共同体**"(Interpretative Community)习得。原则上,任何能够形成感官印象的事物都可以作为符号,而且这个感官印象没有必要与它所指代的事物所形成的感官印象相互对应(例如,"树"这个词完全不用看上去是一棵真实的树的再现)。而重要的是,符号系统或"指称体系"管理并联系着整个意义表现过程。

总而言之,单独的符号从系统性的差异、对比和选择中获取它们各自的含义,这个过程是受语言代码或符号系统代码,以及由文化和符号系统的规则所决定的价值观(积极的或消极的效价)规范的。符号学一直试图探寻符号系统在语法和句法规则之外的特性,并且尝试规范文本的复杂的、潜在的和与文化相互依赖的意义,这些含义只能通过参照它们内嵌其中的文化和展现它们的清晰的语境才能得以理解。

内涵与外延

在这里我们要思考内涵和外延,即通过特定的方式使用和组合符号而产生和表现出来的联想和想象。**外延**(denotation)被形容为"第一层的意义"(Barthes,1967),因为它描述了符号中的能指(物理的层面)和所指(精神的概念)之间的关系。符号的明确直接的含义是它的外延。威廉森(Williamson,1978)援引了一则广告作为解释外延的例子,这是影星凯瑟琳·德纳芙(Catherine Deneuve)为一个法国的香水品牌做广告的照片。这张照片就是凯瑟琳·德纳芙的外延。

内涵(Connotation)关系到第二层的意义,它指出了由客体的所指所想象形成的相关含义。在上述广告的例子中,凯瑟琳·德纳芙通常被相应的语言(和文化)群体的成员与法式的"优雅"联系在一起。对于广告主来说所选择的模特(在这里是电影明星)的内涵,即优雅,通过她对香水的使用或推荐而传递为香水的形象了。

巴特(Barthes,1977)在他对百珍妮(Panzani)食品的一则杂志广告进行分析的过程中非常有创意地展现了文本分析这种研究方法。这则广告展示了一幅装满食品杂货的购物袋的图片(物理的能指),而与此同时这幅图片相应地引起了对新鲜的食物和家庭生活的正面的联想(内涵层次)。此外,红色和绿色的颜色也表示了"意大利风味"的意思,而且能够使人们想起意大利烹调的传统和卓越不凡。因而,含义通常在两个层面(或层次)发挥影响:表层的字面意思和第二层的联想的或暗含的意思。激活第二个层面的含义需要在读者那方面对相关的文化有着更深入的认识或熟知。

巴特通过引入"神话"(Myth)这个概念从而发展了这个基本设想。通常,由符号所指代的事物会在一个更广阔的、不连续的意义系统中占有一席之地,而这个意义系统对于某种特定的文化的成员来说是可以理解的。神话是先在的并且承载价值观的一套观念,它来源于文化,通过交流得以传播。例如,往往存在着有关民族特征或民族伟人的奇闻逸事,或者有关科学或自然的(纯正和美好的)神话,这些能够被用于实现各种传播的目的(正如它们经常出现在广告中)。

外延意义具有通用性的特征(对所有的人都具有相同而固定的含义)和客观性(指涉是确实的,而且没有隐含的评价);相反,内涵含义根据接受者的文化不同而引起不同的理解,并且也唤起不同的(积极取向或消极取向的)评价元素。为了研究大众传播,应该对这种关联性加以证明。媒介内容包含着大量的(可以物理感知的)"文本",它们往往是标准化和可以接收的形式,这些文本按照一定的程式化的规则和编码方式组合在一起。这些经常被运用的或是为人熟知的或是隐含的神话和想象,在文本的制作者和接收者共有的文化当中得以呈现(Barthes,1972)。

视觉语言

对视觉图像的分析并不能采用索绪尔分析符号的那套方法(第285~286页)。因为对于视觉语言而言,并不存在着与物质性的文字语言对等的规则体系,而相应的规则体系使我们在一定程度能够精确地理解词语类符号。正如埃文斯(Evans,1999:12)对视觉语言的解释——它仍然是一幅图像,例如,一张女人的照片"与其说等同于这个'女人',不如说它是一系列的断断续续的描述:一位老年妇女、在一定的距离之外、穿着绿色的衣服、看着来来往往的车流、正打算穿过马路"。埃文斯也指出,照片是没有时态的,并且因此在时间中没有清晰的定位。出于各种原因,巴特对照片有一句著名的描述,他说照片是"没有编码的图片"。埃文斯指出,照片将物体作为既成事实(fait accompli)呈现给我们。

视觉图像不可避免地是模糊多义的,但是却也拥有一些超越词语的优势。一个优势是,在经过深思熟虑而得体地运用图像时,它们具有更强大的外延能力。另外一个优点是,它们具有成为**图标**(icons)的潜力,而图标能够直接而清晰地展现某个概念,并且产生强烈的影响和广泛的识别。2004年5月在全世界范围内公布出来的阿布格莱布监狱(Abu Ghraib)折磨和虐待囚犯的照片,就是说明视觉语言的力量的一个例证。安登-帕帕多波洛斯(And en-Papadopolous,2008)阐述道,图标式图像具有使无论是新闻还是公众的感知都变得锐利的能力,而这种力量超出了权威机构的反驳或控制的能力。图标式图像也能够转换到反抗的立场上,并且对它们所展现的事物作出反对。尽管不能与真正的常规语言相提并论,但是视觉图像,无论是静止的、还是运动的,都能够在美术形式(例如电影或肖像画)或具体的图像类别的规则和传统中获得一系列为人所知的意义。这样的特点使得视觉图像在特定的语境中,具有实现圆熟传播的非常重要的潜力。广告正是最好的例子。

由于大众媒介领域发生了巨大的变化,因而开放更好的理念和方法去分析大量的新的表现形式和方式就变得更加必要了,特别是对那些混合和创新使用了符码的表现方式。但是,这个进程的前景目前看并不乐观。

运用符号学

符号分析方法的使用开启了更深入地揭示文本的隐含意义的可能性:通过这种分析方法,将文本作为一个整体进行分析,而不是仅仅遵循语言的语法规则或商讨单独的词语的典籍含义。符号分析尤其擅长分析包含着不止一种符号系统的"文本"和对其没有确定的"语法规则"和可查询的字典的符号。假如没有符号学,那么对于例如威廉森等人(Williamson et al.,1978)而言,就几乎不可能完成对广告开创性的研究。

但是,符号分析是以充分认识符号所出自的文化和所讨论的特定的文类为前提条件的。布格林(Burgelin,1972:317)认为,"大众媒介凭借它们自己的力量显然无法形成完全的文化……但是它们是其所属的文化系统中的一个必要的组成部分"。此外,将符号分析理论概括起来就是,文本有着自身所固有的、内在的、或多或少是给定的且因此是客观的含义,这样的含义是独立于发送者明确表现的意图或接收者的有选择的理解的。布格林因而评论道(Burgelin,1972:316):"除了信息之外,没有任何人和任何事物能够为我们提供信息中的要素的含义。"

符号分析理论为我们提供了一条路径——尽管还不完全是一种方法,帮助我们去确立媒介内容中的"文化含义"。它的确提供了一种描述内容的方式:它能够为谁生产和传送了一系列信息提供线索。它可以用来开启位于文本的表层之下的意义层次,并且拒绝承认只是对含义的"第一层"的简单的描述。它在一些评估性研究中也非常实用,特别是用来揭开媒介内容的隐含的意识形态和"偏见"。符号分析研究路径的主要原则在板块13.1中进行了总结。

13.1　结构主义/符号学:主要原则

- 文本的意义是经由语言构成的
- 意义取决于关于所指涉对象的更为广泛的文化框架和语言框架
- 文本表现了意义生成过程
- 符号系统可以在认识相关的文化和符号系统的基础上被"解码"
- 文本的意义具有内涵、外延和神话意义

批判性话语分析

通用概念"话语分析"(discourse analysis)逐渐取代了"定性内容分析"(qualitative content analysis)这种说法,尽管这两种表达方式并没有特别的含义上的差异。而可能仅仅是因为后一种表述中的"内容"太容易被等同于"大众媒介的内容"了;相反,"话语"这个术语却有着更深广的含义,并且涵盖了所有的"文本"——无论是什么形式的、用何种语言编码的,而且也特别包含了无论是由那些阅读和解读文本的人、还是那些表述文本的人所构造的文本。薛弗乐(Scheufele,2008)指出了所有的在当下的语境下具有意义的话语所共享的四个特征。第一个特征是,话语指代的是对社会——或至少是对主要群体——而言重要的政治或社会议题。例如,我们可以谈及"核能源话题"或"毒品"话题;第二,话语的要素被称作为言说艺术,在这里强调了它们是社会互动的一种形式,也是社会行为的普遍的模式。第三,通过研究各类文本的实体,例如文献、辩论实录、媒介内容,能够对话语进行分析。第四,话语是对社会现实的集体建构的过程,这个过程往往是以框架和图式的形式进行的,它使得归纳成为可能。关于话语分析的目标,薛弗乐提醒我们,其首要目的是发现具体的话语的实质或特性,而不是计算不同的话语出现的频次。

根据史密斯和贝尔(Smith & Bell,2007)的观点,难以对话语分析下一个精确的定义,但是,他们也指出,话语分析更为普遍地是指代"批判性话语分析"的,因为其关注点在于权力所发挥的作用。这个观点与薛弗乐所指出的话语分析通常与当下重要的社会议题联系在一起的看法保持一致。沃达科和迈耶(Wodak & Meyer,2001:2-3)将话语分析定义为"对在语言中所表明的支配、歧视、权力和控制之间的既是暧昧不明的,又是透明的结构性关系的基础分析"。这个定义看起来好像即便它不能被算作是一条理论的话,也至少要涵盖较早期的和较为正式的结构主义和符号学的大量的用途。

作为信息的媒介内容

有关媒介内容的完全不同的一种论述出自信息学理论的研究路径,它是通过香农和韦弗(Shannon & Weaver,1949)的著作而得以普及的。其理论根基是与基础的传输模型(参见第58~59页)联系在一起的,后者认为传播的实质就是:信息通过时常遭受噪声和干扰的(物理)渠道从发送者向接收者的有目的的传送过程。根据这个模型,传播可以以效率(流量和成本)和实现了计划中的"传送"的效用来评判。信息的概念被证明是难以定义的,因为能够从不同角度看待信息,例如可以将它看作是一个物体或商品,或代理机构,或资源,等等。就当前的目的来看,信息的中心要素应该是"减少不确定性"的潜力。因而,信息由它的对立面(随机性或混沌状态)加以定义。

信息理论

根据弗里克(Frick,1959)的观点,信息理论之所以得以发展,是因为研究者们认识到,"所有可以被称作为传递信息的过程从根本上来说都是选择性的过程"。传播的数学理论提供了客观的路径去分析传播文本。实现这种客观性(定量研究)的基础是二进制(是/否)编码系统,它构成了数字计算机系统的基础。因而,所有不确定性的问题都最终可以被简化为一系列的"不是……就是……"之类的二选一的问题;在解决意义的难题时提出了多少问题,就对应着多少条信息,也就是说这是对信息的数量的测量。

这种思路为分析文本中提供信息的内容提供了相应的工具,并且开发了一些研究路线。在有关传播的内容的观点中隐含着一种偏见,即信息中包含着其生产者的理性的目的,并且以工具论的视角看待媒介消息(这就是已经提到的传输模型)。从根本上来看,信息理论的研究路径也在其假设中体现了行为主义。正因为这些众所周知的原因,这种理论也大部分被应用在对"信息"类的内容(诸如新闻)的分析中。尽管如此,所有用已知的"语言"被系统地编码的媒介文本,原则上都是可以用信息和减少不确定性的概念进行分析。例如,照片在外延的层面上往往呈现出信息的一系列"图标",这些符号能够被解读为对"现实世界"中的客体的指代。

在一定程度上,图标图像与词语一样含有信息,甚至有时信息含量更大,而且它也能够指示客体(例如相对距离)之间的某种关系,并提供有关颜色、大小、质地等方面的细节信息。小说的叙事也可以被看作是传递信息的文本,如果我们假设这些记述呈现了信息的话。而为了计算被发送或被接收的信息的数量、为了测量信息的质量的某些方面,并不需要对媒介内容是什么类型的加以讨论。

信息理论在内容研究中的应用

有关信息理论的假设在媒介内容分析中的运用的例子,可以在对信息量、易读性、多元化和信息流的测量中寻得。存在着很多方法可以测量媒介文本的信息价值(是指减少不确定性的能力)。最简单的方法就是计算文本中"事实"的数量,但是如何确定什么算作一个事实存在着各种各样的可能性(通常事实被认为是客观信息的可证实的基本单元)。

埃斯博(Asp,1981)的研究包含了对有关某些具有争议性的新闻的信息价值(信息性)的测量,他的测量是建立在新闻内容的三个不同的指标基础之上的,从而第一次确立了在所有的新闻报道中普遍现在的实质性的事实点。第一个测量是有关密度的:在所给定的报道中所有与事实相关的点所占的比例。第二个测量是广度:不同的点的数量在所有的事实点中所占的比例。第三个测量是深度:有助于解释基本点的事实和所报道的主题的数量(一些主观性的判断也可能被纳入其中)。信息价值指数将通过密度分值与广度分值相乘而计算出来。尽管事实性也可以用这样的和类似的方式而正式测量出来,但是并不能就此假设信息的密度或丰富度能够使得传播更加有效,虽然这可能体现了报道者一方的(良好的)意愿和报道具有信息性的潜力。

另一种测量是对易读性的衡量,这是新闻文本的另一种被看重的特性。这种测量方法主要是遵循着这样的观念,即当新闻中冗余(这是新闻的密度的对立面)越多的时候,新闻就越易读。其朴素的想法就是,"富含信息的"文本携带了大量的事实性信息、它们能够大大减少不确定性,但也因而可能对(并没有被强烈地激发起来的)读者构成较大的挑战。这里也与"封闭性"和"开放性"的变量有关:信息量丰富的文本通常是封闭性的,没有留下大量的阐释空间。

关于文本中信息越少通常就越容易阅读和理解的观点,存在着经验性的证据支持。用于测量易读性的主要的(实验)工具是所谓的填空测验法(cloze procedure)(Tayler,1953),即读者必须为系统性删去的词语找到替代的词汇。替换的简易程度就是对阅读的难易的测量,因为具有大量冗余词汇的文本带来的问题较少。这并不是唯一的测量易读性的方法,因为对煽情主义(sensationalism)的测量也能达到非常类似的效果,尽管这种方法并不是以信息理论为基础的(Tannenbaum & Lynch,1960)。

如果我们能够测量媒介内容中的信息,而且如果我们能够用相应的方式对信息逐一分类,那么我们就能够测量文本(内部)的多元化。有关多样化的一个典型的问题(见下文)应该是新闻在多大程度上平等或均衡地关注不同的政治党派或候选人的观点。例如,查菲(Chaffee,1981)建议采用施拉姆(Schramm,1955)对熵的测量方法,在这当中包含了对类别数量的计算,以及对媒介空间/时间在不同的(信息或意见)类别之间的分配均匀度的计算。在我们发现的类别数量越多的地方(更广泛的意见),多元化程度就越高;而在对不同的类别有着非常不平等的关注的地方(一种意见倾向于主导新闻报道),

多元化程度就较低。

信息的评估维度

从所给出的有关信息研究方法的例子来看，这种研究方法似乎维度非常单一，而且很难用于对内容的非事实层面的分析。这种方法对于前文已经谈到的意义的不同层面也不够敏锐，并且没有为对内容的不同阐释提供空间。从信息的角度出发，模糊或开放式的文本仅仅意味着更为冗余或混乱。至于这样的客观性分析如何用于信息的评估维度（这往往出现在新闻之中）也尚未清晰。

尽管上述的评论有一定的道理，但是仍然有可能对文本的价值方向进行客观的分析。这些依赖于这样的假设（它可以得到实证方面的支持），即符号在它们自身的语言或符码系统中携带着正面的或负面的含义，这些含义对于有关的"阐释共同体"成员来说是不言而喻的。因而，在对人、物或事件有所指涉时，已经从客观上蕴含了价值判断。

奥斯古德等人（Osgood et al., 1957）有关语言中含义的评估结构的著作，为发展文本中的价值方向的客观测量提供了依据。这种研究路径的实质（参见 van Cuilenburg et al., 1986）是根据字词的"共同意义"（字词在日常应用中所具有的相对正面或负面的权重）来确定经常出现的字词。之后，我们记录下来不同的价值方向的词语与新闻中重要的态度所对应的客体（例如政治领袖、政策、国家和事件）之间有多大程度的关联。原则上，在这样的过程中，能够确定媒介内容中所"蕴含的"态度的方向。

同时，在这个过程中，也可以发现语义上相互关联的"态度客体"所构成的网络，而这也阐明了（通过相互关联而产生的隐含在）文本中的价值模式。这种方法也的确有可能在一个特定的文化和社会环境当中，既能够确定整个文本的评估性含义，也能够确定信息中的"事实"或条目的评估性含义。但是，对于语境的了解是必要条件，而且这种方法从纯粹的信息理论中分离了出来。板块 13.2 总结了以上有关信息的论述的要点。

13.2 作为信息的传播

- 传播被定义为信息从发送者向个体接收者的传输。
- 媒介文本是信息的实体。
- 信息的本质是减少不确定性。
- 信息质量和文本的信息性是可以测量的。
- 信息的评估指向是可以测量的。

媒介表现的话语

根据不同的规范标准所进行的对大众媒介内容的研究已经非常丰富了,对此在第8章已经进行了具体的探讨。对于媒介表现的研究传统往往是以有关公众利益(或社会利益)的构想为基础的,后者提供了参照点和重要的内容标准(McQuail,1992)。尽管是以一套既定的价值观念为媒介分析的出发点,但是所采用的程序仍然是中立的科学观察者的方式,而且研究目的也是发现对有关媒介在社会中所扮演的角色的公共讨论有重要意义的独立的证据(Stone,1987;Lemert,1989)。这种研究传统所依据的基本假设是,尽管不能直接地测量出特性,但是大量重要的维度的确是可以评估出来的(Bogart,2004)。前文提到的日本电视台品质评估(NHK Quality Assessment)项目(Ishikawa,1996)就是这方面研究的一个成功的例子。虽然证据的寻找是与特定的媒介相关的,但是这些证据应该具有普遍性的特征。

我们可以这样说,这种特定的话语是有关媒介内容的政治特性的。媒介表现的话语结合了前面所讨论的批判传统,有时甚至与之重合,但是它与后者的区别在于,媒介表现话语一直处于自身系统的边界之内,或多或少接受这一理论自身所设定的媒介在社会中的目标(或者至少是更为理想的目标)。媒介表现理论的常规性的背景和基本特性已经有了基本的描述(第8章)。在这里列举了有关媒介内容特性的可测量的期望值的例子,这些例子蕴含了不同的媒介表现原则。

自由和独立

可能有关媒介内容首当其冲的期待就是,它应该反映或体现了自由表达的精神,尽管存在着前文所描述的大量制度的和组织方面的压力。想要看到自由的品质(在这里基本上是指新闻、信息和媒介的意见功能)是如何在媒介内容中得以确定并不容易。但是,从内容的几个基本方面还是能够被看作标示(在商业、政治和社会的压力下的)自由程度的指标的。例如,有一个基本问题是关于编辑部的"活力"或活跃程度的,它就可以作为行使自由权的一个标志,并且可以通过很多种方式表现出来。这些方式包括:切实地表达意见,特别是有关备受争议的问题的;愿意报道冲突和争论;在与消息来源的关系中遵循"积极主动的"政策(从而并不依赖于媒介通稿和公关部门,或者是避免与当权者过于亲密);并且在报道事实时,也呈现背景信息和解释。

由思里夫特(Thrift,1977)所提出的"编辑部的活力"的构想涉及与内容相关的一些方面,特别是在处理具有接近性和重要性的地方事务时,应该采取辩论的形式,并且提供"机动的信息",也就是说这样的信息能够帮助人们根据他们自己的观点采取行动(Lemert,1989)。一些批评人士和评论家也在寻找对鼓励和支持"退居下风的人"的测量,以此作为自由媒介的证明(Entman,1989)。调查性报道也应该被看作新闻媒介行使它们的自由权的一个标志(参见 Ettema & Glasser,1998)。

无论如何,大部分大众媒介的内容都可以用这里所提出的"自由度"指标来进行评估。在新闻领域之外,人们也可以在文化事务中寻求创新、意料之外、打破常规和实验性的东西。最自由的媒介也很可能是脱离品位方面的常规的,而且既不愿意投受众所好,也不愿意讨当权者的欢心。但是,如果是这样的话,它们可能也不能再算作是大众媒介了。

内容的多样性

在"表现的话语"中,仅次于自由问题而被最频繁提到的就是多样性的问题了。多样性实质上指出了内容的三个主要特征:

- 对于受众而言有宽广的选择范围,它包含了兴趣和偏好方面可以想到的所有层面。
- 社会中大量的、各异的意见能够被表达出来。
- 社会中各种各样的经验现实能够在媒介中得以真实或充分地反映。

以上所有概念都是可测量的(McQuail,1992;Hellman,2001;McDonald & Dimmick,2003)。在这样的背景下,如果我们将某些外在的标准运用于媒介文本,就能够真正地只讨论文本的多样性了,而不用去管这些文本是否符合受众的偏好、社会现实或是否(可能是)社会中的信息源等问题了。多样性的匮乏是只有在指定信息来源、涉及的对象、事件、内容的类型等方面的前提下才形成的,而且这些被指定的事物都是无法或不足以呈现现实的。媒介文本自身并不能够说明它们具有任何绝对意义上的多样性。

多样性实质上是区别化的另一个词语,但这个词本身实际上是没有什么含义的,因为任何我们能够区分的事物都是有差别的,在最精细的感知下,并不存在两个真正相同的事物。因而,应用在媒介内容的有关多样化的评价依赖于一些有关重要差别的标准。这些标准有时是由媒介自身所提供的,即表现为形式、文类、文化类型等方面的差异。正因如此,相同或不同的媒介渠道能够提供不一样的音乐、新闻、信息、娱乐、喜剧、正剧、智力竞赛节目等。运用有关对社会的重要意义的外在的评判标准,往往既对层次和质量,也对形式和类型更为关注。同时也存在着涉及媒介内容是否代表社会的所有群体的标准,或是为重要的少数群体所提供的标准。对于标准的选择必须是根据已有的目标所做出来的,这种选择的合理性也是目标导向的,而且选择的可能性几乎没有界限。但是,目标通常是由上文中所提到的三个要点的其中的一项所决定的,即对受众的选择和偏好的重视、社会群体能够使用媒介并发出自己的声音、对社会现实的公平呈现。有关媒介效果的许多问题依赖于具有测量内容多样化的理念和工具。

客观性及其测量

大量有关新闻性的媒介内容的讨论中都探讨了新闻客观性的标准,特别是涉及与客观性形成对立的偏见的一些形式。正如已经指出的那样(第8章),大部分西方媒介的规范标准要求在一定程度上实现对事件进行中立的、提供事实信息的报道,而与这种积极的期待相反,大量的新闻都被发现在这方面做得不够。无论如何,当我们跳出"新闻应该是确实可靠地(而且因此也是诚实地)报道世界上到底在发生什么事情"这种简单的想法时,就会看到客观性是一个相当复杂的概念。

有关客观性的观念,最简单的版本就是,新闻告诉我们真实的世界,而这种看法其实指出的是事实性(factuality)。事实性指出了文本应该由信息的几个不同的单元构成,这些单元对于理解新闻"事件"或者据其行事是必不可少的部分。在新闻学术语里,事实性至少意味着对于"谁""什么""什么地方""什么事件"以及可能还有"为什么"这些问题的可靠(正确)的回答。在"信息价值"框架下,对事实性进行评估的系统方法已经讨论过了。根据新闻中所提供的事实的数量,可以评判新闻的"信息丰富"的程度。

但是,为了分析新闻的品质,就需要更为精细的标准了。尤其是当人们提出新闻中所给出的事实是否是准确的,以及是否这些事实能够满足完整性的标准的时候。准确性本身就意味着几个不同的方面,而仅从考察文本是无法直接"读出"或"测量出"准确性的。准确性的一个含义,是对事件的不受外界干扰的独立自主的记录要与文献、其他媒介或目击证人的陈述相吻合。另一个含义是则更为主观一些,即准确性是指新闻报道与新闻来源或新闻中的主体(报道对象)的感知和理解相一致。准确性也可能关系到新闻文本内部的内在一致性。

完整性也同样是难以确定或加以衡量的,因为即便是对于简单的事件也不可能或不必要做出完整的记述。尽管人们总是能够对新闻中所含有的信息量的多少进行评估和比较,但是问题的实质是,有多少信息是被需要的或者被理性期待的,而这是一个主观性的问题。这个问题使得我们立即进入到事实性的另一个维度,即新闻所提供的事实的相关性。有关相关性,我们也可以做出简单的理解,即当新闻信息是有趣和有用的,那么它就具有相关性(反之亦然),但是有关什么是相关的概念和标准却是富有挑战性的问题。其中一个标准认为,新闻应该像有关新闻的理论上所描述的那样;另一个标准则认为是由专业的新闻记者来决定什么是最相关的;第三个标准是,最终由受众来发现什么是有趣的和有用的。这三种观点不可能统一在同一个标准中或者同时用于对内容的评估中。

理论派倾向于将相关性与从历史的长远的视角来看什么是真正的重要的,而且什么是对于社会的运行发挥作用的(例如,信息公开的民主)等同起来。从这个角度来看,有大量的有关个体、"人情味"(human interest)、体育或娱乐等方面的新闻，都不能被看作是相关的。记者倾向于使用专业的标准和对新闻价值的感觉，从而平衡对从长远的角度来看是意义重大的事件与他们认为公众所感兴趣的事件的报道。

有关美国记者的一项研究(Burgoon,引自 McQuail,1992:218)显示，存在是将"重大性"还是将"趣味性"看作新闻评判要素的明显的分歧。相关性被认为首先是与"影响着人们的生活"的事情有关的，然后才是有趣的或者非同寻常的，再次才涉及时间上或地点上的接近，或是大规模发生。最终，由受众来决定什么是相关的，但是，由于存在着大量不同的受众，因而无法归纳出普遍有效的标准。而且即便是在大量理论中所清晰表明的具有相关性的内容，在大多数时候对于大多数受众来说也并非如此。

有关什么可以被看作是新闻中的公正性(impartiality)的问题也是看上去相对简单、但实际上相当复杂的问题，这完全是因为几乎没有可能实现有关自由价值的价值无涉的评判。公正性之所以被重视，主要是因为大部分事件牵扯到冲突，而且可以被作出不同的理解和评价(这一点在政治新闻中最为明显，但是可以说在体育新闻中也是同样的)。通常，公正性的普遍标准就是要求在选择和使用新闻来源时保持平衡，反映不同的观点，而且呈现评判或事实所涉及的相互竞争的双方(或多方)。

有关报纸在对一直是充满冲突的情境——在这里是有关以色列和巴勒斯坦的情况——进行报道时是否是有偏向性的研究中获得了一些发现，板块 13.3 将这些发现进行了概括(Wu et al.,2002)。研究发现，报纸的报道是客观的，其依据是报道的评判方向几乎与主要派别的意见方向(对此有其他证据证明)完全一致。可以说，报纸在评价倾向方面遵循了平衡原则。但是，说报道是平衡的，可能不能令那些坚信巴以双方中明显有一方是错误的人满意，而他们的态度的形成，是因为这些被报道的事件之外的其他原因。在大部分充满冲突的环境中，总有这个或那个党派被看作有过错或意图不良和不值得信任的。

13.3 一个被认为是公正报道的新闻案例

关于《费城问询报》(*Philadelphia Inquirer*)1998 年 1—10 月的涉及以色列和巴勒斯坦冲突的新闻报道(样本量=280)的方向基本解读研究的发现。(Wu et al.,2002)

政治实体	支持	中立	反对	混合	总体
以色列	17%	39%	39%	5%	100%
巴勒斯坦	14%	44%	39%	4%	100%
其他中东国家	21%	41%	35%	3%	100%
美国	34%	59%	7%		100%
联合国	18%	82%			100%

公正性的另一个方面是在新闻陈述中的中立性,即事实与意见分离、避免价值评判或情绪性的语言或图片。"煽情主义"这个概念就被用来指代脱离了客观性理想的记述,而现在也已经开发出对新闻文本的煽情主义的测量(例如 Tannenbaum & Lynch,1960)。同样也有可以用于测试新闻中的视觉内容的方法了(Grabe et al. ,2000,2001)。

同样存在着证据表明,在有关敏感问题的报道中,对词语的选择反映和蕴含了价值评判,例如,涉及爱国主义(Glasgow Media Group,1985)或种族问题(Hartman & Husband,1974)时。研究也发现,对视觉图像和照片的特别运用,也能够将观看者导向特定的评判方向(Tuchman,1978;Kepplinger,1983)。公平性往往最终还是单单被故意的或不可避免的"偏见"和煽情主义所击败。但是,不幸的是,事情往往不仅限于此,因为偏见不只是测量内容的一个方面,而且涉及对内容的感知层面,而偏见可能对后者影响更大(D'Alessio & Allen,2000;D'Alessio,2003)。

现实的反映还是歪曲:有关偏见的问题

新闻内容中,偏见尤其是指对事实的歪曲:呈现出各种少数群体的负面形象、忽视或曲解女性在社会中的角色、表现出对特定的政治党派或思想流派的有失公允的偏爱(参见 Shoemaker & Reese,1991)。也有许多不包含谎言、宣传或意识形态的新闻中的偏见,但是这一类偏见却往往与虚构的内容中的类似的倾向重合在一起,并且加强了后者。总而言之,这种类型可以被归于"隐性的偏见"一类,产生于第 12 章中所探讨的媒介内容的生产过程。虽然媒介偏见的领域现在几乎是没有边界的,而且还在不断扩张(American Behavioral Scientist,2003),但是我们还是从大量的新闻来源和例子中,将新闻内容最为重要的和得到充分证明的有关偏向性的普遍问题概括为以下几点:

- 媒介新闻过度呈现社会的"顶层"和信息源中的官方的声音。
- 新闻的关注点总是更多地放在政治和社会精英身上。
- 最被强调的社会价值是与社会现状保持一致的,并对其进行支持。
- 外国新闻集中在地理位置较近的、更为富裕的和更强大的国家。
- 在对话题的选择和意见的表达,以及在表达对所呈现或所刻画的世界的看法时,新闻有民族主义(爱国主义)和种族中心主义偏向。
- 在新闻中,更多的关注和更多的重视是给予男性、而非女性的。
- 少数民族群体和移民群体被有区别地边缘化、刻板印象化或被非难。
- 在有关犯罪的新闻中,过度呈现暴力、个人的罪行,而忽视导致犯罪的大量的社会现实因素。
- 在有关健康的新闻中,将最主要的关注力放在令人惊恐的医疗条件,而且过多关注新的治疗方法,而不是预防措施。

- 比起工会和工人，商业领袖和雇主得到了更多的关注。
- 穷人和接受福利救济的人被忽视和/或非难。
- 战争新闻通常回避死亡或个人受伤的图像，这是对现实的净化处理。
- 资源丰富和组织得当的新闻来源有更多的机会将有关它们的内容变成新闻。

对于小说和戏剧的内容分析表明了在投放注意力方面类似的系统化倾向，而且也对那些从新闻关注中获益的人给予更多的重视。相应地，同样的少数群体和边缘人群也往往被刻板印象化或被非难。对犯罪行为、健康和其他风险的不符合实际的呈现和重视这一类似的倾向也被发现。这些证据通常是通过对文本的显性内容进行定量分析而得到的，在这个过程中所依据的假设是，指涉对象所出现的相对次数能够被作为对"真实世界"的反映。

对"反映现实"理论规范的批评

对于媒介内容的评估在多大程度上落实到媒介内容与现实的关系这个问题是最引人注意的，因为媒介应该或多或少相应地反映某些经验现实，而且应该在优势群体和弱势群体之间一直保持"公正"。在这里涉及了由凯普林格和哈伯迈耶（Kepplinger & Habermeier, 1955）所提出来的在受众中所产生的"呼应假设"。这个认为媒介应该以某种直接和一一对应的方式反映现实的假设，已经成为大量对媒介表现的批判的基础，而且经常成为研究媒介效果的关键组成部分［例如，在**涵化分析**（cultivation analysis）中］，但是这个假设本身却还未被证明是成立的。根据舒尔茨（Schulz, 1988）的看法，呼应假设起源于对媒介和社会之间的关系的古老的"机械主义的"观点，或多或少地类似于传播效果中的"传输模型"。这种观点无法识别媒介文本实质上的特性、任意性和有时出现的自主性，并且它也忽视了在生成含义的过程中受众的主动参与。也许最能说明问题的是，没有证据能够表明，受众真的认为在媒介内容和真实之间存在着任何统计数据上的对应性。

除了对按比例反映现实的期望的根本性怀疑之外，还有一些原因能够说明为什么媒介内容通常不应该被期望以任何逐字逐句（统计上的再现）的方式去"映射"现实。例如，将媒介作为社会控制的代理机构的功能主义理论引导我们预期，媒介内容将过度呈现占主导地位的有关社会的和经济的价值观。我们也会预期，社会精英和当权者将有更大的媒介曝光机会和媒介使用权。事实上，当媒介将更多的注意力引向社会中有权势的人物和世界上有权力的国家时，它们的确反映了社会的不平等的现实。对媒介的抱怨实际上应该是归咎于媒介加强了这种不平等。

对媒介组织的分析显示了新闻与"平常的"现实相一致是多么的不可能。对于有权威的新闻来源的需要和对有"新闻价值"的新闻的追求，显然成为统计数据上"扭曲变形"

的源头。戏剧化、社会名流、新奇性和冲突性显然都是不同寻常的。除此之外，虚构媒介形成往往特意通过加入那些过着更为激动人心的生活，比典型的受众人群的成员更加富有、更加年轻，而且更为时尚和漂亮的人物，而使得它们的故事超出普通人，从而努力吸引受众(Martel & McCall,1964)。对于新闻中的"关键事件"和"框架"的研究，都使得以下的认识变得清晰易懂，即不用以所有发生的事情都具有同样重要性的方式对待"现实"，即便这些事情都是在同一个类属中。

基本上是以它们的作为信息和娱乐的"消费者"身份出现的受众的兴趣为导向——这个有关大众媒介的简单事实，能够非常方便地被算作前文所总结的对真实的扭曲的最重要的证明。显然，受众所喜欢的许多事情都不是对真实的一对一的映射，他们特别喜欢虚构、幻想、不同寻常和奇幻的东西、神话、怀旧和娱乐。媒介通常应该精确地找到对真实的替代物和逃避物。当人们寻找可以遵循的身份认同的模型或实现身份认同的对象时，他们往往是将一个理想化的东西当作真实的对象或模型。从这个观点来看，在媒介内容中所观察到的对真实的"扭曲"，其本身并不令人惊讶或一定是令人感到遗憾的。而重大的决定性因素是利益集团努力地塑造它们自身的形象，并且在传播的过程中占主导地位。

研究方法的相关问题

已经讨论过的有关媒介内容理论化的不同构架和角度，通常表明了在研究方法上的巨大的分歧。由于存在着大量被运用于不同目的的各有不同的研究方法（有些已经介绍过了），因而不可能讨论所有的研究方法。这些研究方法的范围包括：从为了实现组织性或描述性的目的而对内容的种类进行简单划分和延展性划分的研究方法，到为了实现对内容的特殊案例进行深入解释性调查、用以发现微妙且隐含的潜在含义的研究方法。根据在第3章中所介绍的从理论角度划分类别的原则，我们能够宽泛地区别一方面是对显性含义的定量的和描述性的研究，另一方面是更为定性的、更加深入和重视解释的调查。也有调查研究是直接针对理解不同的"媒介语言"的基本特性和它们的运作机制的，特别是涉及视觉形象和声音语言。

意义何在

理论研究一直致力于意义的"位置"这样的问题。意义是与发送者的意图一致的吗？或是它内嵌在语言之中，或它首先是接收者如何理解的问题(Jensen,1997)？正如我们在前面的章节中已经看到的那样，广泛传播的信息和文化是通过复杂的组织生产出来的，这些组织的目的通常并不是非常具体的，而且也经常主导着个体传播者的目的。这就使得弄清"发送者"的真正意图是什么变得非常困难，例如，谁能说出新闻的目的是什么或是反映了谁的目的？认为消息本身是意义的源头的观点被认为是最具吸引力的，部分上是因为它的可操作性。以物理形式存在的文本本身一直是可以被用来直接分析的，而且它们（比起人类的响应来说）对研究者具有"无反馈"的特征，这也是文本的一个优势。文本也不会随着时间而变质，尽管它们的背景发生了变化，而且这可能会影响到文本对发送者或接收者最开始具有什么样的含义的认识。

如果没有某些媒介文本塑造了某些含义这样的假设，是无法从媒介内容的文本中"提取"意义的，例如，对于某事的关注的数量和频率有效地引导了消息的含义、目的和效果就属于上述假设。通过内容分析法的发现是永远无法"说明它自己的"。除此之外，媒介的"语言"也是相当复杂的，而且目前仍然只能被部分理解，特别是当它们还包含了音乐和视觉图像（无论是静止的还是动态的）的大量组合、纳入了大量的、形式多样的符码和约定俗成的用法的时候。

再论主流范式和另类范式

可供选择的研究方法通常可以分为两类：主流的经验分析为导向的范式和更为定性的（也往往是批判性的）变体（参见第3章）。前者的主要代表是传统的内容分析法，根据贝雷尔森（Berelson, 1952:18）的定义，内容分析法是"一种对显性的传播内容客观的、系统的和定量描述的研究方法"（参见第301～303页）。这种方法假设，文本的表面含义是非常明确的，能够被调查者解读出来，并且用量化的术语表现出来。事实上，内容分析法假设在文本中的元素之间的数量上的平衡（例如相应的主题对应着一定数量的词语、空间或时间）能够作为总的含义的可靠指引。有些相对成熟的定量内容分析的形式，已经超越了早期研究中所体现出来的对内容单元的简单的计算和分类。但是，即便如此，它们仍然保留了基本的假设，即媒介内容的编码所使用的语言，与媒介内容所指代的现实所使用的语言是相同的。

另一种研究方法恰恰是建立在相反的假设基础上的，即隐含的或潜在的意思才是最为重要的，而且它们无法直接从数字性的数据资料中读出来。特别是，我们必须不仅要考虑到相对频次，而且也要关注文本中各个元素之间的联系和相互关系，也要注意忽略了哪些或者将哪些内容当作理所当然。我们需要识别和理解文本被编码于其中的特殊的话语。通常，我们应该知道我们所研究的各种文类的规则和编码规范，因为在这些规则中从更高的层次标示着文本在谈论什么（Jensen & Jankowski, 1991）。相反，内容分析可能只能做到对几种不同类型的媒介文本的归并，而忽视了松散的不同类型。

这两种分析方法都可以宣称是具有科学上的可信度的测量方法。它们所使用的具体方法从理论上来说，首先是能够被不同的人重复使用而得到同样结果，而且这些"发现"应该能够经受得起根据某些科学程序的标准所进行的检验。其次，这两种研究方法都是被设计用来分析文化产品中的规律性和可循环性的，而不是针对独特的或不可再生的现象的。因而,这两种研究方法更适合用于文化产业中的符号化产品,而不是"文化精英"的作品(诸如"艺术作品")。再次,这两种研究方法避免做出道德或美学方面的价值评判(这是保持客观性的另一个方面)。最后,所有的这类研究方法从原则上来说都是研究工具,他们能够用于回答有关内容、创作者、社会背景和接收者之间的关系的问题(Barker,2003)。

非言语传播

在这一章里已经开始注意到分析非言语文本遇到的困难及其可能性的问题了。事实上,媒介内容分析主要是集中于对言语文本的分析,或是对有关视觉元素的言语描述(例如,关于对暴力呈现的方面)的分析。对非言语传播进行客观、规范的分析,已经被证明是一件相当困难的事情。虽然前文中提到了,符号学的研究方法已经被用于对照片和影像的分析了,但是正如巴特所看到的,照片是一则不带编码的消息,而且从定义上来说,也是无法编码的。电影和电视也只有在电影的制作者有意识地运用一些视觉符号体系的规则时,才能够进行简单的编码,而所运用的规则与陈词滥调的套路几乎没有区别(参见 Monaco,1981;Newbold,2002)。音乐被证明是更加难以被编码的,而且几乎没有人对此进行尝试(Middleton,2000)。

电视新闻的一些特征能够从意义和方向的角度进行解读,特别是使用特定的镜头角度和结构框架(Tuchman,1978;Kepplinger,1983,1999)。有一些实证证据能够确认视觉结构是能够发挥作用的,但是对此却没有具体的分析手段。传播中的许多视觉的和听觉的层面都能够被记录下来(例如,有关煽情主义的维度:Grabe et al.,2001),但是存在的问题,仍然是在传播者或接收者那里的意义输入。

传统的内容分析法

基础

由贝雷尔森(Berelson,1952)所定义的"传统的"内容分析法(定义请参见前文),是最早的、最根本的,而且在今天仍然是运用最为广泛的研究方法。对于这种研究方法的运用可以追溯到20世纪的早期(参见 Kingsbury & Hart,1937)。这种分析方法的基本运用步骤归纳如下:

- 选择内容的全部或抽取样本。
- 根据研究目的,建立外在指代对象的分类结构(例如,内容中提到的一系列的政治党派或国家)。
- 从内容中选择"分析单位"(可以是一个词语、一个句子、一个条目、一整篇新闻故事、一幅照片、一个段落等)。
- 通过计算所分类结构中的相关项目的指代对象出现的频次,而将所选择的每个内容单元的内容与分类结构一一对应起来。
- 通过计算指示对象出现的次数,从而显示出整个文本或所选择的内容样本中相关项目的总体分布状况。

这样的研究步骤是建立在两个主要的假设的基础之上的。第一个是,外在的指代对象和文本中对这个对象的指代符号之间的关系是非常清晰、明确的。第二个是,所选择的指代符号出现的频次将以客观的方式有效地表达文本的主要"含义"。这种研究方法在原则上与对人所进行的问卷调查研究方法没有区别。后者是选择了人群进行调查(内容分析法是选择媒介的种类或子类),然后从人群中抽取能够代表全体的样本(这里的分析单位),接着根据变量收集有关个体的数据,并且确定这些变量的值。正如使用问卷调查法一样,内容分析也被认为是可信的(具有可重复性),而且并不是某一个研究者专用的。这种研究方法对更为庞大的媒介现实进行了统计数据性的总结。内容分析法被用于许多不同的研究目的,但特别适用于将媒介内容与"社会现实"中已知的频率分布情况进行比较。

内容分析法的局限

这种传统的研究方法有着很多在理论层面以及与实践相关的局限性和陷阱。在使用内容分析法前,经常要进行的对分类系统的构建,就隐藏了研究者将某种意义系统强加到内容中、而非从内容中发现意义系统的风险。即便小心回避这样的陷阱,但是诸如此类的分类系统必然是选择性的,而且可能是变形的。内容分析法所得到的结果本身就是一个新的文本,而这个新的文本的含义可能,甚至一定是与原始的文本资料的含义是有相当偏离的。内容分析法的研究结构也建立在对内容某种形式的"解读"基础上,但是这并不是一个真实存在的"读者"在自然存在的环境中完成的解读。新产生的"意义"可能既不是原始的发送者,也不是文本本身要表达的意义,同样也不是受众读到的意义,而是第四个结构,是另一种特定的解读。所被解读出来的意义也不能轻易地被当作是文本或文本整体所指代的语境。文本中的各项指代之间的内部关系,也可能在抽象化的过程中被忽略。使用内容分析法是建立在这样的假设基础上的,即认为"编码者"通过训练,能够可靠地对分类和意义做出判断。

在这里所描述的这一类内容分析方法的边界,事实上是相当有弹性的,而且即便运用在同样的基本框架中也有许多变体。当在信度的要求上越是放松,在引入用于阐释的分类和变量方面就越是容易,但是它们的"客观性"程度也较"低",而且有时分类甚至是含混不清的。在试图把握价值、主题、背景、风格和阐释的框架的指涉时,尤其体现出上述状况。内容分析法经常显示出在信度上的极大不同,这是因为在运用这种方法的过程中,人们尝试着加入一些更为主观的意义指标。

当前的和过去的媒体内容(特别是诸如报纸这一类的印刷媒介)的大面积数字化,使得对大量的资料进行以计算机为辅助的定量分析成为可能。它甚至成为分析报纸的常规手段。但是,正如迪肯(Deacon,2007)在探索性尝试中所指出的,在这里也存在着非常危险的陷阱。除了无意中形成的,而且也不为人知的具体数据库缺陷(例如档案的缺失和重复)之外,还存在着很难克服的内在固有的障碍。例如,难以通过关键词的方式把握复杂的主题问题;为了计算的目的,庞大的文本要被切分成小块,但是如何划分单元却没有固定的方法;视觉资料也通常没有被纳入分析之中;言语指涉的特殊的背景也难以被分析到。尽管如此,迪肯总结道,内容还是可能被以它的原始形式进行研究的。

定量分析与定性分析的对比

在这里可以对传统的内容分析法和阐释性研究方法之间的差别进行总结。有些差异是不言自明的。首先,结构主义和符号学(有关主要的阐释性研究路径请参见第285～289页)并不包括定量化,而且甚至反对将计量作为获得意义的途径,因为意义来自文本关联、对立和语境,而并不是指称符号的数量和平衡关系。其次,注意力应该直接指向隐含的内容而非明确表达的内容,而且潜在的(因而也是更深层的)意义被认为实际上是更为本质的。再次,结构主义采用了与内容分析法不一样的系统化的方式,并不重视样本的产生过程,而且拒绝所有的"单元"都必须同等对待的观念。最后,结构主义并不认同这样的假设,即社会的"现实"世界与文化的"现实"世界、消息和接收者,这些所有的一切都被纳入在同样的意义基础体系之中。社会现实是由大量的或多或少相互分离的意义领域所构成,每个领域都需要单独的阐释。"受众"也被分割为不同的"阐释共同体",每个共同体都对意义有着一些独特的贡献。媒介内容如同我们所看到的那样,也是建立在不止一种的编码、语言或符号系统基础之上的。所有的这一切都使得以下的假定成为不可能甚至是荒唐的,即任何指代符号的分类体系都能够被构建出来,并且在这样的体系中,给定的元素在"现实世界"、内容和受众群体以及媒介分析中都具有完全相同的含义。根据结构主义理论,很难将在以上"领域"中的一个所得到的研究发现运用到另一个领域中。

混合的方法是可能的

上述的比较并不意味着一种研究路径优于另一种,因为尽管在一开始已经声明这些研究方法有着某些共同之处,但是它们各自擅长不同的研究目的。结构主义没有提供系统化的研究方法，而且无法根据信度的常规标准对其研究发现进行解释。结构主义的研究方法也无法将在一个文本中的研究结果推广应用到另一个文本当中，除非是与形式有关的问题（例如，将一种文类与另一种进行对比）。当然，结构主义研究方法也就不是对内容进行概述的方法，而内容分析法往往可以做到这一点。

出于某种研究目的，脱离纯粹的"贝雷尔森式的"分析和"巴特式的"分析是被允许而且必要的，大量的研究采用了将这两者方法组合起来的研究路径，尽管两者有着不同的假设。这种混合方法的一个例子是格拉斯哥媒介小组（Glasgow Media Group，1976，1980，1985）对英国电视新闻的研究，这项研究除了对工业新闻进行严格而细致的定量分析之外，还试图"拆解"具体的新闻故事中的更深层的文化含义。以格布纳（Gerbner）和他的同事为代表人物的"文化指标"（cultural indicator）学派，也通过对电视节目中的显性元素进行系统化的定量分析，从而试图发现主要的电视节目形式中的"意义结构"。

还有一些研究方法很难将其归类于前文所描述的两种主要研究方法中的一种。精神分析研究方法就是这类研究方法中的一个，它在早期的内容分析研究中深受喜爱。这种研究方法聚焦于"人物"的动机和特定的社会或时期中在流行（或并不非常流行的）文化里占主导地位的主题的隐藏含义（例如，Wolfenstein & Leites，1947；McGranahan & Wayne，1948；Kracauer，1949）。这种方法也被用来研究性别问题和广告的含义及影响（例如，Williamson，1978）。

另外一些研究方法的变体在前文已经提到过，例如，对叙事结构的分析（Radway，1984）或对内容功能的研究。由此，格雷伯（Graber，1976a）列举了政治传播所实现的一系列功能：获得关注；建立联系和定义情境；进行沟通；激发政治意识；刺激行动（动员）；直接行动（言语就是行动）；并且将词语作为对实际和潜在支持的象征性奖赏。

这些可能的用途令人想起大部分内容分析方法的相互关联的特征，研究者之所以选择其中的一种研究方法而放弃另一种，总是与指代符号之外的其他因素有关，或是因为研究目的所决定的。甚至符号学也只有在更广泛的文化意义系统和意义创造实践中才能够提供含义。在板块13.4当中列出了基本的定量分析和定性分析研究方法的主要差异。这些差异是否能为研究带来便利，是由研究目的所决定的。

在所有的研究方法和研究路径中反复出现的一个问题是，在内容分析的结果和内容的创作者或受众的认知之间经常存在着差距。创作者往往认为他们所做的是独特的和与众不同的，而受众则倾向于一方面将内容归于某一个文类或类型中，另一方面用已有的经验或所形成的期待评价内容是否令人满意。因而，内容分析所得到的结果并不能得到大众传播活动的两个主要参与方（生产者和接收者）的认同，因而这些研究结果往往就留在科学的或学术的抽象资料当中了。

13.4 不同类型的内容分析方法的比较

信息内容分析	文本的结构主义分析
定量的	定性的
片段的	整体的
系统的	选择性的
概括的、延伸的	解说性的、具体的
明显的意义	潜在的意义
客观的	与读者相关的

小 结

不管是哪一种方式的内容分析，它的前途都必须是将"内容"放到社会的更为广泛的意义结构中。通过话语分析的方法可能能够最好地遵循这样的路径，因为话语分析可以解释产生文本的文化中其他的意义系统；也可以通过受众接收分析来实现这样的路径，因为受众接收分析重视"读者也能够创造意义"这个理念。两种分析方法在一定程度上对于充分地研究媒介都是必不可少的。前文已经介绍了媒介内容理论的不同的框架和观点，它们往往既在研究方法上、也在研究目的上都存在着巨大的差异。在这里不可能对所有的研究方法进行探讨，但是研究领域主要运用到的几种方法将在第 14 章中进行讨论。

深入阅读

Barthes, R. (1967) *Image, Music, Text: Essays*. Selected and translated by Stephen Heath. London: Fontana.

Some of the key writings by one of leading theorists of semiology in accessible form. Especially interesting is the treatment of the photographic image.

Krippendorf, K. (2004) *Content Analysis*, 2nd edn. Thousand Oaks, CA: Sage.

A standard work of reference and explication dealing with all main methods of empirical analysis of content, by one of the early authorities and practitioners.

Matheson, D. (2005) *Media Texts: Analysing Media Texts*. Maidenhead: Open University Press.

Provides clarification of the central term of discourse "analysis" and illustrations of applications.

van Dijk, T. A. (1993) "Principles of critical discourse analysis", *Discourse and Society*, 4(2): 249-283.

A good concise summary of key ideas, by one of main founders of critical discourse analysis, especially in relation to racism and the news.

Williamson, J. (1978) *Decoding Advertisements*. London: Boyars.

Judith Williamson applies critical theory and various methods of content analysis to unpack the open and hidden meanings of a range of different kinds of visual display advertisements, in a series of case studies.

在线阅读

Deacon, D. (2007) "Yesterday's news and today's technology", *European Journal of Communication*, 22(1):5-25.

Hellman, H. (2001) "Diversity: an end in itself?" *European Journal of Communication*, 16(2): 281-308.

Philo, G. (2007) "News content studies, Media Group methods and discourse analysis: a comparison of approaches", in E. Devereux(ed.), *Media Studies*, pp. 103-133. London: Sage.

Smith, P. and Bell, A. (2007) "Unravelling the web of discourse analysis", in E. Devereux(ed.), *Media Studies*, pp. 78-100. London: Sage.

Wodak, R. and Busch, B. (2004) "Approaches to media texts", in J. D. H. Downing, D. McQuail, P. Schlesinger and E. Wartella(eds.), *The Sage Hand book of Media Studies*, pp. 105-122. Thousand Oaks, CA: Sage.

第14章

媒介类型和文本

这一章将运用在第13章所描述的研究路径和方法，进一步研究典型的媒介内容的案例。在这里也将介绍一些用于对大众媒介的产品进行分类的概念。我们在这里特别要探寻媒介格式、类型和文本三个概念。

有关类型的问题

在一般的使用中，"类型"这个概念只是意味着种类或类别，它往往被宽泛地用在对文化产品的独特的分类当中。类型这个概念起源于电影理论，在那里，它是个有争议的概念，因为在"个体作者的创造力"和"类型定位"之间存在着不可调和的矛盾(Andrew,1984)。对类型的强调倾向于将作品的价值归功于文化传统，而不是艺术家个人，他们只是遵守了由某个特定的生产流派所定下的规则而已。但是，在涉及大部分大众媒介的内容时，类型这个概念是有用的，并且对此并没有特别的争议,因为在这里,有关艺术家个人创作的问题并不被经常提起。

在我们看来,类型可以指代具有以下特征的所有的内容范畴:

- 类型的集合性特征或多或少被它的生产者(媒介)和它的消费者(媒介的受众)所一致承认。
- 这些特征(或定义)涉及目标(例如消息、娱乐或其他子类)、形式(长度、节奏、结构、语言,等等)和含义(对现实的指涉)。
- 这些特征是在经过一段时间后形成的,并且从中可以观察到一些众人皆知的规则;文化的形式可以被保留下来,尽管它在原始类型的框架中会有所改变和发展。
- 特定的类型将遵循预期中的叙事结构或行为顺序,运用可预测的图像储备,并且具有基本主题的所有变体的清单。

类型可以被看作一种实践操作策略,它能够帮助任何大众媒介连续而有效生产,并将其产品与受众的期望联系起来。由于类型能够帮助使用媒介的个体计划他们的选择,因而它也可以被看作管理生产者和消费者之间的关系的一种机制。根据安德鲁(Andrew,1984:110)的观点,(电影的)类型

> 是特定的公式化网络,它为期待中的消费者提供符合要求的产品。电影的类型通过为观众调整他们与图像结构和叙事结构之间的关系,从而确保对意义的生产。事实上,类型是为合适的观众安排了他们的消费对象。类型创建了渴望,而后又满足了它们所激发的这些欲望。

这种观点高估了媒介能够决定受众的反应的程度,但是至少它与媒介希望控制其自身所运作于其中的环境的愿望是一致的。实际上,的确有大量的证据可以证明受众在谈论媒介时承认并运用对类型的分类。例如,霍耶尔(Hoijer,2000)将接受分析方法用于对不同的电视类型的解释,他发现每一种类型产生了特定的期待。人们期望演绎现实的通俗小说能够对日常社会的现实有着恰当的反映。这样的观点被受众用作为评判的标准。根据类型的不同,文本的具体特点也不同。因而,例如,人们对于美国电视连续剧当中反映现实的期待,要低于面对欧洲连续剧的时候。

有关类型的例子

伯杰(Berger,1992)认为最初进行类型分析的是斯图尔特·卡明斯基(Stuart Kaminsky,1974:3),后者写道:

> 对于电影的类型研究的基础,是认识到特定的通俗叙事形式同时具有文化上和普遍性的根基,即今天的西方世界是与200年来美国的故事原型、民间传说和神话故事相关的。

斯图亚特·霍尔(Hall,1974/1980)也运用类型的概念对"B级西部片"进行研究。在他的分析中,类型依赖于对特定的"符码"或意义系统的使用,后者能够使特定文化中的符号的使用者(无论是编码者还是解码者)在意义方面达成共识。根据霍尔的观点,我们可以说在一种类型中,编码和解码是非常接近的,而且含义也通常是相对清晰的,接受者所接受的含义几乎与发送者所发送的一致。

经典的西部片可以说起源于关于征服美国西部的特殊的神话,并且包含了诸如展示男性的力量和女性的勇气、在辽阔开放的大地与命运抗争和善与恶的斗争等元素。西部片的特长在于它能够生产大量的变体形式,而这些变体形式因为与原始的基本形式的关系而也能够很容易地被理解。例如,我们可以看到西部心理片、滑稽讽刺西部片、意大利风格西部片、西部喜剧片和西部肥皂剧。这些变种形式的意义往往依赖于将原始编码中的元素进行颠覆。

媒介内容中许多人们所熟知的例子都可以用于类型分析,从而发现其中反复出现的实质性特征或形式,正如拉德韦(Radway,1984)通过揭示典型的"叙事逻辑"而对爱情小说所做出的分析那样(参见第 327 页的图表 14.2)。也可以像伯杰(Berger,1992)对侦探推理小说所做的那样,对同一文类中的不同变体进行分类。根据伯杰的分析,可以将总结出来的"公式"作为一种子范畴或类型,而且公式中涉及了类型的规则和对时间、地点、情节、服装、男女英雄和反面人物的类型等特定的指代符号。例如,有经验的西部片观众都可能知道西部片中某些公式性的元素。这种知识使得在特定的符号出现时,相应的内容能够得到正确的解读:举例来说,白色的帽子代表着好人,音乐预示着骑兵队伍的到来。

最近的媒介文化研究使得一些熟悉的电视类型变得引人注意,并且提出一些新兴的探索领域。一个值得注意的例子是对肥皂剧的关注,其中一个重要的原因是将肥皂剧定位为电视节目的性别化形式(Modleski,1982;Allen,1987,1989;Hobson,1989;Geraghty,1991;Liebes & Livingstone,1998;Brunsdon,2000)。由于肥皂剧的叙事形式、剧中对话多于行为,并且重视大家庭的价值和母亲及家庭主妇的角色等特征,因而肥皂剧被看作更为女性化的电视类型。

肥皂剧也是连续剧叙事形式的一个非常典型的例子。出于不同的研究目的,研究者们在 20 世纪 80 年代对连续剧《豪门恩怨》(*Dallas*)有着强烈的兴趣,这也使他们将肥皂剧作为一个类型来关注。《豪门恩怨》这个具体的案例也将"意义"这个概念引入那些完全不同于早期北美广播或电视日间连续剧这类媒介产品上。尽管如此,"肥皂剧"这个概念仍然长期且宽泛地被用来指代不同类型的戏剧形式,这从某种程度上也体现了类型和肥皂剧这些概念的有效性和实用性。

这个类型概念的优点之一是它能够适用于并延续动态的发展。这个优点在近来流行起来的"脱口秀"节目类型中得以体现,"脱口秀"开始是对知名人士所做的娱乐性访谈节目,而且以"电视早餐"的形式出现,而现在它在全球范围内蓬勃发展,而且它的表现形式也从煽情主义的闹剧到非常严肃的对政治事件的探讨。除了以谈话为中心和展现了核心主持人的个人魅力之外,我们很难确定是哪些共同的元素将这种类型组合在一起的。除此之外,脱口秀这种类型也通常包括了一些受众的在场或参与、有些冲突或戏剧性、对现实的某种程度的幻想、强烈的个人特质和对私密性的幻觉等(参见 Munson,1993)。类似地,真人秀电视节目这种类型也是从最有节制的开始——在那里,来自各种各样的信源的真实生活场景根据主题进行重新包装(例如,警察、事故、天气、犯罪、宠物等),而逐渐变成一些新的形式,即节目的自愿参加者在各种被控制的竞争的或紧张的情境中活动,从而为受众创造出可以窥探的、吸引人的"生活"体验,受众也可以通过一些途径介入其中。

类型的分类

到目前为止,类型分析似乎只能被用于不连续的内容范畴,每个范畴有着自己的特定的核心维度。但是至少,已经有了元分析的尝试。伯杰(Berger,1992)建议,所有的电视节目应该根据四个基本类型进行归类,这四个基本类型产生于两个维度,即情感性和客观性维度。图表 14.1 展示了这种分类方法。对于这四种类别的解释如下:

- 竞赛类节目展现了所有真实的参与者之间展开的竞争活动,这一类节目包括比赛、问答比赛和体育节目。这一类节目既是真实的,也是(有意识地)诉诸情感的。
- 真实类节目包括所有的新闻、纪录片和纪实的节目。它们通常是客观的、不诉诸情感的。
- 劝服类节目在情感性和客观性两个维度都比较低,并且反映了传播者的说服意图,特别是广告,或是其他类型的倡导或宣传形式。
- 戏剧类节目几乎涵盖了所有虚构故事类节目,以及更为广泛的类型。

图表 14.1　电视类型的结构分类(Berger,1992:7)

正如伯杰所指出的,对于这种模型的使用是复杂的,因为不断有新的且混合型的类型被创造出来,它们不属于任何一个单独的类属。"纪实剧"(docudrama)和"信息娱乐化"(infotainment)就是人们所熟知的例子。但是这些也可以作为某个类型的一些特征,它们也有助于跟踪和分析在类型中所发生的变化。"真实电视"这个类属中的任何一个具体的例子[例如《老大哥》(*Big Brother*)]都难以被归为一个独特的类别,尽管在节目的形式中包含着重要的竞赛元素。这说明了在分类中的局限性。

尽管类型有助于在非常丰富的媒介产品中找到描述和归类内容的途径,但是它并不是一个有力的分析工具,这仅仅是因为在它的运用中有太多的可能性了。当前文所提到的类型的特征难以清晰地展现出来的时候,此类型与彼类型之间的区别难以被客观地确认,而且生产者和受众对类型的认识和理解也很难达成一致。但是类型在涉及电影和图书的时候,却是一个更为有用的概念,因为个体做出选择并为之付费的行为是在有关类型的经验、品位和宣传的指导下进行的,并且在这个过程中,个体建立了对某些类型的偏好。而且也可以看到,类型之间的差异也可以被用于区分不同类型的电视节目制作者(Tunstall,1993)。

媒介的格式

类型的概念也可以用在对媒介的格式的分析当中。例如,奥赛德和斯诺(Altheide & Snow,1979)开发了一个媒介内容分析模型,其中运用了媒体逻辑(Media Logic)和媒介格式(Media format)这些术语。第一个概念实质上是指管理着内容如何被生产和展现出来的隐含的规则,其目的是使特定媒介的特性中的优势能够得以最好发挥。媒介逻辑也包括适应媒介组织的需求(其中包含着媒介对受众的需求的认知)。奥赛德将内容看作是根据媒介的格式量身定做的,而格式则是符合听众/观众的偏好及所假定的相应能力的量身定制。媒介的格式实质上是在处理某个类型中的特定的主题时所遵循的了程序。例如,奥赛德(Altheide,1985)描述了电视新闻中的"报道重大事件的格式",这种格式超越了事件的具体特性,而给出了处理不同的新闻故事的共同的构造方法。将一个新闻事件作为重大事件来持续报道的关键的必要条件包括(对信息或重大事件发生地点的)接近性、(胶片或录音带的)视觉质量、戏剧性和动作性、对受众而言意义重大和具有话题性。在这里与框架概念有相近之处。

格雷伯(Graber,1981)在对普遍的和电视中的特殊版本的政治语言的研究方面贡献卓越。她指出,"电视新闻开发了一系列节目要素清单,也就是针对特殊的政治局势所采用的高度刻板固定的框架、逻辑或子类格式的另一种可能的方式";在这些评论中,格雷伯确认了奥赛德所提出的要点。格雷伯令人信服地指明,视听语言的编码和解码行为实质上是与言语语言的编码与解码不同的,前者更富联想性、内涵更丰富、结构上更加松散,而且逻辑性较弱,较难以清晰地加以定义和进行界定。正因如此,对于视听语言的系统化分析仍然处于初级阶段。

在暂时离开类型、格式及与之相关的概念这个话题之前,值得强调的是,从原理上来看,它们能够对媒介所生产的传统的内容范畴进行划分,其中包括区隔虚构和非虚构的媒介类型。菲斯克(Fiske,1987)强调了类型本质上所具有的互文性(Intertextuality)的特点。因而,允许小说从现实生活的场景或历史事件中选取与其主题相关的素材这个悠长的传统,也就并不令人惊讶了,尽管这样做可能破坏了媒介新闻和信息所声称的真实性。

类型和互联网

在大部分时候,对于具体的类型的认识都是限于单一的媒介界限之内的(例如,电影、电视、广播等)。似乎到目前为止,人们也尝试着将类型这个概念用于互联网,尽管也可以在互联网的内容中观察到不同的类型。首先,互联网是多媒体平台,为所有已有的类型提供了载体。其次,至少已经在互联网的特性基础上发展出某些形式和格式。这些发展包括各种形式的电子公告栏、论坛、社交网站、不同类型的博客、各种各样的交易网站(其中 e-bay 是最富有创新性和最成功的),以及"搜索引擎"。所列举出来的大量例子尽管尚不能确认它们是否是真正的类型,但是它们却都符合前文所提出的类型这个概念的一些特征。例如,往往在生产者和用户之间对这些形式和格式有着一致的定义或认识、对于它们的目的和所遵循的规则或方针有着共同的预期。但是,对于许多格式来说还远未达到一定的稳定性,而且这些格式之间的界限也是模糊的。

搜索引擎作为一种新的媒介形式

互联网有着一些根本性的革新,使得它从早先的媒介中脱颖而出,并且对它要以新的思路进行思考。互联网的两个重要的特性是:可以根据用户的意愿进行相当大范围的查询和搜索;极大地拓展了(各种类型的)连通性,而直到最近为止,相互连接还只是在非常有限的范围之内的。人们开始关注有关互联网门户网站这个相对较新概念及其所带来的现实情况,"互联网门户网站"这个有着丰富含义的概念(Kalyanaraman & Sundar,2008)从本质上不同于此前所知晓的媒介("赛博空间"这个相对模糊的概念似乎仍然是个很有用的界定)(参见第 114 页)。有鉴于此,我们也需要将"搜索引擎"看作一个在公开传播领域中新颖且富有影响力的事物。传播领域已经发生了翻天覆地的变化,与过去完全不同了,而且这些变化会对现有的类型产生巨大的影响,尽管究竟具体是什么样的影响尚不清楚。

搜索引擎实质上是网络上的内容索引或目录,而且从概念上来说它并不是一个全新的概念,尽管互联网的搜索引擎增强了搜索性这个特征。通过搜索引擎查询,在现在可能是一种被最普遍、最频繁地使用的形式。除此之外,搜索引擎也变得非常重要,对于实现很多个人的、社会的和商业的目的来说,也是不可替代的手段(Halvais,2009),尤其是在很多情况下，搜索引擎提供了进入赛博世界的主要的入口，这正是门户的一个最清晰的例子。搜索引擎的重要性在很多情况下都是可以与新闻的重要性相提并论的。我们可以参照图表6.1（参见第112页）将它从根本上作为咨询类媒介而纳入大众媒体类型的概念地图上去。搜索引擎的特征也反映了在线媒介的不确定的、混合的特性，正如在第6章中所描述的，它无论对于发送者还是接收者而言，都有着大量的不同的潜在用途。我们是应该将搜索引擎称为一种应用技术，还是一种媒介形式，或是一种类型，或是三者兼有的一种事物，在这一点上也仍然不清楚，但是在这里我们暂时采用第二种说法。当然，搜索引擎也像是一种类型，因为它体现了可以分为不同的子类的特征，尤其是在主题、用户的类别（例如职业的）或所搜索的内容的特征（例如，图像）方面都可以划分子类。为了更好地进行思考，在板块14.1中列出了将互联网的搜索引擎看作一种媒介形式的最新认识：

14.1 对于作为一种媒介类型的互联网搜索引擎的新认识

- 是进入赛博空间中的内容世界的可用入口
- 首要的目的是提供信息
- 是中立的、未编辑的、未经审查的和综合性的信息来源
- 对于所有的发送者和接收者而言都是可以自由而平等使用的
- 它的形式使得用户能够追踪大量的搜索路径和链接
- 在这里没有对地位或价值的标示，除非是搜索者自身的感知

我们没有必要对这些认识进行周密的论证，正如对于新闻类型的共同认识也没有充分的根据一样，但是这些认识的确有利于对行为的管理。目前仍然没有足够的有关搜索引擎的稳定成形的经验和"有成效的"研究能够对其进行独立的评估。即便如此，目前已经发现了搜索引擎的一些令人不安的特征，这些特征列举如下：

- "所有的公共知识都是能够被搜索得到的"这样的印象是误导性的，因为搜索引擎并没有搜索整个网络的能力。
- 搜索引擎这种形式具有天然垄断的趋向，而且目前已经出现了两三家实现了高度集中的服务商，其集中程度已经完全超出了在其他媒介领域中的容忍范围（Machill et al., 2008）。
- 搜索引擎的收入几乎全部来自于广告收入或被搜索对象的付费，这不可避免地会影响到对搜索结果的呈现顺序。有关呈现顺序的标准是非常不透明的。
- 与在其他大众媒介中出现的现象一样，搜索引擎也没有清晰地区分广告和其他类型的信息。

- 无论是通过提供者的筛选,还是作为对当地的(也就是说国家的)法律或其他压力的回应,排外的措施和审查制度都被使用。
- 搜索引擎已经被新闻业所同化(Machill et al.,2008),并且为新闻质量带来了潜在的负面的影响。例如,新闻搜索引擎为新闻记者缩小搜索范围,从而使他们能够在重要性和提供背景信息这两个对于个体用户来说非常重要的方面重新构造新闻内容(Carlson,2007)。
- 所谓使用便利是误导性的,在运用中存在着大量的导致搜索错误的可能性。有非常多的无用的和脱离语境的"信息"在流通。
- 编辑和更新过程删除了大量说明早期情况的信息,从而可能导致对历史的改写(Hellstein et al.,2006)。

这样或那样的已经超出了对有关类型特征的问题的讨论,引发了对有哪些问题会对搜索引擎造成更为广泛和长久影响的思考。

新闻的类型

在接下来的段落里,我们将聚焦于新闻的类型,部分是因为它已经有悠久的历史,而且它在媒体作为享受特权的社会建制这个问题中居于中心位置。可以说,报纸既是所有现代大众媒体的原型,也是蓝本(Tunstall,1977:23),而"新闻"是报纸的中心组成部分(尽管其远非唯一的)。从某种程度上来说,广播和电视都是以报纸为模板的,将有规律的新闻报道作为它们主要的落脚点。新闻之所以在对媒体内容的讨论中是值得关注的,正是因为它是大众媒体对人类文化的表现形式所做出的为数不多的贡献之一。而且大部分新闻(并且因此也包括媒体)机构在对自身进行定义时,新闻是其中重要的核心活动。

新闻是被称之为"报纸"的媒体从其他类型的印刷媒体中区分出来的重要的元素,而且新闻也常常使得报纸在社会中获得特殊的地位或保护,允许它以公众的名义发表意见。没有新闻,媒体机构几乎无法生存,而如果没有媒体组织,新闻也无法存在。与几乎所有其他类型的作品或文化创作不同,制作新闻是无法私下或甚至无法是个人完成的。机构既提供了发布的机制,也提供了在接收方面的组织,此外还有对可信性和权威性的保证。

显然,新闻类型的特性随着博客的兴起而受到了侵蚀,而后者是在媒体控制之外的。当然,已经不再存在对新闻发布的垄断了,而且也已经有证据表明,在新闻领域所发生的变化正是互联网的出现所带来的结果。例如,通过对谷歌(Google)新闻服务和传统的新闻业进行比较,就会发现两者的本质差异在于,后者采用的是用常规的"解释性的"模式构建新闻,而谷歌模式则是将多种多样的新闻源的更为零碎的信息组合起来从而形成视角的多元化,但同时也没有给出偏向性或相对的合理性的指示。博客现在被看作不同于传统的新闻的一种类型,它有一些变体形式(Domingo & Heinonen,2008)。沃尔(Wall,2005)在对战争博客的研究中发现,它们鼓励受众的参与,具有个性化的特征,故事的形式是片段式的,并且与其他的网页相互依存。即便如此,我们还不能下结论说,诸如此类的变化和不同之处是根本性的或者只是对普遍存在的新闻类型中熟悉的元素进行了重新组合。但是,无论如何,报纸的一个源头就是个人之间的通信。

新闻是什么

尽管新闻在媒体中拥有中心位置,但是"新闻是什么"这个问题,仍然是让新闻记者本身也感觉完全是形而上学而且难以回答的,除非根据直觉、"感觉"和与生俱来的判断力给出答案。通过对媒体内容的分析从而尝试着回答这个问题往往并没有太大的启发价值。巧合的是,新闻社会学的两位"创立人"之前也都是记者或者从事过记者工作的人,他们运用自己的经验来处理有关新闻的本质的问题。沃尔特·李普曼(Lippmann,1922:216)关注新闻的采集过程,他认为这个过程是对所要表现的事件寻找"客观、清晰的表达符号"的过程。因此,"新闻不是反映社会状况的镜子,而是对被强行推广的层面的报道"。

第二位早期新闻评论家罗伯特·帕克(Robert Park,1940/1967)对新闻报道的本质属性更为关注。他的研究从将新闻与另一种"知识形式"——历史进行比较开始,因为历史也是对过去发生的事件的记录,而且帕克将新闻放在从"了解"到"认识"知识的连续统当中。帕克将新闻与历史的对比的结果可以概括为以下几个要点:

- 新闻具有时间性:新闻是有关最新或周期性发生的事情。
- 新闻是非系统性的:新闻处理的是不相关联的事件和意外发生的事情,而且通过新闻所看到的世界就是由一系列相互无关的偶然事件所构成的。
- 新闻具有易消逝性:新闻只在事件本身是最新发生的时候存在,新闻的目的也只是为了记录,而之后会被其他形式的知识所取代。
- 作为新闻报道的事件应该是不同寻常的,或者至少是预料之外的,新闻的品质比事件的"实际的重要性"更为重要。
- 除了出乎意料的特性之外,在新闻事件的特性中还包括其他的"新闻价值",也就是说新闻总是与受众有关联的,并且其中包含了对于受众的潜在的兴趣的判断。
- 新闻主要是为了实现定位和引导关注力的目的,它并不是知识的替代物。
- 新闻具有可预测性。

帕克对于最后一项矛盾且富有挑衅性的陈述,即新闻是可预测的,作出了如下解释:

发生了什么是预料之外的,但是哪些能够被写入新闻则并不是完全不可预测的。哪些事件在过去成为新闻和那些在今天成为新闻的事件一样,实际上都是预料之中的事情……从大体上来说,新闻所报道的是公众有所准备的意外事件或事故……人们所害怕和人们所期望的事情就变成了新闻。(1940/1967:45)

除此之外,正如我们已经看到的,大量的新闻包括预先熟知的日常事件。加尔东和鲁格(Galtung & Ruge,1965)在谈到"新闻"实际上是"旧闻"的时候就更为简要地指出了相似的观点。沃伦·布里德(Warren Breed,1956)列出了形容新闻的下列词语:可以出售的、缺乏深度的、简单的、客观的、以行动为中心的、有趣的(与"重要的"不同)、风格化的和小心谨慎的。他还提出了可以将新闻放置其中的一些维度:新闻与真相的对比、(在采集新闻方面)困难与例行程序的对比,以及信息性与人情味的对比。

新闻的事实性

新闻形式的很多层面都清晰地涉及对在实际性或事实性意义下的客观性的追求。新闻的语言是"线性的",是沿着单一的维度详尽地进行事件的报道,并且附以信息、插图、引言和讨论。塔奇曼(Tuchman,1978)描述了新闻叙事中的一些为人熟知的特征,例如,它是用过去式陈述的,而标题却是现在时,并且新闻避免让人联想到小说的习惯用法。她也对电视新闻片中的类似的叙事风格做出了如下观察:

新闻片创造了(对事实的)再现的氛围……新闻对时间和空间的运用向受众表明,事件的节奏和空间安排都没有因为要讲述故事而发生篡改。因为似乎没有重新安排时间和空间,新闻片声称表现了事实,而不是对事实进行了演绎。也就是说,事实性的网络被镶嵌在据说是中立的、没有歪曲的、与日常生活节奏同步的新闻片中。(1978:109-110)

毫无疑问,事实性是新闻类型的关键。塔奇曼(Tuchman,1978)告诉我们,事实性的一个关键元素要归结于非常可靠或可以得到积极验证的新闻来源。正如史密斯(Smith,1973:174)所指出的,"有关新闻的全部理念就是它超越了观点的多元性"。根据他的观点,如果不是因为被受众所信任这个要素,新闻与娱乐或宣传之间没有区别。这似乎也可以解释,为什么新闻发展中的长久的趋势是远离意识形态,并且趋向中立性。尽管如此,并没有理由去修改格布纳(Gerbner,1964)在对法国新闻业进行研究后所得出的结论,即"并不存在根本上的无意识形态、与政治无关、非党派性的新闻采集和报道系统"。板块14.2概括了新闻作为已确立的类型的一些主要特点:

14.2 新闻类型:主要属性

- 时效性和新近性
- 不可预期性
- 类型的可预测性
- 片段化的特性
- 易消逝性
- 产生显著的作用或效果
- 由价值观所塑造
- 趣味性
- 事实性

新闻和人情味

在布里德对新闻的特性的总结中,新闻与人情味故事的对比是一个要点,这意味着前者是与严肃认真的信息有关,而后者则是除此之外的其他事物,可能是娱乐性的、个人化的或煽情的内容。在实践中,很难对这两者进行区分,而且两者都是自从有报纸最早出现以来报纸中的重要元素。在帕克的弟子海伦·麦吉尔·休斯(Helen McGill Hughes,1940)所做的一项经典研究中,她考察了这两种内容形式的关系,并且得出结论,(美国的)报纸已经"从一定程度上冷静的记录变成了通俗文学"了。在她看来,人情味故事与其他的新闻故事之间已经没有本质性的区别了,这主要是因为两者在写作过程中都投读者所好的态度。人情故事的主要目的是娱乐,而且它也是从读者的立场来进行讲述的。由此所带来的结果就是,它只能由"能够像他或她的读者那样看世界"的人来讲述了。因此,人情故事越来越像流言八卦或民间传说了。新闻的特性部分来源于更为古老的讲故事的传统(Darnton,1975)。当然,读者往往更容易被"人情味故事"所吸引,而不是有关政治、经济和社会的"新闻"(Curran et al.,1981;Dahlgren & Sparks,1992)。从这个角度来看,人情味故事和新闻对民主式的传播有着积极的贡献。

如同其他的文类一样,围绕着新闻的核心规则存在着一些变体形式。其中一个例子就是流言(Gossip),特别是有关媒体明星或其他知名人士的,它的意图在于提供客观的信息,但是这些信息通常是没有深刻的含义或任何实质的重要性的。这一种新闻类型的规则和规范也能够被用于广告或讽刺性的媒体表现当中,它们从表面上看具有新闻的形式,但实质是完全不一样的。所谓的追求轰动效应、传播流言蜚语的和荒唐信息的"小报式电视节目",是新闻类型的扩展的另一个例子。新闻类型也能够不断适应和拓展新闻环境。新闻必须在一定程度上加以改造以适用于广播、电视和画报等。电视新闻中的

(主持人不拘礼节地展开互动的)"快乐新闻格式"是在 20 世纪 70 年代被引入的,满足了更为广泛的受众的诉求,并且从那时候起得到了广泛的应用(Dominick et al.,1975)。

新闻的结构:偏见和框架

从大量的内容研究中所得到的一个普遍性的结论是,如果根据主题的传统的分类来衡量的话,新闻展现了一个相当稳定而且可以预测的综合模式。与之相关的许多原因已经在论述新闻生产的章节(第 11 章和第 12 章)里讨论过了,并将在有关新闻类型的章节里继续讨论。

在这个段落中,我们将把更多的注意力放在新闻是如何展现或"框建"信息的。塔奇曼(Tuchman,1978)引用了戈夫曼(Goffman,1974)的论点,后者是最早提出"框架是用来组织经验或信息,从而使其不至于支离破碎"这个观念的人。与新闻有关的"框架"这个概念,已经被广泛而并非严谨地应用在诸如"参考框架""语境""主题"甚至是"新闻角度"等术语之中。在新闻学的语境中,故事通过参考某些特定的将一个事件与其他的类似事件联系在一起的"新闻价值观"而设定了意义。尽管框架是一个常识性概念,但是在使用它的时候也必须有一定的准确性,特别是当运用它的目的就是研究新闻的框架所可能产生的后果的时候。在这种情况下,内容框架会与受众成员头脑中的参考框架进行比较。根据安特曼(Entman,1993)的观点,"框架包含选择和突出"。他指出框架的过程就是确定了问题、诊断出原因、做出道德评判和建议补救措施的过程。因而,安特曼对框架的主要方面进行了概括。显然,有大量的文本性工具可以用来完成上述各项活动。这些文本性工具包括使用特定的词语或短语、形成特定的语境之间的参考、选择特定的照片或影片、将某些例子作为典型、指出特定的来源等。所有这些行为可能产生的效果将在第 19 章中进行讨论(第 442~444 页)。

框架是对事实中彼此孤立的要素进行总体性的理解的一种方式。记者不可避免地要采取框架行为,而且在这个过程中也与纯粹的"客观性"分离开来,因而引入了一些(无意的)偏见。当信息由信源提供给新闻媒介时(经常是这种情况),这些信息都会带有内置其中、符合信源的目的的框架,因而很难做到完全的客观性。安特曼(Entman,2007)区别了故意歪曲或故意省略,即"内容的偏差"——在这里,当出现冲突情景时,新闻的事实似乎是其中的一方高于另一方的——与"决策的偏差",即新闻记者的动机和观念模式在无意识之中发挥了影响。这两种形式就是可以说明框架如何发挥作用的例子。在内容分析的文献中,可以找到大量框架设立的具体例证。例如,与种族有关的问题在媒介中通常是表现为社会议题,而不是少数族裔移民的议题(Horsti,2003;Downing & Husband,2005)。梵·高普(van Gorp,2005)分析了比利时报纸中有关寻求避难的人的报道,研究显示,出现了完全不同的两种框架:引起同情的"牺牲者"的框架与引发公众的恐慌和敌对的"侵入者"的框架。几十年来,几乎所有的有关苏联和东欧的新闻,都是以"冷战"和苏联的"敌人"的角度进行报道(McNair,1988)。对中国的报道也是同样的角度,直到它变得足够重要而不再能被冒犯的时候。

框架不可避免地既反映了对信源的选择,也反映了产生新闻的国家环境,因而框架也体现在有关国家的外交政策的报道中。有关伊拉克的报道就为体现国家媒体系统与它们的政府和民意之间的结盟提供了许多证据(例如,Tumber & Palmer,2004;Aday et al.,2005;Ravi,2005)。季米特洛娃(Dimitrova et al.,2005)也在网络新闻中发现了类似的模式。伯德和拉维(Bird & Ravi,2009)对比了美国和英国关于对巴格达"令人震惊和尴尬的"轰炸的报道,前者是以赞赏的基调将这个事件描写为力量的展现,而后者则是将它描绘为灾难性的、破坏性的和无法容忍的。

安特曼(Entman,1991)叙述了美国对军事行动中导致了大量平民遇难的两次类似空难的报道。其中一次是韩国的飞机(KAL007)在1983年被苏联的飞机击落;另一次是伊朗的客机(Iran Air 655)在1988年被美国海军舰艇在波斯湾击落。这两个事件被用完全不同的方式进行了报道,在这当中既体现了种族中心主义,也体现了当时紧张的国际局势。研究分析了报道的态度、措辞、基调、对问题的归纳及所构成的不同的框架。在板块14.3中归纳了对两个事件的报道的主要差异:

14.3 美国媒介在对分别由苏联和美国的军事行动所造成的类似的空难事件的报道中的不同的框架

	对事件的主流定义	
	KAL007	Iran Air 655
动机	蓄意的	一个错误
报道基调	情感性的/人文关怀	中性的/技术原因
特征	一次攻击	一个悲剧

根据框架理论所进行的文本分析往往产生了清晰而且有趣的结果,这些结果以明确、直白的方式呈现了出来,尽管我们最终可能还无法清楚地测量"框架"的强度和程度。有大量的表明框架的线索可能被受众所接收,从而产生预期的效果。这些线索包括对图像和语言的使用、标签、明喻和隐喻、人们所熟知的叙事结构等。

曼海姆(Manheim,1998)描述了意在赢得美国公众对1990年和1991年解放科威特行动的支持的公关攻势。他的研究表明,将萨达姆·侯赛因丑化为当今的希特勒无助于对正义的诉求。在1999年的科索沃冲突中,从对南斯拉夫的空袭开始,北大西洋公约组织(NATO)的宣传目标就是将这个事件构建为一场既是必要的也是"人道主义的"针对

"种族灭绝"的战争,唤起人们对大屠杀的联想,将米洛舍维奇与希特勒做类比,而且逐渐妖魔化塞尔维亚人(Norstedt et al.,2000;Thussu,2000;Vincent,2000;Wolfgang,2008)。弗尔斯塔尔(Foerstal,2001)指出为科索沃的阿尔巴尼亚人所做的公关定向宣传活动与诋毁科威特的公关攻势是非常类似的。这次公关宣传活动的目的是获得西方社会的民意支持,并且打败对军事行动的批判。有关框架构建的资料很容易从前几年媒介对凶残的巴尔干冲突的报道中获得,在那里攻击性的宣传大获成功。从某种程度上来说,同样的媒介控制策略也被用在对2003年以美国为首的联合攻打伊拉克的战争的报道中,尽管当时的局势更为复杂,因为需要使"解放"的框架发挥作用,而不是对危险的暴君发起先发制人的打击。

框架设置也经历了一些变化,这反映了无论是信源的目标还是事实都在发生着改变。施瓦布等人(Schwalber et al.,2008)分析了在袭击伊拉克之前几周的美国媒介中的图像,观察到了随着战争的临近而发生的一个转变——从以爱国主义的奋斗行为为主要的叙事线索变为更为零碎和相互矛盾的立场。框架分析将隐含的意义和假设非常清晰地表现了出来,但是基青格(Kitzinger,2007)提醒我们,最有力的框架可能是看不见的,或者是如此显而易见而被视为理所当然了。例如,一个在新闻中被视为问题的话题可能会导向不同的叙述框架和解决方案,尽管在这个过程中对这个话题的框架构建本身就是一个未被提出来的问题。基青格列举了过去对同性恋的报道为例来说明这一点,但是还存在着大量的当下例证,例如有关移民、安全、强制执法等。

新闻报道的形式

由于在不同的媒体——印刷、广播和电视媒体当中都可以发现新闻类型的某些基本特征,因而可以证明新闻这个类型的力量,尽管在不同的媒介中新闻类型表现出不同的可能性和局限性。这些规律性的特征也被发现在不同的国家中有着相同的表现(Rositi,1976;Heinderyckx,1993)。令人惊讶的是,那些本来认为是不可预测的事件总体到最后也越来越趋同,从而被纳入非常相似的时间、空间和主题的框架中。的确在重大事件或特殊的事件中有时也会出现偏离,但是新闻形式被认为是定位于事件领域的常态性和可预测性之中的。

新闻形式提供了对事件的相对重要性和内容类型的指示。重要性主要是通过内容的顺序和报道所占有的空间或时间的相对数量所表现出来的。根据格拉斯哥媒介小组(Glasgow Media Group,1980)所提出的"观众的座右铭"(viewer's maxims),可以看到在电视新闻中最先出现的条目被理解为"最重要的",此外,通常占有较多的时间的新闻条目也被认为较重要。电视新闻播报的结构也通常是按照一些思路构建的,即通过强调一些事件首先来激发观众的兴趣;继而通过多元化和人情味来保持这种兴趣;将一些关键的信息保留至最后(体育比赛结果和天气预报);最后在结束的时候用稍稍的打动将受众打发离开。格拉斯哥媒介小组证明了这种结构的目的和效果是加强一种"主流框架"的规范性和控制作用,并且强化世界实质上是充满意识形态的这样的观念。世界因此"被驯化了"(参见 Tuchman, 1978)。

上述所陈述的规律性体现了西方主流的新闻形式的特征,而且由于媒体可能是在不同的"新闻出版理论"下运营的,因而接受着不同类型的规范的管理。在不同的社会中,电视的新闻播报方式确实存在着显著的和系统化的差异,但是尽管如此,它们所遵循的文化上和机制方面的方针的边界,更有可能取决于不同的民族和语言之间的界限。例如,在对美国和意大利的电视新闻的对比中,所得出的结论是每个系统中的新闻对于"政治是什么"有着明显不同的概念(Hallin & Mancini, 1984)。主要的差异被认为是源于在意大利公共领域相比国家而言要更为宽广,由此产生的结果就是,美国的新闻记者比意大利的新闻记者履行了或被认为扮演了更为重大的代表公众的角色。

新闻作为叙事

作为叙事的文本很久以来一直被作为研究的对象,而且叙事的概念也被证明在理解各种各样的媒介内容方面是非常有用的。基本的叙事形式包含着众多的类型,其中从广告到新闻"故事",以及更为明显的戏剧和小说这样的形态。大部分媒介内容以这样或那样的方式讲述故事,而且这些方式都是按照相当模式化和可预测的形式进行的。叙事的主要功能是为经验性的报道赋予相应的意义。这主要是通过两种方式得以实现的:将行为和事件以逻辑的、有序的或因果相关的方式联系起来;以及提供具有固定且人们所熟知(真实的)特点的人和地点的要素。叙事有助于提供人类动机的逻辑,这使得无论是虚构的还是现实的零散观察变得言之成理。当新闻被看作为叙事的时候,我们就能够领会到它吸收并复述那些循环往复的支配性社会神话的方式,在这个过程中,新闻不可避免地带有某些"意识形态的"附加成分(Bird & Dardenne, 2009)。

达恩顿(Darnton, 1975)论证了我们对新闻的概念产生于"古老的讲故事的方式"。新闻的叙述是以典型的叙事形式打造的,其中有主要或次要的角色、连贯的顺序、英雄和恶棍,开场、中段和结尾,对戏剧化转折的示意和依赖于熟悉的剧情。对新闻的叙事结构的分析已经正式归于"话语分析"的传统之下了,范·迪克(van Dijk, 1983, 1985)在这当中有着重要的贡献,他以"新闻范式"的概念为基础,为新闻分析开发了建立在实证基础上的框架结构,新闻范式为新闻故事提供了句法规则。但是,贝尔(Bell, 1991)提醒我们注意,新闻不能够遵循常规的叙事方式,因为新闻结构需要在故事开始的时候对故事进行抽象概括,同时也需要一个反映了新闻中的行动者和事件的不同的新闻价值的顺序。信息片段是由新闻记者根据新闻价值而非时间顺序重新组织在一起的。

电视暴力

与新闻一样被广泛而密集且长期研究的媒介内容的另一个类型,就是包含暴力成分的电视节目。当然,由于暴力事实上出现在所有的电视类型当中,因而它并不能够被看作一个单独的类型。尽管如此,在电视节目中还是存在一个较小的类别,它的典型特征就是为了吸引观众而极大地依赖于暴力元素。这些内容的确和那些能较为明确的识别的类型类似,在目标、风格和意义等方面拥有某些共同特征,而且在某种程度上,它们也同样拥有不同的子类(例如,战争的、黑社会的、幽默的、卡通的、残忍犯罪的,等等)。这部分论述的主要目的,是简明地指出"暴力电视"这个关键特征是如何被界定和加以描述的,其主要的立场是保护儿童不会受到有害的影响,并且开展反暴力运动。

这个领域的研究历史可以回溯到最早的传播学研究时期,尽管重要的里程碑是(美国)国家暴力诱因与预防委员会(National Commission on the Causes and Prevention of Violence)的研究报告(Baker & Ball, 1969)。这项研究提供了最早的对研究方法的阐述,而且指出了格布纳的涵化分析研究项目的发现(参见 Gerbner et al., 2002)。美国较为新近的研究,是在国家电视暴力研究(National Television Violence Study)项目支持下遵循同样的传统所进行的后续研究,他们的工作为在主流传统中描述暴力研究的目标和方法提供了依据(参见 Wilson & Smith, 2002)。这项研究将暴力定义为"所有对身体暴力的可见的威胁或确实使用这种力量用于对动物或人类进行身体上伤害。暴力也包括通过不可见的暴力手段对动物或人类造成身体上的有害结果"。威尔逊(Wilson)等人列举了暴力如下的四个基础特征,他们根据这些基础特征选定电视中的暴力,对其类型和频率进行记录:

- 电视暴力在观众那里产生了反社会的效果。
- 观看电视暴力主要会带来三种主要的影响:学习攻击性的态度和行为;对暴力不敏感;增加对成为暴力的受害者的恐惧。
- 并非所有的暴力都会带来同样程度的有害影响。
- 并不是所有的观众都以同样的方式受到暴力的影响。

根据这些原理以及支持这些原理的研究和理论,我们尝试着依照对所有暴力的描述中主要的语境性特征,确立暴力电视节目中与效果相关的特性。板块 14.4 展示了相应的语境性特性。

14.4 对暴力的刻画中的语境性元素

- 凶手的相应诉求
- 受害者的相应诉求

- 暴力的原因
- 武器的使用
- 描写的广泛性和直观性
- 暴力刻画中的写实主义
- 对行为的奖赏和惩罚
- 展现以痛苦和伤害的形式出现的后果
- 有或没有幽默感

板块14.4中所列出的变量可以应用于三个层面：每一个暴力事件；每一个场景；整个节目当中。在对1995—1996年的近3 000个电视节目的研究中得出了下列主要结论：

- 任何类型的电视节目中大部分都包含一定的暴力(61%)；
- 只有很少的节目是以反暴力为主题的；
- 电视节目中的大部分暴力是经过净化处理的；
- 可能向7岁以下的儿童传授攻击行为的高风险暴力描绘，恰恰集中在面向年轻观众的节目和频道中；
- 针对年长一些的儿童和青少年、鼓励攻击行为的高风险的暴力描述可以在大部分的影片和电视剧中找到。

文化文本和意义

有关媒介文本的新的讨论形式已经出现了，特别是伴随着文化研究的兴起及其聚焦于大众传播研究已有的传统之上。文化研究的源头是多元化的，包括了传统的对文本的文学和语言的分析、符号学和马克思主义理论。菲斯克(Fiske,1987)令人信服地将大量分散的理论结合在一起，他的这些努力主要是为了对流行(电视)文化进行分析和理解。而对媒介文本的新的定义是通过对它们的一些关键特征界定的路径得以实现的。

文本的概念

"文本"这个术语主要用于两种基本的理解。第一个非常广泛地指代消息实体本身，例如前文所提到的印刷文件、电影、电视节目或乐谱等。根据菲斯克的建议，文本这个概念的另一种用途，就是将它用于指代存在于内容和读者之间的富有含义的作品。例如，一个电视节目"在解读的时刻变成了文本，当它与它的大量受众之中的一位成员发生互动时，会激发产生某种意义或者愉悦之情"(Fiske,1987:14)。这起源于如下的定义，即从意义的达成的角度来看，同一个电视节目能够生成大量的不同的文本。在对这个观点的总结过程中,菲斯克向我们指出,"节目是由产业生产制作的,而文本则是由读者生成的"(Fiske,1987:14)。从这个角度来看,"生产"这个词既可以用于"大众传播者",也可以用在受众身上,这一点是非常重要的。

因而,有关媒介内容的理论的本质核心应该是,它是从对它的接收过程出发,而非它的生产过程或固有的含义的角度出发。这种理论的另一个实质性的元素,就是强调了媒介文本(是指第一种理解或从"节目"的意义上来看)拥有大量、可能导致不同的解读的含义。因此,大众媒介内容通常是多义的,对于它的"读者"(泛指一般的受众)来说具有各种各样潜在含义。菲斯克论证了,多义性是真正的通俗媒介文化的必要特性,因为存在着越多的潜在含义,就越有可能引起不同的受众和总的受众群体中属于不同社会类属中的成员的注意。

纽科姆(Newcomb,1991)提醒我们注意,文本意义的多样化还有一个附加的维度,即文本是由大量不同的语言和意义系统构成的。这其中包括服装符码、物理外形、阶级和职业、宗教、种族、地区、社交圈子等。任何一个被说出的词语或在戏剧中任何一个互动在联系到以上的语言系统时都会产生完全不同的含义。

再谈差异化的编码和解码

尽管具有多义性的特征,但是对媒介内容的具体的例子的讨论,往往却是有规划的或者试图控制、限制或引导意义的获取,这样的过程在读者一方往往是被抵制的。有许多讨论与霍尔(Hall,1974/1980)的编码/解码模型(具体内容请见第3章)相关,根据这个模型,在文本当中通常被编码了优先解读,也就是消息的制作者希望接收者所获取的含义。从总体上来看,"优先解读"是在对显性内容的分析中得以确认的,也就是字面的或表明的含义再加上意识形态。"优先解读"与"内接读者"(Inscribed reader)这个概念有一定的联系(Sparks & Campbell,1987)。根据布尔迪厄(Bourdieu,1986)的理论,可以说具体的媒介内容"建构"了读者,这个结构可以通过以文本创作时的视角为基础的分析,而在某种程度上能够被重新"解读回来"。内接读者也正是消息首先要传达的对象。另一个类似的概念是"隐含的受众"(implied audience)(Deming,1991)。

这个过程通常被称为"质询"(interpellation)或召唤,并且它常常可以回溯到阿尔都塞(Althusser,1971)的意识形态理论。根据菲斯克(Fiske,1987:53)的观点,可以看到"质询是指任何使用话语向收件人'打招呼'的方式。作为回应,……我们默默地接受了话语对'我们'的定义……我们接受了话语建议我们应该处于的服从的位置"。话语的这种特征在广告中得到了广泛而充分的运用(Wiliamson,1978),在广告中,传播者通常考虑的问题,是如何构建并展现他们的产品的典范消费者的形象。然后,他们邀请"解读者"在这些形象中识别自己。这些形象一般都与使用这种产品所带来的某些令人满意的品质(例如时髦、聪明、年轻或漂亮)联系在一起,并且一般来说,这样的联系过程既是对消费者,也是对产品的恭维。

互文性

菲斯克(Fiske,1987)也提醒我们,由读者所生成的文本,其意义的边界并不局限于生产方所设定的节目或内容范畴之间的界限。例如,媒介文本的"解读者"能够轻而易举地将从一个节目中所获得的体验与所插播的广告,或是临近节目中的经验组合起来。

这是媒介的互文性的一个方面,而且互文性也可以指对媒介(诸如电影、图书和广播)边界的跨越。互文性不仅是可以由读者来实现的,而且也是媒介自身的一种特征,也就是从一种媒介到另一种媒介之间不断地交叉参阅,而且能够在完全不同的媒介形式和文类中发现同样的"消息"、故事或叙事类型。建立在媒介形象基础上的市场扩张,将互文性的范围从媒介内容的"文本"扩展至所有类型的文本消费上。按照菲斯克(Fiske,1987)的观点,"互文性"可以提升至"第三个层次",这是指观众本身通过对媒介体验的交谈或写作而生产和再生产出来的文本。运用人种学研究方法的研究者在对媒介受众进行研究时,就将这种"第三层"文本用在他们听取对话或组织小组讨论中,从而获悉受众是如何体验媒介的(例如 Radway,1984;Ang,1985;Liebes & Katz,1986)。

"符码"(code)是意义的系统,符码的规则和惯例被一种文化中的成员或所谓的"阐释共同体"(例如,同一个媒介类型、作者或演员的粉丝群体)所共享。符码通过奠定阐释的基础,从而有助于将媒介的生产者和媒介的受众联系起来。我们是通过对能发挥交流作用的符码和惯例的理解,从而弄清楚这个世界的。例如,特定的手势、表情、服装的形式和图像,在特定的、通过惯例和熟知而形成的文化中传递着在一定程度上明确的含义。举一个电影符码的例子(Monaco,1981)——一幅包含了哭泣的女人、枕头和钞票的画面表现了耻辱。

开放的文本与封闭的文本

在有关媒介内容的特定话语的讨论中,内容可以被认为在它的含义上多多少少是"开放的"或是"封闭的"。根据伊科(Eco,1979)的看法,开放的文本是指它的话语没有试图将读者限定在某一个特定的意义或理解之上。对于不同类型的媒介文本和具体的案例,都可以根据它们的开放程度加以区分。例如,通常新闻报道被有意识地设定为非开放性的,而是要能够引导形成统一的信息告知结果;与此同时,连续剧和肥皂剧则通常不是表达明确的,并且被赋予了不同的"读取"方式。这种差异性并不总是出现在不同的类型之间,在同样的类型之内,文本的开放度也会有非常大的变异。在商业广告当中,由于其目的是实现广告所宣传的产品获得盈利的长期目标,广告宣传类型的范围能够从戏谑且模糊的到"硬销售"的单一维度或简单的通报。已经得到证明的是,总体来说,电视比起影院影片，拥有更为开放和模糊不清的文本(Ellis, 1982)。

开放的和封闭的文本之间的区别具有潜在的意识形态方面的重要意义。例如，在施莱辛格等人(Schlesinger et al., 1983)对电视中恐怖主义的刻画的讨论中，他们证明更为开放的描写也会导致形成多种多样的观点，而封闭性的刻画则倾向于强化主流的或一致同意的看法。他们还另外区分了"紧凑的"或"松散的"故事情节，它们也强化了封闭的形式或开放的形式所带来的相应的倾向。施莱辛格等人因而下结论指出，电视新闻总体上来说是封闭的和紧凑的，而纪录片和虚构的故事则是有很多的变化形式。他们观察了有关恐怖主义的虚构故事，发现(预期的)受众群体越大，对恐怖主义的表现就越封闭和紧凑，因而就接近于新闻中所刻画的有关现实的"官方的"画面。这体现了某种形式的意识形态控制(可能是自我审查)，其风险在于可能不被广大受众所接受。

连续性

对叙事理论的兴趣又被重新激发起来了(Oltean, 1983)，其结果特别体现在媒介研究领域对于电视剧、连续剧和系列剧的极大关注(例如，Seiter et al., 1989)。有关连续性的主题现在被放在叙事理论当中。叙事理论本身在很大程度上归功于普罗普(Propp, 1968)的研究，他在俄罗斯民间传说中发现了叙事结构的基本相似性。现代流行的媒体虚构形成也明确地体现了在基本情节上的高度稳定性和相似性。例如，拉德韦(Radway, 1984)将为女性大规模生产的言情故事分成不同的阶段，并描述了其中的基本的叙事逻辑(请参见图表14.2)。叙事从女主人公的烦恼开始，这是由与一位贵族男子的充满敌对的相遇引起的，然后经历了分离、言归于好和性方面的结合，最后结束于女主人公的身份重建。

尽管在许多不同的类型中都可以找到这样的基本情节——只是带有已成型的而且类似的变异，但是还是有其他的叙事差异值得注意。例如，电视系列剧(series)就与电视连续剧(serials)在使用叙事理论上有着明显的差异。系列剧包含了一系列不连续的故事，每集都讲完一个故事。而在连续剧中，故事从一集到另一集是连续的、每集中没有完结。在这两种形式中，都存在着连续性，这主要是通过一直保留着同样的主要角色而得以实现的。但是，两者在这方面也有不同。在系列剧中，男女主人公(主体)是保持不变的，但是配角(客体)却在每一集中是不同的。同样的角色在同样的环境下经历了不同的叙事阶段。正如奥尔田(Oltean, 1993)所指出的，在不同的剧集中，"提线木偶一直被放在虚构真实之外的小隔间中"。与系列剧相反，在连续剧(诸如仍然按照其原始形式每日播出的普通肥皂剧)中，同样的角色班底每次都出现，而且创造了这样的幻象，即他们的生活在每一集中积极地延续着。他们"保持了虚构的主动性"。

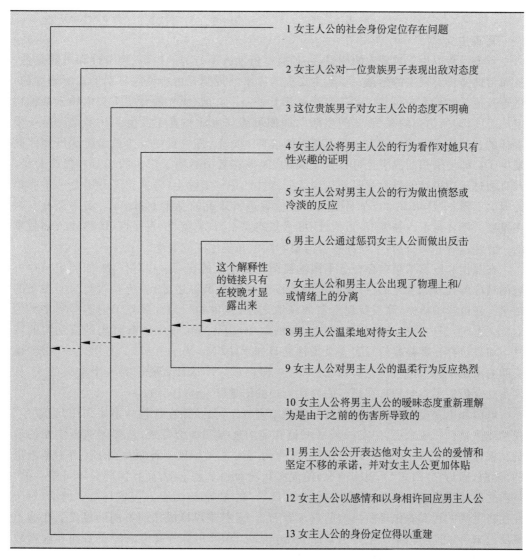

图表 14.2　言情剧的叙事逻辑（Radway,1984:150）

　　奥尔田所强调的叙事的另一个侧面是在"线性"和"平行"展开之间的不同。在连续剧中,从一个故事情节到另一个故事情节存在着过渡;而在系列剧中,会存在着一个"元故事"(关系到一直不变的角色),在那里随着基本人物在一周又一周当中的新的遭遇而会出现一些不同的故事情节。系列剧是根据线性的原则组织故事的,而连续剧(诸如肥皂剧)则偏向于同时发生的故事情节网络的平行推进,在那里包含着在稳定不变的角色班底下的各种不同的子角色群,他们之间在不同的时间维度中进行着互动、相互交织在一起。

写实主义

叙事经常取决于对现实的假设，并且通过借助人类行为的逻辑、规范性和可预见性，从而帮助强化对现实的感觉。写实主义虚构故事的规则是由小说的早期形式所确立的，尽管其他艺术形式的写实主义已经超越其上了。一方面，媒介的写实主义依赖于某种特定的态度，即所描述的是"真实的生活"，即便可能与生活中真正发生的并不是完全一模一样的。写实主义虚构故事建立在这样的信仰基础上，即它可能发生或者可能已经照此发生了。即便幻想的故事也可以是现实的，如果在其中运用了切实的场景和社会背景，并且通过运用可信的行为逻辑而达到了逼真性的话。实际上，写实主义并不是一个简单的概念。霍尔（Hall,2003）在对受众的价值观进行研究的基础上指出，写实主义具有很多维度。她界定了六种维度：可信性、可感知的说服力、典型性、事实性、情感涉入和叙事的一致性。她总结得出，不同的类型需要不同的写实主义的概念。

在写作和电影拍摄中存在着不同的强调写实主义的技巧。在写作中，如同纪录片一般的精确的描写和具体的、符合逻辑的和按顺序的故事讲述过程，能够达到写实主义的结果。在电影拍摄中，除了展现真实的场地之外，连贯的行为也服务于创造写实主义的幻觉。有时，黑白历史片的插入（例如，在倒叙中）也体现了现场就有真实的或纪实的特性。而且也存在着经典的写实主义风格的具体手法（Monaco,1981）。其中之一就是"镜头间的来回反转"，也就是在对话场景中，摄像机从一个谈话者转向另一个交谈的人，从而为观众创造了参与到正在进行的谈话当中的幻觉（Fiske,1987）。

电影和电视也可以通过对纪录片的规则进行学习，从而在虚构故事中采用"纪录片"模型或风格。一般来说，纪实的风格依赖真实的地点和社会背景，从而创造现实性的幻觉。根据菲斯克（Fiske,1987）的观点，媒介的写实主义导致一种"保守的"（而不是激进的）倾向，因为它"归化"了现实情况，使现实状况看起来是正常，而且因此是不可避免的。就前文所使用的概念而言，写实主义走向"闭合"的方向，因为看上去越是写实的话，对于往往将世界的现实看作理所当然的解读者而言，就越难以形成任何不同的意义。在这里又反过来可以证明施莱辛格等人（Schlesinger et al.,1983）所提出来的在新闻和虚构故事中不同的开放和封闭程度。

性别化的媒介文本

关于内接的（写入的）或质询的读者的概念，可以用来分析特定的媒介所寻求的受众的形象，分析将主要涉及受众的阶级、文化品位、年龄或生活方式。根据同样的观点，许多类型的媒介内容都具有不同的性别性。对于某个或另一个性别的某些假定的特性的偏见，内嵌在不同类型的媒介内容之中，其原因可能是为了吸引所选定的受众，或仅仅是因为许多语言符码本身就具有性别性。

菲斯克(Fiske,1987)以警匪电视系列剧《警花拍档》(Cagney and Lacey)——该片的主要人物是两位女性——为基础举出了一些例子。在这部系列剧中,"有关性别的讨论……写在了大量的符码之中,它让我们不要采用宣扬男性气概的观点来看待这部电视剧,尽管这在重男轻女的电视剧中是正常的"。积极的女性角色"被展现为有控制力的、积极行动的人,因而摄像机不再停留在能够体现她的性吸引力的地方,而是去发现和展示她对局面的控制那些方面"(Fiske,1987:53)。

许多学者(例如 Geraghty,1991)也论证了,肥皂剧作为一种类型从本质上"被性别化"为女性叙事,这是通过它刻画人物的方式、背景和对话,以及对男性和女性的角色的定位而得以实现的。莫德尔斯基(Modleski,1982)指出,肥皂剧中典型的松散结构是与家庭主妇日常生活中的碎片化的模式相符的。相反,可以说动作类连续剧则往往被性别化为男性气概的。两者之间的不同之处(就像在广告中的情况一样)的确仅仅是由计划吸引不同的受众群体,遵循常规的、往往是刻板印象化的有关男性和女性的不同概念而引起的。拉德韦(Radway,1984)将各种类型的大批量生产制作的言情故事,描述为从开篇就清晰地"性别化"了的,而且大部分是由女性所写,并且为女性而写。尽管如此,这并不是完整的解释,而且"性别化"能够采取微妙且并不总是有意识的形式,这些现象使得性别化这个主题更加值得探索。

例如,帕齐·温莎(Patsy Winsor)对女性导演和男性导演进行了研究,在里尔(Real,1989)的有关这项研究的报告中,展示了由男性和女性执导的流行电影在内容上的许多重要的差异。女性电影导演明显较少地倾向于采用身体攻击或将它们密切地与男人联系在一起。她们将女性表现为更为主动的角色,而且运用不同的、较难以预测的方式生产与众不同的文本。这项研究的结论是,尽管在流行电影制作中有着种种限制,但是仍然有证据表明形成了"女性美学"。还有证据表明,制作者的性别会影响作品,尽管在制作的过程中存在着更为有力的组织性要素。例如,朗岑等人(Lanzen et al.,2008)分析了美国电视网黄金时段的节目样本,他们发现了常见的性别刻板印象的倾向,但是在制作团队中有着一名或多名女性作者/创作者的时候,比起全部由男性成员组成的制作团队,就更倾向于将男性人物放入人际交往的角色之中。

对流行的研究

用在"文化文本"主题下的内容研究方法,似乎也适合对流行的大众娱乐的研究,特别是虚构和戏剧的形式,因为它们试图将读者带到幻想中去,但是却往往处于写实主义的背景中。这样的媒介内容的目标并不是表露任何特别的含义,而只是为了提供"娱乐",让人们从自我中分离,而进入另一个空想的世界,沉溺于戏剧化的行动和情绪之中。为了实现这个目的,在这里所采用的文本往往是相对"开放的",而且没有必要在认知层面做出努力。

在流行虚构故事这个领域之外,在对多义性的假定,和认为文本是以特定的方式构造、从而抵达它们的受众并实现相应的效果这个观念之间,存在这巨大的矛盾。例如,媒介新闻的内接文本是更为封闭的,并且这是由它们提供信息的目的所决定的,尽管它们也会产生不同的、甚至是反常的"解码"(Eco,1979)。

14.5 文化文本的路径

- 文本是由读者一起参与生产的。
- 文本以不同的方式被编码。
- 文本是"多义的",也就是说,有许多潜在的意义。
- 文本与其他的文本相关联(互文性)。
- 文本采用不同的叙事形式。
- 文本是性别化的。

小 结

概括大众媒介的内容已经变得越来越困难了,因为媒介不断地发展、变得多样化,而且多媒体形式已经占主导地位。已确立的类型也已成倍地增多,并且发生着变异,这导致了对将类型分析作为描述媒介产品的稳定的框架的怀疑。我们对文本如何运作的分析和理解能力,并不能跟得上即便是常规媒介的多种多样的产品,更不要说互联网和其他的新的生产方式了。我们仍然要面对在哪里可以找到"意义"的谜题:是在生产者的意图那里,还是接收者的感知那里,或是文本自身所在。各种各样的问题的列表是令人沮丧的,但是如果我们在头脑中确定了清晰的目的、掌握了可靠的方法,并且能够意识到陷阱和机会所在,那么就仍然有可能对内容进行分析。

深入阅读

Berger, A. (1979) *Popular Culture Genres*. Newbury Park, CA: Sage.

A still largely valid typology and characterization of the underlying principles of popular culture genres, although with a strong bias towards forms found on television. Provides a framework for identifying innovation.

Bird, S. E. and Dardenne R. W. (2009) "Rethinking news and myth as storytelling", in K. Wall-Jorgenson and T. Hanitsch (eds.), *The Handbook of Journalism Studies*, pp. 205-217. London: Routledge.

A fresh look at the narratology tradition of news theorizing.

Creeber, G. (ed.) (2006) *The Television Genre Book*. London: BFI Publishing.

An introduction to the study of television genre, with identification and illustration of the main forms.

Radway, J. (1984) *Reading the Romance*. Chapel Hill, NC: University of North Carolina Press.

A classic genre study combining literary analysis with audience research more or less according to the principles of the media "uses and gratifications" approach.

在线阅读

Akass, K. and McCabe, J. (2007) "Analyzing fictional television genres", in E. Devereux (ed.), *Media Studies*, pp. 283-301. London: Sage.

Anden-Papadopolous, K. (2008) "The Abu-Ghraib torture photographs: news frames, visual culture and the power of images", *Journalism*, 9(1): 5-30.

Brants, K. (1998) "Who's afraid of infotainment?" *European Journal of Communication*, 13(3): 315-356.

Newcomb, H. (2004) "Narrative and genre", in J. D. H. Downing, D. McQuail, P. Schlesinger and E. Wartella (eds), *The Sage Handbook of Media Studies*, pp. 413-428. Thousand Oaks, CA: Sage.

Reese, S. D., Rutigliano, L., Hyun, K. and Jeong, J. (2007) "Mapping the blogosphere", *Journalism*, 8(3): 235-261.

第六部分
PART Six

受众

第15章

受众理论和研究传统

这一章从讨论"受众"这个具有大量不同含义和表现形式的概念起源开始。在这里将受众分为不同的类型,解释受众理论中所探讨的主要问题,概括受众研究的目的。受众的类型学被用作为分析的框架。有关媒介传播者和他们的受众之间的关系的问题——无论是现实存在的还是设想中的,都将在此进行讨论。这一章继续探讨了媒介研究的不同方法,并且通过对有关受众的选择性和不同类型及程度的主动性这些概念加以分析,作为本章的结束。

受众的概念

在有关大众传播过程(信源、渠道、消息、接收者、效果)的简单的线性模式中,"受众"这个词语通常用作表示"接收者"的集合概念,而被媒介研究领域的创始者们所采用(例如,请参见Schramm,1955)。这个概念不仅被媒体业的工作人员和这个领域的理论家所理解,而且也被媒介使用者看作是对他们自身的明确的描述。尽管如此,在常识性的使用之外,有关"受众"这个概念还存在着大量做出不同解释和理论上的争论的空间。这些主要是产生于这样的事实,即"受众"这个词语可以被用于指代不断多样化和复杂化的现实,表达了多种多样且相互矛盾的想法。这意味着"正在发生的事情就是无论在人类学还是社会科学范畴下的传播研究中,'受众'这个词语的指代对象的不再存在了"(Biocca,1988a:103)。换言之,我们留下了这个熟悉的词语,但是这个词语所指代的事物本身却消失了。

首先,受众这个概念是指专注的、有接收能力的,但是相对被动的听众或观众群体,他们聚集在拥有一定的公共程度的环境中。对大众媒介的接收行为是各种各样且复杂散乱的经验,几乎没有什么规律,因而与对"受众"的上述描述并不相符。其次,新媒介的兴起也带来了全新的行为方式,其中包含着互动性和搜索活动,而不只是观看或聆听。最后,制作者和受众之间的界限,也因前文所提到的各种原因而不断模糊了(请参见第275页)。

受众既是社会情境(它带来了共同的文化方面的兴趣、理解和信息需求)的产物,也是对媒介所提供产品的特定模式的反应。当媒介着手于吸引某一个社会类属中的成员或特定地区的居民时,通常受众就体现了以上两个方面的特征。媒介使用也反映了使用时间、可利用性、生活方式和日常生活的广泛的模式。

因而,对受众可以以不同但可能是部分重叠的方式进行界定:凭借地点(就像涉及地方性媒介时)、人群(正如当媒介的特征体现在吸引了特定的年龄、性别、政治信仰或收入群体的时候)、所涉及的媒介或渠道的特定类型(技术和组织两个方面的组合)、信息的内容(类型、主题、风格)、时间(正如谈到"日间时段"或"黄金时段"的受众,或短暂或短期存在的受众与持久存在的受众的时候)。

随着媒介的变化和时代的变革,出现了其他的概括不同类型受众的方式。奈廷格尔(Nightingale,2003)提出涵盖了新种类的关键特征的新分类方式,主要分为四种类型:

- 受众是"聚集在一起的人"。衡量这种聚集体的实质是在特定的时间里共同关注所给定的媒介展现或产品。他们就是所谓的"观众"。
- 受众是"被招呼的人"。受众是指传播者所设想的一群人,内容是为他们所构造的。或者他们也可以被看作是"内接的"或"质询的"人群(请参见第316页)。
- 受众是"随机形成的"。独自接收媒介内容的经历,或与他人一起接收并作为日常生活中的互动事件,都是要放到地点和其他特征的背景下加以理解的。
- 受众是"听到的"或"在听的"人群。这实际上指,当受众投入到一个节目中,或能够通过遥控装置进行参与,或能够在观看的同时给予回应的时候,所产生的受众的参与式体验。

此外,还有一些其他的方式去对受众的独特性进行定义,这主要依赖于所关注的媒介和所采用的视角。互联网所提供的新型传播关系不再适合为大众媒体所创造的类型学。

受众的起源

今天的媒介受众最初源自公共的戏剧和音乐演出,同样也出自古代的比赛和表演。最早的受众的概念是指在特定的地点中实现物理聚集的人群。例如,古希腊或古罗马的城邦可能会有剧院或竞技场,这些地方毫无疑问主要被用于不那么正式的集会,人们在那里参加上述类似的活动和宗教或国家的活动。最早的受众具有很多与今天在其他的公共表演领域中的受众的相似的特性,具体总结如板块 15.1 所示。

15.1 最初的受众的特性

- 观赏、聆听以及表演本身都具有计划性和组织性
- 活动具有公共性和"通俗性"
- 表演内容是世俗性的(非宗教色彩的),用于娱乐、教育和间接体验情感性经历
- 选择和关注行为是自愿的、个性化的
- 作者、表演者和观众的角色是特定化的
- 表演和观看体验处于同一个物理空间当中

因而,作为世俗类公共活动的观众人群的受众在 2 000 多年前就已经制度化了。他们拥有自己的有关演出的时间、地点、内容的惯例、规则和期待,也拥有允许进入的条件要求等。一般情况下这是一种城市现象,通常具有一定的商业基础,其内容根据不同的社会阶级和地位而有不同。因为受众的公共性特征,受众行为是监管和控制的对象。

现代的大众媒介受众也拥有最早的受众的一些特征,但是在一些方面也有着明显差别。大众媒介的受众在可以获得的内容和所涉及的社会行为方面要远为多样化。在现代受众那里并不存在公共集合的元素。受众保持在其一贯的状态之下,而不是偶尔因为特殊的演出而发生变化。大众媒介的受众吸引着内容供应,从而使自己满意,而不是做出改变以回应时而出现的有意思的表演。有关受众思考得越多,就会发现今天的受众与原始的受众的相关性越小。在英语之外的一些语言文化中,通常会使用"公众"这个概念,而不是"受众",但是这样的用法也会有大量类似的局限性,其中的一个原因,就是许多媒介使用行为根本不符合这个术语所主要表达的公共性。

从大众到市场

尽管许多观察家都提到报纸、电影或电视可以如此之快地抵达数目惊人地分散在各处的人群,但是有关媒体受众最早的理论化的构想,却是起源于有关现代社会中社会生活不断变化的本质的更广泛思考。正如在第 3 章中所详细阐述的那样,赫伯特·布卢默(Herbert Blumer,1939)最早提出了一个明确的框架,在这个框架里,受众可以作为现代社会条件下使之成为可能的新的集合形式的典型。他将这种现象称为"大众",并将它与较为陈旧的社会形式——特别是群体(group)、人群(crowd)和公众(public)加以区分(请参见第 46~47 页)。

大众受众是数量巨大的、异质性的、极为分散的,而且它的成员并不会且无法彼此认识。有关大众受众的这种看法与其说是对现实的描述,不如说是强调了新闻和娱乐的大规模生产和分发这种状况的典型特征。早期的评论家使用"受众"这个概念时,通常带有一种轻蔑的含义,反映了对通俗品位和大众文化的负面观感。

重新发现作为群体的受众

"受众"这个概念的不恰当之处长久以来就是显而易见的。人们对大众印刷媒体和电影的实际体验总是非常不同的。尽管"非个人性""匿名性"和"规模巨大"这些词语可能可以形容有关受众的现象,但是切实存在的受众体验却是个人化、小规模和融入社会生活及熟悉的领域的。许多媒体在当地的环境中运行,并且嵌入到了地方文化当中。由于大部分人都是自由地作出他们自己的媒介选择的,因而他们往往并没有感觉到被遥远的势力所操纵。围绕着媒介使用而开展起来的社会互动,帮助人们更为友好地融入日常生活中,而不是使人们疏离。媒介研究历史中一个早期的观点认为,真实存在的受众表现为在地点和共同的兴趣的基础上形成的许多相互重叠的社会关系网络,而且"大众"媒介以不同的方式被吸纳到这些网络之中(Dalia,1987)。受众的群聚性和社会群体的特征在概念中又重新得到重视(例如,Merton,1949;Janowitz,1952;Katz & Lazarsfeld,1955)。批判主义思想家(例如,Gitlin,1978)反对这一保护个体不受操控的设想,因为这种保护本身就是一种意识形态的行为,目的是掩盖身处大众之中的个体的相当典型的脆弱性,从而减轻对大众社会的恐惧。

作为市场的受众

当无线广播在 20 世纪 20 年代前途尚不明朗的时候,出版和电影已经成为非常有利可图的业务了。但是,广播和电视的受众也迅速地成为无论是硬件还是软件市场的重要消费者。初看起来,被广泛使用的"媒体市场"的说法,似乎提供了一个用以描述受众现象的更为客观的、更具有价值负载的表达方式。随着媒介成为不断壮大的商业领域，"市场"这个概念就变得通用了。媒体市场可以指代媒介所服务的地区、社会统计中的分类，或特定的媒介服务或产品的实际存在或是潜在的顾客。媒体市场可以被定义为媒体服务和产品的实际存在或潜在的顾客的集合，这个集合具有相应的社会经济特征。

对于媒体产业和媒体经济的分析而言，尽管"市场"是一个实用的而且必要的概念，但是它也有很多问题，而且并不是真正价值无涉的。这个概念将受众看作一群消费者，而不是一个群体或公众。市场是通过"算计"将发送者和接收者联系起来，而不是构成了规范的或社会性的关系，也就是说，是在生产者和消费者之间的现金交易，而不是传播关系。市场这个概念忽视了个体之间内部的社会关联，因为这些关系几乎不能为服务提供者带来利益。市场看重社会—经济标准，并且关注媒介消费，而非接收行为。

有效的传播和受众体验的质量在市场思维中是次要的。受众有关更广泛的公共领域体验的重要性在这里也不被强调。将受众看作市场的观念，不可避免的是"从媒体的"角度出发（特别是从媒体的所有者和管理者的角度出发），而且是局限在媒体产业的话语体系当中的。受众当中的人们通常并没有意识到自己属于市场，而且市场在与受众的关系上毫无疑问前者是操控性的。

在对这个概念进行革新和使之不断成熟的过程中，加拿大学者达拉斯·斯迈思（Dallas Smythe,1977）提出了"受众实际上是为广告主（也就是为他们的最根本的压迫者）工作"的理论。受众是通过用他们的业余时间去观看媒体而实现这一点的，他们的劳动被媒体包装、而后作为新类型的"商品"出售给广告主。商业电视和新闻业的整个体系都是建立在从经济上受剥削的受众那里榨取剩余价值这个基础之上的。同样地，受众通过支付附加在广告商品上的额外的成本，从而又必须再次向媒体付费。这是一个有独创性的且令人信服的理论，它从全新的视角展现了大众受众现象（请参见 Jhally & Livant,1986）。完全可以相信媒体对受众的需要要多于受众对媒体的需要，而且也有理由将受众研究首先看作加紧对媒介受众的控制和管理（可以称之为"操控"）的工具。

从某些方面来看，这个观点的线索更适用于建立在互联网基础上的媒体，因为它们几乎所有的收入来自广告，而且（可能正是出于这个原因）也需要它们的用户以自我生产内容的形式付出更为大量的"劳动"，而不只是听到或看到广告（请参见第325页）。富克斯（Fuchs,2009）根据这些线索提出了新的政治经济学方面的阐释。尽管如此，达拉斯·斯迈思的论证还是受到了贝尔梅霍（Bermejo,2009）的质疑，主要原因就是，斯迈思的想法并没有非常清晰地表明生产和销售的到底是什么。从传统的角度来看，生产和销售的并不是受众的注意力和时间。而实质上，生产和销售的对象首先被转化为基于时间花费基础上的"收听/视率"了。但是，同样的建立在时间基础上的收听/视率系统并没有用于互联网。因为虽然从某些角度来看，互联网的用户确实付出了远比被动地看电视要多得多的劳动,但是究竟谁从这些劳动中获益却尚不清楚。贝尔梅霍指出在使用搜索引擎的活动中,出售给广告主的并不是受众的观看时间,而是关键词。

从电视领域来看,媒体产业一如既往地将切实存在的电视观众转化为一条被称之为"收视率"的商业信息(Ang,1991)。收听/视率被描述为,它形成了"协议标准的基础,广告主和电视网根据这个协议标准进行对观众商品的购买和销售"(Ang,1991:54)。洪提醒我们注意,"看电视是一个几百万人所开展的不断进行的、日复一日的文化活动",而且"对收视率的讨论"是为了"获取和实现在单独、具体和简单化的'电视观众'结构中的所有人的观看行为"。这些论述实际上将受众观看产业贴上了固有的去人性化和具有剥削性的标签。这再一次体现了是商业化的大众媒体的受众为其提供服务,而非相反。洪(Ang,1991)论证了媒介机构没有兴趣去真正地认识它们的受众,而只是为了通过测量系统和技术(个人收视记录仪)证明它们的存在,这些测量系统或技术能够证明它们的顾客的存在,但是却从来没有抓住"受众群体"的真实本质。在互联网领域也有大量类似的批判,在那里也是全力以赴地追求接收率,尽管是以新的甚至是更为具体的方式。在板块15.2中回顾了作为市场的受众在理论上的主要特征:

15.2 作为市场的受众:主要的理论特征

- 受众是由许多潜在的或实际存在的消费者集合起来的
- 成员之间并没有关系,而且他们没有共享的身份认同
- 受众之间的界限主要依赖于社会—经济标准
- 受众是媒体供应者的管理和控制对象
- 结构是暂时性的
- 对公众的意义是次要的
- 受众与媒体之间的关系是相互算计、而非道义的

受众研究的目的

由于受众一直是一个充满争议的范畴,因而有关受众研究的目的是多样的甚至时常是矛盾的,也就不足为奇了。所有的研究都共享一些基本特征,它们有助于"构建""定位"或"确定"另一个无组织的、不断变动的或尚不可知的社会实体(Allor,1988)。但是,在受众研究中所使用的方法、所建构的受众的结构和对这些结构的运用都是相当发散的。暂且将理论构建的目的放置一旁,我们可以先根据对有关受众的信息的主要运用方式,将研究目的进行分类。具体请见板块15.3。

15.3 进行受众研究的各种目的

以媒体为中心的目的：
- 为了财务统计和广告（销售和收听/视率）的目的而测量实际的和潜在的接触率
- 管理受众的选择行为
- 寻找新的受众市场机会
- 从发送者的角度进行产品测试和提升效率

以受众为中心的目的：
- 履行服务受众的义务
- 从受众的角度评估媒体绩效
- 跟踪受众选择和使用的动机
- 弄清受众对意义的解读
- 探明媒介使用的背景
- 评估对受众产生的实际效果

在媒体产业目标和从受众"一方"的角度出发的目标之间的差异，可能是目标之间最根本的分歧。研究如同它一贯做到的那样，能够再现受众的声音，或为他们说话。尽管完全不能相信仅凭受众研究本身就能够真正地服务受众，但是我们暂且还是能够将研究的不同目的看作从"受众控制"到"受众自治"这个维度的扩展。两个角度的差异在板块15.3当中展现了出来。伊斯门（Eastman,1998）将受众研究的历史描绘为在媒体产业对受众行为加以管理的尝试，与人们对满足他们的媒介需求的追求之间的拔河比赛。

到目前为止，绝大多数的受众研究属于受众控制这一端，因为这才是媒体产业所需要、并为之付费的（Beniger,1986；Eastman,1998）。产业研究中只有非常少量的结果是公开的，而且这些研究也一直被学界的受众研究所忽视。根据伊斯门的观点，学界有关受众的研究对媒体产业也没有产生影响，这一点也是非常奇怪的。尽管研究工作整体上的不均衡和基本上缺乏相互关联，但是受众理论中最明确的发展线索，却都是从媒体传播者的角度转向了受众的角度。媒体产业似乎也将这个现实的趋势看作不断增强的对受众注意力的竞争的结果。因而，受众研究越来越趋向强调对人们的"重新发现"，开始承认选择、阐释和回应的主动权主要掌握在受众手中，而不是在发送者那里，而且有关主动且固执的受众的观念也挑战着对受众的操控。受众的偏好仍然是媒介使用中的驱动力量。

其他研究传统

从研究目的来看,可以将研究传统分为三种主要类型,它们分别以结构、行为和社会文化为主题。

受众测量的结构传统

媒体产业的需求导致了最早期和最简单的受众研究,这些研究是为了对以其他的方式无法知晓的数量进行较为科学的估量。它们特别强调广播的受众规模和发送范围,以及印刷出版物的传播范围(相对发行和印刷数量的潜在的读者的数量)。这些数据对于管理至关重要,尤其是在获得付费广告方面。除了规模之外,了解受众的社会构成方面的基本数据也是非常重要的,即受众是谁、在哪里。这些基本需求使得媒体业与广告和市场研究领域之间建立了密切的联系。

行为传统:媒介效果和媒介使用

早期的大众传播研究主要集中于对媒介效果的研究,特别是媒介对儿童和青少年所产生的影响、着重强调可能的伤害。近来,几乎每一项严肃的效果研究都是受众研究,在这些研究中,认为是受众被"暴露"在或者是说服,或者是引起效仿或行为方面的作用或影响之下。典型的效果模型是一个单向过程,即受众被看作为媒介刺激的不知情的靶子或被动的接受者。"行为"的受众研究的第二种主要类型在许多方面是对直接效果模型的反应。在那里,媒介使用处于研究的中心,受众被看作是多多少少有主动性的、并且是有动机的媒介使用者/消费者,他们"管理着"自己的媒介体验,而不再是被动的"牺牲者"。研究聚焦于选择媒介和媒介内容的动机的起源、特性和主动程度。受众也被允许对他们自己的行为加以定义(请参见 Blumler & Katz,1974)。"使用与满足"理论并不是严格地遵循行为主义传统的,因为它主要强调的是媒介满足的社会根源和媒介的更为广泛的社会功能,例如媒介满足体现具有社会接触和互动的功能,或者起到了减小压力与焦虑的作用。

文化传统和接受分析

文化研究传统处于社会科学和人文科学的交接地带。与早期的文学研究的传统相反,它几乎完全致力于对通俗文化作品的研究。文化研究强调媒介使用是对特定的社会—文化背景的回应,也是为日常生活中的文化产品和体验赋予意义的过程。这个研究流派既反对效果的刺激—反应模型,也反对无所不能的文本或信息的观点。文化研究传统专注于将媒介使用看作是"日常生活"的重要方面的这种观点。媒介接受研究强调将受众作为"阐释共同体"而对其进行深入研究(Lindlof,1988)。乔特纳(Drotner,2000)将受众的人种志研究概括为三条主要特征:研究群体而非媒介或内容;跟踪不同定位的群体;研究持续足够的时间以避免先入之见。接受研究是现代文化研究中的一个高效的受众研究分支,却不是一个独立的研究传统。

受众研究中的文化主义(接受研究)传统的主要特征可以概括如下(尽管不是所有的特征都是这种研究路径所专属的):

- 媒介文本必须通过其受众的感知而被"解读",解读是从所提供的媒介内容那里建构意义和愉悦的过程(而且这个过程并不是固定不变或可以预测的)。
- 媒介使用的过程和在特定的背景下展现的媒介使用的方式是研究的主要兴趣所在。
- 媒介使用具有典型的情境决定性,并且以由对"阐释共同体"的参与所发展出来的社会任务为导向(Lindlof,1988)。
- 特定的媒介类型的受众组成了单独的"阐释共同体",每个阐释共同体拥有大量相同的话语形式和理解媒介的框架。
- 受众从来就既不是被动的,也不是所有的成员都相同的,因为有些人会比其他人更有经验,而且是更为主动的粉丝。
- 研究方法必须是"定性的"而且深入的,往往是人种学领域的,它们将内容、接受行为和背景放在一起加以考虑。

在图表15.1中,对这三种研究传统进行了总结性对比。

	结构主义的	行为主义的	文化主义的
主要目标	描述构成、列举、与社会关联	解释并预测选择、反应、效果	理解所接收内容的意义及在语境中的使用
主要数据	社会—人口数据、媒体使用和时间使用	动机、选择行为、反应	在社会和文化语境下理解意义
主要方法	调查与数据分析	调查、实验、心理测量	人种志的、定性的

图表15.1 比较三种受众研究

目前,这三个领域已经出现了越来越强烈的融合趋势(Schroder,1987;Curran,1990),特别是体现在定量方法和定性方法的联合。不同流派之间仍然存在着内在的哲学体系和概念模型方面的巨大差异,虽然它们都越来越关注从定性的受众研究中所产生的方法论方面的问题(Barker,2003;Hoijer,2008)。

公众考量下的受众问题

对各种研究路径的简短回顾有助于我们确定,在为了获得有关受众的基本信息这个显而易见的实际需要之外,究竟是哪些主要议题和问题决定了对大众媒介受众的思考和研究。正如我们将要看到的,将有关受众的单纯问题转变为一个"议题"或社会难题,通常需要注入某些如同下文所描述的价值判断。

成瘾型媒介使用

"过度的"媒介使用通常被看作是有害而且不健康的(特别是对于儿童),它会导致上瘾、脱离现实、减少社会交往、不参与教育活动,以及用媒介使用取代更有价值的活动。电视是最经常被质疑的,但是之前电影和漫画也被类似地对待,与此同时,电子游戏、计算机和互联网也成为最新的作恶者。

大众受众和社会的细分化

越是将受众看作孤立的个体所组成的集合体,而不是一个社会群体,就越会联想起大众所具有的不理性、缺乏正常的自我控制和自愿被操控这些负面的特征。另一种看法与对大众的恐惧完全相反,这种看法论证了当下的受众的分隔化带来了民族凝聚力丧失的新威胁,这是伴随中央广播电视机构的衰落而来的。

受众行为是主动的还是被动的?

通常,主动的被看作是好的,而被动的则是坏的,无论是就儿童受众还是成人受众而言。媒体因为提供愚蠢的和催眠性的娱乐,而不是新颖且起促进作用的内容而受到批判。比如,一些研究发现了对社会参与的逃避和脱离。另外,受众因其选择简单的路径而被批评。尽管,媒介使用被定义为一定程度的被动性,但是它也通过选择性、有目的的关注和批判性回应而体现了主动性的信号。

操控或反抗

早期对受众的描述是将其看作唾手可得的操纵和控制的客体,他们易于接受建议而且愚蠢地对媒体中的社会名流阿谀奉承。"顽固的"受众这个观念是受众理论早期发展的产物。之后,接受研究强调了受众通常拥有社会的和文化的根基这个事实,并且支持保护受众不受不必要的影响、在选择和回应所接收的内容方面具有自主性。

少数受众的权利

大众传播不可避免地倾向于反对小众和少数受众的利益。独立而且以人为中心的受众研究项目,应该通过承认和发现提升他们的生存能力的方式,从而重视少数人群的需求和利益。在这种背景下,少数人群潜在地涉及非常广泛的因素,其中包括性别、政治异见、地区、品位、年龄、种族以及其他。

新媒介技术的隐含之意

最后要谈到的是受众的未来这个问题，尤其是在带来了丰富性和互动性的传播技术的变革这个背景下（Livingstone，2003）。一方面的想法是，受众（用户群体）将变得越来越碎片化和细分化，并且失去他们的民族、本土或文化方面的身份认同。另一方面，建立在互动性基础之上的新型的融合可能会弥补旧有的共享经验方式的不足。因而，建立在拥有共同的兴趣基础上的受众将拥有更多的选择权、有更多的人能够使用媒介，而且也会拥有更大的自由权和选择可能。

受众的类型

受众的起源既在于社会，也在于媒介和其中的内容：要么是人们刺激了相应的内容供应，要么媒介将人们吸引到它们所提供的内容上。如果我们采用第一种观点的话，我们能够将媒介看作是对国家社会、本土社区、已有的社会群体或某类被媒介选择为"目标群体"的个体的需求的回应。如果采用第二种观点，我们就将受众看作主要是由媒介所创造的，我们可以看到，受众往往因为一些新的技术（例如电影、广播或电视的发明）而被创造出来，或他们被某些新增加的"渠道"所吸引，诸如一本新出版的杂志或一个新成立的广播电台。在这种情况下，受众是由媒介资源进行界定的（例如，"电视观众"或"某报纸的读者"），而不是通过他们的某些共同特征。

媒介不断地寻求开发并留住新的受众，为了实现这些，它们要预见哪些可能是自发的需求，或是确定那些尚未表现出来的潜在的需求和兴趣。在媒介受众的不断的形成和变化的过程中，在开始的时候就将上述两种需求的明显差异展现出来并不容易。而随着时间的变迁，媒介为已经存在的社会群体提供的内容和媒介为所供应的内容吸引某一类社会群体之间，很难进行区分。媒介创造的需求也难以区别于"自发的"需求，或者两者形影不离地融合到了一起。尽管如此，从理论上区分接收者创造的需求和发送者创造的需求，对于展现前文所提到的不同"版本"的受众是非常有益的。图表15.2展现了一方面是在社会创造的需求和媒介创造的需求之间的差异，另一方面是操作过程的层次差异——宏观的或微观的。

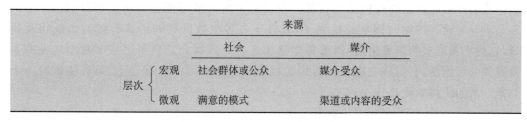

		来源	
		社会	媒介
层次	宏观	社会群体或公众	媒介受众
	微观	满意的模式	渠道或内容的受众

图表 15.2　大众媒介受众构成的类型

在图表15.2中所确定的四种主要类型将在接下来的段落中进行进一步的描述。

作为群体或公众的受众

今天,有关媒介受众——他们在某种意义上也是一个社会群体——最常见的例子可能就是地方报纸的读者人群或社区广播电台的听众群体。这类受众至少共同拥有一个显著的社会/文化身份认同特征,即共享所居住的社区的空间和成员身份。地方媒体对本土意识和归属感的形成发挥着重要的作用(Janowitz,1952;Stamm,1985;McLeod et al.,1996;Rothenbuhler et al.,1996;Stamm et al.,1997)。居住在当地确定并维护了一系列范围广泛的与媒介相关的兴趣(例如,有关休闲的、环境方面的、与工作有关的、社交网络的等),并且地方媒体广告服务于本地的零售交易和劳务市场,以及这个区域的居民。社会力量和经济力量一起加强了地方媒体的整合的作用。即便一家地方媒体倒闭了,构成了它的受众的当地社区也会将其继续维持。

除了地方媒体这种情况之外,还有其他类型的环境也拥有共同的特征、相对的同质性、构成的稳定性,这些都体现了存在着某些独立的、具有类似群体特征的受众。报纸的特征通常是由其读者的不同的政治倾向所决定的,而且读者也是通过选择报纸和找到对他们的信仰的支持,来表达他们的政治身份定位的。报纸和杂志通过构造它们的内容和表达相应的观点来作出回应。

阻碍受众形成群体或公众的社会条件,主要是极权政府和极高程度的商业垄断媒体。在第一种情况下,社会团体没有自治性。而在第二种情况下,受众成员被作为顾客和消费者来对待,但是他们在媒体市场几乎没有能力去实现他们的各种各样的愿望。有关受众群体和特殊的公众群体还有一些其他的相关例子。例如,"激进"媒体(Downing,2000)这个宽泛的概念包含了很大范围的多多少少是对抗性的媒介渠道,它们被认为是传承了早期的激进的和党派报纸的传统,尤其是在发展中国家中。许多这类媒体是"微型媒体",是在草根层次运营的、不连续出版的、非专业的,有时会遭到破坏或只是非法的。智利的皮诺契特(Pinochet)统治时期的反对势力的报纸,或在第二次世界大战欧洲被占领时期出现的地下刊物等都是众所周知的例子。这一类媒体的公众群体通常很小,但是他们却可能对这些媒体介入很深。他们通常具有清晰的社会和政治目标。并不是那么不寻常而且持续时间更长的例子,来自于许多少数民族和语言群体的出版物及频道,它们在相当多的国家出现,以服务于移民人群。新媒介开启了形成非常小规模的受众服务的可能性,它们建立在各种各样的目的和身份认同的基础之上,具有能够服务于非常分散的团体的优势。

受众的满足模式

选用"满足模式"这个概念,是为了指出受众拥有多种多样的可能性去形成或者改造与媒介相关的兴趣、需求或偏好。"模式"这个词语的使用意味着,这样的受众通常是分散个体的集合体,他们之间没有相互连接的纽带。尽管作为"公众"的受众往往拥有范围广泛的需求和兴趣,并且因为所共同具有的社会特征而形成了他们的联合体,但是"满足模式"却是由特定的需求或需求类型所决定的(虽然这些需求可能源于社会经历)。从某种程度上来看,这种类型的受众逐渐取代了原有的公众类型、媒介产品的分化所带来的结果和满足不同受众需求的供应物。每一位公众(无论是基于地点、社会阶级、宗教信仰还是党派基础之上的)不再拥有自己投入其中的媒介,取而代之的是,他们自我感知的需求刺激了相应的媒介供应。

这种现象并不新鲜,因为通俗报纸,以及传闻八卦类、时尚类和"家庭类"杂志长久以来就已经可以满足差异很大但也有相互重合的受众的兴趣了。最近以来,兴趣的范围被进一步扩大,因为每种类型的媒介(电影、图书、杂志、广播、唱片等)用多种多样的方式涵盖它的潜在受众的诉求。由高度差异化和"量身定制"的媒介供应所带来的读者/观众/听众组合,不太可能感受到任何集体的身份认同,尽管他们具有一些共同的社会统计学特征。

在这里有个相关的概念——**"趣味文化"**(Taste culture),这个由赫伯特·甘斯(Herbert Gans,1957)所创造出来的概念,用以形容"受众是通过媒介基于这些人一致的兴趣、却不是共同的身份认同或社会背景,而被组合在一起"之类的现象。他将趣味文化定义为"被同一群人所选择的相似内容的集合体"(请参见 Lewis,1981:204)。趣味文化并不是指人群的模式,而是指相似的媒介产品的模式,即为了与某个受众群体的生活方式相匹配而确定的媒介产品的形式、表现风格及文类风格。趣味文化体现得越是明显,就越清晰地展现出趣味文化在社会的一统计学方面的特征。

在"媒介使用与满足"传统之下的研究已经阐明了受众潜在需求的本质特征,以及这些需求是如何形成的。在媒介选择中所表现出来的动机和受众以什么样的方式理解及评价内容,都表明了相当稳定和持久的需求结构的存在。有关这些内容将在第16章继续讨论。

媒 介 受 众

第三种受众概念(图表15.2)是通过对特定类型媒介的选择所确定的,例如"电视观众"或"到电影院看电影的观众"。这种用法最早是对"阅读公众"的表达,是一个小规模的少数群体,他们能够而且的确阅读图书,而那时书籍还并不普及。这种表达方法通常是指那些以他们的行为或自我认知,将自己定位为相应媒介的有规律且被吸引的使用者的人们。

每种媒介,例如报纸、杂志、电影、广播、电视和唱片,都必须确立新的消费者或迷恋者人群,这个过程也随着"新媒介"的普及,例如互联网或多媒体,在继续进行着。团购这样的方式确定相应的人群并不特别困难,但是对这些受众的特征更深层的认识,往往是粗糙且不精确的,仅是建立在宽泛的社会的—人口统计学的分类基础之上。

这种类型的受众与前文所形容的"大众受众"(请参见第 338 页)的概念相近,因为它往往是规模非常庞大、分散且异质的,并且没有内在的组织或结构。这类受众也与为特定类型的消费者提供服务的"市场"这个基本概念一致。到目前为止,不同媒介的受众群体重合度非常高,因而他们之间几乎没有差别,除了在主观性的密切关系和使用的相对频次及密集度方面存有差异之外。任何一种大众媒介的受众往往与另一种媒介的受众是相同的。

受众根据媒介特别的社会用途和功能,或者根据人们所公认的媒介的优点和缺点,继续在媒介之间进行区分。每种媒介都有着相当清晰且差异化的形象(Perse & Courtright,1992)。研究表明,一些媒介在实现某些特定的目的方面是可以相互替代的,而有些媒介却有着与众不同的用途(Katz et al. ,1973)。不同媒介之间为受众和广告收入而展开的竞争非常激烈,并且在那里,媒介之间的差异性发挥着一定的作用。"媒介"受众对于那些打算将媒介用于广告和其他定向宣传攻势目的的人而言是一个重要的概念,尽管这个概念不是完整周全的。在广告活动中关键的决策经常是对"媒介混合"的考量,这是在考虑了每种媒介的特性、媒介所接触的受众和接受条件之后,将广告预算分给不同的媒介。

在媒介经济中,有关媒介的可替代性仍然是一个重要的问题,并且它往往会变成特定的媒介受众的坚持程度的问题(Picard,1989)。在这当中除了受众的规模和人口统计学方面的特征之外,还有几个问题必须要加以思考。有些信息在家庭或熟悉的环境中更容易被传播,这就意味着应该选择电视;而另一些信息是私人化的,而且可能是更为有伤风化的,则暗示着应该选择宣传单或杂志。有些信息适合于放在信息量丰富的语境之中,而有些则相反,适用于消遣和娱乐的背景。从这个角度来看,对于作为目标的媒介受众的选择不仅是以他们的社会—经济特征为基础,而且也要考虑到所传播的典型的内容和相应的社会—文化方面的联想所表达的内涵,以及媒介使用行为的背景。

根据媒介的类型形成了人们所熟悉的对媒介图景的分割,而由于互联网和其他多媒体平台的出现,这幅图景被进一步破坏了。并不真的存在具有任何意义的"互联网受众",尽管这个概念可能确定了多多少少是密集使用的(甚至是成瘾的)用户,并且根据所获得的满意度的特定类型或其他方式,对使用行为进行分类。

由渠道或内容来定义的受众

将受众定义为特定的书籍、作者、电影、报刊文章或电视频道及节目的读者、观众或听众是相对清楚明确的。这种用法在"记账式"传统下的受众研究中是最为方便的,而且它似乎不会带来什么经验测量方面的问题。在这种用法中,并不存在需要考虑的群体关系或概念中的隐藏的维度,也不需要测量有关动机的心理学方面的变量。在这种用法中,受众是非常具体的,是媒体业务的重中之重。正因为如此,特别的内容或渠道通常优先被用作为确定受众的基础,尤其是在与产业相关的研究中。

这种有关受众的观点也是与市场思维一致的,根据市场思维,受众是特定的媒介产品的消费群体。受众或者是由付费的消费者所组成的,或者是由以媒介产品为单位被送到广告主那里的人头数和口袋数所构成的,他们也是媒介与广告主进行交易的根据。因而,受众被用"收听/视率""数量"这些在媒介业务中处于中心位置的词语表达出来。它为媒介政治的游戏提供了成功的主要标准,即便在那里并不涉及利润问题。这个"版本"的受众越来越成为"受众"概念的主流含义,它是唯一具有直接的实际意义和清晰市场价值的版本。它也包含了将受众视为媒介的产品的观念,是任何媒介的首要且毋庸置疑的效果体现。

对受众的这种理解方式是正当有效的,但是我们不能局限于此。例如,也存在着电视或广播连续剧及系列剧的"追剧者"或粉丝的受众,对于他们却不能明确无误地进行测量。还存在着特定的电影、书籍、歌曲和明星、作者、演员的受众,他们是随着时间而达到了可观的或相应的数量的。所有这些都是有关受众经历的重要方面,但是对此通常连最不精确的测量都没有。

受众的这个"版本"也为我们带来了有关粉丝或迷群(fandom)这个不断变得更为复杂的问题。"迷群"这个概念可以指代媒介明星、演员、演出或文本的所有极为投入的追随者群体(Lewis,1992)。迷群的识别特征往往是对吸引他们的客体的极大的、甚至是强迫性的依恋。成为粉丝也涉及附加的行为模式,例如体现在服装、言谈、对其他媒介的使用、消费行为等。有关粉丝问题将在第16章加以讨论(请参见第378～379页)。

受众接触的问题

"受众"这个概念中问题最少的"版本"可能当属它在各种形式中处于"收听/视率"之下的版本了。媒介供应者需要非常了解媒介接触的程度(它同时也是对受众的注意力的测量),这是出于财务或政治,或是组织和计划的原因。这些考量产生了对拜耳卡(Biocca,1988b:127)所提出来的"典范受众"的极大兴趣。"典范受众"这个概念起源于剧场和电影院,用来指代可识别的且专心的"观众"的物理实体。确信这类观众的存在对于媒介的常规运作非常重要,这种信念也为媒介组织提供了共同的目标(Tunstall,1971)。拥有受众这个事实,而且拥有恰当的受众,是媒介组织生存的必要条件,而且这一点是要不断地被证实的。

但是,媒介之间的差异性和确定所给定的媒介或信息的"抵达"状况的不同方式,使得满足这样的要求并不像看上去那样简单。先将媒介之间的差异放在一边,在这里概括了有关受众接触至少需要考虑的六个方面:

- 可获得的(或潜在的)受众:所有具有基本技能(例如,识字)和/或接收能力的人;
- 付费的受众:那些的确为媒介产品付费的人,无论是报纸、电影院入场券、录像带租金、CD还是图书。
- 投入注意力的受众:那些确实对特定的内容采取了阅读、观看、收听等行为的人。
- 内在的受众:那些关注内容的特定的章节、类型或某个条目的人。
- 累积的受众:经过一个特定的时间段,所接触的潜在受众的全部比例。
- 目标受众:通过特定的信源(例如广告主)挑出来去接触的一部分潜在受众。

在这里还存在着收听或观看行为是首要的、还是次要的这个问题,因为这两种行为都可以伴随着其他行为进行。在概念上来说,这并不是决定性的,但是它对测量却关系重大(请参见 Twyman,1994)。我们也可以区分其他并不那么常规性的受众,例如户外广告牌和电子显示屏、邮寄广告、有声文本、电话销售宣传等媒介的受众。旧媒介的内容和使用也是不断变化着的。在这里所展示的术语和定义都不是固定不变的。尽管如此,分类原则却大部分是维持不变的,并且我们可以将它们用于新环境。

图表 15.3 展示了从传播者的角度所认知的受众接触的基本特征,它们来自比利时学者罗杰·克劳斯(Roger Clausse,1968)的研究。尽管这个模型是针对无线广播开发出来的,但是从原理上来看,它可以用于前文加以区分所有的大众媒介。图表 15.3 中最外部的区域代表着对广播消息的接收几乎是具有无限潜力的。实际上,它相当于近乎全球传播系统中的受众。第二圈是指现实的最大化的接收边界。这个界限勾画出潜在的媒介受众,它是由居住在接收的地理区域的居民构成,他们拥有接收所必须的装置,或者拥有购买或租借出版物、唱片、录像带及其他类似的东西的财富。这个边界也是由文化程度和其他必要的技能所决定的。

第三圈确定了媒介公众的另一个层级,即广播或电视频道或节目或是其他媒介所真正实现的受众接触。这个界限通常是由销售、入场许可和订阅数据、阅读调查和接收率(往往表现了在潜在的受众中所占的比例)而加以衡量的。第四圈和中心圈关系到注意力的质量、受影响的程度和潜在的效果,其中一些是可以通过实证测量的。事实上,在所有的实际受众的行为中只有很小的一部分是可以测量的,而剩下的其他部分只是推测、

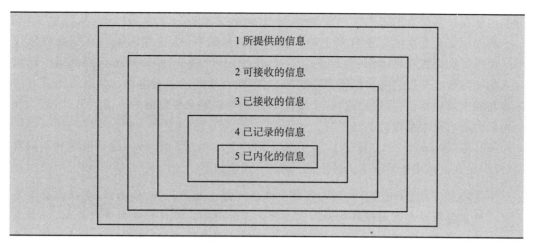

图表 15.3　信息的不同受众接触的模型（Clausse，1968）

估计或猜测。

从传播者的角度来看，图表 15.3 展示了在大众传播中存在着巨大的"浪费"，尽管它可能并不导致大量额外的成本。有关大众媒介的不同的接触和影响的问题不只是一个理论问题，因为这是在对传播进行计划的时候必须加以考虑的，尤其是在进行商业、政治或信息终端的定向宣传攻势时（请参见 Windahl et al.，1992）。大部分定向宣传活动是在（选举人、消费者等人群中的）"目标群体"这个概念下运行的，这些受众是宣传攻势所要努力抵达的。

主动性和选择性

对受众选择性的研究起源于对大众传播的效果的恐惧。大众文化的批判者们害怕数量众多且被动的受众会受到剥削、受到文化上的伤害，而且特别是儿童的被动且不加选择的关注应该是加以劝阻的。此外，媒介，特别是电视，被认为是鼓励了儿童以及成年人的被动性（例如，Himmelweit et al.，1958；Schramm et al.，1961）。"仪式性的"使用模式与"工具性的"使用模式之间有着明显的差别（Rubin，1984）。前者是指人们习惯性的和频繁的收看行为，他们与媒介有着相当密切的关系。工具性的使用是有目的的和选择性的，并且因此更具有主动性的特征，特别是在广播、音乐和报纸的使用上表现出类似的模式。"主动性"这个概念似乎意味着越是主动的使用者就越是珍惜他们的时间。

整个议题也已经以一种规范的方式加以定义，即被动性是有害的，而主动的媒介使用则是有益的。但是，在这里存在着处于利害关头的意义重大的产业利益，因为受众过于主动，对于那些试图通过对节目设置的操控和对大量使用媒介的常见特性和惰性的充分利用从而控制受众的人来说，是一种麻烦(Eastman,1998)。

典型的媒介受众实际上有多主动和主动性意味着什么，这些问题一直是备受争议的。由库贝和奇克森特米海伊(Kubey & Csikszentmihalyi,1991)所进行的范围广泛而深入的实践研究是以自陈式汇报为基础的，这项研究明确了观看电视行为通常都具有的不参与和次要的特征；尽管如此，这个特征不应该与缺乏重要性混为一谈。另外，阅读和看电影可能有更大程度的亲自参与。

拜耳卡(Biocca,1988a)论述了"受众的主动性"(audience activity)这个概念的不同含义，提出了在文献中所发现了五种不同的版本，列举如下：

- 选择性(Selectivity)。我们可以将受众描述为主动的，主动性越强，受众就会更多地在各种媒介之间对媒介和内容进行选择和辨别。对媒介使用进行规划、并且采用一贯的选择模式(包括购买、租赁或借阅电影或图书)可以看作主要的证据。非常频繁的媒介使用(特别是对电视的使用)可能可以确定为"不加选择的"，并且因而是非主动性的。
- 功利主义(Utilitarianism)。在这里，受众是"自利式消费者的化身"。媒介消费体现了对多多少少是有意识的需求的满足，正如"使用与满足"理论所假设的那样。
- 意图性(Intentionality)。根据定义，**主动受众**是开展对所获得的信息和体验的主动的认知过程。它经常从各种形式的媒介订阅行为体现出来。
- 抗拒影响(Resistance to influence)。根据"固执的受众"这个概念的思路(Bauer,1964)，主动性的构想在这里强调了受众成员对不希望的影响或学习的限制模式。读者、观众或听众保留"控制"和不受影响的权利，除非是由个人的选择所决定的。
- 参与性(Involvement)。通常，受众成员在正在进行的媒介体验中越是"被吸引"和"全神贯注"，我们可以说其参与程度越高。这也可以被称为"情感激发"。参与性可以通过诸如与电视"对话"之类的信号体现出来。

"受众主动性"这个概念的这些不同版本并不是都与媒介暴露的同一时刻有关。正如利维和温德尔(Levy & Windahl,1985)所指出的，它们与预先的期望和选择，或是体验过程中的主动性，或是媒介暴露之后的情境都有关，例如将从媒介中所获得的满足感转化到个人的和社会的生活之中(如转移到有关媒介的会话之中，或从媒介中获得聊天的话题)。

媒介使用主动性的一些其他方面可能是所列出的五个变量没有包括的。例如，受众主动性可以采用写信或打电话等直接回应的方式，无论是否由媒介所激发。地方性或社区媒体，无论是印刷媒体或广播电视媒体，往往都拥有更为主动的受众，或者有更多的机会实现这一点。对媒介体验的批判性反思，无论是否公开地反馈出来，都是除了自觉的粉丝群体成员或俱乐部成员之外的有关受众主动性的另一个例证。

在有关电视的情况中,如果观众喜爱度评级反常地高或低的话,通常说明相关节目的受众是一群主动的观众,他们做出非常正面或非常负面的反馈。录制和回放广播或电视节目也是高于平均水平的投入的另一个象征。最后,我们可以指出这个将在后面的章节中更为详细地论证的观点,即受众往往通过给予解释的方式参与到媒介体验当中,因而他们主动性地生产着最终的媒介"文本"(Fiske,1987,1992)。

"受众主动性"这个普遍概念显然是一个不能令人满意的概念。它可以有多种定义,它所指代的也是非常混杂且不清晰的,而且它在不同的媒介那里意味着不同的事物。受众的主动性有时明确地表现为行为,但有时又只是一个心理结构(态度或感觉)。根据拜耳卡的观点,受众的主动性总体而言几乎是意义空洞的,因为它是不可证伪的:"根据定义,就受众而言,他们几乎不可能不是主动的。"(Biocca,1988a:59)这在互动性的在线媒介那里则更为正确。

小 结

正如我们所看到的,"受众"这个看上去简单的概念已经变得相当复杂了。同一个概念从完全不同的角度产生了不同的理解。对于大部分媒体产业而言,受众在一定程度上等同于媒介服务的市场,而且可以据此对其进行分类。从受众的角度来看,或者从那些站在受众立场上的人的角度来看,这种有关受众的观点是不重要的,且未被承认的。作为社会活动或文化活动的受众体验占据优先地位。成为受众往往处于千差万别的动机。当然,如果采用发送者或传播者的观点——不是出售服务,而是试图传播意义,又会产生其他的可能性。传播者可能会考虑受众的品位、兴趣、能力或他们的社会构成和他们的居住地。而随着新的传播手段的出现,情况变得更加复杂了,在这里牵扯到许多已经提及的要素。

深入阅读

Alasuutari, P. (ed.)(1999) *Rethinking the Media Audience*. London: Sage.

Assembles a strong and varied collection of articles on the application of qualitative reception research.

LaRose, R. and Estin, M. S. (2004) "A social cognitive theory of internet use and gratifications: towards a new model of media attendance", *Journal of Broadcasting and Electronic Media*, 48(3): 358-377.

This exploratory article sets out a number of relatively new kinds of gratification as offered by the Internet.

Liebes, T. and Katz, E. (1990) *The Export of Meaning: Cross-cultural Readings of "Dallas"*. Oxford: Oxford University Press.

Although not the first to demonstrate the alternative readings of popular television fiction, it was very influential on research, especially because it demonstrated such a clear cross-culturaldimension.

Rosengren, K.-E., Palmgreen, P. and Wenner, L. (eds.) (1985) *Media Gratification Research*: Current Perspectives. Beverly Hills, CA: Sage.

Although it can no longer count as current, this collection of chapters on theory and research in the uses and gratifications tradition marks a high point and a useful source for reconsideration and rescue, where appropriate.

Ross, S. M. (2008) *Beyond the Box*. Malden, MA: Blackwell.

An exploration of the ways in which the coming of the Internet is changing the way television is viewed and especially the way in which fans participate in the experience and connect with each other. Main illustrations are with reference to *American Idol* and *Buffy the Vampire Slayer*.

在线阅读

Bakker, P. and Sadaba, C. (2008) "The impact of the Internet on users", in S. Küng et al. (eds.), *The Internet and the Mass Media*, pp. 86-101. London: Sage.

Bermejo, F. (2009) "Audience manufacture in historical perspective: from broadcasting to Google", *New Media and Society*, 11(1/2): 133-154.

Finn, S. (1997) "Origins of media exposure: linking personality traits, TV radio, print and film use", *Communication research*, 24(5): 507-529.

Kitzinger, J. (2004) "Audience and Readership research", in J. D. H Downing, D. McQuail, P. Schlesinger and E. Wartella(eds), *The Sage Handbook of Media Studies*, pp. 167-182. Thousand Oaks, CA: Sage.

Wandebosch, H. (2000) "A captive audience? The media use of prisoners", *European Journal of Communication*, 15(4): 529-544.

第16章

受众的形成与体验

这一章首先探寻为什么会形成受众,特别是受众使用大众媒介的动机和所期待的或得到的满足。关于这些存在着不同的理论,因为成为受众并不只是个人选择的结果,而且也依赖于拥有哪些可选对象、我们所处的社会小环境或生活方式,以及当时的环境。这一章也探讨受众体验的其他方面,包括它与社会和文化环境的关系。媒介使用是一个社会行为,而且往往是社交活动,在一定程度上,它受到因地点和所涉及的媒介的类型不同而变化着的期望和规范的管理。在这一章的最后,探讨了不断变化的媒介对受众的意义,特别是有关大众受众的日渐式微的问题。

媒介使用中的"为什么"

按照早期的观点,我们对于媒介使用这个问题的研究既可以从受众"一方"着手,探寻什么影响了个人的选择和行为;也可以从媒介一方入手，探讨哪些内容、表现方式和环境要素有助于抓住并留住受众的注意力。在这两个角度之间并不存在清晰的界限，因为无法在不涉及媒介产品和内容的情况下回答有关个人动机的问题。

我们也可以选择第15章中所描述的受众研究流派中的一种或多种，每一种流派都提出了对媒介使用行为的不同类型的解释。"结构的"传统强调了媒介系统和社会系统是首要的决定因素；行为的（功能主义）研究路径则以个人的需求、动机和环境作为研究的出发点；与此同时，社会—文化路径强调了受众成员所身处的特定的背景和对不同媒介的评价方式及赋予意义的方式。正如我们所看到的，每种路径都有着不同的理论基础，并且因此产生了不同类型的研究战略和方法。

我们对于构造媒介行为的基本要素已经有了很好的了解，这些要素一直是非常稳定而且可预测的（请参见诸如 Bryant & Zillman，1986），尽管它们也是不断变化着的。受众关注媒介的普遍模式只是缓慢地而且通常是因为一些显而易见的原因而发生着变化，诸如由于媒介结构的改变（例如，新的媒介的出现）或因为较大范围的社会变革（例如，青年文化的发展，或从共产主义变为资本主义）。举例来说，三家美国有线电视网巨头长期的主导地位持续了40年左右；欧洲也如此，电视领域相当于被两三个频道垄断着，这种受众情况直到世纪之交才被打破。尽管一直存在着随机的影响和各种要素的偶然性的组合，但是受众研究基本上是对完全可以预测的结构的一种常规性的记录。真正神秘的是有关在媒介领域里、在渠道或产品之间具体的选择的问题，或是涉及特定革新或内容的成败问题。如果在这里不存在谜题，那么媒体业也就不再是高风险的了；与此同时，也就不存在某部电影、某首歌曲、某本书或某个节目能够大大获得成功的现象了。

这些观察提示我们，在普遍性的大众媒介模式和日常生活中所真实发生的情况之间一直存在着差异。从一个方面来看，这种差异可以被理解为建立在大量的数据基础上的长期的平均状况与对单个案例的观察——后来可能成为单日模式或某个人的媒介使用习惯——之间的不同。作为个体，我们通常拥有非常稳定的媒介偏好、选择和使用时间的模式（尽管其中有一个"模式"可能是不稳定的），但是，每日的媒介体验是独一无二的，而且是受到不断变化着且不可预测的环境的影响的。

在接下来的段落里，我们将研究几种不同的用于吸引媒介受众的模型，以及媒介受众的构成模型。

受众形成的结构性路径

正如已经指出的那样，媒介使用的基本前提很大程度上是由特定的、相对稳定的社会结构和媒介的要素所形成的。社会结构是指那些诸如教育、收入、性别、居住地点、生活圈子中的地位等方面的"社会事实"，它们对基础价值观和社会行为有着决定性的影响。媒介结构指的是相对稳定的一系列渠道、选择和内容，它们在给定的地点和时间是可获得的。媒介系统对来自受众的压力和反馈做出回应，以此来维持供应与需求之间的稳定的、自我调节的平衡。

图表16.1展示了媒介使用的运作过程模型，这是对韦布尔（Weibull, 1985）所提出的模型做了一些微细的修改，这个模型描绘了媒介使用行为的习惯模式和（以在某一天中为例的）特定的选择之间的关系。在这个示意图中，上半部分展示了个体的媒介使用习惯模式是两个主要因素所产生的结果，而这两个要素本身也是对整体社会结构的映射。其中一个是具有一定稳定性的社会情境，这是个体带着相应的与媒介相关的需求（例如，对特定的信息、娱乐、社会接触等诸如此类的需要）而身处其中的环境。第二个（被展现为"大众媒介结构"的）要素是由在特定的地点、给定的个人的经济和受教育环境下的可以接近使用的媒介选择所构成的。在这两种环境之间，这两个要素不仅带来了行为的常规模式，而且也形成了相当稳定的特征、倾向或"设置"，也就是所谓的个人的媒介取向（media orientation）。媒介取向是社会背景和过去的媒介体验的联合产物，它的表现形式特别偏向于某些特定的媒介、特殊的偏好和兴趣、使用习惯、对媒介的良好期望等（请参见 McLeod & McDonald, 1985; McDonald, 1990; Ferguson & Perse, 2000）。媒介取向将示意图中的上半部分和下半部分连接起来。在这里我们可以看到有关媒介和内容的特定选择是在什么样的具体的日常情境中做出的。在这个过程中，有三个主要变量会起到影响作用：

- 媒体所提供的特定的内容的清单和内容的呈现形式（作为"媒介内容"）；
- 环境中的关键要素，例如空闲时间的数量、接触媒介的可能性、可以进行的其他活动的范围（这些可以表示为"个体的环境"）；
- 媒介选择和使用的社会环境，例如来自家庭和朋友的影响。

总而言之，每天基本上会发生什么是可以从个人的"媒介取向"中进行预测的，但是一些特殊的情况则是由大量不可测的条件来决定的。

韦布尔曾以报纸阅读来对这个模型进行测试，由此得出结论，即"当个体在很大的程度上被激励去获得特定的满足（例如，得到某条体育新闻）时，他/她受到媒介结构的影响就较小……而当个体对媒介的兴趣较低时，他/她就更容易受到特定的内容或内容组合的影响"（Weibull, 1985: 145）。这个结论提醒我们，从原理上来看，我们都拥有脱离从社会和媒介结构中产生的普遍模式的高度的自由。它也有助于解释为什么关于普通品位和偏好的证据不具备较大的短期价值或对个体做出预测的价值。

尽管日常的媒介使用中的很多特征都可以追溯到它们在社会和媒介结构中的起源，但是这种类型的模型，也只是对实际存在的受众形成这个问题的初步探索，而受众形成是以大量的个人选择为基础的。尽管如此，这种模式具有展现媒介系统（或结构）和个体

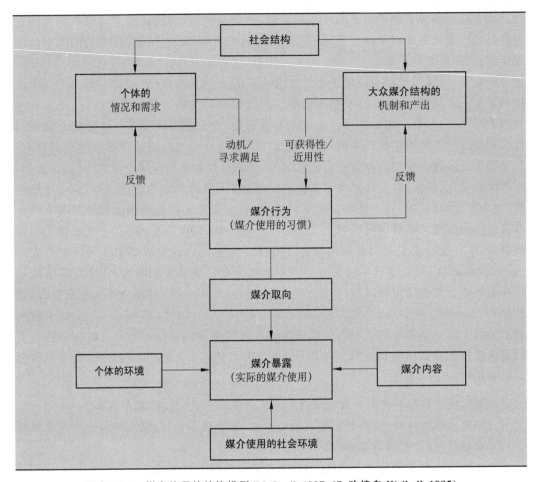

图表 16.1　媒介使用的结构模型（McQuail，1997：67，改编自 Weibull，1985）

受众成员的社会位置之间的关联的优点。媒介系统反映了给定的社会事实（例如，经济、文化和地理方面的条件），而且也回应了受众的需求，而受众的需求一部分是由社会背景因素、另一部分是由特异的、视情况而定的要素所决定的。

使用与满足路径

认为媒介使用是由潜在受众成员的可感知的满足、需求、愿望或动机所决定的观念，几乎和媒介研究本身一样历史悠久。正如在第 15 章中所提到的，受众的形成往往建立在个体需求、兴趣和品位的相似性的基础之上。这些要素中的大部分都有着社会的或心理方面的渊源。这一类"需求"中比较典型的是对信息、娱乐、陪伴、消遣或"逃离"的需要。特定的媒介和特定类型的媒介内容的受众,往往可以根据这些广泛的动机类型进行分类。这样的路径也可以被应用于对新型电子媒介的吸引力的研究(Perse,1990),甚至可以用在对于电话的使用研究中(Dimmick & Rothenbuhler,1984)。对于不同媒介的相应的亲和性,是与不同的期望和所寻求的不同满足联系在一起的。

这种思维方式属于所谓的"使用和满足路径"这一研究流派,这种研究传统起源于寻求对特定类型的媒介内容的巨大吸引力进行解释。其中的核心问题是:人们为什么使用媒介,以及他们将媒介用于什么?功能主义社会学(请参见 Wright,1974)认为媒介是服务于不同的社会需求的,例如对凝聚、文化延续、社会控制和各种类型的公共信息在广大范围内的流通等的需要。相应地,这种观点假设,个体也将媒介用于相关的用途,例如个人生活的指南、娱乐放松、调整、获取信息和形成身份认同等。

这类研究最早要追溯到 20 世纪 40 年代初期,当时聚焦于不同的广播节目——特别是"肥皂剧"和益智类节目——广受欢迎的原因是什么,并且也有对于日常读报行为的研究(Lazarsfeld & Stanton,1944,1949)。这些研究得到了一些预料之外的发现,例如,日间广播肥皂剧尽管通常播放的都是肤浅且没有意义的用来打发时间的故事,但是却被它们的(女性)听众认为是意义重大的。这些广播剧提供了建议和支持来源、家庭主妇和母亲的角色典范,或者有时使之通过欢笑或眼泪而得到情绪上的释放(Herzog,1944;Warner & Hanry,1948)。通过与报纸读者的谈话,研究发现,报纸不只是有用的信息的来源,而且对于读者来说在获得安全感、提供共同的聊天话题和日常生活的结构方面也是非常重要的(Berelson,1949)。

使用与满足的再发现

使用与满足路径的基本假设在 20 年后(在 20 世纪六七十年代)再次发现,并且详细阐述如下:

- 对媒介和内容的选择基本上是理性的,并且直接指向特定的目标和满足感(因而受众是主动的,并且对于受众形成可以得到符合逻辑的解释)。
- 受众成员意识到与媒介相关的需求,这些需求产生于个人的(个性化的)和社会的(共享的)环境,并且这些需求可以以动机的形式表现出来。
- 总体而言,内容的文化和美学特征在吸引受众方面发挥的作用要小于内容对各种各样的个体需求和社会需求的满足所发挥的作用。
- 对于受众形成的所有或大部分的相关因素(动机、感知到或得到的满足、媒介选择、背景变量)在原则上都是能够被测量的。

根据这些假设,卡茨等人(Katz et al.,1974:20)认为媒介选择的过程和下列因素有关:

(1)需求的社会和心理起源;(2)具体的需求;(3)导致需求生成的对大众媒介或其他信源的期望;(4)大众媒介或其他信源;(5)不同的媒介暴露(或参与到其他活动中);(6)媒介暴露所带来的对需求的满足;(7)其他结果。

这个研究流派的长期目的是实现某种通用的理论框架,从而能够将有关受众动机的许多具体的发现纳入其中。麦奎尔等人(McQuail et al.,1972)在研究了大量各种类型的英国的广播和电视节目之后,提出了一个"媒介—个人互动"模式(这个术语反映了媒介满足的双重起源的观点),该模式涵盖了最重要的媒介满足。板块16.1展示了相关的媒介满足:

16.1 媒介—个人互动类型(McQuail et al.,1972)

- 消遣:从日常生活或问题中脱离出来、情绪上的释放
- 人际关系:陪伴关系、社交用途
- 个人身份认同:自我参阅、探索现实、强化价值观
- 监督(寻求信息的方式)

受众动机理论更偏重于心理方面的一个版本是由麦圭尔(McGuire,1974)所提出来的,其基础是人类的需求。他首先区分了认知方面和情感方面的需求;然后,在此基础上又增加了三个维度:"主动性的"或"被动性的";"外部的"对"内部的"目标定位;定位于"成长性"或"稳定性"。当将这些要素相互联系起来,就形成了16种不同类型的动机,它们都可以应用在媒介使用当中。例如,读报的动机是为了保持认知的连续性(也就是说,将个人的观点与其他那些有着类似看法的人和其他相关信息的观点保持一致),这种动机就属于通过主动性的、外部导向的行为而保持稳定性的这个范畴。通过观看电视剧"从而找到个人行为的榜样"就是高效型动机的例子。这类动机也是主动性的,但是是指向个人内部的,定位于成长性,而不是稳定性。这类心理学理论所指出的本质特性表现了媒介使用者不太可能意识到的暗藏在动机中的原因。尽管如此,也有一些研究显示了麦圭尔所指出的各种因素与各种电视使用的动机模式之间的相互关联(Conway & Rubin,1991)。

此外,还有大量的记录使用和满足过程模型的尝试。兰克斯托夫(Renckstorf,1996)在符号互动和现象学基础上,勾画了受众选择的"社会活动"模式。实际上,他将媒介使用看作是社会活动的一种形式,是由个人对情境的定义所决定的,并且以解决某些新感知到的社会环境中的"问题"为导向,或是为了对日常生活进行规划以应对常规的情境。

对使用与满足理论的评价

这个基本路径在刚刚提出时被批评为过于行为主义和功能主义。它也没有能够对媒介选择和使用提出大量成功的预测或因果解释(McQuail,1984)。缺乏预测能力的原因可能部分上是因为难以测量动机,部分上是由于许多媒介使用实际上是非常随遇而安的、并没有强烈的动机这样的事实。这个理论似乎在那些体现出动机的特定的内容类型那里是最有说法力的,例如当涉及政治内容(Blumler & McQuail,1968)、新闻(Levy,1977,1978)或色情作品(Perse,1994)时。实际上,对于媒介的态度和媒介使用行为之间的关联的确是非常脆弱的,而且这种关系的方向也往往是不确定的。"动机"的类型通常无法与实际的选择或使用模式匹配起来,而且也很难在喜爱/偏好、实际的选择和随之而来的评价这三个要素之间找到符合逻辑的、一致的和连续的关系。

受众行为在多大程度上是受到特殊的和意识到的动机所引导的,这个问题一直充满争议。巴布罗(Babrow,1988)建议,我们应该更多地考虑建立在经验基础上的"阐释框架"。这样一来,受众的有些选择在这样的框架中是有意义的,但是其他的选择以此为基础来看,就是体现了习惯和本能的反应,从而被认为是没有动机的(Rubin,1984)。这些观点都与在这一章的前面所提出的"媒介取向"的概念保持一致,而在图表16.3中展示了普遍的偏好模式。

在对于"使用与满足"理论的地位的讨论中,布卢姆勒(Blumler,1985)在广泛的证据基础上,对"社会来源"(social origins)和正在进行的社会体验进行了区分。前者似乎是与选择范围、补偿性、定向调适、媒介期望和使用中的可预见的限制条件有关。后者,即正在进行的经历和社会文化情境所产生的后果,都是较难以预测的。后者经常与"便利性"媒介使用相关,即出于个人的需要而积极地选择和使用媒介。这意味着,媒介使用是社会力量、个人对自身所处的和外在间接的环境的经历的产物。受众形成的原因既存在于过去,也出现在当下的此时此刻,以及过去与现在之间的时间点当中。因而,对于真实的受众现实情况的普遍解释的努力总是难以成功,也就不足为奇了。

媒介环境的持续变化,使得发现受众模式的任何一种解释框架都变得越发困难了。不断增多的媒介使用似乎只能用"媒介方面的因素"(请参见图表16.3)——尤其是特别的内容和媒介炒作——进行解释了。但是,使用与满足理论适用于互联网和其他新媒介,特别是在比较和描述方面,而且它也的确越来越广泛地被应用在不同的媒介当中(Perse & Dunn,1998;Kaye & Johnson,2002;Livingstone,2002;Webster & Lin,2002)。

期望—价值理论

大多数探讨媒介使用中的个人动机的理论实际上都认为,媒介所提供的产品是在对过去重要的体验的分析基础上,回报了潜在受众成员的期望(因而受众成员是可以预测的)。这些回报可以被看作由个体来评价的心理效果(因而有时被称作媒介"满足")。这些回报可以来自于媒介使用(例如,"阅读了优秀的作品"),也可以来自于所喜爱的特定类型(例如,侦探小说),还可以来自于一项具体的内容(例如,某一部电影),这些回报为之后的选择提供了指导(或反馈),增加了与媒介相关的信息。帕姆格林和雷伯恩(Palmgreen & Rayburn,1985)根据"(对于媒介的)态度是由信念和价值(以及个人偏好)所产生的具体的产物"这个原理提出了一个过程模型。图表16.2展示了由此产生的"期望—价值"模型。

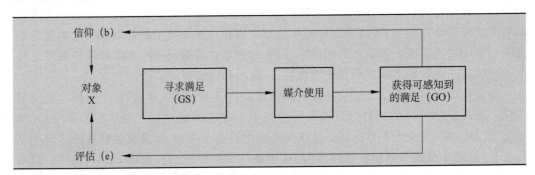

图表16.2　寻求和获得媒介满足的期望—价值模式(Palmgreen & Rayburn,1985)

模型中的元素之间的关系可以用下列公式来表示:

$$GS_i = b_i e_i$$

在这个公式当中,GS_i是指从媒介对象X(媒介、节目或内容的类型)中寻求第i次满足;b_i是认为X拥有相应的属性或与X相关的行为将带来相应的结果的信仰(主观的可能性);而e_i是对特定的属性或结果的情感上的评估。

这个模型基本上表达了这样的观点,即媒介使用被认为是对媒介所提供的利益的感知,和对这些为受众成员个体所提供的利益的不同评价的组合。它有助于我们认识到这个事实,即媒介使用是在介于逃避和在期望中的媒介可能带来的满足之间进行的不同程度的积极选择所构成的。这个模型区分了期望(寻求满足)和满意(获得满足)两者的不同,并且指出了媒介使用行为随着时间而不断增加的情况。因而,当GO(获得满足)远高于GS(寻求满足)的时候,我们可以说出现了受众高度满意和高度欣赏及注意的情况。相反的情况也可能发生,它预示了失败的发行、销售或接收率,或在电视收看当中改换频道。这种理论上的改进并没有改变这样的事实,即受众动机理论难以转化为清晰的实证工具。

板块16.2中明确了通过媒介使用所获得的主要的满足:

16.2 所寻求或得到的媒介满足

- 信息和教育
- 指导和建议
- 消遣和娱乐
- 社会交往(请参见板块 16.3)
- 强化价值体系
- 文化方面的满足
- 情绪上的释放
- 形成和确认身份认同
- 生活方式表达
- 安全感
- 性刺激
- 打发时间

受众选择的整合模型

我们可以将大量对媒介选择的影响组合成一个单独的探索性的模型,从而为理解受众形成的系列过程提供指导。这个模型(图表 16.3)中的主要的元素既涉及了媒介—个人互动当中的"受众一方",也体现"媒介一方"的运行。尽管两类要素被分别描述,但是它们之间并不是独立的,而是属于这两方面在互相引导和互相调节的持续性过程中所产生的结果。这个模型在这里所体现出来的形式,主要受到韦伯斯特和瓦克施莱格(Webster & Wakshlag,1983)研究的影响,这两位学者尝试着用类似的方式对电视观众进行解释。原则上来说,在这里所展现的版本是针对所有的大众媒介的,而不只是电视。这个模式首先介绍了主要的解释性元素。

"受众方面"的因素

1. 个人因素:年龄、性别、家庭中的位置、学习和工作环境、收入水平等;还有相关的"生活方式"。有证据表明个性特征的不同也会发挥影响(请参见 Finn,1997)。
2. 社会背景和环境,特别是体现为社会阶级、受教育状况、宗教、文化环境、政治环境和家庭环境、居住的地区或位置。在这里我们也可以使用布尔迪厄(Bourdieu,1986)所说的"文化资本"(Cultural capital),即所习得的文化技能和品位,这些往往是通过家庭、教育和阶级体系而一代代传承下去的。

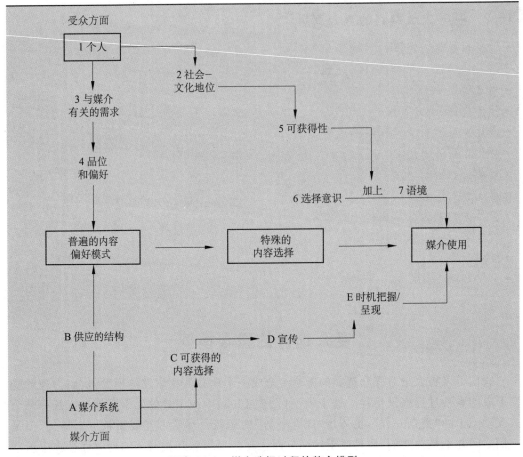

图表 16.3 媒介选择过程的整合模型

3. 与媒介相关的需求,这类需求我们已经在前文中讨论过了,是指个人得到相应的陪伴、消遣、信息等。这些需求是人们普遍共有的,但是个体需要根据个人的背景和条件来平衡这些需求。

4. 对于特定的类型、格式或具体的内容的个人品位和偏好。

5. 休闲时间媒介使用的基本习惯,以及在特定的时间里成为受众的可获得性。由于使用媒介是在一定的空间和时间中的,因而可获得性也指在适合的接受地点(例如,家中、火车上、驾驶途中等)。可获得性也指有经济能力成为受众,例如能够并且愿意支付电影票或音乐唱片。

6. 对可获得的选择和所拥有的信息的数量及种类的意识,这个要素也对受众形成发挥作用。受众成员越是主动,他们就越可能对他们的媒介使用进行规划。

7. 具体的使用语境。使用语境因媒介的变化而变化,但是使用语境也通常指使用时的社交环境和地点。是独自使用还是结伴（与朋友、家人或其他人一起）使用更为重要。媒介在什么地方使用（例如，在家里、工作场所、旅途当中、电影院里）也会影响到体验的特性和作决定的过程。

8. 时机在媒介暴露中发挥影响，它的介入使得对受众的选择或受众的构成做出切实解释变得困难。

"媒介方面"的因素

A. 媒介系统。偏好和选择会受到（国家的）媒介系统（可使用的媒介的数量、覆盖范围和类型）的构成和不同媒介特征的影响。

B. 媒介供应的结构。这是指在给定的社会中媒介供应的基本模式，它对受众的期望发挥着长期性的影响。

C. 可获得的内容选择。在特定时间地点，提供给潜在受众的特定格式与类型。

D. 媒介宣传。这包括通过媒介为其自身或为某些媒介产品的密集市场推广而开展的广告和形象塑造活动。

E. 时机把握和呈现。媒介选择和使用大多会受到根据具有竞争力的赢得受众策略而采用的特殊的时机把握、时间表、位置、内容和媒介消息规划的战略的影响。

图表16.3展示了做出选择的基本过程，在这里，两种类型的影响（来自社会的和来自媒介的）是按照它们与选择或关注（媒介使用）的相对"距离"而依次出现的。距离最远的是（而且在一定程度上是固定的）社会和文化的背景，以及（至少是对大多数成年人而言）基本的品位和偏好、爱好和兴趣模式。因而，我们社会性的背景对于我们的选择行为有着强大的引导性和倾向性影响。其他与媒介使用距离几乎相等（但是较为不稳定）的要素是不同媒介的基本构成和不同类型的混合，对于这些要素我们拥有不断增加的认识和体验。我们的行为倾向也来自认知层面和评价层面的影响（请参见前文的期望—价值模式）。

个人的知识和相关态度塑造了我们的品位和偏好。认知和评价两方面的结合形成了基本的内容偏好模式。这是一个假设性的结构，但是它体现了稳定性，因而是可预见的选择过程模式，而且在一定程度上也是与媒介使用的模式和类别（它们近似于所谓的"趣味文化"）保持一致的。有关基本的内容偏好模式，我们可以看到，它就是在我们所熟悉的，而且我们确实会从中进行选择的可利用的信源和不同类型的内容所构成的"全部节目"（请参见Heeter,1988）。它也非常类似于韦布尔在结构模型中所提出来的"媒介取向"（参见图表16.1），而且也包含了对于媒介和不同类型的内容的亲和性。当然，选择过程模式也是根据环境和对媒介体验的改变而要不断进行调整的。在这里存在着连续的回应、反馈、学习和评价的过程。

在与媒介使用距离更近的时间点或地点上,潜在受众成员的环境和媒介的可获得性相互叠合,从而产生了实际存在的受众。尽管这些是无法完全预测的,但是,正如前文中所指出的,聚合在一起的各个要素所构成的大体的结构是相对稳定的。由于个体的选择行为会受到环境的影响,因而要素在模式内部的组合总是在变化之中。

受众形成的复杂性和多样性,使得有关受众形成的任何简单的描述或单一的理论解释都是无效的。我们的确可以下结论说,受众并不是收听/视率所展现的那样。他们通常是多变的集合体,而且没有明晰的边界。动机和取向经常交杂在一起。有时却又根本没有动机。即便动机是较为清晰而且较为单纯的,但是也无法仅仅通过内容"读出"它们,虽然在高效的媒介市场当中,我们可以假定内容和受众构成是完美匹配的。大量内在不确定性是无法消除的。尽管如此,在复杂性和看似混乱的情况中,也存在着稳定性和秩序的岛屿,在那里,人们和媒介互相满足,并且和谐相处。当然这种状态肯定是难以通过操控和炒作来实现的,而是有可能出自于真正的社会需求,或媒介的创造力和公众品位的意外结合。

媒介使用的公共领域和私人领域

正如前文所提到的,媒介使用的特定形式有着明显的公共性特征,这既是指媒介使用行为可以发生在家庭之外(诸如电影院或音乐会场),也是指媒介使用具有对公开表现和公共事件做出共同回应这样更为广泛的重要性。萨恩斯(Saenz,1994:576)指出了媒介使用具有"广泛共享、对表演的集体欣赏、即时传播……受众数量众多而且普遍存在"等一系列特征。他补充道:"电视节目中的表演和文化传播所传递的感知,在观众中形成了将电视剧当作突出的文化事件来看待这个重要的现象。""公共"这个术语指涉内容的特定类型、事件的地点,而且指出了一定程度上的共享性和体验的集体性。

大众媒介(特别是电视、录像、音乐和图书)的使用地点主要是在家中,因而大众媒介可以被当作是跨越个人的家庭世界和在对更广阔的社会中的关注及在那里的活动两者之间鸿沟的桥梁。在某些环境下,作为某个受众群体中的成员,意味着对更广泛的社会生活的共享;而在另外一些环境中,成为受众则意味着是一个自发的体验过程,它是完全私人化的,或者只在很小的朋友圈子或家庭成员中共享。受众体验的物理地点(例如,相对于家中的电影院和剧场)并不是确定更为公众化还是更为私人化的关键。

公共类的受众身份的典型特征是,有意识地关注那些具有广泛社会影响的报道(例如,选举结果、重大灾难、世界中的重大事件),或是通过电视观看重要体育比赛直播(Rothenbuhler,1987),或是大型娱乐活动(例如,现场演唱会)。公共受众通常能够体验到在一定程度上融入了的广泛社会群体的身份认同,这种社会群体或者被定义为粉丝群体,或者是市民、地方公众,或趣味文化。这种体验也与一定程度的公共角色联系在一起,例如市民、选民或工人。随着互联网的出现,不同版本的受众身份越来越多地相互交叉,这形成了作为对大众媒介内容做出回应的社交网络。

在达扬和卡茨(Dayan & Kazt,1992)对"媒介事件"的研究中,他们注意到一类特殊情况,即媒介(尤其是电视)以近似仪式般的方式,在庆祝和加入某些国内的或全球的体验的过程中将大众联合起来。这样的媒介事件总是特殊的,并且构成了对日常生活的中断。除了这些媒介事件具有重大性之外,它们通常也是预先设计的、遥远的而且现场直播的。罗森布勒(Rothenbuhler,1998)开发了用于指代媒介参与公共生活中的仪式和典礼的"仪式传播"(ritual communication)概念。为了成为这类事件的(媒介)受众就要更充分地参与到国家的或其他重大的成员群体的公共生活当中。

私人性质的受众体验是根据个人的心情和环境所形成的,并且并不涉及社会,甚至与他人无关。即便不是纯粹内省式的,这类体验也往往与自我对比有关,并且注重媒介模式、角色或个性的一致性,从而为公开的自我呈现寻找可接受的身份认同。公开的受众体验模式与私人性的受众体验模式之间的差异取决于下述因素的组合:媒介和内容的类型、受众成员的心理结构(或受众成员所提供的定义)。媒介的扩张和发展通过带来个体在其控制范围内可以随心所欲选择的更多的媒介体验(请参见 Neuman,1991),从而似乎为私人性质的受众身份开启了更多的可能性。

亚文化和受众

早期对"大众社会"理论的批判指出,看似同质化的"大众受众"实质上具有高度的社会差异。随着媒介工业的发展,并且开始寻找更新的且更为"利基化"的受众市场,因而不需要就社会分化这个问题说服媒介工业,甚至媒介工业开始以品位或生活方式为基础尝试着定义和创造新的社会和文化亚群体,从而可以确定潜在的媒介消费者。创造以媒介为基础的生活方式或虚拟的身份认同是一个持续的过程,其目的是在受众中引起共鸣。

尽管如此,媒介使用仍然主要还是根据在之前的经验和个人的社会生活中所形成的,或是与当时的社会环境相符的身份定位构造形成的。紧随个人家庭所构成的特殊社会小环境之后的,是由学校同学或邻居朋友所构成的同侪群体,它们都对品位和媒介消费产生影响,特别是在音乐和电视这两个对于年轻人而言最受欢迎的媒介领域。除了在年轻人的偏好中有着精细的年龄分层(von Feilitzen,1976;Livingstone,2002),以及为了区别于成年人而泛泛地划分出的"青年文化"之外,差异化还存在着许多层次。年轻的成年人的经验是通过工作和休闲活动中的社会交往而得以重塑的。这种基本环境所发挥的作用会受到许多其他特殊因素(特别是性别因素)的影响。

有大量的证据表明,媒介使用对于不同类型的亚群体来说发挥着重要的身份表达和增强身份认同的作用(Hebdige,1978)。这并不足为奇,因为媒介本身就是"文化"的一部分;但是,在这里要特别指出的是,在现代社会中更为离经叛道和更为多样化的亚文化,与特别是年轻人的音乐品位之间有着密切的联系(Murdock & Phelps,1973;Avery,1979;Roe,1992)。对社会主流力量的抵制,其焦点往往是音乐和舞蹈的形式,它们要与亚文化相适应,并且成为抵抗的标志(Hall & Jefferson,1975;Lull,1992)。大量所谓的现代音乐往往对于父母、老师和既存的社会而言永远都是令人厌恶的。说唱乐被指责为对女性的侮辱,在说唱歌曲中所传播的对暴力的崇拜被与没有动机的极端杀人案件联系了起来[例如在哥伦拜恩高中(Columbine High School)的杀人案]。

生 活 方 式

"生活方式"这个概念通常用来形容和区分媒介使用的不同模式,往往作为其他态度和行为组合中的一部分(例如,Eastman,1979;Frank & Greenberg,1980;Donohew et al.,1987;Vyncke,2002)。法国社会学家皮埃尔·布尔迪厄(Pierre Bourdieu,1986)的开创性的著作,呈现了对在不同的社会和家庭背景下所形成的不同文化品位表现的历史性的研究。从某种角度来说,"生活方式"这个概念提供了从"媒介品位(与传统的美学和艺术品位不同)是由社会阶级和教育所决定的"这个假设中摆脱出来的可能,因为生活方式在一定程度上是行为和媒介使用选择的自我决定模式。

在商业性的市场研究中,"生活方式"这个概念有助于将消费者分为不同的类别,借此可以确定目标和对广告进行设计。出于这样的目的,超越基础的社会统计学分类和进行更为精细的划分——特别是加入心理学的维度,是值得去做的。人口统计学的特征和心理学方面的特征的组合就是所谓的"心理统计特征"。生活方式研究包括对一系列范围广泛的社会定位变量、行为(包括媒介使用和其他休闲及消费活动)和态度、品位和价值观的研究。实际上,这样的研究的潜在范围有多大,或者可以确定多少种与媒介相关的生活方式并不存在边界(请参见Finn,1997)。温克(Vyncke,2002)建立了一个生活方式的分类,目的是指明对生活方式的划分。他发现,媒介使用变量的引入大大提升了这一分类的区分能力。这意味着,媒介使用在表述和形成生活方式的特性方面扮演着重要的角色。

约翰逊和米格尔(Johansson & Miegel,1992)区分了分析的三个层次:(1)整体社会的层次(用于国际间的比较);(2)社会和文化的层次;(3)个人的层次。其中一个重要的问题是如何找到恰当的层次。第二个层次运用最为普遍,但是也经常带来混乱的结果。至于第三个层次,两位学者指出"生活方式是个体创造他们自己的、特别的个人身份认同、社会身份认同和文化身份认同的追求的表现"(Johansson & Miegel,1992:23)。而存在着多少个体可能就存在着多少种生活方式。尽管如此,这个概念还是有助于理解媒介与社会和文化体验之间发生意义联系的多种方式。

性别化的受众

在女性主义理论的影响下,有关媒介使用非常显著且持续的"性别化"的观点,也在接受研究中发展起来(Seiter et al., 1989)。因性别的不同而产生的媒介使用的区别,很久以来就已经被意识到了,某些媒介类型是特别为女性受众制造的,而且也常常是由女性制造的,特别是某些杂志(Ferguson, 1983)和特定的虚构类型(例如,言情故事)。男性观众也由不同的媒介形态和类型提供服务。而对这些差异的意义产生的巨大好奇,和对社会性别结构如何影响着媒介选择,或者后者如何影响前者的理解与探寻,才是新近出现的。

性别化的受众体验是特定的媒介内容类型、典型的日常生活习惯和目前仍可以形容为"男权社会"——或作为权力中心的"男人的世界"中的较为广泛的结构所共同带来的复杂结果。一个被广为引用的例子是拉德韦(Radway, 1984)对热衷于(实际上是对此上瘾的)大规模生产的言情小说的女性读者群体的研究。拉德韦将女性读者自身所指出的言情小说令人着迷之处作为这类小说的吸引力的最主要解释。从这个角度来看,言情小说提供了特别为女性而设计的逃避,这首先是通过阅读行为实现的,它建立了一个不受丈夫和家庭事务侵犯的私属的"空间"和时间;其次是通过提供尽管是以幻想的形式出现的理想的爱情版本,它能够提供情绪上的滋养。

性别化受众的概念也可以在其他吸引了大量女性受众的类型中得到证明,例如广播和电视中的"肥皂剧"(例如,Hobson, 1982, 1989; Allen, 1989; Geraghty, 1991)(请参见第14章,第329页)。研究将肥皂剧的叙事形式(连续性和不确定性)和家庭主妇日常生活的典型特征——碎片化的和分心的(妨碍持续的关注)、但也是灵活有弹性的——联系起来。肥皂剧通常极受女性的喜爱,而且更多的是女性观众观看,即便她们意识到了这种类型低下的地位(例如,Alasuutari, 1992)。有关肥皂剧女性观众的人种志研究指出,这个类型被女性们看作是独特的工具,往往被用于交谈和反思观众自身的日常经历(Livingstone, 1988)。

有关女性杂志的读者,赫米斯(Hermes, 1995)确定了一整套阐释的"指令"或意义的结构,这些形成了女性读者的阅读行为,也可以解释她们为什么被这种类型的各种变种(从女性主义到传统的出版物)所吸引。"指令"是指,例如,使之感到有义务支持女性的动机,或在阅读传统女性杂志时产生轻微的负疚感。这些观念往往是相互矛盾的或者相互对话的,但是这种矛盾也比较容易处理,因为即便对于最忠实的读者来说,杂志媒介也是相对缺乏意义的。

性别化受众的实质不是受众构成的性别比例,而是受众(受众身份)中的自觉成员,在特定的女性体验或男性体验中在多大程度上获得了明确的意义。在媒介使用研究中有大量的证据表明,性别化的差异是与不同的偏好和满足联系在一起的。例如,安德森等人(Anderson et al.,1996)发现,压力较大的女性收看更多的游戏和综艺类节目,而压力大的男性则观看更多的动作和暴力节目,在这里突出了出现在普通观众那里的差异。尽管有性别的不同,但是也有大量证据表明,在不同的性别之间拥有着共同的目的、行为和解释。

受众性别化过程的另一个方面是使用家中媒介这种复杂的社会行为,诸如看电视,在多大程度上受到了两性关系和特定的性别角色的影响。莫利(Morley,1986)的研究可以算得上是经典研究,他用人种志方法研究了家庭中的看电视行为,指出了在一个家庭这样的微观受众环境中所形成的大量的不成文的规则、理解方式和行为模式。通常,控制(晚间)收看行为的权力掌握在男性手中(也请参见 Lull,1982)。

研究发现,女性通常较少地计划收看行为或连续地收看。她们更有可能在看电视的同时做其他事情;出于社会性的原因而向家庭中其他成员的偏好让步;如果一个人独自收看,会有内疚感。女性倾向于将电视看作是缓解家庭中的紧张气氛、调解争执的办法,并且在观看的环境中创造出不同程度的私密性或社交性。莫利(Morley,1986)引述了一个例子,具体描述了男人们通过使用他们的控制权力从而在一些争论中与他们的妻子"打个平手",例如通过只收看体育节目。当然,如果女性有机会,她们可能也会做出类似的行为以反击。最后,现在在购买和在家中使用新的传播技术方面,与性别影响有关的研究领域在不断扩大(Rakow,1986;Frissen,1992;Moores,1993;Slack & Wise,2002)。

社会性与媒介使用

早期的受众研究就指出,媒介使用是由时间和地点条件,以及社会和文化的习惯所决定的。人们加入到受众的行列中,是因为各种各样的社交原因(例如,为了谈话或组织日常生活),同样也是利用了媒介使用的交流作用或目的(例如从新闻当中学习)。举例来说,"去电影院看电影"一直以来更多是被看作为社交活动,而不是专门看某部电影的场合(Handel,1950)。埃利奥特·弗里德森(Eliot Friedson,1953)强调了在大量的实际发生的媒介体验(与大众行为理论所假设的不同)中的群体性特征,并且从电影观众和广播电视受众那里发现了大量鲜活的证据。他写道:

> 许多受众行为发生在当地社交活动的复杂网络之中。一天当中的特定时间、特定日子、特定季节都是参与各种各样的大众媒介联系在一起的活动的恰当时间。个人经常在他所在的群体中的其他成员的陪伴下……(而且)参与到观众所组成的人际网络当中去,他们一起讨论过去的大众传播体验的意义,并期待未来的意义重大的体验。

这样的媒介场合具有超越了传播任何"消息"或使得任何个体获得满意的重大意义。看一部"糟糕"的电影可能和观看一部"优秀"的电影一样是令人满意的。同样的情况也出现在听广播或唱片和看电视方面,尽管它们与去影院看电影不同,而在复杂的家庭生活模式中几乎一直处于从属的位置。"收看电视"这种说法比"收看电视节目"的说法能够更准确地描述所发生的事情,但是它也过于夸大了无所不在的荧屏的重要性。

尽管存在着上述情况,但是大众媒介的使用通常也是与社会隔离(social isolation)联系在一起的(Maccoby,1954;Bailyn,1959),而且对于计算机游戏和互联网也有类似的担心。显然,有许多人既是社会隔离的,同时对媒介使用行为严重地成瘾,后者可能进一步加强他们的隔离状态。"成瘾"这个术语被看作是一个既有着过多的含义、但也过于模糊而无法使用的词语。学者努力让这个概念变得更为准确和具有实质性。例如,霍瓦特(Horvath,2004)提出了测量电视成瘾的新标准,其中包括以下主要元素:(1)实际使用的时间;(2)在撤出时产生问题的证据;(3)无意识的程度;(4)对其他行为的替代效果;(5)不顾问题重重,仍然继续已有的行为;(6)反复尝试戒瘾。对于媒介使用成瘾现象的理性关注使得人们不再执着于媒介吸引力的典型意义。因而,大部分的媒介使用行为仍然被看作是社交性的。媒介使用本身是普通的社交行为的一种普遍存在的形式,也是对实际的社会互动的一种可接受的替代。媒介使用也被广泛地看作是重要的"社会化的能动因素",既是社会学习的一种场合,并且也是通向更广泛的社会参与的一个途径。

受众体验的社会性可以通过某些众所周知的(并且也得到证明的)媒介使用特征——不仅仅是共同行动——表现出来。媒介(例如电视或音乐)通常被用来让人们获得娱乐或者使社会交往变得轻松。媒介使用经常与谈论正在进行的体验相伴发生。媒介的内容(新闻资讯、故事、表演)提供了许多可以共同关注的客体,并且也是聊天的话题。在与陌生人交往时,与媒介有关的谈话提供非入侵性的基调。在家里使用的媒介实际上经常是其他各类活动的背景,而不需要打断或取代那些活动。例如,库贝和奇克森特米海伊(Kubey & Csikzentmihalyi,1991:75)指出"人们汇报说,有63.5%的看电视时间是同时在做别的事情的"。

并没有明确的证据可以证明诸如聊天和"出门闲逛"之类的人际间的"社交活动"已经消失了,尽管一些家庭中的有社交性质的娱乐活动,例如打牌、开音乐派对和家庭游戏,很有可能减少了(虽然也还因为其他原因)。罗森格伦和温德尔(Rosengren & Windahl,1989)在他们综述对瑞典媒介进行长时间小样本追踪研究中,有关对儿童发育影响的研究发现时指出,大量的证据表明媒介使用与其他的社交行为之间的关联模式是多种多样且复杂的。他们发现(1989:200),"总体来说在儿童的电视收看行为与他们的社会互动之间是积极的关系"。年龄(在学校的年级)、性别和社会阶级都会在这种关系中发挥着一定的作用(请参见Buckingham,2002)。

大部分媒介使用是否具有社会性,是个人根据我们在现实社会中的资源(例如金钱、流动性、可以接触到的朋友和可实现的社会交往)所选择决定的。罗森格伦和温德尔(Rosengren & Windahl,1972)将这些资源称为"互动潜力"(interaction potential)。在提供替代现代城市生活中可能无法实现的"现实生活"中的社会交往方面,媒介有助于缓解由于隔离而导致的孤独和紧张。

　　大众媒介所带来的社会交往可以补充、完善,或者是替代与他人的真正的人际交往。因而,大众媒介就具有可以轻易地增加或减少社会互动的潜力。就这一点而言,对于社会互动和媒介使用之间的关系的问题,就有了基本的经验性的回答,即似乎是高水平的"真实的"社会交往通常伴随着高出平均水平的媒介接触。这个发现并没有真正解决问题,但是这种相关关系可以被理解为对以下主张的支持,即作为受众应该被定义为是"社会性的",而不是非社会性的。媒介使用是以各种各样的方式与日常生活交织在一起的,特别是在看电视这个领域,这个行为几乎是对家庭生活的无所不在的陪伴。詹姆斯·勒尔(James Lull,1982)根据对家庭活动参与式观察,提出了对电视的社交性使用行为的分类。其中的一些观点也可以用在其他媒介上。第一类被称作结构作用(structural)的,指出媒介通过很多种方式为日常生活中的活动提供了时间框架。平常的一天可以从早间新闻快报开始,它是早晨的陪伴;接下来,根据每日作息时间表,通过广播和电视上的熟悉而又恰当的节目标示出了工作中的休息、午餐时间和下班回家以及晚间的放松娱乐。门德尔松(Mendelsohn,1964)指出广播具有"标示时日"(bracketing the day)的功能。这种产生于媒介的结构提供了相伴的感觉,并且将一天划分为不同的阶段,有助于形成相应的情绪。第二类被称为联系作用(relational),它涵盖了之前将内容看作是交谈中的"可以交换的硬币"、是使非正式却也非私密性的社会交往轻松进行的途径的观点。

　　第三类可以概括为"合群和回避"(affiliation and avoidance),是指社会联系中的起起伏伏的动态性。在社会联系中,人们时而希望与那些他们共享同一个物理空间的其他人关系密切,时而又想离开那些人。不同的媒介为这样或那样的选择提供了不同的机会。合群表现为以不同的参与水平加入同样的观众身份(例如,电视中的足球比赛)。回避的方式则更多。一些方式涉及使用某些特定的、被定义为独自使用的媒介,例如图书、戴耳机听的音乐或(有时是)移动电话。无论在公共场所还是在私人场所,读报通常表达了希望独处的愿望。在家里的不同部分单独摆放电视机和收音机有助于分散一个家庭中的成员。这些社会性装置通常被理解为也被接受为是具有合法性的,因而不会造成对他人的冒犯。将更具有"合法性"的媒介使用动机与自我隔离这个接受度较低的媒介使用动机分离开来是不可能的。在一个家庭中,随着孩子的长大,会出现相当清晰的个人行为越来越分散的模式,这与使用不同的媒介有着密切的关联(von Feilitzen,1976;Livingstone,2002)。

　　勒尔将第四类社交使用命名为社会学习(social learning),它包含了媒介使用中广泛的社会化层面(例如接受某种角色模式);以及第五类,即竞争/主导(competence/dominance)。第五种类别是指在家庭中控制媒介使用的社会结构性力量,这种力量的范围从对日报的选择到对电视机遥控的使用,也包括对购买媒介硬件和软件的决策。竞争/主导的媒介使用也指代通过使用来自于媒介的信息和专业知识,而在与家人和朋友的交往中扮演**意见领袖**(opinion leader)的角色(Katz & Lazarsfeld,1955)。对家庭模式的人种志研究表明,媒介使用通常是受到非常复杂、往往是不言而喻的规则和诠释的控制,这些规则和理解在不同的家庭里差异很大(请参见 Morley,1986)。已经发现的媒介的主要社交使用罗列在板块 16.3 中:

16.3 媒介的社交使用

- 管理与他人的关系
- 交谈和社交
- 社会接触和回避
- 社会学习和对角色模式的身份认同
- 对媒介选择的控制
- 共同活动
- 间接体验的陪伴
- 打发时间
- 安排日常活动

媒介使用的规范框架

前面的讨论提醒我们,对于媒介受众的研究在某种程度上是在规范性的、甚至是可评判的框架下进行的(请参见 Barwise & Ehrenberg,1988:138ff),这个框架本身就显示出媒介使用已经完全结合到社会化的过程中去了。正如我们所看到的那样,尽管大量的媒介使用本身并不能被看作是有害的,但是用在媒介上的最为基本的规范是,即便是好的东西,你也不能拥有过多。媒介使用的规范框架似乎首先是与"媒介使用是自愿的、休闲的、'脱离角色的'并且往往是愉快的、在一定程度上与任何社会义务无关的活动"这个观点背道而驰。受众研究进一步发现了以非正式的方式规范媒介行为的价值体系的存在。克雷默(Kramer,1996:251)观察到,"与在家务劳动、饮食习惯和宗教责任等各种问题一样,家庭之中存在着大量的有关收看电视的规则和分歧"。这些有关在家庭中使用媒介的规范的强制力,往往被我们感觉为对媒介使用的规范性控制(Geiger & Sokol,1959;Brown & Linne,1976;Hedinsson,1981;Rosengren & Windahl,1989)。

有大量的证据表明,媒介被他们的受众一致认为会产生好的或坏的影响,并且它需要受到社会的指导和控制。至少使用媒介是应该受到父母的监督的。例如,冈特和温斯顿(Gunter & Winstone,1993)报告说,在英国样本中有90％的人认为,父母应该劝说他们孩子不要收看过多的电视,并且绝大多数人支持对收看行为采取基本的控制。在同样的研究中,大概有50％的人认为,英国电视受到严格的管制,有75％的人对目前的控制表示满意或是希望有比现在更大的控制。

尽管大量对于媒介规范的关注毫无疑问是来自于对期望之外的影响的担心,但是媒介使用行为本身(正如前文所提出的那样)也被认为是在道德上值得质疑的。斯坦纳(Steiner,1963)在很久之前就已经发现了观众对他们的大量的使用电视的行为感到内疚的倾向,他将这种倾向归结于清教徒道德伦理所带来的遗产,它对"非生产性地"使用时间"感到不满"。特别是在中产阶级受众当中,对于这种价值观的敏感性一直保留了下来。拉德韦在言情小说的热心女性读者那里发现了类似的内疚感,并且找到了类似的原因:"内疚是她们在工作的价值高于休闲和游戏的价值的文化中被社会化的结果"(1984:105)。在这两个例子中,内疚感在语言中比在行为上体现得更为明显,这反映了社交期望所带来的影响。哈根(Hagen,2000)用对挪威的电视收看研究的定量证据证明了上述论点。电视被定义为"时间小偷",它在道德和美学方面比其他活动都要低上几等。

在赫米斯(Hermes,1996)对于女性杂志读者的研究中,她发现在女性读者的"阐释指令"(建构阅读体验的观点)之中,既存在着阅读女性主义出版物的责任感,又有享受传统女性杂志的内疚感。巴尔怀斯和埃伦伯格(Barwise & Ehrenberg,1988)以及库贝和奇克森特米海伊(Kubey & Csikzentmihalyi,1991)指出,这种罪恶感(相比在看电视当中的罪恶感)通常是非常弱的(赫米斯可能会同意在杂志中是这样的),但是这种感觉的持续性和它的普遍存在,却对所谓享乐主义时代和据称是无害的愉悦这些假设产生冲击。

内容的受众规范

规范性的期待不仅与媒介使用习惯有关,而且也与媒介内容层面相关。人们对媒介既有抱怨,又有赞赏。积极的反馈通常多于批判,但是令人关注的是这样的事实,即媒介的表现被广泛地看作为能够恰当表达受众态度、判断和观点的话题。受众期待媒介去遵守特定的良好品位和道德规范,并且有时也能够与其他价值观念——诸如有关地方社群、爱国主义和民主的价值观保持一致。在虚构和娱乐节目中,所需要的恰当的规范通常是指针对媒介所提供的低劣的语言、暴力、性和恶劣的行为模式。在这里,是家庭生活、对儿童和个人的敏感性的保护,以及成年人的道德标准规范主要涉及的方面。

除了道德规范之外,值得关注还有政治倾向和公平性的原因;受众对于媒介的品质是非常敏感的,他们通常将更多的重点放在公正性和可信性上面,而不是媒介自身所拥有的自由表达的权利(例如,Comstock,1988;Gunter & Winstone,1993;Fitzsimon & McGill,1995;Golding & van Snippenburg,1995;McMasters,2000)。受众常常可能对在主流媒体上公开表达极端或离经叛道的政治观点难以容忍。有关审查制度的问题可能也显现出在公众态度中超出预期的多元化。例如,匹克等人(Paek et al.,2008)在一组大学生样本中发现,相比于对宣传的支持,有更多的人支持预先审查制度和对"反政府的宣传册子"加以惩罚。成年人则有相反的倾向。受众用于媒介信息的规范一般指向完整性和准确性、观点的平衡报道和观点的多元性。新闻源经常根据它们的相对可信性而被加以评判(Gaziano & McGrath,1987)。在不同的情况下,媒介会失去信任,一旦失去,就很难赢回来,重新赢得信任的过程与新媒介(例如在线新闻)在一开始就得到信赖一样困难(Althaus & Tewkesbury,2000;Schweiger,2000;Johnson & Kaye,2002)。

尽管有证据表明公众的批判态度,但是似乎只有相当少的人本人被媒介所冒犯,并且受众的实际使用行为体现了没有规范可言的状态(例如,参见 Gunter & Winstone,1993)。这个矛盾可能反映了建立在个人品位和偏好基础上的私人规范的存在,这些规范与很多行为一样,都不符合公共规范。这也意味着,对媒介表现出来的评价性态度在一定程度上是肤浅的,而且是出于社交的需要而学习得到的,而并非是深刻内化的。这并不是说,在对媒介内容的选择和回应中的个人偏好没有受到个体自己的个人价值观的影响(请参见 Johansson & Miegel,1992)。相反,这些价值观的影响通常是隐藏的且潜于表面之下的。

用于内容的价值观通常涉及一个媒介和另一个媒介、一种类型与另一种类型之间的细微差别。例如,亚拉苏塔利(Alasuutari,1992)指出,芬兰的电视观众使用了一套"道德等级制度",根据这个等级划分观念,新闻和信息被认为是高等的,而肥皂剧则被看作是内容的"低级"形式。这个等级制度甚至被用于肥皂剧的粉丝群体(这种认知非常流行;参见 Ang,1985;Morley,1986;Seiter et al.,1989)。这些观众表现出他们所意识到的评判共识,但并没有觉得个人有义务去遵循它。这个等级制度的特性并不令人惊讶,因为它反映了传统的文化价值观和品位,尤其是对于现实和信息的价值观。

其他形式的批判性疏离包括出于道德和意识形态的原因而反对某些内容。换言之,似乎"经验丰富的"受众成员(这些类型的数据来自于普通的、善于表达自己的观众)拥有相当广泛的定位本领,他们可以用它们处理特定的媒介内容。板块 16.4 总结了应用于电视和其他媒介使用行为的主要规范:

16.4 有关媒介行为和内容的受众规范

- 过多的媒介使用(特别是电视)是有害的,特别是对于儿童

- 儿童的电视使用应该被保护和监管
- 不同类型和媒介得到不同的评价
- 受众期待新闻的准确性和公正性
- 一般的媒介内容不应该攻击主流的道德和社会规范
- 媒介不应该随意破坏国家的利益或安全

来自受众的视角

正如在第 12 章中所提到的,传播者根据他们具体的角色构想和媒介或概念的类型,通过各种各样的方法来解决如何确定实际上是未知的受众的"问题"。在这里,我们从已经被描述为对内容规范性关注的另一个"终端",简短地审视一番传播者—受众之间的关系。通常,受众并没有在日复一日的日常生活中,感觉到他们与媒介和媒介传播者的关系是成问题的。在自由和多元化的环境下,受众可以根据个人的喜好和对什么是重要的和有趣的认知,来选择他们自己的媒介来源。尽管如此,有时也需要受众自身的努力,并且可能会产生一些不舒适。在受众—来源关系中首先要考虑的就是情感的倾向。

虽然受众可以自由地选择媒介,但是受众中实际存在的个人却可能没有根据个人的想法从他们所面对的媒介或内容中进行选择。这种情况出现在家族、家庭或其他群体的成员顺应其他人做出哪些可以阅读、观看或收听的选择的时候。这类"微观把关人"可能是父母、配偶、朋友等。这种情况也发生在只有极少或者没有真正的选择的时候,例如在只有一份当地报纸或都市报纸的地方,实际上是难以将其忽略的。

大量不需要且往往也不想要的、以各种各样的媒介广告形式——例如通过信件、电话等——出现的媒介消息也会产生上述情况。尽管我们的确是选择了自己的媒介渠道、来源和内容,但是我们很快就会对某些媒介表现感到失望,而且存在着针对媒介的大规模负面反馈。我们不断地面对着选择和评估的需要,而在这里面也包括挑选出来我们不喜欢的。

除了存在着对信源、媒介或消息的积极或消极的感觉之外,我们需要思考受众的参与或依附的程度——从偶然的观看到对媒介中的人物或表演的个人的高度投入。在广播时代最早的时期,传播者通过使用亲密的称呼形式、加入音响效果模拟受众在现场的情境、鼓励受众参与等方式,从而尝试着建立一种人际交往和与看不到的观众之间的密切关系的幻象。有许多虚拟参与是与广播和电视联系在一起的,而且现在更甚于过去,它在受众当中引起了一些回应,例如表现为粉丝现象(请参见第 378 页),也并不足为奇。事实上,困难的是对"真实的"依附和"虚假的"依附的实证区分。不过,正如赫米斯(Hermes,1999:74)所指出的:"将媒介人物看作是真实的,并且当作是我们的日常文化和情绪体验的一部分是一方面,另一方面这种看法也决定了媒介文本是如何具有意义的。"

霍顿和沃尔(Horton & Wohl,1956)提出了**"准社会交往"**(parasocial interaction)的概念,这个概念描述了媒介人物或人格代替了人类对话者,并且它带来的满意度被潜在地看作低于真正的社会互动。尽管如此,准社会交往被认为聊胜于无,或者是对缺少真正的社会交往的反应。根据鲁宾等人(Rubin et al.,1990:250)对准社会交往程度的定义,即"受众成员所感觉到自己与所喜爱的电视新闻的人物角色进行互动的程度",测量准社会交往程度(PSI)的标准(Austin,1972)也已经被开发出来了。

罗森格伦和温德尔(Rosengren & Windahl,1989)提出了四种"电视关系"类别,这些关系类别产生于受众与媒介关系中的两个主要的维度。他们将其中一个维度称为互动(interaction)维度,即受众拥有与屏幕上的演员发生交往的感觉。第二个维度是认同(identification)的程度(和媒介人物卷入在一起)。依附于媒介的极端情况出现在高度的互动与高度的认同同时发生的时候。罗森格伦和温德尔将这种情况称为"俘获式"(capture)的一种。与之相反的低度认同和低度互动的情况可以用"超脱式"(detachment)来指代。诺布尔(Noble,1975)指出,强烈的依附情况出现在儿童对电视人物的观照。电视中的角色提供了类似"屏幕社区"的东西。这种吸引力的范围从单纯的识别到非常积极的"身份认同",后者导致了受众拥有与角色同样的情绪,并且失去与现实世界的接触。身份认同的意义会产生很多问题。科恩(Cohen,2001)区分了它与准社会交往的不同,也对依附于媒介人物与仅是喜欢媒介人物两种情况做了辨析。他将这种身份认同定义为"想象中的回应,借此受众成员拥有了媒介人物的身份定位、目标和观点"(Cohen,2001:261)。板块16.5展现了个人取向在媒介人格和特质方面的不同形式和不同程度。

16.5 受众对媒介的取向类型

- 喜欢或迷恋
- 投入
- 准社会交往
- 互动性
- 依附
- 身份认同
- 俘获
- 沉迷

媒介迷群/粉丝文化

受众通过几种不同的途径与"远方的"媒介源头建立联系,其中特别可能的是通过他们的家人、朋友和在他们的社会环境中的其他人的介绍。将制度化"迷群"纳入同一类别中也是非常重要的,尽管这一类粉丝并不是非常自发性的,而是受到媒介的驱使或操纵的。受众体验的特征一直是特别强调和明确指出的对特定的表演者的紧密位附(大多如此),但也包括某些类型的表现方式(音乐类、电影或小说的某些类型)。最弱程度的迷群只是被某个媒介所吸引(例如旧式说法中的"影迷")。最强烈的版本涉及围绕着某个媒介人物的高度的情感和行为投入。类似的、但强度不那么大的情况,发生在当某部特定的电视系列剧的追剧者弄不清究竟是对电视剧中某个虚构的人物的喜爱,还是与对扮演该人物的演员的痴迷的时候,或是当他们分不清虚构和现实的时候。

粉丝文化通常与不成熟、不理性等批评联系在一起的,批评者认为这是大众文化的产物,也是大众行为的一个例证。正如詹森(Jensen,1992)所指出的,我们的确不会对在文化活动的其他领域的着迷(aficionados)现象持有同样的看法,尽管我们很难说清粉丝和流行音乐群体与所谓的歌剧爱好者根本的区别是什么。粉丝现象也被理解为操控和滥用的证据,被认为是由媒介所发起的加强受众与媒介产品和表演者之间的联系的做法,从而有助于宣传,并从物品销售和其他的媒介"衍生产品"那里获得额外的收入。粉丝文化有助于延长产品的寿命,并且使利润最大化(Sabal,1992)。尽管确实如此,但是也存在着另一种看法,这种观点认为,粉丝现象展现的并不是媒介的操控,而是受众的"生产性力量"(Fiske,1992)。根据这种观点,粉丝主动地从所给予的素材里创造出新的含义,构建新的文化区分、文体展示、社会认同和联合系统,这些都使粉丝群体从媒介的控制网络中摆脱出来。

粉丝现象更多地被认为表现为集体性,是有意识地共同感受到一定强度的吸引力的感觉。当然,也存在着个人形式的粉丝,却很难是独一无二的粉丝,否则这个概念就是多余的。粉丝文化通常也是由粉丝自身所生成的,他们相互联合在一起,并且通过公开的途径(T恤、发烧友编写的杂志、相应的风格等)表达他们的归属性。当然,粉丝文化是以令人满意的方式确定与媒介的关系,并且在明星和观星者之间架设了桥梁,从而跨越了两者之间不可避免的现实"距离"。尽管如此,粉丝文化也可能是痛苦的经历,满怀着很高的期望和错位的情感依附会使粉丝变得易受伤害。粉丝也可能对他们所倾注了情感的对象逐渐冷落,这是因为他们可能是变化无常、不够宽容的,而最终留下一片荒漠。迷群也将明星当作是八卦流言、妒忌和厌恶的对象(Alberoni,1972),而这些往往是由其他媒介所挑唆的(Turner,2004)。

互联网的到来对电视节目的制作和人们如何看待电视都产生了各种各样的影响,而在这些影响里面最为引人关注的就是电视与粉丝之间的关系。在莎伦·罗斯（Sharon Ross, 2008）的一项研究中，她对于几个被狂热追捧的电视剧——包括《吸血鬼猎人巴菲》（*Buffy the Vampire Slayer*）——的粉丝的观点及行为进行了调查，在板块16.6中概括了相应的调查结果，由此可以看到互联网是如何成为迷群现象的必不可少的组成部分，并如何推动了相应的电视节目被狂热迷恋的状态的。

16.6 远程参与成为粉丝文化的新形式

粉丝文化是指对故事一定程度的参与，并且成为围绕着这个节目的社会性受众的一部分。互联网通过在正在播放的故事之外进一步拓展电视文本而使得这一点成为可能。即便受众并没有主动地利用这些可能性，但是他们知道发生了什么，而且这些正在成为有关"收看电视"意味着什么的普遍观点的一部分。互联网所带来的这种影响并不只局限于受众，因为制作者和有创作力的专业人士也在这样的假设的基础上工作。罗斯写道，"这些变化当中的关键是多样化美学的发展。电视节目呈现出表现着多样化观点的远程参与的特征，参与往往是通过对全体演员的调动，以及常常是运用了……复杂的叙事结构的方式进行的。这些行为也聚焦于没有完成的故事，通常依赖于连续性和中断性"（Ross, 2008: 255）。

受众的终结？

正如我们在第15章的开头所提到的，受众这个概念已经比它看上去的问题还要多，因为它可以用如此多的方式进行界定和构建，但却没有固定的存在形式。当我们从受众本身的角度出发，会比从媒介产业的角度出发发现更多的问题。新的和不同类型的受众可以由人们自己根据某些共同的兴趣或身份认同而建立起来。新技术又带来了发送者和接收者两者之间清晰区分的问题，而这一区分对于原始的媒介受众概念、同样也对于媒介新的使用形式的引入是至关重要的（请参见第6章）。互动性的和协商式的媒介使用，消除了原始的大众受众"观看身份"的特征。先暂时将激进的新型传播技术放在一边，大量的对"旧技术"和媒介产业的改造，已经对受众产生了潜在的影响（Livingstone, 2003）。

但是，变化所带来的效果非常混杂。一方面，由于集中化和垄断的形成，以及同样的内容被应用在大量不同的市场当中，这些都扩大了特定的产品和表演者的受众规模。国际化也是为某些高利润的内容实现更大规模的（累积）受众的路径。另一方面，"实际的"受众随着渠道的多样化和专业化而被分化。因而出现了大量总数量更大、群体成员数量变小且更为同质化的受众群体。受众不再是从给定的地理区域或社会阶级中招揽而来的了,而是以品位和生活方式作为形成受众群体的基础。"市场细分"(segmentation)这个概念被用来指代媒介供应要更为精确地与重要的媒介消费者群体相匹配的过程,也是由于受众自身具有更多的选择可能而促成的一个过程。来自美国的证据已经表明,有线电视观众的构成上的同质化,要远比国家广播频道的同质性程度高(Barnes & Thomson,1994:89)。

另一个过程,即碎片化(fragmentation)的过程,涉及同样数量的受众关注被分散到越来越多的媒介来源之中去了。最终,几乎所有的选择都可以是个性化的,从而呈现出受众作为重要的社会集合体的终结。媒介使用者之间除了各自是不同的消费物品的所有者这一点之外,将不再有任何的共同之处。受众的碎片化和使用的个性化,削弱了人们和他们所选择的媒介来源联系在一起的纽带的强度,并且导致作为受众的身份感的丧失。

通过对电子个人收视记录仪收集的数据进行分析,可以看到在"媒介极大丰富"的时代中的电视使用模式,它们也为这些普遍化的现象提供了证据。克罗茨和冯·哈斯布林克(Krotz & von Hasebrink,1998)以及哈斯布林克(von Hasebrink,1997)对德国和瑞士的观众进行了研究,捕捉到在欧洲出现的电视使用行为的一些变化,它们代表着四个重要的趋势。第一,"典型的"集体式家庭收看情境的减少,因为更普遍的情况是一个人独自收看或两个人一起收看。第二,普遍的收看类型包含了"大量而短暂的"观看时段这样的特征,特别是在儿童和年轻人当中。第三,尽管存在着大量的选择,但是仍然有相当强烈的频道忠诚,即许多观众只使用数量有限的频道。第四,有清晰的证据可以证明,比起在电视所提供节目有限的岁月里,现在内容偏好在节目选择中扮演着更为重要的角色(Goodhart et al.,1975;Eastman,1998)。

我们可以将所讨论的受众变化趋势概括为如图16.4所展示的四个相继出现的阶段。这种划分特别适用于电视,但是它也可以用在更为广泛的媒介范围中。在电视的早期阶段(20世纪五六十年代),在大部分国家中,大多数受众只有不超过三个国家频道的非常有限的选择(在美国选择可能稍微多些)。几乎每个人都有着同样的媒介经历。单一模式(unitary model)意味着单独的受众在一定程度上是与普通公众拥有共同的外延。随着内容和频道供应的增加,在单一模式的框架内开始出现了更为多样化和更多的不同的选项(例如,在欧洲的日间和夜间电视节目、地区性的节目、更为私人化的节目)。这种有限的内部分化的模式可以被称为多元化模式(pluralism model)。第三个阶段,即核心—边缘模式(core-periphery model),在这个阶段中,频道的多元化侵蚀了结构的单一性。作为有线传输、卫星传播和录制技术,以及其他新媒介所带来的结果,享受完全不同于多数人的或主流的电视节目成为可能。在大多数发达国家中,已经进入到了这个状况。在图表16.4中所设想的最后一个阶段是终止模式(breakup model)的阶段,在那里碎片化加速发生,并且不再存在任何"中心",而只是非常大量和非常分散的媒介用户群体。

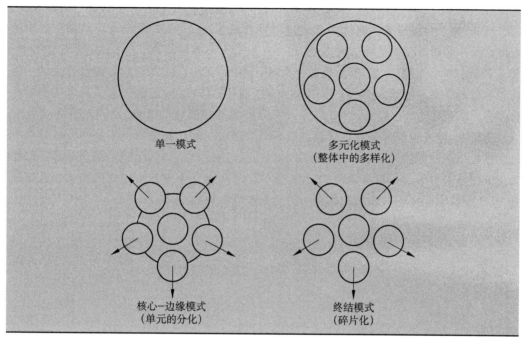

图表 16.4　受众碎片化的四个阶段(McQuail,1997:138)

受众的"逃离"

可以从不同途径看到受众基本特征的明显变化。在洪美恩(Ien Ang,1991)所著的《不顾一切地寻找受众》(*Desperately Seeking the Audience*)一书中很好地总结了媒介产业的问题。了解受众的动向以管理或预测它的构成和兴趣取向已经变得越来越困难了,即便诸如个人收视记录仪和对系统使用者其他形式的计算机分析这一类新技术不断改善着反馈给媒介的信息流。但是,可能出现的受众从管理和控制中的"逃离",以及大大增加的选择,似乎都使天平向受众力量倾斜。

媒介产业所面临的问题是,媒介消费者、甚至是市民个人在市场上的喜好已经发生了变化。市场上出现了更多的获得重要政治信息和城市信息的渠道,而且与大众受众不同,人们不再是半垄断式宣传或偏向性信息的对象。无论是政治方面还是商业领域的说服者,总体来说越来越难以抵达任何广大的普通公众了。比起广播和电视的早期岁月,受众也对接收到的消息不那么关注了。过于丰富的供给超出了人们注意和使用它们的能力。即便给予关注,可能产生的影响也比以前的要小。纽曼和普尔(Neuman & Pool,1986)提出了平衡模式的概念,根据这个模式,受众由于信息过载而产生的不适感会通过降低"注意力的质量"而减轻。根据前文所讨论的,典型的媒介使用者拥有的时间较少、动机较低,缺少与媒介来源的社会性或规范性的联系,而这种联系应该是对媒介影响的支撑。潜在的影响无论是在质量方面,还是在数量方面都被冲淡了。

受众不断增加的"力量"不应该被夸大,因为在受众的力量方面是有得也有失的。当越来越多的受众只是成为消费者市场的另一个群体的时候,他们就失去了越来越多的社会权力。坎托(Cantor,1994:168)认为:"作为市场的一部分的受众,而不是作为文化政治家的受众,他们对于电视内容有着更强有力的影响。"聚合起来的市场影响已经远离了民意或有组织的集体行动了。公共服务电视一直以来所带来的好处是,受众拥有一些作为市民团体而应该具有的集体性的权利,他们仍然对媒介渠道拥有正式的控制权。在板块 16.7 中总结了构想中和实际存在的对受众产生影响的变化:

16.7 影响受众的媒介变迁

- 渠道的多元化
- 集团化增加了受众的规模
- 大众受众的碎片化
- 根据市场特征进行市场细分
- 受众从管理和测量中逃离
- 新型受众的出现:互动型和协商型

受众的未来

尽管我们对趋势进行了讨论,但是在目前这个时刻,却很难下结论说大众受众将逐渐消失。受众仍然存在,尽管以变化了的形式存在,而且大众媒介产业也表现出非凡的生存能力。尽管电视频道不断增加,但是凭借新技术进入媒介市场越来越容易,而且个体进行选择的能力也不断增加,因而媒介受众的整体结构并没有发生根本性的改变。韦伯斯特和弗伦(Webster & Phalen,1997:114)指出,"在美国,具有传统吸引力的大众电视网继续主导着媒介消费行为"。但是,十年之后,美国最大的三家电视网再加上福克斯(Fox)只占有 64% 的市场份额,而且还在不断地减少(Hindman & Wiegand,2008;Turow,2009:191),但是这个产业仍然致力于寻求成功的格式,从而在美国和全球抵达尽可能多的受众。在大部分欧洲国家,频道的增加还没有导致普遍的受众碎片化,尽管已经出现了警示信号。受众份额仍然是检验成功的标准。变化是非常缓慢的,这样的情况也同样出现在大多数国家的报纸出版业。

我们仍然可以有理有据地得出与纽曼(Neuman,1991)一致的结论,即存在着巨大的惯性理论,限制着受众构成的根本性的变化。这种阻碍一方面来自于"媒介使用的社会心理",其表现为"根深蒂固的被动、不全神贯注的使用习惯"(Neuman,1991:42)。另一方面是传播业本身。纽曼(Neuman,1991:42)认为:"经济规模推动传播业向着普通的——拥有共同特性的、单向大众传播的方向发展,而不是促进窄播和双向传播的发展。"也存在着强有力且多样化的影响媒介生产和使用的社会力量,这些力量有着深厚的根基,并且抵抗着技术变革对自身的影响。受众的构成反映了从国家社会到家庭的社会构成的结构、动力和需求。这些力量并不都同样地支持大众受众,有些更青睐于对新媒介的新型使用和由此所产生的新的受众现实情况。因此,我们不能作任何预测,即便是对广泛趋势的强度和方向的预言。

再谈有关受众的概念

我们已经有足够的理由想弄明白"受众"这个概念是否仍然有用,特别是这个概念在大量各不相同的传播媒介中存在着如此多的用法。我们并不能轻易地剥去"受众"这个术语中所包含的强有力的"观众"——无论是被动地看还是被动地听——这个内涵。它也与对某些"消息"的接收这种含义有着紧密的联系,尽管我们所知道的事实是,受众行为还涉及一些与之同样重要的动机或满足,例如无论内容是什么,都可能产生的社交中的和睦感、对实际的媒介使用的愉悦感等。尽管如此,似乎也没有其他切实可用的术语来代替"受众"这个词语,因而我们可能不得不继续使用它去涵盖完全不同的情况。在它早期作为"工业化"媒介的大众受众的这种表达中,受众似乎总是一种夸张讽刺的描绘,而忽视了在面对媒介时所牵扯进来的社会性和协商性。我们同意利文斯通(Livingstone,2003:353)的观点,即"'受众'这个概念只有用在收听和收看活动中才是令人满意的……(而)'使用者'这个概念似乎考虑到了更多各种类型的参与模式——尽管它可能会过于个人化和无结构化,从而不具备集体性的意义,而这种意义正是'受众'这个概念的中心,并且也完全没有必要与'传播'联系在一起"。她总结道,没有一个单独的术语能够用来涵盖通过技术将人们联系到一起的多种多样的方式,因而她建议,我们可以将"受众"这个概念重新概括为"联系性和互动性的活动",这也包括将人们与他们的社会和文化环境联系起来。利文斯通强调,这种关系的本质才是核心,而不是一个人为创造的概念。

尽管如此,我们仍然可以就不同的目的来做区分。通过标示和总结各种各样的可能性,板块16.8提供了受众的主要维度。可以看到,每种变量可以用来形容和区分目前存在的不同的受众类型,它们也都拥有理论和研究的历史渊源。

16.8 受众的主要维度

- 主动性/被动性程度
- 互动性和交互性程度
- 规模和持续性
- 空间定位
- 群体角色(社会/文化的认同)
- 与来源接触的同时性
- 构成的异质性
- 发送者和接收者之间的社会关系
- 信息与社会/行为对情境定义的对比
- 对"社会在场"的感知程度
- 使用环境的社交性

小 结

这本书是关于大众传播的,而我们停留在新的相关现象发生的前沿——尤其是基于对计算机和其他新型媒介的使用的相关现象。正如我们所看到的,受众这个概念逐渐变成了用来描述对其他传播技术的使用的术语。但是,当我们仔细思考时,会发现受众这个概念所跨越的传播形式之间存在着共同的基础:以不同的方式使用空余时间;通过不同的手段实现不同的功能;对技术有着各种各样的依赖;大众媒介和新媒介在所有制和组织方面的共性;以及拥有某些内容形式。显然,有相当多的受众理论也可以用于非大众传播的情形中,尽管是以加以调整或发展的形式。

深入阅读

Ettema, J. S. and Whitney, D. C. (eds.) (1994) *How the Media Create the Audience*. Thousand Oaks, CA: Sage.

Provides a set of authoritative views on the possible manipulation of audiences, with general principles explained that are still relevant.

Liebes, T. (2005) "Viewing and reviewing the audience: fashions in communication research", in J. Curran and M. Gurevitch(eds.), *Mass Media and Society*, 4th edn, pp. 356-374. London: Hodder Arnold.

Argues the case for distinguishing Internet users from the media audience and reviews the history of views about the audience as media scarcity turned to plenty.

Neuman, W. R. (1991) *The Future of the Mass Audience*. Cambridge: Cambridge University Press.

An early and perspicacious account of the changes in prospect for mass media audiences, providing a framework for charting changes that have actually occurred and identifying the constant factors in audience behavior.

Webster, J. G. (2005) "Beneath the veneer of fragmentation-TV audience polarization in a multichannel world", *Journal of Communication*, 55(2): 366-382.

Presents data and reflection on the consequences of fragmentation, showing an unclear relation between audience size and degree of attachment and loyalty.

在线阅读

Elvestad, E. and Blekesaune, A. (2008) "Newspaper readers in Europe: a multilevel study of individual and national differences", *European Journal of Communication*, 23(4): 425-448.

Livingstone, S. (2007) "From family television to bedroom culture: young people's media at home", in E. Devereux(ed.), *Media Studies*, pp. 302-321. London: Sage.

McBeth, T. M. (2004) "Psychology of media use", in J. D. H Downing, D. McQuail, P. Schlesinger and E. Wartella(eds.), *The Sage Handbook of Media Studies*, pp. 201-226. Thousand Oaks, CA: Sage.

Peter, J. and Valkenberg, P. (2006) "individual differences in perception of internet communication", *European Journal of Communication*, 21(2): 213-226.

PART Seven 第七部分

效 果

第17章

媒介效果的过程和模型

这一章是对大众媒介效果理论和模型的概览。它开始于一个似是而非的现象。有一种普遍存在的信念几乎是被人们深信不疑,即大众媒介是影响意见和行为的强有力的工具。而与此同时,在事件之后,预测效果、通过设计来改变效果或证明的确存在着效果却又是非常困难的。尽管有着这些困难,但是对于效果产生的过程的认识却是不断增多的,而且正因为如此,我们站在更有利的位置上,可以讨论什么时候可能产生什么样的效果。这一章追踪了理论的发展过程,并且解释了媒介效果的不同类型,以及根据效果的产生过程所归纳的几种主要的效果模型。

媒介效果的前提

正如前文所指出的,大众传播的全部研究都是建立在"媒介具有显著的效果"这个假设基础之上的,尽管对于所假设的效果的本质和程度很少达成共识。由于日常生活经验提供了无数的、哪怕是轻微的媒介影响的例子，因而这种不确定性就更令人惊讶了。我们根据天气预报的天气来穿衣服；因为广告而购买某些东西；去电影院看报纸上所提到的电影；用各种各样的方式对媒体新闻、电影、广播上播放的音乐做出反应，诸如此类。无论是好的还是坏的经济新闻，都明显地对商业和消费者信心造成影响。有很多有关负面的媒体宣传的例子，例如，有毒食品或食品造假等，这些都导致行为上的巨大变化，有时会伴随着巨大的经济影响。无论是电影业还是其他机构中的各行各业中的公众人物，都对他们在媒介当中的形象非常敏感。暴力或自杀行为表现为对媒介所刻画的这一类行为的模仿，或它们的产生是受到媒介描述的刺激。大量的政策和规范的目的，在于防止媒介产生有害的后果，并且鼓励媒介做一些有益的事情。

我们的头脑中充斥着来自于媒介的信息和印象。我们生活在一个由媒介的声音和图像所浸透的世界当中，在那里政治、政府和商业的运转都是建立在"我们知道在更广阔的世界中正发生着什么"这个假设基础之上的。我们当中几乎没有人想不起来有关从媒介中获得重要的信息或由媒介而形成某种观点的个人的例子。大量的金钱和努力也花费在使媒介实现这些效果上面了，特别是以广告和公共关系的方式，而且，如果没有"这样做或多或少会产生所计划的效果"的信心的话，很难相信人们会这样做。毫无疑问，媒介自身似乎对实现预期效果的能力深信不疑。

然而，仍然存在着相当大的不确定区域。我们知道，在一定条件下，例如，满足了消息的连续性和一致性、新闻报道来自可信的信源、涉及大量的受众等前提时，我们可以期待可能会对公众的认识和民意产生一定的效果，但是我们无法确定会发生多大规模的变化，也不知道在哪些受众当中会反响最大，这样的情况并非个案。媒介几乎不可能是产生影响的唯一必要或充分的条件，而且它们的相关作用也是非常难以估量的。有很多原因导致了这种不确定性，而且当在充满争议的道德、民意和背离常规的行为领域中面对媒介的效果问题时——这些领域最受公众的关注——我们的常识就更会发生动摇。在这类问题上面，媒介几乎不可能是首要的或充分的原因，而且它也不可能对所涉及的所有潜在的心理、社会和文化因素进行充分的考虑。进而言之，认为"媒介"不只是承载着数量巨大的、各种各样的消息的载体这样的说法没有太大的意义。大部分原料并不是起源于媒介本身，而是"来自于社会"，并且通过媒介又被"发送回"社会。

大部分效果研究是由媒介"外部"而非在其内部所发起的，特别是由社会批评家、政治家、利益集团等。其潜在的前提条件通常是，大众媒介对于社会的其他部分而言是某种"问题"，而且媒介的这些成问题的方面仍然可能构成公众对于媒介——包括诸如互联网这样的更新型的媒介的争论。在那些（通常是出于自身利益的原因）声称媒介拥有较大权力的人们或那些惧怕媒介权力会导致有害后果的人们，与那些由于未被证实而反对上述主张和恐惧的人们之间，仍然存在着巨大的鸿沟。但是我们可以说存在着一个"媒介权力信仰体系",它的支持者并不需要对其怀疑人士所要求的详细证明。另外,基于缺乏实证基础上的对所有有关媒介权力理论主张的反对也会导致另一类错误。大众媒介的许多潜在效果要么是过于复杂、微妙,要么是过于长期,因而无法通过目前可以使用的、仍然处于不成熟阶段的测量工具加以把握。尽管如此,观点之间的冲突带来了很大的收获。它提醒我们,无论是接受"说服者"的主张还是批评者的观点,我们都必须小心谨慎,而不能疏忽大意,因而,我们不应该将具体的信息与媒介整体混为一谈,而且我们应该仔细地区分不同类型的效果和不同的情况。最为重要的是,我们应该对于"接收者与发送者在媒介效果方面至少有着同样的影响力"这个事实给予应有的重视。

媒介效果研究和理论的自然历史:四个阶段

有关媒介效果的思想发展过程可以说是一段"自然历史",也就是说这个过程很大程度上是由时间和空间条件所决定的。这个过程也受到了一些"环境"因素的影响,包括政府和法律制定者的利益、不断变化的技术、历史事件、能够施加压力的群体和宣传者的活动、民意所关注的事务,以及甚至是社会科学的发现和方式方法。因而,无法从有关媒介效果的不断累进的认识中整理出清晰直接的路径,也就不足为奇了。尽管如此,我们能够将这个领域的历史分为几个阶段,它们可以指出几个在一定程度上是有序的发展进程。

第一阶段:全能媒介

第一个阶段从19世纪、20世纪之交开始,一直延续到20世纪30年代。在这个阶段,报纸、电视和广播等新媒介,被认为在一定程度上具有按照媒介控制者的意愿形成民意和信仰、改变生活习惯、形成行为的相当大的力量(Bauer & Bauer,1960)。这种观念并不是建立在科学研究的基础之上的,而是以对这些媒介具有说服大众的可能性的惧怕,以及对它们的广泛欢迎——它们不仅进入日常生活的方方面面、也走入了公共事务——的观察为依据的。

在欧洲,广告主、第一次世界大战的宣传者、两次世界大战期间的独裁国家和新建立的革命政权对媒介的熟练使用,都证明了人们已经开始相信,媒介应该具有巨大的力量。与这种信任的背景相反,采用问卷调查和实验研究方法并强烈倚重于社会心理学的系统调查研究开始于20世纪二三十年代,尽管主要局限在美国。在这段时期内,有大量的图书是关于宣传的力量的(例如,Lasswell,1927;也参见 Jowett & O'Donnell,1999)。

第二阶段:对强大媒介理论的检验

实证研究的传统将对媒介效果的思考带向了第二个阶段。20世纪30年代初,由佩恩基金（Payne Fund）在美国所赞助的一系列研究成果的出版证明了这个阶段的开始（Blumer,1933;Blumer & Hauser,1933）。这些研究主要关注电影对儿童和年轻人的影响。研究结果证明了许多有关媒介对年轻人的情感、态度和行为产生影响的想法。这个对媒介效果进行研究的阶段一直持续到20世纪60年代初期，那时特别关注在"二战"后到来的电视所产生的影响（例如，Himmelweit et al.,1958）。大量独立的研究都致力于不同类型的内容和媒介、特定的电影或节目以及完整的定向宣传活动所产生的效果。注意力主要集中在将电影和其他媒介用于有计划的说服或传递信息的可能性。

例如，霍夫兰等人（Hovland et al.,1949）记述了一系列大规模的实验研究，这些研究用来评估使用电影资料在向美国新兵进行"灌输"，从而使他们认识到"二战"的目的并对此采取支持态度方面的价值。斯达和休斯（Star & Hughes,1950）记录了用于提升公众对联合国的支持的定向宣传活动。拉扎斯菲尔德等人（Lazarsfeld et al.,1944）开启了对民主选举的宣传攻势进行长期研究的传统。

在"二战"刚刚结束的时期，对于媒介效果的研究已经变得成熟多了。更多的研究是关于社会和人口统计变量，例如年龄、受教育程度和性别；以及社会心理因素，诸如倾向和偏好、人格类型、说服能力、兴趣和动机的程度、对信源的信任等，所产生的干预效果。个人的社会交往所产生的影响也被纳入潜在的变量范围之内，并且作为关注媒介的各种动机当中最重要的一个动机。增加的变量越多，就越难以精确地确定媒介对于各种变化究竟有什么作用及到底有多大的作用，而且人们越来越怀疑媒介的作用可能通常是非常小的。

现在看来，当表现出对于这类媒介效果研究的结果不再抱有幻想的时候，似乎就标志着这个时代的结束了。作为领军人物的学者贝雷尔森（Berelson,1959）指出，大众传播研究领域可能消亡了。贝雷尔森将媒介效果研究的成功智慧总结提炼，并被广为引用（参见板块17.1）。它听起来像是一段绝望的供词，但是也指出了在任何效果研究中都应该检验的核心要素。

17.1 贝雷尔森关于媒介效果研究：关键引语

有关某类议题的某些类型的传播带来了某类人群在某种环境下的关注，从而产生了某些效果。（Berelson,1948:172）

对于这种常识性认识的新的陈述，指出了媒介在产生任何计划中的或无意的效果方面更为适度的作用。约瑟夫·克兰佩尔（Joseph Klapper）对于早期研究的总结依旧是富有影响力而且有价值的，他出版于1960年（尽管要远追溯到1949年）的著作中显然是为这个阶段盖棺定论。克兰佩尔总结道，"一般来说，大众传播既不是产生受众效果的必要条件,也非充分条件,而是大量的中间因素发挥着作用"(Klapper,1960:8)。

但是这并不意味着发现媒介没有产生作用或影响,而是在媒介刺激和受众反应之间可能不存在直接的或者一对一的连接。可以看到,媒介是在一个预先存在的社会关系结构和特定的社会及文化背景当中运行的。这些要素在所研究的意见、态度和行为的形成中,而且也在受众一方的媒介选择、关注和回应的形成过程中占有首要的位置。信息的获得可能不会带来相关态度的改变,而态度的改变也不一定伴随着行为的改变,有关这一点也是非常清晰的(例如,Hovland et al.,1949;Trenaman & McQuail,1961)。

效果评估方面新的清醒认识,缓慢地改变着社会科学团体之外的人们的观点。对于那些靠广告和宣传为生的人们,以及那些相信媒介的强大潜力的神话的人们来说,接受这些是尤其困难的。对于那些出于政治或商业动机而使用或控制媒介的人们来说,他们并不认为应该勇于接受研究所发现的有关媒介无能为力的消息。效果评估还存在改变的空间,因为有限效果理论在很大程度上被证实,并且它本身就是对不切实际的主张的反对。试图发现媒介强大效果的研究的失败,很大程度上是因为产生效果过程的复杂性,以及研究设计和方法上的不足。

第三阶段:强大媒介的再发现

当教科书里所写的有关媒介效果受到质疑的时候,教科书里的结论几乎要被改写成"没有(最小)影响"了。有大量同一时期推论性证据可以证明,媒介的确能够产生重要的社会影响,而且是行使社会和政治权力的工具。对这个阶段研究的权威性回顾(例如,McGuire,1973;Lang & Lang,1981;McLeod et al.,1991)提出了对于在相信媒介的权力和认为媒介是无能的两个时期之间是否有分水岭的质疑。

朗氏夫妇(Lang & Lang,1981)在谈到媒介对民意的影响时指出,"最小影响"的结论只是一个被过分传播的特定阐释而已(也请参见 Chaffee & Hochheimer,1982)。朗氏夫妇(Lang & Lang,1981:659)写道:"在20世纪50年代末期所得到的证据,即便抵消一些负面的发现,但是也无法对全面的'媒介无能'的判定给予证明。"在他们看来,"没有效果"的神话是由于多种因素共同造成的。更为引人注目的是对于有限效果的过度关注,特别是过于重视对于个体的短期(例如,在大选期间)效果,而没有注意更为广泛的社会和机制方面的效果,而且对于两本著作也赋予了过高的重要性,即卡茨和拉扎斯菲尔德的《人际影响》(*Personal Influence*,1955)和克兰佩尔的《大众传播的效果》(*The Effects of Mass Communication*,1960)。尽管如此,他们也承认,这个神话产生了足够大的影响,以至于暂时关闭了某些研究路径。

不愿意接受"最小效果"这个结论的一个原因是,出现于20世纪五六十年代的电视作为一种新媒介比它的前辈们拥有更大的吸引力(即使不一定产生效果的话),而且似乎对社会生活产生了重要的影响。媒介效果和研究的第三阶段是一个仍然在探寻潜在效果的阶段,但是同时也对社会和媒介过程的概念进行了修正。早期的调查研究极大地依赖于某个模型,这种模型探寻在媒介刺激中的"暴露"程度和所测量到的态度、观念、信息或行为的变化或变异之间的关系,并且在这个过程中也会考虑大量的干扰性变量。

效果研究的重建是以将注意力转向长期的变化、人们直接或间接地从媒介中学习到什么,而不是关注在态度和观念方面的直接影响为标志的。更多的注意力也被放在对给定人群中的意见趋势、对社会现实和意识形态的定义、意见和信仰结构方面所产生的集合性的影响。其他类型的效果也得到了重视,特别是对于文化模式和制度化行为的影响。例如,随着电视的出现,政治传播中出现了变化,并且更新的传播媒介也带来了进一步的变化。意识到以下事实也是非常重要的,即选择媒介的方式、过程和出于自己的目的构造内容,会对媒介内容如何被接收、阐释,并由此带来的长期的后果产生强烈的影响。

接下来的大量研究是对这些较新的媒介效果理论和早期的直接效果模型进行回顾。尽管很多学者对媒介效果研究兴趣的重生做出了贡献,也有很多原因促进了这一领域的复兴,但是是内尔-诺依曼(Noelle-Neumann,1973)提出了"重返强有力的大众媒介"的口号,这个号召可以被用来确定这个研究阶段。批判理论(新左派)在20世纪60年代的高涨,也对相信媒介在满足资本主义或官僚主义国家的利益方面具有强大的合法的和控制性的效果作出了贡献。

第四阶段:协商的媒介影响

从20世纪70年代后期开始,一个研究媒介效果的路径出现了,它应该被称为"社会建构主义"(social constructivist)(Gamson & Modigliani,1989)。实质上,它包含"媒介是通过建构意义从而具有它的最为重大的影响力"这一观点。媒介往往愿意提供有关社会现实的"有偏向的"看法(其中一个目的是使这样的看法能够被广为接受和信赖)。有偏向性的观点既包括所提供的信息,也包括恰当地阐释这些信息、形成价值判断和观点,以及对此做出反应的方式。媒介系统化地提供给其受众的往往是现成的含义。是否采用所提供的看法取决于受众成员的决定,尽管媒介所提供的这些看法通常是受众形成有关远方事务的观点的唯一可以获得的材料。其他信源可能包括来自个人经历或者社会或文化环境的影响,这些甚至可能成为积极地抵制媒介影响的基础。因而,并不存在自动的或直接的意义转移,而是在意义的提供者和意义的接受者之间的协商结果才有可能被接受。这个过程可以被看作打破"全能媒介"范式,而且也标志着从定量的和行为主义的研究方法转向定性的、更为深入的和人种志的研究方法的变化。

最后这个研究阶段的起源可以追溯到久远的过去。这个阶段的思路与早期的"强大媒介"理论有一些相似之处,这包括,例如,意识形态和虚假意识理论、格布纳的涵化理论(Signorielli & Morgan,1990)和由内尔-诺依曼所详细阐述的(Noelle-Neumann,1974)

"沉默的螺旋"(Spiral of silence)理论。这些都将在本书接下来的章节继续讨论。媒介效果范式的出现是受到两股主要力量的推动的。首先,媒介以可以预见的和模式化的方式"建构"了社会形式,而且甚至历史本身都是由对现实的想象所构建而成的(在小说和新闻当中)。其次,受众群体中的人们为自己构建他们对社会现实的看法和他们在社会现实中,以及与媒介所提供的符号化的结构互动中的位置。第四阶段所提出的理论允许无论是媒介还是人们都有选择的权利,在这个过程中存在着双方不断协商的过程。总而言之,这是与第4章所描述的调节观点相一致的对媒介过程的明确表述。

目前,有相当多在这个框架下展开的研究往往直接关注媒介是如何与社会中的重大的社会运动(例如,与环境、和平和妇女及少数民族的解放有关的社会运动)相互作用的。其中一个例子来自吉特林(Gitlin,1980)对于20世纪60年代后期的美国学生运动的研究。这项研究展现了,美国媒体(出于它们自己的目的)传播了运动的激进主义和名人领导,并且倾向于暴力的形象,这种形象塑造了民意,并且使得运动在某些方面迎合公众的期望,而表现出媒介所刻画的形象。更新一些的研究是凡·祖伦(van Zoonen,1992)对妇女运动在荷兰兴起的研究,在这项研究中采用了"社会建构主义"研究方法,以评估媒介对事件的影响。她对这种研究视角做出了根本性的解释:媒介不只是有关运动的信息和行动的朴素的传递者,在传递中它们是有选择性的;这种传递算不上是"对运动的观念和行动的特定建构",而是受到新闻组织内部大量的协商过程和冲突过程影响的。凡·祖伦评论说:"运动的媒介形象是运动和媒介之间错综复杂的互动的结果",并且造成了特定的公众认同和定义。

建构主义路径并没有取代此前所有对媒介效果过程的表述,例如,在涉及获取关注、对个体行为的直接刺激或情绪性的反馈等方面时。它也是与此前的大量理论保持一致的,尽管由于需要更为深入、广泛和更加定性的证据而在研究方法和研究设计方面有着很大的不同,特别是有关"关键事件"(这是表述社会中的关键时刻的术语,在这个时刻发生了向好或向恶的变革、对事件的意识增强、做出决策,并且开启了新的路径)的语境方面的认识是一致的,结构就是在这些语境中打造出来的。它比之前的理论更为重视文化传统,而不是结构和行为传统(请见第3章)。但是,它与后者并不是相互分离的,因为调查研究已经被放置在社会背景之中,而且它假定最终的结构是复杂的社会实践中的众多参与者的大量行为和认知的结果。这个路径可以被用在许多假定媒介产生影响的情境中,特别是涉及民意、社会态度、政治选择、意识形态和大量的认知的时候。对框架和图式理论的不同表述方式(Graber,1984)可以有效地放在同一个大标题之下(请参见第442~444页)。

有关媒介效果思想发展的第四阶段的解释只是一种理解。在珀斯(Perse,2001)对这个领域的综述中,她指出,有关媒介效果理论发展的这种和类似的解释是过度简单化的,并且可能是误导性的,特别是因为没有意识到不同的研究领域的差异。例如,对于儿童的研究和有关政治传播的研究有着不同的发展过程。她建议分析不同的效果模型之中的关键差异,而不是对其做出历史性的解释。她所提出的四种模型是:

- 直接效果;
- 条件效果(随着社会和心理因素的变化而变化);
- 累积效果(渐进的和长期的);
- 认知—转换效果(特别涉及图式和框架)。

实际上,这些模型与上述所描绘的四个阶段是密切对应的。在图表17.1(来自Perse,2001)中总结了这些模型的主要特征。

媒介效果模型			
	效果的本质	媒介内容变量	受众变量
直接	直接的、统一的、可以观察到的、短期的、强调变化	显著的、唤起的、写实主义的	不相关
条件	个性化的、强化和变化、认知性的、情感性的和行为性的、长期或短期的	不相关	社会类别、社会关系、个体差异
累积	以累积的媒介暴露为基础、认知性的或情感性的、很少是行为性的、持续的影响	不同渠道之间和谐一致的、重复的	不相关
认知—转换	直接的和短期的、以一次性媒介暴露为基础、认知性的和情感性的、可能产生行为性的影响	显著的视觉线索	图式化编排方式 心境 目标

图表17.1 媒介效果的四种模型(Perse,2001:51)

媒介力量随时间而变

在离开媒介效果研究的历史层面之前,有必要对凯里(Carey,1988)所提出的建议进行反思,他指出,对于大众传播的力量的各种信仰应该有一个历史性的解释。他写道:"可以证明在有关媒介效果的观点从强大模式、到有限效果模式、再到更为强大的模式的转化背后,是随着时间不断变化的社会环境。"强大效果模式实际上反映了在两次世界大战前后世界突变的时期,而较为平静的20世纪五六十年代则显得较为稳定,直到和平又被社会突变所推翻。看起来,只要社会的稳定性受到了犯罪、战争、经济萧条或某些"道德恐慌"所带来的干扰,有一些责任就被推卸到大众媒介上面。这个意见通过认为媒介对2008—2009年的金融危机和信贷危机有责任的主张得到了证实,该主张认为媒介在之前助燃繁荣和没有对即将到来的泡沫破碎发出警告方面负有责任。有些控诉是有说服力的,但是媒介一如既往地至多只是促进因素。

我们只能结合着时间因素推测其中的原因，但是我们无法排除媒介在重要关头或警觉提高的时候的确在一定程度上更具有影响力这种可能性。欧洲共产主义制度崩溃带来的影响，或诸如海湾战争和巴尔干半岛地区的战争，以及在"9·11"事件之后与阿富汗、伊拉克之间的战争所导致的世界性冲突，就是属于这种可能性。这种可能性的产生具有一些原因。人们通常只有通过媒介才能获知有关较为重大的历史性事件，并且可能将这些消息与媒介联系在一起。在变革或不确定的时期，人们更为依赖媒介、将其作为信息和指导的来源的可能性就被大大提高了（Ball-Rokeach & DeFleur, 1976; Ball-Rokeach, 1985, 1998）。媒介也展现为会对个人直接经验之外的重大事件具有较大的影响力。在冲突和不确定的环境下，政府、商业和其他的精英人士及利益集团，往往试图通过使用媒介去影响和操纵意见。珀斯（Perse, 2001:53-82）密切关注了媒介在决定性时刻所扮演的角色，并且得出结论，即对于媒介所扮演的角色，可以通过功能理论而得到最有力的解释（请参见第78～80页）。她指出，媒介通过提供信息和解释，从而帮助减小不确定性和恐慌。媒介在应对危险和威胁的时候，也作出了团结和动员的贡献。

罗森格伦和温德尔（Rosengren & Windahl, 1989）在略有不同的背景下（有关电视对儿童社会化的作用的背景），提出了有关电视影响的证据的变化本身可能就反映了这样的事实，即电视在内容方面确实是发生了变化的，而且与开展第一项有关电视研究的20世纪50年代相比，到了80年代，电视所带来的社会体验也是不同的。如果这是正确的话，那么这意味着在今天电视体验又在很多方面发生了变化。有关媒介的潜在或实际发生的影响是随着时间和地点的变化而变化的，这个有目共睹的观点最为重要。

传播权力的类型

对在人类事务中的"权力"这个概念进行定义被证明是困难的，而在关系到媒介时也是如此。对"权力"的定义有两种路径可以遵循。一种是根据包含着刺激—反应思路的行为主义和因果关系的路线，在这种路线中，权力等同于无论是有意识还是无意识地实现某种特定的结果的可能性。另一种模式是社会学的，来源于马克斯·韦伯（Max Weber）将权力看作"一个人或一些人在公共活动中破除其他参与这个活动的人的阻碍而实现他们的意愿的机会"的定义（Weber, 1964:152）。在这个有关"权力"的观点中，假设了在行动伙伴之间存在一种关系，而且强制可能导致目标的实现。在这当中也存在着赢家和输家（一种零和情况）。

尽管这两个模式都与媒介效果相关，但是第二个模式被证明更具有解释能力，即便在那里效果可能不是计划之中的，因为实现最大的效果需要人们合作或顺从影响。不过，如果将第二个模式应用到大众传播当中，可能并不存在明确的行动伙伴，而且也没有真正的强制的可能。传播或符号性的权力通常不同于其他类型的权力,因为它取决于非物质性因素(信任、理性、尊敬、情感等)。在这里还需要强调的是,符号权力的行使可以通过不同的方式。主要的类型列举如下:

- 以告知信息的方式;
- 以刺激行动的方式;
- 以有区别地引导注意力的方式;
- 以说服的方式;
- 以对情境进行定义和构建"现实"的方式。

尽管存在着遵循这些路径中的每一条都能够产生媒介效果的证据,但是这些路径并不具有同样的能力,至少在独立的传播效果方面是这样的。出于大量的原因(尤其是缺少妨碍效果产生的阻力或产生效果的门槛低),由媒介产生的效果更多是作为对情境加以定义和建构现实、提供信息或将注意力导向不同的方向(包括放到某些形象或观念)而产生的结果,而不是产生说服或刺激行动的结果。这些要点已经在前面所产生的"协商式的影响"中提出来了,并且它们与之相一致。

效果的层次和种类

媒介"效果"简单来说就是大众媒介所作所为带来的结果,无论是有意识的还是无意识的。另外,"媒介权力"这种说法是指媒介那一方的产生效果的基本能力,特别是指经过规划的那类能力。"媒介有效性"是有关媒介在实现给定的目标和往往是潜在的目的或依据计划的传播目的方面的实力(efficiency)。对概念的精确区分是非常重要的,尽管在使用中很难保持一致。对于研究和理论更为关键的是观察在效果发生的不同"层次"之间的差别,尤其是个体、群体或组织、社会机构、国家和文化的层面。每个层面或所有的层面都会受到大众传播的影响,而且在任何某一层面的影响(特别是一个"更高的"层面)通常包含着在其他层面的一些影响。大部分媒介效果研究从方法学来看是从个体层面开始的,尽管其目的是得出与集体或更高的层面有关的结论。

在效果研究中最令人困惑的层面是其中牵扯到的现象多重性和复杂化。最基本的区分往往是在认知方面的效果(与认识和观点有关)和情感方面的影响(与态度和感觉有关),以及行为方面的效果之间的辨析。这三重差异在早期研究中被看作是从第一级到第三级的逻辑顺序,并且认为其中包含了重要性的提升(行为被认为是比认识更重要的)。事实上,坚持这三个概念之间的差别或接受事件的特定逻辑顺序已经不再容易(请参见第342页)。行为(诸如投票或购买)并不一定比其他类型的效果更意义重大。

存在着一些区分不同类型的媒介效果的方法。克兰佩尔（Klapper,1960）对转变（conversion）、小幅改变（minor change）和强化（reinforcement）进行了区分,这三者分别是：随着传播者的意图改变意见或信念；认知、信念或行为的形式或强度的改变；接收者对于现存的信念、观点或行为模式的确认。这三重区别需要加以扩展,以包含其他的可能性,特别是在个体以上的层面上（请参见第1章）。在板块17.2中列出了主要的观点。这两类暗含着可能不存在任何效果的媒介效果分类,涉及有关媒介过程的不同概念。在个体的情形中,强化可能是接收者一方对于那些强化了他/她的现有观点的内容的有选择和坚持不懈地关注的结果。

17.2 媒介导致的变化的主要类型

媒介能够：
- 引起有意识的改变
- 引起无意识的改变
- 引起小幅改变（形式或强度）
- 促进变化（有意识或无意识的）
- 强化现有的（没有变化）
- 阻止改变

这些变化的任何一种都可能发生在个体、社会、制度或文化层面。

另一方面,"阻止改变"意味着有意地提供单方面的或从意识形态上构造的内容,目的是阻止在顺从的公众中发生变化。通常,这只是指对双方一致同意的观点的重复,并且不存在任何挑战。我们有大量的证据可以证明媒介能够引起的"没有变化"的效果,对它需要非常密切的关注,因为它具有长期的隐含意义。"没有变化"的效果是一个有一定误导作用的表达方式,因为任何可能改变未来的意见或信念分布情况的事物都是对社会进程的介入,并且因此会产生效果。

朗氏夫妇（Lang & Lang,1981）指出,他们也观察到了其他类型的媒介效果,其中包括对等"交互的""回旋镖式的"和"**第三人效果**"（Third-party effect）。第一个是指个人或甚至是机构成为媒介报道的客体而为他们带来的结果。例如,一个经过策划的事件往往是由于被电视报道了这个事实而发生了变化。通常在媒介和报道的对象之间存在着互动关系。例如,吉特林（Gitlin,1980）展示了20世纪60年代的美国学生运动是如何受到他们自己的宣传的影响的。"回旋镖式的"效果是指,引起了与所计划的方向相反的变化,这是在定向宣传活动中一个非常常见（或危险）的现象。"第三人效果"指的是,相信面对媒介报道别人更可能受到影响,而不是自己。"睡眠者效应"这个概念也用于指出直到非常晚的时候才呈现出来的效果。

在麦克劳德等人(McLeod et al.,1991)对效果维度的讨论中,他们也指出了在那些扩散的或普遍的效果(诸如所假设的电视作为一种媒介所产生的效果)和那些由特定的内容决定的效果之间的差别。对于后者,某些内嵌的结构或倾向(例如,政治偏向)被认为是引起变化的潜在原因。

媒介效果的过程:类型分析

为了勾勒出媒介效果理论和研究的发展过程,我们从讨论前面所提到的两种差异入手:有意识的与无意识的媒介效果之间的差别;短期的与长期的媒介效果之间的差别。戈尔丁(Golding,1981)所建议的方法有助于区分新闻的概念与它的效果。他论证指出,对于新闻而言,有意识的短期效果可能被看作为"偏向";无意识的短期效果被归于"未觉察的偏向";有意识的长期效果是指(有关媒介的)"政策";而新闻的无意识的长期效果则是"意识形态"。类似的思考可以帮助我们在这两个坐标下列出在研究文献中所分析的媒介效果过程的主要类型。具体结果请见图表17.2。

我们可以对图表中的主要条目进行简短的描述,尽管它们的含义需要在接下来对相关理论的讨论中才能进一步清晰起来。

有计划的和短期的

- 宣传(propaganda)。被定义为"通过有意的和系统的努力,以形成感觉、操纵认知和指导行为,最后实现对宣传者渴望实现的长远的目的的回应"(Jowett & O'Donnell,1999)。宣传也可以是长期的。
- 个体回应(individual response)。是指个体发生变化或抗拒变化的过程,这是在个体暴露于被设计用来影响态度、认知或行为的消息之后发生的。
- 媒介宣传攻势(media campaign)。是指这样的情境,即许多媒介通过有组织的方式在所选定的大众那里实现说服或告知信息的目的。
- 新闻学习(news learning)。这是暴露在大众媒介新闻中所产生的短期的认知效果,它可以通过测试受众的回忆、识别或理解而得以测量。
- 框架构建(framing)。作为一种媒介效果,框架构建是指受众采用同样的阐释框架和"网络",以其为背景将新闻报道和事件陈述加以理解。与之联系在一起的是引导(Priming)过程(在那里媒介突出强调用于评价公众事件或人物的标准)。
- 议程设置(agenda-setting)。这个过程是在新闻报道中对某些事务或问题的关注,会影响公众对问题和重要性的顺序的意识。

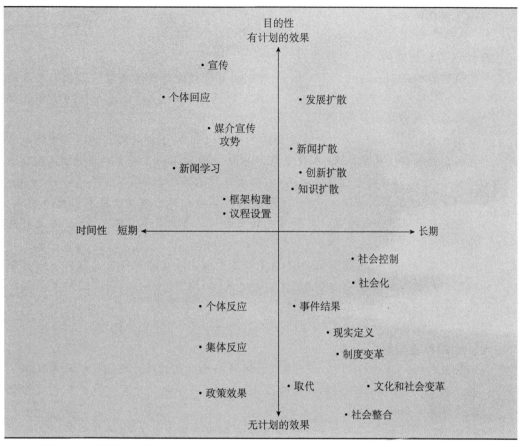

图表 17.2 媒介效果类型。效果可以被放置在两个维度中,即时间的跨度和目的性的跨度

无计划的和短期的

- 个体反应(individual reaction)。这是个体暴露在媒介刺激之下而产生的没有计划或预期之外的结果。它的主要形式表现为模仿和学习,特别是对攻击性行为或背离常规的行为(包括自杀)的效仿。在这里也会用到"触发"这个术语。相关的效果类型包括强烈的情绪反应、性唤起和恐惧或焦虑的反应。
- 集体反应(collective reaction)。这是指很多人在同样的情境或背景中由于共同的媒介经历而产生的相同的后果,从而导致联合行动,这种行动往往是不受控制的、并且是非制度性的类型。害怕、焦虑和愤怒是最可能出现的反应,这些会导致恐慌或市民骚乱。
- 政策效果(policy effects)。新闻通过对某些危机、滥用职权、危险等的强调,从而会对政府的政策和行为产生无意识的影响。在对外政策上所谓的 CNN 效果就是一个重要的例子。

有计划的和长期的

- 发展扩散(development diffusion)。这是指有计划地运用传播以实现长期发展的目的,具体使用定向宣传攻势和其他具有影响力的工具,特别是人际网络和社群或社会的权力结构。
- 新闻扩散(news diffusion)。这是指经过一段时间,对于特定的(新闻)事件的知晓在给定的人群中扩散开来,在这里特别涉及想要实现一定程度的渗透度(最后总知晓的比例)以及接收信息的工具(人际来源对比媒介来源)。
- 创新扩散(diffusion diffusion)。这是指在给定的人群中的接受技术创新的过程,往往是建立在广告或普遍的宣传基础之上的。这可能是无意识的、也可能是有意识的效果。
- 知识扩散(knowledge diffusion)。这是指媒介新闻和信息所带来的在不同的社会群体中传播知识的后果。在这里主要会涉及"**知沟**"(Knowledge gap)的闭合或扩大。一个相关的现象是"数字鸿沟"。

无计划的和长期的

- 社会控制(social control)。在这里是指对某个已建立的行为规范或模式建议确认的系统化趋势。根据不同的社会理论,社会控制可以被认为是对社会化的有意识或者是无意识的延伸。
- 社会化(socialization)。这是指媒介在学习和采用有关特定的社会角色和在特定的情境中的行为的规范、价值和期望方面的非正式作用。
- 事件结果(event outcomes)。这是指在重要的"危机"事件的发展过程中,媒介通过与制度性力量联合而产生的作用(请参见 Lang & Lang,1981)。这方面的例子包括革命、主要的国内政治剧变和有关战争及和平的重大事件。重要性较小的事件包括选举等(Chaffee,1975)。
- 现实定义和意义建构(Reality defining and construction of meaning)。这是关于公众认知和建构理解的效果。这类效果需要接收者在建构他们自己意义的过程中一定程度上的主动参与。
- 制度变革(institutional change)。这是指现存制度适应媒介发展,特别是对于制度当中的那些作用于传播功能的部分(请参见"交互的媒介效果")。
- 取代(displacement)。这是指由于将用于其他(主要是休闲)活动的时间——其中包括社会参与——挪用于媒介使用而可能带来的大量结果。
- 文化和社会变革(cultural and social change)。这是指某个社会领域(诸如青年群体)、整个社会或多个社会所特有的综合性的价值、行为和符号形式模式发生了变化。变革所可能造成的对于文化认同的强调或弱化也是效果的一个例证。
- 社会整合(social integration)。我们可以从不同的层面观察到整合(或它的缺席),特别是在与媒介的传播领域相一致的群体、地方社区或国家的层面中。效果也可以是短期的,例如对共同的公共灾难或紧急事件的回应。

个人的反馈和反应:刺激—反应模型

图表17.2中所展示的媒介效果的类型所依据的划分维度,并不是唯一的可能性,而且由此所得到的类型也似乎并不完全是符合逻辑的。这个问题的核心实际上是,任何在个体身上产生的媒介效果都必须从注意或"暴露"于某些媒介消息开始。这些事件的结果经过了一段时间,最后产生了不同的、往往是集合的形式。而效果本身,例如通过新闻而获取事件的知识,并不是要么短期要么长期的,而是可能两者都是。由于来自媒介的"输入"是如此数量巨大、种类繁多且相互关联,因而我们在实践中是无法根据这样或那样的维度将它们区分开来的,尽管我们为了分析的目的而不得不这样做。但是,刺激—反应模型毫无疑问是短期的和个人性的。在图表17.2中的两个条目——个人回应和个人反应实质上符合这个基本的行为模式。这个模式的主要特征可以简单地展示如下:

> 单个消息→个人接收者→反应

这个模型或多或少地可以同时用于有意识的和无意识的效果,尽管在回应(response)(意味着与接收者的某些互动,也包含着学习过程)和反应(reaction)(意味着在接收者这一方没有选择或互动,而且实质上是行为的反射)之间有着重大的差别。麦圭尔(McGuire,1973)提出了一个对基本的回应和学习程序——它发生在说服和意见形成的过程中——的拓展模式,这个模式包含了相互连接的六个阶段:展现、注意、理解、受影响、保持和公开的行为。

这个精心设计的过程足以展现为什么刺激—反应理论必须要加以修改,以将有选择地注意、理解、回应和回忆纳入考虑。无论是以什么形式出现,这个模式都是过于实际的:在把所有的要素都看作是等同的情况下,它根据相应的刺激(消息)的出现或缺席,而预测会产生什么样的反应(言语类型或行为类型的)。它假设直接的行为结果或多或少地符合发起者的意图,并且也与以某种方式建构在消息中的明显的刺激是一致的。在对媒介效果的讨论中,这个模式有时也用"子弹"理论或"皮下注射"理论来指代,这些概念大大夸张了产生效果的可能性和接收者愿意被影响的自愿性。对于媒介自然而然产生的大量间接效果并没有足够的思考。同样,关于历经了一段时间、在"刺激"时刻之后很久才产生的效果也没有充分的考虑。

效果的间接条件

对刺激—反应模式的修正包括对产生媒介效果的中介条件的确定。麦圭尔（McGuire,1973）提出了与信源、内容、渠道、接收者和信宿有关的主要变量类型。有理由相信当信息来源于权威的和可信的信源，以及来自于对接收者有吸引力或与之关系亲密（相像）的信源的时候，它会相对更为有效。对于内容而言，有效性是与重复性、连续性和缺乏其他的选择（垄断的情形）联系在一起的。主题清晰具体也会增强媒介效果（Trenaman,1967）。

通常，当主题对接收者来说比较遥远，或对接收者来说重要性较低的时候（自我涉入程度或事前承诺程度较低），有意识的效果也往往比较显著。不同的风格（例如个人化的风格）、诉求的类型（例如感性的与理性的）和论据的顺序及平衡程度，都会反向对媒介效果产生影响，但是由于变量太多而无法进行任何总体性的预测。渠道（媒介）因素也往往被加以研究，而得出混杂的结果，其主要原因是内容和接收因素决定学习效果。而区分渠道固有的差异和包含着渠道因素的不同媒介的区别（例如对比报纸和电视）也是困难的。

总体而言，研究无法以任何一致的方式清晰地确立不同模式（音频、视频以及其他）的相对价值，尽管根据对忆起或理解的测量（例如，Katz et al.,1977），书面的或口头的言语信息似乎比图像信息更占优势。但是，这些发现也只是涉及从普通的新闻中所进行的认知性学习；而没有将某些形象生动的图像所具有情感性的强制力量考虑在内，这些图像本身就表现了传播效果。在伊拉克的阿布格莱布（Abu Graib）监狱虐待囚徒照片的例子总会浮现到人们的脑海中，而无论作为证据的囚徒的真实状况是什么（Bennett et al.,2007）。正如我们已经看到的，一系列明确的接收者的变量也对效果至关重要，但是需要重点关注的可能是动机程度、兴趣水平以及先前知识的层次。动机或涉入水平通常可以被看作是在影响过程中特别重要的，也在相当大的程度上决定了不同类型的效果以什么样的顺序出现（Krugman,1965）。

在雷（Ray,1973）看来，已经找到了标准的"效果等级"。例如在霍夫兰等人（Hovland et al.,1949）有关战争时期宣传片的著作就指出，这是一个从认知性学习（最常见效果）到情感回应（喜欢或者不喜欢、观念、态度）、再到"意动"的效果（行为或者行动）的过程。雷凭借一些支持性的证据论证了，这个模式只是在高度投入（高度的兴趣和关注）的情况下才是标准规范的。而在低程度投入（非常普遍地出现在大多数收看电视的情境中，尤其是在看到广告时）的情况下，这个顺序可能会从认知直接到行为，情感方面的评判要在之后使态度与行为保持一致的时候才发生（减少认知不和谐：Festinger,1957）。

这种构想本身既带来了逻辑方面的质疑，同时也在"态度与行为之间具有明确的相关关系,并且可以清晰地预测行为"这个假设下,设计了大量的说服性传播宣传攻势。在这里也提出了一个反对只是依据对态度改变的测量就对定性宣传活动加以评估的问题。三个元素之间的一致性问题仍然是需要探讨的议题。根据查菲和罗泽(Chaffee & Roser,1986)的观点,高度投入似乎也是各项媒介效果保持一致性的必要条件,并且因此产生稳定而持久的影响。他们所喜爱的媒介效果模型包括了从低程度投入、经过认知不和谐,而后才到达学习这样一个重复多次的、具有累积结果的过程。这种观点,淡化了而且很可能遗忘了信息是能够发展成一些经过周密思考的观念的,并且形成行动,尤其是在反复暴露的环境下(如系统的定向宣传活动)。

在很多自然的(非实验室的)媒介环境中,个体接收者将关注或回避哪些刺激,会对这些刺激的含义有着不同的理解,并且根据宣传作出反应或者没有反应(Bauer,1964)。这种情形严重地破坏了条件模式的有效性,因为影响选择的要素是与刺激的促进或反对效果产生的本质密切地联系在一起的。因此,我们的注意力应该从体验刺激这个简单的事实移开,而关注前文所描述的间接条件,特别是这些条件的整体性和相互作用。

信源—接收者关系和效果

正如已经指出的,对于信源的信任和尊重有助于产生媒介影响。有一些对影响理论的开发是将发送者(或消息的发送)和接收者之间的关系纳入考虑的。大部分这一类理论涉及了人际关系。弗伦奇和雷文(French & Raven,1953)指出了五种不同形式的传播关系,在这些关系里,发送者运用社会权力,而接收者受到影响。在这里面所蕴含的假设是,通过传播而产生的影响是行使权力的一种形式,它是由影响能动者(传播者)的某些优势或特性所决定的。

前两种权力资产类型分别是奖赏(reward)和强制(coercion)。前者的基础是,对于接收者而言,从信息中可以获得满足(例如,享受或得到有用的建议);后者则取决于由于不服从而带来的一些负面的后果(在大众传播中并不常见)。第三种类型被描述为指涉(referent)力量,是指发送者的吸引力或特权,凭借这种力量发送者得到认同,并且接收者出于情感方面的原因愿意接受他们的影响。

第四个是合法性(legitimate)权力,这种权力能够发挥影响作用的观念,是建立在假设发送者有望被追随或尊敬的基础之上的。这在大众传播中并不常见,而是可能发生在有公信力的消息从政治家的信源或其他相关机构的领导者传播出来的情况下。这类力量假定在信源和接收者之间所建立的关系是先于任何具体的大众传播活动的,并且这种关系能够在其中继续保持下去。最后,还存在着专家(expert)权力,这种权力出现在当接收者认为较高等知识来自信源或发送者的时候。这种情况在媒介新闻和广告领域并不少见,在这些领域常常引入专家进行解释、评论或代言。有关充分利用五种媒介权力的例子,可以在广告和资讯类宣传攻势中找到,在任何一个给定的情况中,都可能发现这些权力中有不止一种权力在发挥作用。

类似的有关媒介效果(特别是对于个人的意见的影响)的思考来自于凯尔曼(Kelman, 1961)。他指出了发生影响的三个过程。其中一个是听从(compliance),这是指出于对得到奖赏或避免惩罚的期待而接受影响。另一个是认同(identification),这发生在当个人出于希望更像信源的愿望,因而模仿或采取相应的行为的情境下(类似于"指涉"权力)。第三个是内化(internalization),它描述了在接收者自身的已经存在的需要和价值观的引导下而产生的影响。最后这个过程也可以被描述为对影响(或效果)的一个"功能性的"解释,因为变化主要是体现在接收者自己的动机、需求和愿望之中。按照卡茨(Katz,1960)的观点,"功能性的"路径通常在以下假设更可取:受众要么是不理性的、并且被强有力的建议所欺骗,要么是高度理性的、因而能够进行批判性地处理和评估对应的信息来源。

定向宣传活动

基本特征

定向宣传活动有许多不同的类型,其中包括为了使接收者获得有关健康和安全信息,或为了提供公共服务而展开的公共信息宣传攻势;为政党或候选人而开展的选举宣传攻势;为了特定的原因而开展的宣传攻势;在发展中国家所进行的"现代化"方面的宣传攻势;商业广告活动;政府组织的形象树立活动;为了国家的外交政策而展开的宣传或**"公共外交"**(public diplomacy)。这些类型大多不仅在目的上有不同,而且在规范和规则、所得到的社会支持度、所采用的战略和方法,以及媒介相对其他的来源(例如,经济刺激或人际接触)的相对重要性方面也有差异。定向宣传活动有着特定而明确的目的,并且有特定的时间阶段。所要施加影响的大众也往往是大规模并且分散的。

17.3 公开的定向宣传活动的典型元素和顺序

集体性的信源
拥有为社会所认可的目标、用途
通过一些渠道
使用不同的消息
针对不同的目标群体
服从过滤条件
经过不同的信息处理过程
目的是实现计划中的效果
对效果加以评估

在板块 17.3 中所呈现的是对定向宣传活动的基本特征的概括。首先，定向宣传攻势的发起人大部分情况下是一个集体，例如政治党派、政府、教会、慈善机构、游说团体、商业公司等，而不是个人。信源在社会中的知名地位会强烈地影响着它在定向宣传活动中获得成功的机会。其次，定向宣传活动也往往涉及指引、加强和启动现有的趋势，使之向着社会所承认的目标发展，例如选举、购买商品、为善行而募捐或达到更健康和更安全的状态。效果的新颖程度或主要的变化程度因而从本质上来看通常是有限的，并且媒介是被用来辅助其他的机构性力量的。

再次，一个定向宣传活动通常包括大量通过一些媒介所发送的消息，这些消息根据不同的渠道所具有的本质和消息内容的特性而到达不同的受众、并产生不同的效果。在这里的一个关键问题是那些消息在多大范围内是真正抵达从公众整体中所确定的目标群体。许多定向宣传活动所具有的一个特征是，它们的目标是重新分配（redistribute）有限的公众关注、行为或金钱（因而是一个零和游戏）。这一点尤其体现在广告方面，但在政治传播领域也如此，而且，事实上也出现在大多数为慈善而进行的募捐活动中。

仅凭板块 17.3 的简单展示并不能够真正反映当代社会中定向宣传活动的复杂性，尤其是在能够使用各种类型的新媒介或"平台"的时候。有太多可能性，因而无法对其加以描述，但是对于社交网络页面和搜索引擎应该给予特别关注。此外，还有许多可以获得在媒介内容中可见性的方式，但是它们并没有被定义为说服性的定向宣传活动。除了是否实现目标之外，没有其他的任何评估方式能够对定向宣传活动这种错综复杂的活动进行密切的评估。

过滤条件

有一系列的"过滤条件"或潜在的障碍，能够促进或阻碍信息流向公众整体或所选择的公众。这些条件中有一些已经讨论过了，并且它们在一定程度上是可以对其运行状态进行预测的，尽管只是在非常宽泛的范围内。关注（attention）是非常重要的，因为没有关注就不可能产生效果，而它取决于接收者的兴趣、内容对接收者的重要性、接收者的动机和倾向，以及一些与渠道有关的因素。感知（perception）之所以重要，是因为信息能够以不同的方式加以理解，而定向宣传活动的成功依赖于它所传播的信息在一定程度上以与它的信源所计划的相同的方式被理解。例如，研究指出了会产生"回旋镖式"效果，在改正偏见的尝试中（例如，Cooper & Jahoda, 1947; Vidmar & Rokeach, 1974），商业广告和政治方面的宣传攻势努力避免产生反效果，防止反倒帮了竞争对手。预期之外的副作用也会出现在有关为善行而募捐的定向宣传活动中。例如，为了第三世界国家的利益而进行的呼吁，可能也产生了关于所涉及地区或人们的能力不足和低下的印象（Benthall, 1993）。

动机也发挥着作用,特别是受众成员这一方所预期的满足感的不同类型和程度,既会对学习产生影响,也会改变态度。这些"过滤条件"共同决定着所抵达的公众的构成状况,而且一个定向宣传活动的成功,最终也是依赖于计划中的"目标"公众的构成状况和实际抵达的公众之间的"匹配"情况。

人际影响

接收者的群体条件(group situation)能够对定向宣传活动的效果产生影响,这是因为宣传攻势来自于人们所属的大量群体——例如年龄、生活状况、工作、邻里、兴趣、宗教等——的"外部"。群体忠诚或者它的缺席也会对于消息是否被注意到,以及之后是否被接收或拒绝带来影响。尽管"人际影响"这个概念对于任何效果都非常重要,但是它还是来源于对定向宣传活动的研究,而且有关媒介环境的研究和对有目的地说服及告知的研究也都将人际接触的加入看作是重要的影响源泉。人际影响的基本概念非常简单,即这个概念的提出者在他们20世纪40年代有关美国总统大选的宣传攻势的研究中(Lazarsfeld et al.,1944:151)得出:"观念通常从广播和报纸流向意见领袖,然后又从他们那里流向不那么活跃的那部分公众。"

因此,在这里涉及两个元素。第一个是可以根据大众的兴趣和与媒介,以及与大众媒介所报道主题的关系的主动程度对他们进行分层(简言之就是"意见领袖"和"其他人")。第二个是有关影响的"两级流动"的概念,而不是在"刺激"和"反应"之间的直接接触。这些想法得到了进一步发展,并且由卡茨和拉扎斯菲尔德(Katz & Lazarsfeld,1955)进行了详细的阐述。尽管确证了谈话和人际接触在伴随以及可能是修正媒介影响方面的重要性,但是接下来的研究却没有清晰地表明,人际影响在通常大众媒介发挥影响的事物上,也是一直能够产生作用的一个强有力的独立或起反作用的影响源头。

而有关意见"领袖"和意见"追随者"之间的区分是因主题的变化而变化的,而且存在着既不能归于"意见领袖"这一类,也不能归于"追随者"那一类的人(因而有可能处于群体影响的范围之外),这些认识是明确的(Robinson,1976)。如同两级流动一样,往往多级流动也是有可能的。同样清楚的是,也可能出现直接来自于媒介的影响,而没有意见领袖的"介入",而且人际影响既可能增强了媒介效果,也完全有可能抵消它们(请参见Chaffee & Hochheimer,1982;Bandura,2002),尽管这些影响源同时运行,而且难以为计划中的传播而对其加以操控。前面所提到的更为新颖的媒介似乎尤其适合于人际影响力量的发展,广告也主经常提到对"口口相传"代言的渴望和**病毒性广告**(viral advertising)的可能性,在那里消费者自己做着推动传播的工作。

为了谁的利益

另一个应该考虑到的维度是,根据罗杰斯和斯托里(Rogers & Storey,1987)所提出的,定向宣传活动因所谓的"利益核心"的不同而不同。有些定向宣传活动是为了接收者获益(诸如健康和公共信息宣传攻势),而其他的则显然是为了发送者的利益,大部分商业广告和大部分的"宣传"活动就是如此。前者并不一定就具有决定性的优势,如果它们无法满足获得成功的基本条件的话(例如接触计划中的目标受众或选择正确的信息),尽管它们会从受众信任和友好这样的优势中获益。

小　结

这一章对媒介效果和对它的测量进行了基本的介绍。媒介毫无疑问是具有效果的,尽管很难确定媒介在什么时候产生了或可能产生多大程度的效果。这种困难并不主要是因为方法论方面的障碍,尽管这方面的问题的确存在。这种困难主要是由数量巨大和形式多样的可能的效果,以及与产生后果相关的各种实际情况和条件所引起的。媒介效果在发生的时候并不只是涉及传播者的活动,而且也关系到受众的取向和行动,这个事实也是一个重要的影响因素。大部分媒介效果都是在发送者和接收者之间的某种程度的互动。大众媒介的许多长期效果完全与最初的或直接的受众无关,而是其他人的次级反馈。

深入阅读

Bennett, W. L. and Iyengar, S. (2008), "A new era of minimal effects? Changing foundations of political communication", *Journal of Communication*, 58(4):707-731.

The authors interpret current trends of diversification of channels and fragmentation of audience attention as reducing the possibilities once inherent in mass media for major society-wide effects.

Bryant, J. and Zillman, D. (2002) *Perspectives on Media Effects*, 3rd edn. Hillsdale, NJ: Erbaum.

A wide-ranging assemblage of key chapters of theory-based research articles by different authors covering the whole field.

Grabe, M. E., Karnhaus, R. and Yelyan, N. (2009) "Informing citizens: how people with different levels of education process TV, newspaper and Web news", *Journal of Broadcasting and Electronic Media*, 53(1):90-111.

Reports experimental findings which indicate that the higher the educational lever, the more people learn from Web news, the reverse being true for television news. This suggest that the Internet could lead to a widening information gap in society.

Graber, D. (1990) "Seeing is remembering: how visuals contribute to TV news", *Journal of Communication*, 40(3):134-155.

Convincing evidence of the contribution of visuals to news learning, although some biases are involved and the effects vary according to personal factors.

Lowery, S. A. and DeFleur, M. L. (1995) *Milestones in Mass Communication Research*, 3rd edn. New York: Longman.

Contains summaries of many early influential studies, mainly concerned with effects, all based in the USA.

Perse, E. M. (2001) *Media Effects and Society*. Mahwah, NJ: Erlbaum.

A comprehensive, integrated overview of nearly all aspects of empirical research on mass media influence, with good explanations of concepts and theories. Probably still the best such volume available.

在线阅读

De Vreese, C. (2006) "Media message flows and interpersonal communication", *Communication Research*, 33(1): 19-37.

Graber M. E., Lang, A. and Zhao, X. (2002) "News content and form: implications for memory and audience evaluation", *Communication Research*, 30(4): 387-413.

McDonald, D. G. (2004) "Twentieth century media effect research" in J. D. H Downing, D. McQuail, P. Schlesinger and E. Wartella (eds.), *The Sage Handbook of Media Studies*, pp. 183-200. Thousand Oaks, CA: Sage.

Schulz, W. (2004) "Reconstructing mediatization as an analytic concept", *European Journal of Communication*, 19(1): 87-102.

第18章

社会—文化效果

　　这一章将讨论一系列的媒介效果问题,其中既包括短期的、也包括长期的效果;既包括集体层面的、也包括个体层面的效果;既有被认为是消极的、也有被认为是积极的效果。大部分媒介效果并不直接是媒介所计划的,尽管它们可以预测。正如在本书的开头(尤其是在第 4 章和第 5 章)所讨论的大众传播理论一样,媒介效果都共同与具有主导地位的社会或文化层面紧密相连。有目的的新闻告知和政治性的效果留待下一章继续讨论,尽管它们与无意识的社会效果没有清晰的区分——因为无意识的社会效果也涉及学习和其他的认知过程。在这里所分析的效果往往具有在社会中成为议题的这样的特征,尤其是当它们与儿童和青年以及反社会的倾向有关的时候。从早期对大众媒介的研究开始就一直存在着一个偏见,但是这并不意味着大众传播的实际效果是更为消极的、而非积极的。有关媒介效果的基本理论和过程大部分已经在第 17 章中讨论过了,尽管如此,在这里又做了些补充,特别是本章开头将加以阐述的行为效果。这一章的目的是通过援引证据,从而简要地对大量有关媒介——尤其是电视的社会和文化影响的假设进行评估。

一个行为效果模式

在第 17 章中所描述的理论发展使得人们超越简单的条件模式,并且帮助他们对研究中所遇到的复杂现象进行解释。显然,在无意识效果的情况下,有些个体比其他人更容易对刺激做出反应或反馈,因而当涉及有害效果时他们也"更为危险"。科姆斯托克等人(Comstock et al.,1978)精细开发了有关观看电视情境下的基础刺激—反应模式,这个模式有助于对在这个领域的研究成果进行组织,尤其是与暴力有关的部分。这个模式所依据的假设是,媒介体验从本质上来说,与任何可能产生学习或行为的体验、行动或观察没有差别。

图表 18.1 展示了这个模式所描述的过程,在这里采用的是,从最初的"暴露"在电视所呈现的某种行为形式("电视行为")开始的依次排序的形式。这是相关的学习或模仿行为的第一个、也是主要的"输入"。其他重要的输入(在图表 18.1 中用虚线框了起来)是兴奋和唤起程度("电视唤起")、电视所描述行为的多样化程度("电视行为多样性"):唤起程度越高且行为越少(或者更多的重复),就越可能产生学习的活动。另外两个条件(输入)是与对结果("电视感知结果")和真实度("电视感知真实")的描述有关:积极的结果越可能超越消极的结果,且电视行为与生活越相符,就越可能产生学习的行动("P 电视行动")。如果产生效果的条件没有被满足($P=0$),那么个体就回到这个过程的开始;如果存在着可能的效果($P>0$),就会带来行动的可能性问题。

在这里所提到的所有输入都会对学习行为发生的可能性(效果)产生影响,但是最终,作为结果的行为是否真正发生都是以一定的实际发生的概率为前提的。除了概率之外,最为重要的条件是"唤起",因为没有激发(也意味着兴趣和关注),就不会有学习。尽管现在还不能在研究中完全证明这个模式,但是它已经是对简单的条件模式的改进,而且有助于直接关注所给定的案例中的核心层面。

媒介、暴力与犯罪

大量的注意力集中在媒介潜在地怂恿——如果不是导致——犯罪、暴力和攻击性、反社会以及甚至是犯罪行为方面。这些忧虑的原因主要是在各类大众媒介中都反复呈现大量对犯罪和暴力行为的描述(请参见 Smith et al.,2002;以及第 14 章)。次要的原因是一个广泛的感知,无论这个认知是正确的还是错误的,即随着大众媒介在 20 世纪的兴起,刚刚所提及的社会恶行也逐步增多了。每一种新的大众媒介都导致新的一波有关

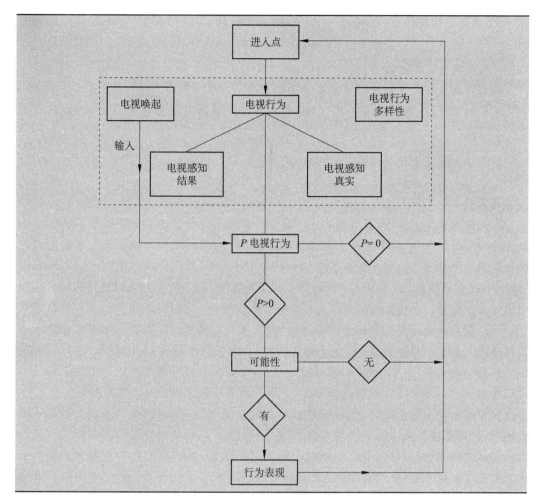

图表 18.1 科姆斯托克等人(Comstock et al., 1978)的电视对个体行为产生影响的模式。效果产生的过程是一个反复暴露于行为展现("电视行为")之下的连续的过程;其效果依赖于行为被感知的方式、情境的输入状况和做出行动的机会、相应的行为的出现(McQuail & Windahl, 1993)

它的可能效果的警告。最近,无论是互联网还是流行音乐,都被与(特别是)年轻人所做出的随机暴力行为联系在了一起。除了新媒介所带来的脱离社会和父母控制这样的"问题"之外,媒介中的一些基本性变化也促使人们重新看待旧的问题。电视频道不断增多,同时存在着管制的减弱和可接受门槛降低的现象,这些可能使得儿童会接触比以前多很多的电视暴力(还有"成人内容")。

对于(特别是)荧屏暴力导致了实际的暴力和攻击行为的坚定不移的信念产生了数以千计的研究,但是这些研究对于媒介所带来相关影响的程度则一直没有定论。尽管如此,根据洛厄里和德弗勒(Lowery & DeFleur,1995)的报告,在20世纪60年代末期为美国外科医生联合会(US Surgeon General)所开展的一项研究得出了三条主要的结论:

- 电视内容充斥着暴力。
- 儿童用越来越多的时间接触暴力内容。
- 总而言之,大量的证据支持了"观看暴力娱乐节目会增加攻击性行为的概率"的假设。

这些结论在三十多年后似乎仍然成立。

理论

有关暴力效果的假设,其主要构成一直保持着相当的稳定性。瓦特拉等人(Wartella et al.,1998:58-59)为了描述学习和模仿电视暴力行为的过程而勾勒了三个基础的理论模型。第一个是阿尔伯特·班杜拉(Albert Bandura)的"社会学习理论"(social learning theory),根据这条理论,儿童从哪些行为会得到奖赏、而哪些行为会受到惩罚的媒介样板中进行学习。第二个是"引导"效果(priming)(Berkowitz,1984),即当人们看到激发了或"引导出"其他相关的想法和评价的暴力行为时,就会有极大的倾向在人际交往的情境中使用暴力。第三个是休斯曼(Huesmann,1986)提出的脚本理论(script theory),该理论认为社会行为是受"脚本"的控制的,脚本中包含着如何对事件做出回应。电视上的暴力是以导向暴力行为的方式被加以编码的,因而其结果就是产生了攻击性的脚本。

在学习和模拟效果之外,还有一种被广为接受的观点,即接触暴力描述会导致一种普遍的"脱敏现象",它降低了对暴力行为的抑制,提高了对暴力行为的容忍度。与其他所有的这类理论一样,存在着许多影响个体倾向的变量,其中有一些与对暴力的描述有关。影响受众反应的(在内容中的)主要的语境性因素已经在第14章(板块14.4)和图表18.1中指明了。除了有关个人倾向和内容方面的变量之外,关于观看环境的变量也是非常重要的,尤其是是否独自观看还是有父母或同龄人相伴。图表18.1所勾勒的行为效果模式尤其适用于所提到的几种效果。

内容

前文中所总结的美国外科医生联合会研究报告中的主要发现经常得到证实(请参见Comstock,1988;Bryant & Zillman,2002;Oliver,2003)。在电视上继续展现着大量的暴力行为,而且它对年轻人极具吸引力。威尔逊和史密斯(Wilson & Smith,2002)在美国国家电视与暴力研究(US National Television and Violence Study)中发现,面向儿童的电视节目确实比其他类型的节目含有更多的暴力(也请参见Smith et al.,2002)。很难说清接触暴力的平均程度随着时间的变化是增加还是减少了,但是看到荧屏暴力的可能性却是逐渐随着收看工具一起延伸到全世界的大部分地方了。格罗贝尔(Groebel,1998)在联合国教科文组织(UNESCO)的委托下,对23个国家的5 000名儿童进行了有关电视暴力的全球问卷调查,他指出媒介暴力无处不在,并且尤其是在男孩子当中,普遍存在着对攻击性的媒介英雄人物的迷恋。举例来说,他发现世界上有88%的儿童知道阿诺德·施瓦辛格(Arnold Schwarzenegger)的电影《终结者》(Terminator)(Groebel,1998:182)。

有关效果的证明

前文所提到的有关对行为影响的第三个发现,由于产业和政治的因素是难以达成一致且一直是充满争议的。对这个问题很难加以确认,而且任何基本的当局声明都有政治色彩(Ball-Rokeach,2001)。美国心理协会(The American Psychological,2003)下结论说"毫无疑问,那些大量收看(电视)暴力展示的人提高了对攻击性态度的接受程度,并且也增加了攻击性的行为"(引自Wartella et al.,1998)。但是,即便这个结论也缺乏对因果关系的清晰陈述,并且没有将其他的影响考虑在内,例如环境的影响。格罗贝尔(Groebel,1998)在他的发现中指出,来自高攻击性的环境(犯罪和战争)的儿童处于"有问题的情绪状态"之下,他们比起其他人更可能去观看攻击性的暴力行为,并为之所吸引。

在林奈(Linne,1998)对欧洲学者有关媒介和暴力的观点的调查中,她询问了学者们对于媒介中的暴力和社会中的暴力之间的因果关系有什么看法。22%的学者认为,这之间有着"明显的因果关系";33%的人认为是"模糊的因果关系,而且只是对于一些儿童才具有";而4%的被调查者认为"没有因果关系"。剩下的人认为这个问题过于复杂而无法给予如此简单的回答。总体而言,林奈发现,研究工作从有关因果关系的问题转向对暴力诉求的理解,毫无疑问,后者是存在的。

从格罗贝尔的研究中(请见前文)可以得到这样的观察(Groebel,1998:195),即"儿童的攻击行为模式和感知是对他们在现实环境——沮丧、攻击、充满问题的环境——中的经历的镜像反映"。他继续谈到(1998:198)"媒介暴力……主要呈现在产生回报的语境下……(而且)满足了不同的需求。它'补偿'了自身在问题领域的受挫和不足"。媒介暴力"为处于较为良好的环境下的孩子"提供了"兴奋感"。对于男孩来说,媒介暴力创造了可以参考的"有吸引力的角色模式"的结构……比起以非攻击性的方式展开的人生模仿来说,攻击性中的"回报特征"更具有系统的刺激性。我们可以确认,伴随着对电视暴力的关注会产生不受欢迎的效果,尽管它们通常会受到其他的、可能正是"真正的"或根本性的原因要素的调和。

媒介对暴力和攻击行为的描绘,可能会通过间接体验或无害地释放情绪以及攻击性的方式而带来一些积极的后果,这种可能性有时会增加(请参见Perse,2001:220-221)。**情绪宣泄**(catharsis)这个概念起源于亚里士多德(Aristotle)的戏剧理论,它可以用于这个过程。尽管可以清楚地看到,大部分由媒介刻画所唤起的攻击性可以带来不伤害他人的间接体验,但是对于认为"接触媒介暴力是有益的"这种理论,尚没有什么实证支持。

恐惧的诱因

另一个经常被观察到的暴力或"恐怖"内容所带来的效果是引起害怕和情绪紊乱(Cantor,2002)。无论是成年人还是儿童,通常都会为了刺激和娱乐而选择诱发恐惧的内容,但是这也会为一些个体带来没有意识到的和负面的后果。媒介所诱发的害怕通常强度大而且持续较长的时间。哪些内容是令人不安的并不总是能够轻易地预测出来。在对令人恐惧的内容的程度和有害性的估算中,我们需要根据不同的内容类型(例如,物理或心理方面的威胁)、真实程度、"接触"的动机,以及再加上接收者的年龄、人格和情绪的稳定程度等变量,对不同的恐怖内容进行区分。女孩看起来比男孩更容易受到媒介所诱发的恐惧的影响(Cantor,2002)。所呈现的内容也会起到一定的作用。瓦尔肯伯格等人(Walkenburg et al.,2000)发现在接受调查的荷兰儿童中有31%报告说,他们被电视惊吓过,基本上同样多的孩子也受到过电影或成人电视剧的惊吓。

媒介和犯罪

媒介经常被归咎为导致现实生活中的犯罪行为(暂且不谈攻击性和暴力行为)的潜在诱因。之所以认为媒介可疑,在很大程度上是推论得出的结果。理论性的论据包括,媒介具有渲染邪恶的生活风格、展现对犯罪的回报并且传授技能等方面的可能性。尽管如此,大量媒介消息所表现的内容大多数时候是显示犯罪不是好事,而且罪犯也不是有吸引力的人。虽然对于媒介描述犯罪的行为所产生的效果(请参见例如 Lowry et al.,2003)以及沦为牺牲品的风险(请参见下文的"涵化分析"),都仍然存在着怀疑态度,但是,媒介在对犯罪行为进行描述时,是能够逐渐地形成人们的态度和规范性标准的。例如,克瑞可玛和维瑞西(Krcmar & Vierig,2005)展示了接触电视暴力(即便是幻想类作品)会对儿童在评判暴力时的道德思考产生负面的影响。

在媒介描述和实际发生的暴力之间可能存在的关联,在明显的无动机杀戮的案例中得以显现,在这样的案例中,可以确定罪犯与特定的媒介之间的联系,例如1999年的哥伦拜恩中学(Columbine school)枪杀案和2002年在德国埃尔福特(Erfurt)所发生的类似事件。在美国有大量的庭审案例声称媒介刺激是暴力行为的诱因,尽管没有一例对此进行成功论证。迪伊(Dee,1987)发现责任主要被归于媒介的失职,也就是取决于媒介是否进行了不合理的冒险。实际上产生了所宣称效果的案例是非常少的,因而很难在不采取大规模的限制和审查措施的情况下,而对媒介加以反对。

明确的描述性内容所带来的效果也导致了类似的问题。珀斯在她的研究回顾中得出结论,即这类内容促使人们接受针对女性的暴力行为,而且在观看这些行为时不再那么敏感:"接触色情内容似乎是与有害的后果联系在一起的"(Perse,2001)。即便如此,这个问题仍然没有定论。艾因赛德尔(Einseidel,1988)回顾了(在英国、加拿大和美国的)三个公共委员会的研究分析,并且总结道,社会科学方面的证据无法解决问题。政治学和意识形态方面的考虑不能被排除在对正确的解释之外。在通常采用效果的直接模式的法律推理中,与对这个模式提出质疑的内容理论及媒介理论之间,也存在着潜在的不一致(请参见 Calvert,1997;Wackwitz,2002)。

除了上文所讨论的媒介暴力之外,还有一种媒介效果可能是人们在媒介的教唆下加害于某些少数群体、边缘人群或令人憎恨的人物。尽管法律禁止媒介公然地煽动暴力,但它们却故意妖魔化某些可被明确识别的个人或群体,通过这种方式,而导致这些个人或群体真正面对着受到来自个人或集体行动的暴力风险。有间接证据表明,直接针对诸如儿童性侵犯者、其他性变态分子、各种类型的少数族裔、持异见者、被认定的恐怖主义分子、吉普赛人、移民等群体的大量暴力行为,与某些媒介中的(有效的)憎恨宣传应该是联系在一起的。虽然在这个过程中还需要其他条件的存在,但是毫无疑问,媒介对于其中的一些案例的确发挥了促进性的作用。有关媒介是否能够鼓动内战或国家间的战争,是一个需要进一步探索的更大的问题。有理由相信,在 20 世纪 90 年代早期,媒介在南斯拉夫战争中,一定程度上激发了种族暴力。

媒介、儿童和青年

即便暂且不考虑有关暴力和犯罪行为的问题,在关于媒介对儿童影响的研究文献中也充斥着大量的期望和担忧(后者占大多数)。许多研究都是有关从早期到现在儿童对于媒介(尤其是电视)的使用和反应的(例如,Himmelweit et al. ,1958;Schramm et al. ,1961;Noble,1975;Brown,1976;Carlsson & von Feilitzen,1998;Buckingham,2002;Livingstone,2002)。研究所展示和验证的媒介可能产生的不良影响列举如下:

- 增加社会隔绝;
- 减少用在家庭作业上的时间和精力;
- 被动性增强;
- 减少游戏和体育锻炼的时间(替代);
- (因为看电视而)减少阅读的时间;
- 父母的权威被破坏;
- 过早获得性知识和性体验;
- 不健康的饮食和肥胖;

- 激发对个人形象的焦虑、从而导致厌食症；
- 抑郁的倾向。

媒介所带来的有益的效果包括：

- 提供了社交互动的基础；
- 了解更为广泛的世界；
- 学习亲社会态度与行为；
- 教育方面的效果；
- 有助于形成身份认同；
- 开发想象。

社会学习理论（请参见第414页）佐证了上述的大量假设，而且其中的很多假设也经过了科学证明（请参见 Perse,2001）。但是科学研究无法得出任何普遍性的结论，所有这些假设可以看作是既无法完全证明、也无法完全推翻。研究经验提醒我们，要留意存在着大量的其他影响会对上述"效果"中的任何一个产生作用。尽管如此，在研究者中似乎还是达成了一条共识，即总体来看，当儿童没有大量接触电视的时候，情况就会有所好转。但是正如赛特（Seiter,2000）所展示的，成年人对于电视危险性的态度随着社会阶级、性别和其他因素的不同而不同。

哈格雷夫和利文斯通（Hargrave & Livingstone,2006）对于媒介所造成的伤害和攻击的证据进行了详细的审查，尤其是涉及年轻人和英国人的。与之前的评估一致，他们发现只存在着最小的效果，特别是当与其他要素组合在一起的时候。最容易受伤害的往往是年轻的男性。利文斯通也整理了"卧室文化"的兴起过程（Livingstone,2007），现在这对于大部分父母来说都是相当熟悉的。它意味着儿童从很小的年纪开始就可以决定他们的媒介环境了。这也是父母的控制和监管力量降低的根本原因，尽管其中也涉及儿童有着更为广泛的同侪文化（并且同侪人群之间又是各自分离的）。这些所带来的一个结果就是更大量的媒介消费，但是除此之外就很难一概而论了。在一项针对美国的12～14岁青少年的研究中发现，在黑人和白人之间的媒介使用存在着相当大的差异（Jackson et al.,2008）。具体而言，卧室里有电视的白人青少年比其他儿童可能会观看更多电视中的"成熟"内容，而且也更有可能去尝试着吸烟、并已经有了性体验。而这种相关关系并不适用于处在类似环境下的黑人青少年。

集体反应效果

对于大众媒介的集体反应，可以用刺激—反应模式的逻辑来分析，尽管在这个过程中还存在着其他元素。新的要素主要涉及反应是以什么样的方式传递给他人的，这种传递通常速度较快,而且会产生相当可观的总体效果。往往自我生成和自我实现的过程在这里发挥着作用。"传染"的概念可以用在这样的情境中,尤其是在人群实现了物理上的聚集的时候,但是也出现在个体之间虽然是分散的、但是可以通过大众媒介以及人际交往而相互接触的时候。一种重要的效果类型表现为在对警报、不完整或误导的信息做出反应时而普遍存在的恐慌。在1938年,奥森·威尔斯(Orson Welles)在电台里广播的《世界大战》(The War of the World)就是一个被广为引用的例子,他模仿了新闻快报的方式报道了火星人的入侵(Cantril et al.,1940)。另一个被用来列举证明所假设的媒介效果的例子是媒介在20世纪60年代末期刺激了美国的一些城市中的市民骚乱。2004年,在马德里人们对恐怖爆炸的集体反应直接导致了总统大选的提前进行,它被认为是由于人际交往所造成,并且受到了对于官方在大众媒介上对相关事件描述的不信任的影响。在所有这些案例中,大众媒介所发挥的作用相对模糊不清。2006年在丹麦一家杂志上最先发表的描绘先知穆罕默德的相当朦胧晦涩的漫画点燃了全球反对和骚动的浪潮,而这很大程度上应该归结于媒介的放大作用。但是,还应该有更深层次的原因,而媒介说到底也只是信使。

这种媒介效果的重要性,似乎由于不可预测的恐怖骚乱发生的概率的增加而得以增大了,尽管诸如地震这样的自然灾害和诸如电力中断和核事故这样的工业紧急事件也提供了足够的潜在刺激。毫无疑问,在某些环境下会具备对新闻做出恐慌反应的条件。在这里我们要分析的是有关**谣言**(rumour)的特殊情况(请参见 Shibutani,1966),这种情况非常典型地包含着伴随非常有限的信息供应而来的对信息的迫切需求。媒介能够在同一时刻将同样的新闻条目(这些新闻可能无法进行独立的验证)发送到大量的、相互分离的人们那里,这样的过程既可能激起恐慌,也可能缓解恐慌。导致恐慌反应的另外一些相关的条件是焦虑、害怕和不确定。除此之外,导致恐慌的因素似乎还包括信息的不完整或不准确,这会导致紧急搜寻信息,往往是通过人际渠道,因而就使得原始的信息得到了进一步的传播(Rosengren,1976)。

许多恐怖主义暴力活动或者是经过策划的、具有威胁性的,或者是被用来实现某些政治目标,但是它们都会间接利用媒介来实现它们自己的目的。因而在这两者之间就产生了复杂的互动。恐怖分子所希望的利益是吸引人们对他们动机的注意,并且引起公众的害怕和惊恐。其中会用到敲诈勒索。施密德和德·格拉夫(Schmid & de Graaf,1982)也论证了,暴力本身就是进入媒介渠道和一条消息中的一种手段。媒介处在两种强烈的压力之中,第一个是对于戏剧化的事件采用常规的新闻价值观,而第二个是要避免成为造成伤害的工具和反恐怖主义的障碍。尽管在这方面已经展开了大量的研究(例如,Alali & Eke,1991),但是对于媒介实际上促进了恐怖主义传播的普遍观念却没有清晰的评估。

对于纽约"9·11"恐怖袭击的反应的研究指出,尽管震惊和恐怖程度都很高,而且对于这个事件完全没有准备，但是并没有出现大面积的公众恐慌（Greenberg et al.，2002）。因而，我们可以假设，除了即时报道之外的全面新闻报道有助于安定环境。（神户）阪神1995年大地震的经历也提供了有关在灾难当中媒介的价值和媒介崩溃所带来结果的大量教训（Takahiro，2004）。

1971—1972年发生的一系列劫机事件为我们提供了媒介可能导致传染效果的一个相反的例证，在这里清晰体现了新闻报道被操纵的迹象。霍尔登（Holden，1986）指出了类似的相关证据，反映了媒介炒作所带来的影响。对于新闻报道可能"触发"个体的、但是大范围的病态行为的假设存在着另外一些实证证据。菲利普斯（Phillips，1980）指出，自杀、摩托车车祸和商业及非商业飞机的空难，都可能导致了对自杀或谋杀的新闻报道的增多。他（Phillips，1982）也展示了虚构的电视节目中对自杀的描述与现实生活中所发生的自杀事件之间的统计关系，尽管这些发现从方法论的角度被质疑（Hessler & Stipp，1985）。至少可能有证据可以证明模仿或"传染"的效果的存在。甚至是自从歌德的《少年维特的烦恼》（The Sorrows of Young Werther）一书在1774年出版以来，就不断出现有关模仿小说和新闻而进行自杀的报道。贾米森等人（Jamieson et al.，2003）讨论了相关的证据，并且就如何最大化地降低对易受伤害的个体的风险提出了建议。更新一些的证据证明了地方新闻所具有的传染效果（Romer et al.，2006）。这些发现也指出，自杀行为也可能被正确的新闻报道所抑制。

市民骚乱

非制度化的和暴力性的集体行为对现存秩序可能产生威胁，因而这些集体行为被广泛深入地研究，而且媒介也被纳入研究，从而寻找产生这些行为的原因。媒介被认为以各种各样的方式激起骚乱、创造了暴乱文化、提供如何暴动的教导，而且从一个地方到另一个地方地扩散骚动。支持或者反对这些假设的证据都是薄弱而破碎的，但是似乎可以达成共识的是，在任何骚乱的情境中，人际交往都比媒介发挥着更大的作用。即便如此，也有一些证据可以证明媒介具有简单地传达骚乱事件的发生和地点（Singer，1970）、宣传事件本身即造成暴乱行动，或进一步地传播暴乱事件的作用。总而言之，媒介似乎的确具有定义事件本质的能力，而且即便它们最终是站在现有秩序"那一边的"，但它们也有可能在具体情况下增加了两极分化的程度。

尽管媒介并没有表现出是导致骚乱的首要或主要的原因（请参见例如 Kerner et al，1968；Tumber，1982），但是它们可能影响骚乱行为的产生时机和形式。斯皮尔曼（Spilerman，1976）为此类假设提供了相当负面的证据。虽然进行了大量的研究，但是他无法找到对于美国许多城市骚乱事件令人满意的结构性解释。他的结论是，电视及其有线网新闻结构从根本上来说是要负一定责任的，尤其是在创造了"超越了社区边界的黑人联合体"方面。在我们这个时代，动员集体行动似乎可以通过移动电话或互联网来实现，而不再是大众媒介所产生的无意识的效果。相关的例子包括上文所提到的马德里事件,还有在1998年从西雅图发起的针对世界经济峰会的反对活动(Kahn & Kellner,2004)。

在同时处理恐慌和骚乱的话题时,有必要注意到在被最多地提到的解决方案中所指出的危险,即对新闻的控制或压制(Paletz & Dunn,1969),是有害的,因为这本身就会由于缺乏对周围可见的混乱局面的解释而导致当地恐慌。

创新扩散和发展扩散

从"二战"开始的许多努力,都是将大众媒介用于对技术发展或者实现健康和教育方面目的的宣传攻势,大部分证据表明这些努力往往都是遵循在美国乡村开发出来的一些模式的(Katz et al,1963)。早期有关媒介和媒介发展的理论(例如,Lerner,1958)阐述了媒介仅是通过推广西方观念和消费者的强烈愿望而发挥着推动"现代化"的影响。有关媒介效果的主流观点是,它与政府官员、专家和地方领导联合起来发挥着大众教育者的作用,特别是被运用在需要改变的对象方面。

埃弗里特·罗杰斯(Everett Rogers,1962;Rogers & Shoemaker,1973)是这个传统的最主要的记录者,他所提出的信息扩散模型假设了四个阶段:告知、说服、决定或采用,以及确认。这个过程与麦圭尔(McGuire,1973)所提出的说服的阶段(请参见第403页)相近。但是,媒介所扮演的角色只是集中在第一个阶段(信息与知晓阶段),在此之后,人际交往、有组织的专业力量和建议以及实际经验将加入到这个过程中来。早期的扩散主义学派倾向于强调组织和计划、线性的效果、(地位和专业的)等级、社会结构(因此也包括个人经验)、强化和反馈。罗杰斯(Rogers,1976)自己指出这个"主流范式"过时了,它的缺陷就存在于上述的各项特征中,而且它过于依赖从上至下的"操纵"。

罗杰斯和金凯德(Rogers & Kincaid,1981)进一步提出了代替前一个模式的传播的"融合模式"(Convergence model),该模式强调了需要连贯的理解和回应过程,这将提高发送者和接收者之间的相互理解程度(请参见 Rogers,1986)。20世纪70年代的批判理论将来自外部的发展尝试与对依赖性的维持联系在一起。更新一些的发展理论分派给大众媒介更为局限的角色,认为它们的成功取决于它们与社会基础和本土文化之间的密切关系。参与式传播的观念得到进一步的倡导,并且越来越多地付诸实践(Servaes,1999;Huesca,2003)。值得注意的是,大众传播本身就是一项革新,它首先必须先被加以扩散,然后才能在被现代社会或发达社会中所熟知的扩散过程中发挥作用(DeFleur,1970;Rogers,1986)。为了使媒介有效地发挥作用,其他的现代化的条件也必须存在,例如个性化、对科层制度和技术的信任,以及对基本的媒介权威、合法性和客观性的理解。

尽管捐赠国继续在传播项目上和大众媒介基础设施的发展方面给予帮助,但是现在对在发展水平方面直接的大规模效果的期望在不断降低。现在人们越来越意识到信息—技术解决方案的局限性，以及任何利益在分配方面的不平等性。对于针对大量人群的公共传播的发展需要和获得作为人权的传播自由的需要的强调，是扩散过程的前提条件。板块18.1中归纳了媒介发展理论的主要假设：

18.1 大众媒介和发展：前提条件

大众媒介通过以下方式推动发展：
- 传播技术知识
- 鼓励个体的发展变化和流动性
- 传播民主（选举）
- 激发消费者的需求
- 在扫盲、教育、健康、人口控制方面提供帮助

知识的社会扩散

在这里我们简要地对一个被广为期待的而且也是主要的媒介效果进行讨论，即媒介所具有的告知能力，以及在大规模的社会中根据现代经济和民主参与程序的需要使得人们知情的能力。尽管通过大众媒介所传递的信息极大地提高了社会中平均的和最低的"知识"水平，而且也加速了信息的流通，但是也存在着有关继续保持不平等状况和有关不同的媒介在达到这样的结果方面具有不同能力的争议。而随着互联网的到来，这些讨论又具有了鲜活的生命力和紧迫性，因为互联网拥有更大的传播信息的能力，但是也有着不同的传播方式和实际用途。互联网导致了一个新的说法的出现，即"数字鸿沟"（digital divide），它代替了老旧一些的"知沟"概念（Norris，2002）。

很久以前就存在着这样的假设，即报纸和广播极大地增加了公共信息的流动，它们将有助于修正由于教育和社会地位的不平等而带来的知识差异的结果（Gaziano，1983）。有一些来自于政治性宣传攻势研究的证据指出，在社会群体之间的这种"信息沟的闭合"现象会在短期内发生（例如，Blumler & McQuail，1968）。但是，也有证据表明了相反的效果，展示了专注的少数人群比其他人得到了多很多的信息，因而在公众的不同领域之间的鸿沟是被加大了。

蒂奇纳（Tichenor et al.，1970）在论述"知沟假设"的时候指出，它"并不意味着地位较低的那部分大众是完全无法获得信息的（或者知识相对匮乏的人群必然完全无知）。相反，在这里的假设是在社会地位较高的那部分人当中，他们的知识增加相对更多"。在

对于"信息丰富"的信源的关注方面确实存在着不同阶级之间的偏差,而且在社会阶级、对这些信源的关注和能够回答有关政治、社会或经济方面的信息类的问题之间,一直可以发现有相关关系的存在。

有关知沟假设存在着两个主要的方面:一个是关于社会中所积聚的信息在社会阶级之间的普遍扩散;另一个是有关有些人比另外一些人知道得更多的特定的主题或话题在社会阶级之间的扩散问题。第一类"鸿沟"的根源大多在于根本性的社会不平等,这是单靠媒介无法加以修正的。而对于第二类鸿沟,存在着很多扩大和闭合的可能性,而且似乎媒介闭合了一些,又打开了一些。有很多因素都与媒介在这方面的效果的产生有关。多诺霍等人(Donohue et al.,1975)特别强调了媒介在被小社群所广泛关注的问题方面具有闭合鸿沟的作用,尤其是在冲突的条件下,它能够激发关注和学习。

总体而言,动机和可感知的有用性影响着信息的搜寻和学习,并且这些因素大多来自社会环境,而不是媒介。尽管如此,已经证明不同的媒介可能发挥着不同的影响,而印刷媒介相比电视就更可能导致鸿沟的扩大(Robinson,1972),因为印刷媒介是有特权的阶级所偏爱的信源。这意味着电视有着相反的作用(有助于缩小特权),这是因为"它能够在所给定的人群中用同样的新闻和信息抵达更多人,而且也被大众普遍认为是可信的"这样的事实。但是,这些在很大程度上依赖于在给定的社会中所采用的制度形式。

18.2 媒介系统和知沟

柯伦等人(Curran et al.,2009)分析了美国、英国、芬兰和丹麦的电视新闻服务和报纸中的内容,并且对这些国家的受众进行调查,以确定在新闻事件方面的知沟水平。如所预期的那样,调查结果显示,美国媒介对于国际新闻(除了伊拉克)的关注远远少于其他国家。研究"揭示了美国人在国际公共事务方面尤其无知"。他们在软新闻方面同样无知,除非是有关国内的。产生这些现象的主要原因是对传统媒介相当低的关注度。如下列的数据所显示的,在欧洲国家,知识水平要高得多,而且在不同的社会群体之间差别较小。

受教育水平	硬新闻的知晓率(%)			
	美国	英国	芬兰	丹麦
低	31.4	57.4	65.0	71.1
中	52.0	59.7	67.6	73.0
高	71.0	70.9	78.4	70.3

资料来源:James Curran,2009 Shanto Iyengar,Anker Brink Lund and Inka Salovaari-Moring.*Europe Journal of Communication*,24,1:5-26.

西欧公共广播设置和公共程度较低的美国的全国广播电视网系统(在部分上是因为事实上的寡头垄断)都保证了电视将提供有关国内和国际事务的普遍的、同类来源的共享信息。柯伦等人(Curran et al.,2009)将拥有公共广播系统的国家与美国(纯粹市场模式)进行了对比,并且发现前者在占有优势地位的人与占劣势地位的人之间的知沟相对较小,这似乎应该是仍然广泛使用公共广播服务的深思熟虑的信息政策所带来的结果(请参见板块18.2)。这几位学者将研究所发现的现象归于媒介系统的不同所带来的结果,尤其是公共广播系统所发挥的作用;尽管他们承认,在美国经济方面更严重的不平等可能是更为深层次的原因。尽管如此,他们也提醒人们要提防由于进一步的放松管制和私有化而可能带来的后果。这些后果也可能是国内受众的碎片化过程所导致的。

在近来的渠道多样化、更激烈的竞争和受众碎片化的趋势下,大规模接收信息的受众消失了。电视成为另一种有很大差别的信息来源,但与印刷媒介类似,电视也无法捕捉大众受众了。鲁宾逊和利维(Robinson & Levy,1986)的研究证明,从电视中的新闻学习并不能表明电视具有闭合知沟的能力,即使是在大规模收看电视的岁月里。迦西安诺(Gaziano,1997)对有关知沟假设的39项研究进行了回顾,从而得出结论,媒介是否具备闭合或缩小知沟的效果仍然是不确定的,但是知沟本身是继续不断生成的(也请参见Visvanath & Finnegan,1996)。贝内特和延加(Bennett & Iyengar,2008)强有力地证明了这个观点,即有线电视网和其他大众媒介的衰落会导致人们接触公共信息的机会减少,并且因此扩大了知沟。

以计算机为基础的新信息技术所具有的不同扩散方式,也进一步增加了信息富有者和信息贫瘠者之间的分化(Katz & Rice,2002)。知沟理论应该是暗示了鸿沟不断加大的结果,因为已经是信息富有者的人们,往往具有更高的获取信息技能和更多的资源,这些会使他们进一步领先于信息贫瘠的底层。在这里可以提出的问题是,"知沟"理论是否仍然重要。这个理论假设存在着一个我们所有人都需要的、用于社会运行的基础知识全集。但是,在知识丰裕且专业化的条件下,上述假设前提显得越来越可疑,尽管它对于政府选举中的民主政治过程可能仍然有效。

正如上文所提到的,以网络为基础的新闻信息的到来,使人们产生了较高的期望。人们将网络媒介与传统的媒介进行比较,但是最初的结果并不能够保证网络媒介能够带来一个信息传播更为平等的社会。格雷伯等人(Graber et al.,2009)发现,对于受教育程度较低的人来说,相比报纸或网络,他们更容易处理电视中的信息,并且学习;而报纸和网络是留给受教育程度更高的人的模式。舍恩巴赫等人(Schoenbach et al.,2005)发现报纸新闻比在线新闻更容易导致公共议程的变宽。一些研究指出,新型的数字鸿沟是在使用信息来源方面不同的能力水平所造成的(Selwyn,2004;Hargittai & Hinnant,2008)。

社会学习理论

一个特别当与儿童和青年有关的时候被广为引用的媒介效果模型,是班杜拉(Bandura,1986)的社会学习(或观察性学习)理论。其中的基本概念是,我们无法从直接的亲自观察和亲身体验中,学习到所有我们所需要的指导我们发展和行为的知识。我们必须从间接的来源中学习很多,这包括大众媒介。班杜拉的模式设想了依序发生的社会学习的四个基本过程:注意、记忆、生产和动机。我们的注意力会放在与我们的生活和个人的需要及兴趣可能有关的媒介内容上。之后,我们可能记住我们所学到的,并且将它放到我们先前的知识储备中。最后是生产阶段,这是指切实地将所学到的东西应用在实际行动中,在那里可能会得到奖赏(强化)或惩罚,这些会导致遵循某一特定路径的更强烈或较弱的动机。

这条理论通常被用于解释媒介的社会化效果,也被用于不同的行动模式当中。它可以用于解释大量的日常事务,例如穿衣打扮、外表、风格、餐饮、互动的模式和个人的消费等。它也用来解释长期趋势。根据班杜拉(Bandura,1986)的观点,社会学习理论只是用于解释直接以象征形式表现出的行为。这条理论也意味着学习者那一方的,以及个人的自我反思能力方面都具有主动性的投入。因而它并不同于模仿或模拟。大众媒介很少是社会学习的唯一的来源,而且它们的作用也依赖于其他来源,例如父母、朋友、老师,等等。在社会学习中存在着强烈的集体性的影响。但是,社会学习理论指出,媒介能够对人们产生直接的影响,而且它们所产生的作用并不需要人际影响或社交网络的"中介"(请参见 Bandura,2002:140)。

社 会 化

媒介在儿童的早期社会化和成年人的长期社会化过程中发挥着一定的作用,有关这一点已经得到广泛的承认;尽管实际上这一点是难以证明的。这一方面正是因为它是一个如此长期的过程,而另一方面是因为媒介所产生的任何效果,都与社会环境中其他的影响及家庭中的各种各样的社会化方式交织在一起(Hedinsson,1981)。少数几个对于发展的纵向研究有时可以产生有关通过媒介的社会化的初步证据(例如在 Rosengren & Windahl,1989)。尽管如此,某些有关媒介所具有的潜在社会化效果的基本假设,往往成为控制媒介的政策、媒介自身的决策以及父母们所采用的或在管理他们自己孩子的媒介使用时所坚持的规范和期望的一部分。事实上,有关媒介的社会化作用的命题包含着两个方面:一方面,媒介能够强化和支持其他的社会化能动因素;另一方面,媒介也被看作是对父母、教育者和其他社会控制机构的价值模式的潜在的威胁。

这个命题中所蕴含的主要逻辑是,媒介能够通过象征性地奖惩在媒介中所呈现的各种类型的行为,从而教授规范和价值观。另一种观点认为,接触媒介是一个学习的过程,通过这个过程,我们所有的人都学会了在特定的情境下采取何种行为和期望,从而符合在社会中的给定角色或地位。于是,媒介在人们实际体验之前,先源源不断地提供有关生活的图景和行为模式。通过这种方式,媒介描述能够塑造态度和规范性的标准。例如,克瑞可玛和维瑞西(Krcma & Vierig, 2005)指出,接触电视会对儿童在评判暴力时的道德思考产生负面的影响。

早期有关儿童使用媒介的研究揭示了儿童从媒介中找到有关生活的教训、并将它们与自己的经验联系起来的倾向。有关内容的研究也将注意力放在对社会生活形象的、系统化的展现方面,而这些可能强烈地影响到儿童的期望和愿望的形成。社会化理论的确倾向于强调媒介墨守成规的角色。在这种观念中,媒介既不是"亲社会的",也不是"反社会的",而是愿意偏向于最为主流的和已有的价值观。当然,有些已有的价值观被定义为"亲社会的"。史密斯等人(Smith et al., 2006)有关美国电视内容的全面研究展示了在行动中以帮助和共享的形式出现的相当高的利他主义水平。他们发现,样本中73%的电视节目至少包含了一项这类行动,并且通常它们是受到周围环境的支持的。但是,这样的描述所带来的效果几乎没有被加以研究,这也反映了在研究中倾向于会带来问题的议题偏向。无论是以什么方式加以陈述,媒介具有社会化作用的这个基本假设都显然是得到支持的,但是它只能找到间接的实证证据。

社会控制与共识形成

理论领域所长期关注的一个问题是,大众媒介作为社会控制的能动者的程度和意志坚定性。一个常见的观点是,媒介是在无意中支持了一个社区或国家中的主流价值观,在这个过程中还混杂了个人和机构的选择、操作性的必要条件、来自外界的压力和对大规模且异质的受众期望和要求的预测。这个观点的一个更为强有力且更有批判色彩的版本认为,由于市场力量(特别是大型公司的所有权)和对民族和国家利益的服从之间的结合,媒介实质上是保守的。这些各种各样的理论都倾向于使用与内容中的系统化趋势相关的同一类证据,而都很少直接指向效果。

赫尔曼和乔姆斯基(Herman & Chomsky, 1988)开发了一个有关系统化长期效果的综合批判理论,这个理论可以以"宣传模式"(propaganda model)的形式表现出来。该理论指出,在资本主义社会中的新闻不得不经过几个"过滤器"的"过滤",特别是媒介与其他经济领域、广告、新闻管理宣传攻势、社会的主流意识形态和对信息的官方资源的依赖之间的财政整合。赫尔曼和乔姆斯基发现了大量有关上述所提到的最后一个过滤器发挥作用的推论性证据,其他学者,例如里斯(Reese et al., 1994)和曼海姆(Manheim,

1998)也有类似的发现。

赫尔曼和乔姆斯基从沃尔特·李普曼(Walter Lippman)那里获得灵感,将他们的著作命名为《制造共识》(*Manufacturing Consent*),李普曼(Lippman,1922:158)写道,"制造共识是一项重大的提炼能力……而且对于任何认识到制造共识的过程是相当简单的人来说,他们都有操纵的机会"。李普曼的观点也是对在前文提到的有关媒介权力思考的发展演变中第一阶段(即"全能媒介"阶段)的一个例证,而赫尔曼和乔姆斯基的观点的缺点在于他们对后来的研究和证据关注太少了(Klaehn,2002)。

具有最广大受众的媒介内容的确展现了对占主导地位的社会规范和习俗的广泛支持(这反映了媒介效果的社会化和"涵化"的层面)。在大众媒介中,几乎找不到对于民族国家或它所确立制度的根本性的挑战。因而,认为"大众媒介倾向于认可现状"的论点是同时建立在媒介内容呈现了什么和漏掉了什么这个基础之上的。前者包括对"墨守成规者"或爱国主义行为的(虚拟状态的)奖赏,对于现有的上层集团和观点的高度关注并(通常是直接地)给予特权,并且通常对于非机构性的或背离常规的行为给予负面的或不公平的对待。大众媒介不断地体现出对国家或社群的共识的支持,并且倾向于将问题表现为是可以在现有的社会和文化"规范"中得以解决的。

相应地,媒介通常也会将某些行为和群体定义为偏离社会且对社会造成危险的。除了明确的犯罪行为之外,这些行为和群体还包括青少年团伙、吸毒者、"足球流氓"和一些性变态行为。已经有研究证实了,媒介的确经常夸大这些群体及其行为的危险性和显著性(Cohen & Young,1973),并且可能造成"道德恐慌"(Cohen,1972)。在反社会元素的分类中,那些依靠国家福利为生的人也可能会被贴上"福利乞丐"的标签(Golding & Middleton,1982;Sotirovic,2001),同样的情况也会发生在移民群体、难民和旅游者身上(Horsti,2003),也发生在甚至只是贫穷的人身上(Clauson & Trice,2001)。这个过程被称之为"责备受害者"的过程,而且它与集体意见的形成过程有着相似的特征,对此媒介发挥着重要的作用。由此所产生的效果就是媒介为社会提供了替罪羊和发泄愤怒的对象,从而将人们的注意力从由于社会结构所引起的真正的罪恶中移开,而且恢复了对法律和秩序的代理机构的支持。

有关媒介省略的证据由于这个问题本身的特性而难以收集,但是对一些国家的新闻的对比性内容分析中,可以找到系统性地删去对于特定的议题和世界的某些区域的关注的大量证据(Golding & Elliott,1979)。诸如格拉斯哥媒介小组(Glasgow Media Group,1976,1980,1985)等学者所开展的对于新闻内容的详细研究,也记述了一些显著的省略模式。在思考有关媒介在意识形态方面影响的那些往往是雄辩有力且看上去有道理的理论论证的时候,我们应该时刻想到有限媒介效果理论也是同样貌似有理的。特别是当涉及受众的选择性和"差异化的解码"(Jensen,1986,1998;Liebes & Riback,1994)的时候。大部分有关意识形态或霸权影响的理论,都是建立在对媒介和内容的观察的基础之上的,而不是对受众或"效果"的观察。"接受"研究的训诫往往可以作为一种理论平衡,尽管它们都出自于同一个批判学派。

从所得到的理论和实际展开的研究当中,我们几乎不可能对媒介效果的程度进行有价值的评估。尽管如此,媒介主要是由(往往是大型的)商业利益集团或国家(尽管是间接地),以及因此是由重要的政治和经济利益方所拥有和控制的(Dreier,1982)。有大量的初步证据可以证明,这些对媒介的控制力量是(被它的拥有者)在直接的经济领域之外进行评估的,特别是这些力量所产生的政治和社会方面的影响及其状态。这些影响并不是一贯地与社会现状保持一致或对其加以支持。甘斯(Gans,1979:68)的判断是"新闻既不是非常保守的,也不是像改革者那样非常开明的",这个论断至今仍被广为引用。媒介承担着它们自己所确定的"作为信息的载体"(例如,有关丑闻、紧急事件、社会弊病,也包括革新)这样的任务和意识形态,这也可能成为变革的推动力量。媒介可能的确刺激了大量扰乱现有秩序的行为、兴奋和担忧,在这个系统的范围内的确存在着引起变革的能力。

涵　　化

在媒介长期效果的理论中,格布纳(Gerbner,1973)的涵化假设可能是论述最清晰,而且得到最多的验证的(请参见 Signorielli & Morgan,1990)。这条理论假设指出,现代媒介中的电视在我们的日常生活中处于中心地位,它在我们的"符号环境"中占有主导地位,它的有关现实的(歪曲性的)消息取代了亲身体验和其他了解世界的工具。电视也被描述为"主要服务于维持、稳定和加强现有的工业秩序的文化武器,而不是改变、威胁或削弱传统的信仰和行为"(Gross,1977:180)。这段陈述表明涵化效果理论非常接近法兰克福学派(Frankfurt School)的批判理论家的假设,而且也与晚期马克思主义分析接近。西格诺瑞利和摩根(Signorielli & Morgan,1990:15)将涵化分析阐述如下:

> 涵化分析是"文化指标"研究范式的第三个组成部分,它研究了(1)在媒介内容生产过程中潜在的制度化过程;(2)媒介内容中的形象;和(3)接触电视消息和受众的观念及行为之间的关系。

理论

涵化分析研究的核心假设是:观看电视将逐渐导致所采用的有关社会世界的本质的观念被证明是刻板的、歪曲的和对现实的非常有选择性的看法,它们与在电视的虚构性节目和新闻节目中的以系统的方式描述的内容相一致。涵化被认为与直接的刺激—反应效果过程不同,这主要是因为它具有渐进的和累积的特性。它包括首先是学习,然后是在个人的环境和亲身体验(诸如贫困、种族或性别),以及参照群体的成员关系的基础上形成对社会现实的看法。涵化也被看作在消息和受众之间的互动过程。

在媒介效果理论中,电视为许多人提供了一贯而且几乎是完整的符号环境,这个符号环境提供了行为规范和对于广泛的现实生活情境的观念。它不是一扇面向世界的窗户或对世界的反射,而是世界本身。因此而展开的研究有两个主要的前进方向:一是直指有关电视"信息系统"的一致性(和扭曲性)假设的验证;另一个是通过问卷分析的方法用以检验公众有关社会现实看法的多样性,尤其是对那些被证明与经验指标不相符的地方。继而进行的分析是将对现实的看法和真实的现实进行比较,在这个过程中将接触电视的习惯性程度纳入考虑。在这里与"议程设置"假设中所蕴含的概念有几个基本的相似之处(请参见第436~438页)。

检验理论

那些观看大量电视的人也被预见将体现出他对现实的感知会与社会世界众所周知的图景之间有巨大的背离,而偏向于世界的"电视"图景。涵化分析研究的主要焦点一直是在有关暴力和犯罪问题上面的,研究一方面关注对暴力和犯罪问题的电视描写、它们的实际事件和它们所带来的各种危害;另一方面关注公众对犯罪的认知和态度。早期涵化研究的发现(Gerbner & Gross,1976)显示了,人们看电视越多,他们就越可能夸大在现实世界中的犯罪事件和他们所面对的人身威胁。这样的相关关系似乎仍然继续存在(Romer et al.,2003),至少在美国是这样的。另一些有关政治和社会问题的话题也被加以研究,其中包括媒介产生政治共识的问题。格布纳等人(Gerbner et al.,1984)将他们所提出的"主流化效果"(mainstreaming)这个概念用在政治领域,并且发现接触电视能够将观念向"温和的"观点的方向转变。具体细节请参见板块18.3。

18.3 主流化:电视收看中的政治相关关系

涵化理论指出,一个人用于看(任何类别的)电视节目的时间越多,他(她)就越可能采用媒介上所表现的占据主流位置的对于世界的观点。这种相关关系应该也能用于政治领域,因为电视对于大多数人来说是(或曾经是)政治信息的主要来源。在这里所概括的研究是建立在这样的假设基础之上的,即电视(在网络和广告主的压力下)试图避免走向极端,而保持在"无意识形态的中间地带,以便维持尽可能多的受众"。这导致形成了有利的"温和适中的"或中立派的政治立场(或主流化)。开展这项研究的时间(1981年)正是美国在经历了10年剧变的一个转折时刻。这项研究采用了样本量非常大的问卷调查,其中的基础问题是关于电视收看量以及个人的政治态度是自由主

> 义的、中立的还是保守主义的。对其他的变量进行了控制。研究结果证明了预测。在（不同年份的）九次调查中发现，除了一个案例外，在其他所有案例中，重度收看电视的人比起轻度收看电视的人更有可能选择用"温和派"作为自我称呼。这种关系在其他媒介中并不存在。报纸读者大多是偏向保守主义的，而广播听众则是更为自由主义的。研究者也提出要注意标签的含义也并不是明确或稳定的。他们特别指出，电视并不真正是趋向中立的推动力（Gerbner et al., 1984）。

在对大量有关电视构建现实的研究的全面回顾中，霍金斯和平格里（Hawkins & Pingree,1983）找到很多指明所预期的相关关系的零星指标，但是并没有对电视收看行为和对于社会现实的看法两者之间的关系方向进行令人信服的证明。他们指出，电视能够教授有关社会现实的知识，而且在收看和社会现实之间的关系应该是相互的：收看电视使得社会现实以特定的方式被构建，同样，对于社会现实的构建也会指导收看行为。在最近的对于涵化研究的全面总结中，摩根和沙纳汉（Morgan & Shanahan,1997）得出结论，涵化效果的确存在，但是总体上来说非常小。

现在的电视体验显然几乎与理论中所描述已经完全不一样了，而且也没有达到理论中所要求的累积性，供应也在不断增加（无论是在美国还是其他地方）。因而，理论假设必须更为具体地针对内容和效果。例如，一项有关电视对于婚姻期望的影响的研究（Segrin & Nabi, 2002）发现，观看"爱情"内容的特定文类的电视节目是与不切实际的期待联系在一起的，而普通的电视观看行为不会带来这样的效果。索底诺维克（Sotirovic,2001）发现在有线电视新闻和娱乐节目的观众中，会出现对于依靠福利生活的人的负面印象，这与其他信源的接收者的态度不同。罗斯勒和布罗休斯（Rössler & Brosius,2001）在德国特定脱口秀节目中也发现了有限的涵化效果，而不是在所有的电视节目和所有的类型中。主动受众理论（请参见第15章）也是对强有力的"信息系统"的长期涵化效果的挑战。一些学者也对电视使用数据和有关价值观及观念的调查数据之间的因果关系提出了质疑（Hirsch,1980,1981；Hughes,1980）。"涵化"效果首先是在美国得到确认的，而在那里（主流的）电视内容更为商业化，并且可能较为缺乏多样性。

其他国家的证据也仍然是混杂的，尽管对此已经做了大量的工作。在有关形成暴力社会的印象方面，沃伯（Wober,1978）从英国的数据中没有找到支持性证据，而杜布和麦克唐纳（Doob & McDonald,1979）指出从加拿大的数据中也是得到相似的结果。一项对于瑞典儿童的纵贯研究（Hedinsson,1981：188）得出结论说，证据表明"如果不能提供直接的支持的话，至少也不是对格布纳的理论的反驳"。罗森格伦和温德尔（Rosengren & Windahl,1989）报告了大量有关年轻人电视收看经历的长期变化的发现，这些发现可以作为对涵化理论的支持。有关世界的"心理地图"随着电视收看的数量而有着显著的不同,这个现象也是涵化理论的一个例子。对于大量收看电视的青春期男孩而言,瑞典之外的世界除了北美几乎没有什么组成部分了。

有关涵化的证据的确也不断来自于新的来源。耶伊等人(Yay et al.,2008)研究了在韩国和印度对美国电视节目的消费情况,发现电视消费是与人们对自己的生活的不满意感(在印度)和与人们对于社会的不满意感(在这两个国家)联系在一起的。在日本也发现了电视在性角色态度方面的效果。根据斋藤(Saito,2007)的研究,这些效果只是特别出现在某些子群体中。因此,电视通过在大量的观众中间涵化传统的态度而减慢了社会变革的速度,尽管它对于大多数保守的人来说已经是过于开放了。这些发现都几乎与前文所描述的"主流化"效果一致(请参见板块 18.3)。

尽管这条理论貌似有道理,却几乎无法令人信服地处理符号世界、受众行为和受众观点之间的复杂关系,其中还牵扯到大量的干扰性变量。而且也很难将"涵化"过程从一般的社会化过程中分离开来。尽管存在所有这些问题,文化指标和涵化研究所体现出来的研究方针并非强弩之末,而是在特别的问题中进行着更为具体和细致的研究。

媒介与长期的社会及文化变迁

在第 4 章和第 5 章中所描述的大众传播理论都是以某些方式假定了各种各样的重要的社会文化效果的存在。同样也涉及第 10 章所讨论的全球化的效果。但是,这些效果中的任何效果大多是渐进的、长期的,而且难以测量。而且还经常存在着不同的、甚至是相互矛盾的可能性。例如,大众媒介被认为导致了个人的孤立、个性化和社会多样化或甚至是社会的碎片化。帕特曼(Putman,2000)指出电视使用特别要为美国的"社会资本"的萎缩以及随之而来的在市民生活和社会生活上的参与减少负责。在莫伊等人(Moy et al.,1999)的研究中也能够找到对碎片化论点的支持。

另外一些理论家相信(或指责)媒介具有促进同质化和社会内聚力的能力,有时甚至可以达到从众的程度(请参见第 418~420 页)。媒介因为降低了文化标准(和将内容降低至最小公分母)而受到责备,同样也因为更为广泛地传播传统与当代的文化而受到赞扬。虽然这些或那些有关大众媒介对于文化和社会具有影响力的观点都看似有道理,但是对于基本的效果假设却几乎没有坚实的证据。

媒介对社会和文化变迁产生影响的过程中心,是媒介所具有的定义情境、提供参考框架和传播社会群体形象的能力。在历史知识缺失时,大众媒介也倾向于构建特定的国家社会中的"集体记忆"。媒介并不是任何集体记忆的主要的创造者或源头,但是媒介将集体记忆放在一起,组成在一定程度上是连续而且不断重复的叙事,从而使媒介成为人们所拥有的关于他们自身所在社会和他们在其中位置的观念的次级来源。媒介无论是对于新奇性还是连续性都有着无法满足的胃口,并且通过注意到每一个新的时尚、恐惧或可能成为一个更大的故事——无论是在新闻中还是小说中的——一部分的某个意义重大的事实,从而对变化发挥着作用。对于大多数人而言,媒介有效地成了变迁的把关人,特别是当他们对于发生了什么的选择和理解达成一致的时候。

在对这样和那样的问题做出决定时,很大程度依赖于编辑人员的观点和对于这些有待讨论的问题的最初假设。我们应该时刻意识到这样的事实,即在媒介与社会之间不断进行着互动。媒介,无论是作为技术还是文化内容,都与文化和社会变化之间不是简单的单向因果关系。这些互动所产生的结果是相当多样化、难以预测的,而且也因环境的不同而不同。随着媒介的发展,毫无疑问,它们转移了用于其他活动的时间和注意力(替代效果);相比"前大众媒介"背景下,今天的媒介成为一个能够携带更多信息抵达更多人群的渠道;而且改变了信息和观念的流通方式。这些事实对于任何社会机构而言,都意味着它们需要获得公众普遍的关注和向全社会进行传播。其他机构也处于以某种方式使用或回应大众媒介的压力之下,或者找到自己的对于大众媒介渠道的使用方式。在这个过程中,它们大多改变了自身的行为。

媒介所产生的影响大多是间接的。它们作用于对公众期望、满足需求的可能性的改变,而且特别是,它们改变了其他社会机构的做事方式。这些机构越来越依赖于媒介与它们的公众的传播关系,而且传播也可以用在所谓的"媒体逻辑"(media logic)(请参见第272页)方面,媒体逻辑对于社会机构的行为有着深刻的影响。正如奥赛德和斯诺(Altheide & Snow,1991:ix)所评论的,"今天,所有的社会机构都是媒介机构"。第19章分析了政治机构的情况,同样也得到应用于文化和社会机构的类似结论。索尼娅·利文斯通(Sonia Livingstone,2009)在2008年的国际通传播学年(International Communication Association)的主席致辞中,对今天几乎社会生活的每个层面都可以说被以这样或那样的方式"媒介化"了的事实进行了评论,并且呼吁对这些事实的含义做出精确的解读。在这里面肯定存在着不同的含义,但是在目前的语境中,最为核心的论点是,对于信息和媒介的需求优先于对于内容的理解。

娱 乐 效 果

最大一类媒介内容应该是所谓的"娱乐",而且这也是媒介如此受欢迎的原因。齐尔曼和布赖恩特(Zillmann & Bryant,1994)提醒我们,娱乐在无意识的负面结果之外也拥有大量的效果,这些效果被广为研究,而且娱乐本身就是效果,这是生产者和受众所希望的。娱乐被证明是难以定义的,尽管本质的概念应该是与消遣和被卷入某个故事或场景有关。娱乐也可以被看作是一种更为特别的效果,其中包括被逗乐;唤起情绪而体验到悲伤、欢乐、生气、放松、兴奋、害怕等;分散对焦虑的关注,等等。具体而言,音乐也能够产生大量的效果,特别是在情绪、倾向以及激励方面(Knobloch & Zillmann,2002)。

齐尔曼(Zillmann,1980)在对戏剧的研究当中,指出其所刻画的人物命运的积极或消极的变化会导致愉悦和烦恼的情绪。齐尔曼和布赖恩特(Zillmann & Bryant,1994)在关于对悬念的诉求方面提出了许多他们无法回答的问题,其中也有关于悲惨事件的新闻播报中这一明显诉求的问题——令人困惑的是,与虚构的节目不同,在这里似乎没有理由讨厌主要的受害者。"使用与满足"的研究传统提供了发现受众所寻求的满足(有意识的效果)的路径,并且得到一些重要的发现,但是在这个被疏忽的媒介效果领域里仍然缺乏清晰的概念。"逃避主义者"这个概念并不足以解释娱乐效果,而且所提出的各种各样有关愉悦的理论(请参见 Bryant & Miron,2002)都没有准确的表述和验证。

小 结

大众传播的社会和文化方面的效果因为前文所提及的各种原因而很难加以评估。有一定的可能性能够对在个体身上所产生的短期变化进行观察,而这些观察结果有时可以被普遍化到更大的群体、甚至整个社会中去。但是,在更高的分析层面,我们几乎没有任何方法在一定可信度下对更为宏观的趋势进行测量,而不得不依靠理论推理和论证。媒介的确能够产生很多效果,而且它们的确可能解释某些普遍的趋势,对于这一点几乎不存在任何怀疑。尽管如此,媒介的效果却常常是相互矛盾的,而且相互抵消的,并且复杂的社会也通常在同一时间以不同的发展路线为特征。媒介似乎不是根本性长期变迁的主要驱动力,尽管如此,它们所带来的不断加速且无处不在的信息、观念和形象在全球范围内的传播是不可低估的。

深入阅读

Gitlin, T. (1980) *The Whole World is Watching: Mass Media in the Making and Unmaking of the New Left*. Berkeley, CA: University of California Press.

A Participant observation study of the public campaigning for change on the part of the Student for a Democratic Society movement in the USA during the later 1960s and early 1970s. A central conclusion is that the movement gradually adapted itself to the expectations of the news media in ways that changed it in some fundamental ways.

Hargrave, A. M. and Livingstone, S. (2006) *Harm and Offence in Media Content*. Bristol, UK: Intellect.

A systematic review of the literature on hypotheses and evidence relating to potential harms from different kinds of media, with particular reference to children.

Jackson, C., Brown, J. D. and Pardon, C. J. (2008) "A TV in the bedroom: implications for viewing habits and risk behaviors", *Journal of Broadcasting and Electronic Media*, 52(3): 349-367.

Interesting evidence of differences between white and black teenagers in the correlates of having bedroom television and behaviours relating to drugs, early sex experience, etc.

Rosengren, K. E. and Windahl, S. (1989) *Media Matter*. Norwood, NJ: Alex.

Presents the results of a rare longitudinal study of the relationship between television viewing and other aspects of child development, following the tradition of cultural indicators, but with other methods and theory as well. Location was Sweden.

Yay, H., Ranasubranuanian, S. and Oliver, M. B. (2008) "Cultivation effected on quality of life indicators", *Journal of Broadcasting and Electronic Media*, 52(2):247-267.

Relatively unusual study reporting prima facie evidence of a cultivation effect in countries undergoing development.

在线阅读

Kicmar, M. and Vierig, E. V. (2005) "Imitating life, imitating television", *Communication Research*, 32(3):267-294.

Van den Bulck, J. and Beullens, K. (2007) "The relationship between Docu-Soap exposure and adolescents career aspirations", *European Journal of Communication*, 22(3):355-366.

Smith, S. L., Moyer-Guse, E. and Donnerstein, E. (2004) "Meida violence and sex: what are the concerns, issues and effects?", in J. D. H Downing, D. McQuail, P. Schlesinger and E. Wartella(eds.), *The Sage Handbook of Media Studies*, pp. 541-568. Thousand Oaks, CA: Sage.

Valkenberg, P., Cantor, J. and Peeters, A. L. (2000) "Fright reactions to TV", *Communication Research*, 27(1):82-94.

第19章

新闻、舆论与政治传播

　　这一章将分析另外一些各种各样的媒介可能产生的效果的模式,这些模式的独特之处,主要在于它们与一些信息类媒介内容的关系,特别是新闻和各种形式的政治传播。在这里所讨论的效果都涉及公共"知识"、舆论和公众态度,尤其是短期的和中期的。这些效果中有些是有目的的(例如在选举宣传攻势和宣传中),另外一些却没有意图(例如普通的新闻),但是两者之间的界限并不清晰。有目的的传播可能产生无意识的结果,而无意图的传播也可能带来一些系统性的且可预测的后果(例如,无意的偏见呈现在应该是保持客观中立的新闻中)。此外,我们经常可以看到有目的的传播者(各种类型的宣传者)往往努力以隐藏的方式在"新闻"中包含他们要倡导的,或者只是努力获得关注并免费得到宣传。

　　新闻和政治传播往往组成大众传播的一个领域,在那里传统媒介大多面临着来自于新兴的在线媒介,特别是互联网的竞争和挑战。从原理上来看,互联网比起任何一份报纸或一家电视频道来说，都能够提供数量多得多的信源和更为多样化的新闻，并且使得接收者能够根据个人的兴趣而进行选择（尽管在现实中这种可能性大受局限）。它也增添了与新闻来源进行互动和反馈的可能性。但是，受众在使用这些新的潜力时，也会遇到局限和障碍。一些在第17章中介绍过的效果的普通模型和过程都是非常重要的，但是还有一些特定过程中的新模式也值得加以介绍。

从新闻中学习

新闻并不是特别用于学习而设置的，而只是提供了一项服务，从而使得受众成员能够根据自己的兴趣在所获得的各种各样的信息条目中进行选择。大众媒介新闻消费的环境往往与其他的新闻告知环境有很大的不同，尤其是在伴随性广播新闻的使用中所表现出来的关注具有随意性，常常缺乏特别的动机和高度的心不在焉。新闻的内容通常是极其易腐且无关紧要的。尽管如此，新闻的总体目的是传递信息，而新闻内容通常既是由发送者、也是由接收者根据信息价值的一些标准进行评判的。此外，人们的确从新闻中学习，并且其结果是变得见多识广。新闻在多大范围内产生了效果，依赖于它所抵达的受众是否关注内容、对其加以理解，而且在事后能够回忆或想起其中的某些部分。

与其他类型的效果一样，理解和回忆都既取决于消息，也依赖于发送者因素，而且也包括受众因素。新闻消息可能或多或少是重要的、引人注意的、有意思的和能够理解的。新闻来源在受众中所确立的信任度和可信性大多各不相同。在受众这一方面，主要的因素应该是追踪新闻的基本动机、对于话题的已有的熟悉度和大致的受教育水平。大量新闻是在没有过多的关注和只有很少的积极"处理"情况下"被接收的"，这一点毫无疑问。

已经发表的有关从新闻中学习的研究相当少（尽管如此，特别是以下学者也做出了重要的贡献：Finndahl & Hoijer, 1981, 1985; Robinson & Levy, 1986; Gunter, 1987, 1999; Davis & Robinson, 1989; Robinson & Davis, 1990; Newhagen & Reeves, 1992）。到目前为止，这些研究的成果主要是对在过去的几十年里所进行的大量的基础传播研究的结果加以确证（Trenaman, 1967）。研究发现，新闻故事的趣味性、重要性和具体性有助于理解，而且无论是已有的知识还是与他人就新闻话题加以讨论的习惯也是重要的，除此之外，还有良好的教育背景。同样并不令人惊讶的是，有证据表明，电视新闻中所呈现的叙事结构也有助于记忆和理解（Machill et al., 2007）。

虽然电视常常被公众奉为主要的信息来源，鲁宾逊和利维（Robinson & Levy, 1986）认为，将电视作为公共事务的知识来源是评价过高了。他们也发现，有些普通的新闻产品和播放活动通常是与使受众对新闻有充分理解相悖的（也请参见 Cohen, 2001）。格雷伯（Graber, 1990）证明了这一点，但是也指出当在恰当的环境下，这些电视图像的确具有一定用于学习的潜力。在板块19.1中总结了有关这个问题的主要发现。

19.1 图像对于从电视新闻中学习的贡献（Graber,1990）

这项研究在1985年调查了受众对美国电视中的189条新闻的反馈。所有的新闻故事都对语言符号和视觉符号组成部分进行了详细的编码。这项分析指出，正如人们所广泛声称的那样，电视新闻的确"妨害学习"。其中的原因主要有：(1)新闻条目非常短小，且充斥着大量的场景——79%的新闻条目的时长少于3分钟，且只有13%的新闻条目中拥有超过30秒的场景；(2)画面无法提供大量的对事实的学习；(3)场景都是程式化和套路式的；(4)有超过一半新闻条目中的图像化信息无法强化故事线索。

为了检验受众的学习，研究人员招募了48名成人组成样本，所有这些人都受过良好的教育，而且对新闻感兴趣（因而构成了有利于学习的最佳情况）。这部分研究采用的是开放式方法。主要发现有：(1)无论是对于语言还是视觉的主题（辅助形成的）记忆水平都较低，根据具体的话题不同而有浮动——在对这两种类型编码的回忆中，有一半是"低"等级（少于25%）；(2)视觉内容比起语言类内容更容易被自发记住；(3)人们根据他们自己的模式处理新闻故事，这可能会导致错误；(4)图像在认知方面的主要贡献是对实际体验的补充，之后是增加清晰度和产生情绪冲击；(5)对于哪些图像有助于记忆所指定的新闻故事，在受众中几乎没有共识。

总体的结论就是，图像拥有大量的局限性，但是它们确实能够加强基本的理解，而且补充了一些独特的"视觉"信息，以及额外的现实性和情感。有必要对"印刷时代"的价值进行重新思考。

从（电视）新闻研究中所得到的基本结论是，通过对理解或记忆进行测量的学习的平均程度是非常低的，而且所学到的内容也是碎片化的。范达（Findahl,2001）判断，人们在自然环境中所记住的新闻不到5%。即便如此，所学到的也受到了内容所体现出的选择性和框架的影响。至于什么是这方面令人满意的数字则不可能有定论。因为它取决于所提供信息的潜在价值和新闻的哪些部分被记住了。新闻所产生的大部分效果，很可能是对熟悉的话题的强化，和对新闻议程中已知内容的重新确认。当然，在播放有关戏剧化和重要事件的"爆炸"新闻的那个时刻，学习水平则大多要比常规水平高出很多。格雷伯（Graber,1990）也提醒我们，存在着某些类型的印象和信息可以通过新闻加以传递，但很难通过社会科学方法加以测量。

新闻图式和新闻处理

新闻内容研究显示，大量新闻是在意义框架中加以呈现的，而意义框架则来源于采集和处理新闻的方式（请参见第14章）。新闻根据题目和主题进行"框架化"以便于理解，并且有理由认为，受众在他们处理所接收到的新闻时采用某些同样的框架。格雷伯

(Graber,1984)以此为思考新闻处理的方针。在前文中所提到的阐释框架或图式（请参见第 14 章，第 318～320 页）提供了有关选择、关联和认知的指导，它们也是集体共同构建的，并且往往被广泛地共同使用。格雷伯将一个图式定义为"包含着对从之前的经历中抽象出来的有关情境和个体的知识进行组织的认知结构。这个图式被用来处理新闻信息和重新获得所储存的信息"（Graber,1984：23）。图式可以用于对新闻信息的评估，而且当信息有缺失或含糊不清的时候，也能够弥补之间的缺口。图式也有助于记住新闻。

最广泛使用和最持久的框架可能是在全球通用的（例如，"全球经济衰退""国际性恐怖主义"或"对全球环境的威胁"），而其他的框架可能是本土的和个别性的。格雷伯发现，实际"存在于人们头脑中的图式"非常多元化、碎片化且缺乏组织性。用以回应新闻信息的图式以什么方式被使用也相当多样化，在那里可以观察到一些不同的策略。图表 19.1 展示了格雷伯的有关新闻处理方式模型的最简化版本。

根据这个模型，新闻学习可以被看作将新闻信息整合到先前存在的图式中的过程。这部分解释了这样的事实，即先前的知识是与更大的学习潜力联系在一起的。在接收者那里可以假设存在着积极的处理过程，尽管也可能信息常常是以业已存在的图式的形式被呈现出来的，因而它只需要接收者获取就好，而不需要批判性地检验。

例证

在对效果的研究中发现新闻的典型特征之一是对"例证"的运用，即引用个别的具体案例来说明较为基本的题目，并且对普遍的结论进行评判。这是框架的一种形式。尽管如此，实际操作可能会导致误传或者形成偏差，也就是实际情况没有如实呈现。齐尔曼（Zillmann,2002）指出了四种可能的后果：在使用了具体的例证而不只是抽象表述的时候、在例子能够激发情感的时候、在给出了多个同一类型的例子的时候，以及在陈述生动的时候，会在认知方面造成更大的影响。总体而言，研究证明了这些假设（Zillmann & Brosius,2000）。

有区别的接受

另一项在"接受分析"研究传统下的研究支持了这样的观点，即对新闻事实上的理解强烈地受到了在接收时点的环境、在家庭和"日常生活"情境下的个体受众成员的观念和成见的影响（请参见 Jensen,1986,1998）。古雷维奇和利维（Gurevitch & Levy,1986：132）将受众带到电视新闻中去的阐释框架描述为"元消息""内嵌到受众的解码活动中的潜在的含义"，它们有助于将个体的释意与更宏大的故事联系起来。他们假设，受众与记者一样，都拥有用来构建他们对世界上的事件的理解和帮助他们对信息处理的"战术理论"。

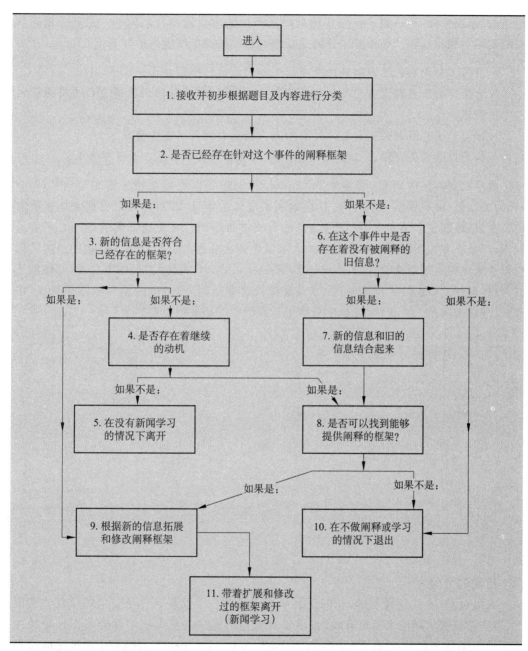

图表 19.1　图式理论的新闻处理模型（McQuail & Windahl,1993,改编自 Graber,1984）

这个观点被詹森(Jensen,2001)通过对不同国家的新闻接收的比较而得到了证实。他发现,由受教育程度和兴趣度比较低的受众成员所展开的主题,和记者用来建构新闻报道的"超级主题"不一致。在那些受众中所产生的观点通常与新闻——尤其是国际新闻的实际主题相抵触。詹森所区分的受众理解新闻的四个维度列举如下：

- 空间。受众决定远方的事件是否以及如何影响到他们自己。
- 力量。受众更愿意看到与他们自己有关的新闻，以及让他们觉得自己更有力量的新闻。
- 时间。受众根据他们自己的过去和未来的历史对新闻进行解释。
- 认同。受众将他们自己与新闻中事件、地点和人物联系起来或区别开来。

最早的新闻接收研究（请参见 Alasuutari, 1999）是以斯图亚特·霍尔（Hall, 1974/1980）的编码/解码模型为依据的，并且纳入了这样的假设，即新闻可以根据个体接收者的观点以"霸权式""协商式"或"反抗式"的方式进行解码。有关这方面的证据并不容易获得，但是一项关于巴勒斯坦人和犹太人对以色列占领区的巴勒斯坦人暴动的新闻的回应似乎为此提供了明确的支持（Liebes & Riback, 1994）。两边的"极端主义者"都倾向于或者以"霸权式"或者以"反抗式"的方式来解读这些新闻，而两边的温和派则提供了"协商式"理解的典范。在板块 19.2 中总结了与新闻学习相关的要素。

19.2　与新闻学习相关的要素

- 受众这一方已有的知识和兴趣
- 感知到的话题相关性
- 可信的和可靠的新闻渠道或来源
- 通过视觉图像进行说明
- 具体的论题和"硬新闻"的特征
- 新闻符合可以使用的阐释框架
- 新闻的重复
- 文本的叙事性

新闻的公信力

如同板块 19.2 所展示的，新闻达到学习效果的一个前提条件是受众的信任。实质上，有些信任要求新闻来源是有效的，尽管有大量的证据表明人们的确会习惯性地关注那些他们不信任的媒介来源（请参见 Isfati & Cappella, 2003）。加西阿诺和麦格拉思（Gaziano & McGrath, 1987）发现，相比感觉信息准确和可靠，公信力更多的是与感觉到公平性、没有偏见和真诚善意联系在一起的。也就是说，信源的质量而不是信息的品质才是关键。一个重要的组成部分是感觉到媒介从本质上关心公众的利益。在美国和英国,电视在 20 世纪 60 年代迅速地赶超报纸而成为最受信任的新闻来源。尽管认为图像比文字更可信的假设发挥了一定的作用,但是电视的规范公正也是公众信任的一个原因。在一些国家中,在更被信任的公共电视和较不被信任的私有电视之间有一条清晰的界限(德国、日本和英国就是这种情况)。问卷调查所获得的证据也表明,公众意识到报纸之间不同的公信力水平,尤其是在高品质的报纸和"通俗小报"之间。

同样,在不同的国家之间也存在着不同情况。在欧洲范围内,比起几乎西欧的所有国家,报纸在英国的公信力比较低(Eurobarometer,1999)。这体现了,对公信力的认知,的确反映了不同信源之间的实际差异,而且是会变化的。在这里存在的一个问题是,如何能准确地测量公信力。

公信力的问题随着作为新媒介的互联网的出现而被重提。对于用户来说评估互联网上的信息的公信力从根本上来说是困难的,除非这些信息来自于知名媒介,但是人们也普遍期待互联网能够提供对不确定性的解决方案。现在形成一个清晰的公众态度模式还为时过早,而且研究发现也还是混杂的。在德国(Schweiger,2000)、美国(Flanagen & Metzger,2000;Kiousis,2001;Johnson & Kaye,2002;Metzger et al.,2003)进行的将作为新闻来源的互联网与电视和报纸的对比研究显示,互联网在被信任方面进展缓慢。在后续的研究中,弗拉纳根和梅茨格(Flanagen & Metzger,2000)指出,对网络新闻的信任感更多是建立在网站的特征基础之上的,而不是对信源的熟悉程度。较为年轻的(学生)用户似乎比其他人更为相信在线来源(Bucy,2003)。那些通常对政治持有更大的怀疑态度的人,他们更偏好使用非主流信源,包括互联网,因为这符合媒介应该提供更多元化的信息的想法。

新 闻 扩 散

从**新闻扩散**(diffusion of news)的发生和进入到人们所"知道"的领域中的角度来看,它是一个短期或者中期的事项。大部分早期新闻效果研究都聚焦于"扩散",即新闻的散布情况可以通过对回忆起某些指定的事件的能力来进行测量。在这个问题上有四个变量是关注的中心。它们分别是:(在给定的人群中的)人们对所给定事件的知晓程度;这个事件的相对重要性或所感知的突出特点;所传播的有关这个事件的信息数量;以及关于这个事件的知识在多大程度上首先是来自于新闻媒介或人际传播的。这四个变量之间潜在的互动非常复杂,但是一种互动模式可以用 J 曲线来表达,它反映了那些知道某个事件的人的比例和那些从人际信源听说该事件的人的比例之间的关系(Greenberg,1964)。

J 曲线体现了下述发现:当一个事件实质上为每个人所知道的时候(诸如 1963 年约翰·F.肯尼迪(John F. Kennedy)被刺、1997 年戴安娜王妃(Princess Diana)去世或

"9·11"事件),人群中有很高的比例(超过半数)的人可能是通过人际交往被告知的(关联条件是事件具有高度的突出性以及被迅速传播)。当人群中知晓事件的人比例下降,人际交往作为信息源头的比例就下降了(关联条件是较低的突出性和较慢的扩散速率)。不过,有些类型的事件最终只是被在人群中占相当低的比例的人所知道。对于这些少数人群来说,这些事件或主题是具有高度突出性的,并且相对于媒介信源,通过人际交往所传递的有关这些事件的知识的比例又提高了,这是因为人际交往网络在这样的环境中是被激活的。

新闻信息扩散的模式有多种形式,它们都是从"常态的"S 曲线扩散(一个缓慢的开始、然后是加速、之后是平缓上升直至到达上限)中发展起来的。前文刚刚描述过的 J 曲线就是 S 曲线的重要变异类型。查菲(Chaffee,1975)提出了时常可以发现的三种变化模式:不完全的扩散、过早的急剧加速和过于缓慢的加速。我们应该或是从"特定的内容"要素,或是信源变量,或是接收者变量的角度选择不同的解释,而这三者往往是组合起来共同发挥作用的。

有关新闻扩散的理论由于过于重视某一类事件的研究偏差——特别是具有高度不可预测性的"硬新闻",而一直是滞后的(Rosengren,1973,1987)。为了对新闻扩散过程有一个全面的认识,我们需要更多的有关"软新闻"的论据和更多的关于常规的或可预料的事件的证据。我们也受到难以独立于媒介所赋予事件的重要性而对此进行评估的限制,在评估的过程中,我们要考虑到社会不同领域的不同兴趣。

新闻扩散随着可以使用的渠道数量的增加,和中央式大众新闻渠道的衰落,而变得更加复杂了。前面所提到的事实,即口口相传在某些引人注目的新闻传播中发挥着关键的作用,这一事实继续得到确证,尽管在现代社会中出现了所谓的社会交往减少。在"9·11"纽约恐怖袭击这个事件中,在第二天所进行的有关人们直接获得新闻的源头的采访指出,50%的新闻首先是从别人那里听到的,33%来自电视,而 15%来自广播。全面的扩散在事件发生后两个小时就实现了(Greenberg,2002)。

框 架 效 应

有关框架的概念(在第 14 章作出了解释,第 318~320 页)是一个引人注意的概念,而且提供了有关受众在学到什么方面将受到记者框架的引导的假设。而且受众也会学习框架本身。但是,框架是如何作为一个产生效果的过程运作的尚不清楚。正如卡贝拉和贾米森(Gappella & Jamieson,1997:98)所指出的:"新闻被记者构建的方式和受众如何建构新闻可能是相似的或不同的。"这两位学者假定了框架效果模型,其中的核心思想是新闻框架激活了与议题、政策和政治家相关的特定推论、观念、判断和对比。他们特别关心的是政治新闻一贯的框架是否被看作"战略"(用以努力实现宣传攻势的优势)或"冲突导向"(与客观报道的实质相对),将导致公众对于政治更明显的玩世不恭。他们的证据支持了有关作为媒介效果的犬儒主义是以累积式(螺旋式)不断上升的过程的观点。

薛弗乐(Scheufele,1999)提出了一个框架效果的过程模型,这个模型将框架效果看作三个不同类型的行动者之间互动的结果:利益相关的信源和媒介组织、记者(媒介)和受众。正如薛弗乐所指出的,我们一直面对着两类框架:媒介框架和个人(接收者)的框架。这两类框架都既可以是独立的(原因)也可以是依赖性的(结果)。根据这个模型,这些行动者加了三种相互关联的构建过程:第一,是由记者和其他在新闻机构工作的人员在例行程序的压力下所构建和使用的媒介框架,它一直处理着有关信源和新闻报道所采用的"新闻价值观"及"报道视角"的问题。第二,在这里存在着向受众"传播被建构的"新闻报道的过程(例如,政治家的愤世嫉俗的观念)。第三,是受众成员对特定的框架的接受,并且他们的态度、观念(例如,变得愤世嫉俗)和行为(例如,不参与)受到影响。

大量框架研究的基础是由安特曼(Entman,1993)所打下的,但是他打算建立单一的框架过程普遍模式的雄心壮志却遭到了一些批判。丹吉洛(D'Angelo,2002)论证了,大量文献表明至少存在着三种不同的框架范式。其中,第一个是认知(cognitivist)范式,根据这个范式,新闻报道的文本被植入到那些受其影响的人的思想和话语中。第二,存在着建构(constructionist)范式,这个范式将记者看作是站在新闻发起者(即信源)立场上提供"一揽子阐释"。第三,是批判(critical)范式,这个范式是将框架看作新闻采集过程所带来的和上层集团的价值观作用的结果,它对框架形成的过程发挥着霸权式的影响。一些对于框架研究普遍性失败的批判,将大量的注意力放在权力问题上,尽管安特曼(Entman,1993)在他的研究报告中确实谈到,新闻故事中的框架展现了"权力的印记"。卡纳吉和洛夫斯(Canagee & Roefs,2004)强调了,框架不只是故事的主题,而往往是某些价值导向的体现。

尽管框架问题非常复杂,但是有足够的证据,特别是来自政治传播领域研究的证据,可以表明在受众那里所产生的效果是与新闻框架保持一致的。延加(Iyengar,1991)展示了有关社会问题的新闻以什么样的方式被构建,从而影响到受众是否在一定程度上会因为受害者所遇到的麻烦而"指责受害者"。对于1991年海湾战争的研究表明,新闻框架鼓励受众支持军事解决,而不是外交解决(Iyengar & Simon,1997)。在有关对第14章中(板块14.3)所提到的两个空难事件的报道中,安特曼(Entman,1991)发现了有力的证据可以证明,舆论的形成是与内置的新闻框架保持一致的:俄罗斯因为韩国飞机的失踪而受到强烈的谴责,而美国在很大程度上对伊朗飞机的失踪不负任何责任。麦克劳德和德邓伯(McLeod & Detenber,1999)发现,有关抗议活动的不同框架下的新闻报道会对关注产生不同的效果。正如第456页所提到的,贾米森和瓦尔德曼(Jamieson & Waldman,2003)认为艾尔·戈尔(Al Gore)在与乔治·W. 布什(George W. Bush)竞争美国总统选举中的失败是因为对议题的构建方式。一些有关伊拉克战争早期阶段的报道证明了,美国政府信源成功地将它们所偏好的有关战争的框架注入主流新闻报道中(Schwalber et al.,2008),这个框架反过来动员了大众的支持,尽管不和谐和批判性的元素慢慢地加入新闻当中,从而减弱了支持。

议 程 设 置

议程设置(agenda-setting)这个概念是麦库姆斯和肖(McCombs & Shaw,1972,1993)所发明的,用来形容一个早已被注意到的、并在选举宣传攻势的背景下加以研究的现象。这个概念的核心思想是,新闻媒介告诉公众这一天当中哪些是主要的议题,并且这种提示反映在公众对什么是主要的事件的认知上。正如特莱纳曼和麦奎尔(Trenaman & McQuail,1961:178)所指出的,"有证据明确地表明,人们会思考那些他们被告知的事件,而不是思考他们被告知的具体内容"。在这些研究中,收集了大量的证据,而且在许多论据中,各项数据体现了在媒介中对"议题"所赋予的重要性顺序,与政治家和公众为同样的议题所给予的显著性顺序是一致的。迪林和罗杰斯(Dearing & Rogers,1996)将议程设置的过程定义为"一个在不同议题的主角之间为了获得媒介专业人士、公众和政治精英的关注而正在进行的竞争"。拉扎斯菲尔德等人(Lazarsfeld et al.,1944)将议程设置看作是"建构议题"的权力。政治家寻求选民的信服,最重要的事件就是那些与政治家最为相关的事件。这些倡导和努力的实质在于影响舆论。作为一条假设,议程设置(对它的总结请参见板块19.3)似乎摆脱了有关说服性定向宣传活动只有很小的效果或没有效果的基本结论。

这是议程设置假设的实质,但是相关的证据却不足以显示在不同的"议题"变量之间的因果关系。对此,我们需要知道政党日程表上的内容、在公众中给定的那部分人群的民意随着时间改变的证明(最好是有小样本跟踪调查的数据),再加上能够展示在相应阶段内媒介对于不同议题的关注的内容分析。我们也需要一些说明所研究公众的相应的媒介使用情况数据。这些数据都很稀缺;即使有的话,也不是在同一时间都是支持议程设置假设的。从"媒介直接关注和塑造认知"的基本概念出发的进一步的前进,意味着转向对实际案例的检验,这使得议程设置这样的效果到底是否出现变得更加不确定。

戴维斯和鲁宾逊(Davis & Robinson,1986)对先前的议程设置研究提出了批判,因为它们忽视了对人们在有关谁是重要的、在哪里发生了重要的事情和为什么这些事情是重要的这些问题的思考上所可能产生的影响。根据罗杰斯和迪林(Rogers & Dearing,1987)的观点,我们需要清晰地区分三类不同的议程:媒介所优先考虑的、公众所优先考虑的和政治领域所优先考虑的。这三类议程以复杂的方式发生互动,而且可能在不同的方向发挥作用。这两位学者也指出,媒介的公信力是有差别的,个人的经验和媒介印象也是不同的,并且公众可能对于新闻事件并不持有与媒介一样的价值判断。此外,"现实世界的事件"可能以预料之外的方式介入从而颠覆之前的议程(Iyengar & Kinder,1987)。里斯(Reese,1991)指出,这很大程度依赖于媒介和信源之间的力量的相对平衡,而这种平衡关系是一个根据情况而不断发生剧烈变化的因素。议程设置效果与大部分已知的效果类似,即它们是话题、媒介的类型和更宏观的背景之间的恰当组合而产生的随机结果(Walgrave & van Aelst,2006)。

这些论述中的每一条都引入了一个新的变量源。尽管面对这些困难,议程设置仍然吸引着大众传播学者,因为它似乎提供了寻找作用于个体态度和行为改变的直接的媒介效果的可能性。迪林和罗杰斯(Dearing & Rogers,1996:15)写道,议程设置与其他类型的效果是相关的,这些效果包括:乐队花车效果、沉默的螺旋、新闻扩散、媒介把关人。大部分证据(例如,Behr & Iyengar,1985)都是不能令人信服的,而且各种评价(其中包括Kraus & Davis,1976;Becker,1982;Reese,1991;Rogers et al.,1993)都倾向于将议程设置留在一个貌似可信、但尚未证明的观点的位置上。

这些怀疑不仅来源于需要证明因果关系的严格的方法论的要求,而且也来源于理论上含糊不清的现状。这个假设假定了一个政治或其他利益集体的优先权对媒介的新闻优先权产生影响的过程——其中新闻价值和受众的兴趣也发挥着重要的作用;以及从这里再到公众的意见的过程。的确存在着各种各样的关系模式,其中一个主要模式可能会扭转流向,并且指出公众的潜在关注将会改变由政治上层集团和媒介对议题的定义。这样的过程对于政治理论和自由媒介的逻辑至关重要。这似乎意味着,媒介的确在上文中所提到的三种"议程"的聚合中发挥了一定的作用,但是确定其中的任何一个具体的议程却是一个难题。

迪林和罗杰斯(Dearing & Rogers,1996)对议程设置进行了一些概括。首先,不同的媒介往往在一系列议题中对哪些是相对突出的能够达成共识。其次,媒介议程并不完全等同于"现实世界"的指示器。它所考虑的并不是议题的绝对重要性,而是试图定义和提升一个议题的推动力和人的相对力量。最后,"一个议题在媒介议程中的位置很大程度上决定了这个议题在公众议题中的显著性"(Dearing & Rogers,1996:192)。非常有意思的是,我们可以看到,尽管议程设置是政治传播效果研究的中心,但是议程设置效果本身却大多在深思可能性模型(ELM)(请参见第448~450页)中被看作"边缘"效果,因为它产生于对重要事件的展示过程中的伴随性提示。议程设置的一个基本条件是不同的大众媒介愿意使用同样的新闻优先等级。这个条件受到了有大量的在线新闻服务可以使用的现状的挑战,此外,"新闻用户"有更多的机会根据个人的议程去搜寻新闻(请参见第464页)。

引导

参考有时(特别是在政治传播研究领域里)被看作为是"媒介引导"(media priming)效果,是议程设置中的一个特殊的方面。引导这个概念来源于社会学习理论和对攻击效果的研究。这个概念也在选举宣传攻势研究中有着很长的历史,它是指政治人物努力将议题与他们有着最旺盛声望的方面联系起来。这个概念的提出者(Iyengar & Kinder, 1987)展示了,受到最多关注(在议程中位置最高)的政治议题,往往也在公众对于政治活动家的表现的评估中占有更为显著的分量。因而,对于一个政党或政治家的基本评价,依赖于对他们如何处理最为突出议题的认知。

引导"效果"实质上是对特定的评价标准的宣传,而且它在对新闻进行管理的努力中发挥着作用。例如,人们往往怀疑国家领导人用外交政策的成功、甚至是军事冒险活动转移公众对于失败的国内政策的注意力,这是引导的一个极端的例子。与议程设置类似,尽管它似乎与实际情况相符,但是却难以在实践中得到证明。潘和科西齐(Pan & Kosicki, 1997)调查研究了公众对美国总统的媒介表现的评估过程,并且得出结论,媒介中的所有引导效果相对于其他所展现出来的影响都过于薄弱了。

19.3 议程设置假设

- 公众讨论在一系列突出的议题(一个行动议程)中被代表出来;
- 舆论和政治精英的提议组织了议程
- 相互竞争的利益集团都努力提升"他们的"议题的突出性
- 大众媒介新闻根据不同的压力选择那些或多或少受到关注的议题,尤其是来自于利益上层集团、舆论和现实世界事件
- (与事件的知名程度相关的)媒介结果既赋予了公众对于当下议程的认知,而且也进一步影响了民意和对政治事件的评价
- 议程效果是边缘而短期的

对舆论和公众态度的影响

大众传播研究最初是为了发现大众媒介对舆论和公众态度的重大影响。不同类型的效果——特别是在第17章所谈到的在信息、行为、意见和态度方面的影响——之间的区别,是非常重要的,并且需要对此做出解释。前两方面的影响在概念化方面问题最少。意见和态度无法被直接观察或精确定义,从而无法清晰明确地测量。态度是对某个客体的

潜在意向或思维模式,对它的测量通常是依照对评估性陈述的言语性回应的测量而实现的。这些回应往往可以转化为显示个体对于一个客体(例如,一个政党或领导人或议题)的倾向方向和强度的尺度。对于不同客体的态度,被认为是与每个人所拥有的在一定程度上连贯一致的态度结构联系在一起的。态度主要由个体形成评价和归因,尽管可以用"公众态度"来表示一个群体或集合中对于占主导地位的趋势的评估。

意见是对某个论点或所面对的选择的其中一个方面的偏好的表达。它也既是认知性的,也是评价性的。意见具有个别性和临时性的特征,而且一个人对于不同的话题可能拥有很多意见,而没有必要将它们统一起来。意见被坚持的强度会发生变化,其在多大程度上是以正确信息为基础的也会发生变化。意见也是个人性的,这些意见可以聚合在一起形成所谓的"公众意见"或"舆论",舆论通常意味着占主导地位的倾向或全体大众的观点总和。但是,舆论在一定程度上是独立于所构成它的个体的意见的。这可以从以下事实中得以证明,即个体会对作为普遍流行的观点的舆论以及他人的观念有着自己的理解——无论这种理解是否准确。这样的理解能够产生下文所展示的效果。此外,当"舆论"被内嵌到媒介报道中的时候,它获得了一定的独立性。它成为一个客观的"社会事实",必须被政界的和其他领域的行动者纳入考虑。

以下是媒介效果的相关观点。媒介被认为通过它们提供有关现存事件的信息和表明观点,从而在影响个体的意见方面具有非常大的潜力,尽管大部分时候是没有目的的。通过公开民意测验的结果,或发表社论讨论对于某个给定话题的公众观点,媒介在潜在影响方面又增添了别的元素。媒介对态度的影响要比对意见的影响小得多,即便它们带来了新的和重要的评估性信息。态度只能缓慢地发生改变,而且是顽固的。各种态度在对有关世界的更为宏观的观点当中相互锚定。

无论是对态度、还是对意见的组织,其中第一个基本的组织原则都是,它们是建立在社会群体的成员身份基础之上的,而且对我们活动于其中的周遭的社会环境产生影响。第二个原则是持续性或平衡性的原则。当我们的各种各样的喜好和厌恶与我们的观念相互兼容的时候,我们会感觉较为舒适。这可以用"认知和谐"(cognitive consistency)这个概念来表示。**认知失调**(cognitive dissonance)(相反的情况)理论预测,我们倾向于寻找能够帮助我们保持持续性、并且避免由于不相容的意见所带来的不舒适感的信息或观点(Festinger,1957)。这也意味着,新的信息可能扰乱已有的态度,并且导致重组。这就是为什么大众媒介已经建立的学习或信息告知效果,在更长的时间里会发挥着更为重要的作用。

对于发现能够证明媒介与意见和态度之间的因果关系的证据的期望,在今天已经比往日要低很多了。在板块 19.4 中总结了那些因其存在或缺席而影响了产生媒介效果的可能性的主要要素。

19.4　影响媒介对意见和态度产生效果的可能性的因素

- 对信源的权威、合法性和公信力的认知
- 媒介消息的内容连续性
- 对信源的依附和忠诚
- 关注媒介的动机
- 内容与现有的意见和观点之间的一致性
- 所投入注意力的数量和质量
- 消息和呈现的技巧及诉求
- 来自人际交往和环境的支持

这些因素必须彼此组合起来加以考虑。例如，一个具有合法性的信源可能不被个体所喜欢或信任。这些要素以各种形式和方式发挥着作用。举例来说，"消息的一致性"可以产生于媒介垄断的情境中，或者是由于相互独立的媒介和信源之间真正达成了共识。"注意力"这个要素尤其复杂微妙，因为除了最低的要求之外，投入越多的注意力并不一定意味着会产生更大的影响。动机之间差异相当大，也意味着不同的效果（Blumler & McQuail, 1968）。最后，并不能保证专业技能相比它的对立面就能够带来更有效的说服和传播。

研究的关注点转向了媒介产生影响的更为间接的方式（例如，通过框架构建、议程设置和信息量的增加等），以及媒介可能发挥着强化作用的特殊的环境。在接下来的部分，将介绍一个影响过程的模型，这个模型将偶然发生的（无论是施予还是获得的）影响考虑在内。

关于深思可能性模型

关于媒介通过传递信息和形成印象而努力在任何环境下对受众产生影响或说服效果的模型有很多。其中一个认知模型被经常引用，这就是佩蒂和卡西奥波（Petty & Cacioppo, 1986）的深思可能性模型（elaboration-likelihood model, ELM）。深思是指一个人在对消息中所包含的议题和重要的论点进行思考时的投入程度。这个模式所依据的假设是，人们具有采用"正确的态度"的积极性，从而使自己显得是有理性的，与其他观点是一致的、相容的。与此同时，并不是每个人都有时间或有能力致力于形成这样的态度，而且我们对议题和论点的关注是有选择性的。我们将更大的努力用于理解和评价与个人更感兴趣以及对个人更为重要的问题。这反映了我们处理所收到的信息的方式要么是中心式的（高度精心加工），要么是边缘式的。在前一种情况下，我们利用我们的知识和经验对信息进行仔细的审查。而在第二种情况下，我们更多地依赖于偶然性的提示，诸如所感觉到的信源的公信力或吸引力，或者表现方式的吸引力，而不是消息本身的认知性内容。我们将会采用中心式的、还是边缘式的方式,都是既受到"接收者"这方面的许多变量、也受到"消息"中的各种变量的影响的。两种调式之间的差异使得潜在的传播者要选择相应的说服策略,他们要么选择理性论证的方式、要么选择用简单的提示和正面的形象及联想等更为表面化的手段来获取关注和赞同。图表19.2总结了这个模式。

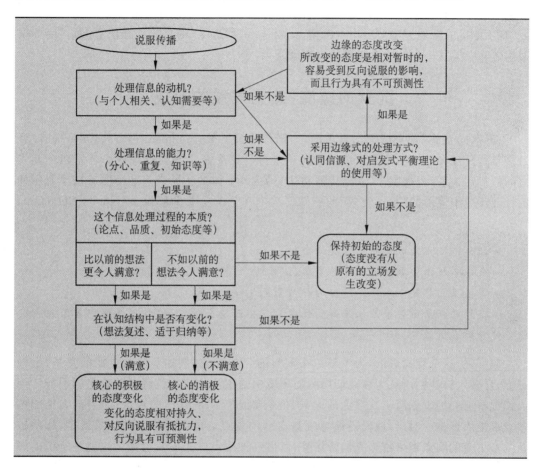

图表 19.2 说服和信息处理的深思可能性模式（Petty et al. ,2002:166）

这个模式被广为应用,但是只具有有限的预测价值。它有助于总结和描述有关说服的问题。它能够区分不同的改变策略是否会带来有一定的持久性的效果。它提醒我们注意,"心不在焉的学习"(Krugman,1965)有时可能比信源和接收者之间主动的互动具有更大的潜力。

卡佩拉和贾米森(Cappella & Jamieson,1997)讨论了与处理所收到的信息相关的、不平常的层面。这就是"在线的"方法与"基于记忆的"方法之间的差异。第一个方法假设,(例如,在一则新闻故事中的)关键信息都是由所收看或阅读到的消息自身所提供的。第二个方法指代了这样的实际情况,即任何消息(告知类的或说服类的)都将踏入已有的信息、印象、观念、评估等的储备当中。它将激活已有的倾向,而不是提供全新的内容。这是一个复杂的问题,而且在现实中,无论是在线还是记忆,大多可能在信息处理的过程中被激活。尽管如此,不同的方法还是意味着产生影响的不同策略和可能性。总而言之,基于记忆的处理方法被运用得越多,就越是沿着"边缘"的路线处理信息,而且诸如框架构建和引导这一类的效果出现的可能就越大。

沉默的螺旋:意见气候的形成

"沉默的螺旋"这个概念出自由内尔-诺依曼(Noelle-Neumann,1974,1984,1991)经过多年所开发和验证的范围更广泛的舆论理论。这个意义重大的理论思考了四个元素之间的相互关系:大众媒介、人际传播和社交关系、个体的意见表达和个体对在他们所处的社会环境中周围的"意见气候"的感知。这个理论的主要的假设是(Noelle-Neumann,1991):

- 社会以孤立来威胁越出常规的个体。
- 个体不断体验到对被孤立的恐惧。
- 害怕孤立导致个体不断地努力评估意见气候。
- 这样的评估所带来的结果影响到他们在公开场合的行为,特别是他们是否愿意公开地表达意见。

简言之,这个理论假设,为了避免在重要的公共议题(例如对政治党派的支持)上被孤立,许多人被他们所认为在他们周围的环境中是主流的或地位降低的观点所引导。当人们觉得他们的观点属于少数派的时候,他们倾向于隐瞒自己的观点;而当认为他们的观点占主流地位的时候,他们更愿意表达自己的观点。由此所带来的结果就是,那些被认为是主流的观点越来越为人们所接受,而另一种观点则进一步后撤。这就是所谓的螺旋效果。

在这样的背景下,这个理论的主要观点是,大众媒介是评估无所不在的意见气候的最为便捷的信源,而且如果某个观点在媒介中已经占有主导地位,它也可能在接下来的个人意见的形成和表达阶段进一步被夸大。形成和验证这条理论最开始是用于解释在德国政治界所出现的令人费解的发现,在那里民意调查所指示的内容与其他有关谁会赢得大选的期望的数据不相符,因而无法由此预测选举结果。对此的解释是,媒介误导人们认为民意是高度一致的。媒介报道倾向于左翼分子,反对潜在的(沉默的)多数意见。

罗森格伦(Rosengren,1981a)的著作中所描述的两项来自瑞典的研究证明了瑞典报纸对于有关中东的舆论和公众的政治意见的影响，这似乎可以支持内尔-诺依曼和"强有力的大众媒介"及沉默的螺旋理论的其他拥护者的观点。对这个理论的一次不同寻常的测试是有关核能源的问题。内尔-诺依曼（Noelle-Neumann，1991）发现了报纸对于这个议题更加关注的证据，与之相伴的是负面报道的持续增加。经过一段时间，公众对核能源的支持也显著地下降了，并且改变的时间和顺序都显示了如同理论所预测的交互式的螺旋效果。

沉默的螺旋理论是大众社会理论的一位近邻，而且也包含了对社交关系质量的类似的、有些悲观的看法（Taylor，1982）。根据卡茨（Katz，1983）的观点，沉默螺旋理论的有效性依赖于不同的参照群体在社交生活中的活跃程度。相关的群体越是活跃，沉默的螺旋所描述的过程的规模就越小，因为少数派或离经叛道的观点会得到支持。莫斯科维奇（Moscovici，1991）也提出，一般而言，我们可能更多地关注舆论结构中"疾呼的少数"，而较少地关注沉默的大多数，前者往往在意见的变化中发挥着更大的作用。

沉默的螺旋理论不只是媒介效果理论，而是涉及了一些需要组合起来加以研究的层面。这条理论目前仍然处于假设形式，或者说相关的证据过于薄弱，而且在不同的背景之间不具有一致性，这些都并不令人感到惊讶。例如，格林等人（Glynn et al.，1997）从最近对调查研究的元分析中得出结论，即几乎没有证据可以证明，对于个人意见是否得到支持的感知与表达个人意见的意愿之间有相互关系。尽管如此，对于这个理论较为简单的版本也存在着支持性的证据（例如，Mutz & Soss，1997；Gunther，1998），即媒介报道的确形成了个人对于公众有关当下的议题的观点的认识（关于意见的意见）。

"害怕孤立"是在充满争议的议题上人们是否愿意发表意见的核心元素，这个观点一直都得到支持。莫伊等人（Moy et al.，2001）研究了充满争议和涉及道德层面的一个案例：华盛顿州提出结束在就业和教育领域的积极歧视的倡议，这个倡议与民意完全相悖。害怕孤立的确妨碍了表达对被感知为少数派立场的支持。但是，研究也发现，重要的"气候"实际上是身边的家人和朋友所形成的微观气候，而不是整体的公众环境。

第三人效果

与沉默的螺旋理论相关的是媒介在民意上所产生的第三人效果（Third-party effect）的观点，它最初是由戴维森（Davison，1983）所提出来的。其中的核心是，许多人似乎都认为（或对民意调查员说），是其他人会受到各种各样的媒介内容的影响，而不是他们自己。这种看法会导致对审查制度的支持（McLeod et al.，2001）。有大量实证证据支持了这种认为在他人身上会产生效果的倾向，这有助于解释即便没有证据支持，但是人们仍然普遍相信媒介的力量（Hoffner et al.，2001）。对于媒介效果的过高估计也与同样是广泛存在的另一种倾向密切相关，这种意向就是相信新闻媒介有偏向地反对那些与特殊问题有关的人的观点（Gunther & Christen，2002），对此只有很少甚至没有证据可以证明。

请人们估计媒介对他们自己的影响,显然并不是发现实际影响的方向和规模的途径。第三人效果这个假设的一个有意思的必然结果是产生了"第二人效果"。这是指公共领域的行动者对新闻故事做出的反应。通常他们是以仿佛公开报道这个事实能够确保所有的公众都对此加以关注(这是不可能的)这样的假设为基础,做出反应的。由此所带来的结果是放大和扩散了最初的公开报道,而且启动了新的事件和环节链条,并可能对舆论产生影响。这个过程给予记者(是指他们的议程设置那部分作用)一定的权力,这种权力是他们通过其他方式无法获得的,而且他们要为此负责(Glasser,2009)。

现实的构建和无意识偏差

这个领域里许多理论的共同的观点是,长期的媒介效果都是在不知不觉中发生的,这方面的效果包括媒介组织方面的趋势,从业人员的实际操作,技术方面的局限和对某些新闻价值观、框架和格式的系统运用。因此,帕里茨和安特曼(Paletz & Entman,1981)将美国媒介在20世纪70年代对"保守主义神话"的传播,主要归结于"一窝蜂的新闻报道",即新闻记者相互合作、达成共识、报道同样的故事和使用同样的新闻来源的趋势。在对巴尔干半岛战争、1990—1991年的海湾危机和随后的战争的报道中,大部分西方媒介都倾向于将新闻构建为与西方的行动保持一致而且提供支持,尽管在海湾战争中已经显现出很深的裂痕(例如,Tumber & Palmer,2004)。

经常可以观察到,主流媒介的一个倾向是在战争或紧急的环境中,站在当时的政府那一边,对于这个现象有许多不同的解释(如果需要解释的话)。在这个问题中的一个核心理论是由贝内特(Bennett,1990)所提出来的,他的理论假设,记者愿意根据在主流的政治高论中各种观点的排序情况而反映或"引用"一系列声音和观点。这有可能忽视少数派和批判性的声音,并且产生了表面上的一致。奥尔索斯(Althaus,2003)对于这个论点提出了一些论证,并且它似乎在伊拉克的案例中再次得到验证。

媒介"构建现实"这个概念是指媒介根据它们自身的需要和利益塑造现实,这一点已经得到证明。早期的一个例证是朗氏夫妇(Lang & Lang,1953)对于有关麦克阿瑟将军在被罢免后从韩国回来的电视报道的研究。这项研究显示了,一个相对小规模而且缄默的事件是如何通过摄影机有选择的注意,以及指出那些最为活跃和有趣的地方的解说词,而(在对它的报道中)变成了对欢迎和支持的大规模展示的。这些报道试图从那些不令人满意的素材里再生产出恰当的版本,从而使得它预计会成为一个大事件。

媒介对于1968年在伦敦发生的反越战大规模游行的报道,也是遵循了同样的模式(Halloran et al.,1970)。报道是按照一个被(很大程度上是媒体自身)预先定义为可能是暴力的而且引人注意的事件来策划的,并且实际的报道也坚持与预先的定义相符,尽管几乎没有相匹配的真实的素材。同一项研究支持了这样的结论,即受众更多会按照电视中所提供的事件的框架来理解这些事件,而不是根据实际发生的状况。

关于媒介这样的实践操作对于人们如何定义现实所产生的实际效果的证据并不容易找到。即便如此,在哈特曼和赫斯本德(Hartman & Husband,1974)有关儿童是如何开始将少数族裔和移民定义为"麻烦"的研究中,指出占主导地位的媒介定义会被习得,特别是当缺乏这方面的亲身体验的时候。吉特林(Gitlin,1980)记录了媒体对20世纪60年代后期激进的美国学生运动的报道。在那里,媒介在为北美公众塑造这次运动的形象中发挥着主要的作用。效果的方向基本上符合媒介自身的需求(诸如媒介对于扣人心弦的活动、社会名流、名人和冲突的需求),并且导致学生运动本身对这样的形象做出回应,而且相应地采用和继续发展这个形象。更为新近一些的研究是关于在荷兰妇女运动的早期媒介对这项运动的定义(van Zoonen,1992),这项研究也为类似的运作过程提供了另一个例证。林德和萨洛(Lind & Salo,2002)考察了在20世纪90年代期间,美国电视新闻和公共事件节目中对女性主义者和女性主义的框架建构过程。他们发现了持续性的边缘化的趋势,而且对两者进行妖魔化,将女性主义者刻画为不像"正常女人"的人。

19.5 公共领域的媒介管理

贝内特等人(Bennett et al.,2004)研究了有关世界经济论坛(WEF)的报道,其目的在于探寻大众媒介是以什么方式呈现"伟大的全球化讨论"中的两个阵营的——一边是促进变革的积极行动者,另一边是其他的精英参与者和政府。媒介在公共领域方面的作用从理论上来说可以归纳为"提供近用(谁可以进入新闻?);承认(谁正式地得到支持?);以及响应能力(谁对谁做出回应?)"。这项研究的研究对象是2001年、2002年和2003年的关于世界经济论坛的新闻报道。研究分析了《纽约时报》(*New York Times*)上的88篇文章和社论,确定了所有的社会行动者的话题,并且展现出这些话题与世界经济论坛的参加者、反对者或其他人之间的关系。研究结果如下。在近用权方面,大部分社会行动者的话题被归入与参加者相关的话题(53%),而只有40%是有关社会行动者的,以此而形成政府关心这些议题的印象。在承认度方面,世界经济论坛的参加者被确认为是多于反对者的(66%对23%),这是一个边缘化的信号。另外,在回应度方面,实质上没有发现相互之间的反馈。

主要的结论是,世界经济论坛的精英获得了与实际比例不相符的和不相称的关注,而反对者是以降低他们的合法性和地位的方式被建构的:"新闻媒介主动地将草根批判构建为边缘化的、大部分是不知名的邋遢鬼,他们以暴力威胁着社会秩序"(Bennett et al.,2004:482)。

尽管媒介通常表现得没有任何蓄意的偏见,但是它们完全有可能将它们的众所周知的倾向用来服务于新闻管理的目的,这一点在2001—2003年对世界经济论坛(World Economic Forum)中反对者的报道研究中得以体现(Bennett et al.,2004)。板块19.5中列举了该项研究的重要细节。

大部分这一类的效果通常产生于媒介中的"无意识偏差",但是它们定义现实的潜力往往是在知情的情况被充分利用的。"假事件"(pseudo-event)这个概念指代被用来在一定程度上获取关注或创造特定印象的事件类型(Boorstin,1961;McGinnis,1969)。假事件的运转方式现在在许多选举(或其他的)定向宣传活动中成为众所周知的战术,而且更为经常出现的情况是,很大一部分媒体对"事实"的报道中包含着策划的事件,这些事件是用来根据这样或那样的利益而塑造某种形象的。那些最有能力操纵有关现实的报道的人,也是那些最具有权力的人;因而,如果存在偏差的话,它只可能在媒介那一边是无意的,而对于那些试图去塑造他们自身"形象"的人来说,情况绝非如此(Molotch & Lester,1974)。

对风险的传播

大众媒介所具有的一项功能是提供有关可能的危险和风险的公共预警。这可以算作是对新闻(和虚构节目)中总是对犯罪、暴力、灾难、死亡和疾病给予不成比例的关注的解释(如果不是辩解的话)。在某些关键时刻,有关危险的媒体报道可以导致短暂的恐慌反应,但是"媒介效果"的这个议题常常以其他形式的问题出现。首先,可以确定的一个倾向是,媒介对世界的描绘至少比世界的实际情况(从统计数据来看)要显得更加危险。注意力从正常的死亡、疾病和灾难的原因(交通事故、贫穷、食品匮乏)转移开来,而是转向更为戏剧化而且也更为罕见的灾祸上面(恐怖主义分子的暴行、空难、地震等)。可以说这些误导了公众对于风险的真实本质的认识。类似的批判是关于犯罪报道、现实的犯罪行为和公众对犯罪的恐惧这三者之间的关联的(例如,Lowry et al.,2003;Romer et al.,2003)。

其次,在这里存在着新闻界由于缺乏经验和对于这种状况从本质上缺乏把握,而相应地导致其无法在面对许多与科学革新、环境威胁、生物技术、基因技术和类似问题相关的真正的风险时,为公众提供建议(Priest,2001)。再次是与媒介的一项趋势有关,即媒介似乎成为各种类型的信息和所有信源观点的传输管道,这些观点使人惊慌或令人安心,但是对此媒介却没有(或通常是没能)承担起任何编辑的责任。互联网打开了这方面新的防洪闸。最后,媒介本身似乎成了不确定性和危险的来源,使得受众深受其害或者力图加以回避。

民主社会中的政治传播效果

无论在什么样的政治体制下，在大众媒介和政治行为之间一直存在着紧密的联系。在极权主义或独裁主义社会中，上层统治阶级运用他们对媒介的控制，从而确保遵从和服从，并且用各种手段遏制意见分歧。在民主社会，媒介在权力来源和政治系统之间有着复杂的关系。一方面，媒介通常在对它们的受众的服务中找到它们存在的目的和理由（raison d'être），它们根据对受众的兴趣和需要的判断，从而为受众提供信息和观点。为了完成这些服务，媒介需要独立于国家和有权力的利益集团。另一方面，媒介也为国家和强有力的利益集团提供了它们向民众表达自己的渠道，以及政治党派和其他利益集团发表自己的意见的平台。媒介也推动了新闻和意见在对政治感兴趣的公众之间的传播。

有关媒介在政治中的中立和中介性角色的常见看法，必须要在考虑到不同形式的情况下加以修正，尤其是个别媒介为了某个党派或利益，而选择扮演着偏袒某个党派的角色，或者与某些强有力的经济利益集团或意识形态集团结成紧密的联盟。在这里，还存在着第三种可能性，即国家对于名义上自由的媒介发挥着极其有力的影响力，并且将这种权力用于自己的利益。这样的情境似乎在俄罗斯表现得越来越显著了，而在其他一些国家，诸如在贝卢斯科尼（Berlusconi）统治下的意大利也出现了类似的情况。在全球范围内，这种情况也完全不是罕见的。

在这种背景下，我们可以在对"效果"这个主题的思考中确定政治传播的主要形式，并简要概括它们的特征。首先，有一种政治传播形式是为选举而举办的周期性的定向宣传活动，在这些活动中，媒介通常被相互竞争的候选人和党派集中而密集地使用。其次，还存在着持续的新闻流这种政治传播形式，这些持续发布的新闻携带着有关正面或负面反映了政府形象和政治领域中其他活动者形象的事件消息。这为新闻管理和公共关系介入提供了大量的机会。再次，存在着同样的行动者与选举无关的不同程度上的政治广告。最后，还有一些为了各种各样的游说目的和压力集团的利益，而通过各种手段在特定的议题上对观点产生影响的特定尝试。

得到研究最多的传播形式是选举定向宣传活动，最早的研究至少可以追溯到1940年，那是拉扎斯菲尔德等人（Lazarsfeld et al., 1944）对当年的总统选举做的详细调查研究。从那时开始，大量的民主选举成为研究对象（请参见 Semetko, 2004），并且在有关效果的大量发现中找到了一些共识。首先，选举宣传攻势通常是短期而集中的，并且通常无法形象地描述从选举意向到投票这些最后的变化当中的特征。媒介被竞选者集中使用，但是通常只从选民那里得到较少的兴趣。在这里，几乎无法找到可以支持媒介导致了不同的选举结果的证据。媒介几乎对投票（或不投票）不产生影响。基本的政治态度往往根基非常深，因而它几乎不可能有大的改变，尽管如果从坚决拥护的队伍中脱离出来的情况增加,那么可能更多地受到媒介的影响。对于特定议题的观点可能会受到媒介的影响,而且有证据表明可能存在着对议题和政治立场的学习,特别是在不知晓的或无利害关系的议题上。这从一定程度上反映了上文所描述的"议程设置"的过程。当学习效果能够带来意见的变化,或者进一步带来对现实的认知的变化,从而偏好一方或另一方的时候,学习效果就是非常重大的。诺里斯等人(Norris et al. ,1999)开展了一项不同寻常的实证研究,他们对英国大选进行了研究,发现对有关政党立场的新闻报道的广泛接触,可能会在短期内对有关政党的态度产生巨大的影响。

　　选举定向宣传活动吸引了程度和类型各异的有动机的受众注意力(和大量的心不在焉),而且宣传活动的效果更依赖于投票人的性格和动机,而不是竞选者的目的。布卢姆勒和麦奎尔(Blumler & McQuail,1968)发现,对于那些之前毫不知情和没有坚定的忠诚感的受众来说,当总统大选密集的宣传攻势对于他们具有或多或少的吸引力的时候,对这部分受众能够产生更强大的效果。舍恩巴赫和劳夫(Schoenbach & Lauf,2002)将这种现象称为"圈套"效应。对此一个更为强烈的观点是,受众碎片化所带来的结果是,我们将进入"最小效果的新时代"(Bennett & Iyengar,2008)。这两位学者指出,其中的关键因素是"心不在焉的消逝"(由此带来的"圈套效果"的消失)和在社会变化和技术发展的共同帮助下而出现的有党派倾向的有选择的接触。在这个假设中也有一些缺陷,因为很难找到有关任何类型的强大效果时代的证据,而且关于新媒介的确带来了新型新闻的观点也经常遭到挑战。在世界的大部分地方,以党派为基础的选择性已经是旧有媒介早已确定的特征。

　　媒介的定向宣传活动相对缺乏决定性的效果,除了因为有选择的注意和不同的动机之外,还有其他的一些因素可以对其进行解释。这些因素包括,缺乏在熟悉的议题上加以改变的空间、相反消息的抵消效果、人际关系所发挥的作用(请参见第 406~409 页)和宣传活动中往往不能提供任何新的实质内容的大量仪式性特征。在媒介并没有被政治党派参与运营的许多西方民主国家中,给予主要竞争者的注意力数量和质量往往是非常相似的(Norris et al. ,1999;D'Alessio & Allen,2000;Noin,2001)。定向宣传活动倾向于保持现状,但是在一方没有能够展开宣传攻势的时候,我们可以期待大面积效果的出现,而且有时某个单一的偶然事件就能够急剧地打破平衡状态。选举宣传攻势的目的常常是维持现状,而不是生成变化。

　　参加竞选的党派和候选人通常从大量可以使用的传播策略中进行选择,选择取决于环境和资源,而且也经常依赖于竞选者是否在位。竞选者能够努力将他们自己与特定的、他们有特别的记录或主张的议题联系在一起。这是他们能够构建议题和设立新闻议程的地方。竞选者也可以试图赢得意识形态或原则方面的依据,而这往往是更为困难且更有风险的。他们可以通过建立联想、形成风格或体现个性,而不是凭借政策,来获得有吸引力的印象。他们能够以对方所表现出来的任何弱势为理由攻击竞争对手,尽管这样做所带来的负面效果是可能从根本上打击投票人的积极性。

有关哪些媒介在定向宣传活动中更为有效的问题,是早期研究所关注的中心,尤其是在电视出现之后,但是在多媒体环境下,这个问题变得不那么突出了,而且也更难以探究。诺里斯和桑德斯(Norris & Sanders,2003)的结论是,对效果起到更大影响的是消息和受众的性格特征。与之一致的观点是没有哪个媒介从根本上说是更高等的,尽管每种媒介都有一些优势。不同的媒介的确具有能够影响它们所带来的效果的由来已久的特征(例如,报纸比电视更具有党派性),而且它们吸引着具有不同动机的受众。德鲁克曼(Druckman,2005)审视了比较电视与报纸所得到的论据,他发现要么无法证明谁优于谁,要么就是相互矛盾的结果。但是,他自己的有关媒介对选举的影响的研究也发现,是报纸,而不是电视新闻,在告知选民方面发挥着重要的作用。

通过普通新闻所进行的政治传播,反映了在定义事件和话题方面的新闻管理和竞争的连续性过程。所有重要行动者都雇用专业的新闻经理人(善于公关策划的媒介顾问),以确保以有利的条件进入常规的每日新闻中,而且在新闻故事中表现出最光彩的一面。这些影响是无法在有效性的概念下加以测量的,但是从理论上来说,它们支持了这样的观点,即由于新闻通常是以独立于信源、具有公信力和与宣传者缺少关联为特征的,因而新闻为有影响力的消息提供了良好的环境。事实上,在大多数运行顺畅的民主社会中,竞选公职的主要的竞争者都在一定程度上能够平等地使用新闻,因而这足以避免对新闻的垄断性的构建。

然而,政治类广告取决于所拥有的资源,它也由于宣传者的特性而受限于自身的能力。政治类广告可能会带来预料之外的副作用,而且有清晰的证据表明政治广告的价值难以实现(Goldstein & Freedman,2002),尽管通过表面上的反思和重复,它可以像预期的那样发挥一些作用。政治类广告可以以同样的方式用于对各种政治对象的定向宣传活动。它们往往缺乏如同板块19.4所展示的成功的说服所必须的条件,但却具有上文所提到的风险。

自从1960年著名的肯尼迪与尼克松(Kennedy-Nixon)辩论以来,定向宣传活动被鼓吹为活跃政治、并且提供了对领导人的竞争力及说服力的决定性测试工具(Kraus & Davis,1976)。害怕被证实在权力上处于失败地位,导致了定向宣传活动的流行。但是,研究发现(例如,Coleman,2000)宣传攻势对于激动人心的选举结果作用微乎其微(而对最初的辩论是发挥作用的),尽管它们确实导致了对竞选者的认知的变化和对政策的一些学习活动。宣传攻势似乎在选民的选择方面发挥着强化作用。实际上,在任的政治家通常在辩论中是非常小心谨慎的,并不认为有任何理所当然的优势,而且担心着不受控制的效果的出现。

以上对于大众传播在选举宣传攻势中效果的简要回顾,可能看上去与当代的政治定向宣传活动的实际情况是不一致的;在现在的政治宣传活动中,传播策略是由大量顾问和专业的公关人员精心策划而来的,而且也找到了大量花费大笔金钱的途径,尤其是通过媒介广告。事实是,即便通过利用各种传播手段,对于选举活动的结果产生决定性影响的机会往往也是相当微小的,但是没有展开定向宣传活动或者展开了糟糕的宣传攻势,却能轻而易举地使竞选者在选举中败下阵来。准备闪耀夺目的、灵活聪颖的和有说服力的定向宣传活动是由来已久的仪式和吸引公众支持的根本性的组成部分,而不开展定向宣传活动却完全意味着没有认真地对待候选人这个角色。

对政治制度和政治进程的影响

政治领域的事例相当明确地证明了社会制度需要适应大众媒介的兴起,特别是目前的事实是,媒介对于公众而言,成了信息和观点的一个(如果不是唯一的)主要来源。大众媒介不断增强的集中性特征和"媒体逻辑"的兴起,都以不同的方式对政治提出了挑战。具体形式概括如下:

- 将政治参与的时间用于观看电视(视频导致的萎靡不振);
- 政治营销对选民的信任和好感带来的负面影响;
- 定向宣传活动和宣传报道不断增加的负面性;
- 定向宣传活动不断增加的花费和官僚化;
- 党派自己的传播渠道无法实现大众的追随,并且越来越依赖于大众媒介渠道和把关人。

有关"媒体逻辑"对于政治机构所带来的影响的看法(请参见 Mazzoleni,1987b)包括:注意力从本地和地方舞台转移到全国舞台;对于个性和形象的依赖超出了对于本质和政策的依赖;面对面的政治定向宣传攻势的衰落;过于依赖和利用民意调查。无论是否符合事实,大众媒介把关人都被认为拥有越来越大的、甚至是过大的帮助政治家接触公众的能力。是大众媒介的把关人在为政治讨论"设置议程",正如它所宣称的那样。除此之外,如果任何一个政治人物以任何一种方式被牵扯到丑闻中来,"被媒介审判"也在大部分国家中成为公共生活的一个事实(Thompson,2000;Tumber & Waisbord,2004)。

媒体逻辑相对政治逻辑的胜利,也可以从更多地将竞选活动看作是"赛马运动"而不是学习有关议题和政策的机会中得以体现(Graber,1976b)。最近,这种情况被描述为集中于"战略性"新闻的趋势,政治提议和与之相关的观点不再是选举活动的实质了。这个明确无疑的趋势,也可以解释投票人不断增强的玩世不恭态度(Cappella & Jamieson,1997)和忠实度的不断降低(Valentino et al.,2001)。

有关当代的政治性宣传攻势从动员市民参与的目的来看是事与愿违的这个观点,也并不是未引起任何争议的。诺里斯(Norris,2000)回顾了大量的证据,指出对民主政治的参与一直是与对大众媒介的大量关注联系在一起的。最近,帕赛克等人(Pasek et al.,

2006)总结道,无论是用于获得信息还是进行娱乐的媒介使用,都有利于市民的参与和政治意识。莫伊等人(Moy et al.,2005)也有大量相同的发现。投票人的玩世不恭是否真正意义重大也是值得怀疑的。德·弗里斯(de Vreese,2005)发现,战略性的新闻报道并没有导致犬儒主义和任何玩世不恭的情况,它实质上与投弃权票并没有关联,因为后者可能是政治方面老于世故的表现。备受争议的还有,媒体逻辑的胜利是否被夸大了。贝内特和延加(Bennett & Iyengar,2008)援引奥巴马总统的竞选宣传,证明旧有的机制仍然具有旺盛的生命力。对于比利时有关总统大选期间的政治类新闻报道的详细研究,对比了媒体逻辑和政党逻辑,其中并没有证据表明前者相对于后者的胜利(van Aelst et al.,2008)。在这里再次提醒人们,与传播活动相关的时间、地点和环境一直发挥着重要的作用。

选举宣传攻势已经从各方面变成了可以娴熟和专业地加以管理的,更类似于广告、公共关系和营销活动的事件,而不再是传统的政治活动,对于这一点几乎没有质疑(Blumler & Gurevitch,1995)。人们普遍认为,这里所描述的趋势最早来源于美国,并且已经在全球传播开来(Swanson & Mancini,1996;Bennett & Entman,2001;Sussman & Galizio,2003)。"为政党出谋划策的媒介顾问"的兴起,也可以被理解为政治传播的发展进入到营销的新阶段,在这里,新闻业提供了有关媒介操纵的"元传播",定义为"新闻媒介本身就自我指涉地反映了公共关系和政治新闻之间的相互作用的本质"(Esser et al.,2000)。

一如往常,将媒介变化所产生的效果从更广泛的社会运转的变化中区分出来是困难的,而且对于任何指定的制度性的效果的真正的原因也有着很大的分歧。卡佩拉(Cappella,2002)反对将媒介作为"原因"来看待。相反,媒介散布和复制了某个广为流传的观点。在这里也需要警惕,对于政治传播的衰败和"视频导致的萎靡不振"的较为以偏概全的抱怨(Schulz,1997)。不存在单独的条件能够独自发挥作用,而且大量传统媒介仍然非常顺畅地对民主社会发挥着支持性的作用(Norris,2000)。

"媒介化"这个概念被广泛地用来形容政治家对媒介有关成功的标准的适应,而且符号政治变得越来越重要(Kepplinger,2002)。这个概念的主要含义由舒尔茨加以提炼和总结(Schulz,2004)。其实质可以在板块19.6中读到。在这里最重要的问题是那些对民主的政治机构的运作方式产生重要影响的不同层面的变化。"媒介化"这个概念包含有四个方面的变化,而可能最为重要的是第二个和第四个方面。

19.6 "媒介化"概念:关键引用

四个变化的过程体现了媒介化的不同方面。第一,媒介拓展了人类传播的自然界限;第二,媒介替代了社会活动和社会机构;第三,媒介融合了社会生活中各种各样的非媒介活动;第四,社会各个领域中的活动者和组织都使自身适应于媒介逻辑(Schulz,2004:98)。

迈耶(Meyer,2002)形容了一个社会领域(政治)被另一个社会领域(媒介)殖民地化的过程。他写道:"政治家们感觉到他们自己越来越多地处于接近媒介的压力之下。他们希望,如果他们能够掌握控制媒介的规则,他们就能够增强他们利用媒介向公众展现自己的力量。"(Meyer,2002:71)这导致了向媒介系统的逻辑的屈服,其中包括使自我呈现屈从于戏剧性、符号化的要求。批评家也看到了肤浅化、忠诚的丧失及自发性的产生。斯托姆巴赫(Strömback,2008)论证了这一类的过程要经过四个主要的阶段,其起点是政治信息和观点通过报纸和广播的简单的媒介化。在第二个和第三个阶段,媒介的自主性提高,并且这使得政治领域和社会领域的行动者依赖于媒介。媒介化的现实比实际的现实要更为显著。在最后一个阶段,行动者内化了媒介的逻辑,而且政治成为永远的大规模宣传活动。媒介在媒介—政治的关系中成为占优势地位的一方。在斯托姆巴赫看来,互联网并没有对这个过程做出任何改变。

尽管互联网已经成为选举宣传攻势中的重要的元素,而且有意思的是被人们认为具有恢复活力的作用(如同在美国2008年总统大选中表现的那样),但是对于互联网的独特和决定性的传播效果,仍然几乎没有清晰的证据可以证明。有些研究倾向于强调互联网已经被已有的机制所"正常化"了(Schweitzer,2005,2008;Vaccari,2008)。但是,这个问题仍然是没有答案的,因为将政治变为更具有参与性和向平衡的方向发展的真正的努力几乎没有开始(Coleman,2005)。本蒂韦尼亚(Bentivegna,2006)指出,只有当我们重新定义政治的概念、并且放弃传统政治的领土的时候,我们才能够确定新的信息与通信技术的贡献:

> 从一开始,人们认为它们(新的信息与通论技术)能够实现用其他方式难以达到的政治活动表现和成就……在一些情况中,例如在反对全球化的运动中,信息与通信技术被用于创造新的跨国网络……在另一些情况下,诸如西班牙在伊斯兰爆炸袭击后对游行示威的组织中,信息与通信技术被用来动员人们……而且,它们也被认为能够表达公民权的概念——根据舒德森(Schudson,2004)的观点这是属于所谓的"权利的民主"的。(Bentivegna,2006:340)

媒介对事件结果的影响

在有关媒介在重要的社会性事件中所扮演角色的研究当中,非常具有说服力的当属朗氏夫妇的研究(Lang & Lang,1981),而且他们通过对水门事件和尼克松总统倒台的研究(1983)提出了自己的建议。其他学者(Kraus et al.,1975)也推崇有关"重大事件"的研究,主要是选举活动,此外还有其他对社会具有重要意义的事件。大众媒介几乎不可能独立地引发变化,但是它们的确提供了大量行动者和利益方参与其中的各种事件得以发生发展的渠道、途径和舞台，在那里参与者之间往往是相互竞争的关系。影响的主要对象可能不是普通的媒介公众本身，而是其他的有组织的特定的利益团体、精英、具有影响力的少数群体等。

媒介既提供了任何方向传播的水平渠道（尤其是在精英之间），也提供了垂直的渠道。影响是自上而下的，但是政治家也经常将媒介看作是关于国家情绪的智力资源。朗氏夫妇（1983）注意到，媒介"向政治活动者们呈现了'镜像形象'，展示了他们在外界看来是什么样的"。所谓的"旁观的公众"（是指普通的媒介公众）为政治领域的活动者提供了重要的参照群体，而且正是在讨好旁观的公众过程中，政治人物对他们的大量活动进行建构。这是"建立联盟"程序中的一个部分。

在这样的事件中，媒介发挥着积极而且重大的作用，正如这一类的事件所逐渐展露出来的，它似乎将具有公共性和集合性的特征，媒介和关键行动者之间的互动对其也具有一定历史性的意义和长期效应。重大的国际性危机通常满足这些标准，而且媒介在这一类事件中所发挥的作用也在持续增强，例如在柏林墙倒塌事件、海湾危机和前南斯拉夫危机，以及大量的对第三世界国家的支持行动当中。

"CNN效应"这个概念是用来形容媒介（有时是种族中心主义式地）行使对外交政策的影响力的普遍现象，尤其是在对外国的干涉方面（Robinson，2001）。类似的潜在效果也体现在对外给予援助的相关事件上（van Belle，2003）。这个概念最早出自新兴的全球电视频道能够最为直接地联系国内政府，并且迅速地报道海外事件的神话。这个概念有着更为深刻的根基，即新闻业通常在有关战争的决定中发挥着历史性的作用（例如，1899年美国—西班牙冲突）。根据吉尔波（Gilboa，2002，2005）的观点，全球传播扮演着众多各种各样的角色：代替政策制定者角色；在现实世界中的制约性行动；促进采取干涉措施；而且被用作为外交工具。毫无疑问，全球传播从根本上来说在对外干涉中成为越来越重要的因素，而且它比国内媒介更加难以管理。但是，到目前为止，在最近所有的国际性冲突中，没有决定性的证据可以表明媒介是主要的决定性因素（Mermin，1999；Robinson，2001）。利文斯通和贝内特（Livingstone & Bennett，2003）研究了CNN新闻的内容，发现外国新闻有越来越多成为事件的推动者、较少地受到本国政府的管理、更大程度上发挥着独立的把关人的作用的倾向。媒介，包括其国际分支，仍然愿意反映本国政府内部的辩论，以及基本的意见平衡，而不是提出新的倡议，这个过程可以被形容为"索引"（Bennett，1990）（也请参见第200页）。

媒介能够以不同的方式影响着类型各异的事件的结果。在2000年，布什与戈尔竞选总统时极富争议的选举结果当中，贾米森和瓦尔德曼（Jamieson & Waldman，2003）认为这个结果很大程度上是因为共和党成功地将辩论构建为有利于他们自己的形式，而且与此同时，新闻业没有能够很好地履行其调查职责。还有另一类事件也值得关注，尽管它们并不总是非常意义重大的。这就是政治丑闻，媒介在其中通常也扮演着关键性的角色（Tumber & Waisbord,2004）。汤普森（Thompson,2000）将政治丑闻形象地描述为"将私生活和公共生活结合起来的媒介制造的事件"。这些事件是为政治和媒介的利益服务的，而它们的发展过程通常由媒介所决定。

从本质上来看，所有经过策划的影响深远的公共事件，都吸引了大量的游说集团和辩护，尤其是在那些可以做出影响多个群体的决策的领域里。尽管有观点认为，新媒介为那些资金较不充裕的由积极分子所倡导的事业打开了传播的突破口，但是却没有进一步的证据可以证明这一点。在板块19.5中所记录的针对世界贸易组织（WTO）的反抗活动的案例中，就提供了公共领域更多地受到官方声音和主流媒介控制的例证。思罗尔（Thrall,2006）研究了242个不同的美国利益集团的相关成功案例，并且得出结论：最庞大和最富有的集团能够系统地赢得最有利的待遇，而最贫穷的团体则得到最消极的处理，无论它们应用了什么手段。

宣传与战争

乔伊特和奥唐奈（Jowett & O'Donnell,1999:6）将宣传定义为"为了进一步地回应宣传所期望的目的，而蓄意地、系统地塑造感知、操纵认知，并且指导行为的努力"。这个概念的含义通常是负面的。只有"敌人"才制造宣传，而"我方"是提供信息、证据和观点。在我们现在这个时代，提到宣传往往首先联想到国家之间的冲突和现在比较普遍的"针对恐怖的斗争"，但是这个术语可以用于几乎任何一个通过策划传播而实现某些效果的目的的领域里。宣传在某些方面与单纯的说服企图是不一样的。宣传在方式上可能是强制性的和攻击性的，它不是客观的，而且几乎不尊重事实，但是它并不一定是虚假的，因为有时事实能够成为有效的宣传。从（欺骗性的、恐吓的和不择手段的）"黑色宣传"到（柔和的和有选择性使用真相的）"白色宣传"中间有着许多类型的宣传方式。最后，宣传通常是服务于宣传者的利益的，而不是受众的利益。在信息垄断或严重的种族冲突的环境中，对媒介的控制也通常被用于培养仇恨和煽动大众采用暴力。在20世纪有足够的这方面的历史性的例证。最近的例子，诸如在巴尔干半岛（Price & Thompson,2002）和卢旺达（Des Forges,2002）的事件，都展现了同样的潜力仍然存在。

大众媒介现在被看作成功的战争宣传的基本要素，这是因为它们被看作是能够确保接触所有公众的渠道，而且由于被认为是值得信赖的，因而（在开放的社会中）具有优势。在制造战争和制造新闻之间潜在的协同性非常明显。公众对于新闻的需求很高。战争新闻满足了所有重要的新闻价值。媒介提供了获得各种消息的源头。但是，在这里也存在着一些障碍。新闻业往往讨厌它们被看作是被利用从而实现宣传目的的工具。大众媒介也是效果不明确的宣传手段，因为它们的受众是有限的，而且实现成功的宣传的一个要求就是恰当的信息抵达恰当的群体。特别是，在越南战争中，人们普遍（但不一定正确)地认为美国当局在宣传上是失败的,从那以后,西方世界的重要的军事行动都是非常重视有效的宣传的。在1982年的马尔维纳斯群岛远征行动、1991年的波斯湾战争、阿拉伯—以色列冲突、科索沃战争、阿富汗战争、伊拉克战争和许多小规模的战争中,联合起来的(西方)政府当局寻求着对军事信息的控制(请参见 Morrison & Tumber,1988;Kellner,1992;Taylor,1992;Iyengar & Simon,1997;Smith,1999;Thussu & Freedman,2003;Tumber & Palmer,2004)。有报告指出,俄罗斯从1999年的车臣战争中学到了一些教训。在这些使用武力的热战开始之前,已经有范围广泛的(主要是美国的)在国内和国外开展的、为了实现冷战目的的宣传活动了(Foerstal,2001;Newman,2003),尽管成功的宣传是让人们相信是"那一边"在运用宣传。

在上面提到的大多数战争事例中,成为主要或者唯一可用新闻内容来源的策略,在实现首要的宣传目的方面获得了成功,即成功地保持了来自于国内的和重要的世界范围内的舆论至少是宽容性的支持。在最近的伊拉克战争中,将记者"内嵌"到军队之中的策略(这是一个先前有着很长历史的做法)确保了对事件的看法倾向于所在部队的单方面利益(而且是更为有利的)(请参见第442～444页)。因而,支持成功宣传的主要条件包括:(对于国内的大众而言)近似垄断的信息和形象供应、在目标上广泛的一致。在最近的大部分案例中,"敌人"的宣传几乎无法抵达它们在"国内"和"国际上"的目标受众。在公众头脑中在"值得的"和"不值得的"平民牺牲之间保留有清晰的界限,是一个成功宣传的重要条件。

尽管如此,管理国际性的意见变得越来越困难了,这主要是因为世界上有更多的相互分离且更具有独立性的全国性信息资源。在伊拉克战争的例子中,随着事态的发展,对信息流的控制逐渐减弱了,而且对于胜利者的宣传也被放在令人不安的真相下面接受检验。在参与国中的舆论向着反对战争的方向的改变也意味着,宣传在最初是成功的,但是后来逐渐衰弱了。大部分国家的媒介都愿意遵循它们政府的政策路线,尽管在西班牙,媒介主要是对抗性的,而在英国,媒介因为意见和党派的不同而分裂为不同的阵营(Murray et al.,2008)。在这两个国家中,公众和上层集团发挥着完全相反的影响力,这在美国是不存在的,在美国两院中只有一位成员投票反对布什总统所要求的动用战争力量。斯诺和泰勒(Snow & Taylor,2006)将美国的宣传努力描述为在国内的成功和在国外的失败。他们也将整个事件看作展现了新闻业与政府之间的对抗性关系以及新闻实践的客观性都是虚构的新闻业神话。来自于政府和军队的事实不可避免地得到了更多的关注,而且比其他与此事件有关的版本更有影响力,即使没有强有力的证据支撑。即便如此,在成功的新闻管理和优秀的公共关系之间还是存在着差异,而布什政府如同媒介宣传理论中的霸权主义传统所预测的那样,的确往往是通过短期内的操作而从总体上实现了长期性地对舆论的塑造。但是,成功的宣传不会持续到永远。普法(Pfau et al.,2007)引用证据以说明,全面地接触电视新闻与对美国在伊拉克战争中的表现的自豪感降低联系在一起,并且对战争继续进行下去的支持度也随之降低。

在1999年科索沃冲突的案例中,宣传的许多前提条件都是得以满足的,但是在那里需要北约组织(Nato)成员国积极的官方宣传,因为对南斯拉夫平民目标的空袭而导致的道德和合法性方面出现了令人怀疑的变化以及舆论上的分歧(Goff,1999)。用于丑化塞尔维亚人的众所皆知的手段(请参见第319～320页)和媒介都被压力集团所操控,从而用于急迫地煽动特别是克罗地亚人和科索沃激进主义分子对塞尔维亚的袭击。弗尔斯塔尔(Foerstal,2001)认为这些在塞尔维亚的宣传努力与科威特流亡者在导致了第一次海湾战争时所采用的宣传方式类似。沃尔夫格雷姆(Wolfgram,2008)描述了有关所谓的塞尔维亚暴行的信息是如何被美国和德国政府加以干涉和操纵、从而使空袭合法化的方式。在这个过程中培育了两种幻觉:存在着多种多样的证据来源,以及存在着对控诉的独立的证明。西方利用大众媒介的宣传活动的更为黑暗一面,经过一段时间不再能够被掩盖而暴露出来。有些类似的情境也出现在阿富汗战争和伊拉克战争中。

历史上和当下有关宣传行动的例子表明,没有独一无二的成功公式,因为所有一切都要依赖于偶然性的环境因素。这些记录也展现了,自由和独立的媒介几乎都能够像宣传者和专制国家受众的媒介一样,轻而易举地成为管理完善的有效的宣传工具。可以确定的是,要使宣传发挥作用,必须使之抵达人群,而且被人们所接受(即便不是相信的话)。接受主要取决于媒介来源的名声、其他客观的信息的缺席、根据可以获得的信息来看内容具有内在合理性,以及当时的感情氛围和意识形态氛围。很难讲更为黑色的和攻击性的媒介报道不能长期有效。尽管宣传具有特殊的特征,但是所有保证传播有效性的普通规则也仍然在宣传中发挥着作用。

互联网新闻的效果

作为新的新闻媒介,互联网的出现带来大量的关注,尽管我们几乎无法对这项革新所带来的可能效果做出完整假设。有关互联网所带来的影响包括:我们拥有更为多样化和更为个人化的新闻来源;我们能够获得全球新闻;我们可以自己查询新闻来源,并且通过互动学到更多。简言之,对于那些希望更快捷地得到更全面的信息的人来说,互联网提供了可能性。到目前为止所收集到的证据却并不那么乐观,尽管的确存在着这样或那样的优势,而且有益于少数互联网迷恋者。这是因为,首先使用互联网仍然是相当受局限的,即便是在已经非常先进的环境中。例如,格林伯格(Greenberg,2002)在纽约"9·11"恐怖袭击后对媒介使用情况做了(小范围)问卷调查,他发现直接使用互联网的很少。在一个月之后,也只有22%的人将互联网作为信息来源。

目前仍然不清楚的是,互联网能够满足什么样的信息需求(Tewkesbury,2003),互联网一直在可信度方面具有不确定性,而且也缺乏信任(Schweiger,2000;Metzger,2003)。

新闻在互联网上的呈现从传播的角度来看,相对于在报纸和电视新闻中往往规范的报道,可能是有效性较低的(Tewkesbury & Althaus,2000)。

薛弗乐和尼斯比特(Scheufele & Nisbet,2002)总结说,在目前的发展阶段,"互联网在促进主动的和消息灵通公民社会方面的作用是极其微小的"。有些批评人士甚至担心互联网的成功,因为它将打碎民主所赖以生存的公共领域和公共知识的共同基础(Sunstein,2001)。对于这个观点的支持也可以在奥尔索和图克斯伯里(Althaus & Tewkesbury,2002)的论述中看到。在比较了《纽约时报》的读者和这份报纸的在线版的读者之后,他们证明,报纸读者和互联网用户可能得出不同的议程。他们发现前者对公共事务的接触更为广泛,而且在阅读后对于国家所面临的问题——尤其是与国际事务有关的问题——系统地形成了不同的看法。尽管如此,可以确认的是,互联网的确为公共领域带来新的声音(Stromer-Galley,2002),而传统的媒介往往是在缩小公共讨论的范围。

小　　结

我们从第17章开始讨论媒介效果,在讨论中强调了一直无法确定媒介效果的本质和程度,尤其是在预测所带来的后果或确定产生效果的因果关系的时候。我们对于这个主题的探索,主要是将效果分为不同类型和不同的产生条件。读者将会形成这样的观点,即如果在媒介效果方面有因果关系的话,也几乎不存在简单的非黑即白的答案。尽管如此,他或她也将确信,的确很有可能产生媒介效果,而且无论是在重大的事件还是琐碎的小事中,媒介效果都具有一定的规律性。这些并不是相互矛盾的结论。在很多场合,尤其是在与学习和形成观点有关的情境中,是难以看到在大众媒介之外还有其他的力量能够导致对议题的影响的。在不断改进的理论、概念和模型的基础上,对于媒介效果的证据的探寻仍将继续,而且很难预言什么时候对于这个话题的兴趣会减弱。

深入阅读

Cappella, J. and Jamieson, K. H. (1997) *The Spiral of Cynicism: the Press and the Public Good*. New York: Oxford University Press.

The title summarizes the central thesis of this study of political campaigning in America, according to which the typical negativity and superficiality of media reporting of politics is responsible for mach of the democratic malaise of the times.

Druckman, J. M. (2005) "Media matter: how newspapers and TV news cover the campaign and influence the voters", *Political Communication*, 22(4): 463-482.

Emphasizes the qualitative differences between print and TV that matter more than the relative quantity of attention to different media.

Graber, D. , McQuail, D. and Norris, P. (2007) *News of Politics:Politics of News*, 2nd edn. Washington, D. C. : CQ Press.

A set of original chapters on the main aspects of the interactive relationship between politics and news. This has to be understood in order to estimate or understand observed effects.

Iyengar, S. and Reeves, R. (eds.) *Do the Media Govern?* Thousand Oaks, CA: Sage.

A compilation of essays on the many issues linked to the title question.

在线阅读

Curran, J. , Iyengar, S. , Lund, A. B. and Salovaara-Moring, I. (2009) "Media system public knowledge and democracy: a comparative study", *European Journal of Communication*, 24(1):5-26.

Iyengar, S. , Hahn, K. S. , Bonfadelli, H. and Marr, M. (2009) "Dark areas of ignorance revisited: comparing international affairs knowledge in Switzerland and the United State", *Communication Research*, 31(3):341-358.

McQuail, D. (2006) "The mediatization of war", *The International Communication Gazette*, 68(2): 107-118.

Moy, P. Torres, M. , Tanaka, K. and McClusky, R. (2005) "Knowledge or trust? Investigating linkage between media reliance and participation", *Communication Research*, 32(1):59-86.

Pasek, J. , Kensler, K. , Romer, D. and Jamieson, K. H. (2006) "America's media use and community engagement", *Communication Research*, 33(3):115-135.

Snow, N. and Taylor, P. M. (2006) "The revival of the propaganda state", *The International Communication Gazette*, 68(5/6):389-407.

Van Aelst, P. Maddens, J. Noppe, J. and Fiers, S. (2008) "Politicians in the news: media logic or party logic", *European Journal of Communication*, 23(2):193-210.

第八部分 PART Eight

结　语

第20章

大众传播的未来

大众传播概念的起源

大众传播这个概念最早创造于20世纪20年代至30年代之间,是用来指出由于大众报纸、广播和电影的兴起而带来的公众传播的新的可能性。这些媒介扩大了潜在受众的范围,使其不只局限于识字的少数群体。生产和分发的工业化风格和组织的规模从本质上来看也是新的,民族国家中的大量人口能够或多或少同时地接触许多相同的内容,内容往往也携带着表明了那些政治和社会权力的批准标志。之后,新兴的报纸、电影和广播,还有唱片音乐等大众媒介也带来了新型的"流行文化"的兴起,政治的和社会的意识形态往往内置在这里面。

导致这些发展变化的一个背景原因是在新兴的工业化和集中化的民族国家当中发生着快速的变化。这是在大型城市中人口增长和集中化的时代,是生活的方方面面商业化和科层化的时代,也是帝国主义通过当时的巨头——几乎只是特指欧洲或美国——进行扩张的时代。这也是发生根本性的政治变革、大型的社会运动、各国内部动荡不安,以及国家处于毁灭性的战争当中的时期。大众被动员起来向着国家的成功或存在而努力,而新兴的大众媒介既在这些事件中发挥着它们的作用,也为大众提供放松和娱乐的工具。面对这样的背景,就很容易理解为什么大众传播这个概念被打造出来,以及为什么它上升到占有优势的地位。

"大众传播"最初的含义,也是现在仍然留有痕迹的含义,与其说来自于任何有关传播的概念,不如说更多的是出自将人们定义为"大众"的概念,以及从大众媒介中所感知到的"大众"的特性。正如在前面的章节中已经解释过的,"大众"这个概念,首先被感知到的是它的规模、匿名性、普遍的无知、缺乏稳定性和理性,以及由此而带来的易于被说服或容易受到建议的影响等方面。大众被认为是需要上层阶级和领导者对其加以控制和指导的,而大众媒介提供了实现这些的工具。当在1917年俄罗斯革命中,权力被受压迫的阶级所夺取时,大众媒介在大量同样的基本假设基础上被用于共同实行教化的任务。

随着"传播科学"的发展,大众传播这个概念有了更为正式的定义,它不再是以未经检验的印象、宣传者或社会哲学体系的断言为基础,而是根据可以详细说明和加以检验的媒介客观特性为依据。一个有关传播的抽象模型,是在包含着以下传播典型特征的基础上开发出来的:

- 由一些大型的渠道集中地生产内容,并且由中心—边缘传播网络进行传送,这个网络往往是分层的,而且是单向的。
- 生产和传送组织根据市场的逻辑进行运作,或者是作为开展公共传播的国家运营的机构。
- 消息的内容是以标准化的形式呈现的,所有人都能够使用,同时,内容也要服从规范和政治的监督或控制。
- 大众接收者是由大量分散的、匿名的和相互之间没有联系的个体所组成。
- 强大的说服和告知能力来源于信源的特权或广受欢迎的特性、对渠道的垄断式控制、近似同时性的接收、从业者的技能和所使用的媒介应该具有的巨大影响力和吸引力。

大众传播的终结?

大众传播是一个引人注目的概念,因为它是建立在可观察的和貌似合理的基础之上的,因而被证明是非常具有弹性的。这个概念对于那些无论是作为发送者、还是作为接收者,努力从中寻找利益的人来说极具吸引力。它对于那些研究大众传播的人来说是一种实用的表述,而对于那些非常具有批判性的人来说,它提供了有关大众传播现象根本性的错误是什么的有用概括。这个概念很难被重新定义或被取代,即便在它出现时的许多条件都已经发生了变化,以及许多它所暗含的假设备受争议。对于20世纪的许多时候来说,这个概念对于无论是大众有关大众媒介的观念、还是专家关于大众媒介的观点,都产生了极大的影响。它也决定了媒介研究的方向,尽管经常发现的证据是对它所依据的基础的破坏,并且形成了对所假设的效果的怀疑。即使在它似乎快要被弃之不用的时候,它又以修订后的形式再次出现,尤其是内尔-诺依曼(Noelle-Neumann,1973)在"强大大众媒介概念的回归"标题下的呼吁。

从一个角度来看,大众传播的基本假设正是由于受到广泛的质疑和被证明错误这样的事实而发挥着富有成效的作用。正如本书所论述的,它所引起的研究带来了对隐藏于人类传播深处的关键原理的更扎实理解。在这方面,我们会经常被提醒:产生效果的条件(无论如何都一定是)主要依赖于社会结构和背景,以及接收过程中的各种特征,而不是由传输本身决定的;人际传播往往更具有吸引力,或者甚至是更加有影响力的形式和来源;受众是由相互孤立的个体所构成的,这个概念很大程度上是一个错觉;媒介内容对于传播者来说通常没有明确的目的,而且对于接收者来说往往没有固定的含义,因而在很大程度上也没有可预见的效果附加在大众传播之中。尽管这些或那些教训已经被学习得够多了,但是仍然存在着对于各种各样的大众传播理论的支持者,而且毫无疑问类似于预测效果的过程也会发生在一些环境中,特别是将"议程设置"、新闻学习和意见构建运用于紧急情况和在集体性的情绪激动及庆典的场合下。这些都不是微小的期望。而且同样没有疑问的是,基本的大众传播理论仍然是深得广告人和宣传者的欢心的。正如前面已经提到的,大量直指大众媒介的批判理论,仍然依赖于原始大众传播论点的根本的有效性。

尽管如此,在客观的基础上宣告大众传播的死亡在现在却成了老生常谈。这个方向的趋势可以追溯到20世纪60年代后期,在那个时候第一次明确了,这个概念的技术基础正在发生变化。从铺设地方有线电视电缆、使用卫星进行传播和更广泛的个人录制和传送内容的工具的出现开始的一系列革新,使得高度集中的公共传输的庞大结构开始受到破坏。这些趋势随着互联网在20世纪80年代首次出现而得以加速,并且在90年代中期随着万维网的启用而进一步加速。目前,正如上文所总结的,互联网不断扩大的范围和规模,似乎从根本上挑战着大众媒介"理想类型"的每一个元素。互联网使得不再是中心—边缘形式的、而是网络状的传播成为可能,并且促进着这类传播;新的传播形式是双向的和互动的,既可能是水平的、也可能是垂直的,是发挥连接功能而不是使人孤立,不再被专业人士所垄断,在内容上具有高度的多元性,不再屈从于社会控制,在类型和方向方面是非制度化和不确定的。

许多变化仍然在继续进行,在博德韦杰克和范·卡姆(Bordewijk & van Kaam,1986)早期的论述中论述了这些变化可能导致的旧有范式的内爆,他们参照远程通信的模型(请参见第6章,第120~122页)勾勒了信息"流通"的主要模式。他们所设计的原始的大众传播模式版本,反映的是一对多的传播形式(训谕),有三种其他的形式可以对其加以补充:一个是"对话式"(这是由互联网提供的普遍连接性);一个是"咨询式"(这是互联网的搜索引擎和其他功能的典型使用方式);还有一个是"注册式"(互联网是有关这个系统的使用行为和使用者数据的中心收集器)。可能的传播模式的版图是一个提示器,它暗示了"大众传播"功能在经由媒介传播这一整体范围内潜在的可替代的状况。它也提醒人们,传播模式不再与特定的媒介或即便是它们的主流的形式密切保持一致。较为陈旧的大众传播类型(甚至是电视)也开放出咨询和对话的可能性,更新一些的发挥咨询作用的在线媒介被越来越多地用于"广而播之"。电话曾经是主要的对话媒介,现在也加入到能力的扩展中来。这样的过程也是因数字化而成为可能更宏大的融合过程的一个部分。毋庸置疑的是,传统的大众媒介正走向衰落,即便它们也在发生着改变,而且在某些方面仍然在扩张。

在经济更为发达的世界中,实体的报纸从流通的角度——通过发行量和读者关系,以及广告利润等方面进行测量——来看已经走过了它的高点,有关这一点已经有着广泛的共识。但是,报纸在一些发展中国家中仍然在成长,在那里也存在着报纸的新形式,但它们并不非常特别,而且在报纸与政治、经济和国际关系有关的制度性身份("新闻出版物")方面也和过去似乎没有显著的差别。电视最为直接地受到各种各样的新视听媒介(互联网)的冲击,从某些方面来看它的确衰落了,特别是少数的全国性频道失去了在受众中的绝对主导的地位。互联网逐渐成为新型的点播式广播,而其他媒介被迫采用新的传输方式。所有旧媒介都必须适应新的市场调节和商业模式。

大众传播的幸存

这样那样的境况都并没有反映出大众媒介或大众传播的终结,而是反映出在通往公众传播目的的实现路径上显著和持续进行的变化。这些路径主要包括用范围有限的内容抵达全国的公众。传输可以是直接的、快速的,而且是经济有效的。发送端和接收端,以及手段方法的"工业化"美妙前景,都导致了大众传播新版本的出现。公众传播的总体目标仍然是可以确信的,而且建构了目标大众的媒介化体验,尽管不再被垄断性地强加给不是十分合适的观点、信息、动机和刺激。

20.1 走向新的大众传播形式：关键引语

企业媒介对于以互联网为基础的传播形式不断增强的兴趣，实际上反映了**新的社交化传播形式的兴起：大众的自我传播**。它仍然是大众传播，因为它可能通过对等联网（p2p network）而抵达全球的受众。它是多种模式的，例如内容的数字化和先进的社交软件，所有一切都建立在开放来源的基础之上，因而能够免费地下载，几乎可以将所有内容的格式重新更换为其他的任何形式，并且通过无线网络得以更广泛的传播。**而且它是自我生成内容、自我确定发布的方向，以及在大量的与许多人进行的传播中自我选择接收**。我们的确进入了新的传播领域，而且最终是处于新的媒介当中，它的支柱是计算机网络，它的语言是数字化的，而且它的发送者是分布全球的，并且在全球范围内进行互动（Castells, 2007: 248。黑体字为原文所标注）。

现在，选择意味着提供高度差异化的内容，以对准数不胜数的公众中的子群体和不同的部分，并将接收者的兴趣、品位和环境纳入考虑范围。目标也更加多样化，而且也比以往任何时候都更加含糊不清。整个过程并不是通过严格和统一的供应结构以及稳定的大众接受模式所整合在一起的，而是通过受众自愿地投入他们在丰富而且多样的媒介体验世界中的洗礼。人际网络和纽带曾经被认为是旧有媒介发挥影响力的障碍，而现在则在增强对不断变化且多姿多彩的旅程的需要和消费。

卡斯特尔（Castells, 2007）也得出了有关以前的大众传播被新的形式的大众传播所代替的类似结论，在板块20.1中是对他相关论述的引用。

大众传播的存在条件及其状态的幸存（如同重新定义的那样），几乎与其他的社会进程没有什么差异，这主要是由于它的幸存对于社会中关键的驱动力量来说有着高度的实用价值，而且也与人类的强烈的愿望有着密切的关联。显然社会中有许多从传播的潜力中获得了可以衡量和计算的利益的行动者，而且他们的动机也是显而易见的。这些人包括大型广告公司和全球媒介公司（两者都比以前任何时候都要更为庞大和更为集中化）、世界金融系统、统治者和国家政府、拥有帝国主义野心和抱负的国家或关心自己的形象的国家等，这个清单可以一直列下去。不可思议的是，这些和那些行动者都能够享受到更为"灵活的"且更为有效的针对任何他们所选定的公共支持者的传播所导致的结果。大众传播新兴的、再生的和更具有说服力的形式，与潜在的所有事物趋向融合和全球化及商业化的趋势高度一致。

除了在这里所提到的推动力和趋势之外，还有其他的动力机制作用于大众传播本质的改变。这些动力来自于新媒介所具有的开放的入口和连接性的潜力，目前已经在很大程度上变成了现实。数量巨大的新声音就是通过使用开放、互动的"横向"传播的可能性而得以实现的。有着不同目标的个体、运动和群体，现在有更多机会可以使用传播工具在公众中进行传播或者面向公众传播,尽管不能保证他们的传播如他们所期望的那样被接收。传播的意愿并不只是来自于政治或经济方面的需要。人们一直表现出联合起来为个人和社会的需要而共同承担与合作的渴望,这些是无法用物质概念加以解释的。这些倡议表现为对于分享生活中的喜悦和分担悲伤的愿望,它们内嵌在家庭、社群、部落或国家的仪式和叙事中。换言之,在新兴的共同公共文化中隐含着强烈的、自发的趋势,它们仍然适用于由 20 世纪刚刚发明的大众媒介所产生的、明显是"机器制造"的文化。旧有的大众媒介如果没有相应的人类需要为基础,就根本无法成为大众媒介。而"新媒介"也要开发利用同样的根本性人类意向。新兴的"社交媒体"的成功,正如许多形式的"真实电视"的成功,以及"媒介事件"的显而易见的吸引力,都足以证明人们所共同拥有的更为广泛的兴趣、情感和体验具有更深入的吸引力。

新媒介为大众传播带来的影响

"新媒介"作为技术革新的结果而出现,对它的描述往往是从它们与"旧"媒介的差别的角度展开,但是应运而生的"媒介理论"还不能完全指导媒介现实。现在仍然不清楚,现有的媒介将如何适应多种多样的传播可能性,或者与之合作,从而能够在不断摸索的基础上在媒介市场得以发展。目前还没有产生卓有成效的理论。但是,在这一章的开头所总结的"理想类型"中,却可以反向地推导出新媒介的某些逻辑。它们是多方向的、不是单向的。它们促进、甚至需要反馈。它们没有"受众",因而不是大众性的。它们在形式和内容上都有很大的分化,因而本质上是多媒介和多模式的。它们在私人和公共之间没有划定清晰的界限。它们允许所有人使用,而且它们似乎规避了控制结构。它们也规避了制度化,但是正如它们没有提出与公共传播系统相一致的模式这一点所暗示的,它们只是带来了无尽的可能性。

所有这些观察都在不同程度上有效,它们既产生了乐观的修辞,也产生了对抗性的修辞。在不确定的环境中,这些观察所带来的结果是,大众理论的中心论点可以被应用于新媒介条件下,或者保留下来为其所用,而不需要发展任何新的理论。数字媒介所带来的潜在后果,可以表现为对大众传播理论的中心元素的破坏:

- 由于无法抵达大量的、被控制的受众和由于存在着多种多样的观点和知识来源能够被使用,传播者选择性说服或告知的力量大大降低了。
- 个体不再受到他们身边的社会群体和环境的限制,不再受到在物理空间上只能获得并使用数量有限的媒介渠道的限制,他们也不受政府和其他代理机构的控制。他们能够进入并且属于跨越空间的新的团体和社群。
- 不再存在任何人们惯常和持续接触的、导致刻板印象形成和采用一致性价值观的单一的"信息系统"。
- 个体能够"回应"权威人物或者将自己从交往中撤走。他们也能够在重要的社会和政治议题的语境中，积极地参与信息和观点的交换。

与之类似的观点成为数量不断增加的研究和新理论的基础。它们更有可能指出了逃离大众媒介的限制所带来的潜在利益，因而，总而言之，前景是乐观的。但是，认为在这些媒介的新特性中，同样有许多特性能够用来而且也正被用来修正和加强大众传播的过程——正如我们在过去所知晓的那样，这样的看法也似乎具有一定合理性。这一点出现在当这些新媒介被大众媒介开拓为它们的殖民地，并且将新媒介只是简单地当作新的而且更为有效的传播工具的时候。当新媒介互动性、参与性和网络性的特征被用在大型宣传项目，并且在少数垄断的所有制环境下生产出旧式媒介产品的时候，就属于这种情况。"新媒介"在将粉丝和追随者与媒介来源捆绑在一起，以及在信息反馈方面特别有效，从而能够被用于更有效地瞄准细致划分的相关公众中的子群体(Crogan, 2008)。这让人们联想到据称是能够袭击特定的建筑物的"智能"炸弹和一个世纪之前随机落下的炸弹之间的差别。当然，根本没有轰炸更好。事实上，新媒介的处理流程，有很多方式都与旧有的"工业化模型"所表现出来的是一样的，只是前者要有效得多，这些方法能够复制在旧媒介和新媒介的组合当中；在这里一直要牢记在心的是，上文所提到的对于广泛存在的人类对于集体体验和愉悦的需求和渴望的充分利用的可能性。

在两种不同的修辞之间的选择（暂时先将现实情况放在一边）是非常复杂的，因为并不是所有的优点都集中在新媒介那一边。正如在旧媒介那里也有大量令人不满的地方一样，新媒介也与许多令人不快的特征联系在一起，特别是互联网所表现出来的。缺乏管制以及甚至是缺乏自我管理这个事实是一些恐惧情绪的根源，这似乎会使易受伤害的群体和个人暴露在风险和被过度利用之下。即便是良性地使用，互联网从本质上来看也似乎是个人化的，而不是参与性的，尽管它承诺了连接性。新媒介往往朝着颠覆传统媒介——特别是电视——相对平等趋势的方向发展。它们并不能够方便地被集体性的公众或集合性的社会目的所使用，虽然在那里需要新媒介，而且新媒介也不对社会负起相应的责任。专业化的缺失可能开放了使用入口，但是这也往往意味着降低了信息和文化的标准。在这里，信任和可靠性是长期存在且无法解决的问题。监管和登记所有传播应用和用户的权力，极大地扩展了国家和它的代理机构的集中性权力，而不存在任何改正机会或申诉的可能性。随着越来越多日常的和必要的传播过程转移到了互联网上，无论这是否出于公众的愿望，我们的确越来越依赖于网络入口和相应的使用技能。由此所带来的结果就是，我们可能会形成新的而且是严重的社会孤立形式，如果我们无法或不愿意适应新媒介的话。如果我们的确如同大多数人所希望的那样适应了新的媒介环境，我们将更容易受到不想要的说服和操控的影响。

如同在过去与大众传播相处一样，我们可以选择用较为乐观的或更为悲观的视角看待"新媒介"所带来的后果。而无论是对于来自于新传播的益处还是害处，我们都缺乏明确的证据支持，而且似乎不可能建立任何基本的平衡，如同我们在 20 世纪真正的大众媒介那里所经历到的一样。一个建立在有关社会的简化的观念和对于技术的可能的影响的推测基础之上的分析框架，是无法带我们走得很远的。

小　结

我们现在能够更为清晰地看到，大众传播时代，如同在这本书中对它的特性所做出的总结一样，最好被看作是一个工业化的大规模大众传播的过渡时期。它是跟随在一个早期的发展阶段后面出现的，在这个阶段里，大众传播和社会范围内的传播很大程度上依赖于社会组织的媒介渠道和印刷媒介。那时，大众传播的主要内容出自于政府和教会的权威，或者是专业及文化精英，而且主要是面向城市的、有文化的少数主体或市民传播的。大众传播的工业化模式最早出现在 20 世纪初期，反映了大众传播能力的极大扩张，为更为广泛的发送者和各种各样的新的来源以及新的内容类型提供了传播可能。大众传播的受众拓展到覆盖了所有的人口，这实际上是反映了政治和社会的根本性变革，而不是新兴媒介的生产能力。在 20 世纪末期，这种模式已经成熟了，而且传播到全球各地。大众传播也在逐渐地变化着，通过不断地补充和调整而形成了新类型，其形式却尚不明朗，而且我们也无法为之命名。我们只知道，它是多媒体和多模式的，比起它的前辈能够高度灵活且甚至是更有效地实现既定的目标，并且它具有仍然没有被开发出来的新潜力。

但是，我们已经能够将大众传播的连续性确认为一个以新的形式出现的社会范围的进程，它是由大量更为精细且紧密地编织在一起的网络所组成的，因而具有有机体的特性，而不是被少数群体为了他们自身的需要而加以引导和控制的。最初意义上的大众传播仍然与我们同在，如果我们从单独的、中心式的来源被大量的受众所接收，以及致力于最大程度的放大和发散的角度来看待它的话。它继续存在，主要是因为社会生活的组织无法摒弃那些角色、人和机构——它们被从分散的公众中挑选出来作为关注的焦点，具有一定的身份、权力、技能或其他的品质特性。类似地，关键事件、地点、文化作品和各种被关注的对象，都不可避免地根据兴趣和重要性而被排序，并且在不同程度上被非常广泛的公众搜寻，或者被他们所关注。

社会生活的这些特征并不是由大众媒介所创造的，而且即便大众媒介被规模较小且集中度较低的传播网络所代替的话，这些特征也不会消失。有一些公共功能只能通过专门职业化和财政状况良好的传播系统服务才能实现。除了所有公共事务方面的社会需求——例如公开信息、舆论、公共秩序、共同的规范和信仰、政治组织等——之外，还存在着强大的经济和政治力量,它们青睐于媒介的集中性,而且用"大众宣传武器"满足自身的需求。换言之,制度化是不可避免的,而且是不可还原或逃避开来的。数字化在很多方面都提高了大众传播资源配置的有效性,例如通过精准地抵达、增加反馈性和灵活性、用多种渠道传播同样的消息。它也提供了多种多样的渠道,这些渠道可以采用并行的方式。但是这些都不能改变或者取代之前的一切。

显然,我们需要更为丰富的词汇去谈论传播的发展所蕴含的意味,现在正在发生的已经不能用诸如"大众传播""融合""网络""连接性"或"互动性"等概念来表述了。而且用一分为二的思考方式,即大众对比非大众,或甚至是用"大众化"的程度这个术语,也都是没有任何帮助的。出现了许多新的传播情形,它们是建立在参与者之间的网络连接基础之上的,它们无法用有组织的大规模社会中显而易见的"需求"来进行分析,或者以特定的传播技术来概括它们的特性。传播研究的文献实际上也满是有关传播的、支持着各种各样关系和目标的社会基础正不断地发生着变化的例证。

数字化为许多有关跨越原有的社会和物理限制边界的发送、交换、寻找和表达的新倡议提供了推动力和可能性。数字化的核心特征是大众传播行为的多元化。将来在形成理论方面的一项任务,应该是恰当地绘制这个不断扩大的领域地图,并且开发合适的分类方法,从而使我们能够从这些已经相当破旧的概念体系的局限中摆脱出来。至少,我们应该意识到,传播技术的范围和对它们应用的范围是如此广大且变化多端,因而在那里不再存在着任何占据优势地位的技术或主导性模型。

术 语 表

交叉引用的其他专业术语将用黑体字表示。

接入/近用（**Access**）：在传播过程或传播系统中，接入/近用或是指对于发送者而言抵达所选择的受众的可能性，或是指对于受众而言接收到特定的消息或渠道的可能性。在实践中，主要与媒介渠道对各种不同的声音的开放程度，特别是对那些来自无权力者或者受到限制的信源的声音。例如，在某个有线电视系统中为社区或非盈利用途而提供的"公共使用"频道。获取通路的基本原则关系到**媒介的多元性**。

主动受众（**Active audience**）：这个概念产生于对大众传播的受众观念进行修正的背景当中。有关媒介受众的研究已经确认，受众具有不同程度的选择性、动机和对媒介的影响的抗拒性。受众的主动性的类型和程度与媒介效果之间有着重大的相关性。对于受众的主动性的深入研究，主要是在**使用与满足**和**接受分析**的研究中进行的。在接收分析的研究中，对于主动性有着不同的理解和阐释。

广告（**Advertising**）：是指在媒介中以付费的形式、直接面向消费者所发布的有关商品或服务的信息。广告具有不同的目的，诸如引起关注、构建品牌形象、形成积极的联想和鼓励消费行为等。根据广告所依托的不同的媒介形式（分类广告、陈列广告、人际广告等），可以将其分为很多不同的类别。对于一些主流媒介而言，广告为其提供了相当大的一部分收入。所有的广告内容所具有的一个共性是，它们都是由广告主来付费的。广告通常并不是它的接收者想要的；它具有**宣传**的特点，并且具有欺骗和操纵性的嫌疑；广告会对媒介与受众之间的关系产生扭曲的效果；广告的内容是刻板化、误导性的；广告的存在影响了其他的非广告内容。广告实现其目标的总体效果被多多少少地接受，但是却难以证明广告是成功的或者其成功的理由。广告已经融入由市场调查、**公共关系**、**病毒式**

广告和**市场营销**所构成的非常庞大的产业中了。

议程设置（**Agenda-setting**）：是媒介（有意识或无意识）产生影响的过程，在这个过程中，媒介通过对新闻报道的呈现方式（或对其显著性的强调），从而影响了新闻事件、所讨论的问题和人物在公众头脑中的重要性。这个理论推测，当媒介对某个话题给予的关注越多，新闻的受众就会为它赋予更大的重要性。媒介所影响的并不是舆论的方向，而只是对人们想什么有影响。议程设置这个概念主要被用在政治传播、特别是选举宣传当中。尽管目前人们已经确认，现实生活中的议程设置的过程确实和假设中的一样，但是却很难对其进行验证，这是因为媒介对新闻时间的优先排序也既受到民意、也受到政界人物的影响。也请参见概念框架。

态度（**Attitude**）：个体对某类"客体"（例如个人、想法、群体、国家、政策等）的可以估测的倾向。为了实现测量的目的，可以将态度看作是一种心理定向，通过提出对所探究的客体有什么看法这一类的问题，从而探测心理定向。态度在方向（积极的或消极的）和强度上有变化，所开发出的态度量表就是用以记录这些变化的。总而言之，态度被认为是相对深刻而含蓄的倾向，它与人格特征密切相连，并且抗拒来自大众媒介的改变力量。某个单一的态度往往与其他的相关态度之间具有一定的相容性。

受众（**Audience**）：所有被特定的媒介内容或媒介"渠道"实际接触到的人们。受众也可以存在于想象中的"目标"或想要抵达的接收群体。受众可能与真实的社会群体或**公众**有一定的一致性。受众可以通过相关的媒介和内容或受众的社会构成、地区或一天中的不同时间段加以定义。媒介受众并非固定存在的实体，而只是事件结束后的抽象的统计群体（例如，"收视率"），并且有一定的再次出现的概率。这是一个典型的"源自媒体"的观念，但是另一种观点也同样具有有效性，即将受众看作是社会文化的集体实体。

偏差（**Bias**）：是指新闻报道中任何脱离所声明的准确、中立、平衡和公正的再现事件的"真实"和社会领域的准则的倾向。在有意的和无意的偏差之间往往存在着差异。前者主要产生于媒介或新闻来源的党派偏见、支持和意识形态方面的立场。而后者则往往是与在新闻的选择和处理过程中相关的组织方面和例行程序上的因素。也请参见**客观性**。

伯明翰学派（**Birmingham School**）：用于指代与 20 世纪 60 年代在英国伯明翰大学（University Birmingham）成立的当代文化研究中心（the Center for Contemporary Cultural Studies, CCCS）有关的一些学者。最初的创始人是与斯图亚特·霍尔（Stuart Hall）有关的理查德·霍加特（Richard Hoggart）。这个学派的作品首先对流行文化的研究产生了重要的影响，其次也促进了批判文化研究的发展，这当中包括**接受分析研究**和女性主义媒介研究。

博客（**Blog**）：这个词是网络日志（weblog）的缩写，其来源是因为不同的原因——大部分具有私人的特性，而在互联网上发布的一系列日志记录或有关内容。人们的大部分兴趣集中在那些目的在于发挥社会影响力的博客上面,这些博客往往是对新闻的补充。博客与**新闻业**的关系是模糊不清的,特别是当很多新闻记者或是在自己的账户上或是在新闻机构的账户上发布自己的博客的时候。读者有机会以互动的方式留下自己的评论,这是博客不同于普通的新闻报道的新特点。有关博客的影响力众说纷纭,因为尽管没有什么博客拥有大规模的**受众**群体,但是它们代表了意义重大的对公共使用的开放,也是对公开信息的控制机制的挑战。"博客空间"这个词的产生意味着一个被非制度化的声音所占据的完全不同的公共传播领域。

无线广播(Broadcasting):20世纪70年代有线电视和卫星系统出现之前,在有限的范围内,经由地面固定的发射机在空中对广播和电视信号进行传送的传播方式。无线广播能够被传送范围内的所有人开放性地接收,它主要的收入来源是广告收入,或接收装置费/入户许可费。无线广播一直以来都受到法律和政府的管制,由它们来颁发执照、并进行监督。实际上,无线广播是在非社会主义社会中唯一的公共所有或政府所有的媒介。也请参见**公共服务广播**。

定向宣传活动(Campaign):宣传攻势是为了某些原因、个人、机构或主题,而在一段特定的时间内,通过使用不同的媒介有计划地尝试影响舆论、行为、态度和知识进行的行为。宣传攻势的主要类型有:广告、政治宣传、公关、募捐。公共的宣传攻势通常是指向被社会共同认可的目标的。宣传攻势往往建立在调查研究和对成功的评估的基础之上。

情绪宣泄(Catharsis):是一种悲惨的或暴力的小说和戏剧所产生的效果,它使受众受到所描述的行为的影响而受到刺激,从而宣泄情绪,并且得到精神上的释放。这最早是来自亚里士多德的建议,现在被学者用于对媒介暴力的研究,用来说明媒介暴力可能并不会带来有害的行为方面的影响。尽管在理论上具有一定的可信性,但是上述假设并没有得到明确的论证或测量。

知名人士(Celebrity):拥有在大众中被广泛地熟知的特性,往往是被大肆吹捧的、被**粉丝**所迷恋的对象。在通常的环境中,高强度的、持续不断的和积极的媒介关注是知名人士得以形成的必要条件。知名人士的地位可能建立在不同领域中的卓越非凡被承认的基础上,例如在体育、娱乐、艺术、科技、政治和"社会"领域中。在媒介中的声望有时是充分条件,正如"因为出名所以出名"。成为知名人士的人也是**流言**的对象,如同媒介能够赋予他们名望一样,也能夺走这些名誉。

审查制度(Censorship):是指社会中的当权者(通常是教会或政府)对各种形式的公开出版或传播行为的控制,审查往往是以在出版之前对所有的出版材料进行检查的方式进行的。保障出版自由的宪法将事先的或预防性的审查视为典型的违背法律,即便在事后对公开发表行为进行查禁或甚至是惩罚是有合法的依据的。这个术语也在不严谨的情况下用于指代媒介的编辑或所有人通过"个人审查"而阻碍自由表达的行为。

公民社会(Civil society):这个术语近来被广泛地用来指代不同于极权主义或是极端

的政府控制的社会组织形式。公民社会的关键在于在个人生活和政府之间存在着中间的"区域",在这个区域里,独立的自愿组成的社团和组织能够自由地活动于其中。而其前提就是结社和表达的自由,包括拥有相应的工具,媒介在其中非常重要。因此,自由的媒介可以被看作为公民社会的一项机制。也请参见**公共领域**。

规制(Code):最普通的含义是指一系列法律、规则或指导方针。当这个词被用到大众媒介中的时候,它主要是指用于内容的自我管理的一套标准,这些标准主要用在例如与**新闻业**相关的活动中。专业性的规范被国内的和国际的记者联合会所采用。在无线广播和电影领域中也产生并应用着相应的规范,其中包括诸如展现暴力、广告、性问题、对犯罪活动的刻画、种族主义、亵渎神明等重大问题的规制。有关规制的新的(但是有关联的)含义是用来描述被清晰地写入对计算机程序的规定当中的规则的,它限制了使用网页内容和对其进行监控的自由(Lessig,1999)。

编码和解码(Coding/encoding and decoding):是一对广泛地指代各种类型的生产和"解读"文本的术语。这两个概念更多地是指在文本中嵌入或从文本中析出意义的结构,而较少涉及对某种特定语言(言语性的或视觉性的)的使用。这对术语是通过斯图尔特·霍尔而被普及的,并且被应用到许多涉及媒介与受众之间的关系的模式当中。相关理论的一个重要特征是指出对意义的"解码"是以接收者的社会和文化地位为依据的。大部分被"发送"的文本也包含着一些"所建议的解读",它们本质上具有意识形态的含义,但是我们往往也可以做出其他解读。具体就新闻而言,斯图尔特·霍尔指出,诠释要么可能是采纳其间所建议的占优势地位的"支配性"含义,并由此产生一些与支配性含义有一定差距的"经过协商的"变体,要么就是将有意传递的含义反转为"对抗性的"解读。也请参见**意识形态**。

认知失调(Cognitive dissonance):这个概念是由利昂·费斯廷格所提出的,用以描述当个体面对某个特定的话题的与现有的**信息**、态度和价值观相互矛盾的新的信息时的场景。其深层次的理论依据是,个体要寻求态度和价值观方面的平衡和一致性,并且不断地回避或误解挑战固有的观点和信仰的(例如,从大众媒介那里)新接收的信息。只要认知协调占主导地位,传播所带来的改变效果就会受到限制,并且现有的观点会被不断强化。但是,来自可信的信源的强有力的信息可能会跨越这些障碍,从而指向并且导向变化,而这将需要对现有观点进行非常大幅度的重新评估。尽管这条理论非常有道理,但是也有大量证据证明,事实上**舆论**并不是被坚定地秉持的,相反人们能够容忍很大程度的、显而易见的矛盾。

商业化(Commercialization):反映了媒介产业通过媒介结构和内容对盈利的追求的过程,在这个过程中,媒介产业在很大程度上受市场的支配。这个概念通常与文化后果相关,并且往往它们之间是负面的关联。商业化的媒介内容被认为是不同程度上的缺乏独立性的、"不真实的"、标准化的和模式化的,并且带有**煽情主义**和个人化的特性。商业化推动了物质主义和消费主义。它也被认为是缺少创造性和可信性的。商业媒介通常被质疑对其所有者和广告主缺乏足够的独立性。在一些语境中,商业化的过程就是指"美国化",因为通常包含着美国的生产标准和价值观的、从美国引进的内容也参与了这个过程。

商品化(Commodification):这个理论最早出自马克思的理论,这一理论指出所有的实存物都具有实质性的现金价值。具体到媒介,商品化突出地体现在两个方面。一个方面是,所有的媒介讯息都被作为"产品"而在媒介市场上被买卖,在这当中,并没有涉及其他的价值标准。另一个方面是,受众也被作为商品而被媒介根据收视率和其他的市场标准按人头数出售给广告主。请参见**马克思主义**。

传播(Communication):这个概念有很多不同的含义和定义,但是中心思想是,传播是一个以发送和接收"信息"为基础的,在参与者之间提高共通性或进行分享的过程。理论上的分歧主要存在于,我们是否将只有信息的传输或表达,而没有被接收、或产生效果,或实现了某些结果的证据的过程看作为传播。传播的最重要的维度包括两个方面:回应或者反馈的程度(单向过程与互动过程);和传播关系在多大程度上反映了社会关系。总而言之,现代技术提高了将传播(讯息的传送或交换)从任何社会基础中分离出来的可能性。

社群(Community):这是人类联合的理想形式,在其中,成员共享着一定的空间、身份认同和互动的范围。通常一个社区是以居住地为基础的扩大化和持久性的社会群体,但是它也可以建立在其他的重要特征基础之上。社区的理想形式是以成员之间的共同的兴趣、相互帮助、相对平等和共同的福利高于个体的需要为特征的。

以计算机为中介的通信(Computer-mediated communication,CMC):通过或者是联机或者未联机的计算机所进行的任何通信行为,在这里特别是指前者。其特征包括:并非处于同一物理空间的参与者之间发生互动;并且通信过程中具有一定的匿名性和隐藏性。以计算机为中介的通信能够超越通常限制我们与他人进行交流的社会的和物理的界限。但是并不是所有的以计算机为中介的通信的特性都是有益的。我们越来越多地被暴露在各种与他人之间的非自愿的沟通中。计算机中介也减弱了沟通过程中的个人特征,在**赛博空间**中所实现的共通性或社区性可能是虚幻的。联机入网的以计算机为中介的通信也正越来越多地受到不同形式的监控。

连接性(Connectivity):其本质含义是指,网络将参与者连接到传播的共有空间中的能力。同样,这个概念也是指在不同的网络连接的密度、对网络的使用频度、连接的强度和持久度条件下而形成的不同的群体和社区的连接能力。互联网和其他形式的人际传播能够达到远远高于传统的大众媒介所能实现的连通性。

内容分析(Content analysis):一种系统地、定量地和客观地描述媒介文本的技术,它被用于按照某些特定的目的对传播产出进行分类、探寻传播效果,并且在不同的媒介之间、在一个时间段之内或是在内容与"真实"之间进行比较。内容分析并不适于发现内容的隐含含义,尽管它能够提供媒介的某些"定性的"指标。

建构主义(Constructionism):这是一种研究含义和媒介效果的路径,它建立在"并不存在唯一正确和固定不变的'真实世界'的版本"这个假设的基础之上。只是通过由感知者的态度、兴趣、知识和经验所决定的有选择的感知,所谓的真实才能被理解和传播。对"真实"的某个层面的传播所产生的效果,取决于在传播发生的环境下,参与者之间对意义的协商。因而,探寻信源向接收者传递的含义所产生的直接的效果是毫无意义的。

整合(Convergence):聚合或者变得相似的过程。这个概念往往被应用于由于**数字化**(计算机化)而带来的媒介技术的整合。媒介的一些显著的物理特性不再发挥重要的作用,至少是不再对生产加工和传输产生重大的影响。当代的整合趋势也被当作是对媒介去管制化的一个论据,因为大部分管制制度都是与特定的技术联系在一起的(例如,印刷、无线广播、有线电视、发射器等)。尽管由于整合接收将可能"终止"于单一的装置上,但是看起来多元化却在不断提高。

融合文化(Convergence culture):是一个用来描述技术融合所带来的文化方面的后果的新概念。从广义上来说,融合文化描述了这样的情境,即工作、社会和游戏越来越广泛地融合并重叠在了一起,而不再有时间和空间上的区隔了。当这个概念特指大众媒介的时候,主要阐明了两种趋势的汇合:一个是媒介鼓励受众和用户投入并加入传播的新的互动形式当中去;另一个趋势是在公众这方面也通过使用新技术而能够成为媒介生产者和传播者。最引人注目的结果就是新形式的媒介所带来的表现,即生产和消费之间、业余爱好者和专业人士之间的界限变得模糊了。"生产消费者"(prosumer)和"生产使用者"(prouser)等概念的出现反映了媒介世界的谱系中的新角色。维基百科、"博客空间"、**Myspace**、**YouTube** 等是最早反映了这些新趋势的网站,当然除此之外还有许多。

版权(Copyright):其本质含义是承认作者对他们所出版的作品拥有所有权。这个概念在发明印刷术之后的很长时间后才出现。版权问题(更宽泛地说就是知识产权问题)由于各种新类型的"作者"的范围不断扩展,以及新的媒介、出版和再版的形式——特别是电子形式,而变得更加复杂了。**互联网**改变了出版的特性,并且也打开了一个更为广阔又充满争议的领域。

批判理论(Critical theory):这是晚期马克思主义的一个基本概念,主要指出大众媒介在维持占主导地位的**意识形态**或**霸权**当中扮演重要的角色。其理论渊源往往可以从**法兰克福学派**的作品中找到,但是存在着不同的形态,特别是存在着文化学派和政治经济学方面的流派。批判理论首先与结构主义、文本的现象学解释(通常是解释学),也与受众的**接受分析**和民族学发生了联系。进而,批判理论逐渐涉及媒介的结构、所有权和控制问题。批判理论通常被认为是不同于实证主义的、行为主义的或"科学的"研究大众媒介的另一种研究路径。根据定义,批判理论是规范性的、涉及非传统的并且是更加完善的社会和媒介体系的形式的观念。

涵化分析（Cultivation analysis）：这个术语是指由乔治·格布纳（George Gerbner）所进行的某种特定类型的媒介效果研究。其潜在的过程是"同化的过程"，意味着人们逐渐按（特别是）电视上所刻画的形象形成了对世界的认识，将它当作是对真实的忠实再现，并且相应地改变了他们的希望、恐惧和理解。涵化分析的主要方法是将小说和新闻当中所展现的主流的"电视中有关真实的观点"记录下来，根据受众成员惯常的收视习惯，将其与受众所表达的观点进行对比。涵化分析的基本假设是，人们看电视越多，他们的观念就与"电视中所表达的观点"越吻合。

文化帝国主义（Cultural imperialism）：这个概念表明了全球媒介产业（尤其是从美国）输出者在其他较为弱小和贫穷的国家中主导媒介消费的趋势，并且在这个过程中，输出国也将他们自己的文化和其他价值观传播给其他地方的受众。输出的不仅是内容，也包括技术、生产价值、专业意识形态和所有权。文化帝国主义与历史上的帝国主义类似，后者强调的是军事力量和经济实力。无论是直接的还是隐晦的表达，文化帝国主义都被认为是会导致依赖、失去独立自治和民族文化或本土文化的衰落。文化帝国主义也涉及传播过程是否是蓄意设计，以及接收终端在多大程度上是被迫的。文化帝国主义这个概念还相当粗糙，但是已经得到了强烈的反响。

文化研究（Cultural studies）：是一个与媒介和传播领域的研究有重合的理论和研究领域，但是它更广泛地涉及了所有形式的文化经验和符号表达。文化研究因为**批判**导向和人文主义导向，以及强烈地关注"流行文化"，特别是年轻人的流行文化而闻名。文化研究流派起源于英国，但是现在在全球范围内得到广泛的发展，并且体现出多元化的特征，也在很大程度上独立于媒介和传播研究。请参见**伯明翰学派**。

文化（Culture）：在目前的语境中，主要是指媒介产业所生产的符号化的人工产品，但是在广义上也指与大众传播过程（生产和接收）联系在一起的惯习、实践和含义。有时，文化也指包含诸如信仰、意识形态，以及社会（"超级结构"）等为媒介运营提供了背景的更广泛的框架。

赛博空间（Cyberspace）：这个术语被广泛地用于指代由万维网和互联网所占据的隐喻性的空间。它最初由威廉·吉布森（William Gilbson）在1984年所创造，用来形容控制论当中的世界。赛博空间这个概念并没有精确的含义，但是在当代的用法中，赛博空间被处于其中的居民想象为摆脱了现实世界中的大量约束——包括法律和规章——的地方。但是，真实的赛博空间却与它的创造者的想象有所不同，而且显然在技术上它也不像人们曾经假设的那样是监管所不能企及的。

外延（Denotation）：这是出自**符号学**中的一个概念，是指语言或视觉符号所表示的直接的字面上的含义。它与隐含意义相对。

创新扩散（Diffusion of innovations）：是指任何类型的新的技术设备、创意或有用的信息的传播过程。这个过程通常遵循S状曲线模式，即开始时缓慢、然后出现加速采用的过程，最后的结尾平缓漫长。"较早采用的人"在社会组成和传播习惯方面通常具有非典型性的特征。大众媒介在重要的扩散过程中扮演着次级角色，而人际传播、榜样和知名的权威则是最重要的影响源。媒介自身也提供了创新扩散的典型案例，因为它们完全符合扩散的S状曲线模式。

新闻扩散（Diffusion of news）：是指对"事件"的意识通过大众媒介或经由有或者无媒介介入的人际间口口相传而在人群中散播开来的过程。在这个过程中值得关注的关键问题是，事件在公众中扩散的程度和速度与事件的真实性或类型之间的关系，以及在实现相应的结果中媒介和人际传播各自具有什么样的重要性。

数字鸿沟（Digital divide）：这个术语被广泛地运用于以计算机为基础的数字传播工具的发展而引起的不同程度的不平等。这种新的不平等是由于相当昂贵的设备、对先进的基础设施的依赖和传播所需要的更高的技能所导致的。这些不平等出现在根据相似的信息断层线所划分的个人、社会群体和民族之间。也请参阅**信息鸿沟**。

数字化（Digitalization）：用于表示所有的通过运用二进制计算机化传输、储存和处理数据的过程的普遍用语，而且这也是媒介**整合**的基础。数字化如今最为人所知的是，它用数字传输取代了模拟电视信号，从而带来了频道数量和互动范围的大幅度增加。

话语分析（Discourse analysis）：用于对各种语用形式和文本形式进行分析，但是其基本思想是，传播是通过与所在的社会地区、话题和参与者的类型相符"文本和谈话"这样的形式而进行的。社会地区、话题和参与者的类型也往往被看作"阐释共同体"。"批判性的话语分析"研究受语言形式所影响并通过语言形式所表达的主流现象，这些主流现象是传递在社会中普遍流行的观点和意识形态的载体。

多元化（Diversity）：简而言之，多元化就是指所选择的任意维度中的差异性的程度和范围：差异越多，多元化越明显。将多元化这个概念运用到大众媒介中的时候，它就与所有制的结构和控制结构、生产和传输的内容、受众构成和内容发生了关联。所有这些项目都可以对其以多元化的角度进行实证评估。多元化是与接近使用、自由、选择、变化和平等联系在一起的。多元化代表着正面的价值，与垄断、一体化、一致性和共识形成对比。

媒介效果（Effects of media）：即由于大众媒介的或是有意或是无意地运作或展现所带来的结果或后果。媒介效果可以在不同层面的社会分析中找到。媒介效果有不同的类型，但是至少可以对行为、态度（情感）和认知方面的效果加以区分。效果与"效力"是不同的，后者是指实现所设定的传播目标的效能。

移情作用（Empathy）：是指同情和理解他人的态度或取向，特别涉及对社会的受害者和牺牲者，以及社会中受到侮辱、被边缘化和排除在外的那些群体。在使用媒介时，特别是在**新闻业**、纪录片和现实主义戏剧中，移情作用对激发公众的同情扮演着代理者的角色。往往仅是做报道，而无须特意的辩护，就能产生移情作用。

娱乐（Entertainment）：这个概念描述了媒介生产和消费中的主要分支，其涵盖了不同的类别的形式，这些形式都共同具有富有吸引力、娱乐、转移注意力和"让人们从自己的生活中超脱出来"等特征。娱乐也代表了消遣，在这个意义下，娱乐也可以指代通常认为不属于娱乐的一些范畴，例如新闻、广告或教育。当对媒介的使用不是用于获取信息的目的，而娱乐成瘾的时候，或者当"娱乐"模式干扰了真实内容的领域——特别是新闻、资讯和政治的时候，往往就会将娱乐看作是产生问题的现象，而这种现象似乎是越来越显著。"信息娱乐化"（infotainment）这个概念就是针对这种后果而产生的。

粉丝/迷群（Fandom）：是指对于媒介知名人士的回应而刺激产生的现象，包括人们强烈地迷恋明星——尤其是音乐和流行娱乐明星所取得的成就，并参与到他们的个人生活当中。这样的现象通常被看作是与非理性以及与脱离现实联系在一起的。

第一修正案（First Amendment）：美国宪法的第一修正案于1791年生效，它禁止美国国会（亦即联邦政府）对言论、宗教和新闻等方面的自由的干涉或管制。第一修正案是所有涉及表达自由、舆论自由等事务的缩略语。除美国之外的许多国家也都有类似的宪法条款，尽管这些条款通常是属于公民的民权这一范畴之下的。第一修正案的构想中包含了将政府看作是自由的首要敌人的意向，并且指出自由的媒介是与自由的市场紧密联系在一起的。请参见**新闻自由**。

第四权力（Fourth Estate）：这个概念由历史学家托马斯·卡莱尔（Thomas Carlyle）和18世纪的辩论家埃德蒙·伯克（Edmund Burke）所提出的，并且被应用到英国下议院记者席的情况中。伯克声称，新闻业的权力至少可以与其他三个"王国的社会地位"相提并论，即上议院、下议院和神职人士。第四权力成为描述新闻记者所扮演的报道政府和为政府把关的角色的约定俗成的惯用语。

碎片化（Fragmentation）：这个术语是关于媒介受众的，是指由于新兴媒介形式和电视频道的不断增多，而导致的报纸、主要的电视频道的大众受众的不断减少的现象。受众的群体越来越小，而且受众更多是临时性的。碎片化通常被认为是削弱了大众媒介的力量，尽管大量的小群体受众并不一定就意味着真正的、更高程度的多元化。

框架（Framing）：框架具有两个主要的含义。一方面是指新闻记者通常在一定的众所周知的参照体系中，并根据一些隐含的意义结构构建新闻内容，而且使之与相应的情境融合起来。第二方面是指，对意义的构建产生了在公众当中形成框架的效果。受众被认为是采用了由新闻记者所提供的参照框架，从而用与新闻记者类似的方式看待世界。这个过程与**引导**和**议程设置**相关。

法兰克福学派（Frankfurt School）：这个名称被用于指代最早在法兰克福社会研究所（Frankfurt Institute of Social Research）工作的学者团体，他们在纳粹开始掌权后移居美国。这个团体的中心议题是在马克思主义的传统下，对现代文化进行批判分析。主要的成员包括西奥多·阿多诺（Theodor Adorno）、马克斯·霍克海默（Max Horkheimer）、郝伯特·马尔库塞(Herbert Marcuse)和里奥·洛文塔尔(Leo Lowenthal)等。他们对二战后北美和欧洲的批判理论的发展产生了深远的影响,特别是在媒介研究和文化研究领域。矛盾的是,他们对"大众文化"的悲观看法却成为大众流行文化的各种形象在后来再度发展的一种刺激动力。

信息(/传播)自由(Freedom of information(or communication)):信息自由有着广泛的含义,涵盖了公共表达和传播,以及接近使用各种各样的内容的所有层面。信息自由已经发展为一种在全球范围内、而不仅是在一个社会中得到保障的人权。从狭义的角度来看,信息自由通常也指代公众有权利获得与公共利益相关的,或由各种权威机构或官方机构所掌控的信息。

出版自由(Freedom of the press):这是个人权利、政治权利和人权的基本原则,出版自由以法律的形式保障了所有公民都具有无须事前权威机构的审查和许可,或者不用惧怕遭到报复而进行出版的权利。对出版自由权利的行使是要在法律许可的范围内和尊重他人的权利的前提下进行的。在具体实践中,出版自由也往往受到公众无法获得相应的工具这样的(经济)障碍的限制。出版自由权往往被看作是政治民主的根本。它与表达自由、舆论自由或信仰自由,以及**信息自由**和**第一修正案**有关,但并不完全等同。

功能分析(Functional analysis):这是与大众传播相关的20世纪早期的社会学理论模式,它将大众媒介的运作在某种意义下看作是任何社会体系(社会)"正常"运行的必要条件。媒介的主要"功能"是推动社会的凝聚和整合。从这个角度来看,媒介的效果可以被看作为对个体、群体或社会产生了或是发挥有益功能的(积极的)或是导致功能失调的(消极的)作用。当"常态"成为功能分析理论自身的问题的时候,这一理论因其无法提供分析上的帮助,而且不足以处理社会冲突和变革,而备受争议。尽管如此,功能分析理论还是能够为社会进程中的一些较为宏大的问题——例如,整合和互相依存的问题,提供了基础导向。

把关(Gatekeeping):这是反映了新闻组织中对事件报道的最初的选择和之后的编辑过程的基本概念。新闻媒介必须依据他们的"新闻价值观"和其他的标准决定哪些"事件"被允许通过媒介的"大门"。在这个过程中值得关注的关键问题,包括所采用的标准和在运用把关角色过程中所产生系统性**偏差**。请参见**门户**。

类型(Genre):这个词语主要是用来指代任何主要类别或种类的媒介内容。它也可以用来表示小说、电影、戏剧等主要类别之下的主题或情节的次级类别。类型在分析中具有一定的作用,因为许多类型都包含着可以由文本的生产者所操纵的特定的"编码规则",同时也蕴含着使得受众产生适当的期望、并按照预期去"解读"文本的特定的"解码规则"。

全球化(Globalization):这是一个综合性的过程,在其中部分是由于技术所带来的后果,但也是通过跨国的媒介结构和组织,而形成的媒介内容的生产、传输和接收的地点体现出地理上的混合的特点。可以预见全球化会带来许多文化后果,特别是内容的非地区化和本土文化被侵蚀。如果本土文化在新的刺激下变得更加丰富,而且出现了创造性的**文化交融**,那么全球化就被看作是积极的。但是,这个过程更多的是被看作为消极的,因为它威胁了文化认同、文化自主和文化的完整性。新媒介通常被认为是加速了全球化的过程。

流言(Gossip):是一种新闻形式,其特征为涉及个体、来源不确定,而且缺乏可信性。它主要发生在私人的谈话中,但是却为主要在报纸和杂志上能够看到的媒介文类提供了基础。这些内容聚焦于**知名人士**(主要是富有且有名的)。流言与**谣言**不同,后者通常涉及非常重要的信息、传播更为迅速,而且在相关人群中也覆盖得更为全面。也请参见**人情味**。

治理(Governance):是用于表示针对某些制度化过程的所有类型的控制、规范和指导的基本术语,其中涉及多个机构,可以是正式的或非正式的,也可以是公开的或私下的。治理越来越普遍地应用在通常以网络的形式进行组织,并且大量输入开放的媒介结构方面,这样的媒介结构并不是完全按层级划分的,或是能够完全履行文化的和社会的角色。

霸权(Hegemony):这是由20世纪早期的意大利马克思主义理论家安东尼奥·葛兰西(Antonio Gramsci)所提出的概念,这个概念描述了从大众媒介所包含的意识形态倾向中所产生的某种类型的权力,这种力量是对现有权力体系的支持,霸权排斥相反的和对抗性的价值观。简言之,霸权是一种以隐秘的方式进行的、不借助直接的强权压制的支配性的共识体系。

人情味(Human interest):这是一种聚焦于个人活动及其所带来的结果的新闻故事类型或体裁,它采用戏剧性、幽默或叙事性风格,并且往往与日常生活中的感情和经历紧密地联系起来。人情味也与**商业化**和**小报化**有关。

文化交融(Hybridization):是指从完全不同且相互之间没有联系的元素中生成的新的文化形式的过程,特别是将外国的或进口的形式与本土的或传统的文化组合在一起的过程。文化交融与**全球化**是联系在一起的。

炒作(Hype):是表述一种旧有的新闻现象的新术语。这个概念描述了一种"新闻潮",即当下的某个话题被所有的媒体在同一时间进行了压倒一切的和持续的新闻报道。炒作始于一个不同寻常的独立的新闻事件,它引起了受众的关注,并且被挖掘超出其实际的重要意义或信息价值之外的含义,寻求这样的事件超越于日常生活的不同寻常之处,新闻记者通过不断地寻找越来越多的边缘性的新信息而保持炒作的活跃性。炒作得以发生的条件包括其他有价值的话题的相对匮乏。与炒作相关的是"许多记者一窝蜂的新闻报道"这一现象,即所有的媒介都不懈地用同样的方式追踪同样的故事。

图示(Icon):是符号的一种类型,它与其所代表的事物具有明显的物理上的相似性。不同的媒介可以使用不同的图示式符号;此外,符号也被用来描述、再生或刻画人物、事物或场景的形象。早期的文字系统（象形文字）就是对图示的运用。由于一张照片的首要的含义是所拍摄的物体，因而摄影几乎完全是依赖图标来传播意义的。更宽泛地来说，图示由于其清晰、易于识别有时也成为用来指代某个人或某部作品的标准形象。

身份认同（Identity）：由个人或他人根据生物的、社会的、文化的或其他特征对个体、地点等进行明确地确认的过程。传播是形成和维系身份认同的必要条件。正因为如此，身份认同也会被弱化或被侵蚀。大众传播仅仅是对此产生影响的若干因素之一。

意识形态（Ideology）：通常是指某些组织化的信仰体系或一系列价值观，它们通过传播被散布或强化。由于大众媒介通常并非刻意地被安排对意识形态加以宣传，因而在实践中，大部分（所有形式的）媒介内容都通过有选择地强调某些价值观和规范而含蓄地宣传意识形态。在**编码和解码**理论中，意识形态就是"优先解读"。意识形态往往反映了为媒介系统提供背景的国家文化；此外，意识形态也是对阶级地位和那些拥有、控制和生产媒介的人们的观点的体现。

信息（Information）：广义地来看，所有有意义的传播中的内容（讯息）都是信息。而狭义一些来看（但仍然是比较宽泛的），信息通常是指关于"现实世界"的可证实的、并且因此是可信的事实性数据。这其中包括关于这个世界中的事实的观点和报道。如果进一步细化和精确化的话，则信息应该等同于传播的"数据"，这些数据在某些真实的领域中（能够）被清晰地识别出来，并且因此对于接收者而言"减小了不确定性"。

信息社会（Information society）：这是一个被广泛应用的概念，它指出各种类型的信息被认为是当代社会最为重要的驱动力量或生产性理论的源泉。对于这个假设的证明来源于现代生活无论在物质上还是文化上都表现出对信息的生产、处理和使用，以及对复杂的传播网络的运行的依赖。在经济更为发达的社会中，信息技术和传播技术领域看起来已经成为主要的财富来源。

信息娱乐化（infotainment）：创造这个概念是为了捕捉在20世纪后期大众电视所体现出来的信息和娱乐混杂在一起的特性。信息娱乐化尤其体现在新闻的形式上，这可能是欧洲无线广播大范围的私有化和在争夺大众受众方面不断激化的竞争所带来的后果。这个术语在使用时往往表示了一种轻蔑，隐含地表达了新闻和信息的"全面堕落"和不可避免地被稀释、浅薄化。信息娱乐化与对报纸影响深远的"**小报化**"的想法类似。在特指政治传播的时候，信息娱乐化也表明了**媒体逻辑**对于党派逻辑的胜利。

内接读者（Inscribed reader）：这个概念源自媒介传播根据想象出来的或预先定义的读者构造他们的内容的倾向，这些读者具有一定的背景、品位、兴趣和才能等。在一定程度上，"预期的读者"的形象是可以从文本中读出的。可以说，内接读者比起艺术性的创作来说，更能够体现大众传播的典型特征。

互动性（Interactivity）：是指传播媒介或传播关系实现相互的、双向的传播的潜力。互动性使得在大部分的传播关系和传播过程中的相互调整、共同定位、精细控制和提高有效性得以实现。"新媒介"的最重要的一个特征就是它的互动性的程度,而**数字化**又进一步增强了互动性。

互联网(Internet)：是由相互连接的网络而组成的全球系统,是用于远程通信的基础设施;目前互联网支持着各种以计算机为基础的传播交流,其中包括数据库管理、网站和主页、对话式互动、电子邮件、不同类型的电子商务和金融交易等。互联网逐渐接管了"传统的"大众媒介的许多功能(例如,广告、新闻和信息)。用户仍然会因为费用上的原因而在使用互联网时受到限制,此外还有语言、文化和计算机素养方面的障碍。

阐释共同体(Interpretative Community)：这一概念来自语言学,用来描述共同使用某种特定的语言或文化代码的一个群体,他们对于文本和符号有着共同的理解。将这个概念用于媒介**受众**时,它通常是指围绕着某些表演、演员或作品而形成的特定的粉丝群体或迷恋者群体,同样,在他们之间有着很多共同的价值观、兴趣和释义。这样的共同体往往是自发形成的,而且不是独一无二的。阐释共同体也会出于宣传的目的而被促进形成。

互文性(Intertextuality)：这个概念指出了不同的媒介文本在不同程度上、不同文类中相互参阅的趋势;同时,它也表明了"读者"跨越文本和文类之间的形式上的界限而形成有意义的连结的过程。这样的连结通过品牌化和商品化的方式而从媒介文本延伸到消费的物质客体。广告就是有意地运用了大量的互文性的连结。媒介受众的对话式文本是将原始文本的影响扩展到日常生活和日常用语当中。

新闻业(Journalism)：字面上的理解就是,它指代了专业的"新闻人"的产品或工作。所谓产品主要意味着对涉及公众利益的最近或当前事件的资讯类报道。从这个意义上来看,Journalism正是表示"news"的另一个词,因为它们有许多典型性和众所周知的特性,尤其是在两者对时效性、相关性、可信性和符合所选择的受众的兴趣等方面的追求上。作为工作流程,新闻业具有混合的含义,这反映了对于专业身份的不确定性。新闻业有着不同的风格和流派,它们之间是由目的和受众的不同,以及也由于不同国家的媒介文化的不同而得以区分的。

知沟(Knowledge gap)：这个概念用于指代社会中不同群体之间的信息水平上的结构性差异。大众媒介的初衷是它有助于闭合存在于"资讯富裕"和"资讯贫瘠"之间的鸿沟。知沟这个概念的出现引起了探寻知沟达到了什么程度、是哪种类型的媒介使用所导致的,以及是哪些前提条件导致(或逆转)了这样的"效果"的研究。主要的研究发现是,报纸比起电视更有助于缩小差距。当前的预测是,新媒介与其说将缩小知沟,不如说它们更可能加大这个鸿沟,因为已经是消息更为灵通的人,在使用新媒介上也更具有优势。

诽谤(Libel)：是指通过在公开发表的作品中贬低他人,从而导致或是对他人的个人名誉的损害,或是为他人的利益带来实质性的伤害,或是两种后果都有的触犯法律的中伤行为。诽谤性的指涉的真实与否虽然有一定的法律效力,但是却与司法审批不是直接相关的。

生活方式（Lifestyle）：这是一个在商业性市场调研中有着很长的历史渊源的理念，它与由皮埃尔·布尔迪厄（Pierre Bourdieu）所开发的有关品位和家庭背景的理论有着密切的关联。生活方式是指通常是自我选择的、但同时也与一些他人有共同之处的个人的消费模式和个人的各种类型的品位。生活方式可能在很大程度上独立于社会阶级和物质环境，尽管生活方式可能由大量的外在要素塑造而成，在这些外在要素中，肯定包括收入，此外还有年龄、受教育程度、社会背景和观念等。一种生活方式也是个体的身份认同的一种表现方式；同时，对于媒介而言，它也能够成为构建和管理消费者市场的一条路径。也请参见**趣味文化**。

马克思主义（Marxism）：是建立在卡尔·马克思（Karl Marx）的著作基础上的社会理论，马克思主义理论指出，人类进步是以不断形成的"阶级"之间的冲突为基础的，而阶级的统治权取决于他们对当时的主要生产性要素（例如，土地、原材料、资本或劳动力）的所有权。统治阶级通过压榨其他阶级而使利润和产出最大化。大众传播之所以重要，是因为马克思主义指出，媒介是具有意识形态的资产，它能够用来抵御或攻击统治阶级的地位。在马克思本人所生活的时代和之后的时期里，大众媒介一直由统治阶级所有，并且以他们的利益进行运营。这仍然属于有待讨论的问题。

大众（Mass）：这个术语描述了一个非常庞大但也相当模糊的由个体所组成的群体，他们拥有相似的行为举止、受到外界的影响，而且被自诩为他们的操纵者看作是很少具有或没有单独的身份认同、组织形式、权力、自主性、完整性或自决性。这也反映了对媒介受众的看法。大众这个词语也被用在大量的相关表述上，表达了相同的负面含义，例如大众行为、大众意见、大众消费、**大众文化**、**大众社会**，等等，当然也包括"大众传播"本身。

大众文化（Mass culture）：这个概念所描述的"大众的文化"在近代（大约从20世纪30年代到70年代）逐渐意味着吸引着受教育程度低、"没有文化的"大多数人的"较为低级的"娱乐和小说形式，它与"高雅文化"形成对比。文化方面的变化和对流行文化的理解改变了这个概念的含义，并且使它变得非常多余或者令人生厌。现在，与其说大众文化具有实证上的有效性，不如说它具有更多的意识形态方面的有效性（支持精英文化的价值观），因为除了极小的小众人群之外的所有人都试图参与到至少是"大众文化"的某些方面之中。

大众社会（Mass society）：这是一种社会形态，其理论上的定义是，由少数相互联系在一起的经验所统治的社会，这些精英往往通过说服和操纵控制着许多人的生活状况。这个术语最早是被积极的批评家[尤其是C. 赖特·米尔斯（C. Wright Mills）]用于形容战后的美国，同时也被政治理论家用来指代陷于法西斯主义和共产主义魔咒中的欧洲社会。社会组织的规模庞大和集中化是大众社会的典型特征，相伴而来的是匿名感和无能为力感。大众媒介正是实现和维持大众社会的必要工具。

媒介义务(Media accountability):这是一个综合性的概念,涵盖了一种理念及实现相关的理论的过程,即媒介能够而且应该全面地和/或在其可能产生影响的其他利益方面为其面向社会的公开发布行为的质量、意义和结果负责。这种观念造成了义务与自由之间潜在的冲突。媒体义务的理念有时——尽管并非必要——是与**社会责任**的概念联系在一起的。媒介义务预设了在媒介的发送者和接收者之间存在着一定的相互关系。这个概念也与媒介中存在着**公共利益**的观念有着紧密的联系。

媒介集中(Media concentration):是指媒介组织聚集在一起通过公司之间的垂直整合或水平整合而形成更为庞大的单元。所谓公司的垂直整合是指媒介流程中的不同阶段(例如造纸、印刷、图书出版和图书销售)之间的结合,而水平整合则是在媒介流程中同一阶段的公司的聚集。两者都导致了更严重的垄断和更低的**多元化**。媒介集中可以发生在同一个国家的市场中,也可以是跨国的。它主要是指所有权的集中,虽然在一个媒介集团中不同的工作流程之间也可能出现不同程度的聚合。

媒介伦理(Media ethics):这是媒介从业者的优良的指导原则,其中包括要谨记媒介在其所处的社会中所扮演的公共性的角色,以及应该关注个体的需求。重要的指导原则特别涉及获得信息的方式和如何确定哪些得以公开报道、怎样报道,尤其是应该时刻铭记媒介行为对于所牵扯的各个方面可能产生的影响。在非信息性内容领域,也有大量的伦理问题,尽管这些问题可能较少地被纳入法律问题或只是在决策中发挥着较小的作用。**新闻业**实现其专业地位的要求有赖于自愿的发展和接受伦理标准的程度。请参见**媒介义务**。

媒介事件(Meida event):具体的概念是由戴扬(Dayan)和卡茨(Katz)(1992)构想出来的,尽管在此之前"假事件"这个名词已经被用来(Boorstin,1961)指代由媒介所创造出来的事件或是没有任何实质的、借助于媒介的关注或**炒作**而显得重要的微小的事件。戴扬和卡茨所设计的这个概念确定了一个特殊媒介文类,他们指出这是电视所特有的。能够满足电视播放的需要的"媒介事件"需要达到一定的条件:具有非凡的代表性或重大历史意义的不同寻常的事件,例如加冕仪式或国事访问;能够现场直播;超越媒介的赞助;事前的充分计划;表现了崇敬之情和仪式;强调了举国参与和共同庆祝;而且对非常广泛的(往往是国际性的)受众具有吸引力。

媒体逻辑(Media Logic):通常是指被生产者所信奉的一系列相互关联的评估标准,这些评价标准构成了特定的目标下的特定的媒介的优良的(也就是说成功的)运作实践和专业水准的衡量,或者观察家们认为,这些标准是在不知不觉中发挥着作用。虽然不同的媒介(例如,广播电视、电影、报纸)可能有着不同的逻辑,但是这当中有一些重要的反复出现的组成部分,例如,人格化、(诉诸感官和情绪的)轰动效应、戏剧化和动作化、冲突、场面宏大、快速等。这些因素被认为能够引起广泛的注意、提高关注度和参与度。这个概念经常被用于批判,其中含蓄地表达了媒介逻辑使形式高于实质,并且与提高丰富的信息或是传递深层含义或反思的目标相悖。具体到政治领域,媒介逻辑被认为是转移了人们对实质和信念的注意力。

媒介化(Mediatization):是指大众媒介逐渐影响社会的其他领域——尤其是诸如政治、法律、健康、教育、宗教等扮演着公共角色的机制的过程。观察表明,许多公共行为现在都高度重视它们如何获得给人留下良好印象的宣传、并实现最大化的影响。这个概念暗含了活动往往在为了适应媒介的需要和**媒介逻辑**而安排时间、优先次序和含义的过程中被扭曲了。

媒介理论(Medium theory):这类理论是对特定的传播媒介的固有属性和这种媒介所产生的影响进行因果归因;媒介之间的区分是以其技术特定和承载意义的能力为依据的。尽管按照这种思路,技术决定论被广泛地运用在媒介理论中,但是每种媒介在技术因素之外还有其他要素影响着这种媒介将如何去实现传播的目的,以及它以什么样的方式被感知和被真正地体验。媒介在特定的制度环境和文化环境中发展,这两种环境对媒介产生了独立于技术之外的影响。媒介理论被非常普遍地与**多伦多学派**等同起来。

道德恐慌(Moral panic):这个概念最早是犯罪学家乔克·杨(Jock Young)用来表示大众突然表现出对"犯罪潮"或其他的可以导致社会失调和社会堕落(包括性乱交和移民问题)的非理性的焦虑和警惕。媒介因其倾向于放大这一类的"恐慌"而牵扯其中。当对媒介的有害影响(例如,出现了犯罪潮、自杀或暴动)的警告突然变得流行起来的时候,媒介有时也是道德恐慌的对象。诸如计算机游戏和互联网这一类的新媒介也会引发某种程度恐慌,因为它们被认为会伤害它们(年轻)的使用者。

网络(Network):是由节点所组成了任何相互连接的组合,这些节点可能是人、地点、组织、机器等。在传播中,对于网络的兴趣集中在通过网络的"线路"而形成的信息的流动,这其中网络的承载能力和互动性被特别关注,当然,传递给谁或与谁连接也被或多或少地密切注意。与其他类型的有组织的人类社团相比,网络的层级较少,而且更为灵活和非正式。"网络社会"这个概念是由理论研究者[例如,卡斯特尔(Castells)和范·戴克(van Dyke)]发明出来的,是用以表达**信息社会**的现实的另一种方式。

新闻(News):是有关公共事件的即时信息的主要形式,它由各种类型的媒介进行传送。新闻在类型和形式上有着很大的差别,同时也具有跨文化的差异,但是其决定的特征往往包括即时性、相关性和可信性(真实价值)。也请参见**新闻业**。

报纸(Newspaper):传统上报纸是指定期发行(通常不少于一周一次)、包含着最近发生或正在发生的被普遍关注的(至少是)可靠的报道,并且用于公开出售的印刷媒介。与之相关的特点通常包括在所有权和编辑方面的独立性或透明性,报道一定的地理范围的事件,并在这个地区发行。报纸也出现了不同的形式,例如由广告支持运营的"免费报纸",以及新近出现的"电子报纸",这是一种在线报纸,不受约束传统报纸的时间和地点方面的限制。

新闻价值（News values）：是新闻组织中的新闻记者和编辑所采用的标准，用来决定是否报道某个特定主题的**新闻**。在商业媒介中，所关注的"价值"是这个主题是否有可能引起潜在受众的兴趣。此外，还有其他的价值来源，包括对内在的重要性的判断，或者受众之外的具有影响力的人物的利益所带来的推动力或压力。

非言语传播（Non-verbal communication）：这个概念主要是指人与人之间的（有声的或无声的）非言语交流，而不是指媒介运用诸如音乐或图像等进行的交流。非言语交流有时也被称为"副语言"（paralinguistic）或"前语言"（prelinguistic）。人类的非言语传播往往是言语传播的补充或强化。尽管非言语交流缺乏固定的程式和规则而使得其不能完全算得上是一门语言，但是在特定的文化中，附着在声音、表情、姿态的不同非言语符号往往有着为人所公认的理解，而且大量的非言语交流还具有相似性的特征。

规范理论（Normative theory）：是指有关媒介应该如何运营的理论，而不是试图去描述和解释媒介实践上是如何运营的，或去预测这种方式的媒介运营将有什么样的产出（特别是效果）的理论。后一种理论可以被描述为客观的或科学的理论。规范理论主要应用于媒介与社会之间的关系，并且处理来自媒介这一方面的要求，特别是媒介对自由的主张，同样也要应对社会这一方的要求。请参见**出版自由**和**社会责任**。

客观性（Objectivity）：是一个应用在**新闻**领域备受理论争议的专业术语，尽管从"常识"的角度来看，客观性是若干能让新闻受众感到信任和可靠的特性的总和。这些特质包括事实正确、没有**偏差**、将评论从事实中分开、指明新闻来源，以及不采取特定的立场等。就这个概念产生争议的原因主要来自真正的客观性是无法实现的、佯装客观反而会产生误导这样的观点。简言之，所有的新闻都被认为是具有意识形态的，而批评家们认为所谓的客观性就是另一种意识形态。对于客观性的要求使得新闻来源有可能操纵新闻，而且无论是有意的还是无意的，它只是被用来隐藏偏见而已。

意见领袖（Opinion leader）：这是由伊莱休·卡茨（Elihu Katz）和保罗·拉扎斯菲尔德（Paul Lazarsfeld）在早期研究大众媒介的影响时所引入的一个概念。意见领袖这个概念描述了对非正式的社会关系中的他人的想法和行为产生影响的个人所扮演的社会角色。意见领袖的主要特征根据其发挥影响的"话题"和社会环境而发生变化，但是这些人通常被认为是掌握更为丰富的资讯、更多地使用大众媒介或其他信息来源、爱交际，而且他们大多受到被他们所影响的人的尊重。早期寻求大众媒介的"直接"效果失败部分原因就是因为不断变化而且往往是不可见的意见领袖的作用（也就是"人际影响"）所致。

准社会互动（Parasocial interaction）：是指发生在受众和虚拟角色或媒介人物之间的个人性的假性互动。这种互动在某种程度上失去了与真实世界的接触，并且它可能成为影响行为的基础。

录音（Phonogram）：这是一个尽管不经常使用、但很方便的概念，它用来指代所录制的、可以由个人播放的所有的音乐形式,最早的声音记录是(几乎)只能够通过"留声机"播放的"唱片",之后唱片也可以由"电唱机"来播放了。现在这个词语涵盖了各种形式的唱片、磁带和磁盘。

政治经济学(Political economy):这个词语最早用于理论经济学,后来有时也被批评理论家用在对新马克思主义的传统的分析中,用来指代关于媒介和社会的基本观点,即在其中,物质的(经济)因素发挥着决定性的作用,而且政治首先是与经济权力相关的。

色情内容(Pornography):这个概念被用来模糊地形容包含着描绘或展现明确的性主体和场景的内容,这些内容已经超出了公众接受的临界值,被认为是冒犯性的或造成伤害(特别是对儿童或女性,因为他们往往是某些类型的色情内容的受害者)。一般认为,媒介中的色情内容的主要目的是(在被受众观看时)激发性欲。在不同的司法判断中,对于公开出版色情内容是否造成侵犯有着不同的定义。

门户(Portal):用来指代(为了寻求连接而)进入"赛博空间",或是(为了搜寻某些信息而)从"赛博空间"出发的几个不同类型的接入点中的任何一个出入点。通常互联网的门户主要是指以下几个方面:主流的媒介提供者,例如雅虎或谷歌;特定的**搜索引擎**;**社交网站**,如 YouTube;用于某些类别的内容的专业网站;社区或网络。互联网的门户与先前的大众媒介所提供的入口有着本质上的区别,这主要是因为前者能够实现双向流通。

后现代主义(Postmodernism):是一个广泛流行的(文化)理论,该理论指出,随着"工业社会"和工业社会的大规模的社会组织、社会控制和对合理性的苛求的结束,"意识形态的时代"也已终结。取而代之的是,我们现在所生活的时代是无结构的多元化的、缺乏确定性、相互矛盾的、开放创造性的,并且个体从社会的强制和限制中解放出来。人们普遍认为,大众媒介的蓬勃发展构成了流行的后现代文化的实质。无论是当代社会的物质条件,还是大众媒介的组织形式,都不是清晰地展现后现代主义的预兆。与早期的批判性文化理论非常相似,后现代主义思想也包含着乐观主义的和悲观主义的分歧。

权力(Power):这是一个对其有许多不同的解释的概念,但是其基本思想是指使得他人顺从的能力,即便是在他人的意愿被违背的情况下(例如,在警察或军队的权力下)。从这个意义上来说,这个概念与传播没有直接的关系,因为传播不会产生强迫性的效果。但是,我们可以看到通过一些(涉及信息或意见的)沟通性的行为而使得他人顺从的可能性,以及"影响"这个概念也被广泛地运用于大众传播,大众传播通过将论点强加于人或者某种心理上的奖赏而使得他人顺从。

偏见或成见(Prejudice):这个概念既用于描述某些公众的态度,也指代媒介出版物中包含着对(通常是)某些社会群体或类属的系统性的负面看法或用负面的方式对待他们。偏见或成见的常见对象是少数民族或诸如同性恋、外国移民、精神疾病患者等之类的边缘群体。媒介一直被指责助长了偏见,尽管有时是无意的,但是媒介也被认为有一定的能力去打破偏见。

新闻议会（Press Council）：是一个被广泛使用的基本概念，指代在新闻自由得到保障的社会中，用于裁决公众对于新闻机构的行为的申诉的准公共团体。新闻议会通常代表着媒介和公众的利益。它们并不处理刑事犯罪性质的侵犯，而且也没有权力做出处罚。新闻议会的主要惩罚措施就是将相应的行为公之于众，并且要求"侵犯者"以公开的方式进行道歉。新闻议会是履行**媒介义务**的一项重要的手段。

引导（Priming）：是指媒介宣扬价值观和标准的行为，媒介用相应的价值标准对媒介所关注的对象进行评判。这个概念源自社会心理学（社会化理论），但是近来它更多地被用在政治传播当中，用于通过民意评估政界人物。也请参见**框架**和**议程设置**。

专业（Profession）：是指特定的职业的成员，他们通过自律程序坚持一定的技术操作的标准和道德标准。专业的含义包括：有公认的培训体系、由负责任的专业团体掌管对进入专业领域的控制。有关**新闻业**是否具备专业身份则备受争议。在某些领域，但不是所有领域，存在着判定专业身份的标准。

宣传（Propaganda）：是指通过有步骤且片面地使用多种多样的传播工具，从而有意地试图影响集体的行为和意见的过程和产品。宣传是从信源或发送者的利益，而非接收者的利益出发的。它在某些方面几乎一定会造成误导或不是完全真实可信的，甚至是完全失实的，例如传播某些虚假信息。宣传在再现现实时也会造成心理上的攻击和扭曲。宣传将产生不同的效果，相比其所传播的"消息"的特征，宣传的效果更多地取决于背景和目标受众的特性。请参见**广告**、**公共外交**和**定向宣传活动**。

公众（Public）：是一个名词，用来指代一定的社会或某些较小的地域空间中由自由的公民所组成的总体。这个概念的含义受到民主理论的强烈影响，因为自由和（权利的）平等一般只有在民主社会中才能实现。民主社会中真正的公众成员能够自由地结社、交流、组织和表达他们对于任何主题的看法，并且政府要按照双方共同商定的议事程序从根本上实现"公众就是社会的全部"的愿望。有关公众由什么构成的具体的观念，则成为为什么在民主社会中宣称要保护和尊重公共传播的一个原因。也请参见**舆论**、**公众利益**和**公共领域**。

出版（Publication）：是使之公开的行为，也就是说跨越了存在于私下表达和公开表达之间的界限。出版通常涉及凭借新闻机构、公开演讲、海报等事先安排好的或正式的方式表达想法的清晰的决策。私下表达是限定在所选定的私人的谈话对象或社交圈子中。私下表达与公开表达之间的区别具有法律方面和实践方面的重要意义，特别是当牵扯到机密性、隐私和潜在的伤害或侵犯的时候。新媒介模糊了什么事实上而且可以意识到是公共的，与由于它能够被他人接触到而被看作是公共的之间的界限。出版对于个体来说也已经变得更为容易了，如果个体愿意的话。

公共外交（Public diplomacy）：这是一个综合性的概念，是指民族国家为了在其他国家的普通公众那里赢得支持和深受喜爱的形象而采取的努力,通常采用的方式包括新闻管理和周密地策划目的在于培育正面印象的活动。在21世纪的多极化世界中,公共外交在辅助外交政策方面有着越来越重大的意义,特别是当采取攻击其他国家的军事行为必须慎重的时候。公共外交被认为是**宣传**的较为柔和的形式。

公众利益(Public interest):这个概念表达了这样的愿望和要求,即媒介为了广泛而长远地有益于社会而应该恰当地表达,而且这将导致对媒介结构或行为的限制。"公众利益"的具体内容是什么有着不同的解释。最基本的理解是,媒介应该能够满足受众的需求;除此之外,伦理方面、意识形态的、政治的和法律方面的思考也会带来更为明确的定义。公众利益的表达可以通过多种方式,例如通过**民意**、政界人物、批评家和许多受公共传播影响的利益群体。也请参见**媒介义务**。

公共新闻(Public journalism):这是指在(特别是在美国的)新闻工作者中所出现的一场运动,是通过对新闻提出多方面的、可实现的公开的目标而对新闻业的标准的批判做出反击。这些目标包括发现并应对特定的媒介所直接服务的受众的需求和利益。信息的实用性价值应该得到强调,而且记者应该积极地参与到社区事务中。

舆论(Public opinion):是指任何**公众**群体中具有重要影响力的那部分成员的集体意见。通过对投票的情况进行测量,会发现这部分成员往往在数量上占多数,但是这会高估了测量工具的能力,并且忽视了意见总是多样的、动态的而且在强度上不断变化的这些实质性因素。在历史的和特定的背景中,民意也被用来指代"见多识广者的意见"或受过更好的教育、较为明智的社会成员的基本观点。没有任何有关民意的陈述认为在没有清晰的定义的情况下,民意将是明确的或没有争议的。请参见**沉默的螺旋**。

公共关系(Public relations):现在这个概念用来指代由代表着某些"客户"的利益的专业付费的传播者所造成的各种形式的影响,这些传播者所设计的主要内容是展现客户的良好的形象,并且消除可能存在的负面印象。公共关系的手段多种多样,从直接的传播到赠送礼物和招待。公共关系通常是新闻媒介的补充性信源,或通过其他方式寻求对新闻的影响。也请参见**广告**和**宣传**。

公共服务广播(Public service broadcasting):是一种(主要存在于欧洲的)无线广播系统,它由公众资助,并且以非营利的方式运营,目的是满足所有公民对公共传播的不同需求。公共服务广播几乎满足了所有的需求(也就是说也包括了娱乐方面的需求),而且它的正当性也是建立在广播传播所具有的"自然垄断"的基础之上的。但是,这种正当性不再有效,公共服务广播能够存活下来则是因为基本的**公众利益**,并且由于它能够满足逐渐被商业广播系统因不能带来利润而忽视的一定的传播需求。这些需求包括普通的服务、特定的少数群体的特别需求、某些特定类型的教育服务和通过给予一定程度的开放且多元化的接入口而实现的民主政治体系的服务、提供基本的资讯,以及在选举和政府的办事流程中满足政界人物的一些特定的需求。

公共领域(Public sphere)：这个概念上的"空间"存在于个人私生活领域之外和致力于自身(尽管有时是公共的)目标的机构和组织的围墙之外的社会中。在这个领域中，可能存在着导致民意、政治运动和为普通人的利益负责的政党形成的公众联合和公共辩论。如今，媒介可能是实现公共领域的核心机构，而公共领域的"特性"则依赖于媒介的特性。从极端的角度来看，媒介在结构方面的某些倾向，例如集中化、商业化和全球化，是对公共领域不利的。

　　接受分析(Reception analysis)：是传统的(与计算数量和测量效果相关的)受众分析的另一种方式，这是从受众的角度、而非媒介发送者的角度进行的研究，并且关注媒介使用所带来的直接的全面的影响，对接收者的全部体验进行阐释、分析其中的含义。在接收分析中运用了民族学的和定性研究的方法。

　　修辞(Rhetoric)：是指具有说服目的的公共演讲的艺术。

　　谣言(Rumour)：主要通过口头进行的传播，在这个过程中对于所传播的广为关注的事件缺乏可信的和完整的信息。大众媒介可能会提供谣言(早期有关灾难的报道)或改编谣言。在媒介从总体上来说是不发达的或不可信的(例如在极权社会或在战争的环境下)时候，就会出现谣言。人际关系网络也有助于谣言的传播，但是在某些极端的情况下，人际关系网络并不是谣言传播的必要条件。

　　图式(Schema)：是指主要供记者用于报道独立的情况或事件的预先设定的框架或脚本。图式为传播和理解提供了帮助，因为它提供了更为广泛的语境和释义范式。但是，图式也通过运用已有的释义模式而将一些元素排除在外。受众也有他们自己的对于所接收的新闻信息的释义模式。请参见**框架**。

　　搜索引擎(Search engine)：是指由互联网服务提供商所开发的计算机化信息的检索系统，目的是为了向用户提供搜寻信息或有关物质世界的特定的内容的渠道，这些信息或内容都被数字化，并且可以从"赛博空间"中获得。搜索引擎系统的关键组成部分是一个强有力的搜索程序，它在万维网的数据中"爬行"、追踪链接。搜索引擎网站所带来的附加值是提供了建立在关键词基础上的索引和搜索结果的排名，以及可获取性。理论上来说，搜索引擎应该是中性的，但是出于各种考虑——例如商业因素，使得搜索引擎不可避免地出现了偏差，因为它们是非常受欢迎且有利可图的。搜索引擎也是高度垄断的，仅谷歌一家公司就占领了超过一半的搜索引擎市场。另外一个局限因素是，网络世界中只有相当小的一部分被(或能够被)搜索到。

　　市场细分(Segmentation)：是指为了生产和传送内容而根据重要的类别——通常或者是社会统计学或心理学的类型(例如，通过生活方式和品位)，对潜在的受众进行分类的过程。市场细分在媒介的广告策划和成本核算方面发挥着重要的作用。尽管市场细分有时被看作是与大众传播相反的趋势，但是它也可以被看作是大众传播的更容易控制和更加有效的形式。也请参见**碎片化**。

符号学（Semiology）：是"符号系统的科学"或"意义系统的科学"。符号学最初是建立在费尔迪南·德·索绪尔（Ferdinand de Saussure）对普通语义学的研究基础之上的，而后它被发展成为一种针对所有符号文本进行系统分析和理解的方法。符号系统是在最终决定意义的更为宏大的文化和意识形态体现中组织建立的。符号学的核心要素是这样的理念，即任何（含义丰富的）（各种类型的）符号都具有携带意义的概念成分，并且也具有实体性的体现（文字、图像等）。

煽情主义（Sensationalism）：在一定程度上这个词已经成了日常词汇，它是指或许能够吸引注意力、令人兴奋或引发情绪的所有媒介内容。从这个意义上来看，煽情主义与**商业化**和**小报化**相关。煽情主义也已经成为内容分析中的一个概念，通过确定一定的"指标"能够测量出煽情的程度。之所以这样做是出于对轰动性的新闻报道与**客观的**新闻报道之间的矛盾的担忧。

肥皂剧（Soap opera）：是一个指代种类宽泛的、以连续的形式播出的广播剧和电视剧的日常用语。这个概念出自美国早期的商业电台。虽然有不同的形式，但是肥皂剧有一些典型的特征：活动是以当代的现实世界为背景的；人物和剧情具有连续性，并且与当下的事务联系在一起；聚焦于人物之间的相互交织的人际关系；对受众身份认同的强烈表达，并引起"成瘾症"；对家庭妇女特别具有吸引力。

社交网站（Social network sites）：就是众所周知的"社交媒介"，它由大量的互联网网站构成，其目的是使得用户能够建立起熟人之间的网络，并且鼓励用户这样去做，受众也因此能够抵达更广泛的公众，与他们分享消息和视听资料。目前国际上非常热门的社交媒介是Facebook、Myspace、YouTube。它们已经成为重要的商业财产，特别是在广告、跨媒介炒作和从用户那里生成内容等方面。也请参见**虚拟广告**。

社会化（Socialization）：是指年轻人被社会化机构进行社会塑造的综合性过程，所谓的社会传统上是指家庭、邻里、学校和宗教，现在还有大众媒介。

社会责任（Social responsibility）：在有关出版的特定的规范性理论中认为社会责任属于大众媒介的特性之一，社会责任是建立在（民主）社会对媒介的要求的基础之上的。社会责任包含了媒介之于社会及社会成员的不成文的义务，这当中除了出版自由之外，还有履行与诚实和公正相关的普遍的道德标准。

媒介顾问（Spin doctor）：现代出现的一个词语，它用来指代所有以管理（或大量存储）公开展示信息或观念、从而（特别是使得政界人物）获得最大的利益为职业的人。媒介顾问的工作成果体现在对新闻的操纵，它与**公共关系**和**宣传**相关。

犬儒主义的螺旋（Spiral of cynicism）：这是一个假设的过程，类似于**沉默的螺旋**，这个过程是指当出现了有关政治宣传攻势和政界人物的持续不断的负面报道，特别是其中涉及了欺骗、腐败、肮脏的手段、个人的野心，以及忽略本真和诚实的意图的时候，就可能形成不断减少信任、并且参与民主程序的意愿不断降低的氛围。实际上，这个理论认为，在媒介上被展现得越多，就越会失去公众的信任和参与。其中的原因尤其与**媒介化**的过程有关，也与**媒体逻辑**有联系。

沉默的螺旋（Spiral of silence）：这是个描述意见形成过程中"第三人效果"对于意见的形成的作用的概念：人们倾向于受到他们想法（或者说他们所做的事情），或他们认为其他人的想法的影响。这个概念最早由伊丽莎白·内尔-诺依曼（Elizabeth Noelle-Neumann）用来指出，那些认为自己所持的是少数人的或异常的观点的人，就会克制公开表达这种观点，因此假定中的共识意见的优势地位就得以加强（螺旋效果）。沉默的螺旋理论的根据是对"害怕孤立"的假设。这条理论的主要思想认为（左派）媒介具有强大的影响力，因为媒介是人们认为什么是当下的主流意见的主要依据。沉默的螺旋理论也与更为知名的"乐队花车效果"相关，后者认为明显的向前跑去的人仅凭这点就能够获得支持。

刻板印象（Stereotyping）：是指在小说或事实性的大众媒介中使用有关社会群体、情境、事件和国家等的陈旧的形象的过程。刻板是早期的复制副本的图画式方式。从传播学研究早期开始，刻板就被用于指代引起成见的媒介内容，或对意见和态度中的偏见的表达。刻板印象几乎是大众媒介生产中不可避免的因素，因为生产过程导致了简单化、并且追求效率，此外也有因为敌意和无知所造成的。这个概念与**框架**和**图示**相关。

刺激—反应（Stimulus-response）：这是一个心理过程，其中实验对象掌握了通过做出一些动作而对与所探讨的动作有关的消息刺激做出反应。刺激—反应的基础是学习理论，后者被用在早期的有关传播和媒介效果的研究当中。但是，刺激—反应理论还没有被证明对现实有着非常优秀的指导价值。

战略传播（Strategic communication）：是指用在大选的宣传攻势和政治新闻当中的信息类型，它代表着候选人的策略和政治中的"赛马运动"的一面，而并不是指有关政策的政治观点。请参见**媒介顾问**。

监视（Surveillance）：这个术语在媒介研究中有两个含义。第一个含义指代了新媒介的为受众提供有关世界中的事件的观点的"功能"。另一个含义是指新的在线媒介允许第三方（通过服务提供者、搜索引擎、某些权力机构等）进入所有的传播性事务的能力。使用这些媒介不再能够保证隐私权。

小报化（Tabloidization）：这个概念起源于用来指代采用煽情主义（例如，八卦和交易丑闻）的普通小报形式，它表明了在许多国家中出现的原本较为严肃的新闻媒介的"全面堕落化"或走向"低端市场"的过程。商业化和在争夺读者方面的激烈竞争被认为是小报化的主要原因。这个过程也对特别是美国的电视新闻和"事实"报道产生了全面的影响，并且因此也引起了对新闻标准的下降、受众变得越来越无知，以及虚构和真实之间的界限被模糊的警告（例如，信息娱乐化）。

趣味文化（Taste culture）：一种或多或少是有组织的和半自主性的文化偏好形式，它是以共享一定的品位为基础的，但是独立于实际存在的社会组织。趣味文化不同于早期的品位模式，后者主要是在社会背景、阶级或周围环境的基础上形成的。这个概念与**生活方式**相关。

第三人效果（Third-party effect）：这个概念指出了很多人认为某事不会对自己产生影响，而会对他人产生认知方面的作用的现象。请参见**沉默的螺旋**。

多伦多学派（Toronto School）：这个概念是指主要起源于马歇尔·麦克卢汉（Marshall McLuhan）的理论的大量著作，也指后来多伦多大学的早期学者、经济历史学家哈罗德·英尼斯（Harold Innis）的许多作品。多伦多学派的核心是传播技术决定论，这一理论将独特的社会和文化效果归功于主流的传播形式和传播工具，而与实际的内容无关。

使用与满足理论（User and gratifications approach）：是一种个人主义功能理论和与之相关的研究，这个理论试图从受众成员的动机和自我感知需求的角度，来解释媒介使用和由此带来的满足之间的关系。这也是"主动的受众"理论的版本之一，并且被用在以"任何效果都必须与受众的需求相一致"为基础的媒介效果研究当中。

病毒式广告（Viral advertising）：是指在潜在的媒介消费者市场上被自发散布和迅速地"口口相传"（但也可以是通过电子邮件）的有计划的宣传，其手段主要是对现有的人际间网络资源（通常存在着粉丝群体）的有效控制。**社交网站**的策略性运用被认为是引发这个过程的首选工具。虽然使用的范围有局限，但是却能带来巨大的收益，特别是抵达的速度和彻底性、低成本和表面上看不到操纵的痕迹。

虚拟社群（Virtual community）：这个概念描述了通过参与互联网上的交流和讨论而形成的线上的群体或紧密的人际关系。虚拟社区被认为拥有大量的真实社区的特点，例如身份认同、凝聚力、共享规范和观点等，尽管虚拟社区的成员之间没有实际接触或有关他人的个人信息。

参考文献

Aday, S., Slivington, M. and Herbert, M. (2005) 'Embedding the truth: a cross-cultural analysis of objectivity and TV coverage of the Iraq war', *Harvard International Journal of Press/Politics*, 10 (1): 3–21.

Adorno, T. and Horkheimer, M. (1972) 'The culture industry: enlightenment as mass deception', in *The Dialectic of Enlightenment*. New York: Herder and Herder.

Aguado, G., Sanmartí, J.M. and Magallon, R. (2009) 'The effect of the state on the evolution of print media in European Mediterranean countries', *International Journal of Communication*, 3: 780–807.

Akdeniz, Y., Walker, C. and Wall, C. (2000) *The Internet, Law and Society*. London: Longman.

Alali, A.O. and Eke, K.K. (eds) (1991) *Media Coverage of Television*. Newbury Park, CA: Sage.

Alasuutari, P. (1992) '"I'm ashamed to admit it but I have watched *Dallas*": the moral hierarchy of television programmes', *Media, Culture and Society*, 14 (1): 561–582.

Alasuutari, P. (ed.) (1999) *Rethinking the Media Audience*. London: Sage.

Alberoni, F. (1972) 'The "powerless elite": theory and sociological research on the phenomenon of the stars', in D. McQuail (ed.), *Sociology of Mass Communication*, pp. 75–98. Harmondsworth: Penguin.

Allen, R.C. (ed.) (1987) *Channels of Discourse*. London: Allen and Unwin.

Allen, R.C. (1989) '"Soap opera", audiences and the limits of genre', in F. Seiter et al. (eds), *Remote Control*, pp. 4–55. London: Routledge.

Allor, M. (1988) 'Relocating the site of the audience', *Critical Studies in Mass Communication*, 5 (3): 217–233.

Althaus, S. (2003) 'When news norms collide, follow the lead: new evidence for press independence', *Political Communication*, 20 (4): 381–414.

Althaus, S.L. and Tewkesbury (2000) 'Patterns of Internet and traditional news media use in a networked community', *Political Communication*, 17 (1): 21–45.

Althaus, S.L. and Tewkesbury, D. (2002) 'Agenda-setting and the "New News": patterns of issue importance among readers of the paper and online versions of the *NYT*', *Communication Research*, 29 (2): 180–207.

Altheide, D.L. (1974) *Creating Reality*. Beverly Hills, CA: Sage.

Altheide, D.L. (1985) *Media Power*. Beverly Hills, CA: Sage.

Altheide, D.L. and Snow, R.P. (1979) *Media Logic*. Beverly Hills, CA: Sage.

Altheide, D.L. and Snow, R.P. (1991) *Media Worlds in the Postjournalism Era*. New York: Aldine de Gruyter.

Althusser, L. (1971) 'Ideology and ideological state apparatuses', in *Lenin and Philosophy and Other Essays*. London: New Left.

Altschull, J.H. (1984) *Agents of Power: the Role of the News Media in Human Affairs*. New York: Longman.

American Behavioral Scientist (2003) Special issue on media bias, 46 (12).

Anden-Papadopolous, K. (2008) 'The Abu-Ghraib torture photographs: news frames, visual culture and the power of images', *Journalism*, 9 (1): 5–30.

Anderson, A. (2003) 'Environmental activism and the news media' in S. Cottle (ed.), *News, Public Relations and Power*, pp. 117–132. London: Sage.

Anderson, B. (1983) *Imagined Communities*. London: Verso.

Anderson, J., Collins, P.A., Schmitt, R.S. and Jacobowitz, R.S. (1996) 'Stressful life events and television viewing', *Communication Research*, 23 (2): 243–260.

Andersson, M. and Jansson, A. (1998) 'Media use and the progressive cultural lifestyle', *Nordicom Review*, 19 (2): 63–77.

Andrew, D. (1984) *Concepts in Film Theory*. New York: Oxford University Press.

Ang, I. (1985) *Watching 'Dallas': Soap Opera and the Melodramatic Imagination*. London: Methuen.

Ang, I. (1991) *Desperately Seeking the Audience*. London: Routledge.

Ang, I. and Hermes, J. (1991) 'Gender and/in media consumption', in J. Curran and M. Gurevitch (eds), *Media and Society*, pp. 307–328. London: Arnold.

Arcetti, C. (2008) 'News coverage of 9/11 and the demise of the media flows, globalization and localization hypothesis', *International Communication Gazette*, 70 (6): 463–485.

Armstrong, C.L. (2004) 'The influence of reporter gender on source selection in newspaper stories', *Journalism and Mass Communication Quarterly*, 81 (2): 463–485.

Asp, K. (1981) 'Mass media as molders of opinion and suppliers of information', in C.G. Wilhoit and H. de Back (eds), *Mass Communication Review Yearbook*, vol. 2, pp. 332–354. Beverly Hills, CA: Sage.

Atkinson, D. and Raboy, M. (eds) (1997) *Public Service Broadcasting: the Challenges of the Twenty-First Century*. Paris: Unesco.

Austin, P.J. (1992) 'Television that talks back: an experimental validation of a PSI scale', *Journal of Broadcasting and Electronic Media*, 36 (1): 173–181.

Avery, R. (1979) 'Adolescents' use of the mass media', *American Behavioral Scientist*, 23: 53–70.

Babrow, A.S. (1988) 'Theory and method in research on audience motives', *Journal of Broadcasting and Electronic Media*, 32 (4): 471–487.

Baehr, H. (1996) *Women in Television*. London: University of Westminster Press.

Baerns, B. (1987) 'Journalism versus public relations in the Federal Republic of Germany', in D.L. Paletz (ed.), *Political Communication Research*, pp. 88–107. Norwood, NJ: Ablex.

Bagdikian, B. (1988) *The Media Monopoly*. Boston: Beacon.

Bailyn, L. (1959) 'Mass media and children: a study of exposure habits and cognitive effects', *Psychological Monographs*, 73: 1–48.

Baker, C.E. (1994) *Advertising and a Democratic Press*. Princeton, NJ: Princeton University Press.

Baker, C.E. (2007) *Media Concentraion and Democracy*. Cambridge: Cambridge University Press.

Baker, R.K. and Ball, S. (eds) (1969) *Violence and the Media*. Washington, DC: Government Printing Office.

Bakker, P. (2002) 'Free daily newspapers – business models and strategies', *International Journal on Media Management*, 4 (3): 180–187.

Ball-Rokeach, S.J. (1985) 'The origins of individual media-system dependency', *Communication Research*, 12 (4): 485–510.

Ball-Rokeach, S.J. (1998) 'A theory of media power and a theory of media use: different stories, questions and ways of thinking', *Mass Communication and Society*, 1 (2): 1–40.

Ball-Rokeach, S.J. (2001) 'The politics of studying media violence: reflections 30 years after the Violence Commission', *Mass Communication and Society*, 4 (1): 3–18.

Ball-Rokeach, S.J. and DeFleur, M.L. (1976) 'A dependency model of mass media effects', *Communication Research*, 3: 3–21.

Bandura, A. (1986) *Social Foundations of Thought and Actions: a Social Cognitive Theory*. Englewood Cliffs, NJ: Prentice-Hall.

Bandura, A. (2002) 'Social cognitive theory of mass communication', in J. Bryant and D. Zillman (eds), *Media Effects: Advances in Theory and Research*, 2nd edn, pp. 121–54. Hillsdale, NJ: Erlbaum.

Bantz, C.R. (1985) 'News organizations: conflict as crafted cultural norm', *Communication*, 8: 225–244.

Bantz, C.R., McCorkle, S. and Baade, R.C. (1980) 'The news factory', *Communication Research*, 7 (1): 45–68.

Bar, F. and Sandvig, C. (2008) 'US communication policy after convergence', *Media, Culture and Society*, 30 (4): 531–550.
Bardoel, J. (2002) 'The Internet, journalism and communication policies', *Gazette*, 65 (1): 501–11.
Bardoel, J. and d'Haenens, L. (2008) 'Reinventing public service broadcasting: promise and problems', *Media, Culture and Society*, 30 (3): 295–317.
Barker, M. (2003) 'Assessing the "quality" in qualitative research', *European Journal of Communication*, 18 (3): 315–335.
Barnes, B.E. and Thomson, L.M. (1994) 'Power to the people (meter): audience measurement technology and media specialization', in J.S. Ettema and D.C. Whitney (eds), *Audiencemaking: How the Media Create the Audience*, pp. 75–94. Thousand Oaks, CA: Sage.
Barthes, R. (1967) *Elements of Semiology*. London: Cape.
Barthes, R. (1972) *Mythologies*. London: Cape.
Barthes, R. (1977) *Image, Music, Text: Essays*, selected and translated by Stephen Heath. London: Fontana.
Barwise, T.P. and Ehrenberg, A.S.C. (1988) *Television and its Audience*. Newbury Park, CA: Sage.
Bass, A.Z. (1969) 'Refining the gatekeeper concept', *Journalism Quarterly*, 46: 69–72.
Baudrillard, J. (1983) *Simulations*. New York: Semiotext(e).
Bauer, R.A. (1958) 'The communicator and the audience', *Journal of Conflict Resolution*, 2 (1): 67–77. Also in L.A. Dexter and D.M. White (eds), *People, Society and Mass Communication*, pp. 125–139. New York: Free Press.
Bauer, R.A. (1964) 'The obstinate audience', *American Psychologist*, 19: 319–328.
Bauer, R.A. and Bauer, A. (1960) 'America, mass society and mass media', *Journal of Social Issues*, 10 (3): 366.
Bauman, Z. (1972) 'A note on mass culture: on infrastructure', in D. McQuail (ed.), *Sociology of Mass Communication*, pp. 61–74. Harmondsworth: Penguin.
Baym, N.K. (2002) 'Interpersonal life online', in L.A. Lievrouw and S. Livingstone (eds), *The Handbook of New Media*, pp. 62–76. London: Sage.
Becker, J. (2004) 'Lessons from Russia: a neo-authoritarian media system', *European Journal of Communication*, 19 (2): 139–164.
Becker, L. (1982) 'The mass media and citizen assessment of issue importance', in D.C. Whitney et al. (eds), *Mass Communication Review Yearbook*, vol. 3, pp. 521–536. Beverly Hills, CA: Sage.
Becker, L., Vlad, T. and Nusser, N. (2007) 'An evaluation of press freedom indicators', *International Communication Gazette*, 69 (2): 5–28.
Behr, R.L. and Iyengar, S. (1985) 'TV news, real world cues and changes in the public agenda', *Public Opinion Quarterly*, 49 (1): 38–57.
Bell, A. (1991) *The Language of News Media*. Oxford: Blackwell.
Bell, D. (1973) *The Coming of Post-Industrial Society*. New York: Basic Books.
Beniger, J.R. (1986) *The Control Revolution*. Cambridge, MA: Harvard University Press.
Beniger, J.R. (1987) 'Personalization of mass media and the growth of pseudo-community', *Communication Research*, 14 (3): 352–371.
Benjamin, W. (1977) 'The work of art in an age of mechanical reproduction', in J. Curran et al. (eds), *Mass Communication and Society*, pp. 384–408. London: Arnold.
Bennett, W.L. (1990) 'Towards a theory of press–state relations in the US', *Journal of Communication*, 40 (2): 103–125.
Bennett, W.L. (2003) 'The burglar alarm that just keeps ringing: a response to Zaller', *Political Communication*, 20 (2): 131–138.
Bennett, W.L. and Entman, R.M. (eds) (2000) *Mediated Politics*. Cambridge: Cambridge University Press.
Bennett, W.L. and Iyengar, S. (2008) 'A new era of minimal effects? Changing foundations of political communication', *Journal of Communication*, 58 (4): 707–731.

Bennett, W.L., Lawrence, R.G. and Livingstone, S. (2007) *When the Press Fails*. Chicago: Chicago University Press.

Bennett, W.L., Pickard, V.W., Iozzi, D.P., Schroeder, C.I., Lago, T. and Caswell, C.E. (2004) 'Managing the public sphere: journalistic constructions of the great globalization debate', *Journal of Communication*, 54 (3): 437–455.

Benson, R. and Neveu, E. (2005) *Bourdieu and the Journalistic Field*. Cambridge: Polity Press.

Benthall, J. (1993) *Disasters, Relief and the Media*. London: I.B. Taurus.

Bentivegna, S. (2002) 'Politics and the new media', in L.A. Lievrouw and S. Livingstone (eds), *The Handbook of New Media*, pp. 50–61. London: Sage.

Bentivegna, S. (2006) 'Rethinking politics in the world of ICTs', *European Journal of Communication*, 21 (3): 331–344.

Berelson, B. (1948) 'Communication and public opinion', in W. Schramm (ed.), *Communications in Modern Society*. Urbana, IL: University of Illinois Press.

Berelson, B. (1949) 'What missing the newspaper means', in P.F. Lazarsfeld and F.M. Stanton (eds), *Communication Research 1948–9*, pp. 111–129. New York: Duell, Sloan and Pearce.

Berelson, B. (1952) *Content Analysis in Communication Research*. Glencoe, IL: Free Press.

Berelson, B. (1959) 'The state of communication research', *Public Opinion Quarterly*, 23 (1): 16.

Berger, A.A. (1992) *Popular Genres*. Newbury Park, CA: Sage.

Berger, C.R. and Chaffee, S.H. (1987) 'The study of communication as a science', in C.R. Berger and S.H. Chaffee (eds), *Handbook of Communication Science*, pp. 15–19. Beverly Hills, CA: Sage.

Berger, P. and Luckmann, T. (1967) *The Social Construction of Reality*. Garden City, NJ: Anchor.

Berkowitz, D. (1990) 'Refining the gatekeeping concept for local television news', *Journal of Broadcasting and Electronic Media*, 34 (1): 55–68.

Berkowitz, D. (1992) 'Non-routine and news work', *Journal of Communication*, 42 (1): 82–94.

Berkowitz, L. (1984) 'Some effects of thoughts on anti- and prosocial influence of media events: a cognitive neoassociationistic analysis', *Psychological Bulletin*, 95 (3): 410–427.

Bermejo, F. (2009) 'Audience manufacture in historical perspective: from broadcasting to Google', *New Media and Society*, 11 (1/2): 133–154.

Bertrand, C-J. (2003) *An Arsenal for Democracy: Media Accountancy Systems*. Mahwah, NJ: Lawrence Erlbaum.

Biltereyst, D. (1991) 'Resisting American hegemony: a comparative analysis of the reception of domestic and US fiction', *European Journal of Communication*, 6 (4): 469–497.

Biltereyst, D. (1992) 'Language and culture as ultimate barriers?', *European Journal of Communication*, 7 (4): 517–540.

Biltereyst, D. (1995) 'Qualitative audience research and transnational media effects: a new paradigm?', *European Journal of Communication*, 10 (2): 245–270.

Biocca, F.A. (1988a) 'The breakdown of the canonical audience', in J. Anderson (ed.), *Communication Yearbook 11*, pp. 127–132. Newbury Park, CA: Sage.

Biocca, F.A. (1988b) 'Opposing conceptions of the audience', in J. Anderson (ed.), *Communication Yearbook 11*, pp. 51–80. Newbury Park, CA: Sage.

Bird, S.E. (1998) 'An audience perspective on the tabloidisation of news', *The Public*, 5 (3): 33–50.

Bird, S.E. and Dardenne, R.W. (2009) 'Rethinking news and myth as storytelling', in K. Wahl-Jorgensen and T. Hanitsch (eds), *The Handbook of Journalism Studies*, pp. 205–217. London: Routledge.

Blanchard, M.A. (1977) 'The Hutchins Commission, the press and the responsibility concept', *Journalism Monographs*, 49.

Blanchard, M.A. (1986) *Exporting the First Amendment: the Press–Government Crusade of 1945–1952*. New York: Longman.

Blau, P. and Scott, W. (1963) *Formal Organizations*. London: Routledge and Kegan Paul.

Blumer, H. (1933) *Movies and Conduct*. New York: Macmillan.

Blumer, H. (1939) 'The mass, the public and public opinion', in A.M. Lee (ed.), *New Outlines of the Principles of Sociology*. New York: Barnes and Noble.
Blumer, H. (1969) *Symbolic Interactionism*. New York: Prentice-Hall.
Blumer, H. and Hauser, P.M. (1933) *Movies, Delinquency and Crime*. New York: Macmillan.
Blumler, J.G. (1985) 'The social character of media gratifications', in K.E. Rosengren et al. (eds), *Media Gratification Research: Current Perspectives*, pp. 41–59. Beverly Hills, CA: Sage.
Blumler, J.G. (ed.) (1992) *Television and the Public Interest*. London: Sage.
Blumler, J.G. (1998) 'Wrestling with public interest in organized communications', in K. Brants, J. Hermes and L. van Zoonen (eds), *The Media in Question*, pp. 51–63. London: Sage.
Blumler, J.G. and Gurevitch, M. (1995) *The Crisis of Public Communication*. London: Routledge.
Blumler, J.G. and Katz, E. (eds) (1974) *The Uses of Mass Communications*. Beverly Hills, CA: Sage.
Blumler, J.G. and Kavanagh, D. (1999) 'The third age of political communication: influences and fears', *Political Communication*, 16 (3): 209–230.
Blumler, J.G. and McQuail, D. (1968) *Television in Politics: Its Uses and Influence*. London: Faber.
Boczkowski, P. (2004) *Digitizing the News*. Cambridge, MA: MIT Press.
Bogart, L. (1979) *Press and Public*. Hillsdale, NJ: Erlbaum.
Bogart, L. (1995) *Commercial Culture*. New York: Oxford University Press.
Bogart, L. (2004) 'Reflections on content quality in newspapers', *Newspaper Research Journal*, 25 (1): 40–53.
Boorstin, D. (1961) *The Image: a Guide to Pseudo-Events in America*. New York: Atheneum.
Bordewijk, J.L. and van Kaam, B. (1986) 'Towards a new classification of tele-information services', *Intermedia*, 14 (1): 1621. Originally published in *Allocutie*. Baarn: Bosch and Keuning, 1982.
Bourdieu, P. (1986) *Distinction: a Social Critique of the Judgement of Taste*. London: Routledge.
Boyd-Barrett, O. (1980) *The International News Agencies*. London: Constable.
Boyd-Barrett, O. (2001) 'National and international news agencies', *Gazette*, 62 (1): 5–18.
Boyd-Barrett, O. and Rantanen, T. (eds) (1998) *The Globalization of News*. London: Sage.
Braman, S. (2004) 'Technology', in J.D.H. Downing, D. McQuail, P. Schlesinger and E. Wartella (eds.), *The Sage Handbook of Media Studies*, pp. 123–144. Thousand Oaks, CA: Sage.
Braman, S. and Roberts, S. (2003) 'Advantage ISP: terms of service as media law', *New Media and Society*, 5 (4): 522–548.
Bramson, L. (1961) *The Political Context of Sociology*. Princeton, NJ: Princeton University Press.
Brants, K. (1998) 'Who's afraid of infotainment?', *European Journal of Communication*, 13 (3): 315–336.
Brants, K. and Siune, K. (1998) 'Politicisation in decline', in D. McQuail and K. Siune (eds), *Media Policy*, pp. 128–143. London: Sage.
Breed, W. (1955) 'Social control in the newsroom: a functional analysis', *Social Forces*, 33: 326–355.
Breed, W. (1956) 'Analysing news: some questions for research', *Journalism Quarterly*, 33: 467–77.
Breen, M. (2007) 'Mass media and new media technologies', in E. Devereux (ed.), *Media Studies*, pp. 55–77. London: Sage.
Brodasson, T. (1994) 'The sacred side of professional journalism', *European Journal of Communication*, 9 (3): 227–248.
Brown, J.R. (ed.) (1976) *Children and Television*. London: Collier-Macmillan.
Brown, J.R. and Linné, O. (1976) 'The family as a mediator of television's effects', in J.R. Brown (ed.), *Children and Television*, pp. 184–198. London: Collier-Macmillan.
Brunsdon, C. (2000) *The Feminist, the Housewife and the Soap Opera*. Oxford: Oxford University Press.
Bryant, J. and Miron, D. (2002) 'Entertainment as media effect', in J. Bryant and D. Zillman (eds.), *Media Effects: Advances in Theory and Research*, 2nd edn, pp. 549–582. Hillsdale, NJ: Erlbaum.
Bryant, J. and Zillmann, D. (eds) (1986) *Perspectives on Media Effects*. Hillsdale, NJ: Erlbaum.

Bryant, J. and Zillmann, D. (eds.) (2002) *Media Effects: Advances in Theory and Research*, 2nd edn. Hillsdale, NJ: Erlbaum.

Buckingham, D. (2002) 'The electronic generation? Children and new media', in L. Lievrouw and S. Livingstone (eds), *The Handbook of New Media*, pp. 77–89. London: Sage.

Bucy, E.P. (2003) 'Media credibility between on-air and online news', *Journalism and Mass Communication Quarterly*, 80 (2): 274–284.

Burgelin, O. (1972) 'Structural analysis and mass communication', in D. McQuail (ed.), *Sociology of Mass Communications*, pp. 313–28. Harmondsworth: Penguin.

Burgelman, J.C. (2000) 'Regulating access in the information society: the need for rethinking public and universal service', *New Media and Society*, 2 (1): 51–66.

Burnett, R. (1990) *Concentration and Diversity in the International Phonogram Industry*. Gothenburg: University of Gothenburg.

Burnett, R. (1996) *The Global Jukebox*. London: Routledge.

Burns, T. (1969) 'Public service and private world', in P. Halmos (ed.), *The Sociology of Mass Media Communicators*, pp. 53–73. Keele: University of Keele.

Burns, T. (1977) *The BBC: Public Institution and Private World*. London: Macmillan.

Calvert, C. (1997) 'Free speech and its harms: a communication theory perspective', *Journal of Communication*, 47 (1): 1–19.

Cantor, M. (1971) *The Hollywood Television Producers*. New York: Basic Books.

Cantor, M. (1994) 'The role of the audience in the production of culture', in J.S. Ettema and D.C. Whitney (eds.), *Audiencemaking*, pp. 159–170. Thousand Oaks, CA: Sage.

Cantor, J. (2002) 'Fright reactions to mass media', in J. Bryant and D. Zillmann (eds.), *Media Effects*, pp. 287–306. Mahwah, NJ: Erlbaum.

Cantril, H., Gaudet, H. and Hertzog, H. (1940) *The Invasion from Mars*. Princeton, NJ: Princeton University Press.

Cappella, J.N. (2002) 'Cynicism and social trust in the new media environment', *Journal of Communication*, 52 (1): 229–241.

Cappella, J.N. and Jamieson, K.H. (1997) *The Spiral of Cynicism: the Press and the Public Good*. New York: Oxford University Press.

Carey, J.W. (1969) 'The communication revolution and the professional communicator', in P. Halmos (ed.), *The Sociology of Mass Media Communicators*, pp. 23–38. Keele: University of Keele.

Carey, J.W. (1975) 'A cultural approach to communication', *Communication*, 2: 1–22.

Carey, J.W. (1988) *Communication as Culture*. Boston: Unwin Hyman.

Carey, J.W. (1998) 'Marshall McLuhan: genealogy and legacy', *Canadian Journal of Communication*, 23: 293–306.

Carey, J.W. (2003) 'New media and TV viewing behaviour', *NHK Broadcasting Studies*, 2: 45–63.

Carlson, M. (2007) 'Order versus access: news search engines and the challenge to traditional journalistic roles, *Media, Culture and Society*, 29 (6): 1014–1030.

Carlsson, U. (2003) 'The rise and fall of NWICO', *Nordicom Review*, 24 (2): 31–67.

Carlsson, U. and von Feilitzen, C. (eds) (1998) *Children, Media and Violence*. Paris: Unesco.

Carragee, K. and Roefs, W. (2004) 'The neglect of power in recent framing research', *Journal of Communication*, 54 (2): 214–233.

Cassidy, W.P. (2005) 'Variations on a theme: the professional role conceptions of print and online newspaper journalists', *Journalism and Mass Communication Quarterly*, 82 (2): 264–280.

Castello, E. (2007) 'The production of television fiction and nation-building', *European Journal of Communication*, 22 (1): 49–64.

Castells, M. (1996) *The Information Age*. Vol. I: *The Rise of the Network Society*. Oxford: Blackwell.

Castells, M. (2001) *The Internet Galaxy*. Oxford: Oxford University Press.

Castells, M. (2007) 'Communication power and counter power in the network society', *International Journal of Communication*, 1: 238–266.

Chadha, K. and Kavoori, A. (2005) 'Globalization and national media systems: mapping interactions in policies, markets and formats', in J. Curran and M. Gurevitch (eds), *Mass Media and Society*, 4th edn. pp. 84–103. London: Hodder Arnold.

Chaffee, S.H. (1975) 'The diffusion of political information', in S.H. Chaffee (ed.), *Political Communication*, pp. 85–128. Beverly Hills, CA: Sage.

Chaffee, S.H. (1981) 'Mass media effects: new research perspectives', in C.G. Wilhoit and H. de Back (eds), *Mass Communication Review Yearbook*, vol. 2, pp. 77–108. Beverly Hills, CA: Sage.

Chaffee, S.H. and Hochheimer, J.L. (1982) 'The beginnings of political communication research in the US: origins of the limited effects model', in E.M. Rogers and F. Balle (eds), *The Media Revolution in America and Europe*, pp. 263–283. Norwood, NJ: Ablex.

Chaffee, S.H. and Roser, C. (1986) 'Involvement and the consistency of knowledge, attitudes and behavior', *Communication Research*, 3: 373–399.

Chalaby, J. (2001) 'New media, new freedoms, new threats', *Gazette*, 62 (1): 19–29.

Chalaby, J. (2003) 'Television for a new global order', *Gazette*, 65 (6): 457–472.

Chang, T.-K., Himelboim, I., and Dong, D. (2009) 'Open global networks, closed international flows', *International Communication Gazette*, 71 (3): 137–159.

Chan-Olmstead, P. and Chang, B.-H. (2003) 'Diversification strategy of global media conglomerates', *Journal of Media Economics*, 16 (4): 213–233.

Chibnall, S. (1977) *Law and Order News*. London: Tavistock.

Christians, C. (1993) *Good News: Social Ethics and the Press*. New York: Oxford University Press.

Christians, C., Glasser, T., McQuail, D., Nordenstreng, K. and R. White (2009) *Normative Theory of the Press*. Urbana, IL: Illinois University Press.

Clark, T.N. (ed.) (1969) *On Communication and Social Influence: Collected Essays of Gabriel Tarde*. Chicago: Chicago University Press.

Clauson, R.A. and Trice, R. (2001) 'Poverty as we know it: media "portrayals" of the poor', *Public Opinion Quarterly*, 64: 53–64.

Clausse, R. (1968) 'The mass public at grips with mass communication', *International Social Science Journal*, 20 (4): 625–643.

Cohen, A. (2001) 'Between content and cognition: on the impossibility of television news', in K. Renckstorf, D. McQuail and N. Jankowski (eds.), *Television News Research: Recent European Approaches and Findings*, pp. 185–198. Berlin: Quintessence.

Cohen, B. (1963) *The Press and Foreign Policy*. Princeton, NJ: Princeton University Press.

Cohen, E.L. (2002) 'Online journalism as market-driven journalism', *Journal of Broadcasting and Electronic Media*, 46 (4): 532–548.

Cohen, J. (2001) 'Defining identification: a theoretical look at the identification of audiences with media characters', *Mass Communication and Society*, 4 (3): 245–264.

Cohen, S. (1972) *Folk Devils and Moral Panics*. London: McGibbon and Kee.

Cohen, S. and Young, J. (eds) (1973) *The Manufacture of News*. London: Constable.

Coleman, S. (1999) 'The new media and democratic politics', *New Media and Society*, 1 (1): 67–74.

Coleman, S. (ed.) (2000) *Televised Election Debates: International Perspectives*. New York: St Martin's Press.

Coleman, S. (2001) 'The transformation of citizenship' in B. Axford and R. Huggins (eds), *New Media and Politics*, pp. 109–26. London: Sage.

Coleman, S. (2005) 'New mediation and direct representation: reconceptualizing representation in the digital age', *New Media and Society*, 7 (2): 177–198.

Collins, R. (2006) 'Internet governance in the UK', *Media, Culture and Society*, 28 (3): 337–58.

Collins, R. (2008) 'Hierarchy or homeostasis? Hierarchy, markets and networks in UK media and communications governance', *Media, Culture and Society*, 30 (3): 295–317.

Comstock, G. (ed.) (1988) *Public Communication and Behavior*. New York: Academic.

Comstock, G., Chaffee, S., Katzman, N., McCombs, M. and Roberts, D. (1978) *Television and Human Behavior*. New York: Columbia University Press.

Connell, I. (1998) 'Mistaken identities: tabloid and broadsheet news discourses', *The Public*, 5 (3): 11-31.

Conway, J.C. and Rubin, A.M. (1991) 'Psychological predictors of television viewing motivation', *Communication Research*, 18 (4): 443-463.

Cook, T.E. (2006) 'The news media as a political institution: looking backward and looking forward', *Political Communication*, 23 (2): 159-172.

Cooper, E. and Jahoda, M. (1947) 'The evasion of propaganda', *Journal of Psychology*, 23: 15-25.

Cottle, S. (ed.) (2003) *News, Public Relations and Power*. London: Sage.

Craft, J. and Wanta, W. (2004) 'Women in the newsroom: influences of female editors and news reporters on the news agenda', *Journalism and Mass Communication Quarterly*, 81 (1): 124-38.

Crogan, P. (2008) 'Targeting, television and networking', *Convergence*, 14 (4): 375-385.

Curran, J. (1990) 'The new revisionism in mass communication research: a reappraisal', *European Journal of Communication*, 5 (2/3): 135-164.

Curran, J., Douglas, A. and Whannel, G. (1981) 'The political economy of the human interest story', in A. Smith (ed.), *Newspapers and Democracy*, pp. 288-316. Cambridge, MA: MIT Press.

Curran, J., Iyengar, S., Lund, A.B. and Salovaara-Moring, I. (2009) 'Media system, public knowledge and democracy: a comparative study', *European Journal of Communication*, 24 (1): 5-26.

Curran, J. and Seaton, J. (1997) *Power without Responsibility*, 5th edn. London: Fontana.

Dahlberg, L. (2001) 'Democracy via cyberspace', *New Media and Society*, 3 (2): 157-177.

Dahlberg, L. (2004) 'Cyber-publics and corporate control of online communication', *Javnost*, 11 (2): 77-93.

Dahlgren, P. (1995) *Television and the Public Sphere*. London: Sage.

Dahlgren, P. (2001) 'The transformation of democracy' in B. Axford and R. Huggins (eds), *New Media and Politics*, pp. 64-88. London: Sage.

Dahlgren, P. (2005) 'The internet, public sphere and political communication', *Political Communication*, 22 (2): 147-162.

Dahlgren, P. and Sparks, C.S. (eds) (1992) *Journalism and Popular Culture*. London: Sage.

D'Alessio, D. (2003) 'An experimental examination of readers' perceptions of media bias', *Journalism and Mass Communication Quarterly*, 80 (2): 282-294.

D'Alessio, D. and Allen, M. (2000) 'Media bias in presidential elections: a meta-analysis', *Journal of Communication*, 50 (1): 133-156.

D'Angelo, P. (2002) 'News framing as a multiparadigmatic research programme: a response to Entman', *Journal of Communication*, 52 (4): 870-88.

Darnton, R. (1975) 'Writing news and telling stories', *Daedalus*, Spring: 175-194.

Davis, A. (2003) 'Public relations and news sources', in S. Cottle (ed.) *News, Public Relations and Power*, pp. 27-42. London: Sage.

Davis, D.K. (1999) 'Media as public arena' in R.C. Vincent and K. Nordenstreng (eds), *Towards Equity in Global Communication*. Cresskill, NJ: Hampton.

Davis, D.K. and Robinson, J.P. (1986) 'News story attributes and comprehension', in J.P. Robinson and M. Levy (eds), *The Main Source*, pp. 179-210. Beverly Hills, CA: Sage.

Davis, D.K. and Robinson, J.P. (1989) 'Newsflow and democratic society', in G. Comstock (ed.), *Public Communication and Behavior*, vol. 2. Orlando, FL: Academic.

Davison, W.P. (1983) 'The third person effect', *Public Opinion Quarterly*, 47 (1): 1-15.

Dayan, D. and Katz, E. (1992) *Media Events*. Cambridge, MA: Harvard University Press.

Deacon, D. (2007) 'Yesterdays news and todays technology', *European Journal of Communication*, 22 (1): 5-25.

Dearing, J.W. and Rogers, E.M. (1996) *Agenda-Setting*. Thousand Oaks, CA: Sage.

Dee, J.L. (1987) 'Media accountability for real-life violence: a case of negligence or free speech?', *Journal of Communication*, 38 (1): 106–132.

DeFleur, M.L. (1970) *Theories of Mass Communication*, 2nd edn. New York: McKay.

DeFleur, M.L. and Ball-Rokeach, S. (1989) *Theories of Mass Communication*, 5th edn. New York: Longman.

Delia, J.G. (1987) 'Communication research: a history', in S.H. Chaffee and C. Berger (eds.), *Handbook of Communication Science*, pp. 20–98. Newbury Park, CA: Sage.

Deming, C.J. (1991) 'Hill Street Blues as narrative', in R. Avery and D. Eason (eds.), *Critical Perspectives on Media and Society*, pp. 240–264. New York: Guilford Press.

de Mue, J. (1999) 'The informatization of the world view', *Information, Communication and Society*, 2 (1): 69–94.

Dennis, E., Gilmor, D. and Glasser, T. (eds.) (1989) *Media Freedom and Accountability*. New York: Greenwood Press.

de Ridder, J. (1984) *Persconcentratie in Nederland*. Amsterdam: Uitgeverij.

de Saussure, F. (1915/1960) *Course in General Linguistics*. English trans. London: Owen.

Des Forges, A. (2002) 'Silencing the voices of hate in Rwanda', in M. Price and M. Thompson (eds.), *Forging Peace*, pp. 236–58. Edinburgh: Edinburgh University Press.

de Smaele, H. (1999) 'The application of Western models to the Russian media system', *European Journal of Communication*, 14 (2): 173–189.

Deuze, M. (2002) 'National news cultures', *Journalism and Mass Communication Quarterly*, 79 (1): 134–49.

Deuze, M. (2003) 'The web and its journalisms', *New Media and Society*, 5 (4): 203–30.

Deuze, M. (2005) 'Popular journalism and professional ideology: tabloid reporters and editors speak out', *Media, Culture and Society*, 27 (6): 801–822.

Deuze, M. (2007) *Media Work*. Cambridge: Polity Press.

De Vreese, C. (2006) 'Media message flows and interpersonal communication', *Communication Research*, 33 (1): 19–37.

De Waal, E. and Schoenbach, K. (2008) 'Presentation style and beyond: how print newspapers and online news expand awareness of public affairs', *Mass Communication and Society*, 11 (2): 161–176.

Dimitrova, D.V., Kaid, L.L., Williams, A.P. and Trammell, K.D. (2005) 'War on the web: The immediate news framing of Gulf War II', *The Harvard International Journal of Press/Politics*, 10 (1): 22–44.

Dimmick, J. and Coit, P. (1982) 'Levels of analysis in mass media decision-making', *Communication Research*, 9 (1): 3–32.

Dimmick, J. and Rothenbuhler, E. (1984) 'The theory of the niche: quantifying competition among media industries', *Journal of Communication*, 34 (3): 103–119.

Docherty, T. (ed.) (1993) *Postmodernism*. New York: Harvester Wheatsheaf.

Domingo, D. and Heinonen, A. (2008) 'Weblogs and journalism: a typology to explore the blurring boundaries', *Nordicom Review*, 29 (1): 3–15.

Dominick, J.R., Wurtzel, A. and Lometti, G. (1975) 'TV journalism as show business: a content analysis of eyewitness news', *Journalism Quarterly*, 52: 213–218.

Donohew, L., Palmgreen, P. and Rayburn, J.D. (1987) 'Social and psychological origins of media use: a lifestyle analysis', *Journal of Broadcasting and Electronic Media*, 31 (3): 255–278.

Donohue, G.A., Tichenor, P. and Olien, C.N. (1975) 'Mass media and the knowledge gap', *Communication Research*, 2: 3–23.

Doob, A. and McDonald, G.E. (1979) 'Television viewing and the fear of victimization: is the relationship causal?', *Journal of Social Psychology and Personality*, 37: 170–179. Reprinted in G.C. Wilhoit and H. de Bock (eds.), *Mass Communication Review Yearbook*, vol. 1, 1980, pp. 479–488. Beverly Hills, CA: Sage.

Dorfman, A. and Mattelart, A. (1975) *How to Read Donald Duck: Imperialist Ideology in the Disney Comic.* New York: International General.

Downes, F.J. and McMillan, S.J. (2000) 'Defining interactivity: a qualitative identification of key dimensions', *New Media and Society*, 2 (2): 157-179.

Downey, J. and Fenton, N. (2003) 'New media, counter publicity and the public sphere' *New Media and Society*, 5 (2): 185-202.

Downing, J. (2000) *Radical Media: Rebellious Communication and Social Movements.* Thousand Oaks, CA: Sage.

Downing, J.D. and Husband, C. (2005) *Ethnicity and Media.* London: Sage.

Dreier, P. (1982) 'The position of the press in the US power structure', *Social Problems*, 29 (3): 298-310.

Drotner, K. (1992) 'Modernity and media panics', in M. Skovmand and K. Schrøder (eds), *Media Cultures*, pp. 42-62. London: Routledge.

Drotner, K. (2000) 'Less is more: media ethnography and its limits', in I. Hagen and J. Wasko (eds), *Consuming Audiences?*, pp. 165-188. Cresskill, NJ: Hampton.

Druckman, J.M. (2005) 'Media matter: how newspapers and TV news cover the campaign and influence voters', *Political Communication*, 22 (4): 463-482.

Dupagne, M. and Waterman, D. (1998) 'Determinants of US TV fiction imports in West Europe', *Journal of Broadcasting and Electronic Media*, 42 (2): 208-220.

Dutton, W.H., Blumler, J.G. and Kraemar, K.L. (eds) (1986) *Wired Cities: Shaping the Future of Communications.* Boston: Chapman Hall.

Eastman, S.T. (1979) 'Uses of television and consumer lifestyles: a multivariate analysis', *Journal of Broadcasting*, 23 (3): 491-500.

Eastman, S.T. (1998) 'Programming theory under strain: the active industry and the active audience', in M.E. Roloff and G.D. Paulson (eds), *Communication Yearbook 21*, pp. 323-377. Thousand Oaks, CA: Sage.

Eco, U. (1977) *A Theory of Semiotics.* London: Macmillan.

Eco, U. (1979) *The Role of the Reader.* Bloomington, IN: University of Indiana Press.

Einsiedel, E. (1988) 'The British, Canadian and US pornography commissions and their use of social research', *Journal of Communication*, 38 (2): 108-121.

Eisenstein, E. (1978) *The Printing Press as an Agent of Change*, 2 vols. New York: Cambridge University Press.

Elliott, P. (1972) *The Making of a Television Series: a Case Study in the Production of Culture.* London: Constable.

Ellis, J. (1982) *Visible Fictions.* London: Routledge and Kegan Paul.

Elvestad, E. and Blekesaune, A. (2008) 'Newspaper readers in Europe: a multilevel study of individual and national differences', *European Journal of Communication*, 23 (4): 425-448.

Engwall, L. (1978) *Newspapers as Organizations.* Farnborough: Saxon House.

Enli, G. (2008) 'Redefining public service broadcasting', *Convergence*, 14 (1): 103-120.

Entman, R.M. (1989) *Democracy without Citizens: Media and the Decay of American Politics.* New York: Oxford University Press.

Entman, R.M. (1991) 'Framing US coverage of the international news: contrasts in narratives of the KAL and Iran air incidents', *Journal of Communication*, 41 (4): 6-27.

Entman, R.M. (1993) 'Framing: towards clarification of a fractured paradigm', *Journal of Communication*, 43 (4): 51-8.

Entman, R.M. (2005) 'Media and democracy without party competition', in J. Curran and M. Gurevitch (eds), *Mass Media and Society*, pp. 4th edn, 251-70. London: Hodder Arnold.

Entman, R.M. (2007) 'Framing bias: media in the distribution of power', *Journal of Communication*, 57 (1): 163-173.

Enzensberger, H.M. (1970) 'Constituents of a theory of the media', *New Left Review*, 64: 13–36. Also in D. McQuail (ed.), *Sociology of Mass Communications*, pp. 99–116. Harmondsworth: Penguin.

Ericson, R.V., Baranek, P.M. and Chan, J.B.L. (1987) *Visualizing Deviance*. Toronto: University of Toronto Press.

Esser, F., Reinemann, C. and Fan, D. (2000) 'Spin doctoring in British and German election campaigns', *European Journal of Communication*, 15 (2): 209–240.

Ettema, J. and Glasser, T. (1998) *Custodians of Conscience: Investigative Journalism and Public Virtue*. New York: Columbia.

Etzioni, A. (1961) *Complex Organizations*. Glencoe, IL: Free Press.

Eurobarometer No. 51 (1999). Brussels: The European Commission.

European Commission (1999) *Images of Women in the Media*. Luxembourg: European Commission.

European Journal of Communication (2007): (4). Special issue on the European Public Space.

Evans, J. (1999) 'Cultures of the visual', in J. Evans and S. Hall (eds.), *Visual culture: a Reader*, pp. 11–19. London: Sage.

Fallows, J. (1996) *Breaking the News*. New York: Pantheon.

Febvre, L. and Martin, H.J. (1984) *The Coming of the Book*. London: Verso.

Feintuck, M. (1999) *Media Regulation, Public Interest and the Law*. Edinburgh: University of Edinburgh Press.

Fengler, S. (2003) 'Holding the news media accountable: a study of media reporters and media criticism in the US', *Journalism and Mass Communication Quarterly*, 80 (4): 818–832.

Fengler, S. and Russ-Mohl, S. (2008) 'Journalists and the information-attention markets: towards an economic theory of journalism', *Journalism*, 9 (6): 667–690.

Ferguson, M. (1983) *Forever Feminine: Women's Magazines and the Cult of Femininity*. London: Heinemann.

Ferguson, M. (1986) 'The challenge of neo-technological determinism for communication systems of industry and culture', in M. Ferguson (ed.), *New Communication Technologies and the Public Interest*, pp. 52–70. London: Sage.

Ferguson, M. (ed.) (1992) 'The mythology about globalization', *European Journal of Communication*, 7: 69–93.

Ferguson, M. and Golding, P. (eds) (1997) *Cultural Studies in Question*. London: Sage.

Ferguson, D.A. and Perse, E.M. (2000) 'The WWW as a functional alternative to television', *Journal of Broadcasting and Electronic Media*, 44 (2): 155–175.

Festinger, L.A. (1957) *A Theory of Cognitive Dissonance*. New York: Row Peterson.

Findahl, O. (2001) 'News in our minds', in K. Renckstorf, D. McQuail and N. Jankowski (eds), *Television News Research: Recent European Approaches and Findings*, pp. 111–28. Berlin: Quintessence.

Findahl, O. and Hoijer, B. (1981) 'Studies of news from the perspective of human comprehension', in G.C. Wilhoit and H. de Back (eds), *Mass Communication Review Yearbook*, vol. 2, pp. 393–403. Beverly Hills, CA: Sage.

Findahl, O. and Hoijer, B. (1985) 'Some characteristics of news memory and comprehension', *Journal of Broadcasting and Electronic Media*, 29 (4): 379–398.

Fink, E.J. and Gantz, W. (1996) 'A content analysis of three mass communication research traditions: social science; interpretive studies; and critical analysis', *Journalism and Mass Communication Quarterly*, 73 (1): 114–134.

Finn, S. (1997) 'Origins of media exposure: linking personality traits to TV, radio, print and film use', *Communication Research*, 24 (5): 507–529.

Fishman, J. (1980) *Manufacturing News*. Austin, TX: University of Texas Press.

Fishman, M. (1982) 'News and non-events: making the visible invisible', in J.S. Ettema and D.C. Whitney (eds.), *Individuals in Mass Media Organizations*, pp. 219–40. Beverly Hills, CA: Sage.

Fiske, J. (1982) *Introduction to Communication Studies*. London: Methuen.
Fiske, J. (1987) *Television Culture*. London: Methuen.
Fiske, J. (1989) *Reading the Popular*. Boston: Unwin and Hyman.
Fiske, J. (1992) 'The cultural economy of fandom', in L. Lewis (ed.), *The Adoring Audience*, pp. 30–49. London: Routledge.
Fitzsimon, M. and McGill, L.T. (1995) 'The citizen as media critic', *Media Studies Journal*, Spring: 91–102.
Fjaestad, B. and Holmlov, P.G. (1976) 'The journalist's view', *Journal of Communication*, 2: 108–114.
Flanagan, A.J. and Metzger, M.J. (2000) 'Perceptions of Internet information credibility', *Journalism and Mass Communication Quarterly*, 77: 525–540.
Flanagan, A.J. and Metzger, M.J. (2007) 'Perceived credibility of web and web-based information', *New Media and Society*, 9 (2): 319–342.
Flegel, R.C. and Chaffee, S.H. (1971) 'Influences of editors, readers and personal opinion on reporters', *Journalism Quarterly*, 48: 645–651.
Foerstal, H.N. (2001) *From Watergate to Monicagate: Ten Controversies in Modern Journalism and Media*. Westport, CT: Greenwood Press.
Fortunati, L. (2005) 'Mediatizing the net and intermediatizing the media', *International Communication Gazette*, 67 (6): 29–44.
Frank, R.E. and Greenberg, B. (1980) *The Public's View of Television*. Beverly Hills, CA: Sage.
French, J.R.P. and Raven, B.H. (1953) 'The bases of social power', in D. Cartwright and A. Zander (eds), *Group Dynamics*, pp. 259–269. London: Tavistock.
Frick, F.C. (1959) 'Information theory', in S. Koch (ed.), *Psychology: a Study of a Science*, pp. 611–36. New York: McGraw-Hill.
Friedson, E. (1953) 'Communications research and the concept of the mass', *American Sociological Review*, 18 (3): 313–317.
Frissen, V. (1992) 'Trapped in electronic cages? Gender and new information technology', *Media, Culture and Society*, 14: 31–50.
Frith, S. (1981) *Sound Effects*. New York: Pantheon.
Fuchs, C. (2009) 'Information and communication technologies and society: a contribution to the critique of the political economy of the internet', *European Journal of Communication*, 24 (1): 69–87.
Gallagher, M. (1981) *Unequal Opportunities: the Case of Women and the Media*. Paris: Unesco.
Gallagher, M. (2003) 'Feminist media perspectives', in A.N. Valdivia (ed.), *A Companion to Media Studies*, pp. 19–39. Oxford: Blackwell.
Galtung, J. and Ruge, M. (1965) 'The structure of foreign news', *Journal of Peace Research*, 1: 64–90. Also in J. Tunstall (ed.), *Media Sociology*, pp. 259–298. London: Constable.
Gamble, A. and Watanabe, T. (2004) *A Public Betrayed*. Washington, DC: Regnery Publishing.
Gamson, W. and Modigliani, A. (1989) 'Media discourse and public opinion on nuclear power: a constructivist approach', *American Journal of Sociology*, 95: 1–37.
Gandy, O. (1982) *Beyond Agenda Setting*. Norwood, NJ: Ablex.
Gans, H.J. (1957) 'The creator–audience relationship in the mass media', in B. Rosenberg and D.M. White (eds), *Mass Culture*, pp. 315–324. New York: Free Press.
Gans, H.J. (1979) *Deciding What's News*. New York: Vintage.
Gasher, M. and Klein, R. (2007) 'Mapping the geography of on-line news', *Canadian Journal of Communication*, 33 (2): 193–211.
Gaziano, C. (1983) 'The "knowledge gap": an analytical review of media effects', *Communication Research*, 10 (4): 447–486.
Gaziano, C. (1989) 'Chain newspaper homogeneity and presidential endorsements 1971–1988', *Journalism Quarterly*, 66 (4): 836–845.

Gaziano, C. (1997) 'Forecast 2000: widening knowledge gaps', *Journalism and Mass Communication Quarterly*, 74 (2): 237–264.

Gaziano, C. and McGrath, K. (1987) 'Newspaper credibility and relationships of newspaper journalists to communities', *Journalism Quarterly*, 64 (2): 317–328.

Geiger, K. and Sokol, R. (1959) 'Social norms in watching television', *American Journal of Sociology*, 65 (3): 178–181.

Geraghty, C. (1991) *Women and Soap Operas*. Cambridge: Polity Press.

Gerbner, G. (1964) 'Ideological perspectives and political tendencies in news reporting', *Journalism Quarterly*, 41: 495–506.

Gerbner, G. (1969) 'Institutional pressures on mass communicators', in P. Halmos (ed.), *The Sociology of Mass Media Communicators*, pp. 205–248. Keele: University of Keele.

Gerbner, G. (1973) 'Cultural indicators: the third voice', in G. Gerbner, L. Gross and W. Melody (eds), *Communications Technology and Social Policy*, pp. 553–573. New York: Wiley.

Gerbner, G. and Gross, L. (1976) 'Living with television: the violence profile', *Journal of Communication*, 26 (2): 173–199.

Gerbner, G., Gross, L., Morgan, M. and Signorielli, N. (1984) 'The political correlates of TV viewing', *Public Opinion Quarterly*, 48: 283–300.

Gerbner, G., Gross, L., Morgan, M. and Signorielli, N. (2002) 'Growing up with television: cultivation processes' in J. Bryant and D. Zillmann (eds), *Media Effects*, pp. 19–42. Mahwah, NJ: Erlbaum.

Gerbner, G. and Marvanyi, G. (1977) 'The many worlds of the world's press', *Journal of Communication*, 27 (1): 52–66.

Giddens, A. (1991) *Modernity and Self-Identity*. Oxford: Polity Press.

Giddens, A. (1999) *Runaway World: How Globalisation is Shaping our Lives*. London: Profile Books.

Gieber, W. (1956) 'Across the desk: a study of 16 *Telegraph* editors', *Journalism Quarterly*, 33: 423–433.

Gieber, W. and Johnson, W. (1961) 'The City Hall beat: a study of reporter and source roles', *Journalism Quarterly*, 38: 289–297.

Giffard, C.A. (1989) *UNESCO and the Media*. White Plains, NY: Longman.

Gilboa, E. (2002) 'Global communication and foreign policy', *Journal of Communication*, 52 (4): 731–748.

Gilboa, E. (2005) 'The CNN effect: the search for a communication theory of international relations', *Political Communication*, 22 (1): 27–44.

Gitlin, T. (1978) 'Media sociology: the dominant paradigm', *Theory and Society*, 6: 205–253. Reprinted in G.C. Wilhoit and H. de Back (eds) (1981), *Mass Communication Review Yearbook*, vol. 2, pp. 73–122. Beverly Hills, CA: Sage.

Gitlin, T. (1980) *The Whole World Is Watching: Mass Media in the Making and Unmaking of the New Left*. Berkeley, CA: University of California Press.

Gitlin, T. (1989) 'Postmodernism: roots and politics', in I. Angus and S. Jhally (eds), *Cultural Politics in Contemporary America*, pp. 347–60. New York: Routledge.

Gitlin, T. (1997) 'The anti-political populism of cultural studies', in M. Ferguson and P. Golding (eds), *Cultural Studies in Question*, pp. 25–38. London: Sage.

Glasgow Media Group (1976) *Bad News*. London: Routledge and Kegan Paul.

Glasgow Media Group (1980) *More Bad News*. London: Routledge and Kegan Paul.

Glasgow Media Group (1985) *War and Peace News*. Milton Keynes: Open University Press.

Glasser, T.L. (1984) 'Competition among radio formats', *Journal of Broadcasting*, 28 (2): 127–142.

Glasser, T.L. (1986) 'Press responsibility and First Amendment values', in D. Eliott (ed.), *Responsible Journalism*, pp. 81–9. Newbury Park, CA: Sage.

Glasser, T.L. (ed.) (1999) *The Idea of Public Journalism*. New York: Guilford Press.

Glasser, T.L. (2009) 'Journalism and the second-order effect', *Journalism*, 2: 326–328.

Glasser, T.L. and Craft, S. (1997) 'Public journalism and the search for democratic ideals'. Stanford, CA: Stanford University Department of Communication.

Glasser, T.L., Awad, I. and Kim, J.W. (2009) 'The claims of multiculturalism and journalism's promise of diversity', *Journal of Communication*, 59 (1): 57–78.

Glenn, T.C., Sallot, L.M. and Curtin, P.A. (1997) 'Public relations and the production of news', in *Communication Yearbook 20*, pp. 111–15. Thousand Oaks, CA: Sage.

Glynn, C.J., Hayes, A.F. and Shanahan, J. (1997) 'Perceived support for one's opinion and willingness to speak out', *Public Opinion Quarterly*, 61 (3): 452–463.

Goff, P. (1999) *The Kosovo Wars and Propaganda*. Zurich: International Press Institute.

Goffman, E. (1974) *Frame Analysis: an Essay on the Organization of Experience*. New York: Harper and Row.

Goffman, E. (1976) *Gender Advertisements*. London: Macmillan.

Golding, P. (1977) 'Media professionalism in the Third World: the transfer of an ideology', in J. Curran, M. Gurevitch and J. Woollacott (eds), *Mass Communication and Society*, pp. 291–308. London: Arnold.

Golding, P. (1981) 'The missing dimensions: news media and the management of change', in E. Katz and T. Szecsk (eds), *Mass Media and Social Change*. London: Sage.

Golding, P. and Elliott, P. (1979) *Making the News*. London: Longman.

Golding, P. and Harris, P. (1998) *Beyond Cultural Imperialism*. London: Sage.

Golding, P. and Middleton, S. (1982) *Images of Welfare: Press and Public Attitudes to Poverty*. Oxford: Blackwell.

Golding, P. and Murdock, G. (1978) 'Theories of communication and theories of society', *Communication Research*, 5 (3): 339–356.

Golding, P. and van Snippenburg, L. (1995) 'Government communications and the media', in *Beliefs in Government*, vol. 30. London: Oxford University Press.

Goldstein, K. and Freedman, P. (2002) 'Lessons learned: campaign advertising in the 2000 elections', *Political Communication*, 19 (1): 5–28.

Goodhart, G.J., Ehrenberg, A.S.C. and Collins, M. (1975) *The Television Audience: Patterns of Viewing*. Westmead: Saxon House.

Gouldner, A. (1976) *The Dialectic of Ideology and Technology*. London: Macmillan.

Grabe, M.E., Karnhaus, R. and Yelyan, N. (2009) 'Informing citizens: how people with different levels of education process TV, newspaper and Web news', *Journal of Broadcasting and Electronic Media*, 53 (1): 90–111.

Grabe, M.E., Zhou, S., Lang, A. and Boll, P.D. (2000) 'Packaging TV news: the effects of tabloids on information processing and evaluative response', *Journal of Broadcasting and Electronic Media*, 44 (4): 581–598.

Grabe, M.E., Zhao, S. and Barnett, B. (2001) 'Explicating sensationalism in TV news: content and the bells and whistles of form', *Journal of Broadcasting and Electronic Media*, 45 (2): 635–655.

Graber, D. (1976a) 'Press and television as opinion resources in presidential campaigns', *Public Opinion Quarterly*, 40 (3): 285–303.

Graber, D. (1976b) *Verbal Behavior and Politics*. Urbana, IL: University of Illinois Press.

Graber, D. (1981) 'Political language', in D.D. Nimmo and D. Sanders (eds), *Handbook of Political Communication*, pp. 195–224. Beverly Hills, CA: Sage.

Graber, D. (1984) *Processing the News*. New York: Longman.

Graber, D. (1990) 'Seeing is remembering: how visuals contribute to TV news', *Journal of Communication*, 40 (3): 134–155.

Gramsci, A. (1971) *Selections from the Prison Notebooks*. London: Lawrence and Wishart.

Green, S. (1999) 'A plague on the panopticon: surveillance and power in the global information society', *Information, Communication and Society*, 2 (1): 26–44.

Greenberg, B.S. (1964) 'Person-to-person communication in the diffusion of a news event', *Journalism Quarterly*, 41: 489–494.

Greenberg, B.S. (ed.) (2002) *Communication and Terrorism: Public and Media Responses to 9/11*. Cresskill, NJ: Hampton.

Greenberg, B.S., Hofschire, L. and Lachlan, K. (2002) 'Diffusion, media use and interpersonal communication behavior', in B. Greenberg (ed.), *Communication and Terrorism: Public and Media Responses to 9/11*, pp. 3–16. Cresskill, NJ: Hampton.

Gringras, C. (1997) *The Laws of the Internet*. London: Butterworths.

Gripsrud, J. (1989) 'High culture revisited', *Cultural Studies*, 3 (2): 194–197.

Gripsrud, J. (2007) 'Television and the European public sphere', *European Journal of Communication*, 22 (4): 479–492.

Groebel, J. (1998) 'The UNESCO global study on media violence', in U. Carlsson and C. von Feilitzen (eds), *Children and Media Violence*, pp. 155–180. Göteborg: University of Göteborg.

Gronbeck, B.E. (2006) 'The USA Patriot Act: coming to terms with silenced voices', *Javnost*, 11 (2): 37–48.

Gross, L.P. (1977) 'Television as a Trojan horse', *School Media Quarterly*, Spring: 175–180.

Grossberg, L. (1989) 'MTV: swinging on the (postmodern) star', in I. Angus and S. Jhally (eds), *Cultural Politics in Contemporary Politics*, pp. 254–68. New York: Routledge.

Grossberg, L. (1991) 'Strategies of Marxist cultural interpretation in R. Avery and D. Easton (eds), *Critical Perspectives in Contemporary Politics*, pp. 254–268.

Grossberg, L., Wartella, E. and Whitney, D.C. (1998) *Media Making: Mass Media in a Popular Culture*. Thousand Oaks, CA: Sage.

Grossman, M.B. and Kumar, M.J. (1981) *Portraying the President*. Baltimore, MD: Johns Hopkins University Press.

Gumucio-Dagron, A. (2004) 'Alternative media', in J.D.H. Downing, D. McQuail, P. Schlesinger and E. Wartella (eds), *The Sage Handbook of Media Studies*, pp. 41–64. Thousand Oaks, CA: Sage.

Gunaratne, S.A. (2001) 'Paper, printing and the printing press', *Gazette*, 63 (6): 459–479.

Gunaratne, S.A. (2002) 'Freedom of the press: a world system perspective', *Gazette*, 64 (4): 342–69.

Gunaratne, S.A. (2005) *The Dao of the Press: a Humanocentric Theory*. Creskill, NJ: Hampton.

Gunter, B. (1987) *Poor Reception: Misunderstanding and Forgetting Broadcast News*. Hillsdale, NJ: Erlbaum.

Gunter, B. (1999) 'Television news and the audience in Europe', *The European Journal of Communication Research*, 24 (1): 5–38.

Gunter, B. and Winstone, P. (1993) *Public Attitudes to Television*. London: Libbey.

Gunther, A.C. (1998) 'The persuasive press inference: effects of the media on perceived public opinion', *Communication Research*, 25 (5): 486–504.

Gunther, A.C. and Christen, C.-T. (2002) 'Projection or persuasive press? Contrary effects of personal opinion and perceived news coverage on estimates of public opinion', *Journal of Communication*, 52 (1): 177–195.

Gunther, A.C. and Mugham, R. (2000) *Democracy and the Media*. Cambridge: Cambridge University Press.

Gurevitch, M., Bennet, T., Curran, J. and Woollacott, J. (eds) (1982) *Culture, Society and the Media*. London: Methuen.

Gurevitch, M. and Levy, M. (1986) 'Information and meaning: audience explanations of social issues', in J.P. Robinson and M. Levy (eds), *The Main Source*, pp. 159–75. Beverly Hills, CA: Sage.

Haas, T. and Steiner, L. (2006) 'Public journalism', *Journalism*, 7 (2): 238–254.

Habermas, J. (1962/1989) *The Structural Transformation of the Public Sphere*. Cambridge, MA: MIT Press.

Habermas, J. (2006) 'Political communication in media society: does democracy still enjoy an epistemic dimension? The impact of normative theory on empirical research', *Communication Theory*, 16 (4): 411–426.

Hachten, W.A. (1981) *The World News Prism: Changing Media, Changing Ideologies*. Ames, IA: Iowa State University Press.
Hackett, R.A. (1984) 'Decline of a paradigm? Bias and objectivity in news media studies', *Critical Studies in Mass Communication*, 1: 229-259.
Hafez, K. (2002) 'Journalism ethics revisited: a comparison of ethics codes in Europe, North Africa, the Middle East and Muslim Asia', *Political Communication*, 19 (3): 225-250.
Hagen, I. (1999) 'Slaves of the ratings tyranny? Media images of the audience', in P. Alasuutari (ed.), *Rethinking the Media Audience*, pp. 130-50. London: Sage.
Hagen, I. (2000) 'Modern dilemmas: TV audiences, time use and moral evaluation', in I. Hagen and J. Wasko (eds), *Consuming Audiences? Production and Reception in Media Research*, pp. 231-47. Cresskill, NJ: Hampton.
Halavais, A. (2000) 'National borders on the world wide web', *New Media and Society*, 2 (1): 7-28.
Halavais, A. (2009) *Search Engine Society*. Cambridge: Polity Press.
Hall, A. (2003) 'Reading realism: audiences' evaluations of the reality of media texts', *Journal of Communication*, 53 (4): 624-641.
Hall, S. (1974/1980) 'Coding and encoding in the television discourse', in S. Hall et al. (eds), *Culture, Media, Language*, pp. 197-208. London: Hutchinson.
Hall, S. (1977) 'Culture, the media and the ideological effect', in J. Curran et al. (eds), *Mass Communication and Society*, pp. 315-348. London: Arnold.
Hallin, D.C. (1992) 'Sound bite news: TV coverage of elections 1968-1988', *Journal of Communication*, 42 (2): 5-24.
Hallin, D.C. and Mancini, P. (1984) 'Political structure and representational form in US and Italian TV news', *Theory and Society*, 13 (40): 829-850.
Hallin, D.C. and Mancini, P. (2004) *Comparing Media Systems*. Cambridge: Cambridge University Press.
Halloran, J.D., Elliott, P. and Murdock, G. (1970) *Communications and Demonstrations*. Harmondsworth: Penguin.
Hamelink, C. (1983) *Cultural Autonomy in Global Communications*. Norwood, NJ: Ablex.
Hamelink, C. (1994) *The Politics of Global Communication*. London: Sage.
Hamelink, C. (1998) 'New realities in the politics of world communication', *The Public*, 5 (4): 71-74.
Hamelink, C. (2000) *The Ethics of Cyberspace*. London: Sage.
Handel, L. (1950) *Hollywood Looks at its Audience*. Urbana, IL: University of Illinois Press.
Hanitsch, T. (2007) 'Deconstructing journalism culture: toward a universal theory', *Communication Theory*, 17: 367-385.
Harcup, T. and O'Neill, D. (2001) 'What is news? Galtung and Ruge revisited', *Journalism Studies*, 2 (2): 261-279.
Hardt, H. (1979) *Social Theories of the Press: Early German and American Perspectives*. Beverly Hills, CA: Sage.
Hardt, H. (1991) *Critical Communication Studies*. London: Routledge.
Hardt, H. (2003) *Social Theories of the Press*, 2nd edn. Lanham, MD: Rowman and Littlefield.
Hargittai, E. (2004) 'Internet access and use in context', *New Media and Society*, 6 (1): 115-121.
Hargittai, E. and Hinnant, A. (2008) 'Digital inequality', *Communication Research*, 35 (5): 600-621.
Hargrave, A.M. and Livingstone, S. (2006) *Harm and Offence in Media Content*. Bristol: Intellect.
Hargrove, T. and Stempel, G.H. III (2002) 'Exploring reader interest in news', *Newspaper Research Journal*, 23 (4): 46-51.
Harris, N.G.E. (1992) 'Codes of conduct for journalists', in A. Belsey and R. Chadwick (eds), *Ethical Issues in Journalism*, pp. 62-76. London: Routledge.
Hartley, J. (1992) *The Politics of Pictures*. London: Routledge.
Hartman, P. and Husband, C. (1974) *Racism and Mass Media*. London: Davis Poynter.

Harvey, D. (1989) *The Condition of Postmodernity*. Oxford: Blackwell.
Hassan, R. (2008) *The Information Society*. Cambridge: Polity Press.
Hawkes, T. (1977) *Structuralism and Semiology*. London: Methuen.
Hawkins, R.P. and Pingree, S. (1983) 'TV's influence on social reality', in E. Wartella et al. (eds), *Mass Communication Review Yearbook*, vol. 4, pp. 53–76. Beverly Hills, CA: Sage.
Hebdige, D. (1978) *Subculture: the Meaning of Style*. London: Methuen.
Hedinsson, E. (1981) *Television, Family and Society: the Social Origins and Effects of Adolescent TV Use*. Stockholm: Almqvist and Wiksell.
Heeter, C. (1988) 'The choice process model', in C. Heeter and B.S. Greenberg (eds), *Cable Viewing*, pp. 11–32. Norwood, NJ: Ablex.
Heinderyckx, F. (1993) 'TV news programmes in West Europe: a comparative study', *European Journal of Communication*, 8 (4): 425–450.
Held, V. (1970) *The Public Interest and Individual Interests*. New York: Basic Books.
Hellman, H. (2001) 'Diversity: an end in itself?', *European Journal of Communication Research*, 16 (2): 281–308.
Hellsten, I., Leydesdorp, L. and Wouters, P. (2006) 'Multiple presents: how search engines rewrite the past', *New Media and Society*, 8 (6): 901–924.
Hemánus, P. (1976) 'Objectivity in news transmission', *Journal of Communication*, 26: 102–107.
Herman, E. (2000) 'The propaganda model: a retrospective', *Journalism Studies*, 1 (1): 101–11.
Herman, E. and Chomsky, N. (1988) *Manufacturing Consent: the Political Economy of Mass Media*. New York: Pantheon.
Hermes, J. (1995) *Reading Women's Magazines*. Cambridge: Polity Press.
Hermes, J. (1997) 'Gender and media studies: no woman, no cry', in J. Corner, P. Schlesinger and R. Silverstone (eds), *International Media Research*, pp. 65–95. London: Routledge.
Hermes, J. (1999) 'Media figures in identity construction', in P. Alasuutari (ed.), *Rethinking the Media Audience*, pp. 69–85. London: Sage.
Hermes, J. (2007) 'Media representations of social structure: gender', in E. Devereux (ed.), *Media Studies*, pp. 191–210. London: Sage.
Herrscher, R.A. (2002) 'A universal code of journalism ethics: problems, limitations and purposes', *Journal of Mass Media Ethics*, 17 (4): 277–289.
Herzog, H. (1944) 'What do we really know about daytime serial listeners?', in P.F. Lazarsfeld (ed.), *Radio Research 1942–3*, pp. 2–23. New York: Duell, Sloan and Pearce.
Hessler, R.C. and Stipp, H. (1985) 'The impact of fictional suicide stories on US fatalities: a replication', *American Journal of Sociology*, 90 (1): 151–167.
Hetherington, A. (1985) *News, Newspapers and Television*. London: Macmillan.
Hills, J. (2002) *The Struggle for the Control of Global Communication*. Urbana, IL: University of Illinois Press.
Himmelweit, H.T., Vince, P. and Oppenheim, A.N. (1958) *Television and the Child*. London: Oxford University Press.
Hindman, D.B. and Wiegand, K. (2008) 'The Big Three's prime time decline', *Journal of Broadcasting and Electronic Media*, 52 (1): 119–135.
Hirsch, P.M. (1977) 'Occupational, organizational and institutional models in mass communication', in P.M. Hirsch et al. (eds), *Strategies for Communication Research*, pp. 13–42. Beverly Hills, CA: Sage.
Hirsch, P.M. (1980) 'The "scary world" of the non-viewer and other anomalies: a reanalysis of Gerbner et al.'s findings in cultivation analysis, Part 1', *Communication Research*, 7 (4): 403–456.
Hirsch, P.M. (1981) 'On not learning from one's mistakes, Part II', *Communication Research*, 8 (1): 3–38.
Hjarvard, S. (2008) '"The mediatization of society": a study of media as agents of social and cultural change', *Nordicom Review*, 29 (1): 105–134.

Hobson, D. (1982) *Crossroads: the Drama of Soap Opera*. London: Methuen.
Hobson, D. (1989) 'Soap operas at work', in F. Seiter et al. (eds), *Remote Control*, pp. 130–149. London: Routledge.
Hocking, W.E. (1947) *Freedom of the Press: a Framework of Principle*. Chicago: University of Chicago Press.
Hodges, L.W. (1986) 'Defining press responsibility: a functional approach', in D. Elliot (ed.), *Responsible Journalism*, pp. 13–31. Beverly Hills, CA: Sage.
Hoffmann-Riem, W. (1996) *Regulating Media*. London: Guilford Press.
Hoffner, C.H., Plotkin, R.S. et al. (2001) 'The third-person effects in perceptions of the influence of TV violence', *Journal of Communication*, 51 (2): 383–399.
Hoijer, B. (2000) 'Audiences' expectations and interpretations of different TV genres', in I. Hagen and J. Wasko (eds), *Consuming Audiences? Production and Reception in Media Research*, pp. 189–208. Cresskill, NJ: Hampton.
Hoijer, B. (2008) 'Ontological assumptions and generalization in qualitative (audience) research', *European Journal of Communication*, 23 (3): 275–294.
Holden, R.T. (1986) 'The contagiousness of aircraft hijacking', *American Journal of Sociology*, 91 (4): 876–904.
Holub, R. (1984) *Reception Theory*. London: Methuen.
Horsti, K. (2003) 'Global mobility and the media: presenting asylum seekers as a threat', *Nordicom Review*, 24 (1): 41–54.
Horton, D. and Wohl, R.R. (1956) 'Mass communication and parasocial interaction', *Psychiatry*, 19: 215–229.
Horvath, C.W. (2004) 'Measuring TV addiction', *Journal of Broadcasting and Electronic Media*, 48 (3): 378–98.
Hoskins, C. and Mirus, R. (1988) 'Reasons for the US dominance of the international trade in television programmes', *Media, Culture and Society*, 10: 499–515.
Hovland, C.I., Lumsdaine, A.A. and Sheffield, F.D. (1949) *Experiments in Mass Communication*. Princeton, NJ: Princeton University Press.
Huaco, G.A. (1963) *The Sociology of Film Art*. New York: Basic Books.
Huesca, R. (2003) 'From modernization to participation: the past and future of development communication in media studies', in A.N. Valdivia (ed.), *A Companion to Media Studies*, pp. 50–71. Oxford: Blackwell.
Huesmann, L.R. (1986) 'Psychological processes prompting the relation between exposure to media violence and aggressive behavior by the viewer', *Journal of Social Issues*, 42 (3): 125–139.
Hughes, H.M. (1940) *News and the Human Interest Story*. Chicago: University of Chicago Press.
Hughes, M. (1980) 'The fruits of cultivation analysis: a re-examination of some effects of TV viewing', *Public Opinion Quarterly*, 44 (3): 287–302.
Hutchins, R. (1947) Commission on Freedom of the Press. *A Free and Responsible Press*. Chicago: University of Chicago Press.
Innis, H. (1950) *Empire and Communication*. Oxford: Clarendon Press.
Innis, H. (1951) *The Bias of Communication*. Toronto: University of Toronto Press.
Iosifides, P. (2002) 'Digital convergence: challenges for European regulation', *The Public*, 9 (3): 27–48.
Isfati, Y. and Cappella, J.N. (2003) 'Do people watch what they do not trust? Exploring the association between news media, skepticism and exposure', *Communication Research*, 30 (5): 504–529.
Ishikawa, S. (ed.) (1996) *Quality Assessment of Television*. Luton: Luton University Press.
Ito, Y. (1981) 'The "Johoka Shakai" approach to the study of communication in Japan', in G.C. Wilhoit and H. de Bock (eds.), *Mass Communication Review Yearbook*, vol. 2. Beverly Hills, CA: Sage.

Ito & Kochevar, I.J. (1983) 'Factors accounting for the flow of international communications', *Keio Communication Review*, 4: 13-38.

Iyengar, S. (1991) *Is Anyone Responsible?* Chicago: University of Chicago Press.

Iyengar, S. and Kinder, D.R. (1987) *News That Matters: Television and American Opinion*. Chicago: University of Chicago Press.

Iyengar, S. and Simon, A. (1997) 'News coverage of the Gulf crisis and public opinion', in S. Iyengar and R. Reeves (eds), *Do the Media Govern?*, pp. 248-257. Thousand Oaks, CA: Sage.

Iyengar, S., Hahn, K.S., Bonfadelli, H. and Marr, M. (2009) '"Dark areas of ignorance" revisited: comparing international affairs knowledge in Switzerland and the United States', *Communication Research,* 36 (3): 341-358.

Jackson, C., Brown, J.D. and Parden, C.J. (2008) 'A TV in the bedroom: implications for viewing habits and risk behaviors', *Journal of Broadcasting and Electronic Media*, 52 (3): 349-367.

Jakubovicz, K. (2007) 'The Eastern European/post communist media model countries', in G. Terzis (ed.), *European Media Governance*, pp. 303-14. Bristol: Intellect.

Jameson, F. (1984) 'Postmodernism: the cultural logic of late capitalism', *New Left Review*, 146 (July-August): 53-92.

Jamieson, J.H. and Waldman, P. (2003) *The Press Effect*. New York: Basic Books.

Jamieson, P., Jamieson, K.H. and Romer, D. (2003) 'The responsible reporting of suicide in print journalism', *American Behavioral Scientist*, 46 (112): 1643-1660.

Jankowski, N. (2002) 'Creating Community with media' in L. Lievrouw and S. Livingstone (eds), *The Handbook of New Media*, pp. 34-49. London: Sage.

Janowitz, M. (1952) *The Community Press in an Urban Setting*. Glencoe, IL: Free Press.

Janowitz, M. (1968) 'The study of mass communication', in *International Encyclopedia of the Social Sciences*, vol. 3, pp. 41-53. New York: Macmillan.

Janowitz, M. (1975) 'Professional models in journalism: the gatekeeper and advocate', *Journalism Quarterly*, 52 (4): 618-626.

Jansen, S.C. (1988) *Censorship*. New York: Oxford University Press.

Jay, M. (1973) *The Dialectical Imagination*. London: Heinemann.

Jenkins, H. (2004) *The Cultural Logic of Media Convergence.* New York: New York University Press.

Jenkins, H. and Deuze, M. (2008) 'Convergence culture', *Convergence*, 14 (1): 5-12.

Jensen, J. (1992) 'Fandom as pathology: the consequences of characterization', in L.A. Lewis (ed.), *The Adoring Audience*, pp. 9-23. London: Routledge.

Jensen, K.B. (1986) *Making Sense of the News*. Aarhus: Aarhus University Press.

Jensen, K.B. (1991) 'When is meaning? Communication theory, pragmatism and mass media reception', in J. Anderson (ed.), *Communication Yearbook 14*, pp. 3-32. Newbury Park, CA: Sage.

Jensen, K.B. (1998) 'Local empiricism, global theory: problems and potentials of comparative research on news reception', *The European Journal of Communication Research*, 23 (4): 427-445.

Jensen, K.B. (2001) 'Local empiricism, global theory: problems and potentials of comparative research on news reception', in K. Renckstorf, D. McQuail and N. Jankowski (eds), *Television News Research: Recent European Approaches and Findings*, pp. 129-147. Berlin: Quintessence.

Jensen, K.B. and Jankowski, N. (eds) (1991) *A Handbook of Qualitative Methodologies*. London: Routledge.

Jensen, K.B. and Rosengren, K.E. (1990) 'Five traditions in search of the audience', *European Journal of Communication*, 5 (2/3): 207-238.

Jhally, S. and Livant, B. (1986) 'Watching as working: the valorization of audience consciousness', *Journal of Communication*, 36 (2): 124-163.

Johansson, T. and Miegel, F. (1992) *Do the Right Thing*. Stockholm: Almqvist and Wiksell.

Johns, A. (1998) *The Nature of the Book*. Chicago: Chicago University Press.
Johnson, T.J. and Kaye, B.K. (2002) 'I heard it through the internet: examining factors that determine online credibility among politically motivated internet users', in A.V. Stavros (ed.), *Advances in Communications and Media Research*, vol. 1, pp. 181–202. Hauphage, NY: Nova.
Johnstone, J.W.L., Slawski, E.J. and Bowman, W.W. (1976) *The News People*. Urbana, IL: University of Illinois Press.
Jones, S.G. (ed.) (1997) *Virtual Culture: Identity and Communication in Cybersociety*. London: Sage.
Jones, S.G. (ed.) (1998) *Cybersociety 2.0: Revisiting Computer-Mediated Communication and Community*. London: Sage.
Jowett, G. and Linton, J.M. (1980) *Movies as Mass Communication*. Beverly Hills, CA: Sage.
Jowett, G. and O'Donnell, V. (1999) *Propaganda and Persuasion*, 3rd edn. Beverly Hills, CA: Sage.
Kahn, R. and Kellner, D. (2004) 'New media and Internet activism: from the battle of Seattle to Bloggery', *New Media and Society*, 6 (1): 87–95.
Kalyanaraman, S. and Sundar, S.S. (2008) 'Portrait of the portal as a metaphor: explicating web portals for communication research', *Journalism and Mass Communication Quarterly*, 65 (2): 239–256.
Kaminsky, S.M. (1974) *American Film Genres*. Dayton, OH: Pflaum.
Kaplan, E.A. (1987) *Rocking Around the Clock: Music Television, Postmodernism and Consumer Culture*. London: Methuen.
Kaplan, E.A. (1992) 'Feminist critiques and television', in R.C. Allen (ed.), *Channels of Discourse Reassembled*, pp. 247–283. London: Routledge.
Karppingen, K. (2007) 'Against naïve pluralism in media politics: on implications of radical-pluralist approach to the public sphere', *Media, Culture and Society*, 29 (3): 495–508.
Katz, D. (1960) 'The functional approach to the study of attitudes', *Public Opinion Quarterly*, 24: 163–204.
Katz, E. (1977) *Social Research and Broadcasting: Proposals for Further Development*. London: BBC.
Katz, E. (1983) 'Publicity and pluralistic ignorance: notes on the spiral of silence', in E. Wartella et al. (eds), *Mass Communication Review Yearbook*, vol. 4, pp. 89–99. Beverly Hills, CA: Sage.
Katz, E., Adoni, H. and Parness, P. (1977) 'Remembering the news: what the picture adds to the sound', *Journalism Quarterly*, 54: 231–239.
Katz, E., Blumler, J.G. and Gurevitch, M. (1974) 'Utilization of mass communication by the individual', in J.G. Blumler and E. Katz (eds), *The Uses of Mass Communication*, pp. 19–32. Beverly Hills, CA: Sage.
Katz, E., Gurevitch, M. and Haas, H. (1973) 'On the use of mass media for important things', *American Sociological Review*, 38: 164–181.
Katz, E. and Lazarsfeld, P.F. (1955) *Personal Influence*. Glencoe, IL: Free Press.
Katz, E., Lewin, M.L. and Hamilton, H. (1963) 'Traditions of research on the diffusion of innovations', *American Sociological Review*, 28: 237–252.
Katz, J.E. and Rice, R.E. (2002) *Social Consequences of Internet Use: Access, Involvement and Interaction*. Cambridge, MA: MIT Press.
Kaye, B.K. and Johnson, T.J. (2002) 'Online and in the know: uses and gratifications of the web for political information', *Journal of Broadcasting and Electronic Media*, 46 (1): 54–71.
Kellner, D. (1992) *The Persian Gulf War*. Boulder, CO: Westview.
Kelman, H. (1961) 'Processes of opinion change', *Public Opinion Quarterly*, 25: 57–78.
Kepplinger, H.M. (1983) 'Visual biases in TV Campaign coverage', in E. Wartella et al. (eds), *Mass Communication Review Yearbook*, vol. 4, pp. 391–405. Beverly Hills, CA: Sage.
Kepplinger, H.M. (1999) 'Non-verbal communication', in H.-B. Brosius and C. Holtz-Bacha (eds), *The German Communication Yearbook*. Cresskill, NJ: Hampton.
Kepplinger, H.M. (2002) 'Mediatization of politics: theory and data', *Journal of Communication*, 52 (4): 972–986.
Kepplinger, H.M. and Habermeier, J. (1995) 'The impact of key events on the presentation of reality', *European Journal of Communication*, 10 (3): 371–390.

Kepplinger, H.M. and Koecher, R. (1990) 'Professionalism in the media world?', *European Journal of Communication*, 5 (2/3): 285–311.
Kerner, O. et al. (1968) *Report of the National Advisory Committee on Civil Disorders*. Washington, DC: Government Printing Office.
Kingsbury, S.M. and Hart, M. (1937) *Newspapers and the News*. New York: Putnam.
Kiousis, S. (2001) 'Public trust or mistrust? Perceptions of media credibility in the information age', *Mass Communication and Society*, 4 (4): 381–403.
Kiousis, S. (2002) 'Interactivity: a concept explication', *New Media and Society*, 4 (3): 329–354.
Kitzinger, J. (2007) 'Framing and frame analysis' in E. Devereux, E. (ed) *Media Studies*, pp. 134–161.
Klaehn, J. (2002) 'A critical review and assessment of Herman and Chomsky's "Propaganda Model"', *European Journal of Communication*, 17 (2): 147–182.
Klapper, J. (1960) *The Effects of Mass Communication*. New York: Free Press.
Klotz, R.J. (2004) *The Politics of the Internet*. Lanham MD: Rowman and Littlefield.
Knight, A., Geuze, C. and Gerlis, A. (2008) 'Who is a journalist?', *Journalism Studies*, 9 (1): 117–131.
Knobloch, S. and Zillmann, D. (2002) 'Mood management via the digital juke box', *Journal of Communication*, 52 (2): 351–366.
Kracauer, S. (1949) 'National types as Hollywood represents them', *Public Opinion Quarterly*, 13: 53–72.
Kraus, S. and Davis, D.K. (1976) *The Effects of Mass Communication on Political Behavior*. University Park, PA: Pennsylvania State University Press.
Kraus, S., Davis, D.K., Lang, G.E. and Lang, K. (1975) 'Critical events analysis', in S.H. Chaffee (ed.), *Political Communication Research*, pp. 195–216. Beverly Hills, CA: Sage.
Kramar, M. (1996) 'Family communication patterns, discourse behavior and child TV viewing', *Human Communication Research*, 23 (2): 251–277.
Krcmar, M. and Vierig, E.V. (2005) 'Imitating life, imitating television', *Communication Research*, 32 (3): 267–94.
Krippendorf, K. (2004) *Content Analysis*, 2nd edn. Thousand Oaks, CA: Sage.
Krotz, F. and von Hasebrink, U. (1998) 'The analysis of people-meter data: individual patterns of viewing behavior and viewers' cultural background', *The European Journal of Communication Research*, 23 (2): 151–174.
Krugman, H.E. (1965) 'The impact of television advertising: learning without involvement', *Public Opinion Quarterly*, 29: 349–356.
Kubey, R.W. and Csikszentmihalyi, M. (1991) *Television and the Quality of Life*. Hillsdale, NJ: Erlbaum.
Kuhn, M. (2007) 'Interactivity and prioritizing the human: a code of blogging ethics', *Journal of Mass Media Ethics*, 22 (1): 18–36.
Kumar, C. (1975) 'Holding the middle ground', *Sociology*, 9 (3): 67–88. Reprinted in J. Curran et al. (eds), *Mass Communication and Society*, pp. 231–48. London: Arnold.
Küng, L., Picard, R.G. and Towse, R. (eds) (2008) *The Internet and the Mass Media*. London: Sage.
Lacy, S. and Martin, H.J. (2004) 'Competition, circulation and advertising', *Newspaper Research Journal*, 25 (1): 18–39.
Laitila, T. (1995) 'Journalistic codes of ethics in Europe', *European Journal of Communication*, 10 (4): 513–526.
Lang, G. and Lang, K. (1981) 'Mass communication and public opinion: strategies for research', in M. Rosenberg and R.H. Turner (eds), *Social Psychology: Sociological Perspectives*, pp. 653–82. New York: Basic Books.
Lang, G. and Lang, K. (1983) *The Battle for Public Opinion*. New York: Columbia University Press.
Lang, K. and Lang, G.E. (1953) 'The unique perspective of television and its effect', *American Sociological Review*, 18 (1): 103–112.

Langer, J. (2003) 'Tabloid television and news culture', in S. Cottle (ed.), *News, Public Relations and Power*, pp. 135–152. London: Sage.

Lanzen, M.M., Dozier, D.M. and Horan, N. (2008) 'Constructing gender stereotypes through social roles in prime time TV', *Journal of Broadcasting and Electronic Media*, 52 (2): 200–14.

LaRose, R. and Eastin, M.S. 'A social cognitive theory of internet uses and gratifications: towards a new model of media attendance', *Journal of Broadcasting and Electronic Media*, 48 (3): 358–377.

Lasswell, H. (1927) *Propaganda Techniques in the First World War*. New York: Knopf.

Lasswell, H. (1948) 'The structure and function of communication in society', in L. Bryson (ed.), *The Communication of Ideas*, pp. 32–51. New York: Harper & Row.

Lauristin, M. (2007) 'The European public sphere and the social imaginary of the "New Europe"', *European Journal of Communication*, 22 (4): 397–412.

Lazarsfeld, P.F. (1941) 'Remarks on administrative and critical communication research studies', *Philosophy and Social Science*, IX (2).

Lazarsfeld, P.F., Berelson, B. and Gaudet, H. (1944) *The People's Choice*. New York: Duell, Sloan and Pearce.

Lazarsfeld, P.F. and Stanton, F. (1944) *Radio Research 1942–3*. New York: Duell, Sloan and Pearce.

Lazarsfeld, P.F. and Stanton, F. (1949) *Communication Research 1948–1949*. New York: Harper & Row.

Lehmann, I.A. (2005) 'Exploring the transatlantic divide over Iraq', *The Harvard International Journal of Press/Politics*, 10 (1): 63-89.

Lehmann-Wilzig, S. and Cohen-Avigdor, N. (2004) 'The natural life cycle of new media evolution', *New Media and Society*, 6 (6): 707–730.

Leiss, W. (1989) 'The myth of the information society', in I. Angus and S. Jhally (eds), *Cultural Politics in Contemporary America*, pp. 282–98. New York: Routledge.

Lemert, J.B. (1989) *Criticizing the Media*. Newbury Park, CA: Sage.

Lerner, D. (1958) *The Passing of Traditional Society*. New York: Free Press.

Lessig, L. (1999) *Code and Other Laws of Cyberspace*. New York: Basic Books.

Levy, M.R. (1977) 'Experiencing television news', *Journal of Communication*, 27: 112–117.

Levy, M.R. (1978) 'The audience experience with television news', *Journalism Monographs*, 55.

Levy, M.R. and Windahl, S. (1985) 'The concept of audience activity', in K.E. Rosengren et al. (eds), *Media Gratification Research*, pp. 109–122. Beverly Hills, CA: Sage.

Lewis, G.H. (1981) 'Taste cultures and their composition: towards a new theoretical perspective', in E. Katz and T. Szecskö (eds), *Mass Media and Social Change*, pp. 201–217. Newbury Park, CA: Sage.

Lewis, G.H. (1992) 'Who do you love? The dimensions of musical taste', in J. Lull (ed.), *Popular Music and Communication*, 2nd edn, pp. 134–51. Newbury Park, CA: Sage.

Lichtenberg, J. (1991) 'In defense of objectivity', in J. Curran and M. Gurevitch (eds), *Mass Media and Society*, pp. 216–31. London: Arnold.

Lichter, S.R. and Rothman, S. (1986) *The Media Elite: America's New Power Brokers*. Bethesda, MD: Adler and Adler.

Liebes, T. and Katz, E. (1986) 'Patterns of involvement in television fiction: a comparative analysis', *European Journal of Communication*, 1 (2): 151–172.

Liebes, T. and Katz, E. (1990) *The Export of Meaning: Cross-Cultural Readings of 'Dallas'*. Oxford: Oxford University Press.

Liebes, T. and Livingstone, S. (1998) 'European soap operas', *European Journal of Communication*, 13 (2): 147–180.

Liebes, T. and Riback, R. (1994) 'In defense of negotiated readings: how moderates on each side of the conflict interpret Intifada news', *Journal of Communication*, 44 (2): 108–124.

Lievrouw, L.A. (2004) 'What's changed about new media?', *New Media and Society*, 6 (1): 9–15.

Lievrouw, L.A. and Livingstone, S. (eds) (2002) *The Handbook of New Media*. London: Sage.

Lievrouw, L.A. and Livingstone, S. (eds) (2006) *The Handbook of New Media*, 2nd edn. London: Sage.
Lind, R.A. and Salo, C. (2002) 'The framing of feminists and feminism in news and public affairs programs in US electronic media', *Journal of Communication*, 52 (1): 211–228.
Lindlof, T.R. (1988) 'Media audiences as interpretive communities', in J. Anderson (ed.), *Communication Yearbook 11*, pp. 81–107. Newbury Park, CA: Sage.
Lindlof, T.R. and Schatzer, J. (1998) 'Media ethnography in virtual space: strategies, limits and possibilities', *Journal of Broadcasting and Electronic Media*, 42 (2): 170–189.
Linné, O. (1998) 'What do we know about European research on violence in the media?', in U. Carlsson and C. von Feilitzen (eds), *Children and Media Violence*, pp. 139–154. Göteborg: University of Göteborg.
Lippmann, W. (1922) *Public Opinion*. New York: Harcourt Brace.
Livingstone, S. (1988) 'Why people watch soap opera: an analysis of the explanations of British viewers', *European Journal of Communication*, 31 (1): 55–80.
Livingstone, S. (1999) 'New media, new audiences?', *New Media and Society*, 1 (1): 59–66.
Livingstone, S. (2002) *Young People and New Media*. London: Sage.
Livingstone, S. (2003) 'The changing nature of audiences: from the mass audience to the interactive media user', in A.N. Valdivia (ed.), *A Companion to Media Studies*, pp. 337–359. Oxford: Blackwell.
Livingstone, S. (2007) 'From family television to bedroom culture: young people's media at home', in E. Devereux (ed.), *Media Culture*, pp. 302–21. London: Sage.
Livingstone, S. (2009) 'On the mediation of everything', *Journal of Communication*, 59 (1): 1–18.
Livingstone, S. and Bennett, W.L. (2003) 'Gatekeeping, indexing and live-event news: is technology altering the construction of news?', *Political Communication*, 20 (4): 363–380.
Livingstone, S. and Lunt, P. (1994) *Talk on Television: Audience Participation and Public Debate*. London: Routledge.
Long, E. (1991) 'Feminism and cultural studies', in R. Avery and D. Eason (eds), *Cultural Perspectives on Media and Society*, pp. 114–125. New York: Guilford Press.
Lowery, S.A. and DeFleur, M.L. (eds) (1995) *Milestones in Mass Communication Research*, 3rd edn. New York: Longman.
Lowry, D.J., Nio, T.C.J. and Leitner, D.W. (2003) 'Setting the public fear agenda', *Journal of Communication*, 53 (1): 61–7.
Lubbers, M., Scheeper, P. and Wester, F. (1998) 'Minorities in Dutch newspapers 1990–5', *Gazette*, 60 (5): 415–431.
Lüders, M. (2008) 'Conceptualizing personal media', *New Media and Society*, 10 (5): 683–702.
Luhmann, N. (2000) *The Reality of the Mass Media*. Cambridge: Polity Press.
Lull, J. (1982) 'The social uses of television', in D.C. Whitney et al. (eds), *Mass Communication Review Yearbook*, vol. 3, pp. 397–409. Beverly Hills, CA: Sage.
Lull, J. (ed.) (1992) *Popular Music and Communication*. Newbury Park, CA: Sage.
Lull, J. and Wallis, R. (1992) 'The beat of Vietnam', in J. Lull (ed.), *Popular Music and Communication*, pp. 207–236. Newbury Park, CA: Sage.
Lyotard, F. (1986) *The Postmodern Condition: a Report on Knowledge*. Manchester: Manchester University Press.
McBride, S. et al. (1980) *Many Voices, One World*. Report by the International Commission for the Study of Communication Problems. Paris: Unesco; London: Kogan Page.
McChesney, R. (2000) *Rich Media, Poor Democracy*. New York: New Press.
McCombs, M.E. and Shaw, D.L. (1972) 'The agenda-setting function of the press', *Public Opinion Quarterly*, 36: 176–187.
McCombs, M.E. and Shaw, D.L. (1993) 'The evolution of agenda-setting theory: 25 years in the marketplace of ideas', *Journal of Communication*, 43 (2): 58–66.

McQuail, D. and Siune, K. (1998) *Media Policy: Convergence, Concentration and Commerce*. London: Sage.

McQuail, D. and Windahl, S. (1993) *Communication Models for the Study of Mass Communication*, 2nd edn. London: Longman.

McRobbie, A. (1996) '*More!* New sexualities in girls' and women's magazines', in J. Curran, D. Morley and V. Walkerdine (eds.), *Cultural Studies and Communications*, pp.172-194. London: Arnold.

Maccoby, E. (1954) 'Why do children watch TV?', *Public Opinion Quarterly*, 18: 239-244.

Machill, M., Beiler, M. and Zenker, M. (2008) 'Search-engine research: a European-American overview and systematization of an interdisciplinary and international research field', *Media, Culture and Society*, 30 (5): 591-608.

Machill, M., Kohler, S. and Waldhauser, M. (2007) 'The use of narrative structures in TV news', *European Journal of Communication*, 22 (2): 185-205.

Machlup, F. (1962) *The Production and Distribution of Knowledge in the United States*. Princeton, NJ: Princeton University Press.

Maisel, R. (1973) 'The decline of mass media', *Public Opinion Quarterly*, 37: 159-170.

Mancini, P. (1996) 'Do we need normative theories of journalism?' Paper, Joan Shorenstein Center on Press, Politics and Public Opinion, JFK School of Government, Harvard University.

Manheim, J.B. (1998) 'The news shapers: strategic communication as a third force in news-making', in D. Graber, D. McQuail and P. Norris (eds), *The Politics of News: the News of Politics*, pp. 94-109. Washington, DC: Congressional Quarterly Press.

Mansell, R. (2004) 'Political economy, power and the new media', *New Media and Society*, 6 (1): 96-105.

Marcuse, H. (1964) *One-Dimensional Man*. London: Routledge and Kegan Paul.

Martel, M.U. and McCall, G.J. (1964) 'Reality-orientation and the pleasure principle', in L.A. Dexter and D.M. White (eds.), *People, Society and Mass Communication*, pp. 283-333. New York: Free Press.

Massey, B.L. and Haas, T. (2002) 'Does making journalism more public make a difference? A critical review of evaluative research on public journalism', *Journalism and Mass Communication Quarterly*, 79 (3): 559-586.

Matheson, D. (2004) 'Weblogs and the epistemology of the news: some trends in online journalism', *New Media and Society*, 6 (4): 443-468.

Mattelart, A. (2003) *The Information Society*. London: Sage.

Mazzoleni, G. (1987b) 'Media logic and party logic in campaign coverage: the Italian general election of 1983', *European Journal of Communication*, 2 (1): 55-80.

Media Studies Journal (1993) 'The media and women without apology', Special Issue, 7 (1/2).

Media Watch (1995) *Women's Participation in the News: Global Media Monitoring Project*. Toronto: Media Watch.

Melody, W.H. (1990) 'Communications policy in the global information economy', in M.F. Ferguson (ed.), *Public Communication: the New Imperatives*, pp. 16-39. London: Sage.

Mendelsohn, H. (1964) 'Listening to radio', in L.A. Dexter and D.M. White (eds.), *People, Society and Mass Communication*, pp. 239-248. New York: Free Press.

Mendelsohn, H. (1966) *Mass Entertainment*. New Haven, CT: College and University Press.

Mermin, J. (1999) *Debating War and Peace: Media Coverage of US Interventions in the Post-Vietnam Era*. Princeton, NJ: Yale University Press.

Merton, R.K. (1949) 'Patterns of influence', in *Social Theory and Social Structure*, pp. 387-470. Glencoe, IL: Free Press.

Merton, R.K. (1957) *Social Theory and Social Structure*. Glencoe, IL: Free Press.

Messner, M. and Distow, M.W. (2008) 'The source cycle: how traditional media and weblogs use each other as sources', *Journalism Studies*, 9 (3): 447-463.

McCormack, T. (1961) 'Social theory and the mass media', *Canadian Journal of Economics and Political Science*, 4: 479–489.

McCoy, M.E. (2001) 'Dark alliance: news repair and institutional authority in the age of the Internet', *Journal of Communication*, 1 (1): 164–193.

McDevitt, M. (2003) 'In defence of autonomy: a critique of the public journalist critique', *Journalism of Communication*, 53 (1): 155–164.

McDonald, D.G. (1990) 'Media orientation and television news viewing', *Journalism Quarterly*, 67 (1): 11–20.

McDonald, D.G. and Dimmick, J. (2003) 'The conceptualization and measurement of diversity', *Communication Research*, 30 (1): 60–79.

McGinnis, J. (1969) *The Selling of the President*. New York: Trident.

McGranahan, D.V. and Wayne, L. (1948) 'German and American traits reflected in popular drama', *Human Relations*, 1 (4): 429–455.

McGuigan, J. (1992) *Cultural Populism*. London: Routledge.

McGuire, W.J. (1973) 'Persuasion, resistance and attitude change', in I. de Sola Pool et al. (eds), *Handbook of Communication*, pp. 216–252. Chicago: Rand McNally.

McGuire, W.J. (1974) 'Psychological motives and communication gratifications', in J.G. Blumler and E. Katz (eds), *The Uses of Mass Communications*, pp. 167–196. Beverly Hills, CA: Sage.

MacIntyre, J.S. (1981) *After Virtue*. Notre Dame, IN: Notre Dame University Press.

McLeod, D.M. and Detember, B.H. (1999) 'Framing effects of television news coverage of social protest', *Journal of Communication*, 49 (3): 3–23.

McLeod, D., Detember, B.H. and Eveland, W.P. (2001) 'Behind the third-person effect: differentiating perceptual process for self and other', *Journal of Communication*, 51 (4): 678–696.

McLeod, J.M. and McDonald, D.G. (1985) 'Beyond simple exposure: media orientations and their impact on political processes', *Communication Research*, 12 (1): 3–32.

McLeod, J.M., Daily, K., Guo, Z., Eveland, W.P., Bayer, J., Yang, S. and Wang, H. (1996) 'Community integration, local media use and democratic processes', *Communication Research*, 23 (2): 179–209.

McLeod, J.M., Kosicki, G.M. and Pan, Z. (1991) 'On understanding and not understanding media effects', in J. Curran and M. Gurevitch (eds), *Mass Media and Society*, pp. 235–66. London: Arnold.

McLuhan, M. (1962) *The Gutenberg Galaxy*. Toronto: Toronto University Press.

McLuhan, M. (1964) *Understanding Media*. London: Routledge and Kegan Paul.

McManus, J.H. (1994) *Market-Driven Journalism: Let the Citizen Beware*. Thousand Oaks, CA: Sage.

McMasters, P.K. (2000) 'Unease with excess', *Media Studies Journal*, Fall: 108–112.

McNair, B. (1988) *Images of the Enemy*. London: Routledge.

McQuail, D. (1977) *Analysis of Newspaper Content*. Royal Commission on the Press, Research Series 4. London: HMSO.

McQuail, D. (1983) *Mass Communication Theory: an Introduction*. London: Sage.

McQuail, D. (1984) 'With the benefit of hindsight: reflections on uses and gratifications research', *Critical Studies in Mass Communication*, 1: 177–193.

McQuail, D. (1992) *Media Performance: Mass Communication and the Public Interest*. London: Sage.

McQuail, D. (1997) *Audience Analysis*. Thousand Oaks, CA: Sage.

McQuail, D. (2003a) *Media Accountability and Freedom of Publication*. Oxford: Oxford University Press.

McQuail, D. (2003b) 'Making progress in a trackless, weightless and intangible space: a reply to Keith Roe', *Communications*, 27: 275–284.

McQuail, D. (2006) 'The mediatization of war', *International Communication Gazette*, 107–118.

McQuail, D., Blumler, J.G. and Brown, J. (1972) 'The television audience: a revised perspective', D. McQuail (ed.), *Sociology of Mass Communication*, pp. 135–165. Harmondsworth

Metzger, M.J. et al. (2003) 'Credibility for the 21st century', in P.J. Kalbflesch (ed.), *Communication Yearbook 27*, pp. 292–335. Mahwah, NJ: Erlbaum.
Meyer, P. (1987) *Ethical Journalism*. New York: Longman.
Meyer, T. (2002) *Mediated Politics*. Cambridge: Polity Press.
Meyrowitz, J. (1985) *No Sense of Place*. New York: Oxford University Press.
Meyrowitz, J. (2008) 'Power, pleasure, patterns: intersecting narratives of media influence', *Journal of Communication*, 58 (4): 641–663.
Middleton, R. (ed.) (2000) *Reading Pop: Approaches to Textual Analysis in Popular Music*. Oxford: Oxford University Press.
Mill, J.S. (1991/1859) *On Liberty*. Oxford University Press.
Mills, C.W. (1951) *White Collar*. New York: Oxford University Press.
Mills, C.W. (1956) *The Power Elite*. New York: Oxford University Press.
Modleski, T. (1982) *Loving with a Vengeance: Mass-Produced Fantasies for Women*. London: Methuen.
Molotch, H.L. and Lester, M.J. (1974) 'News as purposive behavior', *American Sociological Review*, 39: 101–112.
Monaco, J. (1981) *How to Read a Film*. New York: Oxford University Press.
Montgomery, K.C. (1989) *Target: Prime-Time*. New York: Oxford University Press.
Moores, S. (1993) *Interpreting Audiences*. London: Sage.
Moorti, S. (2003) 'Out of India: Fashion culture and the marketing of ethnic style', in A.N. Valdivia (ed.), *A Companion to Media Studies*, pp. 293–310. Oxford: Blackwell.
Morgan, M. and Shanahan, J. (1997) 'Two decades of cultivation research: an appraisal and meta-analysis', *Communication Yearbook 20*, pp. 1–46.
Morley, D. (1980) *The 'Nationwide' Audience: Structure and Decoding*. BFI TV Monographs no. 11. London: British Film Institute.
Morley, D. (1986) *Family Television*. London: Comedia.
Morley, D. (1992) *Television, Audiences and Cultural Studies*. London: Routledge.
Morley, D. (1996) 'Postmodernism: the rough guide', in J. Curran, D. Morley and V. Walkerdine (eds), *Cultural Studies and Communication*, pp. 50–65. London: Arnold.
Morley, D. (1997) 'Theoretical orthodoxies: textualism, constructivism and the "new ethnography" in cultural studies', in M. Ferguson and P. Golding (eds.), *Cultural Studies in Question*, pp. 121–137. London: Sage.
Morris, M. and Ogan, C. (1996) 'The internet as mass medium', *Journal of Communication*, 46 (1): 39–50.
Morrison, D. and Tumber, H. (1988) *Journalists at War*. London: Sage.
Morrison, D. and Svennevig, M. (2007) 'The defence of the public interest and the intrusion of privacy', *Journalism*, 8 (1): 44–65.
Moscovici, S. (1991) 'Silent majorities and loud minorities', in J. Anderson (ed.), *Communication Yearbook 14*, pp. 298–308. Newbury Park, CA: Sage.
Mowlana, H. (1985) *International Flows of Information*. Paris: Unesco.
Moy, P., Domke, D. and Stamm, K. (2001) 'The spiral of silence and public opinion on affirmative action', *Journalism and Mass Communication Quarterly*, 78 (1): 7–25.
Moy, P., Scheufele, D.A. and Holbert, R.L. (1999) 'TV use and social capital: testing Putnam's time displacement hypothesis', *Mass Communication and Society*, 2 (1/2): 27–46.
Moy, P., Torres, M., Tanaka, K. and McClusky, R. (2005) 'Knowledge or trust?' Investigating linkages between media reliance and participation', *Communication Research*, 32 (1): 59–86.
Munson, W. (1993) *All Talk: the Talkshow in Media Culture*. Philadelphia: University of Temple Press.
Murdock, G. (1990) 'Redrawing the map of the communication industries', in M. Ferguson (ed.), *Public Communication*, pp. 1–15. London: Sage.

Murdock, G. and Golding, P. (1977) 'Capitalism, communication and class relations', in J. Curran et al. (eds), *Mass Communication and Society*, pp. 12–43. London: Arnold.

Murdock, G. and Golding, P. (2005) 'Culture, communications and political economy', in J. Curran and M. Gurevitch (eds), *Mass Media and Society*, pp. 60–83. London: Hodder Arnold.

Murdock, G. and Phelps, P. (1973) *Mass Media and the Secondary School*. London: Macmillan.

Murphy, D. (1976) *The Silent Watchdog*. London: Constable.

Murray, C., Parry, K., Robinson, P. and Goddard, P. (2008) 'Reporting dissent in war-time', *European Journal of Communication*, 23 (1): 7–27.

Mutz, D.C. and Soss, J. (1997) 'Reading public opinion: the influence of news coverage on perceptions of public sentiment', *Public Opinion Quarterly*, 61 (3): 431–451.

Napoli, P.M. (2001) *Foundations of Communication Policy*. Creskill, NJ: Hampton.

Negus, K. (1992) *Producing Pop*. London: Arnold.

Nerone, J.C. (ed.) (1995) *Last Rights: Revisiting Four Theories of the Press*. Urbana, IL: University of Illinois Press.

Neuman, W.R. (1991) *The Future of the Mass Audience*. Cambridge: Cambridge University Press.

Neuman, W.R. and Pool, I. de Sola (1986) 'The flow of communication into the home', in S. Ball-Rokeach and M. Cantor (eds.), *Media, Audience and Social Structure*, pp. 71–86. Newbury Park, CA: Sage.

Newbold, C. (2002) 'The moving image', in C. Newbold, O. Boyd-Barrett and H. van den Bulk (eds), *The Media Book*, pp. 101–162. London: Arnold.

Newcomb, H. (1991) 'On the dialogic aspects of mass communication', in R. Avery and D. Easton (eds), *Critical Perspectives on Media and Society*, pp. 69–87. New York: Guilford Press.

Newhagen, J.E. and Reeves, B. (1992) 'The evening's bad news', *Journal of Communication*, 42 (2): 25–41.

Newman, P. (2003) 'If only they knew what nice people we are', *Political Communication*, 20 (1): 79–85.

Nightingale, V. (2003) 'The cultural revolution in audience research', in A.N. Valdivia (ed.), *A Companion to Media Studies*, pp. 360–81. Oxford: Blackwell.

Noam, E. (1991) *Television in Europe*. New York: Oxford University Press.

Noble, G. (1975) *Children in Front of the Small Screen*. London: Constable.

Noelle-Neumann, E. (1973) 'Return to the concept of powerful mass media', *Studies of Broadcasting*, 9: 66–112.

Noelle-Neumann, E. (1974) 'The spiral of silence: a theory of public opinion', *Journal of Communication*, 24: 24–51.

Noelle-Neumann, E. (1984) *The Spiral of Silence*. Chicago: University of Chicago Press.

Noelle-Neumann, E. (1991) 'The theory of public opinion: the concept of the spiral of silence', in J. Anderson (ed.), *Communication Yearbook 14*, pp. 256–287. Newbury Park, CA: Sage.

Noin, D. (2001) 'Bias in the news: partisanship and negativity in media coverage of Presidents G. Bush and Bill Clinton', *Harvard Journal of Press/Politics*, (6) 3: 31–46.

Nordenstreng, K. (1974) *Informational Mass Communication*. Helsinki: Tammi.

Nordenstreng, K. (1997) 'Beyond the four theories of the press', in J. Servaes and R. Lie (eds), *Media and Politics in Transition*. Leuven: Acco.

Nordenstreng, K. (1998) 'Professional ethics: between fortress journalism and cosmopolitan democracy', in K. Brants, J. Hermes and L. van Zoonen (eds), *The Media in Question*, pp. 124–134. London: Sage.

Norris, P. (2000) *A Virtuous Circle*. New York: Cambridge University Press.

Norris, P. (2002) *Digital Divide*. New York: Cambridge University Press.

Norris, P. and Sanders, D. (2003) 'Message or medium? Campaign learning during the 2000 British General Election', *Political Communication*, 20 (3): 233–262.

Norris, P., Curtice, J., Sanders, D., Scammell, M. and Semetko, H. (1999) *On Message: Communicating the Campaign*. Thousand Oaks, CA: Sage.

Norstedt, S.A., Kaitatzi-Whitlock, S., Ottoson, R. and Riegert, K. (2000) 'From the Persian Gulf to Kosovo – war journalism and propaganda', *European Journal of Communication*, 15 (3): 383–404.

Ogden, C.K. and Richards, I.A. (1923) *The Meaning of Meaning* (reprinted 1985). London: Routledge and Kegan Paul.

Olen, J. (1988) *Ethics in Journalism*. Englewood Cliffs, NJ: Prentice-Hall.

Oliver, M.B. (2003) 'Race and crime in the media: research from a media effects perspective', in A.N. Valdivia (ed.), *A Companion to Media Studies*, pp. 421–436. Oxford: Blackwell.

Olson, S.R. (1999) *Hollywood Planet. Global Media: the Competitive Advantage of Narrative Transparency*. Mahwah, NJ: Erlbaum.

Oltean, O. (1993) 'Series and seriality in media culture', *European Journal of Communication*, 8 (1): 5–31.

Osgood, K., Suci, S. and Tannenbaum, P. (1957) *The Measurement of Meaning*. Urbana, IL: University of Illinois Press.

Ó Siochrú, S. and Girard, B., with Mahan, A. (2003) *Global Media Governance: a Beginner's Guide*. Lanham, NJ: Rowman and Littlefield.

Ostini, J. and Fung, A.Y. (2002) 'Beyond the four theories of the press: a new model of national media systems', *Mass Communication and Society*, 5 (1): 41–56.

Padioleau, J. (1985) *Le Monde et le Washington Post*. Paris: PUF.

Paek, H.-J., Lambe, J.L. and McLeod, D.M. (2008) 'Antecedents to support for content restriction', *Journalism and Mass Communication Quarterly*, 85 (2): 273–290.

Paletz, D.L. and Dunn, R. (1969) 'Press coverage of civil disorders: a case-study of Winston-Salem', *Public Opinion Quarterly*, 33: 328–345.

Paletz, D.L. and Entman, R. (1981) *Media, Power, Politics*. New York: Free Press.

Palmgreen, P. and Rayburn, J.D. (1985) 'An expectancy-value approach to media gratifications', in K.E. Rosengren et al. (eds.), *Media Gratification Research*, pp. 61–72. Beverly Hills, CA: Sage.

Pan, Z. and Kosicki, G.M. (1997) 'Priming and media impact on the evaluation of the President's media performance', *Communication Research*, 24 (1): 3–30.

Papathanossopolous, S. (2002) *European Television in the Digital Age*. Cambridge: Polity Press.

Park, R. (1940/1967) 'News as a form of knowledge', in R.H. Turner (ed.), *On Social Control and Collective Behavior*, pp. 32–52. Chicago: Chicago University Press.

Pasek, J., Kensler, K., Romer, D. and Jamieson, K.H. (2006) 'America's media use and community engagement', *Communication Research*, 33 (3): 115–135.

Pasti, S. (2005) 'Two generations of Russian journalists', *European Journal of Communication*, 20 (1): 89–116.

Paterson, C. (1998) 'Global battlefields', in O. Boyd-Barrett and T. Rantanen (eds.), *The Globalization of News*, pp. 79–103. London: Sage.

Patterson, T. (1994) *Out of Order*. New York: Vintage.

Patterson, T. (1998) 'Political roles of the journalist', in D. Graber, D. McQuail and P. Norris (eds), *The Politics of News: the News of Politics*, pp.17–32. Washington, D.C.: Congressional Quarterly Press.

Pauwels, C. and Loisen, J. (2003) 'The WTO and the Audiovisial sector', *European Journal of Communication*, 18 (3): 291–314.

Peacock, A. (1986) *Report of the Committee on Financing the BBC*. Cmnd 9824. London: HMSO.

Peirce, C.S. (1931–1935) *Collected Papers*, edited by C. Harteshorne and P. Weiss, vols II and V. Cambridge, MA: Harvard University Press.

Pekurny, R. (1982) 'Coping with television production', in J.S. Ettema and D.C. Whitney (eds), *Individuals in Mass Media Organizations*, pp. 131–143. Beverly Hills, CA: Sage.

Perkins, M. (2002) 'International law and the search for universal principles of media ethics', *Journal of Mass Media Ethics*, 17 (3): 193–208.

Perse, E.M. (1990) 'Audience selectivity and involvement in the newer media environment', *Communication Research*, 17: 675–697.

Perse, E.M. (1994) 'Uses of erotica', *Communication Research*, 20 (4): 488–515.
Perse, E.M. (2001) *Media Effects and Society*. Mahwah, NJ: Erlbaum.
Perse, E.M. and Courtright, J.A. (1992) 'Normative images of communication media: mass and interpersonal channels in the new media environment', *Human Communication Research*, 19: 485–503.
Perse, E.M. and Dunn, D.G. (1998) 'The utility of home computers and media use: implications of multimedia and connectivity', *Journal of Broadcasting and Electronic Media*, 42 (4): 435–456.
Peter, J. and Valkenberg, P.N. (2006) 'Individual differences in perception of internet communication', *European Journal of Communication*, 21 (2): 213–226.
Peters, A.K. and Cantor, M.G. (1982) 'Screen acting as work', in J.S. Ettema and D.C. Whitney (eds), *Individuals in Mass Media Organizations*, pp. 53–68. Beverly Hills, CA: Sage.
Peterson, R.C. and Thurstone, L.L. (1933) *Motion Pictures and Social Attitudes*. New York: Macmillan.
Petty, R.E. and Cacioppo, J.T. (1986) 'The elaboration likelihood model of persuasion', in L. Berkowitz (ed.), *Advances in Experimental Social Psychology*, pp. 132–205. San Diego: Academic.
Petty, R.E., Priester, J.R. and Briñol, P. (2002) 'Mass media attitude change: implications of the elaboration likelihood model of persuasion', in J. Bryant and D. Zillmann (eds), *Media Effects*, pp. 155–198. Mahwah, NJ: Erlbaum.
Pfau, M., Haigh, M., Gettle, M., Donnelly, M., Scott, G., Warr, D. and Wittenberg, E. (2004) 'Embedding journalists in military combat units: impact on story frames and tone', *Journalism and Mass Communication Quarterly*, 81 (1): 74–88.
Phillips, D.P. (1980) 'Airplane accidents, murder and the mass media', *Social Forces*, 58 (4): 1001–1024.
Phillips, D.P. (1982) 'The impact of fictional TV stories in adult programming on adult fatalities', *American Journal of Sociology*, 87: 1346–1359.
Picard, R.G. (1985) *The Press and the Decline of Democracy*. Westport, CT: Greenwood Press.
Picard, R.G. (1989) *Media Economics*. Newbury Park, CA: Sage.
Picard, R.G. (2004) 'Commercialism and newspaper quality', *Newspaper Research Journal*, 25 (1): 54–65.
Picard, R.G., McCombs, M., Winter, J.P. and Lacy, S. (eds) (1988) *Press Concentration and Monopoly*. Norwood, NJ: Ablex.
Plaisance, P.L. and Skewes, E.A. (2003) 'Personal and professional dimensions of news work: exploring links between journalists' values and roles', *Journalism and Mass Communication Quarterly*, 20 (4): 833–848.
Pool, I. de Sola (1974) *Direct Broadcasting and the Integrity of National Cultures*. New York: Aspen Institute.
Pool, I. de Sola (1983) *Technologies of Freedom*. Cambridge, MA: Belknap.
Pool, I. de Sola and Shulman, I. (1959) 'Newsmen's fantasies, audiences and newswriting', *Public Opinion Quarterly*, 23 (2): 145–158.
Porat, M. (1977) *The Information Economy: Definitions and Measurement*. Washington, DC: Department of Commerce.
Porto, M.P. (2007) 'Frame diversity and citizen competence: towards a critical approach to news quality', *Critical Studies in Mass Communication*, 24 (4): 303–321.
Poster, M. (1999) 'Underdetermination', *New Media and Society*, 1 (1): 12–17.
Poster, M. (2006) 'Culture and new media: a historical view', in L.A. Lievrow and S. Livingstone (eds), *The Handbook of New Media*, pp. 134–140. London: Sage.
Postman, N. (1993) *Technopoly: the Surrender of Culture to Technology*. New York: Vintage.
Postmes, T., Spears, R. and Lea, M. (1998) 'Breaching or building social boundaries? Side-effects of computer mediated communication', *Communication Research*, 25 (6): 689–715.

Potter, W.J., Cooper, R. and Dupagne, M. (1993) 'The three paradigms of mass media research in mass communication journals', *Communication Theory*, 3: 317-335.

Price, M. and Thompson, M. (2002) *Forging Peace*. Edinburgh: Edinburgh University Press.

Priest, S.H. (2001) *A Grain of Truth*. Lanham, MD: Rowman and Littlefield.

Pritchard, D. (2000) *Holding the Media Accountable*. Bloomington, IN: University of Indiana Press.

Propp, V. (1968) *The Morphology of Folk Tales*. Austin, TX: University of Texas Press.

Puppis, M. (2008) 'National media regulation in the era of free trade', *European Journal of Communication*, 23 (4): 405-424.

Putnam, D. (2000) *Bowling Alone*. New York: Simon and Schuster.

Quandt, T. and Singer, J.B. (2009) 'Convergence and cross-platform content production', in K. Wahl-Jorgenson and T. Hanitsch (eds.), *The Handbook of Journalism Studies*, pp. 130-144. London: Routledge.

Quortrup, L. (2006) ' Understanding new digital media: medium theory or complexity theory, *European Journal of Communication*, 21 (3): 345-356.

Radway, J. (1984) *Reading the Romance*. Chapel Hill, NC: University of North Carolina Press.

Rainie, L. and Bell, P. (2004) 'The numbers that count', *New Media and Society*, 6 (1): 44-54.

Rakow, L. (1986) 'Rethinking gender research in communication', *Journal of Communication*, 36 (1): 11-26.

Rantanen, T. (2001) 'The old and the new: communications technology and globalization in Russia', *New Media and Society*, 3 (1): 85-105.

Rasmussen, T. (2000) *Social Theory and Communication Technology*. Aldershot: Ashgate.

Rasmussen, T. (2008) 'The internal differentiation of the political public sphere', *Nordicom Review*, 29 (1): 73-85.

Ravi, N. (2005) 'Looking beyond flawed journalism', *Harvard International Journal of Press/Politics*, 10 (1): 45-62.

Ray, M.L. (1973) 'Marketing communication and the hierarchy of effects', in P. Clarke (ed.), *New Models for Communication Research*, pp. 147-176. Beverly Hills, CA: Sage.

Raymond, J. (ed.) (1999) *News, Newspapers and Society in Early Modern Britain*. London: Cass.

Real, M. (1989) *Supermedia*. Newbury Park, CA: Sage.

Reese, S.D. (1991) 'Setting the media's agenda: a power balance perspective', in J. Anderson (ed.), *Communication Yearbook 14*, pp. 309-40. Newbury Park, CA: Sage.

Reese, S.D. and Ballinger, J. (2001) 'The roots of a sociology of news: remembering Mr. Gates and social control in the newsroom', *Journalism and Mass Communication Quarterly*, 78 (4): 641-658.

Reese, S.D., Grant, A. and Danielian, L.H. (1994) 'The structure of news sources on television: a network analysis of "CBS News", "Nightline", "McNeil/Lehrer" and "This Week With David Brinkley"', *Journal of Communication*, 44 (2): 64-83.

Reese, S.D., Rutigliano, L., Hyun, K. and Jeong, J. (2007) 'Mapping the blogosphere', *Journalism*, 8 (3): 235-261.

Renckstorf, K. (1996) 'Media use as social action: a theoretical perspective', in K. Renckstorf, D. McQuail and N. Janknowski (eds.), *Media Use as Social Action*, pp. 18-31. London: Libbey.

Rheingold, H. (1994) *The Virtual Community*. London: Secker and Warburg.

Rice, R.E. (1993) 'Media appropriateness: using social presence theory to compare traditional and new organizational media', *Human Communication Research*, 19: 451-484.

Rice, R.E. (1999) 'Artifacts and paradoxes in new media', *New Media and Society*, 1 (1): 24-32.

Rice, R.E. et al. (1983) *The New Media*. Beverly Hills, CA: Sage.

Rivers, W.L. and Nyhan, M.J. (1973) *Aspen Papers on Government and the Media*. New York: Praeger.

Robillard, S. (1995) *Television in Europe: Regulatory Bodies*. European Institute for the Media. London: Libbey.

Robinson, J.P. (1972) 'Mass communication and information diffusion', in F.G. Kline and P.J. Tichenor (eds.), *Current Perspectives in Mass Communication Research*, pp. 71–93. Beverly Hills, CA: Sage.

Robinson, J.P. (1976) 'Interpersonal influence in election campaigns: 2-step flow hypotheses', *Public Opinion Quarterly*, 40: 304–319.

Robinson, J.P. and Davis, D.K. (1990) 'Television news and the informed public: an information processing approach', *Journal of Communication*, 40 (3): 106–319.

Robinson, J.P. and Levy, M. (1986) *The Main Source*. Beverly Hills, CA: Sage.

Robinson, P. (2001) 'Theorizing the influence of media on world politics', *European Journal of Communication*, 16 (4): 523–544.

Roe, K. (1992) 'Different destinies – different melodies: school achievement, anticipated status and adolescents' tastes in music', *European Journal of Communication*, 7 (3): 335–358.

Roe, K. and de Meyer, G. (2000) 'MTV: one music – many languages', in J. Wieten, G. Murdock and P. Dahlgren (eds), *Television Across Europe*, pp. 141–157. London: Sage.

Rogers, E.M. (1962) *The Diffusion of Innovations*. Glencoe, IL: Free Press.

Rogers, E.M. (1976) 'Communication and development: the passing of a dominant paradigm', *Communication Research*, 3: 213–240.

Rogers, E.M. (1986) *Communication Technology*. New York: Free Press.

Rogers, E.M. (1993) 'Looking back, looking forward: a century of communication research', in P. Gaunt (ed.), *Beyond Agendas: New Directions in Communication Research*, pp. 19–40. New Haven, CT: Greenwood Press.

Rogers, E.M. and Dearing, J.W. (1987) 'Agenda-setting research: Where has it been? Where is it going?', in J. Anderson (ed.), *Communication Yearbook 11*, pp. 555–594. Newbury Park, CA: Sage.

Rogers, E.M. and Kincaid, D.L. (1981) *Communication Networks: Towards a New Paradigm for Research*. New York: Free Press.

Rogers, E.M. and Shoemaker, F. (1973) *Communication of Innovations*. New York: Free Press.

Rogers, E.M. and Storey, D. (1987) 'Communication campaigns', in C.R. Berger and S.H. Chaffee (eds.), *Handbook of Communication Science*, pp. 817–846. Beverly Hills, CA: Sage.

Rogers, E.M., Dearing, J.W. and Bergman, D. (1993) 'The anatomy of agenda-setting research', *Journal of Communication*, 43 (2): 68–84.

Romer, D., Jamieson, K.H. and Ady, S. (2003) 'TV news and the cultivation of fear of crime', *Journal of Communication*, 53 (1): 88–104.

Romer, D., Jamieson, P.F. and Jamieson, K.H. (2006) 'Are news reports of suicide contagious?', *Journal of Communication*, 56 (2): 253–270.

Rorty, R. (1989) *Contingency, Irony and Solidarity*. Glencoe, IL: Free Press.

Rosenberg, B. and White, D.M. (eds) (1957) *Mass Culture*. New York: Free Press.

Rosengren, K.E. (1973) 'News diffusion: an overview', *Journalism Quarterly*, 50: 83–91.

Rosengren, K.E. (1974) 'International news: methods, data, theory', *Journal of Peace Research*, II: 45–56.

Rosengren, K.E. (1976) 'The Barseback "panic"'. Unpublished research report, Lund University, Lund, Sweden.

Rosengren, K.E. (ed.) (1981a) *Advances in Content Analysis*. Beverly Hills, CA: Sage.

Rosengren, K.E. (1981b) 'Mass media and social change: some current approaches', in E. Katz and T. Szecskö (eds.), *Mass Media and Social Change*, pp. 247–263. Beverly Hills, CA: Sage.

Rosengren, K.E. (1983) 'Communication research: one paradigm or four?', *Journal of Communication*, 33 (3): 185–207.

Rosengren, K.E. (1987) 'The comparative study of news diffusion', *European Journal of Communication*, 2 (2): 136–157.

Rosengren, K.E. (2000) *Communication: an Introduction*. London: Sage.

Rosengren, K.E. and Windahl, S. (1972) 'Mass media consumption as a functional alternative', in D. McQuail (ed.), *Sociology of Mass Communications*, pp. 166–194. Harmondsworth: Penguin.
Rosengren, K.E. and Windahl, S. (1989) *Media Matter*. Norwood, NJ: Ablex.
Rositi, F. (1976) 'The television news programme: fragmentation and recomposition of our image of society', in *News and Current Events on TV*. Rome: RAI.
Ross, S.M. (2008) *Beyond the Box: Television and the Internet*. Malden, MA: Blackwell.
Rössler, P. (2001) 'Between online heaven and cyberhell: the framing of "the internet" by traditional media coverage in Germany', *New Media and Society*, 3 (1): 49–66.
Rössler, P. and Brosius, H.-B. (2001) 'Talk show viewing in Germany', *Journal of Communication*, 51 (1): 143–163.
Rosten, L.C. (1937) *The Washington Correspondents*. New York: Harcourt Brace.
Rosten, L.C. (1941) *Hollywood: the Movie Colony, the Movie Makers*. New York: Harcourt Brace.
Rothenbuhler, E.W. (1987) 'The living room celebration of the Olympic Games', *Journal of Communication*, 38 (4): 61–68.
Rothenbuhler, E.W. (1998) *Ritual Communication*. Thousand Oaks, CA: Sage.
Rothenbuhler, E.W., Mullen, L.J., DeCarell, R. and Ryan, C.R. (1996) 'Community, community attachment and involvement', *Journalism and Mass Communication Quarterly*, 73 (2): 445–466.
Roudikova, N. (2008) 'Media political clientilism – a lesson from anthropology', *Media, Culture and Society*, 30 (1): 41–59.
Royal Commission on the Press (1977) *Report*. Cmnd 6810. London: HMSO.
Rubin, A.M. (1984) 'Ritualized and instrumental television viewing', *Journal of Communication*, 34 (3): 67–77.
Rubin, A.M., Perse, E.M. and Powell, E. (1990) 'Loneliness, parasocial interaction and local TV news viewing', *Communication Research*, 14 (2): 246–268.
Ryan, M. (2001) 'Journalistic ethics, objectivity, existential journalism, standpoint epistemology, and public journalism', *Journal of Mass Media Ethics*, 16 (1): 3–22.
Ryan, M. (2006) 'Mainstream news media, an objective approach and the march to war in Iraq', *Journal of Mass Media Ethics*, 21 (1): 4–29.
Ryan, J. and Peterson, R.A. (1982) 'The product image: the fate of creativity in country music song writing', in J.S. Ettema and D.C. Whitney (eds), *Individuals in Mass Media Organizations*, pp. 11–32. Beverly Hills, CA: Sage.
Sabal, R. (1992) 'Television executives speak about fan letters to the networks', in L.A. Lewis (ed.), *The Adoring Audience*, pp. 185–8. London: Routledge.
Saenz, M.K. (1994) 'Television viewing and cultural practice', in H. Newcomb (ed.), *Television: the Critical View*, 5th edn, pp. 573–86. New York: Oxford University Press.
Sandel, M. (1982) *Free Speech and the Limits of Justice*. Cambridge: Cambridge University Press.
Schement, J. and Curtis, T. (1995) *Tendencies and Tensions of the Information Age*. New Brunswick, NJ: Transaction.
Scheufele, D.A. (1999) 'Framing as a theory of media effects', *Journal of Communication*, 49 (1): 103–122.
Scheufele, D.A. and Nisbet, M.C. (2002) 'Being a citizen online: new opportunities and dead ends', *Harvard Journal of Press/Politics*, 7 (3): 55–75.
Scheufele, B. (2008) 'Discourse analysis', in W. Donsbach (ed.), *The International Encyclopedia of Communication*. Oxford: Blackwell.
Schiller, H. (1969) *Mass Communication and American Empire*. New York: Kelly.
Schlesinger, P. (1978) *Putting 'Reality' Together: BBC News*. London: Constable.
Schlesinger, P. (1987) 'On national identity', *Social Science Information*, 25 (2): 219–264.
Schlesinger, P., Murdock, G. and Elliott, P. (1983) *Televising Terrorism*. London: Comedia.
Schmid, A.P. and de Graaf, J. (1982) *Violence as Communication*. Beverly Hills, CA: Sage.

Schoenbach, K., de Waal, E. and Lauf, E. (2005) 'Online and print newspapers: their impact on the extent of the perceived public agenda', *European Journal of Communication*, 20 (1): 245–258.

Schoenbach, K. and Lauf, E. (2002) 'The "trap" effect of television and its competitors', *Communication Research*, 29 (6): 564–583.

Schramm, W. (1955) 'Information theory and mass communication', *Journalism Quarterly*, 32: 131–146.

Schramm, W., Lyle, J. and Parker, E. (1961) *Television in the Lives of Our Children*. Stanford, CA: Stanford University Press.

Schrøder, K.C. (1987) 'Convergence of antagonistic traditions?', *European Journal of Communication*, 2 (1): 7–31.

Schrøder, K.C. (1992) 'Cultural quality: search for a phantom?', in M. Skovmand and K.C. Schrøder (eds.), *Media Cultures: Reappraising Transnational Media*, pp. 161–180. London: Routledge.

Schroeder, T. (2001) 'The origins of the German Press', in B. Dooley and S. Baran (eds), *The Politics of Information in Early Modern Europe*. London: Routledge.

Schudson, M. (1978) *Discovering the News*. New York: Basic Books.

Schudson, M. (1991) 'The new validation of popular culture', in R.K. Avery and D. Eason (eds.), *Critical Perspectives on Media and Society*, pp. 49–68. New York: Guilford Press.

Schudson, M. (1998) 'The public journalism movement and its problems', in D. Graber, D. McQuail and P. Norris (eds.), *The Politics of News; the News of Politics*, pp. 132–149. Washington, D.C.: Congressional Quarterly Press.

Schultz, J. (1998) *Reviving the Fourth Estate*. Cambridge: Cambridge University Press.

Schulz, W. (1988) 'Media and reality'. Unpublished paper for Sommatie Conference, Veldhoven, The Netherlands.

Schulz, W. (1997) 'Changes of the mass media and the public sphere', *The Public*, 4 (2): 57–70.

Schulz, W. (2004) 'Reconstructing mediatization as an analytic concept', *European Journal of Communication*, 19 (1): 87–102.

Schutz, A. (1972) *The Phenomenology of the Social World*. London: Heinemann.

Schwalber, C.B., Silcode, B.W. and Keith, S. (2008) 'Visual framing of the early weeks of the US led invasion of Iraq', *Journal of Broadcasting and Electronic Media*, 52 (3): 448–465.

Schweiger, W. (2000) 'Media credibility: experience or image?', *European Journal of Communication*, 15 (1): 37–60.

Schweitzer, E.J. (2005) 'Election campaigning online: German party websites in the 2002 National Election, *European Journal of Communication*, 20 (3): 327–351.

Schweitzer, E. (2008) 'Innovation or normalization in E-campaigning?', *European Journal of Communication*, 23 (4): 449–70.

Schwichtenberg, C. (1992) 'Music video', in J. Lull (ed.), *Popular Music and Communication*, pp. 116–33. Newbury Park, CA: Sage.

Segrin, C. and Nabi, R.L. (2002) 'Does TV viewing cultivate unrealistic expectations about marriage?', *Journal of Communication*, 52 (2): 247–263.

Seiter, E. (2000) *Television and New Media Audiences*. New York: Oxford University Press.

Seiter, F., Borchers, H. and Warth, E.-M. (eds) (1989) *Remote Control*. London: Routledge.

Selwyn, N. (2004) 'Reconsidering political and popular understanding of the digital divide', *New Media and Society*, 6 (3): 341–362.

Semetko, H.A. (2004) 'Political communication', in J.D.H. Downing, D. McQuail, P. Schlesinger and E. Wartella (eds), *The Sage Handbook of Media Studies*, pp. 351–374. Thousand Oaks, CA: Sage.

Sepstrup, P. (1989) 'Research into international TV flows', *European Journal of Communication*, 4 (4): 393–408.

Servaes, J. (1999) *Communication for Development*. Cresskill, NJ: Hampton.

Shannon, C. and Weaver, W. (eds) (1949) *The Mathematical Theory of Communication*. Urbana, IL: University of Illinois Press.

Shelton, P. and Gunaratne, S.A. (1998) 'Old wine in a new bottle: public journalism, developmental journalism and social responsibility', in M.E. Roloff and G.D. Paulson (eds.), *Communication Yearbook 21*, pp. 277-321. Thousand Oaks, CA: Sage.

Shen, M.C.H. (1999) *Current-Affairs Talkshows: Public Communication Revitalized on Television*. Amsterdam: University of Amsterdam.

Shibutani, T. (1966) *Improvised News*. New York: Bobbs Merrill.

Shils, E. (1957) 'Daydreams and nightmares: reflections on the criticism of mass culture', *Sewanee Review*, 65 (4): 586-608.

Shoemaker, P.J. (1984) 'Media treatment of deviant political groups', *Journalism Quarterly*, 61 (1): 66-75, 82.

Shoemaker, P.J. (1991) *Gatekeeping*. Thousand Oaks, CA: Sage.

Shoemaker, P.J. and Reese, S.D. (1991) *Mediating the Message*. New York: Longman.

Shoemaker, P.J. et al. (2001) 'Individual and routine forces in gatekeeping', *Journalism and Mass Communication Quarterly*, 78 (2): 233-246.

Short, J., Williams, E. and Christie, B. (1976) *The Social Psychology of Telecommunications*. New York: Wiley.

Siebert, F., Peterson, T. and Schramm, W. (1956) *Four Theories of the Press*. Urbana, IL: University of Illinois Press.

Sigal, L.V. (1973) *Reporters and Officials*. Lexington, MA: Lexington.

Sigelman, L. (1973) 'Reporting the news: an organizational analysis', *American Journal of Sociology*, 79: 132-151.

Signorielli, N. and Morgan, M. (eds) (1990) *Cultivation Analysis*. Newbury Park, CA: Sage.

Singer, B.D. (1970) 'Mass media and communications processes in the Detroit riots of 1967', *Public Opinion Quarterly*, 34: 236-245.

Singer, J.B. (2005) 'The political J-Blogger', *Journalism*, 6 (2): 173-198.

Singer, J.B. (2007) 'Contested autonomy: professional and popular claims on journalism norms', *Journalism Studies*, 8 (1): 79-95.

Singh, S. (2001) 'Gender and the use of the Internet at home', *New Media and Society*, 3 (4): 395-416.

Slack, J.D. and Wise, J.M. (2002) 'Cultural studies and technology', in L. Lievrouw and S. Livingstone (eds), *The Handbook of New Media*, pp. 485-501. London: Sage.

Slater, M.D., Romer, D. and Long, M. (2006) 'TV dramas and support for controversial policies', *Journal of Communication*, 56 (2): 235-252.

Slevin, J. (2000) *The Internet and Society*. Cambridge: Polity Press.

Smith, A. (1973) *The Shadow in the Cave*. London: Allen and Unwin.

Smith, J.A. (1999) *War and Press Freedom*. New York: Oxford University Press.

Smith, P. and Bell, A. (2007) 'Unravelling the web of discourse analysis', in E. Devereux (ed.), *Media Studies*, pp. 78-100. London: Sage.

Smith, S.L., Nathanson, A.I. and Wilson, B.J. (2002) 'Prime-time television: assessing violence during the most popular viewing hours', *Journal of Communication*, 52 (1): 84-111.

Smith, S.W., Smith, S.L., Pieper, K.M., Yoo, J.H., Ferris, A.L., Downs, E. and Bowden, B. (2006) 'Altruism on American television', *Journal of Communication*, 56 (4): 707-727.

Smythe, D.W. (1977) 'Communications: blindspot of Western Marxism', *Canadian Journal of Political and Social Theory*, I: 120-127.

Sonninen, P. and Laitila, T. (1995) 'Press councils in Europe', in K. Nordenstreng (ed.), *Reports on Media Ethics*, pp. 3-22. Tampere: Department of Journalism and Mass Communication.

Snow, N. and Taylor, P.M. (2006) 'The revival of the propaganda state', *International Communication Gazette*, 68 (5/6): 389-407.

Sotirovic, M. (2001) 'Media use and perceptions of welfare', *Journal of Communication*, 51 (4): 750-774.

Sparks, C. and Campbell, M. (1987) 'The inscribed reader of the British quality press', *European Journal of Communication*, 2 (4): 455–472.

Spilerman, S. (1976) 'Structural characteristics and severity of racial disorders', *American Sociological Review*, 41: 771–792.

Squires, J.D. (1992) 'Plundering the newsroom', *Washington Journalism Review*, 14 (10): 18–24.

Sreberny-Mohammadi, A. (1996) 'The global and the local in international communication', in J. Curran and M. Gurevitch (eds.), *Mass Media and Society*, pp. 177–203. London: Arnold.

Stamm, K.R. (1985) *Newspaper Use and Community Ties: Towards a Dynamic Theory*. Norwood, NJ: Ablex.

Stamm, K.R., Emig, A.G. and Heuse, M.B. (1997) 'The contribution of local media to community involvement', *Journalism and Mass Communication Quarterly*, 74 (1): 97–107.

Star, S.A. and Hughes, H.M. (1950) 'Report on an education campaign: the Cincinnati plan for the UN', *American Sociological Review*, 41: 771–792.

Steemers, J. (2001) 'In search of a third way: balancing public purpose and commerce in German and British public service broadcasting', *Canadian Journal of Communication*, 26 (1): 69–87.

Steiner, G. (1963) *The People Look at Television*. New York: Knopf.

Steiner, L. (2009) 'Gender in the newsroom', in K. Wahl-Jorgensen and T. Hanitsch (eds), *The Handbook of Journalism Studies*, pp. 116–129. London: Routledge.

Stober, R. (2004) 'What media evolution is: a theoretical approach to the history of new media', *European Journal of Communication*, 19 (4): 483–505.

Stone, G.C. (1987) *Examining Newspapers*. Beverly Hills, CA: Sage.

Strömbäck, J. (2008) 'Four phases of mediatization: an analysis of the mediatization of politics', *The International Journal of Press/Politics* 13 (4): 228–247.

Stromer-Galley, J. (2000) 'On-line interaction and why candidates avoid it', *Journal of Communication*, 50 (4): 111–32.

Stromer-Galley, J. (2002) 'New voices in the public sphere: a comparative analysis of interpersonal and online political talk', *Javnost*, 9 (2): 23–42.

Sundae, S.S. and Ness, C. (2001) 'Conceptualizing sources in online news', *Journal of Communication*, 51 (1): 52–72.

Sunstein, C. (2001) *republic.com*. Princeton, NJ: Princeton University Press.

Sunstein, C. (2006) *republic.com.2.0*. Princeton, NJ: Princeton University Press.

Sussman, G. (1997) *Communication, Technology and Politics in the Information Age*. Thousand Oaks, CA: Sage.

Sussman, G. and Galizio, L. (2003) 'The global reproduction of American politics', *Political Communication*, 20 (3): 309–328.

Swanson, D. and Mancini, P. (eds.) (1996) *Politics, Media and Modern Democracy*. Westport, CT: Praeger.

Tai, Z. and Chang, T.-K. (2002) 'The globalness and the pictures in their heads: a comparative analysis of audience interest, editor perceptions and newspaper coverage', *Gazette*, 64 (3): 251–265.

Takahiro, S. (2004) 'Lessons from the Great Hanshin Earthquake', in NHK, *Disaster Reporting and the Public Nature of Broadcasting*, pp. 25–157. Tokyo: NHK Broadcasting Culture Research Institute.

Tannenbaum, P.H. and Lynch, M.D. (1960) 'Sensationalism: the concept and its measurement', *Journalism Quarterly*, 30: 381–393.

Taylor, C. (1989) *Sources of the Self: the Making of the Modern Identity*. Cambridge, MA: Harvard University Press.

Taylor, D.G. (1982) 'Pluralistic ignorance and the spiral of silence', *Public Opinion Quarterly*, 46: 311–355.

Taylor, P. (1992) *War and the Media*. Manchester: Manchester University Press.

Taylor, W.L. (1953) 'Cloze procedure: a new tool for measuring readability', *Journalism Quarterly*, 30: 415–433.
Tewkesbury, D. (2003) 'What do Americans really want to know? Tracking the behavior of news readers on the Internet', *Journal of Communication*, 53 (4): 694–710.
Tewkesbury, D. and Althaus, S.L. (2000) 'Differences in knowledge acquisition among readers of the paper and online versions of a national newspaper', *Journalism and Mass Communication Quarterly*, 77: 457–479.
Thompson, J. (2000) *Political Scandals*. Cambridge: Polity Press.
Thompson, J.B. (1993) 'Social theory and the media', in D. Crowley and D. Mitchell (eds), *Communication Theory Today*, pp. 27–49. Cambridge: Polity Press.
Thompson, J.B. (1995) *The Media and Modernity*. Cambridge: Polity Press.
Thoveron, G. (1986) 'European televised women', *European Journal of Communication*, 1 (3): 289–300.
Thrall, A.T. (2006) 'The myth of the outside strategy: mass media news coverage of interest groups', *Political Communication*, 23 (2): 407–420.
Thrift, R.R. (1977) 'How chain ownership affects editorial vigor of newspapers', *Journalism Quarterly*, 54: 327–331.
Thussu, D.K. (2000) 'Legitimizing "humanitarian intervention"? CNN, NATO And The Kosovo Crisis', *European Journal of Communication*, 15 (3): 345–362.
Thussu, D.K. (2009) *The News as Entertainment: the Rise of Global Infotainment*. London: Sage.
Thussu, D. and Freedman, J. (eds) (2003) *War and the Media*. London: Sage.
Tichenor, P.J., Donahue, G.A. and Olien, C.N. (1970) 'Mass media and the differential growth in knowledge', *Public Opinion Quarterly*, 34: 158–170.
Tomlinson, J. (1999) *The Globalisation of Culture*. Cambridge: Polity Press.
Traber, M. and Nordenstreng, K. (1993) *Few Voices, Many Worlds*. London: World Association for Christian Communication.
Trappel, J. (2008) 'Online media within the public service realm? Reasons to include online into the public service mission', *Convergence*, 14 (3): 313–322.
Trenaman, J.S.M. (1967) *Communication and Comprehension*. London: Longman.
Trenaman, J.S.M. and McQuail, D. (1961) *Television and the Political Image*. London: Methuen.
Tuchman, G. (1978) *Making News: a Study in the Construction of Reality*. New York: Free Press.
Tuchman, G., Daniels, A.K. and Benet, J. (eds.) (1978) *Hearth and Home: Images of Women in Mass Media*. New York: Oxford University Press.
Tumber, H. (1982) *Television and the Riots*. London: British Film Institute.
Tumber, H. and Palmer, J. (2004) *Media at War: the Iraq Crisis*. London: Sage.
Tumber, H. and Waisbord, S. (2004) 'Political scandals and media across democracies', *American Behavioral Scientist*, 47 (8): 1031–1039.
Tunstall, J. (1970) *The Westminster Lobby Correspondents*. London: Routledge and Kegan Paul.
Tunstall, J. (1971) *Journalists at Work*. London: Constable.
Tunstall, J. (1977) *The Media Are American*. London: Constable.
Tunstall, J. (1991) 'A media industry perspective', in J. Anderson (ed.), *Communication Yearbook 14*, pp. 163–86. Newbury Park, CA: Sage.
Tunstall, J. (1993) *Television Producers*. London: Routledge.
Tunstall, J. (2007) *The Media Were American*. Oxford: Oxford University Press.
Tunstall, J. and Machin, D. (1999) *The Anglo-American Media Connection*. Oxford: Oxford University Press.
Tunstall, J. and Palmer, M. (eds) (1991) *Media Moguls*. London: Routledge.
Turkle, S. (1988) 'Computational reticence: why women fear the intimate machine', in C. Kramarae (ed.), *Technology and Women's Voices: Keeping in Touch*, pp. 41–62. London: Routledge.
Turner, G. (2004) *Understanding Celebrity*. London: Sage.

Turner, J.W., Grube, J.A. and Myers, J. (2001) 'Developing an optimal match within online communities: an exploration of CMC support communities and traditional support', *Journal of Communication*, 51 (2): 231–251.

Turow, J. (1989) 'PR and newswork: a neglected relationship', *American Behavioral Scientist*, 33: 206–212.

Turow, J. (1994) 'Hidden conflicts and journalistic norms: the case of self-coverage', *Journal of Communication*, 44 (2): 29–46.

Turow, J. (2009) *Media Today: an Introduction to Mass Communication*, 3rd edn. New York and London: Routledge.

Twyman, T. (1994) 'Measuring audiences', in R. Kent (ed.), *Measuring Media Audiences*, pp. 88–104. London: Routledge.

Vaccari, C. (2008a) 'Italian parties' websites in the 2006 election', *European Journal of Communication*, 23 (1): 69–77.

Vaccari, C. (2008b) 'From the air to the ground: the internet in the 2004 US presidential election campaign', *New Media and Society*, 10 (4): 647–665.

Valentino, N.A., Buhr, T.A. and Beckmann, W.N. (2001) 'When the frame is the game: revisiting the impact of "strategic" campaign coverage in citizens' information retention', *Journalism and Mass Communication Quarterly*, 78 (1): 93–112.

Valkenberg, P., Cantor, J. and Peeters, A.L. (2000) 'Fright reactions to TV', *Communication Research*, 27 (1): 82–94.

van Aelst, P., Maddens, B., Noppe, J. and Fiers, S. (2008) 'Politicians in the news: media or party logic?', *European Journal of Communication*, 23 (2): 193–210.

Van Belle, D.A. (2003) 'Bureaucratic responsiveness to news media: comparing the influence of the *NYT* and network TV news coverage on US foreign and civil allocations', *Political Communication*, 20 (3): 263–285.

van Cuilenberg, J.J. (1987) 'The information society: some trends and implications', *European Journal of Communication*, 2 (1): 105–21.

van Cuilenburg, J.J., de Ridder, J. and Kleinnijenhuis, J. (1986) 'A theory of evaluative discourse', *European Journal of Communication*, 1 (1): 65–96.

van Cuilenburg, J.J. and McQuail, D. (2003) 'Media policy paradigm shifts', *European Journal of Communication*, 18 (2): 181–207.

van der Wurf, R. (2004) 'Supplying and viewing diversity: the role of competition and viewer choice in Dutch broadcasting', *European Journal of Communication*, 19 (2): 215–237.

Van Dijk, J.A.G.M. (1992) *De Netwerk Maatschappij*. Houten, NL: Bohm Staffen von Loghum.

van Dijk, J.A.G.M. (1996) 'Models of democracy: behind the design and use of new media in politics', *The Public*, 3 (1): 43–56.

van Dijk, J.A.G.M. (1999) *Network Society: Social Aspects of New Media*. London: Sage.

van Dijk, T. (1983) 'Discourse analysis: its development and application to the structure of news', *Journal of Communication*, 33 (3): 20–43.

van Dijk, T. (1985) *Discourse and Communication*. Berlin: de Gruyter.

van Dijk, T. (1991) *Racism and the Press*. London: Routledge.

Van Gorp (2005) 'What is the frame? Victims and intruders in the Belgian press coverage of the asylum issue', *European Journal of Communication*, 20 (4): 484–507.

van Zoonen, L. (1988) 'Rethinking women and the news', *European Journal of Communication*, 3 (1): 35–52.

van Zoonen, L. (1991) 'Feminist perspectives on the media', in J. Curran and M. Gurevitch (eds), *Mass Media and Society*, pp. 33–51. London: Arnold.

van Zoonen, L. (1992) 'The women's movement and the media: constructing a public identity', *European Journal of Communication*, 7 (4): 453–476.

van Zoonen, L. (1994) *Feminist Media Studies*. London: Sage.

van Zoonen, L. (2002) 'Gendering the Internet: claims, controversies and cultures', *European Journal of Communication*, 17 (1): 5–24.

van Zoonen, L. (2004) 'Imagining the fan democracy', *European Journal of Communication*, 19 (1): 39–52.

Vartanova, E. (2002) 'The digital divide and the changing political/media environment of post-socialist Russia', *Gazette*, 64 (5): 449–645.

Vasterman, P. (2005) 'MediaHype – self-reinforcing news waves', *European Journal of Communication*, 19 (4): 508–530.

Verhulst, S.G. (2002) 'About scarcities and intermediaries: the regulatory paradigm shift of digital content reviewed', in L.A. Lievrouw and S. Livingstone (eds), *The Handbook of New Media*, pp. 432–47. London: Sage.

Verhulst, P. (2006) 'The regulation of digital content', in L.A. Lievrow and S. Livingstone (eds), *The Handbook of New Media*, pp. 329–349. London: Sage.

Vidmar, N. and Rokeach, M. (1974) 'Archie Bunker's bigotry: a study of selective perception and exposure', *Journal of Communication*, 24: 36–47.

Vincent, R.C. (2000) 'A narrative analysis of the US press coverage of Slobodan Milosevic and the Serbs in Kosovo', *European Journal of Communication*, 15 (3): 321–344.

Visvanath, K. and Finnegan, J.R. (1996) 'The knowledge gap hypothesis 25 years later', in *Communication Yearbook 19*, pp. 187–227.

Voltmer, K. (2000) 'Constructing political reality in Russia. Izvestya – between old and new journalistic practices', *European Journal of Communication*, 15 (4): 469–500.

von Feilitzen, C. (1976) 'The functions served by the mass media', in J.W. Brown (ed.), *Children and Television*, pp. 90–115. London: Collier-Macmillan.

von Hasebrink, U. (1997) 'In search of patterns of individual media use', in U. Carlsson (ed.), *Beyond Media Uses and Effects*, pp. 99–112. Göteborg: University of Göteborg, Nordicom.

Vyncke, P. (2002) 'Lifestyle segmentation', *European Journal of Communication*, 17 (4): 445–464.

Wackwitz, L. (2002) 'Burger on Miller: obscene effects and the filth of the nation', *Journal of Communication*, 52 (1): 196–210.

Waisbord, S. (1998) 'When the cart of media is put before the horse of identity: a critique of technology-centered views on globalization', *Communication Research*, 25 (4): 377–398.

Waisbord, S. (2000) *Watchdog Journalism in South America*. New York: Columbia.

Walgrave, S. and van Aelst, P. (2006) 'The contingency effect of the mass media's agenda setting', *Journal of Communication*, 56 (1): 88–109.

Wall, M. (2005) 'Blogs of war', *Journalism*, 6 (2): 153–72.

Wallis, R. and Baran, S. (1990) *The World of Broadcast News*. London: Routledge.

Walzer, M. (1992) 'The civil society argument', in C. Mouffe (ed.), *Dimensions of Radical Democracy*. London: Verso.

Warner, W.L. and Henry, W.E. (1948) 'The radio day-time serial: a symbolic analysis', *Psychological Monographs*, 37 (1): 7–13, 55–64.

Wartella, E., Olivarez, A. and Jennings, N. (1998) 'Children and television violence in the United States', in U. Carlsson and C. von Feilitzen (eds), *Children and Media Violence*, pp. 55–62. Göteborg: University of Göteborg.

Wasko, J. (2004) 'The political economy of communication', in J.D.H. Downing, D. McQuail, P. Schlesinger and E. Wartella (eds), *The Sage Handbook of Media Studies*, pp. 309–330. Thousand Oaks, CA: Sage.

Wasserman, H. and Rao, S. (2008) 'The glocalization of journalism ethics', *Journalism*, 9 (2): 163–181.

Watson, N. (1997) 'Why we argue about virtual community: a case study of the Phish. Net fan community', in S.G. Jones (ed.), *Virtual Culture*, pp. 102–32. London: Sage.

Weaver, D. (1996) 'Journalists in comparative perspective', *The Public*, 3 (4): 83–91.

Weaver, D. (ed.) (1998) *The Global Journalist*. Cresskill, NJ: Hampton.

Weaver, D. and Wilhoit, C.G. (1986) *The American Journalist*. Bloomington, IN: University of Indiana Press.

Weaver, D. and Wilhoit, C.G. (1992) 'Journalists: who are they really?', *Media Studies Journal*, 6 (4): 63–80.

Weaver, D. and Wilhoit, C.G. (1996) *The American Journalist in the 1990s: US News People at the End of an Era*. Mahwah, NJ: Erlbaum.

Weber, M. (1948) 'Politics as a vocation', in H. Gerth and C.W. Mills (eds.), *Max Weber: Essays*. London: Routledge and Kegan Paul.

Weber, M. (1964) *Theory of Social and Economic Organization*. Ed. T. Parsons. New York: Free Press.

Webster, F. (1995) *Images of the Information Society*. London: Routledge.

Webster, F. (2002) 'The information society revisited', in L.A. Lievrouw and S. Livingstone (eds.), *The Handbook of New Media*, pp. 22–33. London: Sage.

Webster, J.G. (2005) 'Beneath the veneer of fragmentation – TV audience polarization in a multi-channel world', *Journal of Communication*, 55 (2): 366–382.

Webster, J.G. and Lin, S.-F. (2002) 'The internet audience: web use as mass behavior', *Journal of Broadcasting and Electronic Media*, 46 (1): 1–12.

Webster, J.G. and Phalen, P.F. (1997) *The Mass Audience: Rediscovering the Dominant Model*. Mahwah, NJ: Erlbaum.

Webster, J.G. and Wakshlag, J.J. (1983) 'A theory of TV program choice', *Communication Research*, 10 (4): 430–446.

Weibull, L. (1985) 'Structural factors in gratifications research', in K.E. Rosengren, P. Palmgreen and L. Wenner (eds), *Media Gratification Research: Current Perspectives*, pp. 123–47. Beverly Hills, CA: Sage.

Westerstahl, J. (1983) 'Objective news reporting', *Communication Research*, 10 (3): 403–424.

Westerstahl, J. and Johansson, F. (1994) 'Foreign news: values and ideologies', *European Journal of Communication*, 9 (1): 71–89.

Westley, B. and MacLean, M. (1957) 'A conceptual model for mass communication research', *Journalism Quarterly*, 34: 31–38.

White, D.M. (1950) 'The gatekeeper: a case-study in the selection of news', *Journalism Quarterly*, 27: 383–390.

Wildman, S.S. (1991) 'Explaining trade in films and programs', *Journal of Communication*, 41: 190–2.

Wilensky, H. (1964) 'Mass society and mass culture: interdependence or independence?' *American Sociological Review*, 29 (2): 173–197.

Wilke, J. (1995) 'Agenda-setting in a historical perspective: the coverage of the American revolution in the German press (1773–83)', *European Journal of Communication*, 10 (1): 63–86.

Williams, R. (1961) *Culture and Society*. Harmondsworth: Penguin.

Williams, R. (1975) *Television, Technology and Cultural Form*. London: Fontana.

Williamson, J. (1978) *Decoding Advertisements*. London: Boyars.

Wilson, B.J. and Smith, S. (2002) 'Violence in children's TV programming: assessing the risks', *Journal of Communication*, 52 (1): 5–35.

Windahl, S., Signitzer, B. and Olson, J. (2007) *Using Communication Theory*, 2nd edn. London: Sage.

Winseck, D. (2002) 'Wired cities and transnational communications', in L.A. Lievrouw and S. Livingstone (eds), *The Handbook of New Media*, pp. 393–409. London: Sage.

Winston, B. (1986) *Misunderstanding Media*. Cambridge, MA: Harvard University Press.

Wober, J.M. (1978) 'Televised violence and the paranoid perception: the view from Great Britain', *Public Opinion Quarterly*, 42: 315–321.

Wodack, R. and Meyer, M. (eds) (2001) *Methods of Critical Discourse Analysis*. London: Sage.

Wolfenstein, M. and Leites, N. (1947) 'An analysis of themes and plots in motion pictures', *Annals of the American Academy of Political and Social Sciences*, 254: 41–48.

Wolfgram, M.A. (2008) 'Democracy and propaganda: Nato's war in Kosovo', *European Journal of Communication*, 23 (2): 153-171.
Womack, B. (1981) 'Attention maps of ten major newspapers', *Journalism Quarterly*, 58 (2): 260-265.
Woodall, G. (1986) 'Information processing theory and television news', in J.P. Robinson and M. Levy (eds), *The Main Source*, pp. 133-158. Beverly Hills, CA: Sage.
Wright, C.R. (1960) 'Functional analysis and mass communication', *Public Opinion Quarterly*, 24: 606-20.
Wright, C.R. (1974) 'Functional analysis and mass communication revisited', in J.G. Blumler and E. Katz (eds), *The Uses of Mass Communications*, pp. 197-212. Beverly Hills, CA: Sage.
Wu, H.D. (2003) 'Homogeneity around the world? Comparing the systemic determinants of international news flow between developed and developing countries', *Gazette*, 65 (1): 9-24.
Wu, H.D. (2007) 'A brave new world for international news? Exploring the determinants of foreign news on US websites', *International Communication Gazette*, 69 (6): 539-552.
Wu, H.D., Sylvester, J. and Hamilton, J.M. (2002) 'Newspaper provides balance in Palestinian/Israeli reports', *Newspaper Research Journal*, 23 (2): 6-17.
Wu, W., Weaver, D., Owen, D. and Johnstone, J.W.L. (1996) 'Professional rules of Russian and US journalists: a comparative study', *Journalism and Mass Communication Quarterly*, 73 (3): 534-48.
Yang, J. (2003) 'Framing the Nato airstrikes on Kosovo across countries: comparison of Chinese and US newspaper coverage', *Gazette*, 63 (3): 231-249.
Yay, H., Ranasubranuanian, S. and Oliver, M.B. (2008) 'Cultivation effect on quality of life indicators', *Journal of Broadcasting and Electronic Media*, 52 (2): 247-267.
Yin, J. (2008) 'Beyond the four theories of the press: a new model of the Asian and the world press', *Journalism Communication Monographs*, 10 (1): 4-62.
Yoon, Y. (2005) 'Legitimacy, public relations and media access', *Communication Research*, 32 (6): 762-793.
Zaller, J.R. (1997) 'A model of communication effects at the outbreak of the Gulf War', in S. Iyengar and R. Reeves (eds), *Do the Media Govern?*, pp. 296-311. Thousand Oaks, CA: Sage.
Zeno-Zencovich, V. (2008) *Freedom of Expression*. London: Routledge.
Zillmann, D. (1980) 'Anatomy of suspense' in P.H. Tannenbaum (ed.). *The Entertainment Functions of the Media*. Hillsdale, NJ: Lawrence Erlbaum.
Zillmann, D. (2002) 'Exemplification theory of media influence' in J. Bryant and D. Zillmann (eds), *Media Effects*, 2nd edn, pp. 19-42. Hillsdale, NJ: Erlbaum.
Zillmann, D. and Brosius, H.B. (2000) *Exemplification in Communication*. Mahwah, NJ: Erlbaum.
Zillmann, D. and Bryant, J. (1994) 'Entertainment as media effect' in J. Bryant and D. Zillmann (eds), *Media Effects*, 1st edn, pp. 447-459. Hillsdale, NJ: Erlbaum.
Zoch, L.M. and van Slyke Turk, J. (1998) 'Women making news: gender as a variable in source selection and use', 75 (4): 776-788.

译 后 记

本书付梓之时,恰逢我所供职的复旦大学新闻学院九十周年华诞。谨以此译本向院庆献礼,祝福学院基业长青!

向丹尼斯·麦奎尔教授致敬!相信每一位有过学术翻译经验的同仁都有体会,翻译是与原作者神交的过程,而我们交流的对象渊博、深邃、灵动,还有些顽皮,不论在思维上还是语言上。与这样一位智者对话,不得不擦亮智力,久而久之也仿佛增长了一些智慧。麦奎尔曾预言第六版"可能是本书的最后一个版本",此言给了作为译者的我们巨大的压力与责任感。在本书翻译过程中麦奎尔教授辞世,谨以此译本作为缅怀。

崔保国教授是本书第四版、第五版的主要译者。感谢他的引荐,我和董璐有机会担纲这部学科巨作的翻译工作。崔教授是我博士期间的导师,学术道路上一直承蒙他的关照与提携。

感谢清华出版社纪海虹老师坚持不弃并一再鼓励!每一本译书背后都有一位用心、尽责、宽容亦严苛的编辑。十数年来,在北京的双清路那间拥挤的办公室里,纪老师为诸多清华出身的新闻与传播学人担任责编,懒散如我也在她的鞭策之下略有成果。海内外清新学术共同体的成长亦得益于她的助力。

董璐教授早早完成了半部书的翻译工作,而我因为工作调动、迁居到不同城市等原因,以及(最主要是)严重的拖延症,长期停滞不前。其间她从不曾催促我,总是一如既往地给予我完全的信任和巨大的耐心。我几度惭愧地说起翻译工作进展缓慢,她对我说:"翻译是一件纯粹的事,要好好享受。"董璐的学术翻译功力高我许多!她的译作包括《生活中的传播》《传播的历史:技术、文化和社会》等。除英文以外,她还熟谙德文,是《何为道德:一本哲学导论》《沉默的螺旋》的翻译者,后者影响了诸多中国新闻传播学人。本书的读者们,请将书中的错误归咎于我,神来之笔皆出自董璐之手!

两位译者将此译本献给北京的五道口。十二年前的一个秋雨天,我们在那里开启了走向终生的友谊。某间望得见城铁 13 号线的咖啡馆记录了许多的交谈时光,学术道路上那些艰难困苦皆幻化为毋庸多言便彼此理解的愉悦并始终伴随着我们。怀念那些飞扬在五道口的谈笑声!

人类信息传播奔腾不息,我们所从事的学科发展不止。永远地,"火车就要开过来啦"……

徐　佳
2019 年立秋于上海